KB106543

독자의 1초를 아껴주는 정성!

세상이 아무리 바쁘게 돌아가더라도
책까지 아무렇게나 빨리 만들 수는 없습니다.
인스턴트 식품 같은 책보다는
오래 익힌 술이나 장맛이 밴 책을 만들고 싶습니다.

길벗이지톡은 독자 여러분이
우리를 믿는다고 할 때 가장 행복합니다.
나를 아껴주는 어학도서,
길벗이지톡의 책을 만나보십시오.

독자의 1초를 아껴주는
정성을 만나보십시오.

미리 책을 읽고 따라해본 2만 베타테스터 여러분과
무따기 체험단, 길벗스쿨 엄마 2% 기획단,
시나공 평가단, 토익 배틀, 대학생 기자단까지!
믿을 수 있는 책을 함께 만들어주신 독자 여러분께 감사드립니다.

(주)도서출판 길벗 www.gilbut.co.kr
길벗이지톡 www.gilbut.co.kr
길벗스쿨 www.gilbutschool.co.kr

《시나공 JLPT 일본어능력시험 N2 문법》 **학습계획표**

《시나공 JLPT 일본어능력시험 N2 문법》을 학습하시는 분들을 위해 6주 완성으로 학습계획표를 짜보았습니다. 시험 6주 전에 시작해서 2~3일에 한 개의 시나공 문법을 학습하도록 설계한 학습 프로그램입니다. 12주 전에 시작하시는 분은 6주 완성 프로그램을 2회 반복하시거나 6주를 12주로 늘려 학습하시는 등 개인별 학습 시간과 학습 수준에 따라 자신만의 학습 계획을 세워보세요.

첫째 주	1일차	2일차	3일차	4일차	5일차	6일차	7일차
학습 내용	준비마당	시나공 01	적중 예상문제	시나공 02	적중 예상문제	시나공 03	적중 예상문제

둘째 주	8일차	9일차	10일차	11일차	12일차	13일차	14일차
학습 내용	시나공 04	적중 예상문제	시나공 05	적중 예상문제	총정리 적중 예상문제	복습	시나공 06

셋째 주	15일차	16일차	17일차	18일차	19일차	20일차	21일차
학습 내용	적중 예상문제	시나공 07	적중 예상문제	시나공 08	적중 예상문제	시나공 09	적중 예상문제

무엇이든 물어보세요!

학습하다가 궁금한 점이 생기면 길벗 홈페이지(www.gilbut.co.kr)에 회원으로 가입한 후 '1:1 문의' 코너에 질문하세요. 여러분의 궁금증을 확실히 해결해 드립니다.

넷째 주	22일차	23일차	24일차	25일차	26일차	27일차	28일차
학습 내용	시나공 10	적중 예상문제	총정리 적중 예상문제	복습	시나공 11	적중 예상문제	시나공 12

다섯째 주	29일차	30일차	31일차	32일차	33일차	34일차	35일차
학습 내용	적중 예상문제	시나공 13	적중 예상문제	시나공 14	적중 예상문제	총정리 적중 예상문제	복습

여섯째 주	36일차	37일차	38일차	39일차	40일차	41일차	42일차
학습 내용	시나공 15	적중 예상문제	복습	실전 모의고사1	실전 모의고사2	실전 모의고사3	총복습

시험에 나오는 것만 공부한다!

시나공

일본어능력시험

JLPT

N2

문법

신선화 지음

시나공 JLPT 일본어능력시험 N2 문법

Crack the Exam! – JLPT N2 Grammar

초판 발행 · 2021년 11월 25일

지은이 · 신선화
기획 · 북스코어
발행인 · 이종원
발행처 · (주)도서출판 길벗
브랜드 · 길벗이지톡
출판사 등록일 · 1990년 12월 24일
주소 · 서울시 마포구 월드컵로 10길 56(서교동)
대표전화 · 02)332-0931 | **팩스** · 02)323-0586
홈페이지 · www.gilbut.co.kr | **이메일** · eztok@gilbut.co.kr

기획 및 책임편집 · 오윤희(tahiti01@gilbut.co.kr) | **표지 디자인** · 최주연 | **제작** · 이준호, 손일순, 이진혁
마케팅 · 이수미, 장봉석, 최소영 | **영업관리** · 심선숙 | **독자지원** · 송혜란, 윤정아

편집진행 및 교정 · 정보경 | **본문 디자인** · 박찬진 | **전산편집** · 수(秀) 디자인
CTP 출력 및 인쇄 · 금강인쇄 | **제본** · 금강제본

• 잘못 만든 책은 구입한 서점에서 바꿔 드립니다.
• 이 책은 저작권법에 따라 보호받는 저작물이므로 무단전재와 무단복제를 금합니다.
  이 책의 전부 또는 일부를 이용하려면 반드시 사전에 저작권자와 (주)도서출판 길벗의 서면 동의를 받아야 합니다.
• 책 내용에 대한 문의는 길벗 홈페이지(www.gilbut.co.kr) 고객센터에 올려 주세요.

ISBN 979-11-6521-669-6 04730
(길벗 도서번호 301082)

ⓒ 신선화, 2021

정가 17,000원

독자의 1초까지 아껴주는 정성 길벗출판사
길벗 | IT실용서, IT/일반 수험서, IT전문서, 경제경영서, 취미실용서, 건강실용서, 자녀교육서
더퀘스트 | 인문교양서, 비즈니스서
길벗이지톡 | 어학단행본, 어학수험서
길벗스쿨 | 국어학습서, 수학학습서, 유아학습서, 어학학습서, 어린이교양서, 교과서

페이스북 www.facebook.com/gilbuteztok
네이버 포스트 http://post.naver.com/gilbuteztok
유튜브 https://www.youtube.com/gilbuteztok

현장에서 강의하듯 핵심을 콕 집었다!

JLPT 시험대비반을 맡아 수험생들을 가르치면서 느낀 점은 출간되어 있는 대부분의 교재들은 문법의 단순한 의미해석이나 어순, 출제빈도 순으로만 정리가 되어 있고 문법에 대한 자세한 설명이나 차이점에 대한 설명이 되어 있지 않다는 것이었습니다. 그래서 필자는 이런 부분을 개선하고자 수험생들에게 실질적으로 도움이 되도록 최신 출제경향을 분석하여 N2 문법을 의미상으로 구별하여 정리하고, 상세한 설명을 통해 학습효과를 높일 수 있도록 구성하였습니다. 또한 문제에 대한 자세한 설명을 수록함으로써 학습효과를 높이고 누구나 혼자서도 쉽게 학습하고 이해할 수 있도록 하였습니다.

합격을 위해서는 문법표현의 단순한 암기가 아닌 정확한 이해가 필요합니다. 또한 정확한 문법지식과 한자·어휘의 학습이 밑바탕이 되어야 독해나 청해 실력도 향상될 수 있습니다. 본 교재는 합격을 위해서 꼭 알아두어야 하는 문법표현을 상세한 설명과 함께 담고 있기 때문에 수험생들의 기본기를 탄탄하게 하고 합격의 길로 인도할 것이라고 생각합니다.

학습계획표대로 꾸준히 실천하세요!

JLPT N2 합격이라는 목표가 섰으면 학습 계획을 짜고 계획표대로 실천해 보세요. 이 책에서는 시험 두 달 전부터 시작할 수 있는 6주와 3주 기간으로 학습계획표를 짜놓았습니다. 그대로 활용하셔도 좋고 6주를 2번 반복하는 12주 완성프로그램으로 사용하셔도 좋습니다. 포기하지 말고 꾸준히 계획을 지키려고 노력하면 분명 좋은 성과를 얻을 수 있으리라 확신합니다.

신선화

이 책은 N2의 가장 핵심이 되는 문법을 총 15개의 시나공 문법으로 나누어 엮었습니다. 모든 시나공 문법에는 '적중 예상 문제'를 수록하였으며, 실전처럼 풀어볼 수 있는 모의고사를 수록하였습니다.

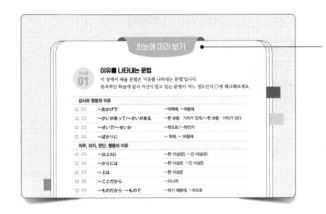

① 한눈에 미리 보기

각 시나공 문법에서 배울 문법과 해석을 학습에 앞서 한눈에 확인할 수 있습니다. 공부 시작하기 전에 알고 있는 문법이 어느 정도인지 미리 체크해볼 수 있습니다.

② 시나공 문법 소개

이 책은 시나공 01에서 시나공 15까지 총 15개의 시나공 문법으로 구성되어 있습니다. 각 시나공 문법에서 배울 학습 내용을 간단하게 요약 정리해두었습니다.

③ 시험에 이렇게 나온다!

각 시나공 문법에 대한 소개와 문제 유형을 살펴볼 수 있도록 예시 문제를 실었습니다. 본 학습 전에 가볍게 풀어보면서 정답 찾기 요령을 익혀보세요.

④ 문법 설명

각 문법의 접속 형태와 의미를 정리했으며 예문과 예문에 나오는 어휘까지 꼼꼼하게 실었습니다.

⑤ 강의실 생중계!

현장 경험을 토대로 선생님만의 문제 풀이 비법을 실었습니다. 시험에 출제되는 형태, 학습 시 주의할 점, 정답을 찾는 포인트 등 강의실에서만 들을 수 있는 내용을 생생하게 공개합니다!

⑥ 시나공 확인 문제

학습 진행 사이사이에 문제를 실었습니다. 적중 예상 문제 풀이에 앞서 간단하게 문제 형태를 익히고 학습한 내용을 확인해볼 수 있습니다.

☑ 시나공 확인 문제

次の文の ★ に入る最もよいものを、1・2・3・4から一つ選びなさい。

時間に _____ _____ ★ _____ とすごく怒られるにちがいない。

1 遅刻する　　2 池田先生の　　3 厳しい　　4 ことだから

해석 시간에 엄격한 이케다 선생님이니까 지각을 하면 굉장히 혼날 것임에 틀림없다.

해설 4번의 명사＋の＋～ことだから가 모두 알고 있는 이유나 잘 알고 있는 사람의 성격이나 모습을 근거로 해서 생각해보면 ～까 ～할(일) 것이다'라고 말하는 표현임을 알면 문장을 쉽게 완성할 수 있다. 우선 池田先生のことだから를 만들어 놓고 앞뒤에 배치한다. 時間に가 문장 첫머리에 왔으므로 뒤에 厳しい를 연결하고, 1번 遅刻する의 의미상 가장 뒤에 배치하며 완성한다.

---

⑦ 적중 예상 문제

실전에 강해지려면 실제 시험과 같은 형식의 문제를 풀어보는 것이 가장 좋습니다. 문제를 푼 다음에는 예문을 통째로 암기해보세요. 학습 효과 100%입니다.

적중 예상 문제

問題　次の文の（　　）に入れるのに最もよいものを、1・2・3・4から一つ選びなさい。

01 給料がこんなに安い（　　）、この会社に入りたがる人はいないと思う。

1 によって　　2 以上　　3 おかげで　　4 せいか

02 このドラマは内容の展開が遅すぎる（　　）、面白くなくなって視聴率が下ってしまった。

1 反面　　2 ところをみると　　3 からには　　4 あまり

03 自分が引き受けた仕事は完璧に済ませる田中さんの（　　）、今回のプロジ

---

⑧ 총정리 적중 예상 문제

각 마당 학습이 끝난 후에 다시 한번 총정리하기 위한 문제입니다. 모의고사 전 단계의 확인 학습 과정이라고 생각하시고 집중해서 풀어보세요.

첫째마당 | 총정리 적중 예상 문제 ①

問題　次の文の（　　）に入れるのに最もよいものを、1・2・3・4から一つ選びなさい。

01 今度の試合で勝つためには一生懸命練習する（　　）。

1 にすぎない　　2 にほかならない　　3 どころではない　　4 ほかない

02 1回だけ会って人を判断してはいけない。せめて3回は会ってみない（　　）どんな人かわからないと思う。

1 ことには　　2 わりには　　3 ことなく　　4 ものなら

03 テレビで凶悪な犯罪のニュースを見る（　　）、自宅周辺でも起こらない

---

⑨ 실전 모의고사 3회분

실전과 똑같은 형태의 실전 모의고사 3회분을 실었습니다. 실전처럼 시간을 체크하면서 시험 직전에 풀어보세요.

실전 모의고사 1 회

Ⅶ. 次の文の（　　）に入れるのに最もよいものを、1・2・3・4から一つ選びなさい。

01 一般に、目上の人（　　）「お疲れさま」を用い、「ご苦労さま」を使ってはいけないとされています。

1 に対しては　　2 については　　3 に関しては　　4 に伴う

02 ふと私の人生には何か欠けている（　　）ような気がしました。

1 ことになっている　　2 かねる　　3 ものがある　　4 おそれがある

정답
&
해설집

〈정답&해설집〉을 책 속의 책으로 넣어 학습 편의성을 높였습니다. 적중 예상 문제와 실전 모의고사에 대한 정답과 자세한 해설을 실었습니다. 왜 답이 되는지, 왜 답이 될 수 없는지, 상세한 해설을 통해 문제 풀이 요령을 터득할 수 있습니다.

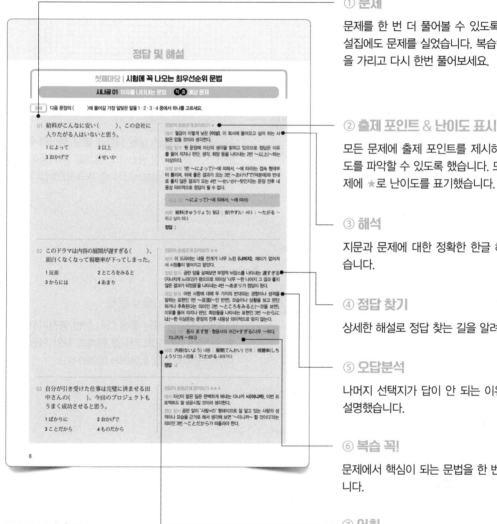

① 문제

문제를 한 번 더 풀어볼 수 있도록 정답 & 해설집에도 문제를 실었습니다. 복습하면서 해설을 가리고 다시 한번 풀어보세요.

② 출제 포인트 & 난이도 표시

모든 문제에 출제 포인트를 제시하여 출제 의도를 파악할 수 있도록 했습니다. 또한 모든 문제에 ★로 난이도를 표기했습니다.

③ 해석

지문과 문제에 대한 정확한 한글 해석을 실었습니다.

④ 정답 찾기

상세한 해설로 정답 찾는 길을 알려줍니다.

⑤ 오답분석

나머지 선택지가 답이 안 되는 이유를 상세히 설명했습니다.

⑥ 복습 꼭!

문제에서 핵심이 되는 문법을 한 번 더 짚어줍니다.

⑦ 어휘

지문과 문제에 나온 단어들을 꼼꼼하게 정리하였습니다.

이 책의 차례

JLPT란 무엇인가요?

JLPT는 Japanese-Language Proficiency Test에서 따온 이름으로 일본어를 모국어로 하지 않는 사람을 대상으로 52개 국가에서 응시하고 있는 일본어 능력을 평가하는 시험입니다. 일본어와 관련된 지식과 더불어, 실제로 사용할 수 있는 실용적인 일본어 능력을 중시하기 때문에, 문자 · 어휘 · 문법과 같은 언어 지식을 활용한 커뮤니케이션 상의 과제 수행능력을 측정합니다.

- **실시횟수** : 연 2회 (7월과 12월에 실시)
- **시험레벨** : N1, N2, N3, N4, N5의 5단계
- **시험접수** : 능력시험사무국 홈페이지 (http://www.jlpt.or.kr)에 안내
- **주의사항** : 수험표, 신분증 및 필기도구 (HB연필, 지우개)를 반드시 지참

N2 레벨은 구체적으로 어떤 수준인가요?

N2은 전체 레벨 중 상위레벨로, '생활일본어의 이해가 가능하며 폭넓은 분야의 일본어를 어느 정도 이해할 수 있는 수준'으로, 읽기와 듣기의 언어행동으로 나누어 제시한 인정기준은 아래와 같습니다.

읽기	• 폭넓은 화제에 대하여 쓰인 신문이나 잡지의 기사 · 해설, 평이한 논평 등의 요점이 명쾌한 글을 읽고 내용을 이해하는 것이 가능하다. • 일반적인 화제에 대하여 쓰인 글을 읽고, 글의 흐름이나 표현 의도를 파악하는 것이 가능하다.
듣기	• 일상적인 분야 및 폭넓은 분야에 있어, 이야기의 흐름과 내용, 등장인물 간의 관계를 이해하고 요점을 파악할 수 있다.

N2 시험 시간표를 알려주세요!

입실	1교시	휴식	2교시
13:10	**언어지식**(문자 · 어휘 · 문법) · **독해** 13:30~15:15	15:15~15:35	**청해** 15:35~16:30
	(105분)	(20분)	(55분)

N2 합격기준은 어떻게 되나요?

일본어능력시험은 종합득점과 각 과목별 득점의 두 가지 기준에 따라 합격여부를 판정합니다. 즉, 종합 득점이 합격에 필요한 점수(합격점) 이상이며, 각 과목별 득점이 과목별로 부여된 합격에 필요한 최저점 (기준점) 이상일 경우 합격입니다.

구분	합격점	기준점		
		언어지식	독해	청해
N2	90	19	19	19

N2 구성과 득점범위는 어떻게 되나요?

교시	항목	시간	내용		문항	득점범위
1교시	언어지식 (문자 · 어휘)	105분	1	한자읽기	5	0~60
			2	한자표기	5	
			3	단어형성	5	
			4	문맥규정	7	
			5	유의표현	5	
			6	용법	5	
	언어지식 (문법)		7	문법형식 판단	12	
			8	문장 만들기	5	
			9	글의 문법	5	
	독해		10	단문이해	5	0~60
			11	중문이해	9	
			12	통합이해	2	
			14	주장이해	3	
			14	정보검색	2	
2교시	청해	55분	1	과제이해	5	0~60
			2	포인트이해	6	
			3	개요이해	5	
			4	즉시응답	12	
			5	통합이해	4	
		총 160분			총 107	0~180

※ 문항 수는 매회 시험에서 출제되는 대략적인 기준으로 실제 시험에서의 출제 수는 다소 달라질 수 있습니다.

6주 완성 프로그램

본 교재의 가장 이상적인 학습 일자입니다. 시험 6주 전에 시작해서 2~3일에 한 개의 시나공 문법을 학습하도록 설계한 학습 프로그램입니다. 12주 전에 시작하시는 분은 6주 완성 프로그램을 2회 반복하시거나 6주를 12주로 늘리거나 하여 각자 자신만의 학습계획을 세워보세요.

첫째 주	1일차	2일차	3일차	4일차	5일차	6일차	7일차
학습 내용	준비마당	시나공 01	적중 예상문제	시나공 02	적중 예상문제	시나공 3	적중 예상문제
둘째 주	8일차	9일차	10일차	11일차	12일차	13일차	14일차
학습 내용	시나공 04	적중 예상문제	시나공 05	적중 예상문제	총정리 적중 예상문제	복습	시나공 06
셋째 주	15일차	16일차	17일차	18일차	19일차	20일차	21일차
학습 내용	적중 예상문제	시나공 07	적중 예상문제	시나공 08	적중 예상문제	시나공 09	적중 예상문제
넷째 주	22일차	23일차	24일차	25일차	26일차	27일차	28일차
학습 내용	시나공 10	적중 예상문제	총정리 적중 예상문제	복습	시나공 11	적중 예상문제	시나공 12
다섯째 주	29일차	30일차	31일차	32일차	33일차	34일차	35일차
학습 내용	적중 예상문제	시나공 13	적중 예상문제	시나공 14	적중 예상문제	총정리 적중 예상문제	복습
여섯째 주	36일차	37일차	38일차	39일차	40일차	41일차	42일차
학습 내용	시나공 15	적중 예상문제	복습	실전 모의고사1	실전 모의고사2	실전 모의고사3	총복습

3주 완성 프로그램

본 교재의 최단기 학습 일자입니다. 단기 학습 효과를 보려는 분들에게 적합한 학습 스케줄입니다.

첫째 주	1일차	2일차	3일차	4일차	5일차	6일차	7일차
학습 내용	준비마당	시나공 01 시나공 02	적중 예상문제	시나공 03 시나공 04	적중 예상문제	시나공 05 적중 예상문제	시나공 06 시나공 07
둘째 주	8일차	9일차	10일차	11일차	12일차	13일차	14일차
학습 내용	적중 예상문제	시나공 08 시나공 09	적중 예상문제	시나공 10 적중 예상문제	시나공 11 시나공 12	적중 예상문제	시나공 13 시나공 14
셋째 주	15일차	16일차	17일차	18일차	19일차	20일차	21일차
학습 내용	적중 예상문제	시나공 15 적중 예상문제	복습	실전 모의고사1	실전 모의고사2	실전 모의고사3	총복습

문제소개 및
완벽대비법

준비마당은 문법 문제 유형을 살펴보는 마당입니다.
앞으로 문제를 잘 풀어나가기 위한 준비운동이라고
생각하고 부담 없이 문제 유형을 살피는 데 초점을
두도록 합니다.

問題 7 문장의 공란에 들어갈 의미적으로 가장 적당한 문법 형식을 고르는 문제로 12문항이 출제됩니다.

문제　 미리 풀어보기

問題 7 次の文の（　　　）に入れるのに最もよいものを、1・2・3・4から一つ選びなさい。

警察官である（　　　）、人々の安全を守る義務がある。

1 わりには　　　　　　2 からして　　　　　　3 からには　　　　　　4 ものなら

警察官(けいさつかん)
경찰관

安全(あんぜん) 안전

守(まも)る 지키다

義務(ぎむ) 의무

해석 경찰관(인 이상), 사람들의 안전을 지킬 의무가 있다.

해설 명사 + である 뒤에 연결될 수 있는 표현은 이유를 들어 말하는 사람의 판단이나 결의, 권유 등을 나타내는 표현인 3번 ~からには(~인 이상)밖에 없다. わりには(~에 비해서는)는 명사 수식형에, ~からして(~부터)는 명사에, 4번 ~ものなら(~하다면)는 동사 가능형이나 의지형에 접속한다.　**정답 3**

Tip 문법 파트에서 가장 쉽게 답을 고를 수 있는 문제 유형이므로 이 부분에서 시간을 단축하는 것이 좋겠지요!

📎 **문제분석과 완벽대비법**

문장 내용에 알맞은 문법형식을 찾는 문제입니다. 전체 문장의 흐름을 파악한 후 빈칸에 들어갈 문법적인 의미와 기능을 가진 말, 즉 알맞은 어구나 표현을 선택하는 문제입니다.

주로 단문 형식의 문제가 출제되지만, 일상생활에서의 커뮤니케이션 능력을 평가할 수 있는 대화문 형식의 문제의 비중도 늘고 있습니다.

문법형식 판단 문제는 문장 속에서 문법적 기능을 하는 요소들을 제대로 파악하고 있지 않으면 정확히 정답을 찾아내지 못합니다. 따라서 문제를 풀 때에는 먼저 빈칸이 있는 상태로의 문제 문장을 읽어 보고 그 내용이 전체적으로 어떤 내용인지를 파악합니다. 그 다음 빈칸의 앞뒤에 오는 내용과의 의미적, 문법적 호응관계를 따져보고 가장 어울리는 표현을 빈칸에 채웁니다. 즉, 빈칸이 문장 중간이나 앞뒤에 제시되어 있을 때 빈칸에 어떠한 내용의 표현이 와야 출제자의 의도에 맞는 완성도 높은 문장이 만들어질 수 있는지를 파악하고, 선택지에서 그에 해당하는 문형과 표현을 찾아야 합니다. 따라서 ~うちに, ~として, ~すえに, ~欠かせない, ~ことはない, ~ものだ, ~わけではない 등의 N2 수준의 문법표현을 비롯하여 조사, 부사, 수수표현, 추량표현, 조건 가정, 사역, 수동, 경어 등의 일본어의 기초가 되는 문형, 문법을 의미적, 문법적으로 나누어 공부하는 것이 바람직합니다.

Tip 문법 형식을 묻는 공란 문제에서는 접속 형태가 답을 고르는 중요한 단서가 되는 경우가 많다는 것을 꼭 기억하세요!

問題 8 제시된 4개의 선택지를 문장 속에서 알맞게 나열한 후 ___★___ 부분에 들어갈 말을 고르는 문제로 5문항이 출제됩니다.

문제  미리 풀어보기

> 問題8　次の文の ___★___ に入る最もよいものを、1·2·3·4から一つ選びなさい。
>
> 便利な生活をしていると、_____ _____ __★__ _____ 。
>
> 1 忘れがちだ　　　2 自然の一部だ　　　3 人間は　　　4 ということを

便利(べんり)だ 편리하다
生活(せいかつ) 생활
一部(いちぶ) 일부
忘(わす)れる 잊다

문장 便利な生活をしていると、人間は自然の一部だということを忘れがちだ。

해석 편리한 생활을 하고 있으면, 인간은 자연의 일부라는 것을 잊기 쉽다.

해설 먼저 주어가 되는 3번 人間は(인간은)를 첫 번째 공란에 배열한다. 1번 忘れがちだ(잊기 쉽다) 앞에는 목적어가 오게 되므로, 2번과 4번을 연결한 自然の一部だということを(자연의 일부라는 것을)를 1번 앞에 배열한다. 따라서 3-2-4-1 번의 순으로 문장이 완성된다. 문장 끝에 쓰인 ～がち(자주 ～하다)는 저절로 그렇게 되기 쉬운 경향과 횟수가 잦음을 나타낸다. **정답 4**

Tip 공란에 번호를 써가면서 문장을 알맞게 배열해 가는 것이 머릿속으로만 배열하는 것보다 빨리 문장을 완성하는 것이 요령이에요!

📎 **문제분석과 완벽대비법**

전체 문장을 의미가 통하는 문장으로 만들기 위한 문법형식의 이해와 문법형식을 사용하여 문장을 만들 수 있는 능력을 측정하는 문제입니다.

일본어의 말과 말의 연결 및 연결된 말의 순서에 따른 배열을 묻는 것이므로, 말의 연결과 배열 파악을 위해서는 주어는 문장의 앞쪽에, 술어는 문장의 뒤쪽에 위치하고, 목적어는 주어와 술어 사이에, 부사는 수식하여 주는 동사나 형용사 앞에 위치한다는 것 등과 같은 각 품사의 특징에 따른 문법적 기본 사항을 숙지합니다. 그리고 4개의 밑줄이 포함된 문제 전체 문장이 의미적, 문법적으로 자연스럽게 완성될 수 있도록 선택지에 나온 4개의 단어 또는 문법표현을 의미가 통하도록 순서대로 조합하여 완성된 문장을 만듭니다.

일본어는 문법구조나 어순이 우리말과 같아서 그다지 어렵지 않은 문제이기 때문에, N2에서 필요로 하는 어휘와 문형을 잘 숙지하여 문장을 만들고, 배열된 문장 가운데 ★표의 위치를 정확히 파악하여 마킹하면 모두 맞힐 수 있습니다.

問題 9 문장의 흐름에 맞는 문법을 찾는 문제로 제시된 장문 안에 공란으로 비워진 부분을 채우는 형식입니다. 문맥상 문법뿐만 아니라 흐름에 맞는 어휘, 접속사, 부사 등이 제시될 수도 있으며 단순한 문법이 아닌 종합적인 독해력을 요구합니다. 문제수는 5문제가 출제됩니다.

문제 **미리 풀어보기**

問題9 次の文章を読んで、文章全体の趣旨を踏まえて ☐1☐ から ☐5☐ の中に入る最もよいものを、1・2・3・4から一つ選びなさい。

かぎりある資源は、どんどんと減少していっています。生活がますます便利になっていく中で、現在の私たちの生活は豊かかもしれません。しかし、環境があってこそ、私たちは暮らしていけるのです。この地球環境が ☐1☐ 、私たちは、生きていくこと ☐2☐ 困難になっていくのです。地球環境をこれ以上破壊しないようにするためにも、もっと資源を有効に活用していくことが大切になっているのです。

☐3☐ 、これから環境を破壊しないために、資源を守るために、今までの豊かな生活をやめることができますか。身近にあるほとんどのものが資源を使ってできたものです。電化製品も、自動車も、冷暖房も。生活が楽になっている分、資源は常に減り続けているのです。

森林がなくなると酸素がなくなります。土も悪くなります。植物が育たなくなります。さらに、オゾン層が ☐4☐ 、有害な紫外線を受け、病気にかかりやすくなり、生きていくのさえ困難な時代がやってくるのです。

資源は、永遠に同じ量ある ☐5☐ 。かぎりある資源を大切にしなければならないのです。ですから、もっともっと、私たち1人1人ができる対策を考えていかなければならないのです。

01
1 なくなったところで　　　　2 なくなるからといって
3 なくなることなく　　　　　4 なくなったとしたら

02
1 さえ　　　　　　　　　　　2 だけ
3 こそ　　　　　　　　　　　4 ほど

(03) 　1 ただし　　　　　　　　　　2 でも
　　　3 では　　　　　　　　　　　4 なお

(04) 　1 破壊されないように　　　　　2 破壊されることによって
　　　3 破壊されることに関して　　　4 破壊される一方で

(05) 　1 わけではありません　　　　　2 わけがありません
　　　3 どころではありません　　　　4 おそれはありません

かぎり 한계, 끝
資源(しげん) 자원
減少(げんしょう)する
감소하다
豊(ゆた)かだ 풍부하다
地球環境(ちきゅうかん
きょう) 지구환경
破壊(はかい) 파괴
冷暖房(れいだんぼう)
냉난방
減(へ)る 줄다
森林(しんりん) 산림
酸素(さんそ) 산소
植物(しょくぶつ) 식물
オゾン層(そう) 오존층
有害(ゆうがい) 유해
紫外線(しがいせん)
자외선
永遠(えいえん)に 영원히
対策(たいさく) 대책

해석　　한정된 자원은, 점점 더 고갈되어 가고 있습니다. 생활이 점점 편리해져 가는 가운데, 현재 우리들의 생활은 풍족할지도 모릅니다. 그러나 환경이 있고서야 비로소 우리는 살아갈 수 있는 것입니다. 이 지구환경이 사라진다고 하면, 우리들은 살아가는 것 조차 곤란해지는 것입니다. 지구환경을 더 이상 파괴하지 않도록 하기 위해서도, 더욱 자원을 유효하게 활용해 나가는 것이 중요시되고 있습니다.
　　그럼, 앞으로 환경을 파괴하지 않기 위해, 자원을 지키기 위해, 지금까지의 풍족한 생활을 그만둘 수 있습니까? 주변에 있는 거의 대부분의 물건이 자원을 사용하여 만들어진 것입니다. 전자제품도, 자동차도, 냉난방도. 생활이 편해지고 있는 만큼, 자원은 계속 고갈되고 있는 것입니다.
　　삼림이 없어지면 산소가 없어지게 됩니다. 흙의 상태도 안 좋아집니다. 식물이 자라지 않게 됩니다. 게다가, 오존층이 파괴되는 것에 의해 유해한 자외선을 받게 되어 병에 쉽게 걸리게 되고, 살아가는 것조차 어려운 시대가 찾아오는 것입니다.
　　자원은, 영원히 같은 양이 있는 것은 아닙니다. 한정된 자원을 소중하게 생각하지 않으면 안 됩니다. 그러므로 더욱 더 우리들 한 사람 한 사람이 실천할 수 있는 대책을 생각해 나가지 않으면 안 되는 것입니다.

(01)

해석　1 사라져 봤자　　　　　2 사라진다고 해서
　　　3 사라지지 않고　　　　4 사라진다고 하면
해설　문장 흐름을 살펴보면 공란 안에는 가정의 의미를 나타내는 말이 오는 것이 자연스럽다. 따라서 가정을 나타내는 4번 ～としたら(～라고 하면)가 정답이다. 나머지 다른 선택지를 살펴보면 1번 ～たところで(～해봤자)는 '～해봤자 결과는 예상이나 기대에 반하는 쓸데없는 결과 또는 도움이 되지 않는 결과'를 나타내는 표현이고, 2번 ～からといって(～라고 해서)는 '～을 근거로 하여 내려진 판단이 언제나 옳다고는 말할 수 없음'을 나타내며, 3번 ～ことなくは '～하지 않고, ～하는 일 없이'라는 의미의 표현이다.　　**정답 4**

(02)

해석　1 조차　　　　　　　　2 만, 뿐, 만큼
　　　3 야말로　　　　　　　4 정도, 만큼, 일수록
해설　선택지의 조사를 공란에 넣어 보고 가장 자연스러운 것을 고르면 되는 문제이다. 1번 ～さえ(～조차), 2번 ～だけ(～만, ～뿐, ～만큼), 3번 ～こそ(～야말로), 4번 ～ほど(～정도, ～만큼, ～일수록) 중에서 공란에 들어갈 가장 자연스러운 것은 1번 ～さえ(～조차)이다.　　**정답 1**

(03)

해석　1 단, 다만　　　　　　2 하지만, 그래도
　　　3 그렇다면, 그럼　　　4 또한
해설　앞뒤 문장의 내용상 공란에 들어갈 접속사는 순접을 나타내는 3번 では(그럼, 그렇다면)이다. 나머지 접속사를 살펴보면 1번 ただし(단, 다만)는 앞에서 서술한 것에 대해 그것에 관한 상세한 주의사항이나 예외를 나타낼 때 사용하는 보충 접속사, 2번 でも(하지만, 그래도)는 반대 사항을 이끌어가는 역접 접속사, 4번 なお(또한)는 게시나 통지, 알림, 논문의 주석 등 문어체적인 표현에 주로 사용되는 보충 접속사이다.　　**정답 3**

해석 **1** 파괴되지 않도록　　　　**2** 파괴되는 것에 의해서

　　　3 파괴되는 것에 관해서　　　**4** 파괴되는 한편으로

해설 본문의 내용상 정답은 원인을 나타내는 ～によって(～에 의해서)가 정답이다. ～によって는 관련 · 대응, 원인 · 이유, 동작의 주체, 수단 · 방법 등의 다양한 의미로 사용되는 문법이다. 1번 ～ように(～하도록)는 소원이나 바람 · 목적 등의 의미를 나타내고, 3번 ～に関して(～에 관해서)는 '다루고 있거나 관계를 갖고 있는 대상'을 지시하며, 4번 ～一方で(～하는 한편으로)는 어떤 사항에 대해 두 가지 면을 대비시켜 나타내는 표현으로 문장 흐름상 맞지 않는다.　　　　　　　　　　　　　　　　　　　　　　　　　　　　　　**정답 2**

해석 **1** 반드시 ～것은 아닙니다.　　**2** 할 리가 없습니다

　　　3 할 상황이 아닙니다　　　　**4** 우려는 없습니다

해설 정답은 부분 부정을 나타내는 1번 ～わけではない(반드시 ～것은 아니다)가 된다. 2번 ～わけがない(～할 리가 없다)는 어떤 사실을 근거로 하여 그러한 일은 당연히 없다는 주관적인 강한 부정, 3번 ～どころではない(～할 상황이 아니다)는 '~할 여유가 없다, ～할 상황, 형편이 아니다'라는 강한 부정, 4번 ～おそれはない(～할 우려는 없다)는 '～(등)의 좋지 않은 일이 일어날 위험성이 있어 걱정이다'는 의미의 ～おそれがある의 부정형이다.　　　　　　　　　　　　　　　　　　　　　　　**정답 1**

🖉 **문제분석과 완벽대비법**

글 전체의 흐름을 파악하는 능력과 함께, 의미적으로 문맥에 맞는 적절한 표현 또는 단어를 빈칸에 넣어 문장과 문장의 연결 방법을 이해할 수 있는지를 평가하는 문제입니다.

제시되어 있는 문제의 텍스트만 보면 독해 문제처럼 보이지만 문법에 관한 문제이므로, 독해 문제와 같이 주제를 파악하거나 내용에 관련된 문제가 아닌 여러 가지 문법 관련 문제가 출제됩니다. 모든 품사가 출제 대상에 해당되며, 수수표현, 추량표현, 조건 가정, 사역, 수동, 경어 등의 일본어의 기초가 되는 문형, 문법을 활용하거나 결합하여 문맥에 알맞은 적절한 어구나 문장을 고르거나, 글의 흐름과 논리에 맞는 합성어나 접속사, 부사 그리고 N2에 해당하는 문법적인 표현 문형 등을 찾아 넣는 문제 등이 출제됩니다.

문제를 풀 때는 문맥의 흐름과 의미를 파악하고 문장과 문장의 관계를 파악해서 보기를 체크해가며 답을 찾아야하기 때문에 원칙적으로는 첫 문장부터 마지막 문장까지 읽어가는 것이 바람직합니다. 그러나 대부분의 시험 때는 문제를 풀 시간이 부족한 경우가 많기 때문에, 전체 내용을 읽어 볼 시간이 없는 경우에는 빈칸이 있는 문제 문장의 앞과 뒤의 문장의 내용을 정확하게 해석하고 이해하여 빈칸에 들어갈 표현을 찾는 것도 문제를 푸는 하나의 요령이 될 것입니다.

문장 문법력 문제는 가능한 한 정확하고 신속하게 문제를 푸는 것이 고득점을 얻을 수 있는 길입니다. 따라서 시험을 보기 전에 일본어로 되어 있는 글을 다양하게 읽고 해석해 보는 연습을 통하여 문법 능력뿐만 아니라 어휘와 독해 실력을 함께 겸비할 수 있는 일본어의 종합적 실력향상을 도모하도록 합시다.

시험에 꼭 나오는
최우선순위 문법

첫째마당

이유를 나타내는 문법

이 장에서 배울 문법은 '이유를 나타내는 문법'입니다.
본격적인 학습에 앞서 자신이 알고 있는 문법이 어느 정도인지 □에 체크해보세요.

감사와 원망의 이유

□	01	**~おかげで**	~덕택에, ~덕분에
□	02	**~かいがあって/~かいがある**	~한 보람·가치가 있게/~한 보람·가치가 있다
□	03	**~せいで/~せいか**	~ 탓으로/~ 탓인지
□	04	**~ばかりに**	~ 탓에, ~ 바람에

의무, 의지, 판단, 행동의 이유

□	05	**~以上(は)**	~한 이상(은), ~인 이상(은)
□	06	**~からには**	~한 이상은, ~인 이상은
□	07	**~上は**	~한 이상은
□	08	**~ことだから**	~이니까
□	09	**~ものだから・~もので**	~하기 때문에, ~하므로
□	10	**~ことから**	~ 때문에, ~ 데에서
□	11	**~からこそ**	~이기 때문에, ~이기에

평가, 판단, 행동의 이유 강조

□	12	**~あまり(に)**	너무 ~한 나머지
□	13	**~だけあって**	~한 만큼, ~인 만큼, ~답게
□	14	**~だけに**	~한 만큼, ~인 만큼
□	15	**~だけのことはある** **~だけのことがある**	~만큼의 가치가 있다, ~할 만하다, ~답다
□	16	**~ところをみると**	~것을 보면

시 나 공
01 이유를 나타내는 문법

시나공 01에서는 '감사와 원망의 이유'를 나타내는 문법, '의무, 의지, 판단, 행동의 이유'를 나타내는 문법, '평가, 판단, 행동의 이유'를 강조하는 문법으로 나누어 살펴보도록 하겠습니다. 묘두 이유를 니다내는 표현 들이시반, 제한적인 상황에서만 쓸 수 있는 것들도 있으므로 용법별로 특징을 잘 살펴두어야 합니다.

시험에 **이렇게 나온다!**

次の文の(　　　)に入れるのに最もよいものを、1・2・3・4から一つ選びなさい。

クラシックギターを始めた(　　　)、せめて一年は学んでみるつもりだ。

1 せいで　　　　　2 ことだから　　　　　3 からこそ　　　　　4 からには

해석 클래식 기타를 시작한 이상은 적어도 1년은 배워볼 생각이다.
해설 1번 ～せいでは '～탓으로', 2번 ～ことだから는 '～이니까', 3번 ～からこそ는 '～기 때문에 더욱', 4번 ～からには는 '～한 이상'
　　이라는 뜻으로, 문장 흐름으로 볼 때 이유를 들어 말하는 사람의 의지를 나타내는 문법인 4번 ～からには가 정답이다.　　　**정답 4**

01　～おかげで　　～ 덕택에, ～ 덕분에

접속 동사・い형용사・な형용사・명사의 명사 수식형 ＋ ～おかげで
의미 뒤에 주로 좋은 결과가 오고, 그 결과가 바로 '～ 덕택, ～ 덕분'임을 나타낸다.

応援(おうえん)する
응원하다

金(きん)メダル 금메달

獲得(かくとく)する
획득하다

穏(おだ)やかだ 온화하다

気候(きこう) 기후

作物(さくもつ) 농작물

できがいい 잘되다

バス専用(せんよう)
버스 전용

通勤(つうきん) 통근

応援してくださった皆様のおかげで金メダルが獲得できました。
응원해주신 여러분 덕분에 금메달을 딸 수 있었습니다.

この地方は穏やかな気候のおかげで、作物のできがいいそうだ。
이 지방은 온화한 기후 덕택에, 농사가 잘된다고 한다.

バス専用の道路ができたおかげで、通勤の時間が短くなった。
버스 전용 차로가 생긴 덕분에 통근시간이 짧아졌다.

강의실 생중계!

• ～おかげで는 뒤에 좋은 결과가 오는 긍정적 표현이고, ～せいで, ～ばかりに는 뒤에 좋지 않은 결과가 오는 부정적 표현이라는 것이 시험에서 정답을 찾는 포인트가 되는 경우가 많으니 이 점을 꼭 기억해주세요.

• ～おかげだ(～덕분이다)처럼 문장 끝에 오는 표현으로도 사용되며, おかげさまで처럼 관용적으로 사용되는 경우도 있습니다. 또한 ～おかげで가 부정적인 느낌으로 사용되는 경우도 간혹 있으므로 주의해야 합니다.

02 ～かいがあって / ～かいがある　～한 보람·가치가 있게/～한 보람·가치가 있다

접속 동사 기본형·과거형, 명사＋～の＋～かいがあって·～かいがある

의미 '～을 해서' 좋은 효과나 성과를 얻어 좋은 결과가 되었을 때 사용한다.

苦労(くろう)する 고생하다

第一志望(だいいちしぼう) 제1지망

合格(ごうかく)する 합격하다

素直(すなお)だ 고분고분하다, 순진하다, 순수하다

努力(どりょく)する 노력

研究(けんきゅう) 연구

成功(せいこう)する 성공하다

息子(むすこ) 아들

叱(しか)る 혼내다

繰(く)り返(かえ)す 반복하다

仕事(しごと) 일

忙(いそが)しい 바쁘다

苦労したかいがあって、第一志望の大学に合格できた。

고생한 보람이 있게 1지망 대학에 합격했다.

彼は私の話を素直に聞いてくれるので、アドバイスするかいがある。

그는 내 이야기를 순순히 들어주기 때문에, 조언을 할 가치가 있다.

努力のかいがあって、研究は成功しました。 노력한 보람이 있게, 연구는 성공했습니다.

🎙 강의실 생중계!

- ～の効果(こうか)・成果(せいか)があって(～한 효과·성과가 있어서)라는 의미로 ～おかげで(～한 덕분에)와 비슷합니다. 단, ～おかげで는 다른 사람에게 감사하거나 그 감사를 전하고 싶을 때 자주 사용되는 문법이지만, ～かいがあって는 주로 자신의 행위에 대해서 사용됩니다. 또한 회화체에서는 ～かいあって와 같이 'が'가 생략되는 경우가 많습니다.
- 부정형은 ～かいがなくて(～한 보람이 없이)이며 ～かいもなく(～한 보람도 없이) 형태로 사용되는 경우가 많습니다.
  - 예 息子は叱ったかいもなく、また同じことを繰り返している。 아들은 혼낸 보람도 없이 또 같은 짓을 반복하고 있다.
- ～がいがある는 '～하는 보람이 있다, ～하는 가치가 있다'는 의미로, 의지동사의 행위로 얻어지는 자신의 행위에 대한 보람 및 가치를 나타냅니다. '동사 ます형＋～がい' 형태가 되며 이것은 하나의 명사로 사용됩니다.
  - 예 今の仕事は忙しいが、やりがいがある。 지금 하는 일은 바쁘지만 보람이 있습니다.

03 ～せいで / ～せいか　～(탓)으로 / ～ 탓인지

접속 동사·い형용사·な형용사·명사의 명사 수식형＋～せいで / ～せいか

의미 주로 뒤에 좋지 않은 결과가 오고, 그 결과가 바로 '～ 탓, ～ 때문'임을 나타낸다.

不況(ふきょう) 불황

就職(しゅうしょく) 취직

若者(わかもの) 젊은이

濡(ぬ)れる 젖다

白髪(しらが) 흰머리

増(ふ)える 늘다

髪型(かみがた) 머리모양

不況のせいで、就職できない若者が多いそうだ。

불황으로 취직을 못하는 젊은이가 많다고 한다.

雨に濡れていたせいで、風邪をひきそうです。　비를 맞아서, 감기에 걸릴 것 같습니다.

歳のせいか、最近白髪が増えちゃって髪型を短くした。

나이 탓인지, 요즘 흰머리가 늘어서 머리모양을 짧게 했다.

🎙 강의실 생중계!

- ～せいか는 '단정할 수 없지만 아마 ～ 탓인지'라는 의미입니다.
- ～おかげで는 좋은 결과, ～せいで와 ～ばかりに는 나쁜 결과에 쓰인다는 것을 꼭 기억하세요!

04 ～ばかりに ～ 탓에, ～ 바람에

接続 동사·い형용사·な형용사 명사 수식형 ＋ ～ばかりに
명사 ＋ である ＋ ～ばかりに
意味 나쁜 결과가 되어버려 말하는 사람의 후회나 안타까운 마음을 나타낼 때 사용한다.

渋滞(じゅうたい)する
정체하다. (길이) 막히다
初(はつ)デート 첫 데이트
遅(おく)れる 늦다
癌(がん) 암
かかる 걸리다
差別(さべつ)する
차별하다

道が渋滞していたばかりに、彼女との初デートに遅れてしまった。
길이 막히는 바람에, 그녀와의 첫 데이트에 늦고 말았다.

佐々木さんは40年以上毎日お酒を飲んだばかりに、癌にかかってしまった。
사사키 씨는 40년 이상 매일 술을 마신 탓에 암에 걸리고 말았다.

彼女は女性であるばかりに会社で差別された。
그녀는 여성인 탓에 회사에서 차별당했다.

강의실 생중계!

- 동사에 접속할 경우는 주로 た형에 접속하는 경우가 많으며, 명사에 접속할 경우는 명사 ＋ である ＋ ～ばかりに 형태가 되므로 주의해야 합니다.
- ～おかげで, ～せいで, ～ばかりに는 함께 묶어 각각의 뜻을 구별하여 기억하는 것이 좋습니다.

☑ 시나공 확인 문제

次の文の（　　　）に入れるのに最もよいものを、1·2·3·4から一つ選びなさい。

何かを誤解した（　　　）、間違いだらけの行為をしてしまったという経験は、誰にでもあるでしょう。

1 からには　　　　2 ばかりに　　　　3 おかげで　　　　4 あまりに

해석 뭔가를 오해한 탓에 실수투성이 행위를 해버렸던 경험은 누구에게라도 있을 것입니다.
해설 선택지를 살펴보면 1번 '～하는 이상은', 2번 '～ 탓에', 3번 '～ 덕택에', 4번 '너무 ～한 나머지'이다. 뒤에 부정적인 결과인 間違いだらけの行為をしてしまった가 왔으므로 말하는 사람의 후회나 원망을 나타내는 문법인 2번 ～ばかりに가 정답이다.　　**정답 2**

05	～以上(は)	～한 이상(은), ～인 이상(은)

접속 동사·い형용사의 명사 수식형 ＋ ～以上(いじょう)(は)
　　な형용사·명사 ＋ である ＋ ～以上(は)

의미 이유를 들어 의지나 판단, 희망 등을 나타내는 표현이다.

タバコ 담배
やめる 끊다
我慢(がまん)する 참다
部下(ぶか) 부하
上司(じょうし) 상사
命令(めいれい) 명령
逆(さか)らう 거역하다
任(まか)せる 맡기다
中途半端(ちゅうとはんぱ) 어중간함
嫌(いや)だ 싫다
完璧(かんぺき)だ 완벽하다

タバコをやめると約束した以上、どんなに吸いたくても我慢しなければならない。

담배를 끊겠다고 약속한 이상, 아무리 피우고 싶어도 참아야 한다.

部下である以上は、上司の命令に逆らうわけにはいかない。

부하인 이상은 상사의 명령을 거역할 수는 없다.

任された以上は、中途半端は嫌なので完璧なものにしたいです。

맡은 이상은 어중간한 것은 싫기 때문에 완벽하게 하고 싶습니다.

> **강의실 생중계!**
>
> · 뒷문장에 말하는 사람의 의무, 의지, 희망, 의뢰, 명령, 단정, 추량, 추천, 금지 등을 나타내는 ～べきだ, ～つもりだ, ～はずだ, ～にちがいない, ～なければならない, ～てはいけない, ～てください, ～だろう와 같은 표현이 오는 경우가 많습니다.
> · ～上は, ～からには와 같은 뜻이므로 함께 기억합시다!

06	～から(に)は	～한 이상은, ～인 이상은

접속 동사·い형용사의 보통형 ＋ ～から(に)は
　　な형용사·명사 ＋ である ＋ ～から(に)は

의미 이유를 들어 의지나 판단, 희망 등을 나타내는 표현이다.

実用品(じつようひん) 실용품
使(つか)いやすい 사용하기 편하다
出場(しゅつじょう)する 출장하다, 나가다
勝利(しょうり) 승리
目指(めざ)す 목표로 하다

実用品であるからには、使いやすくなければなりません。

실용품인 이상은 사용하기 편해야 합니다.

試合に出場するからは、勝利を目指します。

시합에 나가는 이상은 승리를 목표로 합니다.

> **강의실 생중계!**
>
> · ～以上は, ～上は와 같은 뜻과 용법이므로 함께 기억해두도록 합니다.
> · に가 생략된 ～からは로 사용되는 경우도 있습니다.

07 ～上は ~한 이상은

접속 동사 기본형·た형＋～上(うえ)は
의미 이유를 들어 의지나 판단, 희망 등을 나타내는 표현이다.

プロポーズ 프러포즈
断(ことわ)る 거절하다
あきらめる 포기하다
主人(しゅじん) 남편
浮気(うわき)する
바람을 피우다
黙(だま)る 입을 다물다

彼女に10回もプロポーズしたが断られた。こうなった上はあきらめるよりほかないだろう。

그녀에게 10번이나 프러포즈했지만 거절당했다. 이렇게 된 이상 포기할 수밖에 없겠지.

友だちの主人が浮気しているのを知った上は、黙ってはいられなかった。

친구 남편이 바람피우는 것을 안 이상은 가만히 있을 수가 없었다.

강의실 생중계!

· ～以上は, ～からには와 같은 뜻과 용법이므로 함께 기억해둡시다.
· ～以上は, ～からには와 뜻은 같지만, ～上は는 동사에만 접속된다는 점을 꼭 기억하세요!
· ～以上は는 は를 생략하는 경우가 있지만, ～上は는 생략하지 않으므로 주의합시다.

☑ 시나공 확인 문제

次の文の（　　　）に入れるのに最もよいものを、1·2·3·4から一つ選びなさい。

医者である（　　　）、患者の病歴は決して口外してはいけない。

1 だけに　　　　　　2 あまり　　　　　　3 以上　　　　　　4 ことから

해석 의사인 이상, 환자의 병력은 결코 입 밖에 내어서는 안 된다.
해설 3번의 ～以上(～하는 이상)가 이유를 들어 말하는 사람의 의무, 의지, 희망 등을 나타낼 때 사용하는 표현이므로 정답이 된다. 같은 뜻인 ～からには, ～上は와 함께 묶어 기억해 두자. 나머지 선택지를 살펴보면, 1번 ～だけに(～만큼, ～답게), 2번 ～あまり(너무 ～한 나머지), 4번 ～ことから(～ 때문에, ～데에서)이다. **정답 3**

접속 명사＋の＋～ことだから
의미 모두 알고 있는 이유나 잘 알고 있는 사람의 성격이나 모습을 근거로 해서 '～이니까 ～ 것이다'라는 의미이다.

金(かね)に細(こま)かい
돈에 인색하다

すんなり 순순히, 쉽게

世話(せわ)好(ず)き
다른 사람을 잘 돌봄

お世話(せわ)をする
보살피다, 돌보다

金に細かい小林さんのことだから、すんなり貸してくれないだろう。
돈에 인색한 고바야시 씨이니까, 순순히 빌려주지 않을 것이다.

世話好きの吉元さんのことだから、あれこれお世話をしてくださるだろう。
남을 돌보기 좋아하는 요시모토 씨이니까 이것저것 보살펴주실 것이다.

60年も前の戦争のことだから、そのことを知っている人はだんだん少なくなってきている。
60년이나 전의 전쟁이니까 그 일을 알고 있는 사람은 점점 줄고 있다.

> **강의실 생중계!**
>
> · 명사(주로 사람에 대해서)에만 사용되며, 접속 형태가 명사 ＋ の ＋ ～ことだから인 점을 꼭 기억해야 합니다.
> · 뒷 문장에는 주로 ～にちがいない, ～だろう와 같은 추량의 의미를 가진 표현이 옵니다.
> · 의미는 같지 않으나, 자주 헷갈리는 ～ものだから와 혼동하지 않도록 주의하세요!

접속 동사・い형용사・な형용사의 명사 수식형 ＋ ～ものだから・～もので
　　　명사 ＋ な ＋ ～ものだから・～もので
의미 이유를 말하거나 개인적인 변명을 할 때 사용하는 표현이다.

パソコン 컴퓨터

飲(の)みすぎる
너무 많이 마시다, 과음하다

嘘(うそ)をつく
거짓말을 하다

ばれる 들통나다

ふられる 거절당하다,
(이성에게) 퇴짜를 맞다

パソコンは毎日使うものだから、便利で使いやすいものにしました。
컴퓨터는 매일 사용하기 때문에 편리하고 사용하기 편한 것으로 정했습니다.

お酒を飲みすぎたものだから、一日中頭が痛いんです。
술을 너무 많이 마셔서 온종일 머리가 아픕니다.

嘘をついたのがばれてしまったものだから、結局ふられてしまった。
거짓말을 한 것이 들통나버려서, 결국 차이고 말았다.

> **강의실 생중계!**
>
> ～ことだから는 모두 알고 있는 이유나 잘 알고 있는 사람의 성격, 모습을 근거로 '～하니까 ～할(일) 것이다'라는 의미로 사용되는 반면, ～ものだから는 주로 개인적인 이유나 변명을 말하고자 할 때 사용됩니다. 이 점을 꼭 기억하세요!

10 ～ことから ～ 때문에, ～ 데에서

접속 동사·い형용사·な형용사의 명사 수식형 + ～ことから
　　　명사 + である + ～ことから
의미 무언가 원인, 계기가 되어 판단하거나, 이름 붙여지거나, 변화됨을 나타낼 때 사용한다.

出会(であ)う 만나다
山地(さんち) 산지
自生(じせい)する 자생하다
名前(なまえ)をつける
이름을 붙이다
雑談(ざつだん)する
잡담하다
怒(おこ)る 혼나다

日本人の彼女に出会ったことから日本に興味を持つようになりました。

일본인 여자친구를 만난 것을 계기로 일본에 관심을 갖게 되었습니다.

富士桜は、富士山の山地に自生していることが多いことから「富士桜」
という名前がつけられたそうです。

후지자쿠라는 후지산 산지에 자생하고 있는 경우가 많다는 데에서 '후지자쿠라'라는 이름이 붙여졌다고 합니다.

授業中友だちと雑談したことから先生に怒られてしまった。

수업 중에 친구와 잡담을 해서 선생님께 혼나고 말았다.

📎 강의실 생중계!

• ～ところから로 쓰는 경우도 있는데, 이때 '～라는 이유로'라는 기본 의미는 같지만 '그 이유 외에
　또 다른 이유가 더 있다'라는 뉘앙스를 풍깁니다.
• 명사＋～から의 형태로 '～가 원인(이유)으로'라는 표현으로도 사용됩니다.
• N1에서도 출제되는 문법이므로 확실히 암기해두도록 합니다.

☑ 시나공 확인 문제

次の文の ＿＿★＿＿ に入る最もよいものを、1·2·3·4から一つ選びなさい。

時間に ＿＿＿＿ ＿＿★＿＿ ＿＿＿＿ とすごく怒られるにちがいない。

1 遅刻する　　　　2 池田先生の　　　　3 厳しい　　　　4 ことだから

해석 시간에 엄격한 이케다 선생님이니까 지각을 하면 굉장히 혼날 것임에 틀림없다.
해설 4번의 명사＋の＋～ことだから가 모두 알고 있는 이유나 잘 알고 있는 사람의 성격이나 모습을 근거로 해서 생각해보면, '～이니
　　까～할(일) 것이다'라고 말하는 표현임을 알면 문장을 쉽게 완성할 수 있다. 우선 池田先生のことだから를 만들어 놓고 나머지를
　　앞뒤에 배치한다. 時間に가 문장 첫머리에 왔으므로 뒤에 厳しい를 연결하고, 1번 遅刻する는 의미상 가장 뒤에 배치하여 문장을
　　완성한다.　　　**정답 4**

〜からこそ 〜이기 때문에, 〜이기에

접속 동사·い형용사·な형용사·명사의 보통형 + 〜からこそ
의미 이유를 강조하는 표현이다.

将来(しょうらい) 장래
心配(しんぱい)する
걱정하다
厳(きび)しい 엄하다
大事(だいじ)だ 소중하다

親はあなたの将来を心配しているからこそ厳しくするのだ。

부모님은 당신의 장래를 걱정하고 있기 때문에 엄하게 하는 것이다.

私にとって大事なあなただからこそ、あなたにとって私も大事な人で
あると思っていた。

나에게 있어 소중한 당신이기 때문에, 당신에게 있어 나도 소중한 사람이라고 생각하고 있었다.

🎧 강의실 생중계!

• 〜からこそ、〜のだ 형태로 사용되는 경우가 많습니다.
• 부정적인 의미를 강조할 때에는 좀처럼 사용되지 않으니 참고하세요.

〜あまり(に) 너무 〜한 나머지

접속 명사 + の + 〜あまり(に)
　　　동사 기본형·た형 + 〜あまり(に)
의미 너무 〜한 나머지 좋지 않은 결과가 되었음을 강조할 때 사용한다.

痛(いた)さ 아픔
叫(さけ)ぶ 소리 지르다
没頭(ぼっとう)する
몰두하다
ゲーム中毒(ちゅうどく)
게임 중독

痛さのあまりに思わず叫んでしまった。

너무 아픈 나머지 나도 모르게 비명을 질러버렸다.

なつかしさのあまり、胸のあたりが痛くなることがある。

너무 그리운 나머지 가슴 주위가 아픈 경우가 있다.

ゲームに没頭するあまりゲーム中毒になってしまった。

게임에 몰두한 나머지 게임 중독이 되어버렸다.

🎧 강의실 생중계!

• 〜あまり 앞에는 주로 감정이나 상태를 나타내는 명사와 동사가 오는 경우가 많습니다.
• 명사 + の + 〜あまり는 あまり + の + 명사 + に 형태로 바꾸어 쓸 수 있습니다.
• い형용사의 경우는 懐かしさ, やさしさ, 悲しみ와 같이 어간에 さ또는 み를 붙여 명사화 한 후에
　접속시킬 수 있습니다.

13 ～だけあって ~한 만큼, ~인 만큼, ~답게

接続 동사·い형용사·な형용사의 명사 수식형 ＋ ～だけあって / 명사 ＋ ～だけあって
意味 '~이니까(그 신분이나 능력 등에 걸맞게) ~다'라는 의미이다.

万能(ばんのう)エンター
テイナー 만능엔터테이너
演技(えんぎ) 연기
ダンス 댄스
隅田公園(すみだこうえ
ん) 스미다 공원
桜(さくら) 벚꽃
名所(めいしょ) 명소
混(こ)む 붐비다
挑戦(ちょうせん) 도전
成功(せいこう)する
성공하다
嬉(うれ)しい 기쁘다

木村は万能エンターテイナーだけあって歌も演技もダンスもうまい。

기무라는 만능엔터테이너답게 노래도 연기도 댄스도 잘한다.

隅田公園は桜の名所として有名なだけあって4月になるとすごく混む。

스미다 공원은 벚꽃 명소로 유명한 만큼 4월이 되면 굉장히 붐빈다.

苦しい挑戦だっただけあって成功できて嬉しくてたまらない。

힘든 도전이었던 만큼 성공해서 너무 기쁘다.

🎵 강의실 생중계!

• 대부분 ～だけに와 같은 의미로 사용되므로 의미를 구별할 필요 없이 그저 외우기만 하면 됩니다.
  다만, ～だけに가 '~이니까, 당연히 ~이다'라는 의미라면 ～だけあって는 '~이니까, 그에 걸맞게
  ~이다'라는 미세한 뉘앙스의 차이가 있다는 것만 알아둡니다!
• 앞에 さすが를 수반하는 경우가 많습니다.

✅ 시나공 확인 문제

次の文の(　　)に入れるのに最もよいものを、1·2·3·4から一つ選びなさい。

あの映画は残酷さの(　　)上映中止になった。

1 あまり   2 以上   3 ところをみると   4 おかげで

해석 저 영화는 너무 잔혹한 나머지 상영중지가 되었다.
해설 공란 앞에 오는 명사의 성격과 형태를 파악하고 있으면 쉽게 풀 수 있는 문제이다. 정답은 주로 감정이나 상태를 나타내는 경우가 많
으며 명사 ＋ の 형태로 접속되는 '너무 ～해서 그 결과 좋지 않은 결과가 되었음'을 나타내는 1번 ～あまり이다. **정답 1**

| 14 | ～だけに | ～한 만큼, ～인 만큼 |

접속 동사·い형용사·な형용사의 명사 수식형 / 명사 + ～だけに
의미 앞 문장이 이유가 되어 그에 걸맞게 당연히 뒷 문장이 된다고 평가, 판단, 생각되어짐을 강조하는 표현이다.

ペラペラだ
술술 말을 잘하다(외국어를
유창하게 말하는 모양)

一生懸命(いっしょうけ
んめい) 열심임

嬉(うれ)しい 기쁘다

楽(たの)しみにする
기대하다

残念(ざんねん)だ
아쉽다, 안타깝다

彼は子供の頃からアメリカに住んでた**だけに**英語がペラペラだ。

그는 어렸을 때부터 미국에서 살았던 만큼 영어를 잘한다.

一生懸命勉強した**だけに**合格できてとても嬉しい。

열심히 공부한 만큼 합격하게 되어 매우 기쁘다.

10年ぶりの海外旅行! 楽しみにしていた**だけに**行けなくなって残念でならない。

10년 만에 가는 해외여행! 기대하고 있었던 만큼 갈 수 없게 되어 너무 아쉽다.

⌀ 강의실 생중계!

· 대부분 ～だけあって와 같은 의미로 사용되므로, 의미를 구별하지 말고 함께 묶어 외워두는 것이
좋습니다.

· ～だけの(～만큼의), ～だけのことはある(～한 만큼의 가치(보람)가 있다), ～だけは～だが(～만
큼은 ～이지만)도 함께 기억해둡시다.

| 15 | ～だけのことはある
～だけのことがある | ～만큼의 가치가 있다, ～할 만하다, ～답다 |

접속 동사·い형용사·명사 보통형, な형용사 명사 수식형 + ～だけのことはある·～だけのことがある
의미 '～에서 기대되는 대로다, ～라는 것에 걸맞다'라는 의미로 감탄하거나 납득하는 표현이다.

すばらしい 훌륭하다
留学(りゅうがく) 유학
大会(たいかい) 대회
1位(い) 1위
取(と)る 잡다, 들다, 쥐다,
따다
一生懸命(いっしょうけん
めい) 열심히
練習(れんしゅう) 연습

このホテルはサービスがすばらしい。5つ星ホテル**だけのことはある**。

이 호텔은 서비스가 훌륭하다. 5성 호텔답다.

彼女は英語が上手だ。アメリカに留学していた**だけのことはある**。

그녀는 영어를 잘한다. 미국에 유학한 만큼의 가치가 있다.

大会で1位を取った。一生懸命練習した**だけのことはある**。

대회에서 1위를 했다. 열심히 연습한 만큼의 가치가 있다.

⌀ 강의실 생중계!

· さすが(과연, 역시), 確(たし)かに(분명히, 확실히), なるほど(과연, 정말), やはり(역시) 등과 자주
함께 쓰입니다.

· ～だけあって, ～だけに(～한 만큼, ～인 만큼)와 같은 의미의 표현으로 ～だけあって, ～だけに
는 문장 중간에, ～だけのことは(が)ある는 문장 끝에 사용됩니다.

16 ～ところをみると　　～ 것을 보면

접속 동사·い형용사·な형용사의 명사 수식형 ＋ ～ところをみると

의미 '～한 모습이나 상황을 보면 ～라고 판단되거나 추측된다'라는 의미이다.

子猫(こねこ) 새끼 고양이

ダンボール 상자

捨(す)てる 버리다

家の前で泣いている子猫がいた。ダンボールがあったところをみると、
捨てられてたようだ。

　　　　　　　　　　　집 앞에서 울고 있는 새끼 고양이가 있었다. 상자가 있었던 것을 보면 버려진 것 같다.

あんなにたくさんの人が見ているところをみると、きっと面白い映画
なのでしょう。
　　　　　　　　　　저렇게 많은 사람들이 보고 있는 것을 보면 분명 재미있는 영화겠지요.

📎 **강의실 생중계!**

· ～ところ는 장면·상황을 나타내는 의미를 갖고 있으므로 그것만 알고 있으면 쉽게 기억할 수 있을
　것입니다.

· ～ところに(～ 상황에), ～ところを(～ 상황을)도 함께 기억해주세요!

問題　次の文の（　　　）に入れるのに最もよいものを、1・2・3・4から一つ選びなさい。

01 給料がこんなに安い（　　　）、この会社に入りたがる人はいないと思う。

　　1 によって　　　　2 以上　　　　　　3 おかげで　　　　4 せいか

02 このドラマは内容の展開が遅すぎる（　　　）、面白くなくなって視聴率が
　　下ってしまった。

　　1 反面　　　　　　2 ところをみると　　3 からには　　　　4 あまり

03 自分が引き受けた仕事は完璧に済ませる田中さんの（　　　）、今回のプロジ
　　ェクトもうまく成功させると思う。

　　1 ばかりに　　　　2 おかげで　　　　　3 ことだから　　　4 ものだから

04 豊島先生が一生懸命に教えてくださった（　　　）、すごくいい点数で合格で
　　きました。

　　1 上は　　　　　　2 ことだから　　　　3 おかげで　　　　4 せいで

05 年末の忘年会の約束が多くて毎日お酒を飲んだ（　　　）、少し太り気味だ。

　　1 せいか　　　　　2 おかげで　　　　　3 からして　　　　4 ところをみると

06 日本は金融機関への公的資金の投入が遅れた（　　　）、不良債権問題を深刻
　　化させ、デフレ不況まで招いた。

　　1 だけあって　　　2 からには　　　　　3 ことだから　　　4 ばかりに

07 明洞は日本人の観光客が多い（　　　）、たいていの商人が日本語が話せる。

　　1 おかげで　　　　2 ことから　　　　　3 あまり　　　　　4 からには

08 ロンドンは「霧の都市」というニックネーム（　　　）、晴れ上がった空がなか
　　なか見られなかった。

　　1 だけあって　　　2 あまり　　　　　　3 せいで　　　　　4 ことだから

09 新入社員の皆さん、入社した（　　　）頑張る、頑張る（　　　）一番になるといった気概を持って仕事に臨んでください。

  1 ことだから   2 ばかりに   3 からこそ   4 からには

10 テニス試合は参加者が少なくて中止になってしまいました。けっこう張りきって準備した（　　　）かなりがっかりしましたね。

  1 だけに   2 上は   3 からには   4 あまり

11 事態がこうなった（　　　）、私が全ての責任を取って退きます。

  1 せいで   2 おかげで   3 ことだから 4 上は

12 体力回復のために肉ばかり食べてた（　　　）、体重が3キロも増えちゃった。

  1 以上は   2 だけあって 3 せいで   4 ところをみると

13 兄弟だ（　　　）思い切りけんかできるし、仲直りも早いと考え、親は入らず見守っています。

  1 だけに   2 ことだから 3 からこそ   4 ことから

14 今朝はこの冬一番の冷え込みなのでしょう。水溜まりの所々に氷が張っている（　　　）明け方は氷点下まで下がったのでしょう。

  1 あまり   2 ところをみると 3 ものだから 4 せいで

15 今朝朝寝坊した（　　　）、朝ごはんを食べず出勤したのでお腹がすいてたまらない。

  1 おかげで   2 からには   3 あまり   4 ものだから

16 彼は緊張の（　　　）スピーチコンテストで一言も言えなかった。

  1 上は   2 からこそ   3 あまり   4 からには

問題　次の文の　＿＿＿★＿＿＿　に入る最もよいものを、1・2・3・4から一つ選びなさい。

01 鈴木さんは ＿＿＿＿ ＿★＿ ＿＿＿＿ ＿＿＿＿ らしい。

1 不倫を疑われてしまった　　　　　　2 奥さんに
3 会食したばかりに　　　　　　　　　4 取引先の女性と

02 彼は「これまでの ＿＿＿＿ ＿＿＿＿ ＿＿＿＿ ＿★＿ と思います」と語った。

1 今がある　　　　2 苦労が　　　　　3 からこそ　　　　4 あった

03 ＿＿＿＿ ＿＿＿＿ ＿★＿ ＿＿＿＿ 、彼はまた遅刻したようだ。

1 いる　　　　　　2 ところを　　　　3 みると　　　　　4 走って

04 この間 ＿★＿ ＿＿＿＿ ＿＿＿＿ ＿＿＿＿ すぐ壊れてしまった。

1 買った　　　　　2 安い　　　　　　3 だけあって　　　4 ノートブックは

05 ＿★＿ ＿＿＿＿ ＿＿＿＿ ＿＿＿＿ しなければいけないと思いました。

1 生まれてきたからには　　　　　　　2 いい生き方を
3 人として　　　　　　　　　　　　　4 人としての

06 この辺は ＿＿＿＿ ＿★＿ ＿＿＿＿ ＿＿＿＿ のレストランが多い。

1 多い　　　　　　2 外国人向け　　　3 外国人が　　　　4 だけに

07 ダイエットを ＿＿＿＿ ＿＿＿＿ ＿★＿ ＿＿＿＿ があってもぜったい食べまい。

1 以上　　　　　　2 いくら　　　　　3 決心した　　　　4 おいしそうなケーキ

08 料理がうまい女性と ＿＿＿＿ ＿＿＿＿ ＿＿＿＿ ＿★＿ 。

1 おかげで　　　　2 食事の時間が　　　3 楽しくなった　　4 結婚した

가정조건, 평가의 시점을 나타내는 문법

이 장에서 배울 문법은 '가정조건, 평가의 시점을 나타내는 문법'입니다.
본격적인 학습에 앞서 자신이 알고 있는 문법이 어느 정도인지 □에 체크해보세요.

가정조건, 평가의 시점을 나타내는 문법

시나공 02에서는 '만약 어떤 상황이 된다면, 또는 되어도 ~할 것이다'라는 가정조건과 어떤 사항을 평가할 때의 시점을 나타내는 문법을 배우도록 하겠습니다.

시험에 이렇게 나온다!

次の文の ＿＿★＿＿ に入る最もよいものを、1·2·3·4から一つ選びなさい。

最近はインスタントコーヒーの ＿＿＿＿ ＿＿★＿＿ ＿＿＿＿ が楽しめます。

1 お湯さえ　　　　2 おかげで　　　　3 おいしいコーヒー　　　　4 あれば

해석 요즘은 인스턴트 커피 덕분에 뜨거운 물만 있으면 맛있는 커피를 즐길 수 있습니다.

해설 문장을 구성할 수 있는 능력을 평가하는 문제이다. ~さえ~ば는 '~만 ~하면'이라는 의미로 어떤 상황이 성립하는 데 필요한 조건을 가정하는 데 사용하는 표현이다. 2번 ~おかげで는 '~ 덕분에, ~ 덕택에'라는 의미이다.　　　　**정답** 1

17	~さえ~ば	~만 ~하면, ~만 ~이면

접속 동사 ます형 + ~さえすれば·동사 + て형 + さえいれば
い형용사 어간 + くさえ~ば
な형용사 어간 + でさえ~ば
명사 + さえ + ~ば

의미 어떤 상황이 성립하는 데에 '~만 ~하면'이라는 가장 필요한 조건을 가정하는 표현이다.

辛(つら)い 힘들다, 괴롭다
家賃(やちん) 집세
塾(じゅく) 학원
成績(せいせき)が上(あ)
がる 성적이 오르다

生活がどんなに辛くてもあなたさえいれば生きていける。
생활이 아무리 힘들더라도 당신만 있으면 살아갈 수 있다.

交通が便利でさえあれば家賃は高くてもかまいません。
교통이 편리하기만 하면 집세는 비싸도 상관없습니다.

塾に行きさえすれば成績が上がるわけではない。
학원에 가기만 하면 성적이 오르는 것은 아니다.

강의실 생중계!

· ~さえ는 '~조차'라는 의미의 조사이지만, ~さえ~ば로 사용되면 '~만 ~하면'이라는 뜻이 됩니다. 이때 '~만'이라는 의미로 ~だけ, ~ばかり 등과는 바꾸어 쓸 수 없으므로 주의하세요.

18 ～としたら・～とすれば・～とすると ～라고 하면

접속 동사・い형용사・な형용사・명사의 보통형＋～としたら・～とすれば・～とすると
의미 '만약 ～라고 가정한다면'이라는 의미로 가정조건을 나타낸다.

相手(あいて) 상대방
条件(じょうけん) 조건
求(もと)める 요구하다.
바라다
国王(こくおう) 국왕

結婚するとしたら、相手にどんな条件を求めますか。

결혼한다면 상대방에게 어떤 조건을 바랍니까?

だれかが「君は頭いいよね」と言ったとすれば、それは「君は勉強ができるよね」という意味です。

누군가가 '너는 머리가 좋구나'라고 말했다면 그것은 '너는 공부를 잘하네'라는 의미입니다.

もしあなたが国王になるとしたら、どんな国を作りたいですか。

만약 당신이 왕이 된다고 하면 어떤 나라를 만들고 싶습니까?

🎧 강의실 생중계!

～とする(～라고 (가정)하다)를 기본으로, 조건・가정 표현인 ～と, ～ば, ～たら를 연결하여 '～라고 하면'으로, ～ても를 연결하여 ～としても(～라고 해도)의 형태로도 쓸 수 있습니다.

19 ～として(も) ～라고 해(도) / ～로서(도)

접속 동사・い형용사의 보통형＋～として(も)
　　　　な형용사・명사＋～である＋～として(も) / 명사＋～として(も)
의미 가정의 의미를 가진 부사가 앞에 올 경우 '만약 ～라고 가정을 하더라도'라는 의미로 해석되며, 부사가 앞에 오지 않을 경우 '～입장, 자격 등으로서도'라는 의미로 해석되는 경우가 많다.

賛成(さんせい) 찬성
大西洋(たいせいよう) 대서양
横断(おうだん) 횡단
飛行士(ひこうし) 비행사

仮に皆が賛成したとしても私はその計画に賛成できません。

가령 모두가 찬성했다고 해도 저는 그 계획에 찬성할 수 없습니다.

たとえ親に反対されるとしても私は彼女と結婚します。

설령 부모님이 반대한다고 해도 저는 그녀와 결혼하겠습니다.

彼女は女性として初めて大西洋を横断した飛行士らしい。

그녀는 여성으로서 처음으로 대서양을 횡단한 비행사라고 한다.

🎧 강의실 생중계!

• '～로서(의)'의 의미로 사용할 경우 '명사＋～として(も)' 형태로 접속하므로 주의해야 한다.
• たとえ ～としても, 仮に ～としても와 같이 앞에 '가령, 설령'과 같은 가정을 나타내는 표현이 오는 경우가 많습니다.
• ～として(～로서)의 형태로도 자주 출제되므로 참고하세요.

20 ～ないことには ～하지 않고서는

접속 동사 ない형 + ～ないことには
의미 '～하지 않으면 ～하지 않는다'라는 가정의 의미이다.

直接(ちょくせつ) 직접
健康(けんこう) 건강
いくら 아무리
お金持(かねも)ち 부자
値下(ねさ)げする
가격을 내리다

彼に直接聞いてみないことには、その話が本当かどうか分からない。
　　　　　　　　　　　　　그에게 직접 물어보지 않고서는 그 이야기가 사실인지 어떤지 알 수 없다.

健康でないことには、いくらお金持ちでも幸せになれない。
　　　　　　　　　　　　　건강하지 않고서는, 아무리 부자라도 행복해질 수 없다.

この店は商品の価格を値下げしないことにはお客さんは増えないと思う。
　　　　　　　　　　　　이 가게는 상품 가격을 내리지 않으면 손님은 늘지 않을 것이라 생각한다.

강의실 생중계!

～なければ와 같은 뜻입니다. 뒷 문장에는 항상 부정형이 온다는 것이 핵심 포인트이므로 꼭 기억하세요.

☑ 시나공 확인 문제

次の文の（　　　）に入れるのに最もよいものを、1・2・3・4から一つ選びなさい。

ブームとして一時的にヒットした（　　　）、時間経過とともにそのヒットがさめてしまうようではパワーブランドとはいえない。

1 ものなら　　　　　　2 としても　　　　　　3 あまり　　　　　　4 からには

해석 붐으로서 일시적으로 크게 인기를 얻었다고 해도, 시간이 지남과 함께 그 인기가 식어버릴 것 같으면 파워브랜드라고는 말할 수 없다.
해설 2번 ～としても(～라고 해도)는 '만약 ～라고 가정을 하더라도'라는 의미로 정답이 된다. 또한 ～としても는 '～입장, 자격으로서'의 뜻도 갖고 있다. 선택지 1번 ～ものなら(～하다면), 3번 ～あまり(～한 나머지), 4번 ～からには(～한 이상은)의 의미도 알아두자!

정답 2

21 たとえ〜ても　설령 ~라고 해도

접속 たとえ + 각 품사의 て형 + 〜ても
의미 '설령 ~하더라도'라는 의미로, 뒤의 결과가 ~와는 관계없음을 나타내는 역접의 가정조건 표현이다.

嘘(うそ) 거짓말
終(お)える 끝내다
無理(むり)だ 무리다
努力(どりょく) 노력

たとえ小さなことでも嘘をついてはいけません。
> 설령 작은 일이라고 해도 거짓말을 해서는 안 됩니다.

たとえ一日が48時間であってもこの仕事を一日で終えるのは無理だ。
> 설령 하루가 48시간이라고 해도 이 일을 하루에 끝내는 것은 무리다.

たとえ頭がよくなくても努力さえすればできないことはない。
> 설령 머리가 좋지 않다고 해도 노력만 하면 못 할 일은 없다.

강의실 생중계!

문법파트뿐 아니라 어휘파트에서도 종종 나오는 표현이므로 반드시 외워두는 것이 좋습니다.

22 〜ては / 〜ていては　~해서는・~하고는 / ~하고 있어서는

접속 동사의 て형 + 〜ては・〜ていては
의미 순접의 가정조건과 동작의 반복을 나타내는 두 가지 용법이 있다.

真面目(まじめ)だ
진지하다, 성실하다
失礼(しつれい)だ 실례다
破(やぶ)る 찢다
繰(く)り返(かえ)す
반복하다
残業(ざんぎょう) 잔업
壊(こわ)す
부수다, 고장 내다

彼は真面目に言っているのだから、笑っては失礼だろう。
> 그는 진지하게 말하고 있으니까, 웃으면 실례야.

少し書いては破り、また書いては破りを繰り返して手紙を書き上げた。
> 조금 쓰고서는 찢고, 또 쓰고서는 찢고를 되풀이해서 편지를 완성했다.

毎日そんなに遅くまで残業をしていては体を壊しますよ。
> 매일 그렇게 늦게까지 잔업을 하고 있어서는 건강을 해쳐요.

강의실 생중계!

· 동작이 몇 번이나 반복되는 것을 강조하고 싶은 경우는 '〜ては〜、〜ては〜'와 같이 반복된 형태로 사용됩니다.
　예 書いては破り、破っては書いて手紙を書き上げた。
　　쓰고서는 찢고 찢고서는 써서 편지를 완성했다.
· 순접의 가정조건을 나타내는 용법에서는 바람직하지 않은 조건을 가정합니다.

23	〜ものなら	〜하다면

접속 동사 가능형 + 〜ものなら
의미 '만약 〜하다면'이라는 뜻으로, 주로 실현이 어렵거나 가능성이 적은 것을 희망하거나 명령할 때 사용한다.

忘(わす)れる 잊다
戻(もど)す 되돌리다
タバコ 담배
やり直(なお)す
(처음부터) 다시 하다

あの日のことは忘れたい。時間を戻せるものなら戻したい。

그날의 일은 잊고 싶다. 시간을 되돌릴 수 있다면 되돌리고 싶다.

思いのままタバコがやめられるものならやめたい。

생각한 대로 담배를 끊을 수 있다면 끊고 싶다.

人生をやり直せるものならやり直したい。

인생을 다시 시작할 수 있다면 다시 시작하고 싶다.

강의실 생중계!

• 동사 가능형에 접속하여 〜ものなら〜たい(〜할 수 있다면 〜하고 싶다)의 형태로 가장 많이 사용됩니다.
• 동사 의지형에 접속하여 〜(よ)うものなら(만약 〜한다면)의 뜻으로도 종종 출제되므로 참고하세요.
  예 あんな無責任な人と同業しようものなら、失敗するに決まっているからやめた方がいいと思うよ。
  저런 무책임한 사람과 동업한다면, 실패할 것이 뻔하기 때문에 그만두는 편이 좋다고 생각해.

24	〜ようなら(ば)・〜ようであれば・〜ようだったら	〜할 것 같으면, 〜할 경우에는

접속 동사・い형용사의 보통형 / な형용사의 명사 수식형 + 〜ようなら(ば)・〜ようであれば・〜ようだったら
의미 '〜것 같은 경우는, 〜것 같으면'이라는 뜻으로 상대에게 판단을 맡길 때 사용하는 가정조건의 표현이다.

到着(とうちゃく) 도착
遅(おく)れる
늦다, 시간보다 늦다
連絡(れんらく) 연락
手伝(てつだ)う 돕다

薬を飲んでもよくならないようなら、病院へ行ってきなさい。

약을 먹어도 좋아지지 않는 경우에는, 병원에 다녀오세요.

到着が遅れるようであれば、あらかじめ連絡をください。

도착이 늦을 것 같으면, 미리 연락을 주십시오.

忙しいようだったら、私が手伝うよ。

바쁠 것 같으면, 내가 도울게.

강의실 생중계!

양태의 〜ようだ(〜것 같다)의 가정형으로, 주로 상대의 입장이나 마음을 생각한 완곡한 표현으로 사용됩니다.

25 ～をぬきにして(は) ～를 빼고서(는)

접속 명사 + ～をぬきにして(は)
의미 '～을 빼고 · ～을 생각하지 않고 · ～ 없이는 ～할 수 없다, ～하기 어렵다'라는 의미이다.

給料(きゅうりょう)
급료, 월급

満足(まんぞく) 만족

韓国料理(かんこくりょ
うり) 한국요리

語(かた)る 이야기하다

おしゃべりをする
이야기를 하다, 수다를 떨다

皆さんはボーナスをぬきにして、給料はいくらぐらいもらえれば満足できますか。
여러분은 보너스를 빼고 월급은 얼마 정도 받으면 만족할 수 있습니까?

韓国料理はキムチを抜きにしては語ることができません。
한국요리는 김치를 빼고서는 논할 수 없습니다.

今日は難しい話はぬきにして、楽しくおしゃべりしましょう。
오늘은 어려운 이야기는 빼고, 즐겁게 이야기합시다.

📎 **강의실 생중계!**

- 명사에 접속되는 것이 특징입니다. 조사를 바꾸어 ～はぬきにして가 되면 '～는 생략하고, ～는 빼고'라는 의미가 되는데, 이 역시 자주 출제되는 표현이므로 함께 외워둡시다.

- ～ぬき, ～ぬきで, ～ぬきに, ～ぬき의 형태로도 활용할 수 있습니다.

☑ 시나공 확인 문제

次の文の（　　　）に入れるのに最もよいものを、1・2・3・4から一つ選びなさい。

インターネットで買ったワンピースを取り替えられる（　　　）取り替えたいが配送料がかかるのでどうしようか悩んでいる。

1 ものなら 　　　　　2 ないことには 　　　　3 上は 　　　　　4 おかげで

해석 인터넷으로 산 원피스를 바꿀 수 있다면 바꾸고 싶은데 배송료가 들기 때문에 어떻게 할지 고민하고 있다.

해설 1번 ～ものなら(만약 ～하다면)는 주로 실현이 어렵거나 가능성이 적은 것을 희망하거나 명령할 때 사용하는 표현으로, 동사의 가능형에 접속하는 경우가 많다. 공란 앞의 동사가 가능형인 것이 답을 찾는 힌트가 된다. 2번 ～ないことには(～하지 않고서는), 3번 ～上は(～하는 이상은), 4번 ～おかげで(～ 덕분에)라는 뜻이다. **정답 1**

| | 26 | ~にしろ・~にせよ | ~라고 해도 |

접속 동사·い형용사의 보통형 / な형용사 어간 / 명사 + ~にしろ・~にせよ
의미 '~라 해도, ~라 가정하더라도'라는 의미이다.

責任(せきにん) 책임
ほっておく 내버려 두다
たった 단, 경우, 단지
日本語能力試験(にほんごのうりょくしけん)
일본어능력시험
合格(ごうかく)する
합격하다
やりつづける
(앞으로도) 계속 하다

私に責任はないにしろ、このままほっておけない。

나에게 책임은 없다고 해도 이대로 내버려 둘 수 없다.

たった一日にせよ、今の私には一人だけの時間が必要です。

단 하루라 하더라도 지금의 저에게는 혼자만의 시간이 필요합니다.

> **강의실 생중계!**
>
> · 말하는 사람의 의견·의심·납득 불가·비난·평가를 나타내는 역접·양보의 표현으로도 사용됩니다.
> 例 どんな理由があるにせよ、男は女に手をつけてはいけないと思う。
>   어떤 이유가 있다고 해도 남자는 여자에게 손을 대서는 안 된다고 생각한다.
> · ~にしろ~にしろ, ~にせよ~にせよ와 같이 병렬하여 '(어떠한 경우) ~든 ~든, (어느 쪽) ~도 ~도'라는 의미로 출제되는 경우도 있습니다.
> 例 日本語能力試験に合格するにしろしないにしろ、日本語の勉強はやりつづけるつもりです。 일본어능력시험에 합격하든 못하든 일본어 공부는 계속 할 생각입니다.
> · いずれにせよ(어차피) 형태로 관용적으로 사용되기도 합니다.

| | 27 | ~たところで | ~해 봤자 |

접속 동사 た형 + ~たところで
의미 '~해 봤자 결과는 예상이나 기대에 어긋나는 쓸데없는 결과 또는 도움이 되지 않는 결과'라는 의미이다.

いまさら 이제 와서
奇跡(きせき)が起(お)こる 기적이 일어나다
勝(か)つ 이기다
納得(なっとく)させる
이해시키다. 납득시키다
朝寝坊(あさねぼう)する
늦잠 자다
タクシー 택시
会議(かいぎ) 회의
時間(じかん)に間(ま)に合(あ)う 시간에 맞추다

いまさら頑張ったところで奇跡が起こらないかぎり勝てないだろう。

이제 와서 노력해 봤자 기적이 일어나지 않는 한 이기지 못할 것이다.

あなたがいくら話をしたところで私を納得させることはできないからもうやめて。

당신이 아무리 이야기를 해 봤자 나를 납득시킬 수는 없으니까 이제 그만둬.

朝寝坊しちゃってタクシーで行ったところで会議の時間に間に合えない。

늦잠 자서 택시로 가 봤자 회의시간에 맞추지 못한다.

> **강의실 생중계!**
>
> · 중요 문법인 ~たところ(~했더니, ~하자)와 혼동하지 않도록 주의합니다.
> · 앞에 たとえ(설령, 가령) 또는 いくら(아무리) 등이 오는 경우가 많습니다.

28 ~わりに(は) ~에 비해서(는)

접속 동사·い형용사·な형용사·명사의 명사 수식형 + ~わりに(は)
의미 '~로 보아 ~할 것이라고 생각되나 그것과는 달리, 의외로'라는 의미이다

泊(と)まる 묵다

旅館(りょかん) 여관

快適(かいてき)だ
쾌적하다

すごす 보내다. 지내다

コスメショップ
화장품 가게

品質(ひんしつ) 품질

価格(かかく) 가격

観光客(かんこうきゃく)
관광객

大人気(だいにんき)
대인기

手間(てま)がかかる
시간, 수고가 들다

旅行で泊まった旅館は駅からも近く値段のわりには快適にすごせました。

여행에서 묵은 여관은 역에서도 가깝고 가격에 비해서는 쾌적하게 지낼 수 있었습니다.

韓国のコスメショップは品質のわりには価格が安いので日本人の観光客に大人気です。

한국의 화장품 가게는 품질에 비해서는 가격이 싸기 때문에 일본인 관광객에게 대인기입니다.

あの料理は手間がかかるわりに、なかなかおいしくはできなくてもう作りたくなくなりました。

그 요리는 만드는 데 드는 수고에 비해 좀처럼 맛있게 만들어지지 않아서 더 이상 만들고 싶지 않아졌습니다.

> 🎙 **강의실 생중계!**
>
> ~にしては(~치고는)와 거의 같은 의미로 사용되는데, ~わりには는 주로 '~의 정도에 비해서 ~하는 것이 부적합함'을 문제 삼고 있고, ~にしては는 주로 다른 사람을 비판하거나 평가할 때 쓰는 표현인 것이 특징입니다.

☑ 시나공 확인 문제

次の文の(   )に入れるのに最もよいものを、1·2·3·4から一つ選びなさい。

あの映画は評価が高かった(   )、興行には失敗した。

1 わりには   2 せいで   3 ものなら   4 としても

해석 저 영화는 평가가 높았던 것에 비해서, 흥행에는 실패했다.

해설 1번 ~わりには(~에 비해서는)는 '~로 보아 ~할 것이라고 생각되나 그것과는 달리, 의외로'라는 의미로 ~にしては(~치고는)와
비슷한 뜻이다. 2번 ~せいで(~ 탓으로), 3번 ~ものなら(만약 ~하다면), 4번 ~としても(~라고 해도)라는 의미이므로 정답이
될 수 없다.   **정답 1**

29 ～にしては　～치고는

접속 명사 / 동사 보통형 + ～にしては
의미 '일반적으로 예상되어지는 것과는 다르게, ～치고는'이라는 의미이다.

けちだ 인색하다

プレゼント 선물

びっくりする 깜짝 놀라다

専攻(せんこう)する
전공하다

うまい 맛있다,
훌륭하다, 솜씨가 좋다

乗(の)り越(こ)える
극복하다

一流(いちりゅう) 일류

活躍(かつやく)する
활약하다

けちな田中さんにしては高いプレゼントを買ってくれて嬉しいながら
もびっくりした。
　　　　　　　　　　　　인색한 다나카 씨치고는 비싼 선물을 사주어서 기쁘면서도 깜짝 놀랐다.

彼女は日本語を専攻したにしては日本語がうまくない。
　　　　　　　　　　　　그녀는 일본어를 전공한 것치고는 일본어를 잘 못한다.

彼はバスケットボール選手にしては背が低いが、それを乗り越えて一
流選手になって活躍している。
　　　　　　　　　　　　그는 농구선수치고는 키가 작지만 그것을 극복하고 일류 선수가 되어 활약하고 있다.

> **강의실 생중계!**
>
> ～にしては와 ～わりには는 의미상 비슷하므로 함께 묶어서 기억하는 것이 좋습니다.

30 ～向き　～에게 적합한, ～용

접속 명사 + ～向(む)き
의미 '～용, ～에게 맞는, ～에게 적합한'이라는 의미이다.

初心者(しょしんしゃ)
초보자, 초급자

教材(きょうざい) 교재

対象(たいしょう)にする
대상으로 하다

表(あら)わす 나타내다

これは初心者向きの教材です。　　　이것은 초보자에게 적합한 교재입니다.

「日本人向き商品」は日本人を向いた商品で、「日本人向け商品」は日本
人を対象にした商品を表わします。
'일본인에게 맞는 상품'은 일본인에게 적합한 상품이고, '일본인용 상품'은 일본인을 대상으로 한 상품을 나타냅니다.

友だちと冬向きの服を買いにデパートへ行ったが、とても高くて手が
出なかった。　　　친구와 겨울용 옷을 사러 백화점에 갔는데 너무 비싸서 살 엄두가 나지 않았다.

> **강의실 생중계!**
>
> • ～向きだ(～에게 적합하다), ～向きの(～에게 적합한), ～向きに(～에게 적합하게)의 형태로도 사용됩니다.
> • ～向け와 혼동하는 경우가 많으나, ～向き가 '～에게 알맞고 적합함'을 뜻한다면, ～向け는 '～을 대상으로 함'을 뜻하므로 헷갈리지 않도록 합시다.

問題　次の文の（　　　）に入れるのに最もよいものを、1・2・3・4から一つ選びなさい。

01 息子は時間（　　　）あれば、ゲームばかりしていてとても困っている。

　　1 だけ　　　　　　2 さえ　　　　　　3 のみ　　　　　　4 ばかり

02 もしも、芸能人と付き合える（　　　）、誰と付き合いたいですか。

　　1 としたら　　　　2 としても　　　　3 からには　　　　4 にしろ

03 どんないい商品でも宣伝しない（　　　）利用者は増えません。

　　1 ものなら　　　　2 たところで　　　　3 ことには　　　　4 ものだから

04 医学の発展にしたがって（　　　）癌にかかっても、早期発見さえすれば
　　ほとんど治ることができます。

　　1 あまり　　　　　2 あえて　　　　　3 たとえば　　　　4 たとえ

05 今住んでいるアパートは駅から近い（　　　）家賃も高くなくて大満足です。

　　1 だけに　　　　　2 あまり　　　　　3 わりに　　　　　4 ものなら

06 いくら完璧そうな人（　　　）短所とかコンプレックスはあるはずだ。

　　1 をぬきにしては　　2 だから　　　　3 だけあって　　　　4 にしろ

07 日本を語る場合、日中関係（　　　）何も語れないと言われるほど、日本は
　　中国と古来密接な関係を持って来た。

　　1 を通して　　　　2 をきっかけに　　　3 をぬきにしては　　　4 をめぐって

08 恋人のためのケーキ作り！初挑戦（　　　）うまくできたと思う。

　　1 にしろ　　　　　2 ばかりに　　　　3 からこそ　　　　4 にしては

09 今になって謝った（　　　）彼女は許してくれないだろう。

1 以上　　　　　　　2 ものだから　　　3 ところで　　　　　4 とすれば

10 このプロジェクトが失敗しよう（　　　　）、私はこの会社にいられなくなるだろう。

1 にしても　　　　　2 上は　　　　　　3 ものなら　　　　　4 と思う

11 最近は世間に疲れている人の心を温めてくれる大人（　　　）の絵本が人気があるそうだ。

1 向く　　　　　　　2 向き　　　　　　3 向ける　　　　　　4 向け

12 もし転職する（　　　　）、やはり条件の一番目は給与ですね。

1 以上は　　　　　　2 たところで　　　3 とすれば　　　　　4 ものなら

13 この携帯電話は値段の（　　　　）機能があまりついていない。

1 向きに　　　　　　2 ところをみると　3 向けに　　　　　　4 わりには

14 健康的なダイエットではなく、やせれる（　　　）オススメできないダイエット方法も多いです。

1 としても　　　　　2 にしては　　　　3 あまり　　　　　　4 からこそ

15 好き（　　　）嫌い（　　　　）、いったん約束したからにはしなければならない。

1 にして　　　　　　2 とか　　　　　　3 にせよ　　　　　　4 やら

16 たとえ（　　　　）彼女がはじめて作ってくれた料理だから食べないわけにはいかない。

1 まずいし　　　　　2 まずくても　　　3 まずくなければ　　4 まずいから

問題　次の文の ＿＿＿＿ ★ ＿＿＿＿ に入る最もよいものを、1・2・3・4から一つ選びなさい。

01 いくら ＿＿＿＿ ＿＿＿＿ ★ ＿＿＿＿ 何でも買ってあげられる。

　　1 ためなら　　　　2 高い　　　　　　3 にせよ　　　　　　4 あなたの

02 妻に ＿＿＿＿ ★ ＿＿＿＿ ＿＿＿＿ と言われてしかたなくやめることにした。

　　1 離婚する　　　　2 やめない　　　　3 タバコを　　　　　4 ことには

03 誕生 ＿＿＿＿ ＿＿＿＿ ＿＿＿＿ ★ はならないと思って買ってきました。

　　1 ぬきにして　　　2 パーティーに　　3 誕生　　　　　　　4 ケーキを

04 ＿＿＿＿ ★ ＿＿＿＿ ＿＿＿＿ のは私も分かっています。

　　1 後悔し　　　　　2 もう遅い　　　　3 たところで　　　　4 いまさら

05 私の娘は ★ ＿＿＿＿ ＿＿＿＿ ＿＿＿＿ モデルになって大活躍しています。

　　1 女性にしては　　2 それを生かして　3 背が高くて　　　　4 心配だったが

06 このレストランは ＿＿＿＿ ＿＿＿＿ ★ ＿＿＿＿ です。

　　1 味もいいし　　　2 デート向きだ　　3 という評判　　　　4 雰囲気もいいので

07 私が ＿＿＿＿ ★ ＿＿＿＿ ＿＿＿＿ すぐにでも行きます。

　　1 ものなら　　　　2 できる　　　　　3 行って　　　　　　4 解決

08 ★ ＿＿＿＿ ＿＿＿＿ ＿＿＿＿ お客さんだから敬語を使わなければならない。

　　1 子供　　　　　　2 小さな　　　　　3 たとえ　　　　　　4 でも

한눈에 미리 보기

부정의 형태를 취하는 문법

이 장에서 배울 문법은 '부정의 형태를 취하는 문법'입니다.
본격적인 학습에 앞서 자신이 알고 있는 문법이 어느 정도인지 □에 체크해보세요.

부정

□ 31	～わけがない	～할 리가 없다, ～일 리가 없다
□ 32	～はずがない	～할 리가 없다, ～일 리가 없다
□ 33	～っこない	～할 리가 없다
□ 34	～どころではない	～할 상황이 아니다
□ 35	～わけではない	반드시 ～ 것은 아니다
□ 36	～欠かさず・～欠かさない・～欠かせない	～빠뜨리지 않고·～빠뜨릴 수 없다
□ 37	～ないで	～하지 말고, ～하지 않고 / ～하지 마
□ 38	～ずに	～하지 않고
□ 39	～でなければ	～하지 않으면, ～이(가) 아니면
□ 40	～ものか	～할까 보냐
□ 41	～ないことはない	～하지 않는 것은 아니다
□ 42	～ないものでもない・～ないでもない・～なくもない・～なくはない	～하지 않는 것도 아니다
□ 43	～というものではない	～라는 것은 아니다
□ 44	～とは思えない	～라고는 생각되지 않는다, ～라고는 느껴지지 않는다
□ 45	～とはかぎらない	～라고는 할 수 없다
□ 46	～ことは～が、～ない	～기는 ～지만, ～지 않다

강제

□ 47	～ざるをえない	～하지 않을 수 없다
□ 48	～ないわけにはいかない	～하지 않을 수가 없다
□ 49	～ずにはいられない	～하지 않고는 있을 수 없다
□ 50	～ないではいられない	～하지 않고서는 있을 수 없다

시나공 03 부정의 형태를 취하는 문법

시나공 03에서는 어떤 사실을 부정 또는 부분적으로 부정하거나 소극적으로 긍정하는 문법, 또는 심리적으로 그렇게 하지 않을 수 없다고 말하고 싶을 때 사용하는 문법에 대해 살펴보겠습니다.

시험에 이렇게 나온다!

次の文の(   )に入れるのに最もよいものを、1・2・3・4から一つ選びなさい。

いつも遊んでばかりいる彼が試験に合格できる(   )ですよ。

1 っこない　　　**2** というものではない　　　**3** わけがない　　　**4** ことはない

해석 항상 놀고만 있는 그가 시험에 합격할 수 있을 리가 없어요.

해설 3번 ～わけがない는 '～할 리가 없다'라는 뜻이다. 1번 ～っこない도 '～할 리가 없다'는 의미로 같은 뜻이 있지만 동사 ます형에 접속해야 하므로 정답이 될 수 없다. 또한, 2번 ～というものではない는 '～라는 것은 아니다', 4번 ～ことはない는 '～할 필요는 없다'라는 의미이므로 정답이 될 수 없다. **정답 3**

| 31 | ～わけがない | ～할 리가 없다, ～일 리가 없다 |

접속 동사・い형용사・な형용사・명사의 명사 수식형 + ～わけがない
의미 어떤 사실을 근거로 하여, 그러한 일은 당연히 없다는 주관적인 강한 부정을 나타내는 표현이다.

ペーパードライバー
장롱 면허
腕(うで)がいい
솜씨가 좋다
食材(しょくざい)
식재(료)
新鮮(しんせん)だ
신선하다

あんなかっこよくて優しい彼が恋人がいないわけがないんじゃないですか。
저런 멋지고 자상한 그가 애인이 없을 리가 없지 않습니까?

ペーパードライバーの彼女が安全に運転できるわけがない。
장롱 면허인 그녀가 안전하게 운전할 수 있을 리가 없다.

どんなに作る人の腕がよくても、食材が新鮮でなければおいしいわけがない。
아무리 만드는 사람의 솜씨가 좋아도, 식재료가 신선하지 않으면 맛있을 리가 없다.

강의실 생중계!

• 더욱 강조하고 싶을 때에는 ～わけはない(～할 리는 없다)의 형태로도 사용됩니다.
• ～はずがない와 ～っこない도 같은 의미로 사용되므로 함께 기억해두세요!

49

32 〜はずがない 〜할 리가 없다, 〜일 리가 없다

접속 동사·い형용사 보통형 / な형용사·명사의 명사 수식형 + 〜はずがない
의미 '절대로 〜지 않다, 〜의 가능성이 전혀 없다'는 의미의 강한 부정을 나타낸다.

宝(たから)くじ 복권
当(あ)たる 당첨되다
秘密(ひみつ) 비밀
知(し)る 알다

宝くじなんて買っても、当たるはずがないよ。

복권 같은 거 사도, 당첨될 리가 없어요.

ちゃんと約束したんだから、彼が来ないはずがない。どうしたのかなあ。

분명히 약속했기 때문에, 그가 오지 않을 리가 없다. 어떻게 된 걸까?

それは私とあなただけの秘密だから、彼女が知っているはずがない。

그것은 나와 너의 비밀이니까, 그녀가 알고 있을 리가 없다.

강의실 생중계!

- 〜ないはずがない(〜하지 않을 리가 없다)는 이중부정이 되기 때문에 〜はずだ(〜할(일) 것이다)
  와 같은 의미가 됩니다.
- 〜わけがない(〜할(일)리가 없다), 〜っこない(〜할 리가 없다)와 같은 의미의 표현입니다.

33 〜っこない 〜할 리가 없다

접속 동사 ます형 + 〜っこない
의미 '절대로 〜할 리가 없다'라는 주관적인 강한 부정을 나타내는 표현이다.

残業(ざんぎょう)
잔업, 야근
誘(さそ)う 권(유)하다
立場(たちば) 입장
おとなしすぎる
너무 얌전하다

彼女は仕事が忙しくて毎日残業していると言ってたから誘っても行きっこないよ。

그녀는 일이 바빠서 매일 야근하고 있다고 말했었으니까 가자고 해도 절대로 갈 리가 없어.

相手の立場になってみなければ、相手の気持ちはわかりっこないと思う。

상대방의 입장이 되어 보지 않으면 결코 상대방의 마음은 이해할 리가 없다고 생각한다.

あの子はおとなしすぎて、わからなくても聞きっこないよ。

저 아이는 너무 얌전해서, 몰라도 절대로 물어볼 리가 없어.

강의실 생중계!

뜻은 〜わけがない, 〜はずがない와 같지만, 〜っこない는 접속 형태가 동사 ます형이며 회화체
표현이라는 차이점을 구별하여 암기하세요!

34 ～どころではない　～할 상황이 아니다

접속 명사 / 동사 보통형 + ～どころではない
의미 '～할 여유가 없다, ～할 상황·형편이 아니다'라는 강한 부정을 나타내는 표현이다.

せっかく 모처럼
パーティー 파티
ゲスト 게스트, 손님
もてなす 대접하다
気(き)を使(つか)う
신경쓰다
卒論(そつろん) 졸업논문
就職活動(しゅうしょく
かつどう) 취직활동

こんなに忙しいのに、何言っているのか。今それどころではないのよ。

이렇게 바쁜데 무슨 소리를 하고 있는 거야. 지금 그럴 상황이 아니야.

せっかくのパーティーだったのに、ゲストをもてなすことに気を使い、
パーティーを楽しむどころではなかった。

모처럼의 파티였는데, 손님을 대접하는 것에 신경 쓰느라, 파티를 즐길 상황이 아니었다.

まだ卒論ができなくて卒業も危ないのだから、就職活動どころではない。

아직 졸업논문이 완성되지 않아서 졸업도 위태롭기 때문에 취직활동을 할 상황이 아니다.

> **강의실 생중계!**
>
> ～どころではなく(～할 상황(형편)이 아니라) 형태로도 출제되는 경우가 있습니다.

35 ～わけではない　반드시 ～ 것은 아니다

접속 동사·い형용사·な형용사의 명사 수식형 + ～わけではない
의미 반드시 ～ 것은 아니다'라는 부분 부정을 나타내는 표현이다.

見込(みこ)み 가망, 가능성
規則(きそく) 규칙
あらゆる 모든, 온갖
適用(てきよう)される
적용되다

韓国人だからといってだれもが韓国語が教えられるわけではない。

한국인이라고 해서 누구나가 한국어를 가르칠 수 있는 것은 아니다.

全然見込みがないわけではないが、あまり期待はしないでください。

전혀 가능성이 없는 것은 아니지만, 너무 기대는 하지 말아주세요.

この規則はあらゆる場合に適用されるわけではない。

이 규칙은 모든 경우에 적용되는 것은 아니다.

> **강의실 생중계!**
>
> • 앞이 부정형인 ～ないわけではない 가 되면 '～지 않는 것은 아니다'로 부분적으로 긍정하는 의미가
>   됩니다.
> • 앞에 ～という가 붙어 ～というわけではない(～라는 것은 아니다), 조사를 바꾸어 ～わけでも
>   ない(～인 것도 아니다)의 형태로도 자주 사용됩니다.
> • 긍정형인 ～わけだ는 '～인 셈이다, ～ 것도 당연하다, ～할 만하다'라는 의미입니다.
>   예 「山田さん、アメリカで育ったんですって。」 야마다 씨, 미국에서 자랐대요
>   「どうりで漢字が苦手なわけですね。」 어쩐지 한자가 서투를 만하네요.

접속 명사＋～に・～も・～を・～が＋～欠(か)かさず・～欠かさない・～欠かせない

의미 欠かす(빠뜨리다, 빼다, 거르다)의 부정형과 가능형의 부정형으로, 조건이나 양 등이 없거나 부족하면 성립이 안 됨을 나타낸다.

健康(けんこう) 건강

朝食(ちょうしょく)
아침식사

欠(か)かす 빠뜨리다, 거르다

過(す)ごす 지내다

人生(じんせい) 인생

音楽(おんがく) 음악

健康のために朝食は欠かさず食べるようにしています。

건강을 위해서 아침식사는 거르지 않고 먹도록 하고 있습니다.

クリスマスを過ごすのにケーキは欠かせない。

크리스마스를 보내는데 케이크는 빠뜨릴 수 없다.

私の人生に音楽は欠かせない。　　나의 인생에 음악은 빠뜨릴 수 없다.

🖋 강의실 생중계!

～欠かせない(～빠뜨릴 수 없다)는 '절대적으로 필요한, 필요불가결한'이라는 강한 의미입니다. ～欠くことができない(～빠뜨릴 수 없다), ～なくてはならない(～없으면 안 된다)로 바꾸어 말할 수 있습니다.

☑ 시나공 확인 문제

次の文の(　　　)に入れるのに最もよいものを、1・2・3・4から一つ選びなさい。

スポーツなら何でもできる彼が水泳ができない(　　　)。

1 どころではない　　2 わけではない　　3 わけがない　　4 というものではない

해석 스포츠라면 뭐든지 할 수 있는 그가 수영을 못할 리가 없다.

해설 정답인 3번 ～わけがない(～할 리가 없다)는 어떤 사실을 근거로 하여 '그러한 일은 당연히 없다'라는 주관적인 강한 부정을 나타낸다. 1번 ～どころではない(～할 상황이 아니다), 2번 ～わけではない(반드시 ～것은 아니다), 4번 ～というものではない(～라는 것은 아니다). 부정의 형태를 취하는 문법의 의미를 확실히 이해하고 기억한다면 간단히 답을 골라낼 수 있다. **정답** 3

37 ～ないで ～하지 말고, ～하지 않고 / ～하지 마

접속 동사 ない형 ＋ ～ないで
의미 문장 중간에 쓰이면 '～하지 않고 ～하다'라는 의미이며, 문장 끝에 쓰이면 '～하지 마'라는 지시의 의미이다.

運転(うんてん)する
운전하다
事故(じこ) 사고
危(あぶ)ない 위험하다
急(いそ)ぐ 서두르다
体調(たいちょう)
몸 상태, 컨디션
無理(むり)する 무리하다

シートベルトをしないで車を運転したら、事故の時に危ないですよ。

안전벨트를 하지 않고 차를 운전하면, 사고 때에 위험해요.

まだ時間あるから、そんなに急がせないでよ。

아직 시간 있으니까, 그렇게 재촉하지 마.

体調が悪いときは、無理しないでね。 몸 상태가 안 좋을 때는, 무리하지 마.

강의실 생중계!

- 문장 중간에 사용되는 ～ないで는 ～なくて와 구별하여 기억해야 합니다. ～なくて는 '～하지 않아서, ～가 없어서, ～가 아니어서'라는 의미로, 앞의 내용이 원인·이유가 되어 뒤의 결과가 초래되는 경우에 사용됩니다.
  예 お金がないで買えない。(✕) 돈이 없고 살 수 없다.
    お金がなくて買えない。(○) 돈이 없어서 살 수 없다.
- ～ないで가 문말에 사용되면 '～하지 마라, ～하지 마세요'라는 의미로, ～ないでください(～하지 마세요)에서 ください가 생략된 형태입니다.

38 ～ずに ～하지 않고

접속 동사 ない형 ＋ ～ずに
의미 '～하지 않고'라는 부정을 나타낸다.

休(やす)む 쉬다
あきらめる 포기하다
挑戦(ちょうせん)する
도전하다
続(つづ)ける 계속하다
大切(たいせつ)さ 중요함
欲(ほ)しい 원하다, 바라다

体調が悪い時は、無理せずに休んでください。

컨디션이 안 좋을 때는, 무리하지 말고 쉬세요.

あきらめずに挑戦し続けることの大切さを実感した。

포기하지 않고 계속해서 도전하는 것의 중요함을 실감했다.

セールだと聞いて来てみたが、欲しいものがなかったので、何も買わずに店を出た。 세일이라고 듣고 와 봤는데, 원하는 물건이 없어서, 아무것도 사지 않고 가게를 나왔다.

강의실 생중계!

- ～ないで(～하지 않고)와 같은 의미이지만, ～ずに가 좀 딱딱한 표현입니다. 뒤에 다른 동작을 나타내는 동사가 와서 전체적으로 '～하지 않은 상태로 ～하다'라는 문장을 만듭니다.
- する에 접속될 때에는 しずに가 아니라 せずに로 활용된다는 점에 주의해야 합니다.

접속 な형용사 부정형 / 명사 ＋～でなければ

의미 뒤에 부정어를 수반하여 '～하지 않으면, ～않다'는 의미를 나타낸다.

話上手(はなしじょうず)
이야기를 잘함

聞(き)き上手(じょうず)
이야기를 잘 들음

痛(いた)み 아픔

決(けっ)して 결코

公平(こうへい)だ
공평하다

話上手な人は、聞き上手でなければいけない。

말솜씨가 좋은 사람은 남의 이야기를 잘 듣지 않으면 안 된다.

痛みはその人でなければ決して分からないことだ。

아픔은 그 사람이 아니면 결코 모르는 것이다.

先生は生徒に公平でなければならない。　　선생님은 학생에게 공평하지 않으면 안 된다.

🖉 강의실 생중계!

'～じゃなければ'로 바꾸어 사용할 수 있습니다.

접속 동사·い형용사·な형용사의 명사 수식형 ＋～ものか
명사 ＋ な ＋～ものか

의미 '결코 ～하지 않을 것이다'라는 의미를 반어법을 사용하여 '～할까 보냐, ～하나 봐라'라고 감정적으로 표현할 때 사용한다.

わがままだ
제멋대로다. 버릇이 없다

忠告(ちゅうこく) 충고

任(まか)せる 맡기다

捨(す)てる 버리다

捜(さが)す 찾다

わがままな高橋さんがあなたの忠告なんか聞くものか。

제멋대로인 다카하시 씨가 당신의 충고 같은 것을 들을 것 같냐.

こんな大事なことをあなたに任せるものか。　　이런 중요한 일을 너에게 맡길까 보냐.

🖉 강의실 생중계!

• 회화체나 친한 사이에서는 ～もんか로 사용할 수 있습니다.
　예 私たちを捨てた母なんか捜す**もんか**。 우리를 버린 엄마따위 찾을까 보냐.

• 반면 상대방에게 '～할 것 같습니까?'와 같이 정중하게 이야기할 때는 ～ものですか를 사용합니다.

• N2 필수문법인 ～ことか는 '얼마나 ～하던지'라는 정도를 강조하는 표현으로, 전혀 다른 뜻이므로 혼동하지 않도록 주의합시다.

41 ～ないことはない ～하지 않는 것은 아니다

접속 동사·い형용사·な형용사의 ない형 + ～ないことはない
의미 '～라는 가능성이 없다고는 말할 수 없다'는 뜻으로, 이중 부정 형태로 표현할 때 사용한다.

似合(にあ)う 어울리다
太(ふと)る 살찌다
あまり 그다지, 별로
頼(たの)み 부탁

その服は似合わ**ないことはない**けど、ちょっと太って見える。

그 옷은 어울리지 않는 것은 아니지만, 좀 뚱뚱해 보인다.

お酒やタバコをやめるのは難しいが、やめられ**ないことはない**。

술과 담배를 끊는 것은 어렵지만, 끊을 수 없는 것은 아니다.

あまりやりたくない仕事だが、あなたの頼みならやら**ないこともない**。

별로 하고 싶지 않은 일이지만, 네 부탁이라면 못할 것도 없다.

> **강의실 생중계!**
>
> · 조사를 바꾸어 ～ないこともない(～지 않는 것도 아니다)로도 자주 사용하며, 좀 더 강조된 표현입니다.
> · 형태가 비슷한 동사 기본형 + ～ことはない(～할 것은 없다, ～할 필요는 없다)와 혼동하지 맙시다!

42 ～ないものでもない・～ないでもない・～なくもない・～なくはない ～하지 않는 것도 아니다

접속 동사·い형용사·な형용사의 ない형 + ～ないものでもない・～ないでもない・～なくもない・～なくはない
의미 '경우에 따라서는 ～하다, 조금은 ～할 수 있다, 조금은 ～라고 느낀다'는 의미로, 가능성이 있는 것을 나타낸다.

謝(あやま)る 사과하다
許(ゆる)す 용서하다
値段(ねだん) 가격
正(ただ)しい
옳다, 바르다, 맞다
一度(いちど) 한 번

彼がきちんと謝ってさえくれれば、許してやら**ないでもない**。

그가 제대로 사과만 한다면, 용서해 줄 수도 있다.

この値段なら買え**ないでもない**。 이 가격이라면 사지 못할 것도 없다.

彼が言っていることが、正しいと思わ**なくもない**。

그가 말하고 있는 것이, 옳다고 생각하지 않는 것도 아니다.

この店のステーキはおいし**くなくはない**が、もう一度来ようとは思わない。 이 가게의 스테이크는 맛있지 않은 것은 아니지만, 다시 한 번 오려고 생각하지는 않는다.

> **강의실 생중계!**
>
> ～わけではない(반드시 ～ 것은 아니다)와 비슷한 표현으로, 일부를 부정 또는 긍정하여 단정적이고 직설적인 표현을 피하고 두리뭉실하게 말하는 일본인이 좋아하는 애매한 표현입니다.

접속 명사 / 동사·い형용사·な형용사의 보통형 ＋～というものではない
의미 '(항상·반드시) ～라고는 말할 수 없다'라는 의미이다.

金銭感覚(きんせんかん
かく) 금전 감각

変(か)える 바꾸다

当(あ)たり前(まえ)だ
당연하다

スポーツカー 스포츠카

スピード 스피드, 속력

状態(じょうたい) 상태

金銭感覚は絶対変えられないというものでもないと思います。

금전 감각은 절대 바꿀 수 없는 것도 아니라고 생각합니다.

当たり前だけど、スポーツカーだからどこでもスピードを出してもい
いというものではない。

당연한 얘기지만, 스포츠카니까 아무곳에서나 속력을 내도 된다는 것은 아니다.

ただ待っているだけで今の状態がよくなるというものではない。

단지 기다리고 있는 것만으로 지금 상태가 좋아지는 것은 아니다.

📎 강의실 생중계!

• 조사를 바꾸어 ～というものでもない(～라는 것도 아니다)로도 사용되고, 이는 좀 더 강조하는 표
현입니다.
• 긍정형인 ～というものだ(정말 ～라는 것이다)는 단정을 나타내는 표현으로 혼동하지 않도록 합시다!

☑ 시나공 확인 문제

次の文の(　　　　)に入れるのに最もよいものを、１·２·３·４から一つ選びなさい。

高所恐怖症のある木村さんがバンジジャンプをしに行く(　　　　)。

1 ことは行くが 　　　　 2 ものか 　　　　 3 どころではない 　　　　 4 わけではない

해석 고소공포증이 있는 기무라 씨가 번지점프를 하러 갈 것 같냐.

해설 2번 ～ものか(～할까 보냐)는 '절대로 ～하지 않을 것이다'라는 의미를 반어 사용하여 '～할까 보냐, ～하나 봐라'라고 감정적으로 표
현할 때 사용한다. 따라서 문맥상 가장 적절하므로 정답이 된다. 1번 ～ことは～が(～기는 ～지만), 3번 ～どころではない(～할 상황
이 아니다), 4번 ～わけではない(반드시 ～ 것은 아니다)의 의미도 정확히 알아두자. **정답 2**

44 ～とは思えない ～라고는 생각되지 않는다, ～라고는 느껴지지 않는다

접속 동사 · い형용사 · な형용사의 보통형 / 명사 + ～とは思(おも)えない
의미 아무리 해도 ～라고는 느껴지지 않고, 믿을 수 없는 사정이 있는 경우에 사용한다.

怒(おこ)る 화내다, 꾸짖다
謝(あやま)る 사과하다
済(す)む 끝나다, 해결되다, 되다

彼女は65歳とは思えないほど若く見える。

그녀는 65세라고는 믿을 수 없을 만큼 젊어 보인다.

私は彼がそんな事を言ったとは思えない。

나는 그가 그런 말을 했다고는 생각되지 않는다.

彼はかなり怒っているようなので、謝って済むとは思えないのですが。

그는 상당히 화나 있는 것 같아서, 사과해서 될 것이라고는 생각되지 않는데요.

> **강의실 생중계!**
>
> 思える(생각할 수 있다, 생각되다, 느껴지다)를 활용한 표현으로, ～とも思えない(～라고도 생각되지 않는다, ～라고도 느껴지지 않는다)의 형태로도 사용됩니다.

45 ～とはかぎらない ～라고는 할 수 없다

접속 동사 · い형용사 · な형용사의 보통형 / 명사 + ～とは限(かぎ)らない
의미 '대부분은 ～라고 할 수 있지만, 예외도 있다'는 의미의 부분부정 표현이다.

事実(じじつ) 사실
話題(わだい) 화제
必(かなら)ずしも 반드시

彼がどんなに有名でも、みんなが彼を知っているとは限らない。

그가 아무리 유명해도, 모두가 그를 안다고는 할 수 없다.

新聞に書かれていることが事実とは限らない。

신문에 쓰여 있는 것이 사실이라고는 할 수 없다.

話題の映画だからといって、必ずしもおもしろいとは限らない。

화제의 영화라고 해서 반드시 재미있다고는 할 수 없다.

> **강의실 생중계!**
>
> いつも(언제나, 늘), 必ずしも(반드시, 꼭), 全部(전부, 모두), 誰でも(누구라도), いつでも(언제라도), 全て(모두, 전부) 등과 함께 사용하는 경우가 많고, ～とは言えない(～라고는 할 수 없다)와 바꾸어 말할 수 있습니다.

ことは〜が、〜ない   〜기는 〜지만, 〜지 않다

접속 동사・い형용사・な형용사・명사의 명사 수식형 ＋〜ことは〜が、〜ない
의미 '(일단) 〜기는 〜지만 그러나'라는 의미이다.

不便(ふべん)だ 불편하다
以前(いぜん) 이전
フランス語(ご) 프랑스어
全部(ぜんぶ) 전부
覚(おぼ)える 기억하다

私の部屋は狭いことは狭いが、生活するにはあまり不便じゃないです。

제 방은 좁기는 좁지만, 생활하는 데는 그다지 불편하지 않습니다.

以前フランス語を勉強したことはしたが、もう5年前のことで今はまったく覚えていない。

전에 프랑스어를 공부하기는 했지만, 벌써 5년 전의 일이라서 지금은 전혀 기억나지 않는다.

🎧 강의실 생중계!

〜ことはの 앞뒤에는 같은 단어가 옵니다.

〜ざるをえない   〜하지 않을 수 없다

접속 동사 ない형 ＋〜ざるをえない (단, する → せざるをえない)
의미 본인의 의사가 아닌 피할 수 없는 사정・상황에 의해 '〜하지 않을 수가 없음'을 나타낼 때 사용한다.

妨(さまた)げる 방해하다
避(さ)ける 피하다
経済的(けいざいてき)
경제적
学業(がくぎょう) 학업
若者(わかもの) 젊은이(들)
事態(じたい) 사태

何かをせざるをえないというのは、それを妨げたり避けたりできないという意味である。   뭔가를 할 수 밖에 없다는 것은, 그것을 방해하거나 피할 수 없다는 의미이다.

最近、経済的な理由で学業をあきらめざるをえない若者が増えている。

요즘 경제적인 이유로 학업을 포기할 수밖에 없는 젊은이들이 늘고 있다.

事態がこうなったのはあなたに責任があると言わざるをえないです。

사태가 이렇게 된 것은 당신에게 책임이 있다고 말하지 않을 수 없습니다.

🎧 강의실 생중계!

〜ないわけにはいかない(〜하지 않을 수 없다), 〜なければならない(〜하지 않으면 안 된다)와 비슷한 뜻이지만 보다 강제력이 있는 문어체 표현입니다.

48 　～ないわけにはいかない 　～하지 않을 수가 없다

접속 동사 ない형 + ～ないわけにはいかない
의미 '(사회적, 심리적 등의 사정·이유로) ～할 수밖에 없다'라는 의미이다.

体(からだ)の調子(ちょうし) 몸 상태
飲(の)み会(かい) 술자리
同期(どうき) 동기
歓迎会(かんげいかい) 환영회
イベント 이벤트
失業(しつぎょう) 실업
貯金(ちょきん) 저금
わずか 조금

体の調子が悪くて会社を休みたかったが、大事な会議があって行かないわけにはいかなかった。
　　　　　　몸 상태가 안 좋아서 회사를 쉬고 싶었지만, 중요한 회의가 있어서 가지 않을 수가 없었다.

私はあまりお酒が好きじゃないが、同期の飲み会や歓迎会などのイベントには参加しないわけにはいかない。
　　　　　　나는 그다지 술을 좋아하지 않지만, 동기 모임이나 환영회 등의 이벤트에는 참가하지 않을 수가 없다.

夫も失業したし、貯金も残りわずかなので、もう私が働かないわけにはいかない。　　　　남편도 실업했고, 저금도 조금밖에 안 남아서, 이제 내가 일을 하지 않을 수가 없다.

📎 강의실 생중계!

• ～ざるをえない와 거의 같은 의미로 사용되므로 함께 묶어 외워두세요.
• ～わけにはいかない(～할 수는 없다)도 함께 학습해둡시다! → 시나공 10 문장 끝에 쓰이는 문법 (2) 참고

49 　～ずにはいられない 　～하지 않고는 있을 수 없다

접속 동사 ない형 + ～ずにはいられない (단, する → せずにはいられない)
의미 '～하지 않고서는 참을 수가 없어서 ～하게 되어버린다'는 의미로 어떠한 상황으로 인해 '～하려는 마음이 생김'을 나타내는 표현이다.

ショップホリック 쇼퍼홀릭
セール 세일
驚(おどろ)く 놀라다

お酒を飲むと別れた彼女に電話をせずにはいられなくなってしまう。
　　　　　　술을 마시면 헤어진 그녀에게 전화를 걸지 않고는 있을 수 없게 되어버린다.

ショップホリックの彼女はセールだと聞いたら何でも買わずにはいられないらしい。　　　　쇼퍼홀릭인 그녀는 세일이라고 하면 뭐든지 사지 않고서는 못 배긴다고 한다.

あのニュースを聞いて驚かずにはいられなかった。
　　　　　　그 뉴스를 듣고 놀라지 않을 수가 없었다.

📎 강의실 생중계!

• ～ないではいられない와 같은 의미로 함께 기억하세요!
• 말하는 사람의 기분을 표현하는 것이기 때문에 기본적으로 주어가 1인칭인 경우가 대부분이며, 다른 사람에 관해 이야기할 경우에는 뒤에 ～ようだ, ～らしい 등이 붙는 경우가 많습니다.

50 ～ないではいられない ～하지 않고서는 있을 수 없다

접속 동사 ない형 + ～ないではいられない

의미 '～하지 않고서는 참을 수가 없어 ～하게 되버린다'는 의미로 어떠한 상황으로 인해 '～하려는 마음이 생김'을 나타내는 표현이다.

一目惚(ひとめぼ)れする
첫눈에 반하다

恋(こい)に落(お)ちる
사랑에 빠지다

文句(もんく)を言(い)う
불평, 불만을 늘어놓다

性分(しょうぶん)
(타고난) 성품, 성미

彼女に出会った瞬間、一目惚れして恋に落ちないではいられなかった。
그녀를 만난 순간, 첫눈에 반해서 사랑에 빠지지 않을 수 없었다.

いつも文句ばかり言っている彼に一言言わないではいられない。
항상 불평만 늘어놓고 있는 그에게 한마디 하지 않을 수가 없다.

父は困っている人を見ると助けてあげないではいられない性分なのだ。
아버지는 곤란에 처한 사람을 보면 도와주지 않고서는 못 배기는 성품이다.

강의실 생중계!

～ずにはいられない와 같은 의미로 함께 기억하세요!

시나공 확인 문제

次の文の ＿★＿ に入る最もよいものを、1·2·3·4から一つ選びなさい。

髪を ＿＿＿ ＿＿＿ ＿＿＿ ＿★＿。

1 学校の
2 切らざるをえなかった
3 伸ばしたかったが
4 規則なので

해석 머리를 기르고 싶었지만 학교 규칙이라서 자르지 않을 수 없었다.

해설 ～ざるをえない는 '～하지 않을 수 없다'라는 의미로 피할 수 없는 사정, 상황에 의해 '～하지 않을 수가 없음'을 나타내는 표현이다. ～ないわけにはいかない와 함께 기억해두도록 합니다.

정답 2

▶ 정답과 해설 25쪽

적중 예상 문제

問題　次の文の（　　　）に入れるのに最もよいものを、1・2・3・4から一つ選びなさい。

01 最近の若者は「自分の力ではどうせやってもでき（　　　）」と自分の限界を決めてすぐあきらめてしまう人が多いようです。

1 わけがない
2 ざるをえない
3 ないわけにはいかない
4 っこない

02 わたしは仕事でしばしば海外に行くので、あちこち旅行できてうらやましいとみんなに言われるが、いつも忙しくて見物する（　　　）。

1 というものではない
2 どころではない
3 ないではいられない
4 わけがない

03 全ての人が若い頃の夢を実現できる（　　　）。

1 わけではない
2 はずがない
3 どころではない
4 ずにはいられない

04 金額が大きくて私には支払えないので、親に援助を頼ま（　　　）。

1 ないことはない
2 ないではいられない
3 ずにはいられない
4 ざるをえない

05 けちな田中さんも初デートのときはおごら（　　　）だろう。

1 ないことはない
2 ないわけにはいかない
3 ないではいられない
4 っこない

06 僕は生の魚を食べ（　　　）んですが、あまり好きじゃないんです。

1 っこない
2 ざるをえない
3 ないわけにはいかない
4 ないことはない

07 彼女に断られる確率100％に近いとわかっていながらも、告白し（　　　）。

1 ずにはいられなかった
2 ないではいられなかった
3 ざるをえなかった
4 ないわけにはいかなかった

08 水泳を学んだ（　　　）学んだが、なかなか泳げない。

1 ところは
2 わけは
3 ことは
4 ものは

09 運転がうまい人は必ずしも事故を起こさないという（　　　）。

　　1 わけではない　　　2 どころではない　　3 ざるをえない　　　4 ことはない

10 日本でまともな研究ができない人が、アメリカの大学院で成功する（　　　）じゃないですか。

　　1 ものか　　　　　　2 わけではない　　　3 わけがない　　　　4 どころではない

11 先輩や同僚を招待するにあたり、上司を招待し（　　　）ですよね。

　　1 ざるをえない　　　　　　　　　2 っこない
　　3 ずにはいられない　　　　　　　4 ないわけにはいかない

12 私がIT業界で一番いいと思うところは、IT自体がすごい勢いで発展しつづけており、「いつも新しい」ので、つねに勉強せ（　　　）ことだ。

　　1 ないではいられない　　　　　　2 どころではない
　　3 ざるをえない　　　　　　　　　4 わけがない

13 彼女は最近子供が生まれたばかりなので、映画（　　　）らしい。

　　1 しかない　　　　　　　　　　　2 どころではない
　　3 ものか　　　　　　　　　　　　4 というものではない

14 私の十八番は「愛さ（　　　）」という歌です。

　　1 ざるをえない　　　　　　　　　2 ないわけにはいかない
　　3 ずにはいられない　　　　　　　4 ないものではない

15 話は理解されることが本質であり、自分の意見をただ言いさえすればいい（　　　）。理解されないのは自分の説明が悪いからである。

　　1 というものではない　　　　　　2 わけがない
　　3 ものか　　　　　　　　　　　　4 どころではない

16 一度失敗したくらいであきらめる（　　　）。また挑戦するぞ。

　　1 ことか　　　　　　　　　　　　2 どころではない
　　3 ものか　　　　　　　　　　　　4 というものではない

次の文の ___★___ に入る最もよいものを、1・2・3・4から一つ選びなさい。

01 将来何が _____ _____ _____ ___★___ わよ。

    1 誰にも   2 わかりっこない   3 なんて   4 起こるか

02 国が関与を _____ _____ ___★___ _____ 。

    1 教育が   2 強めれば   3 というものではない   4 よくなる

03 日本では月にうさぎがいると _____ _____ ___★___ _____ 。

    1 されているが   2 わけがない   3 うさぎがいる   4 月に

04 お酒が好きじゃないのに、_____ _____ _____ ___★___ 会社員が少なくないらしい。

    1 仕事上で   2 お酒を飲まざるをえない
    3 接待や飲み会など   4 という

05 自分の夢を追って努力している人もいるはずですし、___★___ _____ _____ _____ はずです。

    1 どころではない   2 夢   3 という人もいる   4 仕事に追われて

06 山頂から眺める景色のすばらしさとは。自然が _____ ___★___ _____ _____ 。

    1 世界に   2 感動
    3 せずにはいられなかった   4 作り出す

07 妹の宝物の _____ ___★___ _____ _____ 。

    1 CDプレーヤーを   2 あやまらない
    3 壊してしまったから   4 わけにはいかない

08 ただ単に成功すればいいわけじゃない。_____ _____ ___★___ _____ 。

    1 成功のために   2 というわけではない
    3 何でも   4 すればいい

시나공
04

관계를 나타내는 문법(1)

이 장에서 배울 문법은 '관계를 나타내는 문법(1)'입니다.
본격적인 학습에 앞서 자신이 알고 있는 문법이 어느 정도인지 □에 체크해보세요.

관련, 대응

□	51	~たび(に)	~때마다
□	52	~おきに・~ごとに	~ 걸러, ~ 간격으로
□	53	~によって/~による	~에 따라/~에 따른
□	54	~をきっかけに・~を契機に	~을 계기로
□	55	~につけ(ても)	~과 관련하여 항상, ~때마다
□	56	~に応じて	~에 따라서, ~에 맞게
□	57	~を~として/~を~とする/~を~とした	~을 ~로 하여/~을 ~로 하는/~을 ~로 한

부가

□	58	~はもちろん・~はもとより	~은 물론(이고)
□	59	~うえ(に)	~한데다가, ~인데다가
□	60	~も~ば、~も	~도 ~하고, ~도
□	61	~に加えて	~에 덧붙여, ~에 더하여
□	62	~をかねて	~을 겸해서
□	63	~だって	~라도, ~역시

무관계, 무시, 예외

□	64	~を問わず	~을 불문하고, ~에 관계없이
□	65	~にかかわらず	~에 관계없이, ~에 상관없이
□	66	~によらず	~에 관계없이, ~에 의하지 않고
□	67	~はともかく(として)	~은 차치하고, ~은 어찌됐든
□	68	~は別として・~は別にして	~은 차치하고, ~은 제쳐놓고, ~은 어찌됐든
□	69	~もかまわず	~도 신경 쓰지 않고, ~도 아랑곳하지 않고

시나공 04 관계를 나타내는 문법(1)

시나공 04에서는 앞 문장과 뒷 문장의 관계를 나타내는 문법을 살펴보도록 하겠습니다. 관계를 나타내는 문법은 시나공 04와 시나공 09 두 장으로 나누어 정리하고 연습합니다. 우선 이번 장에서는 관련 · 대응, 부가, 무관계 · 무시 · 예외의 의미를 가진 문법을 다루었습니다. 우리말로 해석했을 때 의미상 혼동하기 쉽거나, 함께 묶어 기억하면 유용한 문법들을 강의실 생중계를 꼼꼼히 챙겨가며 학습하도록 합시다.

시험에 **이렇게 나온다!**

次の文の ＿＿★＿＿ に入る最もよいものを、1・2・3・4から一つ選びなさい。

今回の試験は ＿＿＿＿ ＿＿★＿＿ ＿＿＿＿ ＿＿＿＿。

1 筆記試験の成績   2 限定します

3 によって   4 口述試験の対象者を

해석 이번 시험은 필기시험 성적에 따라서 구술시험 대상자를 뽑습니다.

해설 4개의 선택지를 이용해서 문장을 구성하려고 하면 '~에 따라서 ~을 ~합니다'라는 그림이 그려질 것이다. 따라서 1-3-4-2번의 순으로 배열하면 된다. ~によっては '~에 따라, ~에 따른'이라는 의미로 '~에 따라서 뒤의 사항이 달라짐'을 나타낸다. **정답 3**

---

51 ～たび(に) ~ 때마다

접속 명사 + の + ～たび(に) / 동사 기본형 + ～たび(に)
의미 '~할 때마다 항상 같은 결과가 됨'을 나타낼 때 사용한다.

操作(そうさ) 조작

効果音(こうかおん) 효과음

鳴(な)る 울리다

わずらわしい 성가시다

出張(しゅっちょう) 출장

ちなむ 관련되다

和菓子(わがし) 일본 과자

楽(たの)しみにする 즐거움으로 삼다, 기대하다

このパソコンは何か操作をするたびに効果音が鳴るのがわずらわしいですが、この音は消すことができますか。
> 이 컴퓨터는 뭔가 조작을 할 때마다 효과음이 나는 것이 성가신데, 이 소리는 없앨 수 있습니까?

彼女に会うたびにどんどんきれいになっていくのに本当に驚かされます。
> 그녀를 만날 때마다 점점 예뻐져 가는 것에 정말 놀랍니다.

夫が東京出張のたびに買ってきてくれる季節にちなんだ和菓子を私はいつも楽しみにしている。
> 남편이 도쿄 출장 때마다 사오는 계절에 따른 화과자를 나는 항상 기대하고 있다.

🎧 **강의실 생중계!**

비슷한 의미의 '～につけ(ても)(~와 관련하여 항상, ~ 때마다)와 비교해서 학습해두세요.

접속　명사 + 〜おきに・〜ごとに
의미　주로 '초·분·시간·거리'를 나타내는 명사에 붙어 '〜걸러, 〜마다, 〜간격으로'의 의미로 사용된다.

空港(くうこう) 공항
秒(びょう) 초
地域(ちいき) 지역
違(ちが)う 다르다, 틀리다
失敗(しっぱい)する
실패하다
成長(せいちょう)する
성장하다
週間(しゅうかん) 주간
変(かわ)る 바뀌다, 변하다
皮(かわ) 껍질, 가죽, 겉면

この薬は、6時間おきに飲んでください。　　이 약은 6시간 간격으로 드세요.

空港行きのバスは15分おきに出ます。　　공항행 버스는 15분 간격으로 출발합니다.

このタイマーは30秒ごとに音がなる。　　이 타이머는 30초 간격으로 소리가 납니다.

강의실 생중계!

• '초·분·시간'과 같이 작은 시간 단위에서는 '〜おきに・〜ごとに'가 같은 의미로 사용되지만, '일·주간·월·년'과 같이 큰 시간 단위에서는 의미가 달라집니다. 〜おきに는 '〜'의 간격을 두고 〜하다'는 의미가 되며, 〜ごとに는 '〜에 한번 〜하다'의 의미가 됩니다.
　예 1年おきに日本へ行く。1년마다 일본에 간다. (1년의 간격을 두고, 즉, 2년에 한 번 일본에 간다.)
　　 1年ごとに日本へ行く。1년마다 일본에 간다. (1년에 한번 일본에 간다.)

• 〜おきに는 시간과 거리를 나타내는 명사에만 접속하지만, 〜ごとに는 시간과 거리 외에 지역·국가·상황 등 일반명사에도 접속합니다.
　예 地域ごとに違う。지역마다 다르다. (○) / 地域おきに違う。지역마다 다르다. (×)

• 〜ごとに는 앞에 어떤 품사와 함께 쓰이느냐에 따라 의미가 달라집니다.
　① 동사 연체형 + 〜ごとに: 〜때에 언제나, 〜때 마다 (=〜度に(〜마다))
　　예 一つ失敗するごとにまた一つ成長する。하나 실패할 때마다 또 하나 성장한다.
　② 수사 + 〜ごとに: 〜마다 (1日ごとに=毎日, 1週間ごとに=毎週, 1年ごとに=毎年)
　　예 スケジュールは一週間ごとに変わる。스케줄은 일주일마다(매주) 바뀐다.
　③ 명사 + ごと + 동사: 〜도 함께 〜하다
　　예 りんごを皮ごと食べる。사과를 껍질째로 먹는다.

☑ 시나공 확인 문제

次の文の（　　　）に入れるのに最もよいものを、1·2·3·4から一つ選びなさい。

東京に二ヶ月に一度の頻度で出張に行くのですが、行く（　　　）「人身事故」で電車が止まります。

1 うえに　　　　　　　2 にかかわらず　　　　　3 たびに　　　　　　　4 に応じて

해석　도쿄에 2개월에 한 번 꼴로 출장을 갑니다만, 갈 때마다 인명사고로 전철이 멈춥니다.
해설　3번 〜たびに(〜 때마다)는 '〜할 때마다 항상 같은 결과가 됨'을 나타내므로 정답이 된다. 나머지 선택지를 살펴보면, 1번 〜うえに(〜한(인)데다가), 2번 〜にかかわらず(〜에 관계없이, 〜에 상관없이), 4번은 〜に応じて(〜에 따라서, 〜에 맞게)로 정답이 될 수 없다.　　**정답 3**

53 ～によって / ～による ～에 따라 / ～에 따른

접속 명사 + ～によって / ～による
의미 무언가에 따라서 뒤의 사항이 달라짐을 나타낼 때 사용한다.

ほとんど 거의, 대부분	インターネットは世界中のほとんどの国々で利用されていますが、普及率を見ると国によってずいぶん差があります。
普及率(ふきゅうりつ) 보급률	
ずいぶん 상당히, 대단히	인터넷은 전 세계 대부분의 나라에서 사용되고 있지만, 보급률을 보면 나라에 따라 상당히 차이가 있습니다.
差(さ)がある 차이가 있다	
好転(こうてん) 호전	運命は自分の努力によって好転させることができる。
写(うつ)す (사진을) 찍다, 촬영하다	운명은 자신의 노력에 따라 좋게 바꿀 수 있다.
人的(じんてき)被害(ひがい) 인명피해	花や風景などの写真を写そうとすると、季節の変化による自然の変化に感動します。 꽃과 풍경 등의 사진을 찍으려고 하면, 계절 변화에 따른 자연의 변화에 감동합니다.

ほとんど 거의, 대부분

普及率(ふきゅうりつ) 보급률

ずいぶん 상당히, 대단히

差(さ)がある 차이가 있다

好転(こうてん) 호전

写(うつ)す (사진을) 찍다, 촬영하다

人的(じんてき)被害(ひがい) 인명피해

多数(たすう) 다수

発生(はっせい) 발생

破損(はそん) 파손

失業者(しつぎょうしゃ) 실업자

増加(ぞうか) 증가

白熱電球(はくねつでんきゅう) 백열전구

建築家(けんちくか) 건축가

空間(くうかん) 공간

資源(しげん) 자원

貿易(ぼうえき) 무역

歩(ある)きタバコ 걸으며 담배를 피는 행위

常識(じょうしき) 상식

銃(じゅう) 총

所持(しょじ) 소지

不法(ふほう) 불법

未成年者(みせいねんしゃ) 미성년자

就職先(しゅうしょくさき) 취직 자리

🎧 강의실 생중계!

- ～によって、～によるは '～에 따라, ～에 따른'이라는 관련 · 대응의 의미 외에도 여러 가지 의미로 사용되는데, 모두 중요하므로 잘 학습해두어야 합니다.

① 원인, 이유(～로 인해, ～에 따라, ～에 따른)
   예 不景気による失業者の増加は大きな社会問題になっている。
   불경기로 인한 실업자 증가는 커다란 사회문제가 되고 있다.

② 동작의 주체(～에 의하여)
   예 白熱電球はトーマス・エジソンによって発明された。
   백열전구는 토머스 에디슨에 의하여 발명되었다.
   この建物は有名な建築家によって建てられたそうだ。
   이 건물은 유명한 건축가에 의해 세워졌다고 한다.

③ 수단, 방법(～에 의하여, ～로(써), ～에 의한)
   예 テレビ電話によってまるで同じ空間にいるかのように会いたい人と会話ができます。
   화상전화로 마치 같은 공간에 있는 것처럼 만나고 싶은 사람과 대화를 나눌 수 있습니다.
   日本は資源が少ない国なので、暮らしは貿易によって支えられていると言えます。
   일본은 자원이 적은 나라이기 때문에, 생활은 무역에 의해 유지되고 있다고 말할 수 있습니다.

- 또한 ～によってはは '～에 따라서는, 어떤 ～의 경우에는'이라는 의미이고 ～によると · ～によれば는 '～에 의하면, ～에 따르면'이라는 의미입니다.

   예 歩きタバコをしている人を見ると、「常識がない」と思うが、人によっては、「そんなのいいじゃん」という人もいる。
   걸으면서 담배를 피우고 있는 사람을 보면, '상식이 없다'고 생각하지만, 사람에 따라서는 '그런 것쯤 괜찮잖아'라는 사람도 있다.

   日本では銃の所持は不法だが、国によっては未成年者でも銃を所持することができるそうだ。
   일본에서는 총 소지는 불법이지만, 나라에 따라서는 미성년자라도 총을 소지할 수 있다고 한다.

   まるで冬がやってきたような寒い日が続いたが、ニュースによると週末の昼間は少しだけ暖かくなるそうだ。
   마치 겨울이 찾아온 것 같은 추운 날이 이어졌지만, 뉴스에 따르면 주말 낮에는 조금 따뜻해진다고 한다.

   鈴木君の話によれば田中君はまだ就職先が決ってないそうだ。
   스즈키 군의 이야기에 따르면 다나카 군은 아직 취직 자리가 정해지지 않았다고 한다.

54	～をきっかけに・～を契機に	～을 계기로

접속 명사 + ～をきっかけに・～を契機(けいき)に
의미 '구체적인 어떤 사항을 기회·계기로 해서 변화하거나 발전함'을 나타낼 때 사용한다.

国連(こくれん) 국제연합
上司(じょうし) 상사
口論(こうろん) 언쟁,
말다툼

アメリカに留学したとき、いろいろな国の人と友達になったのを契機
に、国連で仕事をしたいという希望を持つようになった。

미국에서 유학했을 때, 여러 나라 사람들과 친구가 된 것을 계기로, UN에서 일하고 싶다는 희망을 품게 되었다.

上司との口論をきっかけに転職を決意した。

상사와의 말다툼을 계기로 전직을 결심했다.

日本では美智子さんのように「冬ソナ」を見たのを契機として、韓国に
興味を持つようになった人が多いようだ。

일본에는 미치코 씨처럼 '겨울연가'를 본 것을 계기로, 한국에 관심을 갖게 된 사람이 많은 것 같다.

📖 **강의실 생중계!**

• ～がきっかけで(～이 계기가 되어), ～をきっかけに(/と)して(～을 계기로 하여), ～を契機に(/
と)して(～을 계기로 하여) 형태로도 사용됩니다.
• 契機를 사용한 표현은 주로 문어체로 쓰이므로 참고하세요.

55	～につけ(ても)	～와 관련하여 항상, ～ 때마다

접속 명사 / 동사·い형용사의 기본형 + ～につけ(ても)
의미 '같은 상황에 놓이면 언제나 그렇게 함'을 나타낼 때 사용한다.

思(おも)い出(だ)す
생각나다
留学(りゅうがく) 유학

この写真を見るにつけ楽しかった学生時代が思い出される。

이 사진을 볼 때마다 즐거웠던 학창시절이 떠오른다.

外国に行くにつけ英語の勉強をしようと決心するが、なかなかうまく
いかない。

외국에 갈 때마다 영어 공부를 하려고 결심하지만, 좀처럼 잘 되지 않는다.

📖 **강의실 생중계!**

• それにつけても(그것과 관련해서도), 何かにつけて(무슨 일이 있을 때 마다), 何ごとにつけて(무
슨 일이든)와 같이 관용적으로 사용되는 것은 통째로 암기해둡시다.
• ～につけ 앞에 대립되는 단어를 나열하여, ～につけ～につけ(～하든 ～하든 언제나)의 형태로 자
주 사용됩니다.

예 大学に行くにつけ、留学するにつけ、この成績では無理だよ。
대학을 가든, 유학을 가든, 이 성적으로는 무리야.
嬉しいにつけ悲しいにつけ母のことが思い出される。 기쁠 때나 슬플 때나 엄마가 생각난다.

56 ~に応じて ~에 따라서, ~에 맞게

접속 명사＋~に応(おう)じて
의미 앞의 상황이 변하면 그에 따라 뒤의 상황도 변함을 나타낼 때 사용한다.

製作(せいさく) 제작

宴会場(えんかいじょう)
연회장

用途(ようと) 용도

各(かく) 각

この製品はお使いになる方のご希望に応じて製作できます。

이 제품은 사용하시는 분이 원하시는 대로 제작할 수 있습니다.

カメレオンは場所に応じて色が変わります。 카멜레온은 장소에 따라서 색이 바뀝니다.

当ホテルの宴会場は全部で5室あり、お客様の用途に応じてお使いいただけます。 당 호텔의 연회장은 모두 5개 실이 있고, 손님의 용도에 맞게 사용하실 수 있습니다.

> 🖊 강의실 생중계!
>
> ~に応じ(~에 따라,~에 맞게), ~に応じた(~에 따른, ~에 맞는)의 형태로도 사용됩니다.
> 예 車好きであれば、ある程度自分の好みに**応じた**チューニングをしていると思います。
> 　 자동차를 좋아한다면, 어느 정도 자신의 취향에 맞는 튜닝을 했을 것이라고 생각합니다.

☑ 시나공 확인 문제

次の文の(　　　)に入れるのに最もよいものを、1・2・3・4から一つ選びなさい。

あの俳優は新人賞獲得(　　　)、めきめきと頭角を現してきた。

1 を問わず　　　　　2 もかまわず　　　　3 はともかく　　　　4 をきっかけにして

해석 저 배우는 신인상 획득을 계기로, 눈에 띄게 두각을 나타내 왔다.
해설 4번 ～をきっかけにして(～을 계기로 하여)는, '구체적인 어떤 사항을 기회·계기로 해서 변화하거나 발전함'을 나타내는 표현으로
　　 정답이 된다. 1번 ～を問わず(～을 불문하고, ～에 관계없이), 2번 ～もかまわず(～도 신경 쓰지 않고, ～도 아랑곳하지 않고), 3번 ～
　　 はともかく(～은 차치하고, ～은 어찌됐든)도 알아두자! **정답 4**

| 57 | ~を~として/~を~とする/
~を~とした | ~을 ~로 하여/ ~을 ~로 하는/ ~을 ~로 한 |

접속 명사 + ~を~として/~を~とする/~を~とした

의미 '~을 목적·테마·중심·역할·종류·대상 등으로 하여 뒤의 행동을 하다'는 표현이다.

高齢者(こうれいしゃ)
고령자

対象(たいしょう) 대상

使(つか)い方(かた) 사용법

開催(かいさい)する
개최하다

母国語(ぼこくご) 모국어

受験(じゅけん) 수험

会員(かいいん) 회원

限定(げんてい) 한정

一般人(いっぱんじん)
일반인

参加(さんか) 참가

高齢者を対象としたスマホの使い方教室が開催されています。

고령자를 대상으로 스마트폰 사용법 교실이 개최되고 있습니다.

日本語を母国語とする人はJLPTを受験できません。

일본어를 모국어로 하는 사람은 JLPT 시험을 응시할 수 없습니다.

会員を限定としたイベントなので、一般の人は参加できません。

회원을 한정으로 한 이벤트이기 때문에, 일반인은 참가할 수 없습니다.

강의실 생중계!

~を~とする와 ~を~とした는 같은 의미로 사용할 수 있습니다. 그러나 앞으로 일어날 상황을 나타낼 때는 ~を~とする를 사용하는 경우가 많습니다.

| 58 | ~はもちろん・~はもとより | ~은 물론(이고) |

접속 명사 + ~はもちろん・~はもとより

의미 '~는 말할 필요가 없을 정도로 당연하고, 그 밖에도 물론 당연하다'고 생각할 때 사용하는 표현이다.

体験(たいけん)する
체험하다

科学(かがく)技術(ぎじゅつ) 과학기술

親(した)しむ 즐기다

気質(きしつ) 기질

影響(えいきょう) 영향

与(あた)える 주다

最近の携帯電話はカメラはもちろんテレビやインターネットのページが見られたりする。

요즘 휴대 전화는 카메라는 물론이고 텔레비전과 인터넷 페이지를 볼 수 있기도 하다.

子供科学館では子どもはもちろん大人まで楽しく体験しながら科学技術に親しむことができます。

어린이 과학관에서는 아이는 물론이고 어른까지 즐겁게 체험하면서 과학기술과 친숙해질 수 있습니다.

食事は健康はもとより、性格、気質、行動にも影響を与えるそうです。

식사는 건강은 물론이고, 성격, 기질, 행동에도 영향을 준다고 합니다.

강의실 생중계!

~はもとより는 ~はもちろん 보다 딱딱한 문어체 표현입니다.

59	~うえ(に)	~한데다가, ~인데다가

접속 동사·い형용사·な형용사·명사의 명사 수식형 + ~うえ(に)
의미 앞 내용에 '게다가'라는 느낌으로 덧붙일 때 사용하는 표현이다.

実用的(じつようてき)
실용적

寝坊(ねぼう)する
늦잠을 자다

乗(の)り遅(おく)れる
(출발시간에) 늦어서 못 타다,
놓치다

風邪(かぜ)を引(ひ)く
감기에 걸리다

この皿はデザインがかわいいうえに実用的なのでよく使っています。

이 접시는 디자인이 귀여운데다가 실용적이기 때문에 자주 사용하고 있습니다.

寝坊したうえ電車に乗り遅れて、遅刻してしまった。

늦잠을 잔데다가 전철을 놓쳐서 지각하고 말았다.

仕事が忙しいうえに風邪までひいてしまって大変です。

일이 바쁜데다가 감기까지 걸려버려서 힘듭니다.

강의실 생중계!

뒷 문장에 명령이나 금지·권유·의뢰의 표현은 올 수 없으므로 주의하세요.

60	~も~ば、~も	~도 ~하고, ~도

접속 명사 + ~も~ば, + 명사 + ~も
의미 앞 내용에다가 뒤의 내용을 추가할 때 사용하는 표현이다.

時間(じかん)制限(せいげん) 시간제한

みごとだ 훌륭하다

こなす 소화하다, 처리하다

個性(こせい) 개성

得意(とくい)だ (숙달되어)
자신이 있다

昨日のテストは問題数も多ければ、時間制限もあり、予想以上に難しく感じられた。　어제 시험은 문제수도 많고, 시간제한도 있어, 예상했던 것 이상으로 어렵게 느껴졌다.

彼女は仕事もうまくできれば、家事もみごとにこなしている。

그녀는 일도 잘하고, 집안일도 훌륭하게 해내고 있다.

人にはさまざまな個性があります。スポーツが得意な人もいれば、勉強が得意な人もいます。

사람에게는 가지각색의 개성이 있습니다. 스포츠가 자신 있는 사람도 있고, 공부가 자신 있는 사람도 있습니다.

강의실 생중계!

- 긍정에는 긍정의 말이, 부정에는 부정의 말이 사용됩니다. 또한, 무언가 말하고 싶을 때의 이유로서 제시되는 경우가 많습니다.
- 같은 종류의 것이나 대립되는 것을 나열하여, '양쪽 모두에 있으며 해당됨'을 나타내기도 합니다.
  예 このボランティア団体には色々な職業の人がいる。お医者さんもいれば、学生もいる。
  이 자원봉사 단체에는 여러 가지 직업의 사람이 있다. 의사도 있고 학생도 있다.
- 비슷해 보이는 ~も~なら~も(~도 ~지만 ~도)는 주로 N1에서 나오는 표현으로, 양쪽을 비난하는 경우에 사용됩니다.

61 　～に加えて　　～에 덧붙여, ~에 더하여

접속 명사 + ～に加(くわ)えて
의미 기존의 것과 비슷한 다른 어떤 것이 더해짐을 나타내는 표현이다.

温泉浴(おんせんよく)
온천욕

森林浴(しんりんよく)
삼림욕

生活(せいかつ)必需品
(ひつじゅひん) 생활 필수품

公共料金(こうきょう
りょうきん) 공공요금

完成度(かんせいど)
완성도

美貌(びぼう) 미모

注目(ちゅうもく)を集(あ
つ)める 주목을 모으다

この旅館は温泉浴に加えて森林浴も楽しめます。
　　　　　　　　　　　　　이 여관은 온천욕에다 삼림욕까지도 즐길 수 있습니다.

生活必需品に加えて、電気やガス等の公共料金も値上がりするそうだ。
　　　　　　　　　　　생활 필수품에다, 전기와 가스 등의 공공요금도 가격이 오른다고 한다.

あの本は作品の完成度に加えて、作家の美貌のおかげで注目を集めて
いるらしい。　　　그 책은 작품의 완성도에 더하여, 작가의 미모 덕분에 주목을 모으고 있는 것 같다.

📎 **강의실 생중계!**

加える가 '더하다, 보태다, 첨가하다'라는 의미의 동사인 것을 기억하면 쉽게 외울 수 있습니다.

62 　～をかねて　　～을 겸해서

접속 명사 + ～をかねて
의미 본래의 목적과는 별도로 다른 목적도 동시에 존재하고 있는 것을 나타낸다.

本日(ほんじつ) 금일, 오늘

挨拶(あいさつ) 인사

兼(か)ねる 겸하다

開発中(かいはつちゅう)
개발 중

新製品(しんせいひん)
신제품

紹介(しょうかい) 소개

参(まい)る 오다, 가다

解消(かいしょう) 해소

就職祝(しゅうしょく
いわ)い 취직 축하

本日は挨拶をかねて、開発中の新製品のご紹介に参りました。
　　　　　　　　　　　　오늘은 인사를 겸해서, 개발 중인 신제품 소개를 하러 왔습니다.

ストレス解消とダイエットをかねて毎晩ジョギングしている。
　　　　　　　　　　　스트레스 해소와 다이어트를 겸해서 매일 밤 조깅을 하고 있다.

弟の就職祝いをかねて、家族旅行をしました。
　　　　　　　　　　　남동생의 취직 축하를 겸해서, 가족여행을 했습니다.

📎 **강의실 생중계!**

한자로는 ～を兼ねて로 표기합니다. 'AをかねてB'의 형태로 주로 사용되고, 이때 중심이 되는 목적
은 B가 됩니다. 명사를 수식할 때는 'AとBをかねた+명사(A와 B를 겸한 명사)'가 됩니다.

72

63 ~だって ~라도, ~역시

접속 명사 + ~だって
의미 ~も・~でも(~도, ~라도)의 회화체 표현이다.

待(ま)つ 기다리다
怒(おこ)る 화내다. 꾸짖다
お金(かね)持(も)ち 부자
幸(しあわ)せだ 행복하다

だれだってそんなに長く待たされれば怒るだろう。

누구라도 그렇게 오래 기다리면 화낼 것이다.

そんな漢字なんて小学生だって読めるよ。 그런 한자라면 초등학생이라도 읽을 수 있어요.

どんなにお金持ちだって、幸せじゃない人もいる。

아무리 부자라도, 행복하지 않은 사람도 있다.

🎤 강의실 생중계!

- 문장 첫머리에 오면 '하지만, 그렇지만, 왜냐하면'이라는 반론을 하거나 이유나 변명을 할 때 사용하는 접속사가 됩니다.
  예 A「テストの点、よかったんだって?」테스트 점수, 잘 나왔다면서?
    B「うん、だって簡単だったもん。」응. 왜냐하면 간단했거든.
- '~だって~だって'와 같이 반복적으로 사용되면 어느 것이 선택되어도 차이가 없는 둘 이상의 일을 나열함을 나타내는 '~든 ~든'이라는 의미로도 쓰입니다.
  예 バスだって電車だってかかる時間は同じだ。 버스든 전철이든 걸리는 시간은 똑같다.
- 문장 끝에 오면 '~래, ~라며?'의 의미로 다른 사람으로부터 들은 것을 말하거나 확인할 때 사용합니다. 이때 동사·い형용사는 '~んだって', な형용사·명사는 '~なんだって'의 형태가 됩니다.
  예 あの2人付き合っていたんだって? 저 두 사람 사귀고 있다면서?

64 ~を問わず ~을 불문하고, ~에 관계없이

접속 명사 + ~を問(と)わず
의미 '관계없다, 염두에 두지 않는다'고 말하는 표현이다.

国籍(こくせき) 국적
四六時中(しろくじちゅう)
하루 종일

素晴らしい曲は時代を問わず心に伝わるものです。

훌륭한 곡은 시대를 불문하고 마음에 와닿는 법입니다.

年齢を問わず英語を学びたい！英語が上手になりたい！と思う人はたくさんいます。 연령을 불문하고 영어를 배우고 싶다! 영어를 잘하고 싶다!고 생각하는 사람은 많이 있습니다.

六本木は国籍を問わず多くの外国人が集まり四六時中ネオンの光が消えることのない街です。

롯폰기는 국적에 관계없이 많은 외국인이 모여 온종일 네온 사인이 꺼지지 않는 거리입니다.

🎤 강의실 생중계!

~を問わず와 ~にかかわらず는 거의 같은 의미로 쓰입니다. 두 표현 모두 男女, 昼夜와 같이 대립 관계에 있는 말 뒤에 연결되는 경우가 많습니다.

접속 명사 + ～にかかわらず
의미 '관계없다, 염두에 두지 않는다'고 말하는 표현이다.

販売(はんばい) 판매
完売(かんばい)
　모두 다 팔림
勝敗(しょうはい) 승패
決勝(けっしょう) 결승
トーナメント 토너먼트
進出(しんしゅつ) 진출

この商品の販売は期間にかかわらず完売になり次第終了します。

이 상품의 판매는 기간에 관계없이 다 팔리는 대로 종료하겠습니다.

うちのチームはこの試合の勝敗にかかわらず決勝トーナメント進出が
決まっている。　　우리 팀은 이 시합의 승패에 관계없이 결승 토너먼트 진출이 결정되어 있다.

📎 **강의실 생중계!**

· ～に(は)かかわりなく로도 사용합니다.
　예 最近結婚や出産**にかかわりなく**一生職業を持ちたいという女性が多くなりました。
　　　최근 결혼과 출산에 관계없이 평생 직업을 갖고 싶다는 여성이 많아졌습니다.
· ～にもかかわらず(～인데도 불구하고)와 의미상 혼동하지 말고 구별하여 기억해야 합니다.
　예 彼の健康は毎日の運動**にもかかわらず**少しも良くならない。
　　　그의 건강은 매일 운동을 하는데도 불구하고 조금도 좋아지지 않는다.

✔ 시나공 확인 문제

次の文の(　　)に入れるのに最もよいものを、1・2・3・4から一つ選びなさい。

東京ドームでは天気(　　)、いつでも野球の試合ができる。

　1 によって　　　　　**2** にかかわらず　　　　**3** はもちろん　　　　**4** はともかく

해석 도쿄돔에서는 날씨에 관계없이, 언제라도 야구 시합을 할 수 있다.
해설 2번 ～にかかわらず는 '～에 관계없이, ～에 상관없이'라는 의미이다. 1번 ～によって는 '～에 따라'라는 의미로 '～에 따라서 뒤의 사항
이 달라짐'을 나타내지만, 경우에 따라 원인·이유의 뜻이나, 동작의 주체, 수단·방법 등의 의미로 사용될 때도 있으므로 주의해야 한다.
3번 ～はもちろん은 '～은 물론(이고)', 4번 ～はともかく는 '～은 차치하고, ～은 어찌됐든'이라는 의미이므로 정답이 될 수 없다.

정답 2

66 　~によらず　　~에 관계없이, ~에 의하지 않고

접속 명사 + ~によらず
의미 앞의 말이 나타내는 것이 어떠하든 문제될 것이 없음, 가리지 않음을 나타낸다.

年齢(ねんれい) 연령
学歴(がくれき) 학력
能力(のうりょく) 능력
評価(ひょうか)する
평가하다
数量(すうりょう) 수량
合計(ごうけい) 합계
金額(きんがく) 금액
条件(じょうけん) 조건
当(あ)てはまる
꼭 들어맞다, 적합하다

わが社は年齢や学歴によらず、能力のあるなしによって評価される。
우리 회사는 연령이나 학력에 관계없이, 능력이 있고 없음에 따라 평가된다.

数量や合計金額によらず、翌日中にお届けします。
수량이나 합계금액에 관계없이 다음날 중으로 배달해드립니다.

性別、年齢によらず、条件に当てはまる方であれば誰でもいいです。
성별, 연령에 관계없이, 조건에 해당하는 분이라면 누구라도 좋습니다.

> 강의실 생중계!
>
> ~にかかわらず(~에 관계없이), ~を問(と)わず(~을 불문하고)와 비슷한 표현입니다.

67 　~はともかく(として)　　~은 차치하고, ~은 어찌됐든

접속 명사 + ~はともかく(として)
의미 ~은 우선 생각하지 말고, 뒷 문장의 내용을 먼저 생각해야 한다는 느낌의 표현이다.

雰囲気(ふんいき) 분위기
予習(よしゅう) 예습
復習(ふくしゅう) 복습
思(おも)い切(き)り
마음껏

彼女は性格はともかくとして顔はとてもかわいいです。
그녀는 성격은 어찌됐든, 얼굴은 매우 귀엽습니다.

あの店は味はともかくとして値段も安いし、雰囲気もいいのでよく
行っている。
저 가게는 맛은 차치하고 가격도 싸고, 분위기도 좋아서 자주 가고 있다.

皆さん、予習はともかく復習は必ずしてください。
여러분, 예습은 차치하고 복습은 반드시 해주세요.

> 강의실 생중계!
>
> ~はさておき(~는 차치하고)와 거의 비슷한 의미로 사용되는데, 다만 ~はともかく(として)는 앞
> 뒤의 내용을 비교하는 느낌이 있는 것에 비해 ~はさておき는 앞의 내용을 완전히 접어두는 느낌이
> 강합니다. 이 차이점을 기억해둡시다.
> 예 仕事の話はさておき、今日は思い切り楽しみましょう。
> 　일 이야기는 접어두고, 오늘은 실컷 즐깁시다.

～は別として・～は別にして 　～은 차치하고, ~은 제쳐놓고, ~은 어찌됐든

접속 　명사＋～は別(べつ)として・～は別にして
의미 　앞의 내용은 생각하지 말고, 우선 뒤의 내용을 이야기하는 것을 나타낸다.

勝(か)ち負(ま)け 승패
結果(けっか) 결과
大切(たいせつ)だ
중요하다, 소중하다
付(つ)き合(あ)う 사귀다
気持(きも)ち 마음, 심정
伝(つた)える 전하다
重要(じゅうよう)だ
중요하다

勝ち負けは別にして、ゲームはみんなでやると楽しい。
　　　　　　　　　　　　　　　　승패는 차치하고, 게임은 다 같이 하면 즐겁다.

彼女の料理は見た目は別として、とてもおいしい。
　　　　　　　　　　　　　　그녀의 요리는 겉모습은 어찌됐든, 매우 맛있다.

結果は別として、がんばったことが大切だ。　결과는 제쳐놓고, 노력한 것이 중요하다.

🎙 **강의실 생중계!**

- 동사・い형용사・な형용사가 앞에 오는 경우는 '～かどうかは(～지 어떤지는)'와 함께 사용되는 경우가 많습니다.
  예 付き合える**かどうかは別**にして、自分の気持ちを伝えることが重要だ。
  　사귈 수 있을지 어떨지는 차치하고, 자신의 마음을 전하는 것이 중요하다.
- '～はともかく(として)(～은 차치하고, ~은 어찌됐든)'와 비슷한 표현입니다.
  예 あの店は、味**はともかく**とにかく安い。 저 가게는, 맛은 차치하고 어쨌든 싸다.

～もかまわず 　～도 신경 쓰지 않고, ~도 아랑곳하지 않고

접속 　명사＋～もかまわず
　　　　동사 기본형＋の＋～もかまわず
의미 　'～도 신경 쓰지 않고, ~도 아랑곳 하지 않고'라는 의미로, 보통이라면 걱정을 할 ~도 걱정하지 않고 ~한다는 뉘앙스를 지니고 있다.

人目(ひとめ) 남의 눈
歩(ある)き回(まわ)る
걸어 다니다

電車の中で人目もかまわず化粧している人がいる。
　　　　　　　　　　전철 안에서 남의 눈도 신경 쓰지 않고 화장하고 있는 사람이 있다.

久しぶりの雪で足がぬれるのもかまわず時間を忘れて雪の中を歩き回りました。 　오랜만에 내린 눈이라서 발이 젖는 것도 아랑곳하지 않고 시간을 잊고 눈 속을 걸어다녔습니다.

田中さんは相手の気持ちもかまわず、いつも自分の言いたいことばかりを言う。 　다나카 씨는 상대방의 기분도 아랑곳하지 않고, 항상 자신이 하고 싶은 말만 한다.

🎙 **강의실 생중계!**

- 동사에 연결되는 경우는 동사 기본형＋の＋～もかまわず의 형태가 됩니다.
- 명사에 연결되는 경우는 ～である・명사＋な＋の＋～もかまわず의 형태로도 쓰입니다

적 중 예상 문제

問題　次の文の（　　　　）に入れるのに最もよいものを、1・2・3・4から一つ選びなさい。

01 国（　　　　）、入国時にパスポートの残存有効期間が6ヶ月以上ないと入国さ
　　せてくれないところもありますから注意してください。

　　　1 たびに　　　　　　2 によって　　　　　3 をきっかけに　　　4 に応じて

02 会う（　　　　）成長している人と出会うと、すごいと思うし、素敵だなって
　　感じるよね。

　　　1 たびに　　　　　　2 によって　　　　　3 をきっかけに　　　4 に応じて

03 私は10年以上タバコを吸っていましたが、妻の妊娠（　　　　）禁煙を決意しま
　　した。

　　　1 たびに　　　　　　2 によって　　　　　3 をきっかけに　　　4 に応じて

04 彼は何か（　　　　）自分の母親を引き合いに出して私と比較する。

　　　1 につけて　　　　　2 はもちろん　　　3 もかまわず　　　4 を問わず

05 この塾では子供の希望や状況（　　　　）、クラスの人数は変わります。

　　　1 に応じて　　　　　2 はもちろん　　　3 をきっかけに　　　4 にかかわらず

06 彼女は活発でサバサバした性格で、男性（　　　　）女性からも人気がある。

　　　1 はもとより　　　　2 によって　　　　3 もかまわず　　　4 うえに

07 スクーターは買い物に便利な（　　　　）、簡単操作で動くし、比較的初心者に向
　　いているマシンです。

　　　1 たびに　　　　　　2 を問わず　　　　3 はともかく　　　4 うえに

08 このノートブックは値段も手頃（　　　　）性能もいい。

　　　1 ならば　　　　　　2 なれば　　　　　3 なるなら　　　　4 なったら

09 インラインスケートは世代性別（　　　）気軽に楽しめる健康的なスポーツです。

1 はもとより 　　2 に加えて 　　3 を問わず 　　4 はともかく

10 この大会を通じて試合の勝敗（　　　）、頑張ったという経験が人生の支えになれると思います。

1 によって 　　2 にかかわらず 　　3 に応じて 　　4 もかまわず

11 実際に実行できるかどうか（　　　）、チャレンジ精神は大事だと思う。

1 はともかく 　　2 によって 　　3 を契機に 　　4 に加えて

12 彼は、私の作った料理がおいしい（　　　）、まずい（　　　）おいしそうに食べてくれる。

1 につけ 　　2 たびに 　　3 し 　　4 さえ

13 最近は新聞や携帯代（　　　）、電気料金、ガス料金等の公共料金もクレジットカードで支払うことができ、ポイントを貯めることができる。

1 を問わず 　　2 にかかわらず 　　3 はともかく 　　4 はもちろん

14 何ごと（　　　）、「初めて」というのは特別です。

1 によって 　　2 に応じて 　　3 につけても 　　4 をきっかけに

15 退職するの（　　　）、自分のこれまでの経験が生かせるボランティア活動に参加したいと思っています。

1 を契機に 　　2 もかまわず 　　3 を問わず 　　4 はもとより

16 同じ人でもヘアスタイル（　　　）、印象が大きく変わります。

1 もかまわず 　　2 によって 　　3 たびに 　　4 はもとより

問題　次の文の　＿＿★＿＿　に入る最もよいものを、1・2・3・4から一つ選びなさい。

01　この人学は ＿＿＿＿ ＿★＿ ＿＿＿＿ そうです。

　　1 成績　　　　　2 によっては　　　3 3年で　　　　　　4 卒業することができる

02　このクレジットカードは ＿★＿ ＿＿＿＿ ＿＿＿＿ ので大変お得です。

　　1 たびに　　　　2 買い物の　　　　3 たまる　　　　　4 ポイントが

03　子供が ＿＿＿＿ ＿＿＿＿ ＿★＿ 子供部屋を作ってあげました。

　　1 になる　　　　2 きっかけに　　　3 小学生　　　　　4 のを

04　北海道では ＿＿＿＿ ＿＿＿＿ ＿★＿ ＿＿＿＿ 。

　　1 もちろん　　　2 温泉も　　　　　3 スキーは　　　　4 楽しめる

05　今はどんな野菜でも ＿＿＿＿ ＿★＿ ＿＿＿＿ ようになりました。

　　1 季節を　　　　2 できる　　　　　3 生産　　　　　　4 問わず

06　バーゲンセールの時は、＿＿＿＿ ＿＿＿＿ ＿★＿ ＿＿＿＿ 。

　　1 定休日　　　　2 営業いたします　3 にかかわらず　　4 休まず

07　皆さん、＿＿＿＿ ＿★＿ ＿＿＿＿ 、日本人にはなじみの深い食べ物です。

　　1 といえば　　　2 はともかく　　　3 好き嫌い　　　　4 納豆

08　人前で泣いたことのない人が、＿★＿ ＿＿＿＿ ＿＿＿＿ いてびっくりした。

　　1 人目も　　　　2 流しつづけて　　3 涙を　　　　　　4 かまわず

한눈에 미리 보기

시나공 **05**

문장 끝에 쓰이는 문법(1)

이 장에서 배울 문법은 '문장 끝에 쓰이는 문법(1)'입니다.
본격적인 학습에 앞서 자신이 알고 있는 문법이 어느 정도인지 □에 체크해보세요.

심정의 강조

□	70	〜思い・〜思いだ・〜思いをした・ 〜思いがした	〜마음·심정·느낌·〜한 마음·심정이다· 〜한 경험을 했다·〜한 마음·느낌이 들었다
□	71	〜てよかった / 〜なくてよかった	〜해서 다행이다 / 〜하지 않아서 다행이다
□	72	〜ばよかった / 〜なければよかった	〜하면 좋았겠다 / 〜하지 않았다면 좋았겠다
□	73	〜てたまらない	〜해서 참을 수 없다, 너무 〜하다
□	74	〜てならない	〜해서 참을 수 없다, 너무 〜하다
□	75	〜てしかたがない・〜てしょうがない	〜해서 어쩔 도리가 없다, 너무 〜하다

주장/단정

□	76	〜である / 〜で(は)ない	〜이다, 〜하다 / 〜이 아니다, 〜하지(는) 않다
□	77	〜でしかない	〜밖에 아니다, 〜에 불과하다, 〜일 뿐이다
□	78	〜しかない・〜よりない・ 〜より(ほか)ない・〜ほか(しかたが)ない	〜할 수 밖에 없다
□	79	〜にすぎない〜	〜에 불과하다, 〜에 지나지 않다
□	80	〜にきまっている	당연히 〜이다, 〜가 당연하다
□	81	〜にほかならない	바로 〜이다, 〜임에 틀림없다
□	82	〜にあたる	〜에 해당한다
□	83	〜のも当然だ・〜のももっともだ	〜하는 것도 당연하다
□	84	〜というものだ	〜라는 것이다

전문/추측

□	85	〜に違いない・〜に相違ない	〜임에 틀림없다
□	86	〜おそれがある	〜할 우려가 있다
□	87	〜かねない	〜할지도 모른다
□	88	〜ということだ	〜라고 한다
□	89	〜まい / 〜まいか	〜하지 않을 것이다 / 〜하지 않을까?
□	90	〜とか・〜とかで	〜라고 한다, 〜라고 하던데·〜라고 하면서, 〜인가로
□	91	〜とみえて / 〜とみえる	〜인 듯이 / 〜인 듯하다
□	92	〜ものと思われる	〜라고 여겨지다, 〜라고 생각하다, 〜일 것이다

문장 끝에 쓰이는 문법(1)

시나공 05에서는 문장 끝에 쓰이는 다양한 문법을 살펴보도록 하겠습니다. 문장 끝에 쓰이는 문법은 시나 공 05와 시나공 10 두 장으로 나누어 정리하고 연습합니다. 어떤 마음이나 상태가 매우 강함을 나타내는 심 정의 강조 표현, 기분이나 마음을 강하게 주장하거나 단정할 때 사용하는 표현, 들은 것을 전할 때나 확실 하지 않은 것에 대해 자신의 생각을 말할 때 쓰는 표현으로 나누어 살펴보겠습니다. 대부분의 문법 표현이 출제빈도가 높기 때문에 의미를 구별해가며 반드시 기억해두도록 합시다.

시험에 이렇게 나온다!

次の文の（　　　）に入れるのに最もよいものを、1・2・3・4から一つ選びなさい。

インフルエンザ等で、医師より「他の児童に伝染する（　　　）ので、しばらく学校を休んだ方がいい」と診断された場合、まずは学校にご連絡ください。

1 にすぎない　　　　2 おそれがある　　　　3 にほかならない　　　4 しかない

해석 독감 등으로, 의사로부터 '다른 아동에게 전염될 우려가 있기 때문에 당분간 학교를 쉬는 편이 좋다'고 진단받은 경우, 우선은 학교에 연락 주십시오.

해설 정답인 2번 〜おそれがある는 '〜할 우려가 있다'라는 뜻으로, '〜등의 좋지 않은 일이 일어날 위험성이 있어 걱정이다'는 의미이 다. 1번 〜にすぎない는 '〜에 불과하다', 3번 〜にほかならない는 '바로 〜이다', 4번 〜しかない는 '〜할 수밖에 없다'는 의미이 므로 정답이 될 수 없다. **정답 2**

| 70 | 〜思い・〜思いだ・
〜思いをした・〜思いがした | 〜마음・심정・느낌・〜한 마음・심정이다・
〜한 경험을 했다・〜한 마음・느낌이 들었다 |

접속 동사, い형용사의 기본형 / な형용사의 연체형 + 〜思い・〜思いだ・〜思いをした・〜思いがした
의미 '〜하는 마음, 심정, 느낌'을 나타낸다.

みじめだ 비참하다
悔(くや)しい
분하다, 억울하다
つらい 괴롭다
嫌(いや)だ 싫다
対処(たいしょ)する
대처하다
涙(なみだ) 눈물
締(し)め付(つ)ける 옥죄다

こんなにみじめで悔しく、つらい思いをしたのは初めてです。
이렇게 비참하고 억울하고, 괴로운 경험을 한 것은 처음입니다.

電車の中で嫌な思いをしたとき、どのように対処しますか。
전철 안에서 불쾌한 경험을 했을 때, 어떻게 대처합니까?

彼女の涙を見たときには胸が締めつけられるような思いだった。
그녀의 눈물을 봤을 때에는 가슴이 죄어드는 느낌이었다.

강의실 생중계!

面白い(재미있다)・楽しい(즐겁다)・嬉しい(기쁘다)・寂しい(쓸쓸하다)・悲しい(슬프다)・苦しい(괴롭다)・辛い(괴롭다)・懐かしい(그립다)・うらやましい(부럽다)・好きな(좋아하는)・嫌いな(싫은)・不安な(불안한)・退屈な(따분한) 등과 같은 감정을 나타내는 형용사와 접속하는 경우가 많습니다.

71　〜てよかった/〜なくてよかった　〜해서 다행이다/〜하지 않아서 다행이다

접속 동사·い형용사·な형용사·명사의 て형 / 동사·い형용사·な형용사·명사의 ない형 + 〜てよかった·〜なくてよかった

의미 어떤 일이 끝난 후에 그것에 대한 좋은 평가를 나타내는 문형이다.

相談(そうだん)する
상담하다

悩(なや)み 고민

解決(かいけつ)する
해결하다

台風(たいふう) 태풍

被害(ひがい) 피해

相談してよかった。いろんな悩みが解決した。

상담하길 잘했다. 여러 고민이 해결됐다.

あなたに出会えてよかった。

당신을 만나서 다행이다.

台風の被害がなくてよかったです。

태풍 피해가 없어서 다행입니다.

📎 강의실 생중계!

〜てよかった·〜なくてよかった는 지금의 마음을 나타내는 표현으로 정중체는 〜てよかったです·〜なくてよかったです입니다.

72　〜ばよかった/〜なければよかった　〜하면 좋았겠다/〜하지 않았다면 좋았겠다

접속 동사 ば형 + 〜ばよかった/동사 ない형 + 〜なければよかった

의미 과거의 것에 대해 그렇게 해야 했다고 후회하는 마음을 나타낸다. 상대의 행위에 사용할 때는 비난하는 마음이 담겨 있다.

貸(か)す 빌려주다

返(かえ)す 돌려주다

彼にお金を貸さなければよかった。全然返してくれない。

그에게 돈을 빌려주지 않았다면 좋았다. 전혀 돌려주지 않는다.

コーヒーを飲まなければよかった。どうしても眠れない。

커피를 안 마셨다면 좋았다. 전혀 잠을 잘 수 없다.

あの時、あの人に好きだと言えばよかった。

그때, 그 사람에게 좋아한다고 말했다면 좋았겠다.

📎 강의실 생중계!

〜ばよかったのに (〜면 좋았을 텐데)의 형태를 취하는 경우도 있습니다.
例 知ってたなら教えてくれればよかったのに。 알고 있었다면 가르쳐줬더라면 좋았을 텐데.

73 ～てたまらない ~해서 참을 수 없다, 너무 ~하다

접속 동사・い형용사・な형용사의 て형＋～てたまらない
의미 감정이나 감각, 욕구 등 심정을 강조하여 표현할 때 사용한다.

希望(きぼう) 희망
就職(しゅうしょく) 취직
ムシムシする 푹푹 찌다
(무더운 모양)
怖(こわ)い話(はなし)
무서운 이야기
一番(いちばん)だ
제일이다, 최고다

希望していた会社に就職できて嬉しくてたまらない。
　　　　　　　　　　　　　　　　　　　　원하던 회사에 취직할 수 있어서 너무 기쁘다.

こんなにムシムシして、暑くてたまらない時には、やっぱり怖い話が
一番ですね。　　　　　　　　이렇게 푹푹 찌고 더워서 참을 수 없을 때는 역시 무서운 이야기가 최고죠.

🎤 강의실 생중계!

- 주로 감정이나 감각을 나타내는 형용사에 접속하는 경우가 많고, 주어가 대부분 1인칭으로 자신의 감정이나 상태를 강조해서 나타내는 표현입니다. 따라서 다른 사람의 이야기를 할 때에는 뒤에 ～ようだ, ～らしい와 같은 표현이 붙습니다.
- 자발의 의미를 갖는 단어 思う, 見える, 泣ける, 気になる, 気がする, ～してくる, ～なってくる 등에는 접속되지 않습니다.
- ～てしかたがない, ～てしょうがない보다 정도가 심할 때 사용합니다.
- ～てならない, ～てしかたがない, ～てしょうがない도 거의 비슷한 의미로 사용되므로 비교하여 함께 외워두는 것이 좋습니다.

74 ～てならない ~해서 참을 수 없다, 너무 ~하다

접속 동사・い형용사・な형용사의 て형＋～てならない
의미 감정이나 감각・욕구 등이 심정을 강조하여 표현할 때 사용한다.

一生懸命(いっしょうけ
んめい) 열심히
成績(せいせき) 성적
悔(くや)しい 억울하다,
분하다
ダイエット 다이어트
軽(かる)い 가볍다

一生懸命勉強しているのに、成績が上がらないのが悔しくてならない。
　　　　　　　　　　　　　열심히 공부하고 있는데도 성적이 오르지 않는 것이 너무 분하다.

彼女はダイエットに成功して体が軽くなったのが嬉しくてならないよ
うだ。　　　　　그녀는 다이어트에 성공해서 몸이 가벼워진 것이 너무 기쁜 듯하다.

🎤 강의실 생중계!

- ～てたまらない와 마찬가지로 주어가 대부분 1인칭이고 자신의 감정이나 상태가 강함을 나타냅니다. 따라서 다른 사람의 이야기를 할 때에는 뒤에 ～ようだ, ～らしい와 같은 표현이 붙습니다.
- ～てたまらない와 거의 유사하나, ～てならない는 동사의 경우 대부분 자발의 의미를 갖는 동사 思う, 見える, 泣ける, 気になる, 気がする, ～してくる, ～なってくる, 案じる, 残念だ, 心配だ 등에 접속하는 경우가 많고, 주로 부정적인 기분을 나타냅니다.

～てしかたがない・～てしょうがない　～해서 어쩔 도리가 없다, 너무 ～하다

접속 동사・い형용사・な형용사의 て형 + ～てしかたがない・～てしょうがない

의미 '(감정이나 감각・욕구 등이) 너무 ～해서 통제가 불가능하다'라는 심정을 강조하여 표현할 때 사용한다.

嬉(うれ)しい 기쁘다
欲(ほ)しい 원하다, 바라다

待ちに待った赤ちゃんが生れて嬉しくてしょうがない。

기다리고 기다리던 아기가 태어나서 너무 기쁘다.

花子は彼の話がどうやら気になってしょうがないようだ。

하나코는 그의 이야기가 아무래도 너무 마음에 걸리는 것 같다.

田中さんは新しい車が欲しくてしかたがないらしい。

다나카 씨는 새 차를 너무 갖고 싶은 것 같다.

강의실 생중계!

· ～てもしかたがない・～てもしょうがない와 같이 조사 も가 붙으면 '～해도 어쩔 수 없다, ～해도 소용없다'는 의미가 됩니다.

　예 どうにもならないことを、悩んでいてもしかたがないよ。
　　　아무리해도 안 되는 것을, 고민하고 있어도 소용없다.

· ～てたまらない, ～てならない(～해서 참을 수 없다, 너무 ～하다)와 마찬가지로 주어가 대부분 1 인칭이고 다른 사람의 이야기를 할 때에는 뒤에 '～ようだ, ～らしい(～것 같다)'와 같은 표현이 붙습니다.

· ～てならない(～해서 참을 수 없다, 너무 ～하다)와 마찬가지로 동사의 경우 대부분 자발의 의미를 갖는 동사 思う(생각하다), 見える(보이다), 泣ける(눈물 나다), 気になる(걱정이 되다), 気がする(느낌이 들다), ～してくる(～해 오다), ～なってくる(～되어 오다), 案じる(생각해내다), 残念だ(유감스럽다), 心配だ(걱정스럽다) 등에 접속하는 경우가 많습니다.

☑ 시나공 확인 문제

次の文の（　　　）に入れるのに最もよいものを、1・2・3・4から一つ選びなさい。

自分のことなら許せるが、両親のことを悪く言われて腹が立って（　　　）。

1 しかない　　　　　2 しかたがない　　　　3 きれない　　　　4 すぎない

해석 나에 관한 것이라면 용서할 수 있지만, 부모님을 나쁘게 말해서 너무 화가 난다.

해설 정답은 동사와 형용사의 ～て형에 접속하여 강하게 느끼는 감정・감각을 표현하는 2번 しかたがない(너무 ～하다)이다. 1번 しかない(～할 수 밖에 없다)는 동사의 기본형과 명사에, 3번 きれない(다 ～할 수 없다)는 동사의 ます형에, 4번 すぎない(～에 불과하다)는 동사 보통형과 명사+～にすぎない의 형태로 접속하는 표현으로 접속 형태만으로도 정답에서 제외된다.

정답 2

76　～である / ～で(は)ない　　～이다, ~하다 / ~이 아니다, ~하지(는) 않다

접속 동사·い형용사 기본형 + の + ～である, ～で(は)ない
な형용사 어간, 명사 + ～(なの)である, ～(なの)で(は)ない
의미 단정의 의미를 나타낸다.

古都(こと) 고도
運(はこ)ぶ 옮기다
手伝(てつだ)う
거들다, 돕다
選手(せんしゅ) 선수
無料(むりょう) 무료
人間(にんげん) 인간
孤独(こどく) 고독

京都は日本の古都として有名である。
교토는 일본의 옛 도읍으로 유명하다.

一人で運べないようであれば、私が手伝おうか。
혼자서 옮길 수 없을 것 같으면, 내가 도와줄까?

彼はサッカー選手でありながら、子どもたちにサッカーを無料で教えている。
그는 축구선수이면서, 아이들에게 축구를 무료로 가르치고 있다.

人間とは孤独なものなのである。
인간이란 고독한 것이다.

> 🎙 **강의실 생중계!**
>
> ～である의 정중체는 ～であります(~입니다), ～でございます(~입니다)이고, 강조하여 말할 때에는
> ～ではある(~이기는 하다), ～でもある(~이기도 하다)의 형태로 사용할 수 있습니다.

77　～でしかない　　~밖에 아니다, ~에 불과하다, ~일 뿐이다

접속 명사 + ～でしかない
의미 '단지 ~에 지나지 않는다. 그저 ~에 불과하다'라는 의미로 정도의 낮음을 나타낸다.

地位(ちい) 지위
錯覚(さっかく) 착각
親(おや) 부모

どんなに社会的な地位がある人でも、死ぬときは一人の人間でしかない。
아무리 사회적인 지위가 있는 사람이라도, 죽을 때는 한 사람의 인간일 뿐이다.

それは彼の錯覚でしかない。
그것은 그의 착각에 불과하다.

彼は会社の社長だが、親の目から見るといつまでも子供でしかないようだ。
그는 회사의 사장이지만, 부모의 입장에서 보면 언제까지나 아이에 불과한 것 같다.

> 🎙 **강의실 생중계!**
>
> ～に過(す)ぎない (~에 불과하다, ~에 지나지 않는다), ～以外には考(かんが)えられない(~이외에는 생각할
> 수 없다)와 비슷한 표현입니다.

접속 동사 기본형 / 명사 + ～しかない・～より(ほか)ない・～ほか(しかたが)ない
의미 가능한 방법이나 수단이 '～밖에 없다'고 한정하는 표현이다.

置(お)き傘(がさ)
예비 우산

天気予報(てんきよほう)
일기예보

外(はず)れる 빗나가다

疑(うたが)う 의심하다

乗客(じょうきゃく) 승객

じっと 꼼짝 않고, 가만히

車内(しゃない) 차내

教授(きょうじゅ) 교수

論文(ろんぶん) 논문

前提(ぜんてい) 전제

今日は置き傘もないのに、天気予報外れてるじゃない！ 濡れて帰るしかないのかな。   오늘은 예비 우산도 없는데 일기예보가 빗나갔잖아! 비 맞고 집에 갈 수밖에 없는 걸까.

私は彼女の言うことを疑いながらも信じるしかなかった。
나는 그녀가 하는 말을 의심하면서도 믿을 수밖에 없었다.

雪のため電車が駅と駅の間で止まってしまった。乗客はじっと車内で待つよりほかない。
눈 때문에 전철이 역과 역 사이에서 멈춰버렸다. 승객은 가만히 차 안에서 기다릴 수밖에 없다.

教授に論文の前提から間違えていると言われたからには、はじめからやり直すほかしかたがない。
교수님으로부터 논문의 전제부터 잘못되어 있다는 말을 들은 이상, 처음부터 다시 할 수밖에 없다.

> **강의실 생중계!**
>
> • 시나공 03에서 배운 '～하지 않을 수 없다'라는 의미의 ～ざるをえない,
>   ～ないわけにはいかない와 함께 묶어 기억해 두면 기억하기 쉽겠지요?
> • 명사에 연결되는 경우에는 '～밖에 없다'라는 의미로 쓰입니다.
>   예 わたしにはあなた**しかない**。나에게는 너밖에 없다.

✅ **시나공 확인 문제**

次の文の（　　　）に入れるのに最もよいものを、1・2・3・4から一つ選びなさい。

そのころ、私は経済的に非常に苦しかったので、大学をやめて働く（　　　）。

1 てしかたがなかった   2 ほかなかった

3 どころではなかった   4 にほかならなかった

해석 그 시절, 나는 경제적으로 상당히 힘들었기 때문에, 대학을 그만두고 일할 수밖에 없었다.
해설 1번은 ～てしかたがない(～해서 어쩔 도리가 없다), 2번은 ～ほかない(～할 수밖에 없다), 3번은 ～どころではない(～할 상황이 아니다), 4번은 ～にほかならない(바로 ～이다)라는 의미이다. 우선 1번은 접속 형태상 정답에서 제외되고, 나머지 선택지 중에서 답을 찾아보면, 그 상황에서 가능한 방법이나 수단이 '～밖에 없었다'고 한정하고 있는 2번이 정답이 된다.   **정답 2**

79 ～にすぎない　～에 불과하다, ~에 지나지 않다

접속 동사 보통형 / 명사 + ～にすぎない
의미 '단지 ~ 정도이다, 그 이상은 아니다'라는 의미로 정도의 낮음을 강조하는 표현이다.

挨拶(あいさつ) 인사
選挙(せんきょ) 선거
投票率(とうひょうりつ)
투표율
証拠(しょうこ) 증거

今度の選挙で投票率が上がったと言われているが、ほんの２％程度上がったにすぎない。
이번 선거에서 투표율이 올랐다고 하지만, 단 2% 정도 오른 것에 불과하다.

父は「タバコが健康に悪いというのは、うわさにすぎない。証拠を見せよ!」と言いながらタバコをやめない。
아버지는 '담배가 건강에 나쁘다는 것은 소문에 불과해, 증거를 보여봐!'라고 말하면서 담배를 끊지 않는다.

> **강의실 생중계!**
> ・ただ(단지), ほんの(그저), まだ(아직), たんなる(단순한), 一介(일개) 등과 같은 말이 앞에 오는 경우가 많습니다.
> ・な형용사와 명사는 ～である에 연결되는 경우가 많으므로 주의하세요.

80 ～にきまっている　당연히 ~이다, ~가 당연하다

접속 동사·い형용사의 보통형 / な형용사 어간 / 명사 + ～にきまっている
의미 '반드시, 틀림없이 ~이다, ~할 게 뻔하다, ~할 게 당연하다'라는 뜻으로, 필연·당연을 나타내는 표현이다.

不確実(ふかくじつ)だ
불확실하다
他人(たにん) 타인
誹謗(ひぼう)する 비방하다
当然(とうぜん) 당연
学(まな)ぶ 배우다
無駄(むだ)だ 쓸데없다,
헛되다
意欲(いよく)を失(うしな)う 의욕을 잃다

不確実な情報をもとに、他人を誹謗するのは当然悪いにきまっている。
불확실한 정보를 토대로, 타인을 비방하는 것은 당연히 나쁜 것이다.

同じ質の商品なら、やはりお客にとっては安ければ安いほどいいにきまっている。
같은 품질의 상품이라면, 역시 손님에게 있어서는 싸면 쌀수록 좋은 게 당연하다.

何かを学ぼうとする場合、やってもどうせ無駄だ。失敗するにきまっていると思えば意欲を失うのは当然だ。
뭔가를 배우려고 할 경우, 해도 어차피 소용없다. 실패할 게 뻔하다고 생각하면 의욕을 잃는 것은 당연하다.

> **강의실 생중계!**
> ・～にきまっている가 '~할 게 뻔하다, ~할 게 분명하다'와 같이 추측에 가까운 의미로 사용되는 경우에는 추측의 의미인 ～に違いない, ～に相違ない와 비슷하지만, ～にきまっている 쪽이 훨씬 확실성이 높고 단정에 가까운 의미로 사용됩니다.
> ・な형용사와 명사는 ～である에 연결되는 경우가 많습니다.

～にほかならない 바로 ～이다, ～임에 틀림없다

접속 명사 / 동사·い형용사의 보통형 / な형용사 어간 ＋ ～にほかならない
의미 '그 이외의 어떤 것도 아닌 바로 그것이다'라고 강조하며 단정하는 표현이다.

叱(しか)る 혼내다, 꾸짖다
支(ささ)える 지지하다
優秀(ゆうしゅう)だ
우수하다
政府(せいふ) 정부
経済対策(けいざいたい
さく) 경제대책
苦(くる)しい
힘들다, 괴롭다

親が子供を叱るのは、自分の子供を愛しているからにほかならない。

부모가 아이를 꾸짖는 것은, 자기 자식을 사랑하고 있기 때문임에 틀림없다.

私が仕事で成功できたのは、私を支えてくれた家族のおかげにほかならないです。

제가 일에서 성공할 수 있었던 것은, 바로 저를 지지해준 가족 덕분입니다.

彼が優秀な成績で合格したのは彼の努力の結果にほかならない。

그가 우수한 성적으로 합격한 것은 바로 그의 노력의 결과이다.

政府が新しい経済対策を立てたのは、不況で苦しい国民のためにほかならない。

정부가 새로운 경제대책을 세운 것은, 바로 불황으로 힘든 국민을 위해서이다.

강의실 생중계!

• ～から、～ために 연결되어 '바로 ～ 때문이다, 바로 ～를 위해서이다'라는 형태로도 자주 사용됩니다.

• な형용사와 명사는 ～である에 연결되는 경우가 많습니다.

✓ 시나공 확인 문제

次の文の（　　　）に入れるのに最もよいものを、1・2・3・4から一つ選びなさい。

先月結婚した娘の家に行ってみたいが、私が行くと邪魔になる（　　　）から、行かないことにしました。

1 にきまっている　　　2 まい　　　　　3 よりない　　　　　4 しかない

해석 지난달 결혼한 딸의 집에 가보고 싶지만, 내가 가면 방해가 될 게 뻔하기 때문에 가지 않기로 했습니다.

해설 정답인 1번 ～にきまっている(～할 게 뻔하다, 당연하다)는 '반드시 ～다'라는 필연·당연의 표현이다. 다른 선택지의 문법을 살펴보면, 2번 ～まい(～하지 않을 것이다)는 부정의 의지와 부정의 추측 표현이다. 3번과 4번의 ～よりない와 ～しかない는 함께 묶어 '～할 수 밖에 없다'는 의미로 외워두자.

정답 1

82 　～にあたる　　～에 해당한다

접속 명사 + ～にあたる
의미 '～에 들어맞다, 해당하다, 적합하다'는 의미의 표현이다.

大統領(だいとうりょう)
대통령

首相(しゅしょう) 수상

１メートルは100センチにあたります。　　　1미터는 100센티에 해당합니다.

韓国の大統領は日本の首相にあたります。　한국의 대통령은 일본의 수상에 해당합니다.

日本語の「こんにちは」は、英語の「Hello」にあたる。

일본어의 'こんにちは'는 영어의 'Hello'에 해당한다.

🎙 강의실 생중계!

'동사 기본형, 명사 + ～にあたって・～にあたり・～にあたる(～할 때에)'와 구별하여 외워둡니다.
🔲 ご契約に**あたる**必要な書類、全部準備しましたか。
　　계약할 때에 필요한 서류, 전부 준비했습니까?

83 　～のも当然だ・～のももっともだ　　～하는 것도 당연하다

접속 동사, い형용사 보통형 / な형용사의 명사 수식형 + ～のも当然(とうぜん)だ・～のももっともだ
의미 자연적인 결과, 당연한 결과라고 납득하는 표현이다.

書類(しょるい) 서류
上司(じょうし) 상사
叱(しか)る 혼내다
ご両親(りょうしん)
양친, 부모
緊張(きんちょう)する
긴장하다
人気(にんき) 인기

大事な書類をなくしたんだから、上司に叱られる**のも当然だ**。

중요한 서류를 분실했으므로, 상사에게 혼나는 것도 당연하다.

初めて彼女のご両親に会うのだから、緊張する**のももっとも**だと思い
ますよ。　　　　　　　처음으로 그녀의 부모님을 만나는 것이니까, 긴장하는 것도 당연하다고 생각해요.

彼はとてもかっこいいので、女性に人気がある**のももっとも**です。

그는 너무 멋지기 때문에, 여성들에게 인기가 있는 것도 당연합니다.

🎙 강의실 생중계!

～のは当然だ・～のはもっともだ (～하는 것은 당연하다)의 형태로도 사용할 수 있습니다.
🔲 英語が話せないのだから、海外での暮らしが心配な**のは当然**です。
　　영어를 못하니까, 해외에서의 생활이 걱정인 것은 당연합니다.
　　約束を破ったのだから、母が怒る**のはもっともだ**。
　　약속을 깼으니까, 엄마가 화내는 것은 당연하다.

～というものだ　~라는 것이다

접속 동사·い형용사의 보통형 / な형용사 어간 / 명사 + ～というものだ
의미 '진심으로 ~라고 생각한다'라는 의미로, 말하는 사람의 주장이나 감상을 단정적으로 말하거나 강조하는 표현이다.

機能(きのう) 기능

ぜいたくだ 사치스럽다. 분에 넘친다

不公平(ふこうへい) 불공평

色々な機能がついているとしても、10万円もする携帯電話を買うのはぜいたくというものだ。

여러 가지 기능이 달렸다고 해도 10만 엔이나 하는 휴대 전화를 사는 것은 사치이다.

同じ仕事をしているのに女性の給料が男性より低いのは不公平というものだ。

같은 업무를 하고 있는데도 여성의 월급이 남성보다 낮은 것은 불공평한 것이다.

📎 **강의실 생중계!**

· ～というものだ의 형태로만 사용되고, ない형이나 た형으로는 사용되지 않습니다.
· 부정의 형태는 시나공 03에서 배운 ～というものではない(~라는 것은 아니다)가 되며, 전혀 다른 의미이므로 비교하면서 함께 기억해두도록 합시다!

～に違いない・～に相違ない　~임에 틀림없다

접속 동사·い형용사의 보통형 / な형용사 어간 / 명사 + ～に違(ちが)いない · ～に相違(そうい)ない
의미 사실이라고 단정할 수는 없지만, 말하는 사람이 그것을 사실이라고 강하게 확신하고 있을 때 사용하는 표현이다.

慌(あわ)てる 당황하다
よっぽどのこと 대단한 일. 상당한 일
予算(よさん) 예산
充分(じゅうぶん)だ 충분하다
実行(じっこう) 실행
人物(じんぶつ) 인물
犯人(はんにん) 범인

彼女があそこまで慌てるのは、よっぽどのことが起こったに違いない。

그녀가 저렇게까지 당황하는 것은 대단한 일이 일어났음에 틀림없다.

時間も予算も充分ではないから、この計画の実行は難しいに相違ない。

시간도 예산도 충분하지 않기 때문에, 이 계획의 실행은 어려울 것임에 틀림없다.

私は最初別の人物が犯人に相違ないと思っていた。

나는 처음에 틀림없이 다른 인물이 범인이라고 생각했었다.

📎 **강의실 생중계!**

· ～に相違ない는 딱딱하고 예스러운 문어체 표현입니다.
· ～に違いない와 ～に相違ない는 단정의 의미를 나타내는 용법으로도 사용됩니다.
  예 これは私のものに違い(相違)ありません。 이것은 분명 제 물건입니다.
· 단정의 의미인 ～にきまっている(분명 ~하다)와 비슷하다고 생각할 수 있으나, ～に違い(相違)ない보다 ～にきまっている 쪽이 훨씬 확실성이 높고 단정에 가까운 의미로 사용된다는 것을 기억해둡시다.

86 ~おそれがある ~할 우려가 있다

접속 동사·명사의 명사 수식형 + ～おそれがある
의미 '～등의 좋지 않은 일이 일어날 위험성이 있어 걱정이다'라는 의미이다.

居眠(いねむ)り運転(うん
てん) 졸음 운전

飲酒(いんしゅ)運転(うん
てん) 음주 운전

交通事故(こうつうじこ)
교통사고

屋外(おくがい) 옥외

自動販売機(じどうはん
ばいき) 자동판매기

撤去(てっきょ)する
철거하다

売(う)り上(あ)げ 매상

減(へ)る 줄다

地帯(ちたい) 지대

被害(ひがい) 피해

居眠り運転や飲酒運転は交通事故を起こすおそれがあるのでしないで
ください。 졸음 운전이나 음주 운전은 교통사고를 일으킬 우려가 있기 때문에 하지 말아주세요.

屋外の自動販売機を撤去すると売り上げが減るおそれがある。
가게 밖의 자동판매기를 철거하면, 매상이 줄어들 우려가 있다.

地震のおそれがある地帯では、地震が起きたときに被害を小さくする
ような対策が必要です。
지진의 우려가 있는 지대에서는, 지진이 일어났을 때 피해를 줄일 수 있는 대책이 필요합니다.

> 🖊 강의실 생중계!
>
> 한자 표기로 ～恐れがある로 출제되기도 하므로 한자 표기도 함께 기억해 두는 것이 좋습니다.

☑ 시나공 확인 문제

次の文の(   )に入れるのに最もよいものを、1·2·3·4から一つ選びなさい。

あの監督が作った映画ならきっと面白い(   )。

1 に相違ない   2 かねない   3 てしょうがない   4 にすぎない

해석 저 감독이 만든 영화라면 분명 재미있을 것이다.

해설 1번 ～に相違ない(～임에 틀림없다)는 ～に違いない와 같은 의미로, 사실이라고 단정할 수는 없지만, 말하는 사람이 그것을 사실이
라고 강하게 확신하고 있을 때 사용하는 표현으로 정답이 된다. 2번 ～かねない(～할지도 모른다), 3번 ～てしょうがない(～해서 어
쩔 도리가 없다), 4번 ～にすぎない(～에 불과하다, ～에 지나지 않다)도 꼭 외워두자!   **정답** 1

87 ～かねない   ~할지도 모른다

접속 동사 ます형＋～かねない
의미 좋지 않은 가능성이 있어 걱정이라는 의미이다.

直販(ちょくはん) 직판
中小(ちゅうしょう) 중소
小売商(こうりしょう)
소매상
絶滅(ぜつめつ)
모두 없어짐
引(ひ)き起(お)こす
일으키다
睡眠(すいみん) 수면
きちんと 제대로
体(からだ)を壊(こわ)す
건강을 해치다

そんな危険な国に行けば死にかねないから行かないで。
그런 위험한 나라에 가면 죽을지도 모르니까 가지 마.

このままインターネット直販が進めば、中小小売商の絶滅を引き起こしかねない。
이대로 인터넷 직판이 발달되면, 중소 소매상이 모두 망해서 없어질지도 모른다.

どんなに忙しくても睡眠時間と食事をきちんととらないと体を壊しかねないよ。
아무리 바빠도 수면 시간과 식사를 제대로 취하지 않으면 건강을 해칠지도 모른다.

> 🖉 **강의실 생중계!**
>
> 보통 추측의 의미로 사용하는 ～かもしれない와 비슷하지만 ～かねない는 좋지 못한 결과를 초래할 가능성이 있어 걱정이라는 의미로 차이를 구별하여 암기하는 것이 좋습니다.

---

88 ～ということだ   ~라고 한다

접속 동사·い형용사·な형용사의 보통형 / 명사＋～ということだ
의미 들은 것을 그대로 인용하여 전할 때 사용하는 표현이다.

値上(ねあ)げされる
가격이 인상되다
恐(おそ)ろしい 무섭다
殺人事件(さつじんじけん) 살인사건
犯人(はんにん) 범인
おい 조카

ニュースによると、来月からバス、地下鉄などの交通料金が値上げされるということです。　뉴스에 따르면, 다음 달부터 버스, 지하철 등의 교통요금이 인상된다고 합니다.

あの恐ろしい殺人事件の犯人はまだわからないということだ。
그 무서운 살인사건의 범인은 아직 모른다고 한다.

> 🖉 **강의실 생중계!**
>
> • 전문의 ～そうだ와 마찬가지로 앞에 ～によると(~에 의하면), ～の話では(~의 이야기로는)와 같은 '근거'를 제시해주는 경우가 많습니다.
> • '～라는 것은 곧 ～라는 것이다. 즉 ～이다'라고, 어떤 사실을 근거로 결론을 내리거나 상대방에게 확인할 때 사용하기도 합니다.
> • ～とのことだ로 사용되기도 하며, ～とのことだ는 주로 편지문 등에서 사용됩니다.
> 예 アメリカに住んでいる兄から手紙が来た。兄の手紙では、2週間前私のおいが生れた**とのことだ。**
> 　미국에 살고 있는 형에게서 편지가 왔다. 형의 편지로는 2주 전에 내 조카가 태어났다고 한다.
> • 앞에서 배운 ～というものだ(~인 것이다)와 전혀 다른 뜻이지만 혼동하기 쉬우므로 비교해서 외워두는 것이 좋습니다.

89 ～まい / ～まいか ~하지 않을 것이다 / ~하지 않을까?

접속 동사 기본형 ＋ ～まい / ～まいか (단, 1단 동사, 불규칙 동사는 ない형에도 접속 가능)
의미 1) '~하지 않겠다'라는 본인의 강한 부정의 의지를 나타낸다.
2) '~하지 않을 것이다'라는 부정의 추측을 나타낸다.
3) ～まいか는 '~하지 않을까?'라는 완곡한 추측을 나타낸다.

失恋(しつれん) 실연
二度(にど)と 두 번 다시
スイス 스위스
名産品(めいさんぴん) 명산품
思(おも)い浮(う)かべる 떠올리다

いつも嘘ばかりついている彼とはもうつきあうまい。
항상 거짓말만 하고 있는 그와는 이제 사귀지 않겠다.

私は以前、辛い失恋を経験して二度と恋愛なんかするまいと思っていました。 저는 예전에 괴로운 실연을 한 적이 있어서 두 번 다시 연애 같은 것은 하지 않겠다고 생각했습니다.

スイスの名産品と言えば、時計とチーズをまず思い浮かべる人が多いのではあるまいか。 스위스의 명산품이라고 하면, 시계와 치즈를 우선 떠올리는 사람이 많지 않을까?

📎 강의실 생중계!

・～(よ)うか～まいか(~할지 ~하지 않을지)도 함께 기억해둡니다.
예 行こうか行くまいかまだわからない。 갈지 가지 않을지 아직 모른다.
・주어가 대부분 1인칭입니다. 따라서 다른 사람의 이야기를 할 때에는 뒤에 ～まいと思っているようだ, ～まいと思っているらしい와 같이 사용됩니다.
・～まいか는 주로 ～ではあるまいか(~하는 것이 아닐까?) 형태로 문장 끝에 쓰이므로 참고하세요.

90 ～とか・～とかで ~라고 한다, ~라고 하던데 · ~라고 하면서, ~인가로

접속 동사 · い형용사 · な형용사의 보통형 / 명사 ＋ ～とか · ～とかで
의미 '~라고 하던데, ~라고 들었는데'라는 전문의 의미로 사용한다.

マッコリ 막걸리
盲腸(もうちょう) 맹장
入院(にゅういん)する 입원하다

来年から日本語能力試験がもっと難しくなるとか聞いたんですが、本当ですか。 내년부터 일본어능력시험이 더 어려워진다고 하던데 정말이에요?

韓国のマッコリは日本でも大人気だとか。
한국의 막걸리는 일본에서도 대인기라고 한다.

高橋さんは盲腸だとかで、入院しています。
다카하시 씨는 맹장인가로, 입원해 있습니다.

📎 강의실 생중계!

전문의 의미인 ～そうだ(~라고 한다), ～ということだ(~라고 한다)와 비슷하지만, 불확실한 느낌이 들거나 확실히 말하는 것을 피하고 싶을 때 사용하는 간접적인 정보를 나타내는 표현입니다.

91 ～とみえて / ～とみえる　　~인 듯이/~인 듯하다

접속 동사, い형용사, な형용사의 보통형 / 명사 + ～とみえて/～とみえる
의미 이유, 근거가 있어서 추량할 때에 사용하는 표현이다.

濡(ぬ)れる 젖다
警察(けいさつ) 경찰
救急車(きゅうきゅうしゃ)
구급차
事件(じけん) 사건

寝ている間に雨が降ったとみえて、道が濡れている。
자고 있는 동안에 비가 내렸는지, 길이 젖어 있다.

彼は彼女が好きだとみえて、彼女と話す時顔が赤くなっている。
그는 그녀를 좋아하는지, 그녀와 이야기할 때 얼굴이 빨개져 있다.

警察と救急車が来ているところを見ると、なにか事件があったとみえる。
경찰과 구급차가 와 있는 것을 보면, 뭔가 사건이 있었던 듯하다.

 강의실 생중계!

～ようで～ようだ와 같은 의미로, 추량을 나타내는 부사 どうやら, どうも(아무래도, 어쩐지)와 같이 자주 사용됩니다.

92 ～ものと思われる　　~라고 여겨지다, ~라고 생각하다, ~일 것이다

접속 동사 보통형 / い형용사 · な형용사의 명사 수식형 / 명사 + ～ものと思われる
의미 대다수의 사람이 납득할 수 있는 객관적인 견해나 추측을 나타낸다.

落(お)とす
떨어뜨리다, 놓치다
調査(ちょうさ) 조사
事故(じこ) 사고
原因(げんいん) 원인
明(あき)らか
분명함, 뚜렷함

電車の中で誰かが落としたものと思われるスマホを見つけた。
전철 안에서 누군가가 잃어버린 것 같은 스마트폰을 발견했다.

今回の調査で事故の原因が明らかになるものと思われる。
이번 조사로 사고의 원인이 명백해질 것이라고 생각한다.

犯人は東京方面へ逃げたものと思われます。
범인은 도쿄 방면으로 달아났다고 여겨집니다.

강의실 생중계!

• な형용사는 'な형용사 + な' 외에 'な형용사 + である' 형태로도 접속할 수 있지만, 명사는 '명사+の'가 아니라 '명사+である' 형태로 접속합니다.
• 뉴스 보도 등에서 자주 사용되는 표현입니다.

적중 예상 문제

▶ 정답과 해설 43쪽

問題　次の文の（　　　）に入れるのに最もよいものを、1・2・3・4から一つ選びなさい。

01 一緒に住んでいた友達が帰国してしまって寂しく（　　　）。

　　　1 というものだ　　　2 ということだ　　　3 てたまらない　　　4 ざるをえない

02 どうも彼がうそをついているように思われて（　　　）。

　　　1 わけがない　　　　2 ならない　　　　3 ほかない　　　　4 っこない

03 あのかばんは高級ブランドのものだから高い（　　　）。

　　　1 にきまっている　　2 てしかたがない　　3 おそれがある　　4 よりない

04 わたしにできるだけのことは全部やった。あとは結果を待つ（　　　）だろう。

　　　1 にきまっている　　2 ということだ　　　3 よりほかない　　　4 というものだ

05 彼に成功をもたらしたものは、日々の努力（　　　）。

　　　1 にほかならない　　2 にすぎない　　　3 かねない　　　　4 おそれがある

06 大手筋の商社の社員といっても僕はまだ一介の会社員（　　　）。

　　　1 にすぎない　　　　2 にきまっている　　3 にほかならない　　4 に違いない

07 明日何が起こるかわからない。それが人生（　　　）。

　　　1 にきまっています　　　　　　　2 かねないです
　　　3 ということです　　　　　　　　4 というものです

08 前に本で読んだのだが、固いコンクリートの上でばかり遊ぶのは、子供たち
　　　の足によくない（　　　）。

　　　1 ということだ　　　2 にほかならない　　3 にすぎない　　　4 おそれがある

09 野生動物は自然のままにしておく方がよい。外国から新しい病気を持ち込む
　（　　　　）し、逃げ出したり、捨てられた場合に、在来の動物を滅ぼすなど生
　態系への悪影響を及ぼす（　　　　）。

　　1 かねない　　　　　　2 おそれがある　　　3 どころではない　　4 わけがない

10 鈴木さんは先月生れたばかりの初孫がかわいく（　　　　）らしい。

　　1 てしかたがない　　2 にきまっている　　3 よりほかない　　　4 ということだ

11 食糧問題や環境問題は、近い将来私たちの生活に影響をおよぼし（　　　　）。

　　1 おそれがある　　　2 まい　　　　　　　3 ざるをえない　　　4 かねない

12 昨夜、突然北斗七星が消えてしまったのだが、何か不吉なことが起こるので
　はある（　　　　）。

　　1 ことか　　　　　　2 ものか　　　　　　3 まいか　　　　　　4 とか

13 最近倒産する会社が増え、失業者も大幅に増加する（　　　　）。

　　1 しかない　　　　　2 どころではない　　3 かねない　　　　　4 おそれがある

14 前の駅で事故があった（　　　　）で、電車が止まってしまった。

　　1 まい　　　　　　　2 とか　　　　　　　3 まいか　　　　　　4 ところ

15 「今日こそは過食をする（　　　　）、しないようにしよう」と思いながら毎日過
　食をしています。

　　1 まい　　　　　　　2 しかない　　　　　3 ものか　　　　　　4 どころではない

16 父親としては娘の結婚は嬉しい（　　　　）が、反面、寂しくもあるだろう。

　　1 にすぎない　　　　2 に違いない　　　　3 てたまらない　　　4 ということだ

問題　次の文の　＿＿★＿＿に入る最もよいものを、1・2・3・4から一つ選びなさい。

01 初対面の人に ＿＿＿＿ ＿＿＿＿ ＿★＿ ＿＿＿＿。

　　1 敬語を使わない　　2 というものだ　　3 失礼　　　　　4 のは

02 風邪を早く治す方法ってありますか。＿＿＿＿ ＿★＿ ＿＿＿＿ ＿＿＿＿んです。

　　1 しょうがない　　　2 のどが痛くて　　3 ひどいし　　　4 鼻水も

03 母はいつも「＿＿★＿ ＿＿＿＿ ＿＿＿＿ ＿＿＿＿」と言っている。

　　1 大きくなった　　　2 にすぎない　　　3 男というのは　　4 子供

04 ワールドカップでの優勝は、＿＿＿＿ ＿★＿ ＿＿＿＿ ＿＿＿＿。

　　1 にほかならない　　2 努力の　　　　　3 選手たちの　　4 結果

05 石油の値段が ＿＿＿＿ ＿＿＿＿ ＿＿＿＿ ＿★＿。

　　1 にきまっている　　2 物価も　　　　　3 上がれば　　　4 上がる

06 好きな人ができたが、＿＿＿＿ ＿＿＿＿ ＿★＿ ＿＿＿＿。

　　1 人だから　　　　　2 ほかない　　　　3 結婚している　4 あきらめる

07 私が支持していた候補が選挙で落選してしまった ＿★＿ ＿＿＿＿ ＿＿＿＿。

　　1 残念で　　　　　　2 本当に　　　　　3 ので　　　　　4 ならない

08 時間に厳しい田中さんのことだから、＿＿＿＿ ＿★＿ ＿＿＿＿ ＿＿＿＿。

　　1 時間　　　　　　　2 に違いない　　　3 来る　　　　　4 どおりに

問題　次の文の（　　　）に入れるのに最もよいものを、1・2・3・4から一つ選びなさい。

01　今度の試合で勝つためには一生懸命練習する（　　　）。

　　　1 にすぎない　　　　2 にほかならない　　3 どころではない　　4 ほかない

02　1回だけ会って人を判断してはいけない。せめて3回は会ってみない（　　　）どんな人かわからないと思う。

　　　1 ことには　　　　　2 わりには　　　　　3 ことなく　　　　　4 ものなら

03　テレビで凶悪な犯罪のニュースを見る（　　　）、自宅周辺でも起こらないか、心配になります。

　　　1 によって　　　　　2 たびに　　　　　　3 うえに　　　　　　4 のもかまわず

04　私が求める結婚相手は、条件（　　　）よければいいというものではなく、フィーリングや価値観が合って、一緒にいて楽しいと思える人です。

　　　1 だけ　　　　　　　2 ばかり　　　　　　3 さえ　　　　　　　4 とか

05　清潔な彼はせめて一日2回は部屋を掃除せ（　　　）らしい。

　　　1 ないことはない　　2 ざるをえない　　　3 ずにはいられない　4 ないではいられない

06　車なしで生活でき（　　　）が、ないとかなり不便なので車を運転しています。

　　　1 ないわけにはいかない　　　　　　　2 ざるをえない
　　　3 ないことはない　　　　　　　　　　4 ないではいられない

07　お風呂や洗面所の掃除は面倒な（　　　）、水に濡れたりするのでなかなか気が乗らないものです。

　　　1 によって　　　　　2 うえに　　　　　　3 たびに　　　　　　4 につけても

08　僕は最近ストレスがたまり、病気を誘発し（　　　）状態だ。

　　　1 まい　　　　　　　2 どころではない　　3 ほかしかたがない　4 かねない

問題　次の文の ＿＿＿★＿＿ に入る最もよいものを、1・2・3・4から一つ選びなさい。

01 今回の ＿＿＿＿ ＿＿＿＿ ＿＿＿＿ ＿★＿＿ また挑戦するつもりだ。

1 としても　　　　　2 あきらめず　　　　3 失敗する　　　　4 試験に

02 底抜けに明るい両親に ＿＿＿＿ ＿＿＿＿ ＿★＿＿ のが大好きだ。

1 ギャグを言って　 2 人を笑わせる　　 3 育てられた　　　 4 せいか

03 この店は ＿＿＿＿ ＿＿＿＿ ＿★＿＿ ＿＿＿＿ すごくおいしいですよ。

1 だけあって　　　　2 専門店　　　　　3 パスタが　　　　4 イタリア料理

04 人間は ＿＿＿＿ ＿★＿＿ ＿＿＿＿ ＿＿＿＿ 。

1 わけではない　　　2 働く　　　　　　3 ために　　　　　4 生れてきた

05 あなたが ＿★＿＿ ＿＿＿＿ ＿＿＿＿ ＿＿＿＿ 、何が一番したいですか。

1 100億円の　　　　2 もし　　　　　　3 としたら　　　　4 宝くじに当たる

06 このかばんは高い ＿★＿＿ ＿＿＿＿ ＿＿＿＿ ＿＿＿＿ たまらない。

1 ことは　　　　　　2 どうしても　　　 3 高いが　　　　　4 買いたくて

07 彼女の肥満の原因は ＿＿＿＿ ＿★＿＿ ＿＿＿＿ ＿＿＿＿ 。

1 にほかならない　 2 暴食　　　　　　3 による　　　　　4 ストレス

08 このレストランではお客様の ＿＿＿＿ ＿★＿＿ ＿＿＿＿ ＿＿＿＿ 、料理方法を
注文することができる。

1 に応じて　　　　　2 好み　　　　　　3 選んで　　　　　4 欲しい食材を

問題 次の文の（　　　）に入れるのに最もよいものを、1・2・3・4から一つ選びなさい。

01 彼はいつも私が作った料理をおいしいと言ってくれるので、料理の（　　　）。

　　1 してばかりいます　　　　　　　　2 しがいがあります
　　3 しすぎます　　　　　　　　　　　4 しがっています

02 まさか彼女がそんなことを言ったとは（　　　）。

　　1 思えない　　　　2 思えさせられない　3 思えさせない　　　4 思えられる

03 明日も熱が下がらないよう（　　　）、病院に行こうと思う。

　　1 でいても　　　　2 であれば　　　　3 でなくでも　　　　4 でなければ

04 日常生活における決済手段は、支払い金額に（　　　）現金の利用は減少傾向にある。

　　1 のみならず　　　2 とって　　　　　3 反して　　　　　　4 よらず

05 このように物価が上昇し（　　　）いては、私たちの生活はますます厳しくなるでしょう。

　　1 続いて　　　　　2 続けて　　　　　3 続かないで　　　　4 続けないで

06 彼は慣れない異国の生活で寂しい（　　　）がした。

　　1 思い　　　　　　2 見込み　　　　　3 気味　　　　　　　4 見掛け

07 小説は（　　　）が、読んでいるとすぐに眠くなってしまう。

　　1 読まないものでもない　　　　　　2 読まなければならない
　　3 読まではいられない　　　　　　　4 読まないわけがない

08 いい大学を卒業したからといって、いい会社に（　　　）。

　　1 入れないものでもない　　　　　　2 入れるのももっともだ
　　3 入れなくてはいけない　　　　　　4 入れるとは限らない

問題　次の文の　＿＿＿★＿＿＿に入る最もよいものを、1・2・3・4から一つ選びなさい。

01 お酒を購入するには、＿＿＿＿ ＿＿＿＿ ＿＿★＿＿ ＿＿＿＿ 必要です。

　　1 ことを　　　　　2 ものが　　　　　3 証明できる　　　4 20歳以上である

02 たんぱく質は筋肉を＿＿＿＿ ＿＿＿＿ ＿＿★＿＿ ＿＿＿＿ 。

　　1 欠かせない　　　2 ものだ　　　　　3 作る　　　　　　4 のに

03 絶対に合格すると思っていたのに、＿＿＿＿ ＿＿＿＿ ＿＿★＿＿ ＿＿＿＿ 話です。

　　1 不合格だったの　2 もっともな　　　3 だから　　　　　4 彼が落ち込むのも

04 時間がなくてできないと＿＿＿＿ ＿＿＿＿ ＿＿★＿＿ ＿＿＿＿ 。本当にやりたくないのだろう。

　　1 しかない　　　　2 口実で　　　　　3 言っているが　　4 そんなのは

05 うちの犬は＿＿＿＿ ＿＿＿＿ ＿＿★＿＿ ＿＿＿＿ 、私がボールを持つとしっぽを振って待っている。

　　1 遊ぶのが　　　　2 とみえて　　　　3 ボールで　　　　4 好きだ

06 今日中に＿＿＿＿ ＿＿＿＿ ＿＿★＿＿ ＿＿＿＿ 、明日でもいいですよ。

　　1 よう　　　　　　2 レポートを　　　3 なら　　　　　　4 書き上げられない

07 A「＿＿＿＿ ＿＿＿＿ ＿＿★＿＿ ＿＿＿＿ 地味な服だね。」
　　B「今日はアルバイトの面接に行くんだって。」

　　1 ずいぶん　　　　2 いつも派手な　　3 今日は　　　　　4 森さんにしては

08 人身事故が＿＿＿＿ ＿＿＿＿ ＿＿★＿＿ ＿＿＿＿ います。

　　1 とかで　　　　　2 今　　　　　　　3 あった　　　　　4 電車が止まって

問題　次の文の（　　　）に入れるのに最もよいものを、1·2·3·4から一つ選びなさい。

01　お酒は（　　　）が、特別な時だけ飲むことにしている。

　　1 飲むことはない　　　　　　　　　2 飲むよりほかない
　　3 飲まないでもない　　　　　　　　4 飲まないに相違ない

02　この写真から、犯人はこの男であることは明白なものと（　　　）。

　　1 思う　　　　　　　2 思われる　　　　3 思わせる　　　　　4 思わせられる

03　彼はそのことを知らなかったと言っているけど、（　　　）と思います。

　　1 知っていないはずがない　　　　　2 知らないはずがない
　　3 知ったはずがない　　　　　　　　4 知りたくないはずがない

04　このレストランは料理もおいしいし、雰囲気もいい。高い（　　　）のことは
　　ある。

　　1 だけ　　　　　　　2 ばかり　　　　　3 さえ　　　　　　　4 はず

05　このシステムは一年（　　　）更新される。

　　1 ごとに　　　　　　2 までに　　　　　3 うちに　　　　　　4 ことに

06　成功するかどうか（　　　）、挑戦してみることで学べることもある。

　　1 にかけては　　　　2 はもとより　　　3 にあたって　　　　4 は別にして

07　高齢者の安否確認を（　　　）弁当宅配サービスが人気だ。

　　1 こめて　　　　　　2 めぐって　　　　3 かねた　　　　　　4 通して

08　このプロジェクトは山本さんをリーダーと（　　　）10名のメンバーで取り組
　　んでいます。

　　1 したら　　　　　　2 した　　　　　　3 しない　　　　　　4 しても

問題　次の文の ＿＿＿★＿＿ に入る最もよいものを、1・2・3・4から一つ選びなさい。

01 ＿＿＿ ＿＿＿ ★ ＿＿＿ 聞いてください。

1 ことが　　　　　2 わからない　　　3 あれば　　　　　4 遠慮せずに

02 このサイトのパスワードは ＿＿＿ ＿＿＿ ★ ＿＿＿ 。

1 8〜16字の　　　2 で　　　　　　　3 なければなりません　　4 長さ

03 ＿＿＿ ＿＿＿ ★ ＿＿＿ その駅はほとんど人がいない。

1 普通なら　　　　2 に当たる　　　　3 時間も　　　　　4 午後のラッシュ時

04 日本語が話せる ＿＿＿ ＿＿＿ ★ ＿＿＿ 。

1 日本語が　　　　2 とは限らない　　3 教えられる　　　4 からといって

05 今日中には答えが ＿＿＿ ＿＿＿ ★ ＿＿＿ 。

1 会議を続けても　　　　　　　2 出そうにないので
3 これ以上　　　　　　　　　　4 しかたがない

06 大事な書類を ＿＿＿ ＿＿＿ ★ ＿＿＿ 。

1 上司に　　　　　　　　　　　2 なくしたんだから
3 のも当然だ　　　　　　　　　4 叱られる

07 ＿＿＿ ＿＿＿ ★ ＿＿＿ 手に入れることはできない。

1 求めようと　　　2 しなければ　　　3 自らが　　　　　4 何事に関わらず

08 彼女は真面目だし、予習や復習を ＿＿＿ ＿＿＿ ★ ＿＿＿ 。

1 教えがいがある　　2 きちんと　　　3 から　　　　　　4 してくる

합격을 위한 필수 문법

둘째마당

시나공
06

때를 나타내는 문법

이 장에서 배울 문법은 '때를 나타내는 문법'입니다.
본격적인 학습에 앞서 자신이 알고 있는 문법이 어느 정도인지 □에 체크해보세요.

시 나 공 06 때를 나타내는 문법

시나공 06에서는 시간적인 개념과 관련된 표현을 살펴보도록 하겠습니다. 시간적인 개념과 관련된 문법 중 출제 빈도가 높은 문법으로는 ~から~にかけて, ~にわたって, ~かぎりの, ・次第, ~上で, ~ついでに를 꼽을 수 있겠습니다. ~から~にかけて, ~にわたって는 의미를 비교하여 외워두고, ~たとたんに, ~か~ないかのうちには 묶어서 외워두는 것이 좋습니다.

시험에 이렇게 나온다!

次の文の ___★___ に入る最もよいものを、1·2·3·4から一つ選びなさい。

ニュースによると、台風の影響で _____ ___★___ _____ _____。

1 大雨が降る　　　2 全国　　　　　3 にわたって　　　4 そうだ

해석 뉴스에 따르면, 태풍의 영향으로 전국에 걸쳐서 큰비가 내린다고 한다.
해설 ~にわたって는 '~에 걸쳐서'라는 의미이고, 동사 종지형 + ~そうだ는 '~라고 한다'라는 전문의 용법으로 사용된다. 따라서 雨が降るそうだ 문장을 만들어 놓고, '어디에? → 全国にわたって'를 유추해 보면, 자연스럽게 全国にわたって雨が降るそうだ 라는 문장을 만들 수 있다. **정답** 3

| 93 | ~から~にかけて | ~부터 ~에 걸쳐서 |

접속 명사 + ~から + 명사 + ~にかけて
의미 시간적, 공간적 범위를 나타내어 시작과 끝을 나타내어 줌으로써 '그 시간이나 장소의 사이에'라는 의미를 나타낼 때 사용한다.

再来週(さらいしゅう) 다다음주
期末(きまつ)テスト 기말고사
行(おこな)う 실시하다
時期(じき) 시기
流(なが)れる 흐르다

来週から再来週にかけて期末テストが行われます。
다음 주부터 다다음 주에 걸쳐서 기말고사가 실시됩니다.

あの国に旅行に行くなら9月から10月にかけての時期が一番いいです。
그 나라에 여행을 간다면 9월부터 10월 사이가 가장 좋습니다.

この川はカンウォンドからキョンギドにかけて流れている。
이 강은 강원도부터 경기도에 걸쳐 흐르고 있다.

강의실 생중계!

비슷한 느낌인 ~から~まで는 시작과 끝이 분명하고, 그 기간이나 장소에 계속 같은 상태가 이어짐을 나타냅니다. 그에 비해 ~から~にかけて는 시작과 끝이 그다지 분명하지 않으며, 뒤에는 한 번으로 그치는 것이 아닌, 연속적인 상황을 나타내는 문장이 옵니다.
예 9時から12時まで勉強をしていました。 9시부터 12시까지 공부를 하고 있었습니다.

94 ～にわたって・～にわたり / ～にわたる　　～에 걸쳐서 / ～에 걸친

접속 명사 ＋ ～にわたって・～にわたり・～にわたる
의미 ～의 범위 전체에 미치는 것을 나타낼 때 사용한다.

プロジェクト 프로젝트
影響(えいきょう) 영향
全域(ぜんいき) 전역
大統領(だいとうりょう)
대통령

一年間にわたるプロジェクトがやっと終わった。

1년간에 걸친 프로젝트가 겨우 끝났다.

台風の影響で明日は韓国全域にわたって激しい雨が降るそうです。

태풍의 영향으로 내일은 한국 전역에 걸쳐서 많은 비가 내린다고 합니다.

新しい大統領の選挙の投票が全国にわたって行われた。

새로운 대통령 선거 투표가 전국에 걸쳐서 시행되었다.

🎙 강의실 생중계!

～から～にかけては 시작과 끝의 범위가 명확하지 않은 두 개의 지점(시간과 장소)의 범위를 나타내어 1회만의 내용이 아니라 상태가 계속되고 있는 것을 나타내고, ～にわたっては 어떤 행위나 상태가 범위 전체에 미치는 것을 나타내어 범위가 넓고 시간·기간이 길다는 느낌으로 사용합니다.

95 ～かぎり / ～ないかぎり　　～한 / ～하지 않는 한

접속 동사·い형용사의 보통형 / 명사 ＋ の / 명사·な형용사 ＋ である ＋ ～かぎり
각 품사의 ない형 ＋ ～ないかぎり
의미 '～한'이라는 조건, 가정, 범위, 한계의 의미를 나타낼 때 사용한다.

謝(あやま)る 사과하다
着(き)こなす
(옷을) 맵시 있게 입다
役(やく)に立(た)つ
도움이 되다

あなたが先に謝らないかぎり、私は絶対あなたと話す気はないんだよ。

당신이 먼저 사과하지 않는 한, 나는 절대로 당신과 얘기할 마음이 없어.

こんなスタイルの服を着こなせる人は私の知るかぎり、彼しかいない。

이런 스타일의 옷을 소화해 낼 수 있는 사람은 내가 아는 한, 그밖에 없다.

私にできるかぎりのことは全部しましたが、全然役に立たなくてすみません。

제가 할 수 있는 한의 일은 전부 했습니다만, 전혀 도움이 안 되어 죄송합니다.

🎙 강의실 생중계!

～かぎり(～하는 한)라는 기본 의미와 함께 ～ないかぎり(～하지 않는 한), ～かぎりでは(～하는 한에서는), ～かぎりは(～하는 한은)와 같은 의미도 함께 기억해둡시다.

96 ~だけ(の)　~껏, ~만큼

접속 동사·い형용사·な형용사의 명사 수식형 + ~だけ(の)
의미 '어떠한 범위 전부'를 나타내며 정도나 한도와 관련된 표현이다.

結局(けっきょく) 결국
ほしい 갖고 싶다
現実(げんじつ) 현실

あ、お腹すいているんですか。どうぞ、食べたいだけ食べてください。
아, 배가 고프세요? 자, 드시고 싶은 만큼 드세요.

私にできるだけのことは全部やってみたが、結局失敗してしまった。
내가 할 수 있는 만큼의 것은 전부 해 보았지만, 결국 실패하고 말았다.

ほしいものをほしいだけ買えるものならいいけど、現実は……。
갖고 싶은 것을 갖고 싶은 만큼 살 수 있다면 좋겠지만, 현실은…….

강의실 생중계!

• できるだけ早くお願いします와 같이 관용적으로 '가능한 한'이라는 의미로 사용되는 경우도 있습니다.
• 시나공 01의 이유를 나타내는 문법에서 배운 ~だけに・~だけの의 형태로 '~한(인)만큼 (그 가치나 능력에 걸맞게)'라는 의미로 사용되는 경우도 시험에 자주 출제됩니다.
• 시험에는 ~だけ의 여러 가지 활용 형태가 자주 등장합니다. 기본 의미와 함께 ~だけあって(~인 만큼), ~だけは~だが(~만큼은 ~이지만)와 같은 활용 형태도 함께 기억해둡시다.

97 ~をはじめ　~을 비롯하여

접속 명사 + ~をはじめ
의미 대표적인 것을 예로 들어 그것을 비롯하여 그 밖의 것 모든 것을 말하는 표현이다.

たいそう 매우, 대단히
石油(せきゆ) 석유
物価(ぶっか) 물가

彼女はキムチをはじめ韓国の料理なら何でも作れる。
그녀는 김치를 비롯하여 한국요리라면 무엇이든지 만들 수 있다.

社長をはじめ会社の皆様にたいそうお世話になりました。
사장님을 비롯하여 회사의 모든 분께 대단히 신세졌습니다.

石油をはじめ全ての物価が上がってしまって、生活が苦しくなった。
석유를 비롯하여 모든 물가가 올라버려서 생활이 힘들어졌다

강의실 생중계!

~をはじめとして(~을 비롯하여), ~をはじめとする(~을 비롯한)의 형태로도 사용합니다.
예 インターネットをはじめとするITの普及は目覚ましく、市民生活や社会の一部として一般的に利用されています。
인터넷을 비롯한 IT의 보급은 눈부셔서 시민생활과 사회 속 일부로서 일반적으로 이용되고 있습니다.

접속　명사 + 〜を通(つう)じて / 〜を通(とお)して

의미　'〜을 통해서(〜을 매개・수단・경유해서)'라는 의미와 '〜에 걸쳐서(그 기간 처음부터 끝까지 쭉)'라는 두 가지 의미로 사용된다.

留学生(りゅうがくせい)
유학생

交流会(こうりゅうかい)
교류회

アルバイト 아르바이트

衛星放送(えいせいほう
そう) 위성방송

力(ちから)を入(い)れる
힘을 쏟다, 주력하다

留学生交流会を通してこのアルバイトを紹介してもらいました。

유학생 교류회를 통해서 이 아르바이트를 소개받았습니다.

最近は衛星放送を通じて世界どこでも日本のテレビ番組が見られる。

요즘은 위성 방송을 통해서 세계 어디에서라도 일본 텔레비전 프로그램을 볼 수 있다.

佐々木先生は一生を通して外国人のための日本語教育に力を入れた。

사사키 선생님은 평생에 걸쳐 외국인을 위한 일본어 교육에 힘을 쏟았다.

📎 강의실 생중계!

• 장소나 기간이 어떤 범위 전체에 미치는 것을 가리키며, 나아가 어떤 사항이 일정 기간 계속해서 일어나는 것을 나타내기도 합니다.

• 〜を通じて와 〜を通して는 거의 구별없이 쓰이는데, 〜を通じて는 수단・매개로 어떤 일이 성사됨을 뜻하는 경우에 더 자주 사용되고, 〜を通して는 〜을 중간에 세워 어떤 일을 한다는 의미로 쓰이는 경우가 많습니다.

• 〜を通して는 적극적이며 의지가 담긴 내용의 문장과 연결되는 경우가 많습니다.

☑️ 시나공 확인 문제

次の文の（　　　）に入れるのに最もよいものを、1・2・3・4から一つ選びなさい。

先生が許してくれない（　　　）、あのクラスに入ることはできません。

1 だけ　　　　　　　**2** かぎり　　　　　　**3** にわたり　　　　　**4** ばかりか

해석 선생님이 허락해주지 않는 한, 그 수업에 들어갈 수 없습니다.

해설 2번 〜かぎり는 '〜하는 한', 부정 연결형인 〜ないかぎり는 '〜하지 않는 한'이라는 의미로 조건・가정・범위・한계의 뜻을 갖는다. 따라서 정답은 2번이다. 1번 〜だけは '〜만, 〜만큼', 3번 〜にわたり는 '〜에 걸쳐서', 4번 〜ばかりか는 '〜뿐만 아니라'라는 의미이므로 정답이 될 수 없다.

정답 2

99 　～からして　　～부터가

접속 명사 + ～からして
의미 '～을 시작으로 해서 다른 것도 물론'이라는 의미의 표현이다.

結婚(けっこん) 결혼
準備(じゅんび) 준비
決(き)まる 정해지다
発音(はつおん) 발음

もうすぐ結婚するというのに準備がぜんぜんできていません。住む所からして、まだ決まっていないんです。

이제 곧 결혼을 하는데 준비가 전혀 되어 있지 않습니다. 살 곳부터가 아직 정해져 있지 않습니다.

中国語の勉強をしはじめたんだけど、発音からして難しすぎてすぐやめてしまった。　중국어 공부를 하기 시작했는데, 발음부터가 너무 어려워서 바로 그만두고 말았다.

嫌な人は声からして嫌なものだ。　싫은 사람은 목소리부터가 싫은 것이다.

강의실 생중계!

· ～をはじめ가 대표적인 예를 하나 들어 '～을 비롯하여 그 외에 다른 것들도'라는 의미를 갖는다면, ～からして는 '～부터 해서 다른 것들도 전부'라는 뜻으로, 주로 부정적인 뉘앙스로 사용되는 경우가 많습니다.
· 추량의 근거를 나타내는 의미로서 ～からすると · ～からみると(～을 근거로 보면) 등과 같은 의미로 사용되기도 합니다.

100 　～に至るまで　　～까지도, ～에 이르기까지

접속 명사 + ～に至(いた)るまで
의미 상한(上限)을 강조해서 말하는 표현으로, 범위의 시점과 종점 사이에 있는 모든 것을 나타낸다.

人気(にんき)だ 인기다
現在(げんざい) 현재
事件(じけん) 사건
真相(しんそう) 진상
解明(かいめい)する
해명하다, 풀어내다

このアニメは子供から大人に至るまでみんなに人気だ。

이 애니메이션은 아이부터 어른에 이르기까지 모두에게 인기다.

雨のせいで、服からカバンの中に至るまで、びしょびしょになってしまった。　비 때문에, 옷부터 가방 속까지 흠뻑 젖어버렸다.

現在に至るまで、その事件の真相は解明されていない。

현재에 이르기까지, 그 사건의 진상은 해명되지 않고 있다.

강의실 생중계!

범위가 넓다는 의미로 대부분의 경우는 ～から～に至るまで의 형태로 사용됩니다.

～ぶりに・～ぶりの/～ぶりだ　　～만에·~만인/~만이다

接続 명사+ ～ぶりに・～ぶりの/～ぶりだ
意味 시간을 나타내는 명사에 접속하여 시간적인 간격의 길이를 강조한다.

過(す)ごす 지내다. 보내다
意識(いしき) 의식
回復(かいふく)する
회복하다

最近ずっと忙しかったが、今日は久しぶりにゆっくり過ごした。

요즘 계속 바빴는데, 오늘은 오랜만에 느긋하게 보냈다.

父は三日ぶりに意識を回復した。　　　　　아버지는 3일 만에 의식을 회복했다.

こんなに笑ったのいつぶりだろう。　　　　　이렇게 웃었던 게 얼마만일까.

> 📎 강의실 생중계!
>
> ～ぶり의 또 다른 용법으로, '명사, 동사 ます형＋～ぶり(～っぷり)'가 있습니다. 모습, 모양, 상태, 폼, 방식 등을 나타내는 의미로, 관용적으로 사용되는 경우가 많기 때문에 낱말로 외워두는 게 좋습니다.
>
> 예　枝ぶり(가지가 뻗은 모양)　　　　　　羽ぶり(깃털의 모양)
> 　　男っぷり(남자다운 풍채, 모습, 태도)　話しぶり(말투)
> 　　食べっぷり(먹는 모습)　　　　　　飲みっぷり(마시는 폼)
> 　　走りっぷり(달리는 폼)　　　　　　変わりぶり(변화세)
> 　　回復ぶり(회복세)

～を除いて(は)　　～을 빼고(는), ~을 제외하고(는)

接続 명사+ ～を除(のぞ)いて(は)
意味 어떤 범위에서 일부를 제외하는 것을 나타낸다.

夫(おっと) 남편
働(はたら)く 일하다
当店(とうてん)
당점, 이 가게
末(まつ) 말
一部(いちぶ) 일부
商品(しょうひん) 상품
半額(はんがく) 반액
授業(じゅぎょう) 수업
開始(かいし) 개시

夫は月曜日を除いては毎日働いています。

남편은 일요일을 빼고는 매일 일하고 있습니다.

当店では今月末まで、一部商品を除いて半額でお買い求めいただけます。

저희 가게에서는 이달 말까지, 일부 상품을 제외하고 반액으로 사실 수 있습니다.

授業開始５分前なのに、教室には私を除いてまだ二人しかいません。

수업 개시 5분 전인데, 교실에는 나를 빼고 아직 두 명밖에 없습니다.

> 📎 강의실 생중계!
>
> 동사 除く(빼다, 제외하다)가 문법화 된 것으로, ～を除き(~을 제외하고)와 바꾸어 사용할 수 있고, 가정형은 ～を除けば(~을 제외하면)입니다.
>
> 예　月曜日を除けば、予定は空いています。 월요일을 제외하면 예정은 비어 있습니다.
> 　　館内は一部を除き撮影できます。 관내는 일부를 제외하고 촬영할 수 있습니다.

103 　～次第 　～하면 바로, ～하는 대로

접속 동사 ます형＋～次第(しだい)
의미 '～을 하면 곧바로 ～을 하겠다'라는 의미의 표현이다.

先着(せんちゃく) 선착순
終了(しゅうりょう) 종료
セミナー 세미나
日程(にってい) 일정
担当(たんとう) 담당

このイベントは先着となりますので、期間中でもなくなり次第、終了させていただきます。

　이 이벤트는 선착순이기 때문에, 기간 중이라도 다 떨어지면 바로 종료하겠습니다.

来月のセミナーは日程が決まり次第、お知らせいたします。

　다음 달 세미나는 일정이 결정되는 대로 바로 알려드리겠습니다.

担当の者が戻り次第、こちらからお電話いたします。

　담당자가 돌아오는 대로 이쪽에서 전화 드리겠습니다.

> 📎 **강의실 생중계!**
>
> · 과거형 문장에는 사용되지 않습니다.
> · 시나공 10의 문장 끝에 쓰이는 문법(2)에서 배우게 될 ～次第だ(～ 나름이다, ～인 것이다)와 헷갈리지 않도록 접속 방법과 의미를 잘 구별하여 암기해둡시다!

104 　～上で 　～하고 나서, ～한 후에

접속 동사 た형＋～上(うえ)で
　　　 명사＋の＋～上で
의미 ～을 한 후, 그것을 조건·기반으로 한 시간적 전후 관계를 나타낸다.

登録(とうろく) 등록
手続(てつづ)き 절차,
수속
転勤(てんきん) 전근
返事(へんじ) 대답, 답변
記入(きにゅう) 기입
送信(そうしん) 송신

登録の前に以下の内容をよく読んだ上で手続きしてください。

　등록 전에 아래 내용을 잘 읽고 나서 수속해주세요.

転勤のことは私一人では決められないので、家族と相談した上でご返事します。　전근에 관한 것은 저 혼자서는 결정할 수 없기 때문에, 가족과 상의하고 나서 답변 드리겠습니다.

> 📎 **강의실 생중계!**
>
> · 기초문법에서 배우는 ～てから·～たあとで(～하고 나서, ～한 후에)와 시간적 전후 관계를 나타낸다는 것은 비슷하지만, ～うえでは '～의 결과를 토대로'라는 의미를 포함합니다.
> · 명사＋の와 접속할 경우, ～上での의 で는 생략이 가능합니다.
> 　[예] お問い合わせ内容を以下のフォームにご記入の上、送信してください。
> 　　　문의 내용을 아래 양식에 기입하신 후에 송신해주세요.
> · 동사 기본형＋～上では '～하는 경우에, ～하는 과정에서'라는 전혀 다른 의미로 사용되므로 혼동하지 않도록 주의하세요.
> 　[예] 就職活動をする上で大事だったと思うものは何ですか。
> 　　　구직활동을 하는 과정에서 중요했다고 생각하는 것은 무엇입니까?

접속 동사 て형 + ~てからでないと
의미 '(미리) ~를 해야지만 ~할 수 있다'고 말할 때 사용하는 표현이다.

実物(じつぶつ) 실물
検査(けんさ)をする
검사하다
お医者(いしゃ)様(さま)
의사 선생님
手術(しゅじゅつ)する
수술하다
教師(きょうし) 교사
資格(しかく)を取(と)る
자격을 취득하다

最近インターネットで買い物をする人が多くなりましたが、私は実物を見てからでないと買えません。

요즘 인터넷으로 쇼핑을 하는 사람이 많아졌습니다만, 저는 실물을 보고 나서가 아니면 못 삽니다.

病院できちんと検査をしてお医者様と相談してからでないと、手術するかどうかは決定できません。

병원에서 정확히 검사를 하고 의사 선생님과 상담하고 나서가 아니면, 수술할지 어떨지는 결정할 수 없습니다.

大学を卒業しても、教師資格を取ってからでないと、教師になれません。

대학을 졸업해도 교사 자격을 취득하고 나서가 아니면 교사가 될 수 없습니다.

🖉 강의실 생중계!

~てからでなければ와 바꾸어 사용할 수 있으며, 뒤에는 대부분 곤란이나 불가능을 뜻하는 문장이 옵니다.

✅ 시나공 확인 문제

次の文の(　　　)に入れるのに最もよいものを、1・2・3・4から一つ選びなさい。

働くことを(　　　)「人としての喜び」を感じられるようになりました。

1 通して　　　　　2 わたって　　　　　3 かけて　　　　　4 からして

해석　일한다는 것을 통해서 '인간으로서의 기쁨'을 느낄 수 있게 되었습니다.
해설　정답인 1번 ~を通して(~을 통해서, ~에 걸쳐서)는 ~を通じて와 함께 '~을 매개・수단・경유해서'라는 의미와 '처음부터 끝까지 쭉'이라는 두 가지 의미로 사용된다. 2번의 ~にわたって(~에 걸쳐서)와 3번의 ~にかけて(~에 걸쳐서)는 앞에 오는 조사부터가 바르게 연결되지 않은 점을 찾아낼 수 있어야 한다. 4번의 ~からして(~부터가)도 명사에 접속되는 표현이므로 오답이다.　**정답** 1

106 ~たとたん(に) ~하자마자, ~한 순간에

접속 동사 た형 + ~たとたんに
의미 앞일이 끝남과 거의 동시에 뒷일이 생김을 나타내며 앞과 뒷일은 관련된 경우가 많다.

教室(きょうしつ) 교실
生徒(せいと) 학생
漫画(まんが) 만화
流(なが)れ出(だ)す
흘러나오다
踊(おど)り出(だ)す
춤추기 시작하다
助(たす)かる 살아나다,
목숨을 건지다
力(ちから)が抜(ぬ)ける
힘이 빠지다
気(き)を失(うしな)う
의식을 잃다

教室でうるさくおしゃべりをしていた生徒たちは、田中先生が入ってきたとたんに静かになった。

교실에서 시끄럽게 떠들고 있었던 학생들은 다나카 선생님이 들어오자마자 조용해졌다.

テレビから漫画のテーマソングが流れ出したとたん、部屋にいた子供たちは踊り出した。

텔레비전에서 만화 주제가가 흘러나오자마자 방에 있던 아이들은 춤을 추기 시작했다.

助かったと思ったとたんに、力が抜けて気を失ってしまった。

살았다고 생각한 순간, 힘이 빠져서 의식을 잃고 말았다.

🎤 **강의실 생중계!**

~たとたんに에서 に는 생략할 수 있습니다.

107 ~(か)と思うと・~(か)と思ったら ~나 싶더니 곧, ~하자 곧

접속 동사 た형 + ~(か)と思(おも)うと・~(か)と思ったら
의미 '~하자 곧, ~나 싶더니 곧'이라는 의미로, 앞일이 일어난 직후에 뒷일이 일어났음을 나타낼 때 사용한다.

支給(しきゅう) 지급
得(とく)する 이득을 보다
日(ひ)が差(さ)す
햇볕이 들다
狐(きつね)の嫁入(よめい)り 여우비

先日ボーナスを支給されたかと思ったら今度は給料だ。なんか得した気分になる。　얼마 전에 보너스 지급을 받았나 했는데 이번에는 월급이다. 뭔가 이득을 본 기분이 든다.

雨が降っているのに雲が切れて、日が差してきたかと思うと、また雨が降り出す天気を「狐の嫁入り」と言います。

비가 내리고 있는데 구름이 걷히고 햇빛이 비치는가 싶더니 곧 다시 비가 내리기 시작하는 날씨를 '여우비'라고 합니다.

🎤 **강의실 생중계!**

주로 동사 た형에 접속되지만 な형용사의 어간 + ~だろう / 명사에 연결되는 경우도 있습니다.
예 便利だろうと思ったらそうでもない。 편리할 것이라고 생각했더니 그렇지도 않다.

접속 동사 기본형·た형 + ~か + 동사 ない형 + ~ないかのうちに
의미 앞일이 일어난 직후에 바로 뒷일이 생겼음을 나타내는 표현이다.

横(よこ)になる 눕다
通知書(つうちしょ)
통지서
受(う)け取(と)る 받다
飛(と)び上(あ)がる
펄쩍 뛰다
製品(せいひん) 제품
売(う)り出(だ)す
팔기 시작하다
新製品(しんせいひん)
신제품

彼はよほど疲れていたようでベッドに横になるかならないかのうちに
すぐ眠ってしまった。　　　그는 어지간히 피곤했던 모양으로 침대에 눕자마자 바로 잠들어 버렸다.

彼女は会社からの採用通知書を受け取るか受け取らないかのうちに
飛び上がって喜んだ。　　　그녀는 회사에서 보낸 채용 통지서를 받자마자 펄쩍 뛰면서 기뻐했다.

最近は新しい製品が売り出されるか出されないかのうちに次の新製品
が出てくる。　　　요즘은 새로운 제품이 팔리기 시작되자마자 곧 다음 신제품이 나온다.

📎 **강의실 생중계!**

~たとたんに, ~かと思うと·~かと思ったら, ~か~ないかのうちには 모두 시간적 전후 관
계를 나타내는 문법이므로 의미상으로 분류하지 말고 묶어서 기억하는 것이 좋습니다. 단, 이 문법들은
실제 사건의 전후 관계를 나타내기 때문에 뒤에 일반적 습관이나 필연적 현상, 명령문, 의지문, 추측문,
부정문 등은 오지 않습니다.
📝 日本に着いたとたんに電話しなさい。일본에 도착하자마자 전화해라. (×)
　　冬になったかと思ったらスキーに行くつもりです。
　　겨울이 되면 바로 스키를 타러 갈 생각입니다. (×)

접속 명사 / 동사의 ~て형 + ~以来
의미 '어떤 동작을 한 후 쭉 (계속)~하다'고 말할 때 사용하는 표현이다.

創業(そうぎょう) 창업
以来(いらい) 이래
営業(えいぎょう) 영업
赤字(あかじ) 적자

彼女とは大学を卒業して以来、一度も会っていない。
　　　　　　　　그녀와는 대학을 졸업한 후, 한 번도 만나고 있지 않다.

松岡さんは専門学校を卒業して就職して以来、15年間ずっとこの会
社で働いてきたそうだ。
　　　마쓰오카 씨는 전문학교를 졸업하고 취직한 이래, 15년간 계속 이 회사에서 일해 왔다고 한다.

日本に来て以来、「納豆」が好きになってほぼ毎日食べています。
　　　　　　　일본에 오고 난 후, '낫토'가 좋아져서 거의 매일 먹고 있습니다.

創業以来、初めての営業赤字となりました。　창업한 이후 처음으로 영업 적자가 났습니다.

📎 **강의실 생중계!**

· 뒷 문장에 한 번으로 끝나는 내용은 오지 않습니다.
　📝 テストが終わって以来、映画を見に行きました。테스트가 끝난 후, 영화를 보러 갔습니다. (×)
· 접속 형태를 묻는 문제로 자주 출제되는데, ~て형이 아닌 ~た형을 고르는 실수를 범하는 경우가
　많으므로 주의하세요.

110 ～に先立って・～に先立ち ～에 앞서

접속 명사 + ～に先立(さきだ)って・～に先立ち
의미 '～에 앞서, ～하기 전에 그 준비로'라는 의미이다.

予備選挙(よびせんきょ)
예비 선거

本番(ほんばん) 본선

候補者(こうほしゃ)
후보자

絞(しぼ)り込(こ)む
좁히다, 추려내다

在校生(ざいこうせい)
재학생

一堂(いっとう)に会(かい)する 한 자리에 모이다

送別会(そうべつかい)
송별회

取扱(とりあつかい)説明書(せつめいしょ)
취급설명서

予備選挙というのは、本番の選挙に先立って候補者を絞り込むために行われる選挙です。

예비 선거라는 것은 본 선거에 앞서 후보자를 추려내기 위해 실시하는 선거입니다.

卒業式に先立って卒業生と在校生が一堂に会して送別会を開きました。

졸업식에 앞서 졸업생과 재학생이 한자리에 모여 송별회를 가졌습니다.

ご使用に先立ち取扱説明書をよくお読みください。

사용하시기 전에, 취급설명서를 잘 읽어주십시오.

강의실 생중계!

뒤에 명사를 수식할 경우 ～に先立つ(～에 앞선) + 명사의 형태가 됩니다.

111 ～てはじめて ～하고 나서야 비로소

접속 동사의 て형 + ～てはじめて
의미 처음 경험해서 알게 된 것, 깨닫게 된 것을 말하는 표현이다.

昨日(きのう) 어제

先輩(せんぱい) 선배

指摘(してき)する 지적하다

間違(かんちが)い
잘못, 틀림

気(き)がつく 깨닫다,
알아차리다

生(う)む 낳다, 만들어 내다

強(つよ)さ 강함

昨日になってはじめて私はその知らせを聞いた。

어제에서야 비로소 나는 그 소식을 들었다.

先輩に指摘されてはじめて間違いに気がついた。

선배에게 지적받고 나서야 비로소 잘못을 깨달았다.

子供を産んではじめて母の強さが分かりました。

아이를 낳고나서야 비로소 어머니의 강인함을 알게되었습니다.

강의실 생중계!

뒤에 '気がつく(깨닫다, 알아차리다), 気づく(깨닫다, 알아차리다), 分かる(알다), 知る(알다)'와 같은 동사가 오는 경우가 많습니다.

112　～に次いで・～に次ぐ　　～ 다음으로, ~에 뒤이어서・~에 버금가는

접속 명사 + ～に次(つ)いで・～に次ぐ
의미 바로 다음에 이어지는 것이나 정도나 지위가 바로 아래에 있는 것을 나타낸다.

自動車(じどうしゃ) 자동차
電気製品(でんきせいひん)
전기제품
次(つ)ぐ 뒤를 잇다
精密機械(せいみつきかい)
정밀기계
主(おも) 주됨, 주요함
輸出品(ゆしゅつひん)
수출품
地震(じしん) 지진
津波(つなみ) 해일
起(お)こる 발생하다
都会(とかい) 도시
不幸(ふこう) 불행
重(かさ)なる 겹치다
倒(たお)れる 쓰러지다

自動車・電気製品に次いで精密機械が、日本の主な輸出品だ。

自動車・전기제품 다음으로 정밀기계가 일본의 주된 수출품이다.

地震に次いで津波が起こる。　　　　　지진에 뒤이어서 해일이 발생한다.

大阪は東京に次ぐ大きな都会です。　　오사카는 도쿄에 버금가는 큰 도시입니다.

🎤 강의실 생중계!

'Aに次ぐA'의 형태로 같은 명사를 반복해서 사용하여, 잇달아 연속해서 일어나는 사태를 나타내는 용법도 있습니다.
예 不幸に次ぐ不幸が重なり、父も病に倒れた。
불행에 불행이 잇달아 겹쳐서, 아버지도 병으로 쓰러졌다.

113　～ついでに　　～하는 김에

접속 명사 + の / 동사 기본형・た형 + ～ついでに
의미 '~를 하는 기회를 이용해 마침 다른 일도 함께 한다'고 말하고 싶을 때 사용하는 표현이다.

展覧会(てんらんかい)
전람회
美容整形(びようせいけ
い) 성형 수술
洗顔(せんがん) 세안
洗面台(せんめんだい)
세면대

友だちに会いに行くついでにそこで開かれている展覧会を見てきた。

친구를 만나러 간 김에 그 곳에서 열리고 있는 전람회를 보고 왔다.

最近は旅行のついでに美容整形を受けて帰ってくる女性も多いようです。

요즘은 여행하는 김에 미용 성형을 받고 돌아오는 여성도 많은 것 같습니다.

出勤のついでにゴミを出すとか、洗顔のついでに洗面台を掃除するとか
すれば、無理せずに家事をすることができます。

출근하는 김에 쓰레기를 내놓는다던지, 세수하는 김에 세면대를 청소한다던지 하면, 무리 없이 집안일을 할 수 있습니다.

🎤 강의실 생중계!

· 앞 문장에는 처음부터 예정된 행동이, 뒷 문장에는 예정에 없었던 추가된 행동이 옵니다.
· '~를 기회로'라는 의미이므로 습관적인 행위나 반드시 해야만 하는 것 등은 오지 않습니다.

114 ～つつ   ～하면서

접속 동사 ます형 + ～つつ
의미 '～하면서'라는 뜻으로, '두 가지 일을 동시에 하는 것'을 나타내는 동시 동작의 의미와 '앞 문장의 상태나 모습에 모순 되는 일이 뒷 문장에 일어남'을 나타내는 역접의 의미, 두 가지 용법으로 사용 된다.

体(からだ)に悪(わる)い
건강에 해롭다

服装(ふくそう) 복장

たばこは体に悪いと分かっていつつもやめられない。

담배는 몸에 나쁘다는 것을 알고 있으면서도 끊을 수가 없다.

私は普段オシャレしたい気持ちは持ちつつも、「動きやすい」が基本の服装をしています。

저는, 평소 멋을 부리고 싶다는 마음은 갖고 있으면서도, '움직이기 편함'이 기본인 복장을 하고 있습니다.

今度こそ彼女にプロポーズしようと思いつつも、どうしても勇気を出せなかった。

이번에야말로 그녀에게 프러포즈하려고 생각하면서도, 아무래도 용기를 낼 수 없었다.

📎 강의실 생중계!

· 기초문법에서 배우는 ～ながら(～하면서)와 비슷하나, 좀 더 격식을 차린 표현이고, N2 문법에서는 동시 동작의 의미보다는 주로 역접의 의미로 출제되니 참고하세요.
· ～つつも와 같이 조사 ～も가 붙어 '～하면서도'라는 의미로 사용되는 경우가 많습니다.

☑ 시나공 확인 문제

次の文の（　　　）に入れるのに最もよいものを、1・2・3・4から一つ選びなさい。

取扱い説明書に注意事項を記載しておりますので必ずご確認の（　　　）ご使用下さい。

1 上で   2 次第   3 ついでに   4 つつ

해석 취급설명서에 주의사항을 기재하였으니 반드시 확인하고 나서 사용해주십시오.
해설 1번 ～上で(～하고 나서, ～한 후에는)는 ～을 한 후, 그것을 조건・기반으로 한 시간적 전후 관계를 나타내는 표현으로 정답이다. 2번 ～次第(～하면 바로, ～하는 대로)와 4번 ～つつ(～하면서)는 동사 ます형에 접속되므로 우선 제외해야 하고, 3번 ～ついでに(～하는 김에, ～하는 기회에 같이)는 의미상 정답이 될 수 없다.   **정답 1**

~ことなく ~하지 않고, ~하는 일 없이

접속 동사 기본형 + ~ことなく
의미 '평소에는 ~하지만 이 경우에는 ~하지 않고'라는 뜻으로 일상적인 일에는 쓰지 않는다.

コンビニ 편의점

年中無休(ねんじゅうむ
きゅう) 연중무휴

営業(えいぎょう) 영업

食(た)べ放題(ほうだい)
(먹고 싶은 대로) 마음껏
먹음. 뷔페

定刻(ていこく) 정각. 정시

コンビニは一日も休むことなく年中無休で営業する。

편의점은 하루도 쉬지 않고 연중무휴로 영업한다.

この店は食べ放題ですから値段を気にすることなくお腹いっぱい食べられます。 이 가게는 마음대로 먹을 수 있기 때문에 가격을 걱정하지 않고 배부르게 먹을 수 있습니다.

ひどい雪が降ったが、バスは遅れることなく定刻に着いた。

굉장히 눈이 많이 내렸지만 버스는 늦지 않고 정각에 도착했다

> **강의실 생중계!**
>
> ~ずに, ~ないで와 거의 같은 뜻입니다.

~ぬきで ~ 없이, ~을 생략하고

접속 명사 + ~ぬきで
의미 '~가 없는 상태에서, ~을 생략하고'라고 말하고 싶을 때 사용하는 표현이다.

真似(まね)る 모방하다.
흉내 내다

砂糖(さとう) 설탕

お世辞(せじ) 남의 비위를
맞추기 위한 말

前置(まえお)き 서론

本題(ほんだい)に入(は
い)る 본론으로 들어가다

彼を真似て私も砂糖ぬきで飲んでみたら、その方がおいしかった。

그를 모방하여 나도 설탕을 빼고 마셔봤더니 그렇게 마시는 편이 더 맛있었다.

このケーキお世辞ぬきでおいしいよ。 이 케이크 빈말이 아니라 맛있네.

あまり時間がないから、前置きぬきで本題に入りましょう。

별로 시간이 없으니까 서론은 생략하고 본론으로 들어갑시다.

> **강의실 생중계!**
>
> • ~ぬきに(~빼고)로도 사용할 수 있습니다.
> • ~ぬきの(~을 뺀) + 명사, ~ぬきでは・~ぬきには(~ 없이는, ~ 빼고는)라는 표현도 함께 기억
>   해둡시다!
> • 시나공 02의 가정조건, 평가의 시점을 나타내는 문법에서 배운 ~をぬきにしては(~을 빼고서는)
>   도 함께 묶어 외워두는 것이 좋습니다.

117 ~をこめて ~을 담아

접속 명사＋~をこめて

의미 '사람의 정성이나 심정을 어떤 것에 담아서'라는 뜻을 나타낸다.

手作(てづく)り 수제,
손수 만듦

美術館(びじゅつかん)
미술관

世界平和(せかいへいわ)
세계 평화

描(えが)く 그리다

作品(さくひん) 작품

展示(てんじ) 전시

大切な人のために心をこめて手作りのクリスマスケーキを作ってみましょう。
소중한 사람을 위해 마음을 담아 수제 크리스마스 케이크를 만들어 봅시다.

今までお世話になった先生に感謝の気持ちをこめて手紙を書きました。
지금까지 신세를 진 선생님께 감사의 마음을 담아 편지를 썼습니다.

この美術館では世界平和の祈りをこめて描いた作品約50点が展示されています。
이 미술관에는 세계 평화의 기원을 담아 그린 작품 약 50점이 전시되어 있습니다.

강의실 생중계!

• 주로 心(마음), 願い(소원, 바람), 祈り(기원, 기도), 恨み(원망), 愛(사랑) 등과 같은 명사와 함께 사용
됩니다.

問題　次の文の（　　　　）に入れるのに最もよいものを、1・2・3・4から一つ選びなさい。

01 彼はビタミン剤（　　　　）健康にいいものなら何でもほしがる。

　　1 にかけて　　　　　2 を通じて　　　　　3 にわたる　　　　　4 をはじめ

02 今月だけの売り上げを見たら赤字だと思うかもしれないが、一年（　　　　）
　　精算してみればそうでもない。

　　1 だけ　　　　　　　2 からして　　　　　3 にかけて　　　　　4 を通して

03 この小説は題名（　　　　）面白そうだ。

　　1 からして　　　　　2 だけ　　　　　　　3 にわたって　　　　4 かぎり

04 韓国は戦争後50年に（　　　　）高速成長して先進国の入り口に達することが
　　できた。

　　1 だけに　　　　　　2 わたって　　　　　3 通して　　　　　　4 かけて

05 当ホテルのチェックインはお部屋が準備でき（　　　　）可能となっております。

　　1 つつ　　　　　　　2 て以来　　　　　　3 たとたんに　　　　4 次第

06 インターネットでの個人間取引はリスクが高いということを理解した（　　　　）、
　　慎重に行動することが必要です。

　　1 上で　　　　　　　2 からして　　　　　3 かと思うと　　　　4 次第

07 店に入った（　　　　）、いいにおいがして急にお腹が空いてきた。

　　1 ついでに　　　　　2 上で　　　　　　　3 とたん　　　　　　4 だけの

08 彼は人の意見を聞い（　　　　）決断できない、人にすぐ頼ってしまう人である。

　　1 たとたんに　　　　2 てからでないと　　3 つつ　　　　　　　4 て以来

09 友達が韓国のソウルに住んでいて、春休みに韓国旅行する（　　　）会いに行こうと思っています。

    1 ついでに　　　　　　2 ことなく　　　　　　3 かと思うと　　　　　4 ぬきで

10 主人は「すぐ起きるよ」と言い（　　　）、なかなか起きようとしない。

    1 つつ　　　　　　　　2 ついでに　　　　　　3 次第　　　　　　　　4 とたんに

11 大好きな映画というのは何度見てもいいもので、何度見てもあきる（　　　）見るたびに感動します。

    1 かと思ったら　　　　2 上で　　　　　　　　3 ことなく　　　　　　4 ついでに

12 最近、朝食は食べないという人が多いようですが、朝食（　　　）は太りやすくなるし、老化を早めると言われます。

    1 をこめて　　　　　　2 ぬき　　　　　　　　3 だけの　　　　　　　4 をはじめ

13 映画上映（　　　）、出演者の舞台挨拶がありました。

    1 にわたって　　　　　2 からして　　　　　　3 ぬきで　　　　　　　4 に先立って

14 どんな花にどんな花言葉があるのかを知ると、気持ち（　　　）花をプレゼントすることができます。

    1 にかけて　　　　　　2 をはじめ　　　　　　3 をこめて　　　　　　4 次第

15 数年前に大きな病気にかかって（　　　）、健康に注意するようになった。

    1 以来　　　　　　　　2 とたんに　　　　　　3 からでないと　　　　4 ならない

16 もう出かけた（　　　）、まだ家でぐずぐずしていたのか。急がないと遅れるぞ。

    1 上で　　　　　　　　2 からして　　　　　　3 とたんに　　　　　　4 かと思ったら

問題　次の文の　＿＿★＿＿ に入る最もよいものを、1・2・3・4から一つ選びなさい。

01　私が ＿＿＿＿ ＿★＿ ＿＿＿＿ ＿＿＿＿ 先生に話しました。

　　1 限りの　　　　　2 すべて　　　　　3 ことは　　　　　4 知っている

02　北海道では ＿＿＿＿ ＿＿＿＿ ＿★＿ ＿＿＿＿。

　　1 楽しめる　　　　2 スキーが　　　　3 11月から　　　　4 3月にかけて

03　仕事を ＿＿＿＿ ＿★＿ ＿＿＿＿ ＿＿＿＿ が、なかなか進まない。

　　1 引き受けた　　　　　　　　　　2 できるだけ
　　3 早く済ませておきたい　　　　　4 からには

04　彼は一生を通して ＿＿＿＿ ＿＿＿＿ ＿★＿ ＿＿＿＿。

　　1 貧しい人々を　　2 援助活動を　　3 救うための　　4 した

05　ご注文受付後、商品の ＿＿＿＿ ＿＿＿＿ ＿＿＿＿ ＿★＿ 発送いたします。

　　1 でき　　　　　2 次第　　　　　3 すぐに　　　　4 準備が

06　パソコンが ＿★＿ ＿＿＿＿ ＿＿＿＿ ＿＿＿＿、メモリーも増設してもらった。

　　1 壊れて　　　　2 もらう　　　　3 ついでに　　　　4 修理して

07　あの映画を ＿★＿ ＿＿＿＿ ＿＿＿＿ ＿＿＿＿ 頭から離れなくなった。

　　1 主題曲の　　　2 見て　　　　　3 メロディーが　　4 以来

08　昨日までとは違って、窓の外は雪が降っている。 ＿＿＿＿ ＿★＿ ＿＿＿＿ 寒さが戻ってきた。

　　1 また　　　　　2 春が来た　　　3 やっと　　　　4 かと思ったら

시나곳
07

역접, 양보, 화제를 나타내는 문법

이 장에서 배울 문법은 '역접, 양보, 화제를 나타내는 문법'입니다.
본격적인 학습에 앞서 자신이 알고 있는 문법이 어느 정도인지 □에 체크해보세요.

역접, 양보

□ 118	~ても	~해도, ~하여도
□ 119	~ながら	~지만, ~면서
□ 120	~にもかかわらず	~에도 불구하고, ~이지만
□ 121	~くせに	~한(인) 주제에, ~한(인)데도
□ 122	~ものの	~하지만
□ 123	~といっても	~이라고 해도
□ 124	~とはいえ	~라고는 해도
□ 125	~からといって	~라고 해서
□ 126	~ならともかく・~ならまだしも	~라면 모르겠지만
□ 127	~たら、かえって	~했더니 오히려

화제

□ 128	~にかけては	~에 있어서는, ~에서는
□ 129	~といえば	~라고 하면, ~을 화제로 삼으면
□ 130	~というと	~라고 하면
□ 131	~といったら	~로 말할 것 같으면, ~는 (정말)
□ 132	~とは・~というのは	~은, ~라는 것은
□ 133	~というものは・~ということは	~라는 것은, ~란
□ 134	~に例えると	~에 비유하면
□ 135	~かというと・~かといえば	~하는가 하면
□ 136	~たら、~で	~하면 ~하는 대로

역접, 양보, 화제를 나타내는 문법

시나공 07에서는 N2의 중요 문법 가운데 앞 문장과 상응하지 않는 내용을 말하고 싶을 때 사용하는 역접·양보의 문법과, 무언가를 화제로 삼아 말하는 문법을 살펴봅니다. 가장 출제빈도가 높은 문법으로 역접·양보 표현 중에서는 ~ながら, ~にもかかわらず, 화제를 나타내는 표현 중에서는 ~にかけては, ~といえば를 꼽을 수 있겠습니다. 각 표현들이 단순히 우리말로 해석했을 경우에는 비슷하므로 각각의 뉘앙스와 의미, 그리고 접속 형태에 주의하며 기억해두도록 합니다.

시험에 **이렇게 나온다!**

次の文の ＿＿★＿＿ に入る最もよいものを、1·2·3·4から一つ選びなさい。

中村さんは主婦であり（　　　）、公認会計士として働いています。

1 ながら　　　　2 ものの　　　　3 にもかかわらず　　　　4 くせに

해석　나카무라 씨는 주부이면서, 공인회계사로서 일하고 있습니다.

해설　1번 ~ながらは는 '~지만, ~면서'라는 의미로 '~에서 예상되는 것과 달리 실제는 이렇다'는 역접의 의미를 나타낸다. 2번 ~ものの는 '~지만, 그러나'라는 의미로 '~를 일단 인정하고 그것과는 상반·모순된 일이 뒤에 전개됨'을 나타낸다. 또한, 3번 ~にもかかわらず는 '~에도 불구하고, ~이지만'이라는 의미로 '~에서 예상되는 것과는 다른 결과가 됨'을 나타내고 4번 ~くせに는 '~인 주제에, ~인데도'라는 의미로 주체에 대한 비난이나 경멸·반발 등의 기분을 담아 말할 때 사용하는 표현이다. 또한, 단순하게 접속 형태만으로 고르더라도 명사 + ~であり의 형태에 연결될 수 있는 것은 ~ながら밖에 없다.　　　　**정답** 1

118 　~ても　　~해도, ~하여도

접속 동사의 て형 + ~ても
의미 '~해도' 예상되는 것과는 반대의 것이 뒤에 오는 역접의 표현이다.

親(おや) 부모
反対(はんたい)する
반대하다
僕(ぼく)たち 우리들
結婚(けっこん)する
결혼하다
太(ふと)る 살찌다
薬(くすり) 약
熱(ねつ) 열
下(さ)がる 내려가다

親に反対されても、僕たちは結婚するつもりです。
　　　　　　　　　　　　　　부모가 반대해도, 우리들은 결혼할 생각입니다.

彼は食べても全然太らないんです。　　　그는 먹어도 전혀 살찌지 않습니다.

薬を飲んでも、熱が下がりません。　　　약을 먹어도, 열이 내려가지 않습니다.

🖋 강의실 생중계!

· どんなに~ても(아무리 ~해도), いくら~ても(아무리 ~해도)도 같이 기억해두도록 합시다.

· 회화체에서는 ~たって로 바꿔 사용할 수 있습니다.

예 テストで失敗したって、また次のテストを頑張ればいい。
　　시험에서 실패해도 다시 다음 시험을 노력하면 된다.

119 　～ながら　～지만, ～면서

접속 동사 ます형 / い형용사 기본형 ＋ ～ながら
　　　な형용사·명사 ＋ であり ＋ ～ながら

의미 '～에서 예상되는 것과 달리 실제는 이렇다'는 역접의 의미를 나타낸다.

世界記録(せかいきろく)
세계기록

更新(こうしん) 갱신

怪我(けが) 부상

試合(しあい) 시합

デザート 디저트

世界記録更新を期待されていた田中選手は残念ながら怪我で試合に出場できなかった。

세계기록 갱신이 기대되었던 다나카 선수는 안타깝지만 부상으로 시합에 출장할 수 없었다.

彼は「もうお腹いっぱい」と言いながら、デザートまで食べている。

그는 '이제 배부르다'고 말하면서 디저트까지 먹고 있다.

강의실 생중계!

* ～ながら는 기초문법에서 '두 가지 일을 동시에 행하는 것'을 나타내는 동시동작의 의미로 배웠죠? N2 문법에서는 '앞 문장에 상태나 모습에 모순되는 일이 뒷 문장에 발생하는' 역접의 의미라는 것을 꼭 기억해두세요!
* ～ながら 뒤에 조사 も를 붙여 ～ながらも(～하면서도)의 형태로도 자주 사용됩니다.
* 때를 나타내는 문법에서 배운 ～つつ(も)(～하면서(도))와 같은 의미로 묶어서 암기하는 것이 좋습니다.

120 　～にもかかわらず　～에도 불구하고, ～이지만

접속 명사 / 동사·い형용사 보통형 ＋ ～にもかかわらず
　　　な형용사·명사 ＋ である ＋ ～にもかかわらず

의미 '～에서 예상되는 것과는 다른 결과가 됨'을 나타낼 때 사용한다.

愛情(あいじょう) 애정

表現(ひょうげん) 표현

英語(えいご) 영어

習(なら)う 배우다, 익히다

都合(つごう)上(じょう)
사정상

強行(きょうこう) 강행

彼は彼女を愛しているにもかかわらず、うまく愛情を表現できないと悩んでいる。　그는 그녀를 사랑하고 있음에도 불구하고 애정을 잘 표현하지 못한다고 고민하고 있다.

私は小学生の時から英語を習ったにもかかわらず、簡単な挨拶くらいしかできない。　나는 초등학교 시절부터 영어를 배웠음에도 불구하고 간단한 인사 정도밖에 못한다.

日程の都合上、かなりの雨にもかかわらず試合が強行されました。

일정 사정상, 상당한 비임에도 불구하고 시합이 강행되었습니다.

강의실 생중계!

* 뒤에는 주로 놀람, 의외, 불만, 비난 등의 의미를 나타내는 문장이 옵니다.
* 시나공 04 관계를 나타내는 문법(1)에서 학습한 명사 ＋ ～にかかわらず는 '～에 관계없이, ～에 상관없이'라는 의미이니 혼동하지 않도록 주의하세요.

~くせに ~한(인) 주제에, ~한(인)데도

접속 동사·い형용사·な형용사·명사의 명사 수식형 + ~くせに
의미 주체에 대한 비난이나 경멸·반발 등의 기분을 나타낼 때 사용하는 표현이다.

勝手(かって)だ
제멋대로 굴다

泳(およ)ぎ 수영

道(みち)に迷(まよ)う
길을 잃다(헤매다)

私の気持ちなんか知らないくせに勝手なこと言わないでください。

내 마음 같은 것 모르는 주제에 제멋대로 말하지 말아주세요.

私は泳ぎが下手なくせに海やプールが大好きなのです。

저는 수영을 잘 못하는데도 바다와 수영장을 너무 좋아합니다.

道がよく分からないくせに地図も見なかったので、道に迷ってしまった。

길을 잘 모르면서도 지도도 보지 않았기 때문에 길을 잃어버렸다.

> 📎 강의실 생중계!

주로 회화에서 사용되며, 격식을 차려 이야기할 때는 그다지 사용하지 않는 표현입니다.

✔️ 시나공 확인 문제

次の文の ___★___ に入る最もよいものを、1・2・3・4から一つ選びなさい。

あの製品は _____ _____ ___★___ _____ 売れているそうだ。

1 値段が   2 良く   3 にもかかわらず   4 高い

해석 그 제품은 가격이 비싼데도 불구하고 잘 팔리고 있다고 한다.

해설 우선 1번과 4번을 연결하여 '가격이 비싸다'를 만들고 앞뒤를 배열한다. 공란 뒤에 제시된 동사가 売れている(팔리고 있다)이므로 그 앞에 동사를 수식해주는 良く가 오는 것이 자연스럽다. 따라서 가격이 비싼데도 불구하고 잘 팔린다는 문장을 만들어 배열한다. ~にもかかわらず는 '~에도 불구하고, ~이지만'이라는 의미로 '~에서 예상되는 것과는 다른 결과가 됨'을 나타낸다. **정답** 3

122 ～ものの ~하지만

접속 동사·い형용사·な형용사의 명사 수식형 + ～ものの
의미 '～를 일단 인정하고 그것과는 상반·모순된 일이 뒤에 전개됨'을 나타낼 때 사용한다.

ほめる 칭찬하다
なかなか 좀처럼
有害(ゆうがい)情報(じょうほう) 유해 정보
プライバシー侵害(しんがい) 프라이버시 침해
問題点(もんだいてん) 문제점

子供に叱るよりほめた方が良いのは分かっているものの、なかなかそうなれない。
아이에게 혼내는 것보다 칭찬하는 편이 좋다는 것은 알고는 있지만 좀처럼 그렇게 되지 않는다.

今年大学を卒業したもののまだ就職できずバイトをしています。
올해 대학을 졸업했지만 아직 취직을 못하고 아르바이트를 하고 있습니다.

インターネットのおかげで生活が便利になっているものの、有害情報やプライバシー侵害などさまざまな問題点もあります。
인터넷 덕택에 생활이 편리해지긴 했지만 유해 정보와 프라이버시 침해 등 여러 가지 문제점도 있습니다.

강의실 생중계!

～とはいうものの(～하다고는 하지만)의 형태로도 자주 사용되는데 특히 명사의 경우는 명사 + ～とはいうものの의 형태로 밖에 사용되지 않습니다.

123 ～といっても ~이라고 해도

접속 명사 / 동사·い형용사·な형용사의 보통형 + ～といっても
의미 '～라고 해도, 실제는 ～에서 생각되어지는 것과는 다름'을 나타내는 표현이다.

共働(ともばたら)き 맞벌이
平仮名(ひらがな) 히라가나
片仮名(かたかな) 가타카나

夫婦が共働きをしているといっても、家事と子育ては女性が担当するという家庭が多い。 부부가 맞벌이를 하고 있다고 해도 가사와 육아는 여성이 담당하는 가정이 많다.

日本語ができるといっても、平仮名と片仮名が読めるくらいです。
일본어를 할 수 있다고 해도 히라가나와 가타카나를 읽을 수 있는 정도입니다.

わたしは毎晩本を読んでいます。本といってもマンガなんですが……。
저는 매일 밤 책을 읽고 있습니다. 책이라고 해도 만화책이지만요…….

강의실 생중계!

'～에서 기대되는 것과는 달리 사실은 ～다'라고 설명하는 경우에 쓰이며, 뒤에는 주로 말하는 사람의 의견이나 판단을 나타내는 문장이 옵니다.

～とはいえ ～라고는 해도

접속 동사·い형용사·な형용사의 보통형 / 명사 + ～とはいえ
의미 '～는 사실이지만, 그러나～'라는 의미의 역접을 나타내는 표현으로, 말하는 사람의 의견이나 판단을 말할 때 사용된다.

育(そだ)つ 자라다. 성장하다
漢字(かんじ) 한자
退院(たいいん) 퇴원
安静(あんせい) 안정
秋(あき) 가을
昼(ひる) 낮
暑(あつ)い 덥다
知(し)る 알다
傷(きず)つける
상처를 입히다

彼は日本人だとはいえ、アメリカで育ったので、漢字があまり読めない。

그는 일본인이라고는 해도, 미국에서 자랐기 때문에, 한자를 별로 읽지 못한다.

退院したとはいえ、まだ安静にしなければならない。

퇴원했다고는 해도, 아직 안정해야만 합니다.

もう秋になったとはいえ、まだ昼は暑い。 이제 가을이 되었다고는 해도, 아직 낮은 덥다.

강의실 생중계!

～とはいえ는 いくら(아무리), どんなに(아무리, 얼마나)와 같은 정도를 강조하는 말이 앞에 자주 오고, 접속사로 사용되는 경우도 있습니다.

예) そんなことがあったなんて知らなかったんだ。とはいえ、傷つけるようなことを言ってごめんね。 그런 일이 있었다니 몰랐어. 그렇다고 해도, 상처 주는 말을 해서 미안해.

～からといって ～라고 해서

접속 동사·い형용사·な형용사의 보통형 /명사 + ～からといって
의미 '～을 근거로 하여 내려진 판단이 언제나 옳다고는 말할 수 없음'을 나타내는 표현이다.

指輪(ゆびわ)をつける
반지를 끼다
治療(ちりょう) 치료
治(なお)る (병이) 낫다
落(お)ちる 떨어지다
消(き)える 없어지다

指輪をつけていないからといって結婚していないとは限らない。

반지를 끼고 있지 않다고 해서 결혼하지 않았다고는 할 수 없다.

治療をはじめたからといって1日で治るというわけではありません。

치료를 시작했다고 해서 하루 만에 낫는 것은 아닙니다.

大学に落ちたからといって人生が目の前から消えてなくなってしまうわけでもない。 대학에 떨어졌다고 해서 인생이 눈앞에서 사라져 없어져버리는 것도 아니다.

강의실 생중계!

뒷 문장에는 주로 ～わけではない(반드시 ～ 것은 아니다), ～とは限らない(～라고는 할 수 없다), ～というわけではない(～라는 것은 아니다), ～とはいえない(～라고는 말할 수 없다)와 같은 부분 부정을 나타내는 문법이 오는 경우가 많고 말하는 사람의 판단이나 비판 등의 의미로 자주 사용됩니다.

126 ～ならともかく・～ならまだしも   ～라면 모르겠지만

접속 동사・い형용사 보통형, な형용사 어간, 명사 ＋ ～ならともかく・～ならまだしも
의미 '～는 허용할 수 있지만, 뒷 문장의 내용은 받아들일 수 없다'는 것을 나타낸다.

子供(こども) 어린이
大人(おとな) 어른
許(ゆる)す 용서하다
待(ま)つ 기다리다
自分(じぶん) 자신

子供のイタズラならともかく、大人のしたことだったら許せない。

어린 아이의 장난이라면 모르겠지만, 어른이 한 짓이라면 용서할 수 없다.

10分ならまだしも、1時間なんて待てませんよ。

10분이라면 몰라도, 1시간이나 기다릴 수 없어요.

小学生ならまだしも、あなたは大人なんだからそれぐらいは自分でやりなさい。

초등학생이라면 몰라도, 당신은 어른이니까 그 정도는 스스로 하세요.

📎 **강의실 생중계!**

뒷 문장에는 앞 문장의 내용보다도 정도가 심한 것이 오고, 말하는 사람의 불평・불만의 뉘앙스가 담겨져 있는 경우가 많습니다.

127 ～たら、かえって   ～했더니 오히려

접속 동사 과거형＋ ～たら、かえって
의미 의도나 예상과는 반대의 결과가 생길 때 사용하는 표현이다.

乗(の)る 타다
時間(じかん) 시간
味(あじ) 맛
塩(しお) 소금
入(い)れる 넣다
料理(りょうり) 요리
調子(ちょうし) 상태
悪(わる)くなる 나빠지다

タクシーに乗ったら、かえって電車より時間がかかった。

택시를 탔더니, 오히려 전철보다 시간이 걸렸다.

味をよくしようと塩を入れたら、かえって料理がまずくなった。

맛있게 하려고 소금을 넣었더니, 오히려 요리가 맛없어졌다.

薬を飲んだら、かえって調子が悪くなってしまった。

약을 먹었더니, 오히려 상태가 안 좋아졌다.

📎 **강의실 생중계!**

かえっては '오히려, 도리어, 반대로'라는 의미의 부사입니다.

128 〜にかけては　〜에 있어서는, 〜에서는

접속 명사 + 〜にかけては
의미 '〜의 소질이나 능력에 있어서만큼은 자신이 있음'을 나타내는 표현이다.

ギター 기타
演奏(えんそう) 연주
天才(てんさい) 천재
才能(さいのう) 재능
右(みぎ)にでるものはい
ない 더 나은 이가 없다
英語力(えいごりょく)
영어실력
能力(のうりょく) 능력

彼はギター演奏にかけては天才的な才能を持っている。

그는 기타 연주에 있어서는 천재적인 재능을 가지고 있다.

嘘の上手さにかけては木村君の右にでるものはいない。

거짓말을 잘하는 것에 있어서는 기무라 군을 능가할 사람은 없다.

田中さんは英語力はないかもしれないが、仕事の能力にかけては、す
ばらしい。　　　다나카 씨는 영어실력은 없을지 모르지만, 업무 능력에 있어서는 매우 훌륭하다.

📎 강의실 생중계!

〜にかけては의 뒤에는 긍정적인 평가의 문장이 옵니다.

☑ 시나공 확인 문제

次の文の（　　　）に入れるのに最もよいものを、1・2・3・4から一つ選びなさい。

きれいな花だ（　　　）いい花言葉があるとは限りません。

1 とは　　　　　　2 といえば　　　　　3 といっても　　　　4 からといって

해석 예쁜 꽃이라고 해서 좋은 꽃말이 있다고는 할 수 없습니다.
해설 정답인 4번 〜からといって(〜라고 해서)는 '〜을 근거로 하여 내려진 판단이 언제나 옳다고는 말할 수 없음'을 나타내는 표현이다. 1
번 〜とは(〜은, 〜라는 것은)는 정의나 명제를 나타내는 표현이니까 제외해야 하고, 2번 〜といえば(〜라고 하면, 〜을 화제로 삼으
면)와 3번 〜といっても(〜라고 해도) 역시 문법의 의미상 정답이 될 수 없다.　　　　　　　　　　　　　　　**정답 4**

129 ～といえば　～라고 하면, ～을 화제로 삼으면

접속　명사 + ～といえば

의미　대화 중에 누군가가 화제로 삼은 것이나 문득 생각난 것을 화제로 삼아 그와 관련된 사항을 말할 때 사용한다.

記念日(きねんび) 기념일
アンケート 앙케트
香港(ホンコン) 홍콩
夜景(やけい) 야경

「記念日といえば？」というアンケート結果、1位は「結婚記念日」でした。

'기념일이라고 한다면?'이라는 앙케트 결과 1위는 '결혼기념일'이었습니다.

やはり「香港といえば夜景」ですし、「夜景といえば香港」ですね。

역시 '홍콩이라고 하면 야경'이고, '야경이라고 하면 홍콩'이네요.

🎧 강의실 생중계!

비슷한 표현으로 ～というと와 ～といったら가 있습니다. 서로 비교하면서 함께 기억해두세요.

130 ～というと　～라고 하면

접속　명사 + ～というと

의미　1) '～라고 말하면, ～라고 하면'이라는 의미로, '～를 화제로 했을 때 바로 연상되는 것'을 나타내는 표현이다.

　　　2) '당신이 말한 ～는, ～라고 하면'이라는 의미로 '상대방이 한 말이 자신이 생각하고 있는 것과 같은지'를 확인하는 표현이다.

　　　3) '～는 어떤가 하면, ～로 말할 것 같으면'이라는 의미로 어떤 사실을 대비적으로 이야기하는 표현이다.

偶然(ぐうぜん) 우연히
退社(たいしゃ) 퇴사
退職(たいしょく) 퇴직
田舎(いなか) 시골
のんびり 한가로이, 유유히
追(お)われる 쫓기다, 몰리다

日本人にとって韓国料理というと辛いというイメージが強いと思います。

일본인에게 있어서 한국요리라고 하면 맵다는 이미지가 강하다고 생각합니다.

A 「昨日偶然、佐藤さんに会ったよ。」　　　어제 우연히 사토 씨를 만났어.

B 「佐藤さんというと先月退社した佐藤さん？」

사토 씨라고 하면 지난달 퇴사한 사토 씨?

父は退職してから田舎でのんびり過ごしている。私はというと仕事に追われている毎日だ。

아버지는 퇴직한 후 시골에서 한가롭게 지내고 있다. 나는 어떤가 하면 일에 쫓기는 하루하루다.

🎧 강의실 생중계!

～といえば와 ～というと는 우리말로는 거의 같은 의미로 사용됩니다. 하지만 ～というと가 ～といえば보다 더 많은 의미로 사용됩니다.

131	~といったら	~로 말할 것 같으면, ~는 (정말)

접속 명사 + ~といったら
의미 놀람이나 감탄·기대의 어긋남 등의 감정을 가지고 어떤 사실을 나타낼 때 사용하는 표현이다.

ふられる 거절당하다.
이성에게 퇴짜 맞다
怖(こわ)さ 무서움
表現(ひょうげん) 표현

彼女にふられたと言っている彼の顔といったら、今にも泣き出しそうだった。
그녀에게 차였다고 말하고 있는 그의 얼굴은 정말, 지금이라도 울기 시작할 것만 같았다.

あの映画の怖さといったらトイレにも行けないほどです。
저 영화의 무서움을 말할 것 같으면 화장실에도 갈 수 없을 정도입니다.

いつ見てもこの海の色の美しさといったら言葉で表現できない。
언제 봐도 이 바다색의 아름다움은 정말 말로 표현할 수 없다.

📎 **강의실 생중계!**

기본적으로 ~ば·~と~たら는 '~면'이라는 조건·가정의 의미를 나타내므로, 이들이 ~という에 연결되어 '~고 하면'이라는 의미로 사용된다고 기억하면 쉽습니다. 단 ~といえば, ~というと, ~といったら의 미세한 뉘앙스 차이를 이해하고 구별해 외우도록 하세요!

☑ **시나공 확인 문제**

次の文の（　　　）に入れるのに最もよいものを、1·2·3·4から一つ選びなさい。

もともと日本から全世界に流れた文化にもかかわらず、「カラオケ（　　　）韓国」という
イメージが定着しつつあるのだ。

1 とは　　　　　　　2 といっても　　　　　3 というのは　　　　　4 といえば

해석 원래 일본에서 전 세계로 흘러들어간 문화임에도 불구하고, '가라오케라고 하면 한국'이라는 이미지가 정착되어 가고 있다.
해설 정답인 4번 ~といえば(~라고 하면, ~을 화제로 삼으면)는 대화 중에 누군가가 화제로 삼은 것이나 문득 생각난 것을 화제로 삼아 그와 관련된 사항을 이야기해 나가는 표현이고, 비슷한 표현으로 ~というと와 ~といったら가 있다. 1번과 3번 ~とは·~というのは(~은, ~라는 것은)는 주로 정의를 내리거나 명제 등을 나타낼 때 사용되는 표현으로 함께 묶어서 암기하는 것이 좋다. 2번 ~といっても(~이라고 해도) 역시 의미상 정답이 될 수 없다.
정답 4

132 ～とは・～というのは　～은, ～라는 것은

접속 명사 + ～とは・～というのは
의미 '～의 의미를 나타내거나 정의할 때' 사용하는 표현이다.

名詞(めいし) 명사
物事(ものごと) 사물
出来事(できごと) 사건
名称(めいしょう) 명칭
略語(りゃくご) 약어, 준말
異性(いせい) 이성
ひかれる 마음이 끌리다
ひとりじめする
독차지하다

名詞とは、人や場所や物事や出来事などの名称を表す語である。
명사라는 것은 사람과 장소와 사물과 사건 등의 명칭을 나타내는 말이다.

「ヤンママ」とは、ヤング・ママの略語で、若い母親のことを言います。
'영마마'라는 것은 영 (young) 마마의 약어로, 젊은 엄마를 말합니다.

恋というのは異性に強くひかれ、ひとりじめにしたい、一緒になりたいと思う気持ちです。
사랑이라는 것은 이성에게 마음이 강하게 끌려 '독차지하고 싶다, 함께 있고 싶다'고 생각하는 마음입니다.

강의실 생중계!

～とは는 주로 정의를 내리거나 명제 등을 나타내는 표현입니다. 이것을 ～というのは로 바꾸면 딱딱한 느낌은 완화되는 반면, 정의한다는 느낌도 약해지게 됩니다.

133 ～というものは・～ということは　～라는 것은, ～란

접속 명사 + ～というものは / 각 품사의 보통형 + ～ということは
의미 본질이나 보편적 성질에 대해 주관적인 감정을 실어 말하는 표현이다.

年齢(ねんれい) 연령
元来(がんらい) 본래, 원래
若(わか)い 젊다
老(お)いる 늙다
環境(かんきょう) 환경
調和(ちょうわ) 조화

年齢というものは、元来意味がない。若い生活をしている者は若く、老いた生活をしている者は老いているのだ。
연령이라는 것은 원래 의미가 없다. 젊은 생활을 하고 있는 사람은 젊고, 늙은 생활을 하고 있는 사람은 늙은 것이다.

人間というものは、身のまわりの環境と調和して生きるようにされている。
인간이란 자신의 주변 환경과 조화를 이루며 살아가게 되어 있다.

学ぶということは何を学びたいかを見つけることだと思う。
배운다는 것은 무엇을 배우고 싶은가를 찾아내는 것이라고 생각한다.

강의실 생중계!

뒤에는 대부분 말하는 사람의 감상이나 느낌을 나타내는 문장이 옵니다.

～に例えると　　～에 비유하면

접속 명사 + ～に例(たと)えると
의미 ～를 ～에 비유하여 말할 때 사용하는 표현이다.

性格(せいかく) 성격
動物(どうぶつ) 동물
例(たと)える 비유하다,
예를 들다
運勢(うんせい) 운세
緑色(みどりいろ) 녹색
面接(めんせつ) 면접
物(もの) 물건
質問(しつもん)する
질문하다

彼の性格を動物に例えるとトラです。　　그의 성격을 동물에 비유하면 호랑이입니다.

あなたの今年の運勢を色にたとえると、「緑色」です。

당신의 올해의 운세를 색깔에 비유하면, '녹색'입니다.

会社の面接で「自分を物に例えると何ですか?」と質問された。

회사 면접에서 '자신을 물건에 비유하면 무엇입니까?'라고 질문 받았다.

> 🎙 **강의실 생중계!**
>
> ～に例えるなら(～에 비유한다면)으로도 사용할 수 있습니다.

～かというと・～かといえば　　～하는가 하면

접속 ① 동사 보통형, い형용사 보통형 + (の)かというと・かといえば
　　　な형용사의 어간 + (なの)かというと・かといえば
　　　명사 + (なの / であるの)かというと・かといえば
　② 의문사 + かというと
의미 ～하는가 하면 사실은 그렇지 않다고 말할 때와 무엇인가를 설명할 때에 사용된다.

聴(き)く 듣다
資格(しかく) 자격
取(と)る 따다, 잡다
希望(きぼう) 희망
仕事(しごと) 일
就(つ)く 취임하다
自分(じぶん) 자신
変(かわ)る 변하다
新卒(しんそつ) 새 졸업자
入(はい)る 들어가다
辞(や)める 그만두다

歌を聴くのが好きだが、歌うのが上手なのかというと、そうでもない。

노래를 듣는 것을 좋아하지만, 노래를 잘 부르는가 하면, 그렇지도 않다.

資格を取ったからといって、すぐ希望の仕事に就けるかというとそうではない。　　자격증을 땄다고 해서, 바로 희망하는 일을 할 수 있는가 하면 그렇지 않다.

自分がいつ変わったかといえば、新卒で入った会社を辞めた時です。

제 자신이 언제 변했는가 하면, 졸업하고 바로 들어간 회사를 그만두었을 때입니다.

> 🎙 **강의실 생중계!**
>
> • A～からといって、Bかというと そんなことはない(A라고 해서, B인가 하면 그런 일은 없다)
>   의 형태로 자주 사용됩니다. 뒤의 そんなことはない 자리에 そうでもない(그렇지도 않다), ～で
>   はない(～지 않다), ～とは限らない(반드시 ～라고는 할 수 없다)가 쓰이기도 합니다.
> • いつ(언제), どちら(어느 쪽), どのくらい(얼마나), なぜ(왜, 어째서) 등과 같은 의문사와 접속하여
>   의문을 제시하고, 그 의문에 스스로 답하고 해설을 하는 용법으로도 사용됩니다.

136 ~たら、~で ~하면 ~하는 대로

접속 동사·い형용사 과거형+~たら、~で
의미 '상황이 ~라도, 상황과 다르게'라는 의미의 표현이다.

飲(の)み会(かい) 회식
面倒(めんどう)だ 귀찮다
楽(たの)しい 즐겁다
失敗(しっぱい)する
실패하다
学(まな)ぶ 배우다
騒音(そうおん) 소음
問題(もんだい) 문제

会社の飲み会は面倒だけど、行ったら、行ったで楽しい。
회사 회식은 귀찮지만, 가면 가는대로 즐겁다.

失敗したら失敗したで、そこから学ぶことがあるものだ。
실패하면 실패하는 대로, 거기에서 배우는 것이 있는 법이다.

駅に近かったら近いで、電車などの騒音が問題になります。
역에서 가까우면 가까운 대로, 전철 등의 소음이 문제가 됩니다.

강의실 생중계!

な형용사와 명사에 접속할 때에는 な형용사+なら+な형용사な+~で, 명사+なら+명사+~での
형태가 됩니다.

예 一人なら一人で、誰にも気を使わずにのんびりできます。
혼자면 혼자대로, 누구도 신경 쓰지 않고 한가롭게 지낼 수 있습니다.

問題　次の文の（　　　）に入れるのに最もよいものを、1・2・3・4から一つ選びなさい。

01　私はもう5年も日本に住んでい（　　　）、まだ日本人の親友は一人もいません。

　　1 ながら　　　　　2 たとたんに　　　　3 て以来　　　　4 にもかかわらず

02　もう早起きが習慣になったのか。日曜日である（　　　）、朝の6時に目が覚めてしまった。

　　1 かぎり　　　　　2 くせに　　　　　　3 からといって　　　4 にもかかわらず

03　私は、口から先に生まれたような人間で、よく分からない（　　　）、何もかも分かったように言いたくてならない性分だ。

　　1 からといって　　2 からして　　　　3 ものの　　　　　4 かぎり

04　私の顔を見て笑ってくれる赤ちゃんのかわいさ（　　　）、言葉で表わせない。

　　1 とは　　　　　　2 ということは　　3 といったら　　　4 にかけては

05　最近の子供は体格は大きい（　　　）、体力や運動能力は低下していると言われている。

　　1 からといって　　2 からして　　　　3 ものの　　　　　4 といっても

06　携帯電話に色々な機能がついている（　　　）、実際その機能を全部使用している人は少ない。

　　1 からこそ　　　　2 くせに　　　　　3 ながら　　　　　4 といっても

07　食べると太る（　　　）食べないダイエットをしている人が多いようだ。

　　1 からといって　　2 からして　　　　3 くせに　　　　　4 といっても

08　北海道の冬（　　　）真っ先に思い浮かぶのはスキーと雪まつりでしょう。

　　1 というものは　　2 というと　　　　3 にかけては　　　4 ものの

09 数学（　　　）、彼女はクラスでいつも一番だった。

1 といえば　　　　　2 にかけては　　　　3 とは　　　　　　　　4 にもかかわらず

10 尊敬できる友達（　　　）、ある意味でライバルだと思います。

1 といっても　　　　2 からといって　　3 とは　　　　　　　　4 からには

11 愛する（　　　）、相手のすべてをあるがまま受け入れることです。

1 といっても　　　　2 だけに　　　　　3 上で　　　　　　　　4 ということは

12 私は楽器コレクターで、ろくろく演奏もできない（　　　）いろんな楽器を持っている。

1 といえば　　　　　2 くせに　　　　　3 というのは　　　　　4 おかげで

13 人生（　　　）誰と出会ったか、何と出会ったかで決まるといっても過言ではない。

1 というものは　　　2 にかけては　　　3 にしては　　　　　　4 といっても

14 日本人の中でも言葉を短くいうこと（　　　）大阪人がだんトツの才能を持っているように見える。

1 にもかかわらず　　2 に先立って　　　3 にかけては　　　　　4 にしては

15 社長（　　　）、どうしても近づきがたく、口やかましいというイメージがあるかもしれません。

1 というと　　　　　2 をはじめ　　　　3 をこめて　　　　　　4 といっても

16 彼は運転免許も持っていない（　　　）車をほしがっている。

1 くせに　　　　　　2 ながら　　　　　3 からといって　　　4 というと

139

問題　次の文の　＿★＿　に入る最もよいものを、1・2・3・4から一つ選びなさい。

01 あのレストランは味も ＿＿＿＿ ＿★＿ ＿＿＿＿ ＿＿＿＿、ボリュームもあり、
メニューも豊富です。

    1 おいしい   2 安いし   3 値段も   4 ながら

02 毎日 ＿＿＿＿ ＿＿＿＿ ＿★＿ ＿＿＿＿、なぜか体重が増えている。

    1 にもかかわらず   2 運動   3 している   4 スポーツクラブで

03 友人に結婚式の ＿＿＿＿ ＿＿＿＿ ＿★＿ ＿＿＿＿ どうしたらよいかわからない。

    1 頼まれて   2 司会を   3 ものの   4 引き受けた

04 彼女は ＿＿＿＿ ＿★＿ ＿＿＿＿ ＿＿＿＿ 得意じゃないです。

    1 料理は   2 といっても   3 専業主婦   4 あまり

05 親 ＿★＿ ＿＿＿＿ ＿＿＿＿ ＿＿＿＿ 子供のためならば世界中を敵にまわしてでも
戦います。

    1 子供が   2 たとえ   3 というものは   4 間違っていても

06 ＿＿＿＿ ＿＿＿＿ ＿＿＿＿ ＿★＿ 海外旅行保険が代表的なものですが、入る、入
らないは本人の自由です。

    1 加入する   2 といえば   3 保険   4 留学生が

07 日本は ＿＿＿＿ ＿＿＿＿ ＿★＿ ＿＿＿＿ レベルとされる。

    1 製造技術   2 にかけては   3 世界最高   4 ロボット

08 夏休みの ＿＿＿＿ ＿＿＿＿ ＿★＿ ＿＿＿＿ でしょう。

    1 家族旅行   2 やっぱり   3 といえば   4 海

상황과 모습을 나타내는 문법

이 장에서 배울 문법은 '상황과 모습을 나타내는 문법'입니다.
본격적인 학습에 앞서 자신이 알고 있는 문법이 어느 정도인지 □에 체크해보세요.

상황과 모습을 나타내는 문법

시나공 08에서는 의미상으로 상황과 모습을 나타내는 문법을 살펴보도록 하겠습니다. 상황과 모습을 나타내는 문법은 모습, 경향·상태, 경과의 세 부분으로 나누어 정리하고 공략합니다. 출제빈도가 높은 문법으로는 ~ほど(だ), ~かのようだ, ~がちだ, ~きりだ, ~たところ 등을 꼽을 수 있습니다. ~ほど와 ~くらい는 같은 의미로 ~がち와 ~っぽい의 미묘한 차이를 기억하는 등 강의실 생중계를 꼼꼼하게 살펴보며 외워둡시다.

시험에 이렇게 나온다!

次の文の ＿＿★＿＿ に入る最もよいものを、1·2·3·4から一つ選びなさい。

今日は2月なのにとても暖かい。＿＿★＿＿ ＿＿＿＿ ＿＿＿＿ ＿＿＿＿。

1 かのようだ　　　**2** まるで　　　**3** 春が　　　**4** きた

해석 오늘은 2월인데도 매우 따뜻하다. 마치 봄이 온 것 같다.

해설 문장을 구성할 수 있는 능력을 평가하는 문제이다. 4개의 선택지를 보면 우선 '봄이 왔다'를 만들 수 있고, 그 앞뒤에 나머지를 배치하면 된다. ~かのようだ는 '마치 ~것 같다'라는 의미로 무언가에 비유하여 강조하는 표현이고 ~かのようだ 앞에는 まるで(마치)가 자주 온다.　　　　　　　　　　　　　　　　　**정답** 2

| 137 | ~ほど / ~ほどだ | ~ 정도 / ~ 정도다 |

접속 동사·い형용사·な형용사의 명사 수식형 / 명사 + ~ほど / ~ほどだ
의미 '어떤 상태가 어느 정도 ~한지'를 강조할 때 사용한다.

猫(ねこ)の手(て)も借(か)りたい 고양이 손이라도 빌리고 싶다 (매우 바쁨을 비유)

食生活(しょくせいかつ) 식생활

一生(いっしょう) 일생

左右(さゆう) 좌우

過言(かごん)ではない 과언은 아니다

ふれる 접하다

全(まった)く 전혀

合格通知(ごうかくつうち) 합격 통지

涙(なみだ)が出(で)る 눈물이 나다

最近は猫の手も借りたいほど忙しいです。

요즘은 고양이 손이라도 빌리고 싶을 정도로 바쁩니다.

6才までの食生活がその子の一生を左右すると言っても過言ではないほど、小さいうちにふれる食べものは大切です。

6세까지의 식생활이 그 아이의 일생을 좌우한다고 해도 과언이 아닐 정도로, 어린 시절에 접하는 음식은 중요합니다.

全く自信がなかったので、合格通知を手にした時は涙が出るほどうれしかった。

전혀 자신이 없었기 때문에 합격통지를 받았을 때에는 눈물이 날 정도로 기뻤다.

♪ 강의실 생중계!

주로 희망의 たい형이나 자신의 의지를 나타내지 않는 동사와 접속되는 경우가 많습니다.

138 ～くらい/～くらいだ/～くらいなら ～정도/～정도다/～(할)정도라면

接続 동사・い형용사・な형용사의 명사 수식형 / 명사＋～くらい / ～くらいだ / ～くらいなら
意味 '～정도, ～정도다, ～할 정도라면'이라는 의미로, 상태의 정도를 나타내는 표현이다.

理論(りろん) 이론
完璧(かんぺき) 완벽
反論(はんろん) 반론
余地(よち) 여지
辛(つら)い 힘들다, 괴롭다
思(おも)い切(き)り
실컷, 마음껏

彼の理論は完璧すぎて反論の余地もないくらいだ。

그의 이론은 너무 완벽해서 반론의 여지도 없을 정도다.

泣きたいくらい辛いときは、思い切り泣いてもいいと思いますよ。

울고 싶을 정도로 힘들 때는, 실컷 울어도 좋다고 생각해요.

何もしないで後悔するくらいなら、行動して後悔したほうがいい。

아무것도 하지 않고 후회할 정도라면, 행동하고 후회하는 편이 낫다.

> **강의실 생중계!**
>
> • ～ぐらい・～ぐらいだ・～ぐらいなら로 사용해도 상관없습니다.
> • ～ぐらいなら는 '～하기보다 오히려～하는 편이 좋다'는 의미로 뒤에 ～ほうがいい(～하는 편이
>   좋다), ～ほうがましだ(～하는 편이 더 낫다) 등이 오는 경우가 많습니다.

139 ～かのようだ ～인 것 같다

接続 동사의 보통형＋～かのようだ
　　　 명사＋～である＋～かのようだ
意味 무언가에 비유하여 강조할 때 사용하는 표현이다.

びっしょり 흠뻑
濡(ぬ)れる 젖다
まるで 마치
シャワーを浴(あ)びる
샤워를 하다
過去(かこ) 과거
同窓会(どうそうかい)
동창회
学生時代(がくせいじだい)
학창시절

雨に降られびっしょり濡れてしまった。まるでシャワーを浴びたかの
ようだった。

비를 맞아 흠뻑 젖어 버렸다. 마치 샤워를 한 것 같았다.

田中君を見ていると、まるで過去の自分を見ているかのようだ。

다나카 군을 보고 있으면, 마치 과거의 나를 보고 있는 것 같다.

10年ぶりの同窓会で楽しそうに話している彼らはまるで学生時代に
戻ったかのようだ。

10년 만의 동창회에서 즐겁게 이야기하고 있는 그들은 마치 학창시절로 돌아간 것 같다.

> **강의실 생중계!**
>
> 앞에 まるで(마치)가 붙는 경우가 많고, ～かのように((마치) ～처럼, ～와 같이), ～かのような((마
> 치) ～와 같은)의 형태로도 활용할 수 있습니다.
> 예 彼の部屋は何年も掃除してないかのように汚い。 그의 방은 몇 년이나 청소하지 않은 것처럼 더럽다.
> 　 昨日はまるで台風が来たかのような嵐でとても外出できるような状況じゃなかった。
> 　 어제는 마치 태풍이 온 것 같은 거센 바람으로 도저히 외출할 수 있는 상황이 아니었다.

〜勢いで／〜勢いだ 〜기세로／〜기세다

> **접속** 동사 / い형용사 / な형용사 / 명사의 명사 수식형 ＋〜勢(いきお)いで／〜勢いだ
> **의미** 그 상황의 '〜한 기운·기세·분위기' 등을 나타낸다.

飛(と)ぶ 날다
落(お)とす 떨어뜨리다
輸入(ゆにゅう) 수입
輸出(ゆしゅつ) 수출
上回(うわまわ)る 웃돌다

先生がすごい勢いで教室に入ってきました。

선생님이 무서운 기세로 교실에 들어왔습니다.

彼は飛ぶ鳥も落とす勢いだ。 그는 나는 새도 떨어뜨릴 기세다.

今年は輸入が輸出を上回る勢いだ。 올해는 수입이 수출을 웃돌 것 같은 분위기다.

> 🎙 **강의실 생중계!**
>
> 명사 勢い(기세, 힘, 추세, 정세, 세력, 위세, 기운, 바람)의 활용 표현입니다.

〜がる・〜がっている／〜がらずに 〜워하다・〜워하고 있다／〜워하지 말고

> **접속** い형용사·な형용사 어간＋〜がる・〜がっている／〜がらずに
> **의미** 주로 제3자의 감정·신체적 감각·요망·희망을 나타내는 경우에 사용된다.

場所(ばしょ) 장소
怖(こわ)い 무섭다
人前(ひとまえ) 사람들 앞
恥(は)ずかしい 부끄럽다,
창피하다
単語(たんご) 단어
面倒(めんどう)くさい
귀찮다
生活(せいかつ) 생활

彼女は暗い場所に行くとすぐに怖がる。 그녀는 어두운 장소에 가면 바로 무서워한다.

彼は人前に出るとすぐに顔を赤くして恥ずかしがっている。

그는 사람들 앞에 나서자 바로 얼굴이 빨개지고 부끄러워하고 있다.

知らない単語は面倒くさがらずに辞書を引きなさい。

모르는 단어는 귀찮아 하지 말고 사전을 찾아보세요.

> 🎙 **강의실 생중계!**
>
> • 기본적으로 제3자에 관한 것을 나타내지만, 자신을 객관시하는 경우는 1인칭으로도 사용할 수 있습니다.
> 예 私が欲しがっていた時計を誕生日にもらった。 내가 갖고 싶어 했던 시계를 생일에 받았다.
> • 〜がる는 습관이나 지속적인 감정·감각을 나타내는 경우에 사용되고, 〜がっている는 현재의 일시적인 감정·감각을 전하는 경우에 사용됩니다.
> • 〜がる를 사용하는 경우, 조사 'が'를 'を'로 바꿉니다.
> 예 私は新しいスマホが買いたいです。 저는 새로운 스마트폰을 사고 싶습니다.
> 彼は新しいスマホを買いたがっています。 그는 새로운 스마트폰을 사고 싶어 하고 있습니다.
> • 〜がる의 일부는 〜がり로 변형하여 '보통 사람보다도 그렇게 느끼기 쉬운 사람'이라는 의미의 명사가 됩니다.
> 예 私はとても寒がりなので、冬はたくさんの服を着ていないと生活できない。
> 나는 매우 추위를 타는 사람이라서, 겨울에는 옷을 많이 껴입지 않으면 생활할 수 없다.

142 ~ようでは　~하여서는

접속 동사·い형용사의 보통형 / な형용사·명사의 명사 수식형 + ~ようでは

의미 그러한 모습·상태로는 좋지 않은 결과가 됨을 나타낸다.

働(はたら)く 일하다
壊(こわ)す 부수다,
망가뜨리다
周囲(しゅうい) 주위
基本(きほん) 기본
問題(もんだい) 문제
解(と)く 풀다
合格(ごうかく) 합격

ご飯も食べずに働いているようでは、体を壊してしまいますよ。

밥도 먹지 않고 일해서는, 건강을 해쳐요.

周囲の目をそんなに気にしているようでは、自分らしく生きられない。

주위의 시선을 그렇게 걱정하고 있어서는, 자신답게 살 수 없다.

この基本問題を解くのが難しいようでは、合格は難しいでしょう。

이 기본문제를 푸는 것이 어려워서는, 합격은 어려울 것이다.

> 📎 **강의실 생중계!**
>
> 상대에게 그러한 모습이나 상태로는 안 된다고 주의를 주거나 충고할 때에 자주 사용하는 표현으로,
> 뒤에 だめだ(안 된다), 無理だ(무리다), 困る(곤란하다), ~ない(~않다) 등의 좋지 않은 결과의 내용이
> 주로 옵니다.

✔ 시나공 확인 문제

次の文の（　　　）に入れるのに最もよいものを、1·2·3·4から一つ選びなさい。

昨日はご飯も食べられない（　　　）忙しかったんです。

1 げ　　　　　　2 がち　　　　　　3 ほど　　　　　　4 あげく

해석 어제는 밥도 먹을 수 없을 정도로 바빴습니다.

해설 정답인 3번 ~ほど(~정도)는 '어떤 상태가 어느 정도~한지를 강조'하는 표현이다. ~ほど에는 정도의 의미 외에도 다양한 용법이 있기 때문에 ~ほど, ~ほどだ의 여러 의미를 잘 파악하여 익혀두는 것이 좋다. 1번 ~げ(~한 듯, ~한 듯한 모양)는 '보고 그 사람의 마음이 느껴지는 모양'을 나타내므로 정답이 아니고, 경향·상태를 나타내는 2번 ~がち(자주 ~함)와 경과의 의미를 갖고 있는 4번 ~あげく(~한 끝에, ~한 후 결국 마지막에)는 의미상으로도 접속 방법으로도 정답이 될 수 없다. **정답 3**

〜げ 　〜한 듯, 〜한 듯한 모양

접속　い형용사・な형용사의 어간 + 〜げ
의미　'보고 그 사람의 마음이 느껴지는 모양'을 나타낼 때 사용한다.

後(うし)ろ姿(すがた)
뒷모습

心(こころ)なしか
생각 탓인지

長時間(ちょうじかん)
장시간

手術(しゅじゅつ) 수술

廊下(ろうか) 복도

一人で歩く彼の後ろ姿が心なしか寂しげに見えます。

혼자서 걷는 그의 뒷모습이 생각 탓인지 외롭게 보입니다.

長時間の手術が終わるまで家族は廊下で不安げに待っていた。

장시간의 수술이 끝날 때까지 가족들은 복도에서 불안한 듯 기다리고 있었다.

彼は最近なぜかいつも悲しげな顔をしている。

그는 요즘 왠지 항상 슬픈 듯한 얼굴을 하고 있다.

강의실 생중계!

・보통 사람의 기분을 나타낼 때 사용하며 예스러운 표현입니다. いかにも, さも(자못, 정말로)가 앞에 붙는 경우가 많고 〜げ는 な형용사가 됩니다.

・〜げない는 '〜한 느낌(분위기, 모습)이 없다'라는 표현입니다.
　例 私はあの時非常に大人げない行動をしてしまったと思っている。
　　나는 그 때 상당히 어른답지 못한 행동을 해버렸다고 생각하고 있다.

〜すぎる 　너무 〜하다, 지나치게 〜하다

접속　동사 ます형 / い형용사・な형용사 어간 + 〜すぎる
의미　어떤 동작이나 상태의 정도가 수준을 넘는 것을 나타낸다.

量(りょう) 양

少(すく)ない 적다

疲(つか)れる 지치다

近(ちか)づく 다가서다

このレストランの料理は量が少ないのに、高すぎる。

이 레스토랑의 요리는 양이 적은데, 너무 비싸다.

疲れすぎて、もう何もできません。 너무 지쳐서, 이제 아무것도 할 수 없습니다.

彼は静かすぎて、近づきがたい。 그는 너무 조용해서, 다가가기 어렵다.

강의실 생중계!

〜すぎる를 사용하면 대부분의 경우 좋지 않은 뉘앙스를 나타냅니다. 하지만 요즘에는 일상회화나 TV 프로그램 등에서 강조의 의미로 사용하는 경우도 자주 있습니다.
例 あの人、かっこよすぎる! 저 사람 너무 멋져!

145 　～てばかりだ・～てばかりいる　　～하기만 하다・～만 하고 있다

접속　동사의 て형＋～てばかりだ・～てばかりいる
의미　여러 번 반복하거나, 언제나 같은 상태에 있음을 비판적으로 말할 때 사용하는 표현이다.

一日中(いちにちじゅう)
하루종일

泣(な)く 울다

彼女は、一日中、泣いてばかりだ。　　　　　　그녀는 하루 종일 울기만 한다.

彼はいつも朝から晩まで働いてばかりいる。

　　　　　　　　　　　　　　그는 항상 아침부터 밤까지 일만 하고 있다.

父は休みの日にいつも、テレビを見てばかりいます。

　　　　　　　　　　　아버지는 쉬는 날 항상, 텔레비전만 보고 있습니다.

> **강의실 생중계!**
>
> ～てばかりいないで의 형태가 되면 '～하지만 말고'라는 의미가 되고, 이때 ばかり는 だけ나 ほど로
> 바꾸어 사용할 수 없습니다.
> 예 ゲーム**してばかりいないで**宿題しなさい。 게임만 하고 있지 말고 숙제해라.

146 　～がちの／～がちだ　　자주 ～하는, ～하기 쉬운 / 자주 ～하다

접속　동사 ます형 / 명사＋～がちの／～がちだ
의미　'자연히 ～게 되는 경향・횟수가 잦음'을 나타낼 때 사용한다.

思(おも)い出(だ)す
떠올리다

不規則(ふきそく) 불규칙

身体(しんたい) 신체

似合(にあ)う 어울리다

母の日や父の日は、普段は忘れがちの親への感謝の気持ちを思い出さ
せてくれる大切な日です。

　　　　어머니날과 아버지날은 평소에는 잊기 쉬운 부모님에 대한 감사의 마음을 떠올리게 해주는 중요한 날입니다.

忙しい現代人は、食事も不規則になりがちです。

　　　　　　　　　　　　바쁜 현대인은 식사도 불규칙하게 되기 쉽습니다.

彼は大きな身体に似合わず病気がちです。　그는 큰 덩치에 어울리지 않게 병이 잦습니다.

> **강의실 생중계!**
>
> 주로 부정적인 뉘앙스로 사용되는 경우가 많습니다.

147　〜っぽい　　〜한 느낌이 들다, 잘 〜하다

접속 동사 ます형 / 명사 / い형용사의 어간 + 〜っぽい
의미 '횟수나 빈도가 아니라 〜의 성질이나 느낌'을 나타내는 표현이다.

思(おも)い込(こ)み 확신
怒(おこ)る 화를 내다
蜂(はち) 벌
攻撃的(こうげきてき)
공격적
避(さ)ける 피하다
がっかりする 실망하다

父は思い込みが強く怒りっぽい性格です。

아버지는 확신이 강하고 화를 잘 내는 성격입니다.

蜂は黒色に対して攻撃的になるので黒っぽい服は避けてください。

벌은 검은색에 대해 공격적이 되기 때문에 검게 보이는 옷은 피해주세요.

インターネットでベルトを買ったが、どうも安っぽい感じでがっかりした。

인터넷으로 벨트를 샀는데, 어쩐지 싸 보이는 느낌이 들어 실망했다.

> 📕 **강의실 생중계!**
>
> 〜がち와 혼동하기 쉬운데 〜がち는 횟수가 잦음을 나타내는 경우가 많고, 〜っぽい는 빈도가 아닌 사물의 성질을 나타낸다는 차이점을 구별하여 암기하세요.

✔ 시나공 확인 문제

次の文の（　　　）に入れるのに最もよいものを、1・2・3・4から一つ選びなさい。

親は世界にたった二人しかいない。 でも、いつもそばにいてくれるからその大切さを忘れ（　　　）。

1 がちだ　　　　　**2** ほどだ　　　　　**3** くらいだ　　　　　**4** かのようだ

해석 부모는 세상에 단 두 사람밖에 없다. 하지만 항상 곁에 있어주기 때문에 그 소중함을 자주 잊는다.
해설 〜がちだ는 '자주 〜하다'라는 의미로 '자연히 〜게 되는 경향 · 횟수가 잦음'을 나타낸다. 〜ほどだ와 〜くらいだ는 '〜 정도다'라는 의미로 상태의 정도를 나타내는 표현이고, 〜かのようだ는 '마치 〜것 같다'라는 의미로 무언가에 비유하여 강조하는 표현이다. 따라서 정답은 1번이다. 접속 형태와 의미를 기억하고 있다면 큰 혼동 없이 골라낼 수 있는 문제이다.　　　　　**정답** 1

148 ~気味 약간 ~한 느낌

접속 동사 ます형 / 명사 + ~気味(ぎみ)

의미 '정도가 심하지는 않지만 약간 ~한 느낌 · 경향 · 기색 · 기미가 있음'을 나타내는 표현이다.

標準体重(ひょうじゅん たいじゅう) 표준체중

肥満(ひまん) 비만

死亡率(しぼうりつ) 사망률

明(あき)らかになる 명백해지다, 밝혀지다

鼻水(はなみず) 콧물

だるい 나른하다

熱帯夜(ねったいや) 열대야

寝苦(ねぐる)しい (더위 등으로) 잠들기 어렵다

寝不足(ねぶそく) 수면 부족

太り気味の人は、標準体重や肥満、やせた人よりも死亡率が低いことが明らかになったという。

> 약간 살찐 사람은 표준체중이나 비만, 마른 사람보다도 사망률이 낮은 것이 분명해졌다고 한다.

ちょっと風邪気味かな。鼻水が出るし、身体がだるい。

> 약간 감기 기운인가? 콧물이 나오고 몸이 나른하다.

毎日熱帯夜が続いて寝苦しく、なんだか寝不足気味だ。

> 매일 열대야가 계속되어 잠들기가 어려워서 왠지 수면 부족인 느낌이다.

🖊 강의실 생중계!

주로 바람직하지 않은 경우에 사용됩니다.

149 ~だらけ ~투성이

접속 명사 + ~だらけ

의미 '~가 많거나, 많이 붙어 있는 모양'을 나타낼 때 사용한다.

間違(まちが)い 틀림, 잘못됨

ぶつかる 부딪히다

運(はこ)ぶ 옮기다

ほこり 먼지

大掃除(おおそうじ) 대청소

昨日の漢字の書きテスト、やっぱり間違いだらけだった。

> 어제 본 한자 쓰기테스트, 역시 틀린 것투성이였다.

バイクと車がぶつかってバイクの人は血だらけで運ばれて行った。

> 오토바이와 차가 부딪쳐서 오토바이 운전자는 피투성이가 되어 실려 갔다.

家の中がほこりだらけなことに気がついて、大掃除をすることにしました。

> 집안이 먼지투성이인 것을 깨닫고, 대청소를 하기로 했습니다.

🖊 강의실 생중계!

같은 종류의 것이 다량으로 존재하고 있어서 좋지 않은 상태를 나타내는 표현으로, 주로 ゴミ(쓰레기), ほこり(먼지), 借金(빚), 血(피), ミス(실수), 間違い(실수, 틀림), 傷(상처), 泥(진흙), しわ(주름) 등과 접속됩니다.

150 ～まま ~한 채로, ~대로

접속 동사 た형·ない형/い형용사 기본형/な형용사·명사의 명사 수식형 ＋ ～まま
의미 같은 상태가 변하지 않고 계속되는 것을 나타낸다.

感想(かんそう) 감상
全然(ぜんぜん) 전혀

あの車、ライトがついたままだね。誰の車だろう。

저 차, 라이트가 켜진 채로 있어. 누구 차일까?

映画を見て、感じたままの感想を教えてください。

영화를 보고, 느낀 대로의 감상을 알려주세요.

彼女とは久しぶりに会ったけど、全然変わってない。10年前のままだ。

그녀와는 오랜만에 만났지만, 전혀 변하지 않았다. 10년 전 그대로다.

> **강의실 생중계!**
>
> ～たまま(~한 채로)와 ～ながら(~하면서)는 비슷해 보이지만, ～たまま는 순간동사와 함께 사용되지만, ～ながら는 순간동사와 함께 사용하지 않는다는 차이를 기억해야 합니다.
>
> 예) 立ったまま、食べる。 선 채로 먹는다.
> ご飯を食べながら、新聞を読む。 밥을 먹으면서, 신문을 읽는다.

151 ～なりに・～なりの ~ 나름대로·~ 나름대로의

접속 동사 보통형/い형용사 기본형/な형용사 어간/명사 ＋ ～なりに・～なりの
의미 그 인물이나 성질에 어울리는 정도나 상태인 것을 나타내는 문형이다.

頑張(がんば)る 노력하다
得(え)る 얻다
知識(ちしき) 지식

下手でも下手なりに頑張ってみよう。　　　서툴러도 서투른 나름대로 노력해보자.

今回得た知識について私なりにまとめてみた。

이번에 얻은 지식에 대해서 내 나름대로 정리해봤다.

安いのには安いなりの理由があるものだ。

싼 것에는 싼 나름대로의 이유가 있는 법이다.

> **강의실 생중계!**
>
> '충분하지는 않지만 그에 어울리는, 걸맞는'이라는 의미로, 뒷 문장에 나오는 완벽하지는 않지만 나온 성과나 자세에 대한 긍정의 평가를 나타냅니다.

| 152 | ~きり/~きりだ | ~한 채로 / ~한 채이다 |

접속 동사 た형 + ~きり/~きりだ
의미 '~을 하고 그 다음에 예상되는 상황이 일어나지 않음'을 나타낼 때 사용하는 표현이다.

食事(しょくじ)をとる
식사를 하다

翌年(よくとし) 다음 해

田中君とは子供の頃に何度か会ったきりで、大人になってからは会っていない。　　　다나카 군과는 어린 시절에 몇 번인가 만났을 뿐으로, 어른이 된 후로는 만나지 못했다.

昨日は朝ご飯にシリアルを食べたきり、その後は食事らしい食事をとれなかった。　　　어제는 아침밥으로 시리얼을 먹었을 뿐, 그 후에는 식사다운 식사를 하지 못했다.

大学時代にいつもお世話になった佐藤さんとは卒業した翌年に一度会ったきりだ。　　　대학 시절에 항상 신세를 졌던 사토 씨와는 졸업한 다음 해에 한 번 만난 것이 끝이다.

> 🖋 **강의실 생중계!**
>
> • 뒤에는 당연히 일어날 것으로 기대했던 일이 일어나지 않고 예상 외의 상태가 계속되고 있음을 나타내는 문장이 옵니다.
> • 수사 뒤에 ~きり가 붙어 '~만, ~뿐'이라는 한정을 나타내는 의미로 사용되는 경우도 있습니다.
> 　예 はじめての二人きりのデート。 처음 하는 둘만의 데이트.

✔ 시나공 확인 문제

次の文の（　　　）に入れるのに最もよいものを、1・2・3・4から一つ選びなさい。

あの人は5年前に会社から100万円を借りた（　　　）、まだ返していません。

1 ところ　　　　　2 きり　　　　　3 あげく　　　　　4 末

해석 그 사람은 5년 전에 회사에서 100만 엔을 빌린 채, 아직 갚지 않고 있습니다.
해설 경과의 의미를 나타내는 문법들이 선택지에 제시되어 있는데 '~을 하고 그 다음에 예상되는 상황이 일어나지 않음'을 나타내는 표현인 2번 ~きり(~하고 그대로 계속, ~한 채로)가 정답이다. 3번 ~あげく(~한 끝에)와 4번 ~末(~한 끝에)는 비슷한 의미로 함께 외우는 것이 좋은데 의미상 정답은 될 수 없다. 1번 ~たところ(~했더니, ~한 결과) 역시 의미상 정답이 될 수 없다.　　　**정답 2**

～たところ ～했더니, ～한 결과

접속 동사 た형＋～たところ
의미 '～했더니, ～한 결과'라는 의미로 '～한 결과, ～라는 결과였다, ～라는 것을 알았다'라는 표현이다.

ワーキングホリデー
워킹홀리데이

相談(そうだん) 상담. 상의

反対(はんたい)する
반대하다

大学卒業後、ワーキングホリデーで日本へ行きたいと親に相談したところ、計画的でないことから反対されました。
대학 졸업 후, 워킹홀리데이로 일본에 가고 싶다고 부모님께 상의했더니, 계획적이지 않다며 반대했습니다.

ほしい本があって本屋に買いに行ったところ、もう絶版されて買えなかった。
갖고 싶은 책이 있어서 서점에 사러 갔더니, 이미 절판되어 살 수 없었다.

中国人に海外旅行先としての日本について聞いてみたところ、約80%の人が行きたいと答えた。
중국인에게 해외 여행지로서 일본이 어떤지에 대해 물어본 결과, 약 80%의 사람이 가고 싶다고 대답했다.

📎 강의실 생중계!

～たところだ(막 ～한 참이다), ～たところで(～해 봤자)와 혼동하지 않도록 주의합시다.

～あげく(に) ～한 끝에

접속 동사 た형＋～あげく(に)
　　　명사＋の＋～あげく(に)
의미 주로 '여러 가지로 ～한 끝에 결국은 좋지 않은 결과가 되었음'을 나타내는 경우가 많다.

夫婦喧嘩(ふうふけんか)
부부싸움

別(わか)れる 헤어지다

結論(けつろん) 결론

結局(けっきょく) 결국

離婚(りこん) 이혼

就職(しゅうしょく) 취직

悩(なや)む 고민하다

あきらめる 포기하다

暴飲暴食(ぼういんぼうしょく) 폭음 폭식

毎日の夫婦喧嘩のあげく二人は、結局離婚を決めた。
매일 이어지는 부부싸움 끝에 두 사람은 결국 이혼을 결심했다.

卒業後就職するか留学するか悩んだあげく、留学をあきらめることにした。
졸업 후 취직할지 유학할지 고민한 끝에 유학을 포기하기로 했다.

彼は毎日暴飲暴食したあげくに、病気になってしまった。
그는 매일 폭음 폭식한 끝에 병에 걸리고 말았다.

📎 강의실 생중계!

'～한 끝에 ～라는 결과가 나왔다'라는 의미에서 생각하면 ～末(に)와 비슷하지만 ～あげく(に)는 '안타깝거나 유감스러운 결과'를 나타내는 뉘앙스로 쓰입니다.

155   ~末(に)   ~한 끝에

접속 동사 た형 + ~末(すえ)(に)
       명사 + の + ~末(に)
의미 '~한 끝에'라는 의미로 '여러 가지로 ~한 끝에 이렇게 되었다'라고 표현할 때 사용한다.

議論(ぎろん) 의논
納得(なっとく) 납득
愛着(あいちゃく) 애착
引(ひ)っ越(こ)す 이사하다
さんざん 몹시
迷(まよ)う 망설이다

長い議論の末に、お互いに納得できる結論を得ることができた。
오랜 의논 끝에, 서로 납득할 수 있는 결론을 얻을 수 있었다.

今の家は愛着があるのだが、とても古くていろいろ考えた末、引っ越すことにした。　　　지금 집은 애착이 있지만, 너무 낡아서 여러 가지로 생각한 끝에 이사하기로 했다.

会社をやめることにしたのは、さんざん迷った末に出した結論です。
회사를 그만두기로 한 것은 몹시 망설인 끝에 내린 결론입니다.

🖊 **강의실 생중계!**

~あげく(に)와 묶어서 함께 기억해둡시다!

156   ~に上る/~に達する   ~에 이르다/~에 달하다

접속 명사 + ~に上(のぼ)る・~に達(たっ)する
의미 수나 양이 결과로서 어떤 큰 가치, 크기, 양이 되고, 그것에 이르렀다는 표현이다.

増加数(ぞうかすう)
증가수
事故(じこ) 사고
死傷者(ししょうしゃ)
사상자
人工衛星(じんこうえい
せい) 인공위성
数千(すうせん) 수천

今年、日本語を勉強する外国人の増加数は20%に上った。
올해, 일본어를 공부하는 외국인의 증가 수는 20%에 달했다.

あの事故の死傷者は100人に上るそうだ。
그 사고의 사상자는 100명에 이른다고 한다.

2050年までには人工衛星の数は数千に達するだろう。
2050년까지 인공위성의 수는 수천에 달할 것이다.

🖊 **강의실 생중계!**

동사 のぼる는 한자에 따라 登る(높은 곳으로 오르다), 上る(오르다, 수량이 어느 정도에 이르다, 상경하다, 올라가다), 昇る(오르다, 해 · 달이 뜨다) 등의 다양한 의미를 갖는 다의어로, 이 문형에서는 '수량이 어느 정도에 이르다'는 의미의 上る가 문법화된 것입니다.

問題　次の文の（　　　）に入れるのに最もよいものを、1・2・3・4から一つ選びなさい。

01 なぜみんな社会人になってから、約束していた（　　　）ゴルフを始めるの
ですか。

1 かのように　　　2 あげく　　　　3 きり　　　　　4 末

02 子供たちが楽し（　　　）に遊んでいる姿に、昔の子供時代を思い浮かべました。

1 げ　　　　　　　2 ほど　　　　　3 っぽい　　　　4 気味

03 夜は思考がネガティブになり（　　　）なので、あまり物事を考えないように
しています。

1 げ　　　　　　　2 がち　　　　　3 ほど　　　　　4 くらい

04 最近、仕事で忙しくて家族とのコミュニケーションが不足（　　　）。

1 ほどだ　　　　　2 くらいだ　　　3 きりだ　　　　4 気味だ

05 20代の男女を対象にダイエットの関心度を聞いてみた（　　　）、関心がある
と答えた人は男女とも過半数を超えた。

1 きり　　　　　　2 かのようだ　　3 ところ　　　　4 あげく

06 成功とは数多くの失敗と自己反省を繰り返した（　　　）手に入るものだ。

1 ほど　　　　　　2 きり　　　　　3 ところ　　　　4 末に

07 夫婦喧嘩の（　　　）夫が妻を殺したという恐ろしい事件がありました。

1 ように　　　　　2 くらいに　　　3 うえに　　　　4 あげくに

08 吉田君がまだ来ていないので、電話してみた（　　　）、今日の約束をすっかり
忘れていたそうだ。

1 ところ　　　　　2 末　　　　　　3 きり　　　　　4 あげく

09 朝から何も食べていない。いや、正確に言えば、買い置きのオレンジジュースを飲んだ（　　　）。

1 かのようだ　　　2 気味だ　　　　3 きりだ　　　　4 ほどだ

10 子供たちが手も足も顔も洋服もいっぱい泥（　　　）になって遊んでいる。

1 がち　　　　　2 末　　　　　3 くらい　　　　4 だらけ

11 今年は夏の長雨の影響で紅葉が例年より遅れ（　　　）。

1 気味だ　　　　2 かのようだ　　　3 がちだ　　　　4 だらけだ

12 最近忘れ（　　　）ので、予定はすぐにメモしておきます。

1 きりだ　　　　2 ほどだ　　　　3 っぽい　　　　4 だらけだ

13 寒くなると出不精になって、ウォーキングも怠け（　　　）になります。

1 きり　　　　　2 がち　　　　3 だらけ　　　　4 あげく

14 他人と相対して会話している時の自分と普段の自分はまるで別人である（　　　）。

1 ほどだ　　　　2 がちだ　　　　3 かのようだ　　　4 くらいだ

15 初めてこの料理を食べた時はこの世にこんなおいしい食べ物があったのかと思った（　　　）でした。

1 っぽい　　　　2 くらい　　　　3 気味　　　　4 がち

16 たとえ死にたい（　　　）苦しいとしても、生きている間に人生を立て直し、幸福をつかんでほしいのです。

1 ほど　　　　　2 っぽい　　　　3 あげく　　　　4 きり

155

問題　次の文の　＿★＿　に入る最もよいものを、1・2・3・4から一つ選びなさい。

01 北海道で過ごした1ヶ月は、＿＿＿＿　＿★＿　＿＿＿＿　＿＿＿＿　でした。

　　1 一生　　　　　　2 ほど　　　　　　3 素敵なもの　　　4 忘れられない

02 この機械の使い方は ＿＿＿＿　＿＿＿＿　＿★＿　＿＿＿＿ 簡単です。

　　1 ぐらい　　　　　2 でも　　　　　　3 小学生　　　　　4 できる

03 ＿＿＿＿　＿＿＿＿　＿★＿　＿＿＿＿ は無理をしないほうがいいですよ。

　　1 病気に　　　　　2 人　　　　　　　3 がちな　　　　　4 なり

04 彼女はいつも ＿＿＿＿　＿＿＿＿　＿★＿　＿＿＿＿ を着ている。

　　1 っぽい　　　　　2 デザインの　　　3 服　　　　　　　4 子供

05 この頃、テストの ＿＿＿＿　＿＿＿＿　＿★＿　＿＿＿＿、どうかしたんですか。

　　1 ですが　　　　　2 下がり　　　　　3 気味　　　　　　4 成績が

06 彼は「俺は何も言えない」＿＿＿＿　＿★＿　＿＿＿＿　＿＿＿＿。

　　1 言った　　　　　2 と　　　　　　　3 黙っている　　　4 きり

07 お天気がよさそうな ＿＿＿＿　＿★＿　＿＿＿＿　＿＿＿＿、あいにくの休館日でした。

　　1 久しぶりに　　　2 ところ　　　　　3 ので　　　　　　4 出かけた

08 ＿＿＿＿　＿＿＿＿　＿★＿　＿＿＿＿、過労で倒れてしまった。

　　1 毎日　　　　　　2 働きすぎた　　　3 彼は　　　　　　4 あげく

156

한눈에 미리 보기

관계를 나타내는 문법(2)

이 장에서 배울 문법은 '관계를 나타내는 문법(2)'입니다.
본격적인 학습에 앞서 자신이 알고 있는 문법이 어느 정도인지 □에 체크해보세요.

09 관계를 나타내는 문법(2)

시나공 09에서는 의미상으로 앞 문장과 뒷 문장의 관계를 나타내는 문법을 살펴보겠습니다. 출제빈도가 높은 문법으로는 ~に対して, ~について, ~ば~ほど, ~に伴って, ~ように 등을 꼽을 수 있습니다. 우리말로 해석했을 때 혼동하기 쉬운 표현이므로 ~に対して, ~について, ~に関して를 묶어서 비교·구분하고 또한 ~に伴って, ~にしたがって, ~とともに, ~につれて도 비슷한 의미로 함께 외워두되 강의실 생중계에 있는 추가적인 의미나 뉘앙스의 차이를 익혀두도록 합니다.

 시험에 **이렇게 나온다!**

次の文の（　　　）に入れるのに最もよいものを、1·2·3·4から一つ選びなさい。

生活が豊かになる（　　　）ごみの量も増えてきた。

1 にかかわらず　　　　2 ように　　　　　3 にこたえて　　　　4 につれて

해석 생활이 풍요로워짐에 따라 쓰레기의 양도 늘어났다.

해설 정답인 4번 ~につれて는 '~에 따라'라는 의미로 '한 쪽의 상황이나 정도가 변하면 그것이 이유가 되어 다른 한 쪽도 변함'을 나타내는 표현이다. 1번 ~にかかわらず는 '~에 관계없이, ~에 상관없이'라는 의미이고, 2번 ~ようには는 '~하도록'이라는 의미로 소원이나 바람, 목적 등을 나타낸다. 3번 ~にこたえて는 '~에 따라, ~에 응하여'라는 의미로 '상대로부터의 희망·요구 등에 부응함'을 나타내는 문법이다. 이번 문제는 선택지에 의미상 혼동이 되는 문법으로 구성되어 있지 않으므로 쉽게 정답을 찾을 수 있다.

정답 4

157　~に対して / ~に対する　　~에게, ~에 대해서 / ~에 대한

접속 명사 + ~に対(たい)して / ~に対する
의미 동작이나 감정이 향해지는 대상과 상대를 나타낼 때 사용한다.

未成年者(みせいねんしゃ) 미성년자

政府(せいふ) 정부

不満(ふまん) 불만

未成年者に対してはタバコやお酒は売ってはいけないことになっている。

미성년자에 대해서는 담배와 술은 팔면 안 되는 것으로 되어 있다.

国民の間には政府に対する不満を持つ者もいるのだろう。

국민 중에는 정부에 대한 불만을 가진 사람도 있을 것이다.

🔖 강의실 생중계!

· ~に対して, ~に対する는 상대방에게 직접 동작이 미칠 때 사용하고, 대상에게 어떤 물리적, 심리적 작용이 미치길 바라는 의도가 포함되어 있습니다.
· 뒤에는 주로 반항, 반론, 항의 등 대립관계를 나타내는 말이 옵니다.
· ~に対しては(~에 대해서는), ~に対しても(~에 대해서도)의 형태로 사용되는 경우도 있습니다.

158 　～をめぐって　　～을 둘러싸고

접속 명사 + ～をめぐって
의미 '～을 둘러싸고 어떤 논의나 의견, 문제 등의 대립관계가 있음'을 나타낼 때 사용한다.

論争(ろんそう) 논쟁
国連(こくれん) 국제연합
(보통 UN으로 표기함)
環境(かんきょう) 환경
会議(かいぎ) 회의
開(ひら)く 열다, 개최하다

町の中心部の再開発をめぐって論争がまき起こっている。
동네 중심부의 재개발을 둘러싸고 논쟁이 일어나고 있다.

1972年の国連人間環境会議以来、環境問題をめぐって様々な国際会議が開かれてきました。
1972년 UN인간환경회의 이후, 환경문제를 둘러싸고 다양한 국제회의가 개최되어 왔습니다.

このドラマは娘の結婚をめぐって意見の合わない家族の物語をコミカルに描いている。
이 드라마는 딸의 결혼을 둘러싸고 의견이 맞지 않는 가족들의 이야기를 코믹하게 그리고 있다.

> 🎧 **강의실 생중계!**
>
> 뒤에 의견의 대립, 논의, 논쟁 등의 의미를 가진 동사가 오는 경우가 많고, '～をめぐる + 명사'의 형태로 '～을 둘러싼'이라는 의미로도 사용이 가능합니다.

159 　～にこたえ(て)　　～에 따라, ～에 부응하여

접속 명사 + ～にこたえ(て)
의미 '상대로부터의 희망 · 요구 등에 부응함'을 나타낼 때 사용한다.

希望(きぼう) 희망
営業(えいぎょう) 영업
延長(えんちょう) 연장
受験生(じゅけんせい)
수험생
要求(ようきゅう) 요구
実施(じっし)する
실시하다
申(もう)し訳(わけ)ない
죄송하다, 면목없다

お客様の希望にこたえて営業時間を1時間延長いたします。
손님들의 희망에 따라 영업시간을 1시간 연장합니다.

日本語能力試験は受験生の要求にこたえて年2回に実施することになりました。
일본어능력시험은 수험생의 요구에 따라 1년에 2회 실시하게 되었습니다.

親の期待にこたえることができず、申し訳ない気持ちでいっぱいです。
부모의 기대에 부응하지 못하여 죄송한 마음뿐입니다.

> 🎧 **강의실 생중계!**
>
> • '～にこたえる + 명사'의 형태로 '～에 부응한'이라는 의미로도 자주 사용됩니다.
> • 앞에는 주로 질문, 기대, 요구, 요망, 요청, 희망 등의 의미를 가진 명사가 옵니다.

~向けに・~向けの/~向けだ　~용으로, ~용의/~용이다

접속　명사 + ~向(む)けに・~向けの/~向けだ
의미　'~용'이라는 의미로, '~를 대상으로, ~에게 적합하도록 만들어졌음'을 나타내는 표현이다.

手(て)ごろだ 적당하다
留学生(りゅうがくせい) 유학생
情報提供(じょうほうていきょう) 정보 제공
アドバイス 어드바이스, 조언
行(おこな)う (행위를) 하다

この店では手ごろな値段の外国人向けの着物を売っている。

이 가게에서는 적당한 가격의 외국인용 기모노를 팔고 있다.

アニメは子供向けだと言う人がいますが、皆さんはどう思いますか。

애니메이션은 어린이용이라고 말하는 사람이 있는데, 여러분은 어떻게 생각합니까?

学生センターでは在学生および留学生向けに、様々な情報提供やアドバイスなどを行っています。

학생센터에서는 재학생 및 유학생을 대상으로 다양한 정보 제공과 조언 등을 하고 있습니다.

강의실 생중계!

~向きに、~向きの、~向きだ도 '~용'으로 해석되지만 '~에 꼭 맞는, ~의 취향에 맞는, ~용'이라는 의미이므로 헷갈리지 않도록 주의하세요.
예 子供向きの本 어린이용 책 / 女性向きのデザイン 여성 취향의 디자인

~について・~につき　~에 대해, ~에 관해서

접속　명사 + ~について・~につき
의미　'다루고 있거나 관계를 갖고 있는 대상'을 가리킨다.

新製品(しんせいひん) 신제품
開発計画(かいはつけいかく) 개발 계획
説明(せつめい) 설명
話(はな)し合(あ)う (서로) 이야기하다
聞(き)く 묻다

新製品開発計画につき、これからご説明いたします。

신제품 개발 계획에 대해 지금부터 설명해 드리겠습니다.

あなたは子供の将来の夢について子供と話し合ったことがありますか。

당신은 아이의 장래 꿈에 대해서 아이와 이야기를 나눈 적이 있습니까?

私は彼女について何も知りませんから私に聞かないでください。

저는 그녀에 관해 아무것도 모르니까 저에게 묻지 말아주세요.

강의실 생중계!

~につき는 '~에 관해서, ~에 대해서'라는 의미 외에도 아래와 같은 의미를 가지고 있습니다.
① 원인·이유 (~로 인해, ~ 때문에)
주로 알림·게시·벽보 등에서 자주 볼 수 있는 표현으로, 딱딱한 문어체 표현이므로 회화체에서는 잘 쓰이지 않습니다.
예 本日は祭日につき、休ませていただきます。 오늘은 공휴일이기 때문에 쉽니다.
② 비율 (~당)
예 利用料金は一人につき3000円です。 이용 요금은 한 사람당 3000엔입니다.

162 ～に関して(は)/～に関する　～에 관해서(는) / ～에 관한

접속 명사 + ～に関(かん)して(は)/～に関する
의미 '～에 관해서, ～에 관한'이라는 의미로 '다루고 있거나 관계를 갖고 있는 대상'을 가리킨다.

興味(きょうみ) 흥미, 관심
習得(しゅうとく) 습득
奨学金(しょうがくきん) 장학금
制度(せいど) 제도
国際交流課(こくさいこうりゅうか) 국제교류과

私は英語教育に関して大変興味を持っていて、様々な英語習得に関する資料を集めています。

저는 영어 교육에 관해서 상당한 관심을 갖고 있어서, 여러 가지 영어 습득에 관한 자료를 모으고 있습니다.

留学生の方の奨学金制度に関しては国際交流課へお問い合わせください。

유학생의 장학금 제도에 관해서는 국제교류과로 문의해 주십시오.

来月、東京で地球環境問題に関する国際会議が開かれるそうだ。

다음 달, 도쿄에서 지구 환경문제에 관한 국제회의가 열린다고 한다.

🖊 강의실 생중계!

～について와 비슷한 의미로 함께 묶어서 기억하는 것이 좋습니다. 또한, 혼동하기 쉬운 ～に対して와도 비교해서 암기해 두세요. ～について와 ～に関して는 다루거나 관계를 갖고 있는 대상을 가리키는 반면, ～に対して는 동작이나 감정이 향해지는 대상을 나타낸다는 것을 잊지 마세요.

✔ 시나공 확인 문제

次の文の（　　　）に入れるのに最もよいものを、1・2・3・4から一つ選びなさい。

地球温暖化対策（　　　）議論が国内外で活発に行われている。

1 にしたがって　　　2 を問わず　　　3 にともなって　　　4 をめぐる

해석 지구온난화 대책을 둘러싼 의논이 국내외에서 활발하게 이루어지고 있다.
해설 정답인 4번 ～をめぐる(～을 둘러싼)는 '～을 둘러싸고 어떤 논의나 의견, 문제 등의 대립관계가 있음'을 나타내며 뒤에 있는 議論이 힌트라고 할 수 있다. 물론 자주 쓰이는 형태는 ～をめぐって(～을 둘러싸고)이다. 1번은 ～にしたがって(～에 따라(서),～와 함께), 2번은 ～を問わず(～을 불문하고), 3번은 ～にともなって(～함에 따라(서),～과 함께)라는 의미이므로 정답이 될 수 없다.　　**정답 4**

163 **～ことで** ～에 관해서, ～일로

접속 명사+の+～ことで

의미 상대에게 질문하거나 상담하거나 하는 대화를 시작할 때 사용하는 표현이다.

先週(せんしゅう) 지난주
出(だ)す 제출하다
質問(しつもん) 질문
息子(むすこ) 아들
相談(そうだん)する
상담하다
出張(しゅっちょう) 출장
部長(ぶちょう) 부장
心配(しんぱい) 걱정
焦(あせ)り 초조함
解消(かいしょう)する
해소하다

君が先週出したレポートのことで、先生が質問があるそうだよ。

네가 지난주에 제출한 리포트에 관해서, 선생님이 질문이 있대.

息子のことで相談したいことがあります。 아들 일로 상담하고 싶은 게 있습니다.

出張のことで、部長が話があるそうです。

출장 건으로, 부장님이 말씀하실 게 있다고 합니다.

📝 **강의실 생중계!**

- 주로 뒤에 質問する(질문하다), 質問がある(질문이 있다), 相談する(상담하다), 相談にのる(상담
해주다), 話す(이야기하다), 話がある(이야기가 있다), 悩む(고민하다)와 같은 동사가 옵니다.

- 동사의 기본형과 과거형에 접속하여 AことでB의 형태가 되면 A가 원인이 되어(A로 인해, A해서) B
라는 결과가 된다는 의미가 됩니다.
  [예] 人に話を聞いてもらうことで、心配や焦りが解消することがあります。
  다른 사람이 이야기를 들어주는 것으로, 걱정과 초조함이 해소되는 경우가 있습니다.

---

164 **～に代わって・～に代わり** ～을 대신해서

접속 명사 + ～に代(か)わって

의미 ～가 하지 않고, 다른 것이 그 행위를 맡는 것을 나타낸다.

会議(かいぎ) 회의
部長(ぶちょう) 부장
出席(しゅっせき)する
출석하다
本人(ほんにん) 본인
お詫(わ)びする 사죄하다
病気(びょうき) 병
世話(せわ) 도와 줌, 보살핌
人物(じんぶつ) 인물
探(さが)す 찾다

会議には部長に代わって、私が出席します。

회의에는 부장님을 대신해서, 제가 출석합니다.

本人に代わってお詫びします。 본인을 대신하여 사죄드리겠습니다.

病気の母に代わって、私が兄弟の世話をしています。

아픈 엄마를 대신하여, 제가 형제들을 돌보고 있습니다.

📝 **강의실 생중계!**

- 뒤에 명사가 오는 경우는 ～に代わる+명사(～을 대신할)가 됩니다.
  [예] 彼に代わる人物はどこを探してもいないよ。 그를 대신할 인물은 어디를 찾아봐도 없어요.

- ～の代理(だいり)に(～을 대리하여), ～の代用(だいよう)として(～을 대용해서)와 바꾸어 말할
수 있습니다.

165 ～ば～ほど ～하면 ～할수록

접속 동사·い형용사의 가정형 + ～ば + 동사·い형용사의 기본형 + ～ほど
의미 '～의 정도가 변하면 ～의 정도도 바뀜'을 나타내는 표현이다.

家賃(やちん) 집세
逆(ぎゃく) 반대, 역
場合(ばあい) 경우
人種(じんしゅ) 인종
学歴(がくれき) 학력
喫煙(きつえん) 흡연

駅から近ければ近いほど家賃が高くなります。

역에서 가까우면 가까울수록 집세가 비싸집니다.

会えば会うほど好きになる人もいますし、その逆の場合もあります。

만나면 만날수록 좋아지는 사람도 있고 그 반대의 경우도 있습니다.

考えれば考えるほど、どうしたらいいか分からなくなってしまいます。

생각하면 생각할수록 어떻게 하면 좋을지 모르게 되고 맙니다.

강의실 생중계!

～ば를 생략하여 사용하기도 하고, 명사 + ～ほど의 형태를 취하여 '～일수록'이라는 의미로 사용하기도 합니다.
예 人種による差もあるが、全体的に学歴が高い人ほど喫煙率が低いそうです。
인종에 따른 차이도 있지만, 전반적으로 학력이 높은 사람일수록 흡연율이 낮다고 합니다.

166 ～に伴って・～に伴い/～に伴う ～에 따라(서)/～에 따른

접속 동사 기본형 / 명사 + ～に伴(ともな)って・～に伴い・～に伴う
의미 '～함에 따라(서),～과 함께'라는 의미로 '한 쪽의 동작이나 작용·변화 등이 진행됨에 따라 다른 한쪽의 동작이나 작용·변화도 진행됨'을 나타낼 때 사용한다.

技術(ぎじゅつ) 기술
進化(しんか) 진화
発達(はったつ) 발달
ガソリン 휘발유
値上(ねあ)げ 가격 인상
手放(てばな)す 처분하다
高齢者(こうれいしゃ)
고령자
増加(ぞうか) 증가
少子化(しょうしか)
저출산
深刻(しんこく) 심각

IT技術が進化・発達するに伴って、コミュニケーションの形はますます多様化しています。　IT기술이 진화·발달함에 따라 커뮤니케이션 형태는 점점 다양화되고 있습니다.

ガソリンの値上げに伴って、車を手放す人が出てきているそうです。

휘발유 가격이 오름에 따라 차를 처분하는 사람이 나오고 있다고 합니다.

日本では高齢者増加に伴い、少子化問題が深刻です。

일본에서는 고령자 증가와 함께 저출산 문제가 심각합니다.

강의실 생중계!

· 伴う(따르다, 수반하다)라는 동사의 여러 가지 활용 형태라고 기억하는 것이 쉽습니다.
· 앞뒤 문장 모두 변화를 나타내는 말이 오고 일회성으로 끝나는 변화에는 쓸 수 없습니다. 또한, 뒤에 ～つもりだ, ～(よ)うと思う 등과 같은 말하는 사람의 의향을 나타내는 표현이 오는 경우도 있습니다.

167 ~につれ(て)　　~에 따라

접속 동사 기본형 / 명사 + ~につれ(て)
의미 '한쪽의 상황이나 정도가 변하면, 그것이 이유가 되어 다른 한쪽도 변함'을 나타낸다.

暮(く)らし 생활
破壊(はかい) 파괴
経(た)つ (시간이) 지나다.
경과하다
上司(じょうし) 상사
批評(ひひょう) 비평

人々の暮らしが便利になるにつれて、自然環境の破壊が社会問題になってきました。
　　　　　　　　　　　　사람들의 생활이 편리해짐에 따라 자연환경의 파괴가 사회문제가 되었습니다.

仕事仲間とお酒を飲むと、時間が経つにつれて、話題の中心が上司の批評になることがしばしばです。
　　　　　　　회사 동료와 술을 마시면, 시간이 지남에 따라, 화제의 중심이 상사에 대한 비평이 되는 경우가 종종 있습니다.

🎧 강의실 생중계!

~に伴って와 마찬가지로 앞뒤 문장 모두 변화를 나타내는 말이 오고, 일회성으로 끝나는 변화에는 사용할 수 없습니다. 또한 뒤에 ~つもりだ, ~(よ)うと思う와 같은 말하는 사람의 의향을 나타내는 표현이나 ~ましょう와 같은 권유문이 올 수 없습니다.

168 ~とともに　　~와 함께

접속 동사 기본형 / 명사 + ~とともに
의미 '한 쪽의 동작이나 작용·변화 등이 진행됨에 따라 다른 한 쪽의 동작이나 작용·변화도 진행됨'을 나타낼 때 사용한다.

記憶力(きおくりょく)
기억력
年(とし)を取(と)る
나이를 먹다
衰(おとろ)える 쇠퇴하다
人口(じんこう) 인구
増(ふ)える 증가하다
介護(かいご) 간호

人間の記憶力は、年を取るとともに衰えてしまいます。
　　　　　　　　　　　　　　　인간의 기억력은 나이를 먹음과 함께 쇠퇴해 버립니다.

子供の成長とともに親も成長していくものなんでしょう。
　　　　　　　　　　　　　　아이의 성장과 함께 부모도 성장해 가는 것이겠지요.

高齢者の人口が増えるとともに、介護を必要とする人も増えてきた。
　　　　　　　　　　　고령자의 인구가 늘어남과 함께 간호를 필요로 하는 사람도 늘게 되었다.

🎧 강의실 생중계!

~とともに는 진행에 따른 상관관계를 나타내는 용법 외에도 두 가지 용법이 더 있으므로 참고하세요.
① 명사 + ~とともに : ~와 함께, ~와 같이
　例 今年の夏休みには家族とともに海外旅行をしたいです。
　　　올 여름 휴가에는 가족과 함께 해외여행을 하고 싶습니다.
② 동사·い형용사 기본형 / 명사·な형용사 + である / 명사 + ~とともに : ~와 동시에
　例 鈴木先生は私と同郷であるとともに、高校の大先輩でもある。
　　　스즈키 선생님은 나와 같은 고향 출신임과 동시에 고등학교 대선배이기도 하다.

169 ～にしたがって・～にしたがい   ～에 따라

접속 동사 기본형 / 명사 ＋ ～にしたがって・～にしたがい

의미 '한 쪽의 동작이나 작용·변화 등이 진행됨에 따라 다른 한 쪽의 동작이나 작용·변화도 함께 진행됨'을 나타낼 때 사용한다.

早朝(そうちょう)
이른 아침

小雨(こさめ) 가랑비

試合開始(しあいかいし)
시합 개시

近(ちか)づく 다가오다

天候(てんこう) 날씨

持(も)ち直(なお)す
(날씨 등이) 회복되다

超高速(ちょうこうそく)
초고속

ダウンロード 다운로드

指示(しじ) 지시

症状(しょうじょう) 증상

外国語の勉強は年をとるにしたがって難しくなります。

외국어 공부는 나이를 먹음에 따라 어려워집니다.

早朝には小雨も降り、風も吹きましたが、試合開始の時間が近づくにしたがって天候は持ち直しました。

이른 아침에는 가랑비도 내리고 바람도 불었지만, 시합인 시작될 시간이 다가옴에 따라 날씨는 회복되었습니다.

超高速インターネットが普及するにしたがって、音楽や映像のダウンロードサービスなども盛んになりました。

초고속 인터넷이 보급됨에 따라 음악과 영상의 다운로드 서비스 등도 활발해졌습니다.

🖉 강의실 생중계!

· 従う(따르다)는 동사의 의미 그대로 '～의 지시대로 하다'라는 의미로 사용되는 경우도 있습니다.
  예 医師の指示に従って、たばこをやめたら、症状が治りました。
  　　의사의 지시에 따라서 담배를 끊었더니, 병이 나았습니다.

· ～にしたがって, ～に伴って, ～とともには 공통적으로 '한 쪽의 동작이나 작용·변화 등이 진행됨에 따라 다른 한 쪽의 동작이나 작용·변화도 진행됨'을 나타내는 표현이므로 묶어 기억하는 것이 좋습니다.

· ～にしたがって, ～に伴って, ～とともには 공통적으로 앞뒤 문장 모두 변화를 나타내는 말이 오고 일회성으로 끝나는 변화에는 쓸 수 없습니다. 또한, 뒤에 ～つもりだ, ～(よ)うと思う 등과 같은 말하는 사람의 의향을 나타내는 표현이 오는 경우도 있습니다.

· ～につれて와도 비슷하게 사용되지만, 의미상 간단하게 구별하면 ～につれて는 '한 쪽의 정도가 변하면, 그것이 이유가 되어 다른 한 쪽도 변한다'는 뜻이고, 뒤에 의향을 나타내는 표현이 올 수 없다는 정도로만 구별하여 기억해둡시다.

☑ 시나공 확인 문제

次の文の（　　　）に入れるのに最もよいものを、1・2・3・4から一つ選びなさい。

英語との出会いが早ければ早い（　　　）、きれいな発音と英語の感覚が身につきます。

1 ほど   2 ことに   3 し   4 ように

해석 영어와의 만남이 이르면 이를수록, 좋은 발음과 영어 감각이 몸에 뱁니다.

해설 문제의 早ければ를 보고 바로 정답을 유추해낼 수 있어야 한다. 1번 ～ば～ほど(～하면 ～할수록)는 '～의 정도가 변하면 ～의 정도도 바뀜'을 나타내는 표현으로 의미상으로나 문법상으로나 1번이 정답으로 적절하다. 2번은 ～ことに(～하게도), 3번은 ～し(～하고), 4번은 ～ように(～하도록)이라는 의미로 정답이 될 수 없다.

정답 1

170　～よう(に)　～하도록

접속 동사 기본형·ない형 ＋ ～よう(に)
의미 소원이나 바람·목적 등의 의미를 나타낸다.

治(なお)る (병이) 낫다
祈(いの)る 기도하다
出来事(できごと)
(일어난) 일, 사건
日記(にっき)をつける
일기를 쓰다
なるべく 되도록, 가능한 한

彼の病気が一日でも早く治るように祈りました。

그의 병이 하루라도 빨리 낫도록 기도했습니다.

その日にあった出来事は忘れないように日記をつけている。

그 날에 있었던 일은 잊지 않도록 일기를 쓰고 있다.

顔がなるべく小さく見えるようにヘアスタイルを変えました。

얼굴이 가능한 한 작아 보이도록 헤어스타일을 바꿨습니다.

🎙 강의실 생중계!

· ～ように는 '～와 같이'라는 의미로, 무언가를 기준으로 하여 동작이 행해짐을 나타내는 표현으로도
자주 사용되며 뒤에 명사와 연결될 때에는 ～ような(～와 같은)의 형태가 됩니다.
　예 次の会議の日程は次のように決まりました。다음 회의 일정은 다음과 같이 정해졌습니다.
· ～ように, ～ような는 예시, 같은 상황이나 모습 등을 나타내는 의미로도 사용됩니다.
　예 私もあなたがつけているような時計がほしい。나도 네가 하고 있는 것 같은 시계를 갖고 싶다.

171　～には　～하려면

접속 동사 기본형 ＋ ～には
의미 '～하기 위해서는'이라는 목적을 나타내는 표현이다.

図書館(としょかん) 도서관
借(か)りる 빌리다
貸出(かりだし)カード
대출카드
必要(ひつよう)だ 필요하다
理解(りかい)する 이해하다
外国語(がいこくご) 외국어
習(なら)う 배우다
大切(たいせつ)だ 중요하다
試合(しあい) 시합
勝(か)つ 이기다

図書館で本を借りるには、貸出カードが必要です。

도서관에서 책을 빌리려면, 대출카드가 필요합니다.

人を理解するには、その人の話を聞かなければならないものだ。

사람을 이해하려면, 그 사람의 이야기를 듣지 않으면 안 되는 법이다.

外国語を習うには、聞くことと話すことが大切だ。

외국어를 배우려면 듣는 것과 말하는 것이 중요하다.

🎙 강의실 생중계!

'～には、～が'의 형태가 되면 '～하기는, ～지만'이라는 의미로, '～ことは、～が(～하기는, ～지만)'와
비슷한 표현이 됩니다.
　예 試合に勝つには勝ったが、ギリギリでした。시합에 이기기는 이겼지만, 간신히 이겼습니다.

172 ~てでも ~해서라도

접속 동사의 て형＋~てでも
의미 목적을 달성하기 위해서 어떤 수단을 사용해서라도 실현하고 싶은 강한 마음을 나타낸다.

若(わか)い 젊다
苦労(くろう) 고생, 노고
我(わ)が子(こ) 내 아이
自分(じぶん) 자신
命(いのち) 목숨
守(まも)る 지키다
並(なら)ぶ 줄서다,
늘어서다
試合(しあい) 시합
勝(か)つ 이기다

若い時の苦労は買ってでもせよ。

젊을 때 고생은 사서라도 해라.

我が子だけは自分の命をかけてでも守りたい。

내 아이만은 내 목숨을 걸고서라도 지키고 싶다.

あのレストランの料理は何時間並んででも食べてみたい。

저 레스토랑의 요리는 몇 시간 줄서서라도 먹어보고 싶다.

📖 강의실 생중계!

何としてでも(어떻게 해서든지, 무슨 일이라도 해서)는 자주 사용되는 형태이므로 기억해두도록 합시다.
예 この試合は**何としてでも**勝ちます！ 이 시합은 어떻게 해서든지 이기겠습니다！

173 ~に向かって・~に向けて ~을 향해, ~에게, ~을 목표로

접속 명사＋~に向(む)かって・~に向けて
의미 목표, 목적지, 방향, 상대 등을 나타낸다.

壁(かべ) 벽
立(た)つ 서다
大統領(だいとうりょう)
대통령
国民(こくみん) 국민
演説(えんぜつ) 연설
選手(せんしゅ) 선수
全速力(ぜんそくりょく)
전속력
走(はし)る 달리다

壁に向かって立ってください。

벽을 향해서 서 주세요.

大統領は国民に向けて演説をした。

대통령은 국민에게 연설을 했다.

選手たちはゴールに向けて全速力で走っている。

선수들은 결승선을 향해서 전속력으로 달리고 있다.

📖 강의실 생중계!

명사가 사람인 경우에는 명사＋~に対して(~에 대해, ~에게)와 비슷한 의미가 됩니다.

174 ～ことに   ~하게도

접속 동사 た형 / い형용사·な형용사의 명사 수식형 ┃ ~ことに
의미 말하는 사람이 어떤 사실에 대해서 느낀 것을 강조해서 말하는 표현이다.

驚(おどろ)く 놀라다
失恋(しつれん) 실연
ありがたい 고맙다
親友(しんゆう) 친구
呼(よ)ぶ 부르다
数人(すうにん) 여러 명

驚いたことに林さんには、中学生になる子供がいるそうです。

놀랍게도 하야시 씨에게는 중학생 되는 아이가 있다고 합니다.

最近、悲しいことに失恋をしてしまいました。

최근 슬프게도 실연을 하고 말았습니다.

ありがたいことに、私には親友と呼べる人が数人いる。

고맙게도 나에게는 친구라고 부를 수 있는 사람이 여러 명 있다.

🎤 강의실 생중계!

· 감정을 나타내는 말 뒤에 붙고, 명사에 접속되는 일은 없습니다.
· 뒤에 ～つもりだ와 같은 말하는 사람의 의지를 나타내는 문장은 오지 않습니다.

▶ 정답과 해설 99쪽

問題　次の文の（　　　）に入れるのに最もよいものを、1・2・3・4から一つ選びなさい。

01　今年のボーナスは営業成績のよかった人（　　　）だけ支給される。

　　1 に対して　　　　　2 について　　　　　3 に関して　　　　　4 にしたがって

02　イランの核開発（　　　）国際的な緊張が高まっている。

　　1 を問わず　　　　　2 をめぐって　　　　3 をきっかけに　　　4 について

03　中田選手は「金メダルは確実だ」という国民の期待（　　　）金メダルを獲得してくれました。

　　1 に対して　　　　　2 によって　　　　　3 にこたえて　　　　4 について

04　この雑誌には働く女性（　　　）の仕事、生活、アート、ビューティー関連情報が載せられている。

　　1 ほど　　　　　　　2 向け　　　　　　　3 に関して　　　　　4 にこたえて

05　私は大学院で日本の近代文学（　　　）勉強しています。

　　1 によって　　　　　2 をめぐって　　　　3 に対して　　　　　4 について

06　すみません。この機械の使い方（　　　）お伺いしたいのですが、お時間よろしいでしょうか。

　　1 にこたえて　　　　2 をめぐって　　　　3 に対して　　　　　4 に関して

07　相撲では太っていれば太っている（　　　）有利らしい。

　　1 ほど　　　　　　　2 くらい　　　　　　3 だけ　　　　　　　4 ばかり

08　近年、インターネット利用人口の増加（　　　）、インターネットショッピング市場も急速に成長しています。

　　1 をめぐって　　　　2 に伴い　　　　　　3 に対して　　　　　4 について

09 景気回復（　　　）雇用状況は改善し、正社員の採用も増加傾向にある。

　　1 にかかわらず　　　2 を問わず　　　　3 とともに　　　　　4 はもちろん

10 経済成長が進む（　　　　）、所得格差が拡大する傾向が見られる。

　　1 ように　　　　　　2 にしたがい　　　3 に対して　　　　　4 に答えて

11 図書館の中では他の利用者の迷惑にならない（　　　）心がけましょう。

　　1 ように　　　　　　2 うえに　　　　　3 たびに　　　　　　4 ことに

12 16世紀に鉛筆が誕生し、それ（　　　　）消しゴムも登場しました。

　　1 について　　　　　2 にかかわらず　　3 にともなって　　　4 に対して

13 経済成長で社会が豊かになる（　　　　）、平均寿命が急速に延びた。

　　1 に答えて　　　　　2 に関して　　　　3 ように　　　　　　4 につれて

14 最近少子化の原因（　　　　）いろいろ語られていますが、本当の原因は何だ
　　と思いますか。

　　1 に伴って　　　　　2 に対して　　　　3 につれて　　　　　4 について

15 子供（　　　）設定したパソコンでは、閲覧できるインターネットサイトを
　　制限できる。

　　1 うえに　　　　　　2 たびに　　　　　3 向けに　　　　　　4 をきっかけに

16 彼女はファンの声援（　　　　）、笑顔で手を振ってくれました。

　　1 にこたえて　　　　2 にともなって　　3 とともに　　　　　4 むけに

次の文の ___★___ に入る最もよいものを、1・2・3・4から一つ選びなさい。

01 田中先生はいつも私の _____ __★__ _____ _____ くれる。

1 質問 　　　　　2 優しく 　　　　　3 答えて 　　　　　4 に対して

02 子供の _____ __★__ _____ _____ 注目を集めている。

1 インターネット 　　　　　　　　2 フィルタリングサービスが
3 をめぐって 　　　　　　　　　　4 利用

03 _____ _____ __★__ _____ 、学生会館3階に自習室を開設することになり
ました。

1 からの 　　　　　2 希望 　　　　　3 にこたえて 　　　　　4 学生

04 ケータイ電話はすでに _____ _____ __★__ _____ 販売されている。

1 商品化されて 　　　2 ものが 　　　3 向けの 　　　4 お年寄り

05 夢は _____ _____ __★__ _____ 。その夢に向かって努力していくことが
大事なのだ。

1 ほど 　　　　　2 大きければ 　　　3 大きい 　　　4 いい

06 _____ _____ __★__ _____ 、人口が増えて町は都会へ変化してゆく。

1 産業の 　　　2 とともに 　　　3 発達 　　　4 経済や

07 パスワードは絶対 _____ _____ __★__ _____ 管理してください。

1 わからない 　　　2 他の 　　　3 人に 　　　4 ように

08 飛行機事故で助かった人は _____ _____ __★__ _____ そうだ。

1 いない 　　　2 一人も 　　　3 残念な 　　　4 ことに

시나공
10

문장 끝에 쓰이는 문법(2)

이 장에서 배울 문법은 '문장 끝에 쓰이는 문법(2)'입니다.
본격적인 학습에 앞서 자신이 알고 있는 문법이 어느 정도인지 □에 체크해보세요.

문장 끝에 쓰이는 문법(2)

시나공 10에서는 시험에 자주 나오는 문장 끝에 위치할 문법들 중에서 어떤 결과가 되었는지를 말하는 표현, 어떤 사정으로 인해 그것이 '불가능하다, 가능하다, 어렵다, 쉽다'라고 말할 때 사용하는 표현, 상대방에게 권유·추천·요구 등을 하고 싶을 때 사용하는 표현, 그리고 감격해서 말하거나 감정, 바람 등을 말하는 표현과 일이 어떤 방향으로 진행되고 있음을 나타내는 표현으로 의미를 나누어 살펴보겠습니다. 각 표현들의 미묘한 의미상의 뉘앙스 차이를 정확히 구별하여 외워두도록 합시다.

시험에 **이렇게 나온다!**

次の文の ___★___ に入る最もよいものを、1・2・3・4から一つ選びなさい。

男の人は初恋が _____ ___★___ _____ と似たような人ばかり目に入ると
聞きましたが、本当ですか。

1 きれない　　**2** 初恋の人　　　　**3** から　　　　**4** あきらめ

해석 남자는 첫사랑을 포기할 수 없어서 첫사랑과 닮은 듯한 사람만 눈에 들어온다고 들었습니다만, 정말입니까?

해석 이렇게 문장의 앞뒤가 제시되어 있고 중간이 비워져 있는 경우에는 우선 문장 전체를 해석해야 한다. 1번 ~きれない는 '~할 수 없다'라는 의미로 동사 ます형에 접속한다. 따라서 あきらめ + ~きれない의 형태가 된다. 3번 ~から는 '~해서, ~니까'의 원인·이유의 표현. ~と似たような(~와 닮은 듯한)는 앞에 반드시 명사가 오므로 初恋の人 + ~と似たような의 형태가 된다. 따라서 문맥에 맞게 연결시키면 ~あきらめきれないから初恋の人~가 된다. **정답** 1

175	**~きれない**	완전히 ~할 수 없다, 다 ~할 수 없다

접속 동사 ます형 + ~きれない
의미 '완전히(다) ~하는 것은 불가능하다'라는 의미이다.

未成年者(みせいねんしゃ)
미성년자
個別(こべつ) 개별
回答(かいとう) 회답
あらかじめ 미리
了承(りょうしょう) 양해
政府(せいふ) 정부
不満(ふまん) 불만

彼にはありがとうの言葉だけじゃ伝えきれないくらい、感謝しています。

그에게는 '고맙다'는 말만으로는 다 전할 수 없을 정도로 감사하고 있습니다.

こんな状況になった以上、私一人では解決しきれないです。

이런 상황이 된 이상, 저 혼자서는 다 해결할 수 없습니다.

🎙 **강의실 생중계!**

・~きる는 '전부(완전히) ~하다'는 의미이고, ~きれる는 '(분명히) ~할 수 있다'라는 의미입니다.
🔲 お母さんは毎日疲れきった顔で帰ってくる息子のことがかわいそうでならない。
　어머니는 매일 완전히 지친 얼굴로 집에 돌아오는 아들이 너무 안쓰럽다.
　いったいボールペンって最後まで使いきれるんでしょうか。
　도대체 볼펜이라는 건 마지막까지 다 사용할 수 있을까요?

176 〜ことになる / 〜ことになっている 〜하게 되다 / 〜하기로 되어 있다

접속 동사 기본형・ない형 + 〜ことになる / 〜ことになっている
의미 자신의 의지와 관계없이 정해진 풍속・습관・규칙・예정 등을 말할 때 사용된다.

バス停(てい) 버스정류장

吸(す)う 들이마시다

欠席(けっせき)する
결석하다

必(かなら)ず 반드시

親(おや) 부모

電話(でんわ)する 전화하다

父親(ちちおや) 부친

転勤(てんきん) 전근

引(ひ)っ越(こ)す 이사하다

終了(しゅうりょう)する
종료하다

結婚(けっこん)する
결혼하다

バス停ではタバコを吸ってはいけないことになっています。

> 버스정류장에서는 담배를 피우면 안 되도록 되어 있습니다.

息子の学校は学校を欠席するとき、必ず親が電話することになっている。

> 아들의 학교는 학교를 결석할 때, 반드시 부모가 전화하는 것으로 되어 있다.

父親の転勤で、引っ越しすることになりました。

> 아버지의 전근으로, 이사하게 되었습니다.

⌇ 강의실 생중계!

- 다른 사람이나 기관(회사, 학교, 그룹 등)이 이미 정해서 성립되어 있는 경우가 많기 때문에 〜こと
になった(〜하게 되었다)와 같은 과거형으로 사용되는 경우가 많습니다.
- 조금 딱딱한 표현으로 〜こととなる, 〜こととなっている로도 사용할 수 있습니다.
  예 本日でこのサービスは終了することとなりました。 오늘로 이 서비스는 종료하게 되었습니다.
- 자신의 의지로 정한 것이라도 완곡하게 표현하고 싶은 경우, 말하는 사람의 의지를 나타내는 것을
피하고 듣는 사람을 배려하여 말하는 경우에 〜ことになる를 사용할 수 있습니다.
  예 この度、結婚することになりました。 이번에 결혼하게 되었습니다.

177 〜ぬく 끝까지 〜하다, 몹시 〜하다

접속 동사 ます형 + 〜ぬく
의미 '어려움을 극복하고 마지막까지 완전히 〜하다' 또는 '몹시 〜하다', '철저히 〜하다'라고 표현할 때 사용한다.

引(ひ)き受(う)ける 맡다,
담당하다

解決策(かいけつさく)
해결책

耐(た)える 참다, 견디다

大地(だいち) 대지

咲(さ)かす 피우다

どんなに辛くても引き受けたからには最後までやりぬきたいです。

> 아무리 힘들어도 맡은 이상 마지막까지 해내고 싶습니다.

考えて考えて考えぬくと、解決策が見えてくるはずです。

> 생각하고 생각하고 계속 생각하면, 분명히 해결책이 보이게 될 것입니다.

花は冬のきびしさを耐えぬいて、大地に命を咲かします。

> 꽃은 겨울의 혹독함을 끝까지 견뎌내고 대지에 생명을 피웁니다.

⌇ 강의실 생중계!

〜抜く, 〜抜いた, 〜抜いて와 같이 한자로 표기되어 출제되는 경우도 있으므로 주의하세요.

178 　～次第だ　～인 것이다/～ 나름이다

접속 동사의 명사 수식형 / 명사 + ～次第(しだい)だ
의미 1) 동사의 명사 수식형 + ～次第だ : '～인 것이다'라는 의미로 이유나 사정을 설명하고 '그래서 이런 결과가 되었음'을 나타내고자 할 때 사용한다.
　　　 2) 명사 + ～次第だ : '～ 나름이다, ～에 달려있다'라는 의미로 '～에 따라 어떤 사항이 결정 된다'고 말하고자 할 때 사용한다.

妊娠(にんしん) 임신
禁煙(きんえん) 금연
決心(けっしん) 결심
結果(けっか) 결과
生産(せいさん) 생산
中断(ちゅうだん) 중단
実力(じつりょく) 실력
上達(じょうたつ)する
(실력 등이) 향상되다

妻の妊娠をきっかけに禁煙を決心した次第です。
　　　　　　　　　　　　　　아내의 임신을 계기로 금연을 결심한 것입니다.

売り上げとコストを考慮した結果、この商品の生産を中断した次第です。
　　　　　　　　　　　　매상과 생산비를 고려한 결과, 이 상품의 생산을 중단한 것입니다.

日本語の実力がどこまで上達できるか、それは君の努力次第だ。
　　　　　　　　　　　일본어 실력이 어디까지 향상될지, 그것은 네 노력 나름이다.

🎙 강의실 생중계!

· 동사 ます형 + ～次第는 '～하는 대로, ～하면 바로'의 의미로 쓰이며, 시험에 가장 많이 출제되는 문법 중 하나입니다.
　예 一時的に在庫切れですが、商品が入り次第配送します。
　　　일시적으로 재고가 떨어졌습니다만, 상품이 들어오는 대로 배송하겠습니다.
· 명사 + ～次第で(は)의 형태로 문장 중간에 쓰이면 '～ 나름으로(는), ～에 따라서(는)'의 의미로 사용됩니다.
　예 同じ材料で作っても、味付け次第で味が変わります。
　　　같은 재료로 만들어도, 양념에 따라서 맛이 바뀝니다.

179 　～までだ・～までのことだ　～했을 뿐이다, ～할 뿐이다, ～할 따름이다

접속 동사 기본형·た형 + ～までだ・～までのことだ
의미 '특별한 이유 없이 그저 ～했을 뿐이다'는 행위의 목적의 의미와, '다른 방법이 없기 때문에 ～할 뿐이다'는 의향·결심의 의미를 갖는다.

事実(じじつ) 사실, 진실
伝(つた)える 전하다
頼(たの)む 부탁하다
練習(れんしゅう)する
연습하다
当日(とうじつ) 당일
全力(ぜんりょく) 전력

私はただ真実を言ったまでだ。　　　　　나는 그저 진실을 말했을 뿐이다.

私は聞いたことを伝えたまでのことだ。　　　나는 들은 것을 전했을 뿐이다.

一人でするのが難しいなら、他の人に頼むまでのことだ。
　　　　　　　　　혼자 하는 것이 어렵다면, 다른 사람에게 부탁할 따름이다.

これだけ練習したんだから、あとは当日に全力を出すまでだ。
　　　　　　　이만큼 연습했으니까, 나머지는 당일에 전력을 다할 뿐이다.

강의실 생중계!

~までだ・~までのことだ 용법

① 행위의 목적 (특별한 이유 없이 그저 ~했을 뿐이다)

그 행위와 목적이 그 이상도 이하도 아닌 어떤 복잡한 사정없이 자신은 ~할 뿐이라는 의미입니다. 이 용법일 때는 동사 기본형과 동사 た형에 모두 접속할 수 있지만, 주로 과거에 관해서 사용합니다. 다만 ~だけだ와 의미는 같습니다.

② 의향 (다른 방법이 없기 때문에 ~할 뿐이다)

다른 선택지가 없기 때문에 지금은 그렇게 할 수밖에 없다는 결심(각오)을 나타냅니다. 이 용법일 때에는 동사 기본형만 접속할 수 있고, 현재 또는 미래에 관한 것에 사용합니다. ~しかない와 같은 의미로, ~までのことだ는 ~までだ의 강조표현입니다.

~までだ・~までのことだ 앞에는 조건문이 오기 때문에 ~だったら~までだ, ~なら~までだ의 형태로 자주 사용됩니다.

---

180 ~わけだ ~인 것이다, ~인 셈이다, ~것도 당연하다, ~할만하다

접속 동사·い형용사의 보통형 / な형용사·명사의 명사 수식형+~わけだ
의미 당연, 필연, 납득, 확인, 경위의 설명 등의 표현이다.

時給(じきゅう) 시급
全品(ぜんぴん) 전상품
半額(はんがく) 반액
住(す)む 살다

アルバイトの時給は1000円だ。1日8時間働くと、8000円もらえるわけだ。
　　　　ア르바이트 시급은 1000엔이다. 하루 8시간 일하면, 8000엔 받을 수 있는 셈이다.

A 「今日は全品半額らしいよ。」　오늘은 전제품 반액인 것 같아요.
B 「ああ、だから人が多いわけなんだね。」　아아, 그래서 사람이 많은 거네요.

A 「彼は、10年日本に住んでいるんだって。」　그는 10년을 일본에서 살고 있대.
B 「どうりで日本語が上手なわけだ。」　어쩐지 일본어를 잘할만하네.

강의실 생중계!

· '~기 때문에 당연히 ~라는 결과가 되다, 당연히 ~다'는 의미로, 어떤 사실이나 상황으로 당연히 그렇게 되는 것을 설명하거나, 설명을 듣고 이해했을 때, 상대가 하는 말이나 의견 등을 반복하거나, 다시 확인할 때에 사용합니다.

· だから(그러니까, 그래서, 때문에), なるほど(과연, 정말), どうりで(과연, 어쩐지)와 함께 사용되는 경우가 많습니다.

접속 동사 ない형 + ~ずに済(す)む・~ないで済む・~なくて済む
의미 그렇게 하지 않아도 문제를 해결할 수 있는 것을 나타낸다.

遅刻(ちこく)する
지각하다

理由(りゆう) 이유

説明(せつめい)する
설명하다

怒(おこ)る 화내다, 꾸짖다

予約(よやく)する
예약하다

待(ま)つ 기다리다

階段(かいだん) 계단

落(お)ちる 떨어지다

怪我(けが) 상처, 부상

遅刻してしまったが、きちんと理由を説明したら怒られずに済んだ。

지각해버렸는데, 이유를 잘 설명했더니 혼나지 않고 끝났다.

予約しておいたおかげで、待たないで済みました。

예약해 둔 덕분에, 기다리지 않아도 되었다.

階段から落ちたけど怪我しなくてすんでよかった。

계단에서 떨어졌지만 다치지 않고 끝나서 다행이었다.

🖉 **강의실 생중계!**

보통은 나쁜 사태를 회피하는 경우에 많이 사용하고, 걱정했던 일이 일어나지 않아서 안심했다는 뉘앙스가 포함되어 있습니다.

| 182 | ~っけ | ~던가, ~였지, ~곤 했지 |

접속 동사・い형용사・な형용사・명사의 과거형 + ~っけ
의미 잊었던 일이나 불확실한 일에 대한 사실 확인 또는 혼잣말로 과거를 회상할 때 사용하는 표현이다.

知(し)らせる 알리다

けんかする 싸우다

田中さんの誕生日はいつでしたっけ。　　　다나카 씨 생일은 언제였지?

会議の時間と場所が変わったの、高橋部長にも知らせたっけ。

회의 시간과 장소가 바뀐 것, 다카하시 부장님에게도 알렸던가?

子供の頃、よく姉とけんかしたっけ。　　　어렸을 때 자주 언니와 싸우곤 했었지.

🖉 **강의실 생중계!**

회화체 표현으로 사용되며, 대부분 과거형에 접속되고, ~でしたっけ, ~ましたっけ의 형태로 사용되는 경우도 있습니다.

183 　～ところだった　(하마터면) ~할 뻔했다

접속 동사 기본형·ない형 + ～ところだった
의미 '~와 같은 나쁜 결과가 될 뻔했는데 실제로는 그렇게 되지 않았다'는 표현이다.

ガス 가스
あやうく 하마터면
火事(かじ) 화재
ひどい 심하다
風邪(かぜ) 감기
肺炎(はいえん) 폐렴

ガスの火をつけたまま出かけてあやうく火事になるところだった。
가스 불을 켠 채로 외출해서 하마터면 불이 날 뻔했다.

今朝はそんなに遅く起きたわけではないのに遅刻するところだった。
오늘 아침은 그렇게 늦게 일어난 것도 아닌데 하마터면 지각할 뻔했다.

ひどい風邪で、もう少しで肺炎になるところだった。
독한 감기로 인해 자칫하면 폐렴이 될 뻔했다.

🖉 강의실 생중계!

앞에 もう少しで(자칫하면, 까딱하면), あやうく(하마터면)이 오는 경우가 많습니다.

✔ 시나공 확인 문제

次の文の(　　)に入れるのに最もよいものを、1·2·3·4から一つ選びなさい。

たとえ困難があっても、その困難を耐え(　　)乗り越えた時にはその努力が大きな自信となって自分に返ってきます。

1 一方で　　　　2 もので　　　　3 ぬいて　　　　4 っこない

해석 설령 역경이 있더라도, 그 역경을 끝까지 견디어 극복했을 때에는 그 노력이 커다란 자신감이 되어 자신에게 돌아옵니다.
해설 우선 1번 ～一方で(~하는 한편으로)와 2번 ～もので(~기 때문에)는 동사 ます형에 접속하지 않으므로 답에서 제외된다. 그리고 4번 ～っこない(~할 리 없다)는 접속 형태는 맞지만 의미상 적절하지 못하기 때문에 정답이 될 수 없다. 정답은 3번인 ～ぬく(~하다)로 '어려움을 극복하고 마지막까지 완전히 ~하다' 또는 '몹시 ~하다', '철저히 ~하다'라는 의미이다. **정답 3**

184 ~わけにはいかない　~할 수는 없다

접속 동사 기본형＋~わけにはいかない
의미 사회적 · 법률적 · 도덕적 · 심리적 이유 등으로 방해 받을 때나 생각대로 일이 처리되지 않을 때 사용한다.

男女差別(だんじょさべつ) 남녀 차별
発言(はつげん) 발언
黙(だま)る 침묵하다
結婚(けっこん)適齢期(てきれいき) 결혼 적령기
気長(きなが)だ
(성격이) 느긋하다

彼の男女差別的な発言を聞いて、黙っている**わけにはいかなかった**。
　　　　　　　　　　　　　　　그의 남녀 차별적인 발언을 듣고 침묵하고 있을 수는 없었다.

もう古くなったが彼との思い出いっぱいのものなので、捨てる**わけにはいかない**。　　　이미 오래되었지만 그와의 추억이 가득한 물건이라서 버릴 수는 없다.

私は結婚適齢期も過ぎているので、彼との結婚を気長に待っている**わけにはいかない**。　나는 결혼 적령기도 지났기 때문에, 그와의 결혼을 느긋하게 기다리고 있을 수는 없다.

> 🖉 **강의실 생중계!**
>
> • 조사를 바꾸어 ~わけにもいかない가 되면 '~할 수도 없다'라는 강조의 의미가 됩니다.
> 　예 仕方ないよ、急にやめる**わけにもいかない**。 어쩔 수 없어. 갑자기 그만둘 수도 없다.
> • 시나공 03 '부정의 형태를 취하는 문법'에서 배운 ~ないわけにはいかない(~하지 않을 수 없다)
> 　와 함께 묶어서 기억하는 것이 좋습니다.
> 　예 自分の仕事もいっぱいだが、上司の頼みなのでし**ないわけにはいかない**。
> 　　　자신의 일도 많지만 상사의 부탁이라서 하지 않을 수 없다.

185 ~ようがない　~할 수가 없다

접속 동사 ます형＋~ようがない
의미 '~할 수가 없다'라는 의미로 '그렇게 하고는 싶지만, ~할 수단이나 방법이 없어서 할 수가 없다'라고 말할 때 사용하는 표현이다.

虫歯(むしば) 충치
治(なお)す 치료하다
抜(ぬ)く 뽑다, 빼내다
答(こた)える 대답하다

ひどい虫歯で治し**ようがない**のでもう抜くしかありません。
　　　　　　　　　　　　　심한 충치로 치료할 수가 없으므로 이제 빼는 수밖에 없습니다.

彼女の電話番号をなくしちゃって、連絡したくてもし**ようがない**。
　　　　　　　　　　　그녀의 전화번호를 잃어버려서 연락하고 싶어도 할 수가 없다.

どういう状況なのか全く分からないので、答え**ようがない**んです。
　　　　　　　　　　　어떠한 상황인지 전혀 모르기 때문에 대답할 수가 없습니다.

> 🖉 **강의실 생중계!**
>
> 조사를 바꾸어 ~ようもない가 되면 '~할 수도 없다(~할 방법도 없다)'라는 강조의 의미가 됩니다.
> 예 君って本当にどうし**ようもない**ね。 너라는 사람은 정말 어떻게 할 수도 없구나.

186 ~がたい ~하기 어렵다

접속 동사 ます형 + ~がたい
의미 '~하기 어렵다, ~하기 곤란하다'라는 의미로 그 동작을 하거나 그 상태에 있는 것이 어렵고 곤란하다고 표현할 때 사용한다.

許(ゆる)す 용서하다
台風(たいふう) 태풍
ハリケーン 허리케인
突然死(とつぜんし)
돌연사

殺人は誰が考えても許しがたいことです。
살인은 누가 생각하더라도 용서하기 어려운 일입니다.

台風とハリケーンはどちらが強いかは決めがたい。
태풍과 허리케인은 어느 쪽이 강한가는 정하기 어렵다.

あんなに元気だった田中さんが突然死したという信じがたいニュースを聞きました。
그렇게 건강했던 다나카 씨가 돌연사했다는 믿기 어려운 소식을 들었습니다.

강의실 생중계!

'능력 면에서 볼 때 불가능하다'라는 의미로는 사용하지 않으므로 주의하세요.
예 漢字は難しくて覚えがたい。 한자는 어려워서 외우기 어렵다. (×)

187 ~かねる ~하기 어렵다, ~할 수 없다

접속 동사 ます형 + ~かねる
의미 '(기분상 거부감이 있어) ~하기 어렵다, ~할 수 없다'라는 의미이다.

文章(ぶんしょう) 문장
お問(と)い合(あ)わせ
문의
回答(かいとう) 회답
あらかじめ 미리, 앞서
ご了承(りょうしょう)
ください 양해 바랍니다

下手な文章なので、みんなの前で読みかねる。
서툰 문장이기 때문에 여러 사람 앞에서 읽을 수 없다.

何の薬だか分からないので、彼は飲みかねている。
무슨 약인지 모르기 때문에 그는 먹기 어려워 하고 있다.

お問い合わせの内容によっては、回答いたしかねる場合がございますので、あらかじめご了承ください。
문의하신 내용에 따라서는 회답드리기 어려운 경우가 있으므로 미리 양해해 주십시오.

강의실 생중계!

주로 서비스업에서 손님의 요구나 희망에 응할 수 없음을 완곡하게 말할 때 사용하는 표현입니다.
예 ここではわかりかねますので、3番窓口でお聞きください。
여기에서는 알 수 없기 때문에 3번 창구에서 물어봐 주십시오.

188 ～得る / ～得ない　　～할 수 있다 / ～할 수 없다

접속 동사 ます형 + ～得(う / え)る / ～得(え)ない
의미 '～할 수 있다 / ～할 수 없다'라는 실현 가능성을 나타낼 때 사용한다.

友情(ゆうじょう) 우정
存在(そんざい) 존재
試(ため)す 시험해 보다
真(しん)の 진정한, 참다운
幸福(こうふく) 행복

僕は男と女の間には友情は存在しえないと思う。
나는 남자와 여자 사이에는 우정은 존재할 수 없다고 생각한다.

この問題を解決するために、考えうる方法は全部試してみた。
이 문제를 해결하기 위해서 생각할 수 있는 방법은 전부 시도해 봤다.

愛なしに真の幸福はありえない。
사랑 없이 진정한 행복은 있을 수 없다.

강의실 생중계!

· 가능의 의미를 나타내는 ～(ら)れる 용법과 같습니다. 하지만 ～(ら)れる의 경우 行ける, 食べられる와 같이 의지적인 행위를 나타내는 동사에만 사용할 수 있는 반면, ～うる·～えない는 ありうる(있을 수 있다), ありえない(있을 수 없다)와 같은 무의지 동사에도 사용할 수 있다는 것이 큰 차이점입니다.

· 능력을 나타내는 경우에는 사용할 수 없습니다.
  예 漢字が書きうる。한자를 쓸 수 있다 (×)
　　漢字が書ける。한자를 쓸 수 있다. (○)

☑ 시나공 확인 문제

次の文の（　　　）に入れるのに最もよいものを、1・2・3・4から一つ選びなさい。

昨日の試合は気持ちの良い勝利だったとは言い（　　　）が、勝点3を手に入れることができた。

1 得ない	2 ようがない	3 がたい	4 かねない

해석 어제 시합은 기분 좋은 승리였다고 말하기 어렵지만, 승점 3을 얻을 수 있었다.

해설 모든 선택지가 동사 ます형에 접속하는 표현이므로 접속 형태로는 답을 골라낼 수 없기 때문에 의미로 답을 찾아야 한다. 우선 정답인 3번 ～がたい(～하기 어렵다, ～하기 곤란하다)는 '그 동작을 하거나 그 상태에 있는 것이 어렵고 곤란하다'는 의미이다. 나머지 선택지도 우리말로 해석했을 때는 혼동할 수 있지만 1번 ～得ない(～할 수 없다)는 실현 가능성을 나타내는 의미이며, 2번 ～ようがない(～할 수가 없다)는 '그렇게 하고 싶지만 ～할 수단이나 방법이 없어서 할 수가 없다', 4번 ～かねない(～할지도 모른다)는 좋지 않은 가능성이 있어 걱정이라는 의미이기 때문에 1, 2, 4번은 정답이 될 수 없다. **정답 3**

| 189 | ~(という)ことにはならない | ~한 것이 되지는 않는다
~인 것이 되지는 않는다 |

접속 동사 기본형·과거형+~(という)ことにはならない
い형용사 보통형+~(という)ことにはならない
な형용사 어간+~((だ)という)ことにはならない

의미 그 정도로는 충분하지 않음을 나타낸다.

嫌(きら)う 싫어하다

自由(じゆう) 자유

傷付(きずつ)ける
상처를 입히다

知識(ちしき) 지식

得(え)る 얻다

実際(じっさい) 실제

経験(けいけん)する
경험하다

頼(たよ)る 의지하다

自立(じりつ)する
자립하다

人を嫌うのは自由だが、それで人を傷付けていいことにはならない。

사람을 싫어하는 것은 자유지만, 그래서 사람을 상처 입혀도 된다는 것은 아니다.

どれだけ本で知識を得ても、実際に経験しないことには本当に知ったことにはならない。

아무리 책으로 지식을 얻어도, 실제로 경험하지 않고서는 진짜 아는 것이 되지는 않는다.

親に頼っていないからといって、自立していることにはならない。

부모에게 의지하지 않는다고 해서, 자립한 것이 되지는 않는다.

📎 강의실 생중계!

~だとは言えない (~라고는 말할 수 없다)와 거의 같은 의미입니다.

| 190 | ~てばかりはいられない | ~하고만 있을 수는 없다 |

접속 동사 て형 + ~てばかりはいられない

의미 장래에 중요한 것이 있기 때문에 '이대로 ~할 수는 없다, 계속 ~할 수 없다'라는 표현이다.

辛(つら)い 괴롭다

連休(れんきゅう) 연휴

試験(しけん) 시험

遊(あそ)ぶ 놀다

毎日お酒を飲んでばかりはいられない。　　매일 술만 마시고 있을 수는 없다.

辛いことがあっても、泣いてばかりはいられない。

괴로운 일이 있어도, 울고만 있을 수는 없다.

連休だけれど、もうすぐ試験があるから、遊んでばかりはいられない。

연휴지만, 이제 곧 시험이 있어서 놀고만 있을 수는 없다.

📎 강의실 생중계!

喜ぶ(기뻐하다), 落ち込む(침울해지다), 泣く(울다), 笑う(웃다), 安心する(안심하다), 心配する(걱정하다) 등과 같은 감정을 나타내는 말과 자주 접속됩니다.

～といけない　～하면 안 된다

> **접속**　동사 기본형 ＋ ～といけない
> **의미**　'좋지 않은 상황이 되지 않도록 ～하다'는 의미의 표현이다.

暖(あたた)かい 따뜻하다
服(ふく) 옷
忘(わす)れる 잊다
準備運動(じゅんびうん
どう) 준비운동

風を引くといけないから、暖かい服を着たほうがいい。
감기에 걸리면 안 되니까, 따뜻한 옷을 입는 게 좋다.

忘れるといけないから、すぐにメモしておきましょう。
잊으면 안 되니까, 바로 메모해 놓읍시다.

けがをするといけないから、準備運動をしましょう。
다치면 안 되니까, 준비운동을 합시다.

강의실 생중계!

· 뒤에는 ～から, ～ので, 思って, 思うが 등이 옵니다.
· ～てはいけない(～해서는 안 된다)와 같은 의미이지만 ～てはいけない는 금지를 나타내기 위해
  서 사용합니다.

～べきだ / ～べきではない　～해야 한다 / ～하는 것이 아니다

> **접속**　동사 기본형 ＋ ～べきだ / ～べきではない
> 　　　　(단, する→するべきだ, すべきだ)
> **의미**　'～하는 것이, ～하지 않는 것이 당연한 것이다, ～하는 편이 좋다'라는 의미의 표현이다.

少子化(しょうしか)
소자화 (저출산)
防(ふせ)ぐ 방지하다, 막다
子育(こそだ)て
육아, 아이를 기르는 일
環境(かんきょう) 환경
整(ととの)える
갖추다, 마련하다
人(ひと)の悪口(わるぐち)
を言(い)う 남의 욕을 하다

今の成績だと合格は絶対無理だから、もっと勉強すべきだ。
지금 성적이라면 합격은 절대 무리라서 더욱 공부해야 한다.

政府は少子化を防ぐために、子育てしやすい環境を整えるべきだ。
정부는 저출산을 방지하기 위해 아이를 키우기 쉬운 환경을 갖추어야 한다.

私は結婚しても仕事はやめるべきではないと思います。
저는 결혼해도 일은 그만두지 않아야 한다고 생각합니다.

山田くん、人の悪口を言うべきではないよ。　야마다 군, 남의 험담을 하는 게 아니에요.

강의실 생중계!

의무라고 주장하거나 충고하고 싶을 때 사용하는 표현으로 규칙이나 법률로 정해져 있는 경우는 ～な
ければならない를 사용해야 한다.
例 日本では車は右側を走るべきだ。일본에서는 자동차는 오른쪽을 달려야 한다. (×)
　 日本では車は右側を走らなければならない。일본에서는 자동차는 오른쪽을 달려야 한다. (○)

193 　～ものだ／～ものではない　　～ 것이다 / ～ 것이 아니다

접속 동사·い형용사·な형용사의 명사 수식형 ＋ ～ものだ／～ものではない
의미 개인의 의견보다는 도덕적·사회적 상식에 대해 말할 때 사용하는 표현이다.

誉(ほ)める 칭찬하다
美(うつく)しさ 아름다움
趣味(しゅみ) 취미

人は誰でもはめられればうれしいものだ。　　　사람은 누구나 칭찬받으면 기쁜 법이다.

女性の美しさは時代とともに変化するものだ。
　　　　　　　　　　　　　　　　　　　여성의 아름다움은 시대와 함께 변화하는 법이다.

趣味は仕事にするものではないとよく言われますが、皆さんはどう思いますか。　　　취미는 직업으로 하는 것이 아니라고 자주 듣습니다만, 여러분은 어떻게 생각합니까?

恋というのはまわりの人と比べるものじゃありません。
　　　　　　　　　　　　　　　　　사랑이라는 것은 주위 사람과 비교하는 법이 아닙니다.

📖 강의실 생중계!

· 어떤 사항의 이상적인 상태를 말함으로써 당위성을 주장하는 표현입니다.
· 의미상으로는 다르지만, 상대에 대한 충고·권고 등을 나타내는 ～ことだ(～것이다, ～해야한다)와 혼동하는 경우가 있으니 주의하세요.

～ものだ의 다양한 용법

① ～ものだ는 감탄이나 원망의 의미로 사용되는 경우 '정말로 ～구나'라는 뜻으로, 의외의 사실을 발견했다거나, 지금까지 깨닫지 못했던 사실을 깨달아 놀람과 감탄한 기분을 나타낼 때 사용됩니다.

　예 時の流れは本当に早いものだ。なぜ、年をとるほど日にちが経つのが早く感じるのだろう。
　　시간이 가는 것이 정말 빠르구나. 왜 나이를 먹을수록 날짜가 지나는 것이 빠르게 느껴지는 걸까.
　　この仕事を始めてやっぱり自分の好きな仕事をするのは楽しいものだと思った。
　　이 일을 시작하고 역시 자신이 좋아하는 일을 하는 것은 정말 즐겁다고 생각했다.

② 희망의 조동사 ～たい와 결합되어 실현되기 어려운 것을 강하게 희망하는 표현인 ～たいものだ(～하고 싶다)의 형태로 사용되는 경우도 있습니다. 쉽게 ～たい의 강조라고 기억해둡시다.

　예 今年はどんな悩みもない、幸せな生活を送りたいものだ。 올해는 어떤 고민도 없는 행복한 생활을 보내고 싶다.
　　美しい自然をいつまでも大切に残したいものである。 아름다운 자연을 언제까지나 소중히 남기고 싶다.

③ 동사 た형에 접속하여 '～하곤 했다'라는 과거 회상의 의미를 나타내기도 합니다.

　예 子供の頃は両親と一緒によくスキーをしに行ったものだ。 어렸을 때는 부모님과 함께 자주 스키를 타러 가곤 했다.
　　子供のとき何になりたいかと聞かれると、きまって大統領になりたいと答えたものです。
　　어렸을 때 무엇이 되고 싶은가 질문 받으면 언제나 대통령이 되고 싶다고 대답하곤 했습니다.

～(よ)うではないか (함께) ~하자, ~해야 하지 않겠는가

접속 동사 의지형 + ～(よ)うではないか
의미 상대방에게 뭔가를 제안하거나 권유할 때 사용하는 표현이다.

冷静(れいせい) 냉정

分析(ぶんせき)する
분석하다

前向(まえむ)き 적극적이
고 긍정적인 생각이나 태도

なぜこんな状況になってしまったのか、冷静に分析してみようじゃないか。

왜 이런 상황이 되어 버린 건지, 냉정하게 분석해 보자.

来年はみんなにとって良い年でありますようにと願おうじゃないか。

내년은 모두에게 있어 좋은 한 해가 되도록'이라고 빌자.

小林さん、もう少し前向きに考えようではありませんか。

고바야시 씨, 좀 더 긍정적으로 생각해야 하지 않을까요?

📎 강의실 생중계!

쉽게 ～ましょう, ～ませんか와 같은 의미로 기억해둡시다! 회화체에서는 ～(よ)うじゃないか가
됩니다.

～たらいい(ん)じゃないか ~하면 되지 않을까, ~하면 되잖아

접속 동사 과거형 + ～たらいい(ん)じゃないか
의미 상대에게 동의를 구하는 표현이다.

予約(よやく) 예약
実際(じっさい) 실제
休(やす)む 쉬다

ホテルの予約をキャンセルしたらいいじゃないか。　호텔 예약을 취소하면 되잖아.

実際にやってみたらいいじゃないか。　　　　　　실제로 해보면 되지 않을까.

しんどい時は休んだらいいんじゃないか。　　　　힘들 때는 쉬면 되잖아.

📎 강의실 생중계!

～たらいいのではないでしょうか・～たらいいのではないだろうか(~하는 게 좋지 않을까)의
회화체 표현입니다.

196 〜ではないか・〜のではないか　〜지 않을까?, 〜게 아닐까?

접속 동사・い형용사 보통형, な형용사 어간, 명사 ＋ 〜ではないか・〜のではないか
의미 〜ではないか는 의견이나 판단을 강하게 표현하거나, 질문과 제안을 할 때 사용되고, 〜のではないか는 그럴지도
모른다는 추측을 할 때 시용하는 표현이다.

必要(ひつよう) 필요
全然(ぜんぜん) 전혀
番号(ばんごう) 번호
間違(まちが)う 틀리다
留学中(りゅうがくちゅう)
유학 중
連絡(れんらく) 연락
成功(せいこう)する
성공하다
一緒(いっしょ) 함께
考(かんが)える 생각하다

こんな時こそゆっくり休んで考えることが必要ではないか。
　　　　　　　　　　　　　　　이런 때야말로 충분히 쉬며 생각하는 게 필요하지 않을까?

全然電話がつながらない。もしかして番号が間違っているのではないか。
　　　　　　　　　　　　　　　전혀 전화가 연결되지 않는다. 혹시 번호가 틀린 게 아닐까?

留学中の息子から連絡がまったく来ない。何かあったのではないか。
　　　　　　　　　　　　　　　유학 중인 아들에게서 연락이 전혀 오지 않는다. 무슨 일이 있었던 게 아닐까?

🎤 **강의실 생중계!**

- 동사 의지형 ＋ 〜(よ)うではないか(함께 〜하자, 〜해야 하지 않겠는가)와 구별해서 기억해두도록
합시다.
　例 どうしたら成功するか、一緒に考えようではないか。어떻게 하면 성공할지, 같이 생각해보자.
- 〜ではないか는 정중체로는 '〜ではないですか・〜ではありませんか・〜でございません
か', 회화체로는 '〜じゃないか・〜じゃない'의 형태를 사용하고, 〜のではないか는 정중체로는
'〜のではないでしょうか・〜のではないだろうか', 회화체로는 '〜のじゃないか・〜んじ
ゃないか・〜んじゃない'의 형태를 사용합니다. 단, 회화체에서 '〜んじゃないか・〜じゃない
か'처럼 뒤에 'か'가 붙으면 남성어가 되어서 여성은 사용할 수 없기 때문에 주의가 필요합니다.

197 〜ことはない　〜할 필요는 없다

접속 동사 기본형 ＋ 〜ことはない
의미 '〜할 것은 없다, 〜할 필요는 없다'라는 충고・조언의 표현이다.

くよくよする 끙끙 앓다
(사소한 일을 한없이 걱정,
고민하는 모양)
あやまる 사과하다

失敗したことをくよくよすることはないよ。失敗があってはじめて成
功もあるんだから。　실패한 것을 끙끙 앓을 필요는 없다. 실패가 있고 나서야 비로소 성공도 있으니까.

子供がピアノが嫌いなら無理にさせることはないと思いますよ。
　　　　　　　　　　　　　　　아이가 피아노를 싫어한다면 무리하게 시킬 필요는 없다고 생각합니다.

あなたは別に悪いことをしたわけじゃないのだから、あやまることはない。
　　　　　　　　　　　　　　　당신은 특별히 나쁜 일을 한 것이 아니기 때문에, 사과할 필요는 없다.

🎤 **강의실 생중계!**

- 앞에 そんなに(그렇게), なにも(아무것도), わざわざ(일부러) 등과 같은 표현이 오는 경우가 많습니다.
- 의미상으로는 다르지만, 형태상 자주 헷갈리는 시나공 03 '부정의 형태를 취하는 문법'에서 배운 〜
ないことはない(〜하지 않는 것은 아니다)와 비교하며 암기해주세요.

접속 동사 기본형・ない형＋〜ことだ

의미 '〜하는 것이 좋다, 〜하지 않는 것이 좋다'라고 조언하고 싶을 때 쓰는 표현으로 상대에 대한 충고・권고・요구・주장 등을 나타낸다.

ギャンブル 도박

損(そん)をする
손해를 보다

夫婦(ふうふ) 부부

暮(く)らす 살다, 지내다

秘訣(ひけつ) 비결

コツ 요령

ギャンブルで損をしない方法はギャンブルをしないことだ。

도박에서 손해를 보지 않는 방법은 도박을 하지 않는 것이다.

結婚して夫婦が幸せに暮らすための秘訣は相手を変えようとしないことだ。　　결혼해서 부부가 행복하게 살기 위한 비결은 상대를 바꾸려고 하지 않는 것이다.

悩みがあるときは一人で悩んでいないで、誰かに相談してみることだ。

고민이 있을 때는 혼자서 고민하고 있지 말고 누군가에게 상담해 보는 것이 좋다.

早起きのコツは早く寝ることだ。　　아침에 일찍 일어나는 요령은 일찍 자는 것이다.

> **강의실 생중계!**
>
> 〜ことだ는 감정을 나타내는 형용사에 연결되면 '매우 〜하다'라는 의미로, 말하는 사람이 어떤 사실에 대해 느낀 것을 감정을 담아 말하는 표현으로 사용됩니다.
>
> 에 昨日私の誕生日だった。歳をとっても、祝ってもらえるのはうれしい**ことだ**。
> 어제 내 생일이었다. 나이를 먹어도 축하 받는 것은 정말 기쁘다.

접속 동사의 て형＋〜てはならない

의미 '〜를 하면 안 된다'는 금지를 나타내는 문형이다.

合図(あいず) 신호

問題用紙(もんだいようし)
문제용지

運転(うんてん) 운전

合図があるまで問題用紙を見てはなりません。

신호가 있을 때 까지 문제용지를 보면 안 됩니다.

これから話すことを誰にもしゃべってはなりません。

이제부터 이야기하는 것을 누구에게도 말해서는 안 됩니다.

運転をするのであれば、お酒を飲んではなりません。

운전을 할 거면, 술을 마시면 안 됩니다.

> **강의실 생중계!**
>
> ・〜てならない(〜해서 참을 수 없다, 너무 〜하다)와 비슷해 보이지만 전혀 의미가 다르기 때문에 주의가 필요합니다.
>
> ・일반적으로 특수한 상황아래에서의 주의나 훈계, 교훈으로서의 금지를 나타내는 표현으로, 윗사람에게는 사용할 수 없습니다. 〜べきではない(〜해서는 안 된다)와 비슷합니다.
>
> ・회화체에서는 〜ちゃならない, 〜じゃならない로 축약해서 사용할 수 있습니다.

200 ~ものがある ~하는 데가 있다

접속 동사·い형용사·な형용사의 명사 수식형 + ~ものがある
의미 '상당히 ~하다, 왠지 ~라고 느끼다'라는 뜻으로, 말하는 사람이 느낀 것을 감정을 담아 말할 때 사용하는 표현이다.

現代(げんだい) 현대
医療技術(いりょうぎじゅつ) 의료기술
進歩(しんぽ) 진보
近年(きんねん) 최근 몇 년
情報技術(じょうほうぎじゅつ) 정보 기술
急速(きゅうそく) 급속
発展(はってん) 발전
普及(ふきゅう) 보급
著(いちじる)しい
현저하다, 두드러지다

現代医療技術の進歩はすばらしいものがある。

현대 의료기술의 진보는 상당히 대단하다.

近年、情報技術の急速な発展により、コンピュータやインターネットの普及は著しいものがある。

최근 몇 년, 정보기술의 급속한 발전에 의해 컴퓨터와 인터넷의 보급은 상당히 두드러진다.

彼の発言は男女差別的なものがある。 그의 발언은 남녀 차별적인 데가 있다.

강의실 생중계!

· 현재형에만 접속되고 명사나 과거형에 접속하지 않는다는 것을 꼭 기억해두세요.

· ~ことがある와 헷갈리지 않도록 주의합시다! ~ことがある는 동사 접속형에 따라 '~한 적이 있다' 또는 '~하는 경우가 있다'의 의미로 사용하므로 참고하세요.

201 ~ことか ~인가, ~던가, ~한지

접속 동사·い형용사·な형용사의 명사 수식형 + ~ことか
의미 감탄이나 탄식을 강하게 나타내는 표현이다.

日本食(にほんしょく)
일본 음식
悲(かな)しむ 슬퍼하다
留学(りゅうがく) 유학

海外で日本食が食べられることがどれほどうれしいことか。

해외에서 일본 음식을 먹을 수 있는 것이 얼마나 기쁘던지.

世界的な歌手であった彼の突然の死で、ファンはどんなに悲しんだことか。

세계적인 가수였던 그의 갑작스러운 죽음에 팬은 얼마나 슬퍼했던가.

留学に行っている息子と一ヶ月も連絡がとれなくて、どんなに心配したことか。

유학을 가 있는 아들과 한 달이나 연락이 되지 않아 얼마나 걱정했던지.

강의실 생중계!

· 앞에 どんなに(얼마나), なんと(얼마나), 何度(몇 번), どれほど(얼마나), いかに(얼마나) 등이 오는 경우가 많습니다.

· 주로 동사 た형에 접속됩니다.

· 시나공 03 '부정의 형태를 취하는 문법'에서 배운 ~ものか(~할까 보냐)와 전혀 다른 의미이지만 형태가 비슷하여 혼동하기 쉬우므로 구별하여 기억해두는 것이 좋습니다.

～一方だ　(오로지) ~할 뿐이다, ~하기만 하다

> **접속** 동사 기본형 + ～一方(いっぽう)だ
> **의미** '오로지 ~의 방향으로만 변화가 진행되고 있음'을 나타내는 표현으로, 대부분 부정적인 방향을 나타낸다.

平均(へいきん)寿命(じゅみょう) 평균 수명
伸(の)びる 늘어나다
数(かず) 수
景気(けいき) 경기
悪化(あっか)する 악화되다
環境問題(かんきょうもんだい) 환경문제

平均寿命は伸びる一方で、子供の数は減る一方だ。

평균 수명은 늘어나기만 하는 한편, 아이의 수는 줄어들기만 한다.

景気は良くなるどころか、悪化する一方だ。　경기는 좋아지기는커녕, 악화될 뿐이다.

私たち皆が環境問題のことについて努力していかないと、地球環境は悪くなる一方だと思います。

우리들 모두가 환경문제에 대해 노력해 나가지 않으면, 지구 환경은 나빠질 뿐이라고 생각합니다.

> 🖉 **강의실 생중계!**
>
> • 비슷한 의미로 ～ばかりだ(~할 뿐이다)가 있습니다.
> • ～一方では '~하는 한편으로'라는 전혀 다른 의미의 표현이므로 혼동하지 않도록 주의하세요.

～つつある　(지금) ~하고 있다

> **접속** 동사 ます형 + ～つつある
> **의미** 어떤 동작이나 작용이 진행과정에 있음을 나타낸다.

終身雇用(しゅうしんこよう) 종신고용
年功序列(ねんこうじょれつ) 연공서열
雇用慣行(こようかんこう) 고용 관행
崩(くず)れる 붕괴되다
いとも 매우
簡単(かんたん)だ 간단하다, 쉽다
手(て)に入(はい)る 손에 들어오다
メディア 미디어
定着(ていちゃく)する 정착하다

今の日本では、終身雇用や年功序列という雇用慣行が崩れつつある。

지금 일본에서는 종신고용과 연공서열이라는 고용 관행이 붕괴되고 있다.

インターネットの普及であらゆる情報がいとも簡単に手に入る時代になりつつある。

인터넷의 보급으로 모든 정보가 매우 쉽게 손에 들어오는 시대가 되고 있다.

インターネットは新しいメディアとして定着しつつある。

인터넷은 새로운 미디어로 정착하고 있다.

> 🖉 **강의실 생중계!**
>
> 현재 진행을 나타내는 ～ている(~하고 있다)의 문어체 표현이라고 생각하면 쉽습니다.

▶ 정답과 해설 108쪽

적중 예상 문제

問題　次の文の（　　　）に入れるのに最もよいものを、1・2・3・4から一つ選びなさい。

01 テレビ電話ではメールや電話だけでは伝え（　　　）気持ちを離れた場所からでも伝えることができます。

　　　1 ようがない　　　2 がたい　　　3 ぬく　　　4 きれない

02 法律では、未成年者に酒やタバコを売ってはいけない（　　　）。

　　　1 ことになっている　　　　　　　2 わけにはいかない
　　　3 ところだった　　　　　　　　　4 べきではない

03 マラソン大会に参加したが、初マラソンで42.195キロを走り（　　　）のはどうも無理だった。

　　　1 次第だ　　　2 ぬく　　　3 かねる　　　4 つつある

04 夢が叶うか叶わないかは自分の努力（　　　）と思う。

　　　1 きれない　　　2 ことだ　　　3 次第だ　　　4 一方だ

05 担当者が不在で私ではわかり（　　　）ので、後ほどお電話いたします。

　　　1 べきです　　　2 かねます　　　3 すぎます　　　4 一方です

06 私も金に余裕はないが、親友が困っているのをただ見ている（　　　）。

　　　1 ことはない　　　　　　　　　　2 どころではない
　　　3 わけにはいかない　　　　　　　4 ようがない

07 難しかった仕事をやり遂げた喜びはたとえ（　　　）ほど大きいでしょう。

　　　1 わけにはいかない　　　　　　　2 かねない
　　　3 べきではない　　　　　　　　　4 ようがない

08 小林さんの両親、二人ともお医者さんじゃなかった（　　　）。

　　　1 ことか　　　2 ものだ　　　3 っけ　　　4 ことだ

09 どんな人だって、失敗することは（　　　　）。

1 ありようがありません　　　　　　2 あり得ます

3 ありつつあります　　　　　　　　4 ありぬきます

10 学歴、職業などの条件で人を判断する（　　　　）。

1 ことはない　　　　2 ものがある　　　3 べきではない　　　4 一方だ

11 交差点の信号が壊れてあやうく事故になる（　　　　）。

1 ところだった　　　　　　　　　　2 ことになっている

3 にちがいない　　　　　　　　　　4 次第だ

12 妊産婦の前でタバコを吸う（　　　　）。

1 ものだ　　　　　　　　　　　　　2 ことになっている

3 ことはない　　　　　　　　　　　4 ものではない

13 失敗してもがっかりする（　　　　）。失敗が次の成功のもとになるのである。

1 しかない　　　　2 どころではない　　3 ことはない　　　　4 ものがある

14 携帯電話の普及で公衆電話が減り（　　　　）。

1 つつある　　　　2 きれない　　　　3 ようがない　　　　4 得ない

15 嫌な上司がいて、仕事が終わると酒に付き合えと言ってくる。行きたくないが、
毎回毎回断る（　　　　）ので困っている。

1 しかない　　　　　　　　　　　　2 わけにはいかない

3 ことはない　　　　　　　　　　　4 ことになる

16 いろいろ悩んだり迷ったりしているよりは、とにかくやってみる（　　　　）と
思う。

1 まい　　　　　　2 次第だ　　　　　3 ことだ　　　　　　4 一方だ

次の文の ___ ★ ___ に入る最もよいものを、1・2・3・4から一つ選びなさい。

01 私は優先席だけじゃなくて、どの席に座っていてもお年寄りや妊婦さん、
障害者などが ___ ___ ___ ★ ___ と思います。

   1 席を　　　　　　2 ゆずる　　　　　　3 いたら　　　　　　4 べきだ

02 勝負はこれから。___ ___ ★ ___ 。

   1 力をあわせて　　2 がんばろう　　　　3 じゃないか　　　　4 みんなで

03 彼は得がたい人材だ。___ ★ ___ ___ 。

   1 会社の将来は　　2 若者の　　　　　　3 彼のような　　　　4 肩にかかっている

04 電気製品の発展につれて、ハードディスクの ___ ___ ★ ___ 。

   1 容量は　　　　　2 大きくなり　　　　3 つつある　　　　　4 ますます

05 人は ___ ★ ___ ___ ___ 。

   1 困りぬくと　　　2 力が　　　　　　　3 知恵と　　　　　　4 わいてくる

06 最近ケータイ電話 ___ ___ ★ ___ 。

   1 による　　　　　　　　　　　　　　　2 インターネット利用は
   3 一方だ　　　　　　　　　　　　　　　4 増える

07 待ちに待った初孫が ___ ___ ★ ___ 。

   1 どんなに　　　　2 嬉しかった　　　　3 ことか　　　　　　4 生まれたとき

08 インドの魅力は一言ではとても語りつくせないが、___ ___ ★ ___
___ 。

   1 引きつける　　　2 何か　　　　　　　3 ものがある　　　　4 人を

問題　次の文の（　　　）に入れるのに最もよいものを、1・2・3・4から一つ選びなさい。

01　パラパラと音がした（　　　）、いきなり激しく雨が降り始め、慌てて窓を
　　閉めに行った。

　　1 にわたって　　　　2 かと思ったら　　　3 上で　　　　　　　4 ついでに

02　夕べひどい雨（　　　）、傘もささずに歩いて帰ったため風邪をひいてしまった。

　　1 からといって　　　2 といっても　　　　3 にもかかわらず　4 ことに

03　日本の夏の暑さ（　　　）食欲がなくなるほどです。

　　1 といったら　　　　2 としても　　　　　3 とは　　　　　　4 というのは

04　テレビの早押しクイズでは、出題者が問題を読み終わったか読み終わらない
　　（　　　）、回答者はブザーを押す。

　　1 かぎり　　　　　　2 うえで　　　　　　3 かのうちに　　　4 に先立って

05　私は結構飽き（　　　）性格で、なにか一つのことに凝るということができ
　　ません。

　　1 だらけ　　　　　　2 ほど　　　　　　　3 っぽい　　　　　4 くらい

06　不況で会社の倒産やリストラなどによる失業者の数は増える（　　　）。

　　1 一方だ　　　　　　2 くらいだ　　　　　3 ことだ　　　　　4 べきだ

07　この件（　　　）お問い合せは総務部までお願いします。

　　1 にしたがって　　　2 に関する　　　　　3 をめぐって　　　4 はもちろん

08　もう秋が来ているようだ。夜、窓を開けていればクーラーが必要ない（　　　）。

　　1 げだ　　　　　　　2 がちだ　　　　　　3 だらけだ　　　　4 くらいだ

問題　次の文の　___★___　に入る最もよいものを、1・2・3・4から一つ選びなさい。

01 _____ __★__ _____ _____ 、やめられない人はたくさんいます。

    1 たばこを　　　　2 ながら　　　　3 思い　　　　4 やめようと

02 この計画 __★__ _____ _____ _____ 。

    1 ご意見を　　　　2 あなたの　　　　3 について　　　　4 お聞かせください

03 日本では6月 _____ _____ __★__ _____ です。

    1 7月　　　　2 から　　　　3 にかけて　　　　4 雨が多い

04 3億円の宝くじに当たるなんて、 __★__ _____ _____ _____ 。

    1 まるで　　　　2 みている　　　　3 かのようだ　　　　4 夢を

05 子供が _____ __★__ _____ _____ 時間が減っていく。

    1 成長する　　　　2 話す　　　　3 にしたがって　　　　4 一緒に

06 この本は初心者でも _____ __★__ _____ _____ のでとてもいいです。

    1 詳しく　　　　2 わかる　　　　3 ように　　　　4 解説されている

07 明日 _____ __★__ _____ _____ ので、今晩は眠れなさそうだ。

    1 クラスの代表　　　　2 発表する　　　　3 として　　　　4 ことになっている

08 この店は建物の _____ __★__ _____ _____ 。

    1 歴史を　　　　2 外観　　　　3 からして　　　　4 感じさせます

問題　次の文の（　　　　）に入れるのに最もよいものを、1・2・3・4から一つ選びなさい。

01 あの店は開店（　　　）、お客さんが絶えません。

　　1 末に　　　　　　2 以上　　　　　　3 度に　　　　　　4 以来

02 この都市の人口は大変な（　　　）増えている。

　　1 最中で　　　　　2 勢いで　　　　　3 次第で　　　　　4 現在で

03 彼は自分のことは何も（　　　）としない。

　　1 言う　　　　　　2 言える　　　　　3 言おう　　　　　4 言わせる

04 努力したからと言ってみんなが成功する（　　　）、必ずしもそうとはかぎらない。

　　1 かというと　　　2 からいうと　　　3 か何かで　　　　4 からには

05 仕事のストレスで体を壊す（　　　）、会社を辞めて転職したほうがいいと思う。

　　1 ことか　　　　　2 くらいなら　　　3 せいで　　　　　4 ように

06 犯人の一人が（　　　）事件の真相が明らかになった。

　　1 捕まえたことで　2 捕まえたもので　3 捕まったもので　4 捕まったことで

07 本日をもちましてサービスを終了させていただく（　　　）。

　　1 ことしかありません　　　　　　　2 ことにはなりません
　　3 こととなりました　　　　　　　　4 ことがありました

08 どうしても解けない問題を兄に（　　　）、かえって分からなくなった。

　　1 説明したつもりで　　　　　　　　2 説明してでも
　　3 説明してもらったら　　　　　　　4 説明して欲しくて

問題　次の文の　__★__　に入る最もよいものを、1・2・3・4から一つ選びなさい。

01　あまりに大きな音だったので、どこかで ＿＿＿ __★__ ＿＿＿ ＿＿＿ でした。

　　1 くらい　　　　2 あったのか　　　3 と思った　　　4 爆発事故でも

02　彼は ＿＿＿ ＿＿＿ __★__ ＿＿＿ べきだ。

　　1 責任を持つ　　　2 とはいえ　　　3 まだ未成年だ　　　4 自分の犯した行為に

03　あのコンビニでは、＿＿＿ ＿＿＿ __★__ ＿＿＿ 。

　　1 何でも　　　　2 買うことができる　3 食べ物から服　　4 に至るまで

04　この大学の合格率は40%なので、＿＿＿ ＿＿＿ __★__ ＿＿＿ 。

　　1 10人受けたら　　2 合格しない　　　3 4人しか　　　4 わけだ

05　やったことはありませんが、＿＿＿ ＿＿＿ __★__ ＿＿＿ あります。

　　1 それなりに　　　　　　　　　2 見たことはあります
　　3 ので　　　　　　　　　　　　4 自信は

06　館内では ＿＿＿ ＿＿＿ __★__ ＿＿＿ 。皆様のご理解とご協力をお願いします。

　　1 を除き　　　　2 となっております　3 喫煙室　　　4 全面禁煙

07　インターネットで間違って違う商品を注文してしまったが、＿＿＿ ＿＿＿
　　__★__ ＿＿＿ 。

　　1 せずに　　　　2 返品できたので　　3 済みました　　4 お金を無駄に

08　どれだけ素晴らしい ＿＿＿ ＿＿＿ __★__ ＿＿＿ 。

　　1 それまでのことだ　2 反対すれば　　　3 計画を立てても　　4 社長が

問題　次の文の（　　　）に入れるのに最もよいものを、1・2・3・4から一つ選びなさい。

01 大学に入ったら（　　　）、レポートに追われて相変わらず忙しいです。

　　1 入ったで　　　　2 入ったまで　　　　3 入ったのに　　　　4 入ったが

02 東京の路線図は（　　　）、電車によく乗り間違えます。

　　1 複雑だといっても　　　　　　　　2 複雑すぎて
　　3 複雑ならともかく　　　　　　　　4 複雑みたいに

03 すぐ答えを教えてはなりません。子供に自分で（　　　）ことが重要です。

　　1 考える　　　　2 考えられる　　　　3 考えさせる　　　　4 考えさせられる

04 相手の立場に（　　　）で、よく考えてから発言することが重要だ。

　　1 なるはず　　　2 なったはず　　　3 なるつもり　　　4 なったつもり

05 人生そんなに長くないのだから（　　　）。

　　1 待っているべきではない　　　　　2 待ってばかりはいられない
　　3 待っているわけではない　　　　　4 待っていてもかまわない

06 大好きな歌手のコンサートなので、高い金を（　　　）行きたい。

　　1 払ってでも　　　2 払っていては　　　3 払ってはじめて　　　4 払って以来

07 社会人に（　　　）、責任感を持つようになった。

　　1 なってからでないと　　　　　　　2 ならなければ
　　3 なってはじめて　　　　　　　　　4 ならないことには

08 学校ではみんな同じ制服を着るので、服のことで（　　　）。

　　1 悩まざるをえない　　　　　　　　2 悩まずに済む
　　3 悩まなければよかった　　　　　　4 悩まないではいられない

問題　次の文の　＿★＿　に入る最もよいものを、1・2・3・4から一つ選びなさい。

01 その人が ＿＿＿ ＿＿＿ ＿★＿ ＿＿＿ わざわざ非難する必要もないだろう。

1 ならともかく　　2 誰かに　　　　3 迷惑をかけている　4 そうではないなら

02 あの選手はとても ＿＿＿ ＿＿＿ ＿★＿ ＿＿＿ 痛いふりをしているだけだ。

1 相手に　　　　　2 ために　　　　3 反則を与える　　4 痛がっているが

03 ＿＿＿ ＿＿＿ ＿★＿ ＿＿＿ 出かけなさい。

1 から　　　　　　2 マフラーをして　3 といけない　　4 風邪を引く

04 一度発した ＿＿＿ ＿＿＿ ＿★＿ ＿＿＿。

1 ことにはならない　　　　　　2 言わなかった
3 謝っても撤回しても　　　　　4 言葉は

05 私が中国を訪れたのは十年ぶりの ＿＿＿ ＿＿＿ ＿★＿ ＿＿＿。

1 驚きました　　　2 ことですが　　3 その変わりぶりに　4 それにしても

06 この靴は ＿＿＿ ＿＿＿ ＿★＿ ＿＿＿。

1 新しいままだ　　2 履いていないので 3 一度も　　　　4 買ってから

07 ＿＿＿ ＿＿＿ ＿★＿ ＿＿＿、私の責任ではありませんよ。

1 やった　　　　　2 言われたから　3 までで　　　　4 やれと

08 政府は労働人口の不足を ＿＿＿ ＿＿＿ ＿★＿ ＿＿＿。

1 外国人労働者を　2 こととしました　3 改善するために　4 受け入れる

고득점을 위한 핵심 문법

셋째마당

시점, 한정, 강조를 나타내는 문법

이 장에서 배울 문법은 '시점, 장면, 한정, 비한정, 강조를 나타내는 문법'입니다.
본격적인 학습에 앞서 자신이 알고 있는 문법이 어느 정도인지 □에 체크해보세요.

시점, 장면

□	204	~うちに / ~ないうちに	~하는 동안에 / ~하기 전에
□	205	~かける・~かけだ・~かけの	~하다말다, ~하다만
□	206	~ところを・~ところに・~ところへ	~ 시점에, ~ 참에
□	207	~最中(に) / ~最中だ	한창 ~하고 있을 때 / 한창 ~ 중이다
□	208	~において・~における	~에서, ~에서의
□	209	~際(は) / ~に際して	~때(는), ~때에, ~에 즈음하여
□	210	~にあたって	~할 때에, ~을 맞이하여
□	211	~現在で	~현재, ~시점으로
□	212	~途中に・~途中(で)	~ 도중에
□	213	~中を・~中では	~속을, ~중에, ~안에서는

한정 · 비한정

□	214	~に限り・~に限って	~만은, ~에 한하여
□	215	~ばかり	~만, ~뿐, ~쯤, ~정도
□	216	~だけで・~だけで(は)なく	~뿐만으로 · ~뿐만(이) 아니라
□	217	~のみならず	~뿐만 아니라
□	218	~ばかりか・~ばかりでなく	~뿐만 아니라
□	219	~に限らず	~뿐만 아니라

강조

□	220	~(で)さえ	~도, ~조차
□	221	~こそ	~야말로
□	222	~にして	~도, ~면서, ~가 되어서
□	223	~もある	~(이)나 되다

시나공 11 시점, 한정, 강조를 나타내는 문법

시나공 11에서는 시점, 장면, 한정, 비한정, 강조를 나타내는 문법을 학습합니다. 출제빈도가 높았던 문법으로는 〜うちに, 〜ないうちに, 〜に限り, 〜に限って, 〜のみならず, 〜さえ 능을 꼽을 수 있습니다. 〜に限り, 〜に限って, 〜に限らず는 시나공 06에서 배운 〜かぎり와 차이를 구별하며 외우고, 〜さえ 는 시나공 02에서 다루었던 〜さえ〜ば와 함께 기억하도록 하세요. 또한 〜こそ의 경우에는 〜からこそ, 〜てこそ와 같은 문법도 함께 정리해 놓았으므로 강의실 생중계를 꼼꼼히 살펴봅시다!

시험에 [이렇게 나온다!]

次の文の（　　　）に入れるのに最もよいものを、1·2·3·4から一つ選びなさい。

若くて、元気な（　　　）自転車で日本一周したいです。

1 最中に　　　　2 際に　　　　　　3 ばかりか　　　4 うちに

해석 젊고 건강한 동안에 자전거로 일본일주를 하고 싶습니다.
해설 4번 〜うちに는 '〜하는 동안에'라는 의미로, '〜하는 사이에 일이 성립됨'을 나타낸다. 1번 〜最中に는 '한창 〜하는 중에'라는 의미로, '어떤 일이 한창 진행되고 있음'을 나타내고, 2번 〜際に는 '〜때에'라는 의미로, '동작이나 작용이 행해지는 때·상황'을 나타낸다. 이 3가지 선택지가 모두 때를 나타내는 표현으로 의미상 혼동되었을 수 있으나 이 때에는 접속 방법으로 구분하자! 참고로 〜最中 와 〜際に는 な형용사에는 접속하지 않는다. 3번 〜ばかりか는 '〜뿐만 아니라, 거기다 정도가 더 심한 어떤 것까지 추가됨'을 나타낸다. 따라서 접속 형태나 의미상으로 맞는 4번이 정답이다. **정답 4**

204	〜うちに／〜ないうちに	〜하는 동안에 / 〜하기 전에

접속 동사 기본형·ない형 / い형용사 기본형 / な형용사 명사 수식형 + 〜うちに / 〜ないうちに
　　　명사 + の + 〜うちに / 〜ないうちに
의미 '〜하는 사이, 또는 〜하기 전에 일이 성립됨'을 나타낼 때 사용한다.

孝行(こうこう) 효도
噂(うわさ) 소문
広(ひろ)まる 널리 퍼지다
口止(くちど)め 입막음

後から後悔しないよう、親が生きているうちに孝行しなさい。
　　　　　　　　　　　　나중에 후회하지 않도록 부모가 살아계신 동안에 효도하세요.

噂が広まらないうちに早く口止めしたほうがいい。
　　　　　　　　　　　　소문이 퍼지기 전에 빨리 입을 막는 편이 좋다.

✍ 강의실 생중계!

• '〜하는 사이에, 처음에는 예상하지 못했던 결과가 되는 경우'를 나타내는 의미와, '〜와 반대되는 상태가 되면 실현하기 어려워지므로, 그렇게 되기 전에'라는 의미로 사용됩니다.

• 〜うちは의 형태가 되면 '〜때에는, 〜동안에는'이란 의미가 되며 〜ないうちには '〜하기 전에는'으로 해석하면 됩니다.

～かける・～かけだ・～かけの ～하다말다, ～하다만

접속 동사 ます형 + ～かける・～かけだ・～かけの
의미 어떤 동작을 하다만 상태를 나타낼 때 사용한다.

送信(そうしん) 송신
気(き)になる 걱정이 되다
休日(きゅうじつ) 휴일
出勤(しゅっきん) 출근
読(よ)み終(お)わる
다 읽다
貸(か)す 빌려 주다

書きかけのメールを間違って送信してしまった。

쓰다만 메일을 잘못해서 보내 버렸다.

やりかけた仕事が気になって、休日でも出勤せずにはいられない。

하다만 일이 걱정되어 휴일이라도 출근하지 않을 수 없다.

この本はまだ読みかけなので、読み終わったらお貸しします。

이 책은 아직 읽고 있는 중이라서 다 읽으면 빌려드리겠습니다.

🎤 강의실 생중계!

• 話しかける(말을 걸다), 呼びかける(호소하다), 問いかける(묻다), 働きかける(손을 쓰다)와 같이 어떤 동작이나 작용으로 상대에게 영향을 미치는 의미로 사용되기도 합니다.
• 分かりかける(이해되기 시작하다)와 같이 '～하기 시작하다'라는 의미와 死にかける(죽을 뻔하다), おぼれかける(익사할 뻔하다)와 같이 '머지않아 ～할 무렵'이라는 의미로도 사용됩니다.

～ところを・～ところに・～ところへ ～ 시점에, ～ 참에

접속 동사·い형용사·な형용사·명사의 명사 수식형 + ～ところを・～ところに・～ところへ
의미 장면·시점·행위의 단계를 나타내는 표현이다.

部長(ぶちょう) 부장
残業(ざんぎょう)
잔업, 야근
委員(いいん) 위원
誠(まこと)に 정말로, 매우

妻の誕生日なので早く家へ帰ろうとしているところに、部長に残業させられた。

아내의 생일이기 때문에 일찍 집에 돌아가려고 하는 참에, 부장님이 야근을 시켰다.

泣いているところを友達に見られてしまった。

울고 있는 장면을 친구에게 보이고 말았다.

委員の皆様方には、大変お忙しいところをお集まりいただきまして、誠にありがとうございます。

위원 여러분들께는 상당히 바쁘신 가운데 모여 주셔서 진심으로 감사합니다.

🎤 강의실 생중계!

～ところ는 동사 활용형에 따라 각각 과거, 현재 진행, 가까운 미래를 나타냅니다.
• 동사 기본형 + ～ところだ : ～하려는 참이다
• 동사 ている형 + ～ところだ : ～하고 있는 중이다
• 동사 た형 + ～ところだ : 막 ～한 참이다

207 ～最中(に)/～最中だ　한창 ~하고 있을 때 / 한창 ~ 중이다

접속 명사＋の / 동사 ている＋～最中(さいちゅう)(に)・～最中だ
의미 '어떤 일이 한창 진행되고 있음'을 나타낼 때 사용한다.

ベルが鳴(な)る 벨이 울리다
困(こま)る 곤란하다
突然(とつぜん) 갑자기
接続(せつぞく) 접속
手話(しゅわ) 수화
通(かよ)う 다니다

大事な会議の最中に、携帯電話のベルが鳴って困りました。
　　　　　　　　　　　　한창 중요한 회의를 하고 있을 때, 휴대전화 벨이 울려서 곤란했습니다.

インターネットをしている最中に、突然接続が切れてしまった。
　　　　　　　　　　　　한창 인터넷을 하고 있을 때, 갑자기 접속이 끊겨 버렸다.

彼女は高校生だが、手話サークルに通って手話を習っている最中だ。
　　　　　　　　그녀는 고등학생이지만, 수화 동아리에 다니며 한창 수화를 배우고 있는 중이다.

🎤 강의실 생중계!

어떤 일이 활발하게 진행 중임을 나타내므로 동사에 접속할 때는 ～ている＋最中의 형태가 됩니다.

✔ 시나공 확인 문제

次の文の（　　）に入れるのに最もよいものを、1・2・3・4から一つ選びなさい。

彼女は何か言い（　　）が、途中で口をつぐんでしまった。

1 に限らず　　　　2 かけた　　　　3 ところ　　　　4 際

해석 그녀는 뭔가 말을 하려다, 도중에 입을 다물어 버렸다.

해설 정답은 2번 ～かけた로, 동사 ます형에 접속할 수 있는 것은 선택지 중 2번 밖에 없다. ～かける(~하다말다)는 어떤 동작을 하다만
상태를 나타내며 또한 '상대에게 영향을 미치는 의미, ~하기 시작하다, 머지않아 ~할 무렵' 등 강의실 생중계에 있는 ～かける의 다른
용법들도 외워두는 것이 좋다. 1번 ～に限らず는 '~뿐만 아니라'라는 의미, 3번 ～ところ는 '~하는 시점에, ~참에'라는 의미, 4번 ～
際는 '~때'를 나타내는 의미이므로 정답이 될 수 없다. **정답 2**

～において・～における　　　～에서, ～에서의

접속　명사 + ～において・～における
의미　어떤 일이 행해지는 장소·때·분야·상황 등을 나타내는 표현이다.

国際会議(こくさいかいぎ)
국제회의

開催(かいさい) 개최

契機(けいき) 계기

著(いちじる)しい
현저하다

原因(げんいん) 원인

欠(か)かす 빠뜨리다

出火要因(しゅっかよう
いん) 출화 원인

日本における国際会議の開催は、1964年の東京オリンピックを契機に著しく増加しました。

　　　　　　　　　일본에서의 국제회의 개최는 1964년 도쿄 올림픽을 계기로 현저히 증가했습니다.

現代社会において最大のストレス原因は人間関係だと言われています。

　　　　　　　　　현대 사회에서 최대의 스트레스 원인은 인간관계라고 합니다.

日常生活に欠かせない電気も、地震の時においては出火要因になりうるものである。　　　일상생활에서 없어서는 안 되는 전기도 지진 때에는 출화 원인이 될 수 있는 것이다.

📖 **강의실 생중계!**

· ～においては는 '～에서는', ～においても는 '～에서도'라는 의미로 사용합니다.
· 비슷한 의미의 N1 문법으로 ～にあって(～에 있어서)가 있는데 ～にあって는 ～において보다 한층 제한된 용법으로, 기본적으로 '～의 처지·입장에 있어서'라는 의미입니다. 따라서 ～にあって가 받는 어구(때·장소·상황)에는 이미 주체의 입장이나 시점이 옮겨져 있어야 합니다.

　예 不況にあって、会社の経営者はどうすべきだと思いますか。
　　　불황에 있어서 회사의 경영자는 어떻게 해야 한다고 생각합니까?

～際(は)・～に際して　　　～ 때(는), ～ 때에, ～에 즈음하여

접속　명사 + の / 동사 기본형·た형 + ～際(さい)(は)
　　　　 명사 / 동사 기본형 + ～に際して
의미　동작이나 작용이 행해지는 때·상황을 나타내는 표현이다.

お越(こ)し 오시다, 가시다

立(た)ち寄(よ)る 들르다

非常(ひじょう) 비상

破(やぶ)る 부수다

避難(ひなん) 피난

附近(ふきん) 부근, 근처

出産(しゅっさん) 출산

特別休暇(とくべつ
きゅうか) 특별휴가

取得(しゅとく) 취득

お近くにお越しの際はぜひお立ち寄り下さい。　　近처에 오실 때는 꼭 들러주십시오.

非常の際は、ここを破って避難できるよう、この附近には物を置かないでください。　　　비상시에는 이곳을 부수고 피난할 수 있도록 이 부근에는 물건을 두지 말아주세요.

うちの会社では妻の出産に際して、2日の特別休暇が取得できます。

　　　　　　　　　우리 회사에서는 아내가 출산할 때 2일의 특별 휴가를 받을 수 있습니다.

📖 **강의실 생중계!**

～に際して와 비슷한 표현인 ～にあたって는 함께 묶어서 기억하는 것이 좋습니다.

210 ~にあたって・~にあたり　~할 때에, ~을 맞이하여

접속 동사 기본형 / 명사 + ~にあたって
의미 '~할 때에 미리 ~하다, 뭔가를 해야 하는 특별한 기회와 상황'을 나타내는 표현이다.

最(もっと)も 가장, 제일
明確(めいかく)だ
명확하다
目的意識(もくてきいし
き) 목적의식
斬新(ざんしん)だ
참신하다
買(か)い込(こ)む
(물건을) 많이 사들이다

留学するにあたって最も大切なことは、明確な目的意識を持つことです。

유학할 때에 가장 중요한 것은 명확한 목적의식을 갖는 것입니다.

新製品開発にあたり、斬新なアイデアを出してほしいです。

신제품 개발을 맞이하여 참신한 아이디어를 내주길 바랍니다.

結婚生活を始めるにあたって、いろんなものを買い込みました。

결혼 생활을 시작할 때 여러 가지 물건을 많이 사들였습니다.

강의실 생중계!

~にあたり의 형태로도 사용되며 ~に際して와 비슷한 표현입니다.

211 ~現在で　~현재, ~시점으로

접속 동사의 과거형, 명사, 대명사 + ~現在(げんざい)で
의미 어떤 상황·상태를 어떤 시점으로 구분하여 나타낼 때 사용한다.

現在(げんざい) 현재
招待状(しょうたいじょう)
초대장
受(う)け取(と)る 받다
訪日(ほうにち)
일본을 방문함
旅行者(りょこうしゃ)
여행자
超(こ)える 기준을 넘다
見込(みこ)み 예상, 전망
固定資産税(こていさん
ぜい) 고정재산세
課税(かぜい)する
세금을 부과하다

今日現在で、まだ招待状を受け取ってないのよ。

지금 현재, 아직 초대장을 받지 못했어요.

2021年8月現在で、2021年の訪日旅行者数は10万人を超える見込み
です。 2021년 8월 현재, 2021년 방일 여행자수는 10만명을 넘을 전망입니다.

固定資産税は、いつ現在で課税されますか。 고정자산세는, 어느 시점에서 과세됩니까?

강의실 생중계!

시간을 나타내는 말과 접속하여 접미어적으로 사용되어 지금 이순간의 의미를 나타냅니다.

～途中に・～途中(で)　　～ 도중에

접속　명사 + の / 동사 기본형 + ～途中(とちゅう)・～途中に・～途中で
의미　'～를 하고 있을 때에'라는 의미로, 동작이나 사건이 시작되고 나서 끝날 때까지의 사이를 나타낸다.

偶然(ぐうぜん) 우연히
友人(ゆうじん) 친구
会(あ)う 만나다
支度(したく) 채비, 준비
部長(ぶちょう) 부장
仕事(しごと) 일
頼(たの)む 부탁하다
説明(せつめい) 설명
言葉(ことば) 말
詰(つ)まる 막히다,
잔뜩 쌓이다

スーパーへ行く途中、偶然大学時代の友人に会った。

> 슈퍼에 가는 도중, 우연히 대학시절 친구를 만났다.

帰る支度をしている途中に、部長に仕事を頼まれた。

> 집에 돌아갈 준비를 하고 있는 도중에, 부장님에게 일을 부탁받았다.

仕事の説明をしている途中で、言葉に詰まった。

> 업무 설명을 하고 있는 도중에, 말이 막혔다.

📎 **강의실 생중계!**

대부분 같은 의미로 사용되지만 ～途中에는 위치관계, 즉 장소를 나타내는 경우가 있습니다.
예 学校に行く**途中に**パン屋がある。 학교에 가는 도중에 빵집이 있다.

～中を・～中では　　～속을, ～중에, ～안에서는

접속　동사 기본형·과거형 / 형용사의 기본형 / 명사 + の + ～中(なか)を・～中では
의미　어떤 상태나 현상이 진행되는 가운데(도중)라는 의미를 나타낸다.

二人(ふたり) 두 사람
降(ふ)る 내리다
歩(ある)き続(つづ)く
계속 걷다
忙(いそが)しい 바쁘다
景色(けしき) 경치
大変(たいへん)
매우, 대단히
失礼(しつれい)する
실례하다

二人は雨の降る中を何時間も歩き続けた。

> 두 사람은 빗속을 몇 시간이나 계속 걸었다.

本日はお忙しい中をお出でいただき、本当にありがとうございます。

> 오늘은 바쁘신 중에 나와 주셔서, 정말 감사드립니다.

それは今まで見た中では一番の景色でした。

> 그것은 지금까지 본 중에서는 최고의 경치였습니다.

📎 **강의실 생중계!**

장면·시점·행위의 단계를 나타내는 표현인 ～ところを(～인 중에)와 비슷한 표현입니다.
예 お休みの**ところを**大変失礼いたします。 바쁘신 중에 대단히 실례하겠습니다.

214 〜に限り・〜に限って 〜만은, 〜에 한하여

접속 명사 + 〜に限(かぎ)り・〜に限って
의미 '〜만 특별히, 〜일 때만'이라고 말하고 싶을 때 사용하는 표현이다.

購入(こうにゅう) 구입
故障(こしょう) 고장
無償修理(むしょうしゅうり) 무상 수리
交換(こうかん) 교환
追(お)われる 쫓기다
まさか 설마

ご購入後 1 年以内の故障に限り、無償修理または交換致します。

구입 후 1년 이내의 고장에 한하여 무상 수리 또는 교환해드립니다.

仕事をしたい時には仕事が無く、したくないときに限って仕事に追われる。

일하고 싶을 때에는 일이 없고, 하고 싶지 않을 때만 일에 쫓긴다.

まさかあの人に限って、そんなひどいことをするわけがない。

설마 그 사람만은 그런 심한 짓을 할 리가 없다.

> 🎧 **강의실 생중계!**
>
> • 〜に限り, 〜に限って 둘 다 '〜만 특별히, 〜에 한하여'라는 한정의 의미를 나타내지만 〜に限って는 '특별히 그 경우에만 좋지 못한 상황이 되어 불만스럽다'는 뉘앙스와 '어떤 사람에 대한 신뢰감이나 특별한 기대를 가지고 화제로 삼아 그 사람만은 〜것이다'라는 추측의 뉘앙스를 가지고 있습니다.
> • 시나공 06의 '때를 나타내는 문법'에서 배운 〜かぎり와 관련된 다른 용법들도 함께 외워둡시다!

215 〜ばかり 〜만, 〜뿐, 〜쯤, 〜정도

접속 명사(+조사) / 수량사 + 〜ばかり
의미 같은 것이 많이 있거나, 같은 것을 반복한다는 의미와, 사물의 정도나 범위를 한정해서 나타내는 의미의 표현이다.

嘘(うそ) 거짓말
信用(しんよう) 신용
社員(しゃいん) 사원
若(わか)い 젊다
女性(じょせい) 여성
右(みぎ) 오른쪽
曲(ま)がる 방향을 바꾸다, 돌다

あの人はいつも嘘ばかり言ってるから、全然信用できないよ。

저 사람은 항상 거짓말만 하니까, 전혀 신용할 수 없어요.

この会社の社員は若い女性ばかりだ。

이 회사의 사원은 젊은 여성뿐이다.

ここから100メートルばかり行ったところを右に曲がってください。

여기에서 100미터 정도 간 곳을 오른쪽으로 도세요.

> 🎧 **강의실 생중계!**
>
> 〜たばかり(〜한 지 얼마 안 됨), 〜ばかりで(〜하기만 하고, 〜하기만 해서), 〜ばかりだ(〜하기만 하다), 〜てばかりいる(〜하고만 있다), 〜てばかりはいられない(〜하고만 있을 수는 없다) 등의 〜ばかり를 활용한 다양한 문형도 함께 외워두도록 합니다.

접속 동사・い형용사 보통형 / な형용사 명사 수식형 / 명사+ ～だけで・～だけで(は)なく

의미 ～だけでは '～가 있으면 충분하고 그 이외의 것은 필요 없다'는 한정의 표현이고, ～だけでなくは '～뿐만 아니라 ～도'라는 첨가의 표현이다.

笑顔(えがお) 웃는 얼굴

気分(きぶん) 기분

肉(にく) 고기

野菜(やさい) 야채

借(か)りる 빌리다

彼女の笑顔を考えただけで気分がよくなる。

그녀의 웃는 얼굴을 생각한 것만으로 기분이 좋아진다.

肉だけじゃなく、野菜もしっかり食べなさい。 고기만이 아니라, 채소도 많이 먹어라.

図書館では本が借りられるだけでなく、勉強もできる。

도서관에서는 책을 빌릴 수 있을 뿐만 아니라, 공부도 할 수 있다.

> ✏ **강의실 생중계!**
>
> • ～だけでなく(～뿐 아니라)는 뒤에 ～も(도)와 호응하는 경우가 많고, 회화체에서는 ～だけじゃ
> なく의 형태로 사용합니다.
> • ～だけでなくは ～のみならず(～뿐만 아니라), ～ばかりでなく(～뿐만 아니라), ～にとどまら
> ず(～뿐만 아니라)로 자유롭게 바꾸어 말할 수 있습니다.

접속 명사 / 동사・い형용사・な형용사의 보통형 + ～のみならず

　　　(단, な형용사와 명사는 ～であるのみならず도 사용)

의미 '～뿐만 아니라, 범위는 그 외에도 널리 미침'을 나타내는 표현이다.

栄養(えいよう) 영양

健康食品(けんこうしょくひん) 건강식품

教師(きょうし) 교사

立場(たちば) 입장

知的好奇心(ちてきこうきしん) 지적 호기심

育(そだ)てる 키우다

助言者(じょげんしゃ) 조언자

注目(ちゅうもく) 주목

若手(わかて) 한창 나이의 젊은이

豆腐は栄養が非常に高く、日本のみならず世界各国の人々から愛される健康食品となっています。

두부는 영양이 상당히 높아서 일본뿐만 아니라 세계 각국 사람들에게 사랑받는 건강식품이 되어 있습니다.

教師は「教える立場にある者」であるのみならず、学生の知的好奇心を育てるための「助言者」でもある。

교사는 '가르치는 입장에 있는 사람'일 뿐만 아니라, 학생의 지적 호기심을 키우기 위한 '조언자'이기도 하다.

彼女は男性のみならず女性にも人気があり、いま最も注目される若手女優です。 그녀는 남성뿐만 아니라 여성에게도 인기가 있고, 지금 가장 주목받는 젊은 여배우입니다.

> ✏ **강의실 생중계!**
>
> '～뿐만 아니라'라는 의미로 ～だけでなく、～ばかりでなく、～に限らず 등도 함께 쓰이므로 함께
> 기억해 두는 것이 좋습니다.

218 　〜ばかりか・〜ばかりでなく　　〜뿐만 아니라

접속 동사·い형용사·な형용사의 명사 수식형 / 명사 ＋ 〜ばかりか・〜ばかりでなく
의미 '〜뿐만 아니라'라는 의미이다.

気温(きおん) 기온
湿度(しつど) 습도
レポート 리포트
汚(きたな)い 더럽다
価値(かち) 가치

日本の夏は気温ばかりか湿度も高い。 일본의 여름은 기온뿐만 아니라 습도도 높다.

君のレポートは字が汚いばかりか間違いだらけだ。

너의 리포트는 글씨가 지저분할 뿐만 아니라 틀린 것투성이다.

この野菜は、味がいいばかりでなく栄養価値もとても高い。

이 채소는 맛이 좋을 뿐만 아니라 영양 가치도 매우 높다.

> **🎧 강의실 생중계!**
>
> 〜ばかりかと '〜뿐만 아니라(거기다 정도가 더 심한 어떤 것까지 추가됨)'를 나타내는 뉘앙스가 강하고,
> 〜ばかりでなくと '〜뿐만 아니라(범위는 그 외에도 더 널리 미침)'를 나타내는 뉘앙스가 강하므로 두
> 개의 차이점을 확실히 알아두는 것이 좋습니다.

219 　〜に限らず　　〜뿐만 아니라

접속 명사 ＋ 〜に限(かぎ)らず
의미 '〜뿐만 아니라, 〜도 〜함'을 나타내는 표현이다.

年中無休(ねんじゅうむきゅう) 연중무휴
平日(へいじつ) 평일
祝日(しゅくじつ) 경축일
(공휴일)
営業(えいぎょう) 영업
言語(げんご) 언어
組(く)み合(あ)わせ 조합
ほめる 칭찬하다

この店は年中無休で、平日に限らず土・日・祝日とも午前9時から午後
10時まで営業します。

이 가게는 연중무휴로, 평일뿐만 아니라 토·일·국경일 모두 오전 9시부터 오후 10시까지 영업합니다.

英語に限らず言語というのは、聞く、話す、書く、読みの組み合わせ
です。 영어뿐만 아니라 언어라는 것은 듣고, 말하고, 쓰고, 읽기의 조합입니다.

子供に限らず、大人も誰かに「ほめてもらいたい」という気持ちがあっ
て、「ほめてもらおう」と努力します。

아이뿐만 아니라 어른도 누군가에게 '칭찬받고 싶다'는 마음이 있어서 '칭찬받으려'고 노력합니다.

> **🎧 강의실 생중계!**
>
> 〜限る의 활용 문형은 의미상으로는 구별하되, 함께 묶어 기억하는 것이 좋습니다. 따라서 〜限り,
> 〜ない限り, 〜限りでは, 〜に限って 등 앞에서 배운 문법들도 잊지 말고 함께 암기해 두세요.

〜(で)さえ 　〜도, 〜조차

접속 명사 + 〜(で)さえ
의미 극단적인 것을 예로 들어 '〜외에 다른 것은 물론'이라는 것을 나타내는 표현이다.

平仮名(ひらがな) 히라가나
読(よ)み書(か)き 읽고 쓰기
まして 하물며
なおさら 더욱더

初めて日本へ来たときは漢字どころか平仮名さえ読み書きができませんでした。
처음 일본에 왔을 때는 한자는커녕 히라가나조차 읽고 쓸 수 없었습니다.

小さな子供でさえできるのだから、まして大人はなおさらできるはずだ。
어린아이조차 할 수 있는 것이기 때문에 하물며 어른은 더욱더 할 수 있을 것이다.

妻との二人きりの旅行は最後にしたのがいつかさえ覚えていない。
아내와의 둘만의 여행은 마지막으로 간 것이 언제인지조차 기억나지 않는다.

강의실 생중계!

그 밖에도, 현재의 작용이나 상태의 정도가 첨가되거나 범위가 확대됨을 나타내기도 하고, 시나공 02의 '가정 조건, 평가의 시점을 나타내는 문법'에서 다룬 '〜さえ〜ば (〜만 〜면)'와 같은 가정조건의 의미도 있습니다.

〜こそ 　〜야말로

접속 명사 / 동사 て형 + 〜こそ
의미 중요한 것을 다른 것과 구별하여 강조할 때 사용한다.

お世話(せわ)になる
신세를 지다
負(ま)ける 지다
運命(うんめい) 운명
相手(あいて) 상대
信(しん)じる 믿다

A 「いつもお世話になっております。」　　　항상 신세를 지고 있습니다.

B 「いいえ、こちらこそお世話になっています。」
아니요, 저희야말로 신세를 지고 있습니다.

今度こそ負けないようにがんばります。　　이번에야말로 지지 않도록 노력하겠습니다.

僕は彼女こそ、運命の相手だと信じている。
나는 그녀야말로 운명의 상대라고 믿고 있다.

강의실 생중계!

부정적인 의미를 강조할 때는 그다지 쓰지 않으며, 〜こそ와 관련된 〜からこそ(〜이기 때문에), 〜てこそ(〜하고 나서야 비로소), 〜こそ〜が(〜는 〜지만)와 같은 문법 표현도 반드시 기억해 두세요!

222 ~にして ~도, ~면서, ~가 되어서

접속 명사 + ~にして
의미 강조표현으로, 정도에 관해서 놀람이나 굉장하다는 마음을 담고 있는 표현이다.

迷(まよ)う 헤매다

間違(まちが)う 틀리다

当(あ)たり前(まえ)だ
당연하다

経営者(けいえいしゃ)
경영자

政治家(せいじか) 정치가

最後(さいご) 마지막

最初(さいしょ) 처음

50歳にしてようやく父親になった。　　　　　　50세가 되어서 겨우 아버지가 되었다.

先生にして迷う問題だから、学生が間違うのも当たり前だ。

선생님도 헤매는 문제이므로, 학생이 틀리는 것도 당연하다.

彼は経営者にして政治家でもある。　　　　그는 경영자이면서 정치가이기도 하다.

강의실 생중계!

~にしては 두 가지 의미가 있습니다.

① 시간, 연령, 횟수 등을 나타내는 명사 + ~にして

어떤 단계에 이른 것을 나타냅니다. 뒤에는 어떤 것을 실현, 성립, 발견, 이해 등을 했다는 내용이 오고, ようやく(겨우, 간신히), やっと(겨우, 간신히), 初(はじ)めて(비로소) 등과 호응하는 경우가 많습니다.

② 명사+~にして+명사

어떤 두 개의 상태나 성질이 공존하고 있는 것을 나타내는 문어체 표현으로, 最後にして最初(마지막이면서 처음), 最初にして最後(처음이자 마지막) 등과 같이 사용됩니다.

~こそ의 다양한 용법

① ~からこそ: (바로) ~이기 때문에

　접속 동사·い형용사·な형용사·명사의 보통형 + ~からこそ

　의미 '~'가 단 하나의 이유이며 중요하다는 것을 강조하거나 상식에서 벗어날 수 있지만 그 이유를 특별히 말하고 싶을 때
　　　사용하는 표현이다.

　예 わが社が着実に成長してこれたのは、お客様がいる**からこそ**だと、思っております。
　　　저희 회사가 착실히 성장해 올 수 있었던 것은 고객 여러분이 있기 때문이라고 생각하고 있습니다.

② ~てこそ: ~하고 나서야 비로소

　접속 동사 て형 + ~てこそ

　의미 주로 '좋은 결과를 초래한 이유'를 나타내는 표현이다.

　예 オリンピックでメダルを獲得し**てこそ**、日本を代表する選手だと言えると思います。
　　　올림픽에서 메달을 획득하고 나서야 비로소 일본을 대표하는 선수라고 말할 수 있다고 생각합니다.

③ ~こそ~が: ~는 ~지만

　접속 명사 + ~こそ / 동사 기본형·형용사의 종지형 + ~が

　의미 앞의 내용은 일단 인정하고 뒤에는 역접의 의미가 오는 표현이다. 뒤에는 ~が 외에도 ~けれども, ~ものの와 같은
　　　역접의 접속 표현이 온다.

　예 彼はことばづかい**こそ**悪い**が**、実は本当にやさしい人なんですよ。
　　　그는 말투는 거칠지만, 사실은 정말 자상한 사람이에요.

223 ～もある ~(이)나 되다

접속 명사 ＋ ～もある
의미 수량이 많거나 정도가 심한 상태를 강조할 때 쓰이는 표현이다.

年間(ねんかん) 연간
平均雨量(へいきんうりょう) 평균 강우량
世界(せかい) 세계
約(やく) 약
倍(ばい) 배
水深(すいしん) 수심
地球(ちきゅう) 지구
表面(ひょうめん) 표면
陸地(りくち) 육지
広大(こうだい) 광대
海(うみ) 바다

日本の年間平均雨量は、世界の年間平均雨量の約２倍もある。

일본의 연간 평균 강우량은, 세계 연간 평균 강우량의 약 2배나 된다.

イタリアにある世界で最も深いプールは水深40メートルもあるそうです。

이탈리아에 있는 세계에서 가장 깊은 수영장은 수심 40미터나 된다고 합니다.

地球の表面は、陸地の何倍もある広大な海でおおわれています。

지구의 표면은, 육지의 몇 배나 되는 광대한 바다로 덮여져 있습니다.

📎 **강의실 생중계!**

비슷한 표현으로 ～もする (~이나 하다)가 있습니다.

예 コンサートのチケットは1枚3万円**もする**。 콘서트 티켓은 1장에 3만 엔이나 한다.

問題　次の文の（　　　）に入れるのに最もよいものを、1・2・3・4から一つ選びなさい。

01 冷蔵庫の中にある飲み（　　　）物は全部捨ててください。

　　1 かけの　　　　　　2 さえの　　　　　　3 最中に　　　　　　4 際

02 お忙しい（　　　）お手数をおかけし大変恐縮です。

　　1 ところを　　　　　2 うちに　　　　　　3 に限り　　　　　　4 において

03 家でゆっくり一杯飲もうかなと思っていた（　　　）、友だちから電話が
　　かかってきた。

　　1 最中に　　　　　　2 うちに　　　　　　3 かけの　　　　　　4 ところに

04 授業または試験の（　　　）地震が発生した時は、まず身の安全を図って
　　下さい。

　　1 あげくに　　　　　2 最中に　　　　　　3 なりの　　　　　　4 かけの

05 日本（　　　）、子供たちがお正月に楽しみにしているものといえば、
　　間違いなくお年玉だろう。

　　1 にあたって　　　　2 において　　　　　3 に際して　　　　　4 に限って

06 非常の（　　　）は、エレベーターは動かなくなりますので使用しないで下さい。

　　1 うえに　　　　　　2 くらい　　　　　　3 際　　　　　　　　4 だけに

07 海外を個人旅行する（　　　）、今やインターネットでの情報収集は欠かせない。

　　1 最中に　　　　　　2 に限り　　　　　　3 にあたって　　　　4 からこそ

08 テストの日など、遅れてはいけない日（　　　）、地下鉄がものすごく遅れたり、
　　電車のトラブルがあったりする。

　　1 さえ　　　　　　　2 からこそ　　　　　3 にあたって　　　　4 に限って

09 ホームステイをしている（　　　）日本の言葉や習慣になじんできた。

　　1 末に　　　　　　　2 に限り　　　　　　3 うちに　　　　　　4 にあたって

10 あの店は雰囲気がいい（　　　）、料理がおいしくて、よく食べに行っています。

　　1 うちに　　　　　　2 のみならず　　　　3 だけで　　　　　　4 最中に

11 私たちの生活は都会（　　　）、田舎でも携帯電話・テレビ・パソコンなどがなければ不便を感じるようになった。

　　1 に限って　　　　　2 において　　　　　3 にあたって　　　　4 に限らず

12 両親が一生懸命私の子供たちの面倒を見てくれた（　　　）、会社で働くことができた。

　　1 うちに　　　　　　2 からこそ　　　　　3 最中に　　　　　　4 際

13 今度（　　　）ラストチャンスなので、この機会を逃さないように!

　　1 さえ　　　　　　　2 すら　　　　　　　3 こそ　　　　　　　4 ほど

14 子育ては楽しいこと（　　　）、思っている以上にストレスがたまってしまうことがあります。

　　1 における　　　　　2 さえ　　　　　　　3 ばかりでなく　　　4 こそ

15 彼に聞かれてはまずい噂をしている（　　　）突然、彼が現れてギョッとした。

　　1 のみならず　　　　2 ばかりでなく　　　3 ところに　　　　　4 からこそ

16 おもしろい本を読んでいる（　　　）夜が明けてしまうことがある。

　　1 うちに　　　　　　2 ばかりか　　　　　3 かけの　　　　　　4 にあたって

問題　次の文の ＿＿＿★＿＿ に入る最もよいものを、1・2・3・4から一つ選びなさい。

01 彼は ＿＿＿＿ ＿★＿ ＿＿＿＿ ＿＿＿＿、性格がよくないので、女性から人気が
ない。

　　1 ハンサムだ　　　2 こそ　　　　　　3 顔　　　　　　　4 が

02 ＿＿＿＿ ＿＿＿＿ ＿★＿ ＿＿＿＿ 母に見つかってしまい、しかられた。

　　1 姉の　　　　　　2 ところを　　　　3 読んでいる　　　4 日記を

03 ＿★＿ ＿＿＿＿ ＿＿＿＿ ＿＿＿＿ 割合がどんどん増えています。

　　1 においては　　　2 食事　　　　　　3 現代人の　　　　4 加工食品の

04 ＿＿＿＿ ＿★＿ ＿＿＿＿ ＿＿＿＿ 物はパスポートです。

　　1 海外旅行をする　2 必要となる　　　3 絶対に　　　　　4 際に

05 ＿＿＿＿ ＿★＿ ＿＿＿＿ ＿＿＿＿、ものすごく眠い。やる事が特にない時に
限って、眠くない。

　　1 いけない　　　　2 ときに　　　　　3 限って　　　　　4 寝ては

06 このデザイナーは独創的なデザインで日本国内 ＿★＿ ＿＿＿＿ ＿＿＿＿ ＿＿＿＿。

　　1 高い評価を　　　2 得ている　　　　3 のみならず　　　4 海外でも

07 ＿＿＿＿ ＿★＿ ＿＿＿＿ ＿＿＿＿ 優勝できました。

　　1 あった　　　　　2 皆様の　　　　　3 応援が　　　　　4 からこそ

08 時間と ＿＿＿＿ ＿＿＿＿ ＿★＿ ＿＿＿＿ 日本中を旅してまわろう。

　　1 なく　　　　　　2 ならない　　　　3 うちに　　　　　4 お金が

한눈에 미리 보기

시나공 12 판단의 입장, 기준을 나타내는 문법

이 장에서 배울 문법은 '판단의 입장, 기준을 나타내는 문법'입니다.
본격적인 학습에 앞서 자신이 알고 있는 문법이 어느 정도인지 □에 체크해보세요.

시나공 12 판단의 입장, 기준을 나타내는 문법

시나공 12에서는 어떤 사항을 판단할 때의 입장을 나타내는 문법과 무언가를 기준으로 하여 동작이 행해진다고 말하는 문법을 판단의 입장과 기준이 두 개 파트로 나누어 의미를 설명하고 공략합니다.

시험에 이렇게 나온다!

次の文の ＿＿★＿＿ に入る最もよいものを、1・2・3・4から一つ選びなさい。

日本の自然は ＿＿＿＿ ＿＿＿＿ ＿★＿ ＿＿＿＿ 破壊されつづけてきた。

1 さまざまな　　　　2 のもとに　　　　3 名　　　　4 開発の

해석 일본의 자연은 여러 가지 개발의 이름 하에 계속 파괴되어져 왔다.

해설 ～のもとには '～ 하에서, ～ 아래에서'라는 의미로, '영향·조건·지배·지도 등의 범위 내에서 어떤 것이 행해지는 것'을 나타낸다. 또한 ～の名のもとには '～의 이름(명목) 하에'라는 의미로 하나의 관용구처럼 기억하자! ～の名のもとに 앞에는 명사가 오므로 '개발의'가 오고, '여러 가지'는 '개발'을 수식해 주게 된다.　　　　정답 3

---

224 ～から言うと・～から言えば・～から言って　　～에서 판단하면, ~로 보면

접속 명사 + ～から言(い)うと・～から言えば・～から言って

의미 '～의 입장·시점에서 생각하면, ～을 기준으로 판단하면'의 의미로 말하는 사람의 시점에서 판단하면 어떠한지를 말할 때 사용한다.

性格(せいかく) 성격

無断(むだん)
허가를 얻지 않음

欠席(けっせき)する
결석하다

経験(けいけん) 경험

調子(ちょうし) 상태

半年(はんねん) 반년

話(はな)し方(かた) 말투

知(し)り合(あ)い
아는 사이, 지인

失敗(しっぱい)する
실패하다

彼の性格から言うと、無断で欠席するはずがないですが、何かあったのだろうか。

　　　　그의 성격으로 보면, 무단으로 결석할 리가 없는데, 무슨 일이 있었던 걸까요?

僕の経験から言えば、この調子なら半年ぐらいでマスターできるでしょう。

　　　　내 경험으로 보면, 이 상태라면 반 년 정도로 마스터할 수 있을 것이다.

あの二人は話し方から言って、どうやら昔からの知り合いのようだ。

　　　　저 두 사람은 말투로 보아, 아무래도 옛날부터 아는 사이인 것 같다.

강의실 생중계!

사람을 나타내는 명사에는 접속할 수 없기 때문에 주의가 필요합니다.

예 私から言うと、これは失敗する。(×) 나의 생각으로는, 이것은 실패한다.
　 私の経験から言うと、これは失敗する。(○) 나의 경험으로 보아, 이것은 실패한다.

～から見ると・～から見れば・～から見て　　　～에서 보면

접속　명사＋～から見(み)ると・～から見れば・～から見て
의미　'～의 입장·관점에서 생각하면'의 의미로 말하는 사람의 시점에서 생각하면 어떠한지를 말할 때 사용한다.

悩(なや)む 고민하다
理解(りかい) 이해
男性(だんせい) 남성
人気(にんき) 인기
魅力的(みりょくてき)
매력적

親から見ると、子どもにはいくつになっても子どもです。

부모의 입장에서는, 아이는 몇 살이 되어도 아이입니다.

あなたから見れば、こんな小さなことで悩む私が理解できないでしょう。

당신 입장에서는, 이런 작은 일로 고민하는 나를 이해할 수 없겠지요.

彼女は男性にも人気があるけど、女性から見ても魅力的です。

그녀는 남성에게도 인기가 있지만, 여성의 입장에서 봐도 매력적입니다.

> 🎤 강의실 생중계!
>
> ・'～から言うと・～から言えば・～から言って'와 달리 사람이나 조직을 나타내는 명사에 접속할 수 있습니다.
>   [예] 私から言うと、これは失敗する。(×) 나의 생각으로는, 이것은 실패한다.
>   私から見ると、これは失敗する。(○) 나의 생각으로는, 이것은 실패한다.
> ・상황과 상태를 나타내는 말과 접속하면, 뒤에 나오는 내용의 판단의 근거가 되는 것을 나타냅니다.

～からすると・～からすれば・～からして　　～에서 보면, ～에서 판단하면

접속　명사＋～からすると・～からすれば・～からして
의미　'～의 입장·시점에서 생각하면, ～을 기준으로 판단하면'의 의미로 말하는 사람의 시점에서 판단하면 어떠한지를 말할 때 사용한다.

時代(じだい) 시대
年配者(ねんぱいしゃ)
중년 이상의 어느 정도 연령
이 높은 사람
若者(わかもの) 젊은이
頼(たよ)りない 의지할 곳
이 없다, 믿음직스럽지 못하다
成績(せいせき) 성적
合格(ごうかく) 합격
間違(まちが)いない
틀림없다
客(きゃく) 손님
嬉(うれ)しい 기쁘다

いつの時代も年配者からすると、若者は頼りなく見えるらしい。

어느 시대도 연배자의 입장에서 보면, 젊은이는 미덥지 않게 보이는 것 같다.

彼女の成績からすれば合格は間違いないです。

그녀의 성적으로 보면 합격은 틀림없습니다.

客からして、安ければ安いほど嬉しい。　　손님의 입장에서 보면, 싸면 쌀수록 좋다.

> 🎤 강의실 생중계!
>
> ・'～から言うと・～から言えば・～から言って'와 달리 사람이나 조직을 나타내는 명사에 접속할 수 있습니다.
>   [예] 私から言うと、これは失敗する。(×) 나의 생각으로는, 이것은 실패한다.
>   私からすると、これは失敗する。(○) 나의 생각으로는, 이것은 실패한다.
> ・'～와 비교하면 ～이다'는 의미로 사용하는 경우도 있습니다.
>   [예] このクラスの他のメンバーからすると、あなたの成績はとても良いほうだ。
>   이 반의 다른 멤버들과 비교하면, 너의 성적은 매우 좋은 편이다.

227 ～として ～로서

접속 명사＋～として
의미 입장·자격·명목·부류를 나타내며, 뒤에 접속되는 말에 어떤 의미나 가치를 부여하는 표현이다.

優勝(ゆうしょう) 우승
代表(だいひょう) 대표
チャレンジ 도전
尊敬(そんけい) 존경
個人(こじん) 개인
満足(まんぞく)する
만족하다

私はこの大会で優勝して、日本代表として世界大会へチャレンジした
いです。
저는 이 대회에서 우승하고 일본 대표로서 세계대회에 도전하고 싶습니다.

一人の男として、そして人間として、僕は渡辺先生を尊敬します。
한 사람의 남자로서, 그리고 인간으로서, 저는 와타나베 선생님을 존경합니다.

私の仕事は時間やスケジュールを自由に使えるので、私個人としては
とても満足しています。
제 일은 시간과 스케줄을 자유롭게 쓸 수 있기 때문에, 저 개인으로서는 매우 만족하고 있습니다.

강의실 생중계!

• ～としてと ～にとっては 둘 다 입장을 나타내고 있다는 점에서 비슷한 표현이지만 ～としては
뒤에 동작문이 오고 ～にとっては 뒤에 판단문이 온다는 차이점이 있습니다.
• ～としては는 '～로서는', ～としても는 '～로서도'의 의미로 사용됩니다. 또한 ～としても는 '～
라고 해도, ～라고 가정해도'라는 의미로 사용되는 경우도 있습니다.
例 世界のすべてが敵だとしても、あなたのことは僕が守る。
세상 전부가 적이라고 해도, 너는 내가 지킨다.

228 ～にとって ～에게 있어서

접속 명사＋～にとって
의미 판단하거나 평가하는 입장·시점을 나타내는 표현이다.

人類(じんるい) 인류
史上最大(しじょうさい
だい) 사상 최대
発明(はつめい) 발명
存在(そんざい) 존재
高価(こうか)だ 값비싸다
宝石(ほうせき) 보석
宝物(たからもの) 보물

人類にとって、人類史上最大の発明は何だと思いますか。
인류에게 있어서, 인류 역사상 최대의 발명은 무엇이라고 생각합니까?

今や携帯電話は現代人にとってなくてはならない存在になっています。
이제 휴대전화는 현대인에게 있어서 없어서는 안 되는 존재가 되어 있습니다.

この時計は古くなりましたが、私にとってはどんな高価な宝石よりも
大切な宝物です。 이 시계는 낡았지만, 저에게 있어서는 어떤 값비싼 보석보다도 소중한 보물입니다.

강의실 생중계!

• ～にとっては는 '～에게 있어서는', ～にとっても는 '～에게 있어서도'의 의미로 사용하면 됩니다.
• ～として와 같이 비교하며 외워두세요.

접속　명사 + 〜にしたら・〜にすれば
의미　'〜로서는, 〜의 기분으로는, 〜의 입장에서는'이라는 의미이다.

お気(き)に入(い)り
마음에 듦
履(は)く (구두 등을) 신다
超(ちょう) 매우. 정말
珍(めずら)しい 드물다

夫にすれば私にいろいろ不満があるようだけど、私だって言いたいこと
いっぱいあるんだよ。

南편 입장에서는 나에게 여러 가지 불만이 있는 것 같지만, 나 역시 말하고 싶은 것이 많아요.

この靴、私にしたらちょっと高いのですが、これ以外のものは履きたく
ないと思ってしまうぐらいお気に入りなのです。

이 구두, 나로서는 좀 비싸지만, 이것 외의 것은 신고 싶지 않다고 생각될 정도로 맘에 드는 것입니다.

こんな時間に起きてるなんて、私にしたら珍しいことです。

이런 시간에 깨어 있다니, 저로서는 드문 일입니다.

> 🎧 강의실 생중계!
>
> 주로 입장을 나타내는 명사에 접속하며 N1에서도 종종 출제되고 있으므로 기억해둡시다.

접속　명사 + 〜に基(もと)づいて・〜に基づき
의미　'〜을 기본으로 하여 〜을 하다'라는 표현이다.

事実(じじつ) 사실
実際(じっさい) 실제로
事件(じけん) 사건
報道(ほうどう) 보도
専門家(せんもんか)
전문가
解説(かいせつ) 해설
正確(せいかく)だ
정확하다
当時(とうじ) 당시
詳細(しょうさい)だ
상세하다
記録(きろく) 기록
解明(かいめい) 해명

あの映画は事実に基づいて作られたそうですが、実際あんな事件があ
ったのでしょうか。

그 영화는 사실에 근거하여 만들어졌다고 하는데, 실제로 그런 사건이 있었던 건가요?

多くの報道や専門家による解説が、正確なデータに基づいて書かれて
いるというわけではありません。

많은 보도나 전문가에 의한 해설이 정확한 데이터에 기초해서 쓰여진 것은 아닙니다.

当時の詳細な記録に基づき、事件の事実を解明しようとしている。

당시의 상세한 기록에 근거하여 사건의 사실을 해명하려고 하고 있다.

> 🎧 강의실 생중계!
>
> • 〜に基づく + 명사(〜에 근거한), 〜に基づいた + 명사(〜에 근거한)의 형태도 잘 기억해두세요.
> • 〜をもとに(して)(〜을 기초로)와 함께 비교해서 외워둡시다.

231 ~をもとに(して) ~을 소재·기초·힌트·토대로 하여

접속 명사 + ~をもとに(して)
의미 어떤 것이 생겨나는 구체적인 소재를 나타낼 때 사용한다.

身(み)のまわり 자신의
주위, 신변

気(き)づく 깨닫다

作品(さくひん) 작품

作家(さっか) 작가

地方(ちほう) 지방

本院(ほんいん) 본 병원

苦情(くじょう) 불만, 불평

医療(いりょう)サービス
의료 서비스

一層(いっそう) 한층 더,
더욱

改善(かいぜん) 개선

図(はか)る 도모하다

私たちの身のまわりを見ると、実に多くのものが木をもとにして作られていることに気づきます。

> 우리들 주변을 보면, 정말 많은 것이 나무를 소재로 만들어져 있다는 것을 깨닫게 됩니다.

この作品は、作家の生まれた地方で実際に起きた事件をもとにしている。

> 이 작품은 작가가 태어난 지방에서 실제로 일어났던 사건을 토대로 하고 있다.

本院は、皆様からのご意見や苦情をもとに医療サービスの一層の改善を図る努力をしております。

> 본 병원은 여러분으로부터의 의견과 불만을 토대로 의료 서비스를 더욱 개선하기 위한 노력을 하고 있습니다.

강의실 생중계!

• 뒤에 作る, 書く, 話す, 判断する 등의 동사가 오는 경우가 많습니다.

• ~に基づいて가 ~에 근거하거나 의거하는 것을 나타낸다면, ~をもとに(して)는 어떤 것이 생겨나는 근원이나 구체적인 소재를 나타냅니다.

✔ 시나공 확인 문제

次の文の(　　　)に入れるのに最もよいいいを、1·2·3·4から一つ選びなさい。

文化人類学の立場(　　　)、あらゆる人間の集団はそれぞれの文化を持っている。

1 として　　　　　2 からいえば　　　　　3 にとって　　　　　4 どおりに

해석 문화인류학의 입장에서 보면, 모든 인간 집단은 각각의 문화를 가지고 있다.

해설 2번 ~からいえば는 '~의 입장에서 말하면, ~의 면에서 생각하면, ~로 판단하면'이라는 의미로 어떤 입장에서 사물을 바라보고 판단·평가하는가 하는 말하는 사람의 시점을 나타낸다. 1번 ~としては '~로서, ~의 입장에서, ~의 자격으로, ~의 명목으로'라는 의미로, 입장·자격·명목·부류를 나타내며 뒤에 접속되는 말에 어떤 의미나 가치를 부여하는 표현이다. 3번 ~にとって는 '~에게 있어서, ~의 입장에서 보면'이라는 의미로 판단하거나 평가하는 입장·시점을 나타내고, 4번 ~どおりに는 '~대로'라는 의미로 '~와 같은 상태나 방법임'을 나타낸다. 기준을 나타내는 문법들의 의미상의 차이를 이해하고 구별하여 기억해두도록 하자! **정답 2**

〜とおり(に) 〜대로

접속 동사 기본형・た형 + 〜とおり(に)
명사 + 〜どおり(に) / 명사 + の + 〜とおり(に)
의미 '〜와 같은 상태나 방법임'을 나타낼 때 사용한다.

石油(せきゆ)ストーブ
석유 스토브(난로)

説明書(せつめいしょ)
설명서

やけどを負(お)う
화상을 입다

中途(ちゅうと)
중도, 도중

一部修正(いちぶしゅう
せい) 일부 수정

ほぼ 거의

石油ストーブを説明書のとおりに使用していたのに、火が出てやけどを
負った。 석유 스토브를 설명서대로 사용하고 있었는데 불이 나서 화상을 입었다.

自分の思ったとおりにならないのが人生だと思います。
자신이 생각한 대로 되지 않는 것이 인생이라고 생각합니다.

中途において計画の一部修正を行ったものの、ほぼ計画どおり実施する
ことができた。 중도에 계획을 일부 수정했지만, 거의 계획대로 실시할 수 있었다.

🖊 강의실 생중계!

〜どおりの(〜대로의) + 명사의 형태도 기억해둡시다.

〜を中心に(して)・〜を中心として 〜을 중심으로

접속 명사 + 〜を中心(ちゅうしん)に(して)・〜を中心として
의미 중심이 되는 사물이나 사람을 나타낼 때 사용한다.

震度(しんど) 진도

超(こ)える 넘다

地震(じしん) 지진

交通機関(こうつうきか
ん) 교통기관

まひ 마비

お年寄(としよ)り 노인

講座(こうざ) 강좌

開催(かいさい) 개최

俳優(はいゆう) 배우

幅広(はばひろ)い 폭넓다

活動(かつどう) 활동

得(え)る 얻다

東京を中心に震度５を超える地震があり、交通機関がまひしました。
도쿄를 중심으로 진도 5를 넘는 지진이 있어, 교통기관이 마비되었습니다.

パソコンに興味や関心がある子どもやお年寄りを中心に、パソコン講
座を無料で開催します。
컴퓨터에 흥미나 관심이 있는 어린이와 노인을 중심으로 컴퓨터 강좌를 무료로 개최합니다.

あの俳優はアジアを中心として幅広く活動しており、非常に高い人気
を得ている。 저 배우는 아시아를 중심으로 폭넓게 활약하고 있고 상당히 높은 인기를 얻고 있다.

🖊 강의실 생중계!

뒤에 명사를 수식해 주는 경우에는 〜を中心にする, 〜を中心とする, 〜を中心にした, 〜を中심
とした(〜을 중심으로 한)와 같이 사용됩니다.

234 ～に沿って ～에 따라

접속 명사 + ～に沿(そ)って
의미 '기준이 되는 것, 상대방의 희망 등에서 벗어나지 않도록 하는 것'을 나타낼 때 사용한다.

今後(こんご) 이후, 앞으로
再検討(さいけんとう) 재검토
計画(けいかく)を立(た)てる 계획을 세우다
海岸線(かいがんせん) 해안선
夕日(ゆうひ) 석양
眺(なが)める 바라보다

皆様からいただいたご意見に沿って、今後再検討し、修正します。
여러분께 받은 의견에 따라 앞으로 재검토하여 수정하겠습니다.

自分で立てた計画に沿って勉強しています。
스스로 세운 계획에 따라 공부하고 있습니다.

海岸線に沿って、美しい夕日を眺めながらドライブした。
해안선을 따라서 아름다운 석양을 바라보면서 드라이브했다.

📎 강의실 생중계!

• 沿う라는 동사가 '～을 따르다, 쫓다'의 의미라는 것을 알면 기억하기 쉽습니다.
• ～に沿う(～에 따른), ～に沿った(～에 따른)의 형태도 함께 익혀 두는 것이 좋습니다.

235 ～のもとで・～のもとに ～ 하에서, ～ 아래에서

접속 명사 + ～のもとで・～のもとに
의미 영향 · 조건 · 지배 · 지도 등의 범위 내에서 어떤 것이 행해지는 것을 나타낼 때 사용한다.

条件(じょうけん) 조건
ルール 규칙
勝(か)つ 이기다
指導(しどう) 지도
日々(ひび) 매일
練習(れんしゅう) 연습
はげむ 힘쓰다
高速道路(こうそくどうろ) 고속도로
防犯(ぼうはん) 방범
日常(にちじょう) 일상
撮影(さつえい) 촬영

スポーツの世界では同じ条件、同じルールのもとで、強いものが勝つ。
스포츠 세계에서는 같은 조건, 같은 규칙 하에서 강한 자가 이긴다.

私たちテニス部は、石田先生のご指導のもとで日々練習にはげんでいます。
우리 테니스부는, 이시다 선생님의 지도 하에 매일 연습에 힘쓰고 있습니다.

地下鉄駅や高速道路などさまざまな場所で、防犯という名のもとに私たちの日常が記録・撮影されています。
지하철 역이나 고속도로 등 다양한 장소에서 방범이라는 명목 하에 우리들의 일상이 기록 · 촬영되고 있습니다.

📎 강의실 생중계!

• ～のもとに는 주로 '～의 조건에서, ～의 상황에서'라는 의미가 강하고, ～のもとで는 '～의 영향력이 미치는 범위에서'라는 의미가 강합니다.
• 名のもとに(명목 하에서)는 관용표현으로 기억해둡시다.

~上・~の上で(は)　~상・~상으로(는)

접속　명사 + ~上(じょう)・~の上(うえ)では

의미　'~의 관점에서 보면, ~방면에서 생각하면'이라는 의미로 무언가를 판단할 때 사용한다.

統計上(とうけいじょう)
통계상

女性(じょせい) 여성

平均(へいきん) 평균

寿命(じゅみょう) 수명

経済上(けいざいじょう)
경제상

理由(りゆう) 이유

進学(しんがく) 진학

続(つづ)く 계속되다,
잇따르다

統計上、女性の平均寿命は男性より長いです。

통계상, 여성의 평균수명은 남성보다 깁니다.

彼は経済上の理由で進学をあきらめました。

그는 경제상의 이유로 진학을 포기했습니다.

カレンダーの上では秋ですが、とても暑い日が続いています。

달력상으로는 가을이지만, 매우 더운 날이 이어지고 있습니다.

🎧 강의실 생중계!

주로 表面(표면), 教育(교육), 法律(법률), 経験(경험), 理論(이론), 形式(형식), 歴史(역사), 立場(입장), 職業(직업), 経済(경제), 都合(사정) 등과 같은 한자어에 접속합니다.

적 중 예상 문제

▶ 정답과 해설 146쪽

問題 次の文の（　　　）に入れるのに最もよいものを、1・2・3・4から一つ選びなさい。

01 文化の分野のなかで、言語は一番変化しにくいため、言語を基準（　　　）
民族を考えるのが一般的だといわれています。

    1 として   2 からすると   3 にしたら   4 からいって

02 値段の高いほうが品質・性能が上だとは思うのですが、消費者（　　　）、
なるべく安いほうが嬉しいです。

    1 としても   2 からすると   3 に沿って   4 に基づいて

03 大好きな女優さんに握手をしてもらい、彼（　　　）これまでの人生で最高と
言っても過言ではない日だったんだろう。

    1 のみならず   2 として   3 にすれば   4 のとおりに

04 国家資格とはその名のとおり、国の法律（　　　）定められている資格のことを
言う。

    1 とともに   2 に基づいて   3 としては   4 からして

05 この話は実際の事件（　　　）いますが、フィクションです。

    1 にとって   2 からいえば   3 をもとにして   4 にしたら

06 過去は常に、今（　　　）実際の過去より美しく思える。

    1 に基づいて   2 から見れば   3 のとおり   4 を中心に

07 数日前の天気予報で言った（　　　）、昨日から暖かさがやってきた。

    1 からみれば   2 にしたら   3 に沿って   4 とおり

08 この公演は若い女性（　　　）人気を集めている。

    1 に基づいて   2 を中心に   3 のもとに   4 をもとにして

09 この製品は手作りだから、ご要望（　　　）制作することも可能です。

1 に沿って　　　　　2 を中心に　　　　　3 にとって　　　　　4 からみて

10 核兵器は国益、安全保障という名（　　　）開発されていますが、長期的には経済的利害が絡んでいます。

1 をもとにして　　　2 のもとに　　　　　3 としては　　　　　4 からすると

11 すべての子供は、保護者（　　　）温かい愛情に守られながら育てられることが望まれます。

1 に基づいて　　　　2 として　　　　　　3 のもとで　　　　　4 に沿って

12 道路（　　　）桜の木が植えられており、春は見事な花が咲きます。

1 に沿って　　　　　2 をもとにして　　　3 にしたがって　　　4 のもとに

13 天候が心配されましたが、体育大会は予定（　　　）実施されました。

1 ことから　　　　　2 どおり　　　　　　3 からみると　　　　4 として

14 私自身の経験（　　　）、選択に迷った時は後悔しないような道を選択することが正解の場合が多いです。

1 からいえば　　　　2 にあたって　　　　3 に例えると　　　　4 からこそ

15 子供の成長（　　　）、楽しく身体を動かして遊ぶことはとても大切です。

1 ことだから　　　　2 からには　　　　　3 において　　　　　4 にとって

16 たとえそれが真実だ（　　　）、私は信じたくないです。いや、信じられません。

1 にしたら　　　　　2 としても　　　　　3 からみて　　　　　4 とおり

問題　次の文の　＿＿★＿＿　に入る最もよいものを、1・2・3・4から一つ選びなさい。

01 ＿＿＿＿ ＿＿＿＿ ＿★＿ ＿＿＿＿ は、運動不足、ストレスなどがあります。

　　1 抜毛の原因　　　2 こと　　　　　　3 考えられる　　　4 として

02 ＿＿＿＿ ＿★＿ ＿＿＿＿ ＿＿＿＿ 何か、働くとはどういうことか、最近よく
考えさせられる。

　　1 にとって　　　　2 とは　　　　　　3 仕事　　　　　　4 人間

03 都会ではあたり前にやっていることでも、＿＿＿＿ ＿＿＿＿ ＿★＿ ＿＿＿＿ は多い
だろう。

　　1 こと　　　　　　2 田舎の人　　　　3 から見れば　　　4 びっくりする

04 ＿＿＿＿ ＿★＿ ＿＿＿＿ ＿＿＿＿ 、公正でなければならない。

　　1 ニュースは　　　2 報道し　　　　　3 に基づいて　　　4 事実

05 子供は ＿＿＿＿ ＿＿＿＿ ＿★＿ ＿＿＿＿ すくすく成長しています。

　　1 愛情の　　　　　2 元気に　　　　　3 両親の　　　　　4 もとで

06 ＿＿＿＿ ＿★＿ ＿＿＿＿ ＿＿＿＿ しました。

　　1 ブラジルが　　　2 優勝　　　　　　3 評論家たちの　　　4 予想どおり

07 当サイトのすべての情報は ＿＿＿＿ ＿＿＿＿ ＿＿＿＿ ＿★＿ 、事実と異なる
場合があります。

　　1 をもとにしている　2 投稿された　　　3 情報を　　　　　4 ため

08 ＿＿＿＿ ＿＿＿＿ ＿★＿ ＿＿＿＿ 、いつも観光客であふれている。

　　1 観光地として　　　2 バリ島は　　　　3 有名で　　　　　4 古くから

229

대비, 예시, 비교를 나타내는 문법

이 장에서 배울 문법은 '대비, 예시, 비교를 나타내는 문법'입니다.
본격적인 학습에 앞서 자신이 알고 있는 문법이 어느 정도인지 □에 체크해보세요.

대비

□ 237	**～どころか**	～은커녕
□ 238	**～反面・～半面**	～인 반면
□ 239	**～かわりに**	～ 대신에
□ 240	**～一方(で)**	～하는 한편(으로)
□ 241	**～に反して**	～와 달리,～에 반해
□ 242	**～というより**	～라기 보다

예시

□ 243	**～といった**	～와 같은, ～라는
□ 244	**～か何か(で)**	～이나 뭔가(에서)
□ 245	**～など・～なんて・～なんか**	～등, ～따위, ～같은 것, ～라는, ～(하)다니
□ 246	**～にしても～にしても**	～도~도, ～하든 ～하든
□ 247	**～やら～やら**	～나~등, ～며~며, ～랑~랑

비교

□ 248	**～に比べて**	～에 비해
□ 249	**～と～とでは**	～와 ～와는
□ 250	**～に限る**	～이 가장 좋다, ～이 최고다

시나공 13 대비, 예시, 비교를 나타내는 문법

시나공 13에서는 둘 이상의 것을 대립시켜 생각하거나 나타낼 때 사용하는 문법과 예를 들고 싶을 때 사용하는 문법, 그리고 둘 이상의 것을 비교하거나 어떤 것이 치고라고 말하는 문법을 대비, 예시, 비교의 세 파트로 나누어 공략합니다.

시험에 **이렇게 나온다!**

次の文の（　　　）に入れるのに最もよいものを、1・2・3・4から一つ選びなさい。

不景気が続いていて、貯金（　　　）借金ばかりが増えていく。

1 どころか　　　2 一方で　　　　　3 というより　　4 に反して

해석 불경기가 계속되고 있어, 저금은커녕 빚만 늘어간다.

해설 정답인 1번 ~どころか는 '~은커녕'이라는 의미로 앞에 말한 것은 물론 그것보다 더 정도가 심하다고 말할 때와 실제는 그렇지 않고 정반대라는 것을 강조할 때 사용하는 표현이다. 2번 ~一方で는 '~하는 한편(으로)'라는 의미로 어떤 사항에 대해 두 가지 면을 대비시켜 나타내는 표현이다. 대비의 의미를 갖고 있기 때문에 혼동할 수 있으나 ~一方で는 명사 수식형에 접속하므로 단순히 접속 방법만 보더라도 정답에서 제외할 수 있다. 3번 ~というより는 '~라기 보다'라는 의미로 어떤 사항에 대해 평가할 때 '~라기 보다 ~라고 하는 편이 적절하다'라고 비교하여 말하는 표현이고, 마지막으로 4번 ~に反して는 '~와 달리, ~에 반해, ~와는 반대로'라는 의미로 전에 생각하고 있었던 것 또는 희망이나 기대 등과는 다른 경우나 규칙이나 명령 등에 위반하는 경우에 사용하는 표현이다.

정답 1

---

237 ~どころか　　~은커녕

접속 동사·い형용사·な형용사의 명사 수식형 / 명사 + ~どころか

의미 앞에 말한 것은 물론 그것보다 더 정도가 심하다고 말할 때와 실제는 그렇지 않고 정반대라는 것을 강조할 때에 사용하는 표현이다.

とぼける 시치미 떼다
捜索(そうさく) 수색
生存者(せいぞんしゃ) 생존자
死体(したい) 사체
回復(かいふく) 회복
危機(きき) 위기
落(お)ち込(こ)む (좋지 못한 상태에) 빠지다

彼は知らないどころか、知っているくせにとぼけているんだよ。

그는 모르기는커녕 알고 있으면서 시치미를 떼고 있는 거야.

警察の必死の捜索にもかかわらず生存者どころか、死体すら発見されていない。

경찰의 필사적인 수색에도 불구하고, 생존자는커녕 사체조차 발견되고 있지 않다.

日本経済は回復どころか、危機的状況に落ち込んでいる。

일본 경제는 회복은커녕 위기 상황에 빠져 있다.

강의실 생중계!

비슷한 표현으로 ~どころではなく가 있으므로 참고하세요.

～反面・～半面 　～인 반면

접속 동사・い형용사・な형용사의 명사 수식형 ＋ ～反面(はんめん)・～半面(はんめん)
　　　명사 ＋ である ＋ ～反面・～半面
의미 어떤 사항에 대해 두 가지의 반대되는 경향이나 성격을 말할 때 사용하는 표현이다.

目覚(めざ)ましい
눈부시다

経済(けいざい) 경제

成長(せいちょう) 성장

遂(と)げる 달성하다

環境破壊(かんきょうは
かい) 환경파괴

深刻化(しんこくか)
심각화

中国は目覚ましい経済成長を遂げている反面、環境破壊問題が深刻化している。
中国は目覚ましい経済成長を遂げている反面、環境破壊問題が深刻化している。
중국은 눈부신 경제 성장을 이루고 있는 반면, 환경파괴 문제가 심각해지고 있다.

子供が成長していく姿を見るのは嬉しい反面、寂しいものです。
아이가 성장해 가는 모습을 보는 것은 기쁜 반면, 쓸쓸한 것입니다.

강의실 생중계!

～反面, ～半面이 반대의 면, 다른 한 면을 뜻하므로 '다른 면에서 보면, 다른 한편, ～인 반면'이라는
의미로 사용됩니다.

～かわりに 　～ 대신에

접속 (1) 명사 ＋ の / 동사 기본형 ＋ ～かわりに
　　　(2) 동사・い형용사・な형용사의 명사 수식형 ＋ ～かわりに
의미 (1) '～을 하는 대신에 다른 일을 하다'라고 말할 때 사용하는 표현이다.
　　　(2) '～하는 대가로 대신 ～하다'라고 말할 때 사용하는 표현이다.

発表(はっぴょう) 발표

出勤(しゅっきん) 출근

給料(きゅうりょう) 월급

増(ふ)える 늘다

非難(ひなん) 비난

努(つと)める 노력하다,
힘쓰다

雰囲気(ふんいき) 분위기

田中さんのかわりに山田さんが発表することになりました。
다나카 씨 대신에 야마다 씨가 발표하게 되었습니다.

休日出勤したかわりに給料が増えた。　　휴일에 출근한 대신에 월급이 늘었다.

人を非難するかわりに、相手を理解するように努めよう。
남을 비난하는 대신에 상대를 이해하도록 노력하자.

강의실 생중계!

· 두 가지 의미가 접속 형태가 각각 다르므로 주의하세요.

· ～かわりに가 '～인 반면'의 의미로 사용되는 경우도 있습니다.
　예 あのレストランは雰囲気がいい**かわり**、値段が高い。
　　　저 레스토랑은 분위기가 좋은 반면, 가격이 비싸다.

· 명사 ＋ ～にかわって의 형태로 '～을 대신해서'라는 의미로도 사용할 수 있습니다.
　예 社長**にかわって**、ご挨拶させていただきます。 사장님을 대신해서 인사드리겠습니다.

240 　〜一方(で)　　〜하는 한편(으로)

접속 동사·い형용사·な형용사·명사의 명사 수식형 + 〜一方(いっぽう)(で)
의미 어떤 사항에 대해 두 가지 면을 대비시켜 나타내는 표현이다.

高齢化(こうれいか)
고령화

進(すす)む 진행되다

高齢者(こうれいしゃ)
고령자

少子化(しょうしか)
저출산화

貧富(ひんぷ) 빈부

格差(かくさ) 격차

広(ひろ)がる 넓어지다

急速(きゅうそく)に
급속히

便利(べんり)だ 편리하다

危険(きけん) 위험

高齢化が進み高齢者が増える一方、少子化により子供の数が減っている。

고령화가 진행되어 고령자가 늘어나는 한편, 저출산으로 인해 아이수가 줄고 있다.

大都市の目覚しい発展の一方で、貧富の格差が広がっている。

대도시의 눈부신 발전의 한편으로, 빈부의 격차가 확산되고 있다.

急速に広がるインターネット社会は、便利な一方で危険もいっぱい。

급속히 확산되는 인터넷 사회는 편리한 한편 위험도 많다.

📎 강의실 생중계!

· 앞의 '문장 끝에 쓰이는 문법(2)'에서 다루었던 〜一方だ(오로지 〜할 뿐이다, 〜하기만 하다)와 혼동하지 않도록 주의하세요.

241 　〜に反して　　〜와 달리, 〜에 반해

접속 명사 + 〜に反(はん)して
의미 전에 생각하고 있었던 것 또는 희망이나 기대했던 것과는 다를 경우, 규칙이나 명령 등에 위반했을 경우에 사용한다.

開店(かいてん) 개점

予想(よそう) 예상

天気予報(てんきよほう)
일기예보

どんより
날씨가 잔뜩 흐린 모양

洗濯物(せんたくもの)
세탁물, 빨래

乾(かわ)く 마르다

新しいスーパーが開店したが、予想に反してお客さんが少ない。

새로운 슈퍼가 개점했지만, 예상과 달리 손님이 적다.

天気予報に反して、どんよりした空で洗濯物も乾きにくい。

일기예보와 달리, 하늘이 잔뜩 흐려 빨래도 잘 안 마른다.

高橋さんの息子さんは両親の期待に反して勉強ができないらしい。

다카하시 씨 아들은 부모의 기대와는 달리 공부를 못하는 것 같다.

📎 강의실 생중계!

· 予想(예상), 予測(예측), 予報(예보), 教え(가르침), 法律(법률), 期待(기대), 希望(희망), 願い(바람), 意志(의지)와 같은 명사가 오는 경우가 많습니다.

· 〜に反する(〜에 반한, 〜와는 다른), 〜に反した(〜에 반한, 〜에 어긋난)도 함께 알아두세요.

～というより ~라기 보다

접속 동사・い형용사・な형용사・명사의 보통형 + ～というより
(단, な형용사와 명사는 だ가 생략되는 경우가 많다.)
의미 어떤 사항에 대해 평가할 때 '~라기 보다 ~라고 하는 편이 적절하다'라고 비교하여 말하는 표현이다.

むしろ 오히려
騒音(そうおん) 소음
聞(き)こえる 들리다
朝晩(あさばん) 아침저녁
涼(すず)しい
선선하다, 시원하다

音が大きすぎると、音楽というよりむしろ騒音に聞こえる。

소리가 너무 크면, 음악이라기보다 오히려 소음으로 들린다.

あの二人は友達というよりライバルだ。　　　저 두 사람은 친구라기보다 라이벌이다.

もう10月の朝晩は涼しいというより寒いと感じるようになった。

벌써 10월의 아침저녁은 선선하기보다 춥게 느껴지게 되었다.

📎 강의실 생중계!

～というよりは(~라기보다는)로도 사용됩니다.

✔ 시나공 확인 문제

次の文の（　　）に入れるのに最もよいものを、1・2・3・4から一つ選びなさい。

窓が大きいと、明るい（　　）冬の暖房の熱が逃げやすくなります。

1 というより　　　　2 に比べて　　　　3 どころか　　　　4 反面

해석 창문이 크면, 밝은 반면 겨울의 난방열이 빠져나가가기 쉬워집니다.
해설 정답인 4번 ~反面은 '~인 반면, 다른 면에서 보면'이라는 의미로 어떤 사항에 대해 두 가지의 반대되는 경향이나 성격을 말할 때
사용하는 표현이다. 앞 문장의 내용과 뒷 문장의 내용이 좋은 점과 나쁜 점의 반대 내용이 오므로 쉽게 골라낼 수 있다. 나머지를 살
펴보면 1번 ~というより는 '~라기 보다'라는 의미로 어떤 사항에 대해 평가할 때 '~라기 보다 ~라고 하는 편이 적절하다'고 비교
하여 말하는 표현이며, 2번 ~に比べて는 '~에 비해'라는 의미로 둘 이상의 것을 나열하여 어떤 점에 대해 비교하는 표현이다. 마
지막으로 3번 ~どころかは '~은커녕'이라는 의미이므로 정답에서 제외해야 한다.　　　　　　　　　　　　　　　**정답 4**

243 ～といった　~와 같은, ~라는

접속 명사＋～といった
의미 예를 들 때 사용하는 표현이다.

明(あか)るい 밝다
天(てん)ぷら 덴푸라
揚(あ)げ物(もの) 튀김
料理(りょうり) 요리
試合(しあい) 시합
勝敗(しょうはい) 승패
天候(てんこう) 날씨
運(うん) 운
影響(えいきょう)する
영향을 미치다

赤や黄色といった明るい色が好きだ。　　　빨강과 노랑 같은 밝은 색을 좋아한다.

とんかつや天ぷらといった揚げ物の料理が食べたいです。
돈까스나 덴푸라 같은 튀김 요리를 먹고 싶습니다.

試合の勝敗は天候やその日の運といったものも強く影響します。
시합의 승패는 날씨나 그날의 운 같은 것도 강하게 영향을 미칩니다.

> **강의실 생중계!**
>
> 주로 '명사 + や/とか+ 명사 +といった+명사'의 형태로 사용하는 경우가 많고, 뒤에 오는 명사는
> 앞에 열거한 예를 통합하는 말이 옵니다.

244 ～か何か(で)　~이나 뭔가(에서)

접속 동사 보통형 / 명사＋～か何(なに)か(で)
의미 '~또는 ~'의 의미로 앞에 접속된 것과 비슷한 것, 또는 그 이외의 것을 나타낸다.

雑誌(ざっし) 잡지
紹介(しょうかい)する
소개하다
予約(よやく) 예약
取(と)る 잡다, 들다, 쥐다
急(いそ)ぐ 서두르다

時間あるからまず食べるか何かしよう。　　시간이 있으니까 우선 먹든지 뭔가 하자.

あのレストランは雑誌か何かで紹介されてから、なかなか予約が取れない人気店になった。
그 레스토랑은 잡지인가 뭔가에서 소개되고 나서, 좀처럼 예약할 수 없는 인기 가게가 되었다.

お急ぎでなかったら、お茶か何かいかがですか。
급하시지 않으시다면, 차라든가 뭔가 어떠세요?

> **강의실 생중계!**
>
> ～や何か(~이나 뭔가)・～とか何か(~라든가 뭔가)・～か何かに(~인가 뭔가에)・～か何かを(~
> 인가 뭔가를) 등의 형태로 사용되기도 합니다.

〜など・〜なんて・〜なんか 〜등, 〜따위, 〜같은 것, 〜라는, 〜(하)다니

접속 동사・い형용사・な형용사의 보통형 / 명사 + 〜など・〜なんて・〜なんか
의미 대표로 예를 들어 제시하거나, 놀람・화남・슬픔・경멸・의외 등의 감정을 나타내는 표현이다.

試合(しあい) 시합
直前(ちょくぜん) 직전
運(うん) 운
年末(ねんまつ) 연말
特(とく)に 특히
合格(ごうかく) 합격
信(しん)じる 믿다

風邪など引かないようにお体を大切になさってください。

감기 같은 것 걸리지 않도록 몸조심하세요.

試合の直前にけがをするなんて、運が悪い。 　시합 직전에 다치다니, 운이 나쁘다.

うちの会社は年末なんかは特に忙しくなる。

우리 회사는 연말 같은 때는 특히 바빠진다.

📖 강의실 생중계!

〜など・〜なんて・〜なんか 용법

① 열거
　어떤 비슷한 것 중에서 가장 대표적인 것을 예로 들고 그것들 이외의 존재도 암시하는 표현입니다.
　예 彼女の誕生日プレゼントはきれいな花なんかがいいと思うよ。
　　그녀의 생일 선물은 예쁜 꽃 같은 것이 좋을 거라고 생각해.

② 경멸・경시・겸손
　명사에만 접속하여, 타인이나 대상에 대한 경멸을 나타내고, 자신에 대해서 사용하면 겸손의 의미
　가 됩니다.
　예 私などにきちんとできるかわかりませんが、がんばります。
　　나 같은 사람이 제대로 할 수 있을지 모르겠지만 열심히 하겠습니다.

③ 놀람・의외
　예상하지 않았던 사실을 보거나 듣거나 했을 때의 놀람이나 의외의 감정을 나타냅니다. 주로 〜だ
　なんて, 동사 ます형+〜など・〜なんて의 문형으로 사용되며, 이때에는 '〜など, 〜なんて'가
　사용되고, '〜なんか'는 사용하지 않습니다.
　예 彼が合格したなんて信じられない。 그가 합격했다니 믿을 수 없다.

📋 **시나공 확인 문제**

次の文の(　　　)に入れるのに最もよいものを、1・2・3・4から一つ選びなさい。

A「今回は助かったよ。忙しいのに手伝ってくれてありがとう。」
B「私(　　　)何もしてませんよ。皆さんのおかげです。」

1 なら 　　　**2** から 　　　**3** など 　　　**4** ほど

해석 A: 이번에 너무 도움 되었어. 바쁜데 도와줘서 고마워.
　　 B: 저는 아무것도 안 했어요. 모두의 덕분입니다.
해설 정답은 3번 など(〜등, 〜같은 것, 〜라는)이다. 이 문장에서 など는 겸손의 의미로 사용되었다. 1번 なら(〜라면)는 아직 일어나지
　　 않은 상황에 대해 가정하거나 주제를 제시하는 조건・가정표현, 2번 から(〜부터)는 기점・장소・원인・재료 등을 나타내는 격조사,
　　 4번 ほど(〜정도)는 정도를 나타내는 부사로 문맥상 정답이 아니다. 　　　　　　　　　　　　　　정답 3

| 246 | ～にしても～にしても | ～도 ～도, ～하든 ～하든 |

접속 명사 / 동사·い형용사의 보통형 / な형용사 어간 + ～にしても～にしても
의미 '어떤 경우라도, 어느 쪽이라도'라고 말할 때 사용한다.

進学(しんがく) 진학
就職(しゅうしょく) 취직
せめて 적어도, 최소한

やるにしてもやらないにしても、よく考えてから決めなさい。

하든 안 하든 잘 생각한 후에 결정해라.

進学するにしても就職するにしても、自分で決めなければならない。

진학하든 취직하든 스스로 결정해야 한다.

> 🎤 **강의실 생중계!**
>
> ・～にしろ～にしろ, ～にせよ～にせよ도 같은 의미로 사용됩니다.
> ・～にしても는 ～にしろ, ～にせよ와 함께 '～라고 해도, ～인 줄은 알지만 그러나'라는 의미의 역접·양보의 표현으로도 사용됩니다. 의미는 '～라는 사실을 일단 인정하고 그와는 상반되거나 모순된 문장이 뒤에 전개됨'을 나타냅니다.
> 예 本当に忙しかったにしても電話ぐらいかけてくれる時間はあったと思う。
>   정말로 바빴다고 해도 전화 정도 걸어 줄 시간은 있었다고 생각한다.
> ・～にしても는 ～としても와 함께 '～라고 해도, ～라고 가정해도'라는 역접의 가정조건으로도 사용됩니다.
> 예 優勝は無理にしてもせめてトップ10には入りたい。
>   우승은 무리라고 해도 최소한 상위 10 안에는 들고 싶다.

| 247 | ～やら～やら | ～나 ～등, ～며 ～며, ～랑 ～랑 |

접속 명사 / 동사·い형용사의 기본형 + ～やら～やら
의미 한 두 가지의 예를 들고 그 외에도 여러 가지가 있음을 나타낸다.

脱(ぬ)ぐ 벗다
服(ふく) 옷
ゴミ 쓰레기
散(ち)らかる 흩어지다
懐(なつ)かしい 그립다
複雑(ふくざつ)だ 복잡하다
非常(ひじょう)に 상당히

彼の部屋は脱いだ服やらゴミやら散らかっていた。

그의 방은 벗은 옷이며 쓰레기 등이 흩어져 있었다.

昔の写真を見ると、懐かしいやら恥ずかしいやら複雑な気持ちです。

옛날 사진을 보면 그립기도 하고 부끄럽기도 하고 복잡한 기분입니다.

今月もテストの勉強やらバイトやら、非常に忙しいです。

이번 달도 시험 공부며 아르바이트며, 상당히 바쁩니다.

> 🎤 **강의실 생중계!**
>
> ～のやら(～인지 잘 모르겠다, ～는지 잘 모르겠다)라는 의미로도 사용됩니다.
> 예 子供が夜になっても帰ってこない。どこで何をしているのやら。
>   아이가 밤이 되어도 돌아오지 않는다. 어디에서 뭘 하고 있는지 모르겠다.

248 ~に比べて　~에 비해

접속 명사 + ~に比(くら)べて
의미 둘 이상의 것을 나열하여 어떤 점에 대해 비교하는 표현이다.

例年(れいねん) 예년
業界(ぎょうかい) 업계
転職率(てんしょくりつ) 전직률
勤(つと)め続(つづ)ける 계속(하여) 근무하다

今年の夏は例年に比べて暑い。

올해 여름은 예년에 비해 덥다.

IT業界の転職率は他の業界に比べて高いらしい。

IT업계의 전직율은 다른 업계에 비해 높은 것 같다.

1つの会社に勤め続ける女性は、男性に比べて少ない。

한 회사에 계속 근무하는 여성은 남성에 비해 적다.

강의실 생중계!

比べる의 의미가 '비교하다, 견주다'라는 것만 알면 쉽게 기억할 수 있는 표현입니다.

249 ~と~とでは　~와 ~와는

접속 동사의 기본형 / 명사 + ~と~とでは
의미 두 개의 대상을 비교하는 표현이다.

運動(うんどう)する 운동하다
体力(たいりょく) 체력
差(さ) 차, 차이
大違(おおちが)い 큰 차이
子育(こそだ)て 육아
方法(ほうほう) 방법
環境(かんきょう) 환경
変化(へんか) 변화
研究(けんきゅう) 연구
進(すす)む 나아가다, 진출하다
変(か)わる 변하다

毎日運動する子どもとしない子どもとでは体力の差が大きい。

매일 운동을 하는 아이와 하지 않는 아이와는 체력차가 크다.

知っているのと知らないのとでは大違いです。

알고 있는 것과 모르는 것과는 큰 차이입니다.

子育ての方法は、環境の変化や研究などが進み、昔と今では変わってきています。

육아의 방법은, 환경의 변화와 연구 등이 진행되어, 옛날과 지금과는 변하고 있습니다.

강의실 생중계!

~と~では와 같이 と를 생략하고 사용하기도 합니다.

250 ~に限る　~이 가장 좋다, ~이 최고다

접속　명사 / 동사 기본형 + ~に限(かぎ)る
의미　말하는 사람이 주관적으로 '~가 제일이다, ~가 가장 좋다'라고 주장하는 표현이다.

北海道(ほっかいどう)
홋카이도(시명)

募集(ぼしゅう) 모집

男性(だんせい) 남성

疲れたら寝るに限る。

피곤하면 자는 게 제일이다.

ダイエットには、運動をするに限る。

다이어트에는 운동을 하는 것이 가장 좋다.

北海道に行くのは冬に限る。

홋카이도에 가는 것은 겨울이 최고다.

📎 강의실 생중계!

• 객관적인 판단을 말할 때는 사용할 수 없습니다.

• 限る(한정하다)가 원래 한정의 의미를 갖고 있으므로 ~に限る도 '~에 한한다'라는 의미로도 사용
됩니다.

예 アルバイト募集は男性に限る。 아르바이트 모집은 남성에 한한다.

問題　次の文の（　　　）に入れるのに最もよいものを、1・2・3・4から一つ選びなさい。

01 彼女は病気の治療のために財産を使い果たしたが、よくなる（　　　）、悪く
なるばかりであった。

　　1 一方で　　　　　　2 どころか　　　　　3 反面　　　　　　　4 かわりに

02 中山さんに車の運転を教えてもらった（　　　）食事をおごった。

　　1 一方で　　　　　　2 に反して　　　　　3 反面　　　　　　　4 かわりに

03 私たちが便利で快適な生活を送る（　　　）、環境はどんどん深刻化しています。

　　1 一方で　　　　　　2 どころか　　　　　3 というより　　　　4 に比べて

04 彼は、自分の意志（　　　）契約書に署名させられた。

　　1 にしても　　　　　2 に比べて　　　　　3 に反して　　　　　4 どころか

05 彼女の見た目は幼さが残っていて、美人（　　　）可愛いという言葉が当てはま
る。

　　1 に反して　　　　　2 というより　　　　3 一方で　　　　　　4 かわりに

06 あなたが行く（　　　）行かない（　　　）、私には関係ない。

　　1 に反して　　　　　2 かわりに　　　　　3 にしても　　　　　4 にしたら

07 喫煙者のIQは非喫煙者（　　　）低く、たばこの量が増えるほどIQが低くなる
ことだ。

　　1 に基づいて　　　　2 というより　　　　3 かわりに　　　　　4 に比べて

08 つらいときは酒を飲む（　　　）。

　　1 ほどだ　　　　　　2 に限る　　　　　　3 かけだ　　　　　　4 ものか

09 会社(　　　　)、学校(　　　　)、コンピューターのないところはない。

    1 にしても　　　　　2 を中心に　　　　　3 にとって　　　　　4 に反して

10 日本の大学の授業料は諸外国(　　　　)高い。

    1 に基づいて　　　　2 につれて　　　　　3 に比べて　　　　　4 にしても

11 娘の結婚式。嬉しい(　　　　)、悲しい(　　　　)複雑な気持ちでした。

    1 にしたら　　　　　2 やら　　　　　　　3 とおりに　　　　　4 かわりに

12 彼は医者になることを望んだ親の希望(　　　　)、映画監督になった。

    1 に沿って　　　　　2 にしても　　　　　3 に比べて　　　　　4 に反して

13 叱る(　　　　)たっぷりとほめてあげれば、子供は母親に優しさやあたたかさを感じます。

    1 一方で　　　　　　2 に比べて　　　　　3 に反して　　　　　4 どころか

14 まことにもうしわけありませんが、私の(　　　　)それをやっていただけませんか。

    1 かわりに　　　　　2 一方で　　　　　　3 を中心に　　　　　4 反面

15 インターネットは便利な(　　　　)、さまざまな問題を引き起こしています。

    1 どころか　　　　　2 に比べて　　　　　3 反面　　　　　　4 にしても

16 今まで本屋で自己啓発書を数十冊と買って読んだが、成功(　　　　)毎日の生活すら変化しない。

    1 反面　　　　　　　2 としても　　　　　3 というより　　　　4 どころか

問題 次の文の ___★___ に入る最もよいものを、1・2・3・4から一つ選びなさい。

01 彼女は ＿＿＿ ＿＿＿ ＿＿＿ ＿★＿、さびしがりやな部分も持っている。

1 反面　　　　　2 明るくて　　　　3 前向きな　　　　4 性格である

02 いい天気なので、＿＿＿ ＿＿＿ ＿★＿ ＿＿＿ ことにした。

1 かわりに　　　2 帰る　　　　　　3 歩いて　　　　　4 ジムに行く

03 朝ごはんを食べない ＿＿＿ ＿＿＿ ＿★＿ ＿＿＿、健康のために朝食の大切さがあらためて見直されているのも事実だ。

1 多い　　　　　2 一方で　　　　　3 人が　　　　　　4 非常に

04 私にとって旅行は ＿＿＿ ＿★＿ ＿＿＿ ＿＿＿ である。

1 人生の　　　　2 趣味　　　　　　3 一部　　　　　　4 というより

05 ＿★＿ ＿＿＿ ＿＿＿ ＿＿＿ だ。

1 たとえ　　　　2 不愉快　　　　　3 にしても　　　　4 冗談

06 ＿＿＿ ＿＿＿ ＿★＿ ＿＿＿ でしょうね。

1 公務員は　　　2 労働条件がいい　3 一般の会社員　　4 に比べて

07 やっぱり ＿＿＿ ＿＿＿ ＿★＿ ＿＿＿。

1 に限る　　　　2 分からない　　　3 ことは　　　　　4 聞く

08 平日は仕事で忙しいし、＿★＿ ＿＿＿ ＿＿＿ ＿＿＿ です。

1 掃除やら　　　2 忙しい　　　　　3 休日も　　　　　4 洗濯やら

경어 표현

이 장에서 배울 문법은 '경어 표현'입니다.
본격적인 학습에 앞서 자신이 알고 있는 표현이 어느 정도인지 □에 체크해보세요.

존경어 공식

□	251	お(ご)〜になる	〜하시다
□	252	〜(ら)れる	〜하시다
□	253	お(ご)〜くださる・〜ください	〜해 주시다, 〜해 주십시오
□	254	お(ご)〜だ	〜하시다, 〜이시다
□	255	〜でいらっしゃる・〜ていらっしゃる	〜이시다, 〜하고 계시다
□	256	お(ご)~なさる	〜하시다

겸양어 공식

□	257	お(ご)〜する(致す)	〜하다, 〜해 드리다
□	258	〜ていただく・お(ご)〜いただく	〜해 받다, (〜가) 〜해 주다, 〜해 주시다
□	259	〜(さ)せていただく	〜하다
□	260	〜(さ)せてください	〜하게 해 주세요
□	261	お(ご)〜願う	〜를 부탁드리다
□	262	お(ご)＋〜申し上げる	〜해 드리다, 〜하다

경어 표현

일본어의 경어는 상대를 높이는 존경어와 자신을 낮추는 겸양어, 상대방에게 정중하게 말하는 정중어의 세 가지로 분류되는데, 시나공 14에서는 흔히 사용하는 ~です, ~ます형의 정중어는 생략하고 존경어와 겸양어를 공략해 봅니다.

시험에 **이렇게 나온다!**

次の文の（　　　）に入れるのに最もよいものを、1・2・3・4から一つ選びなさい。

必ず説明書を（　　　）、内容をよく理解された上で、お使いください。

1 お読みし　　　2 読ませていただいて　　　3 お読みなって　　　4 お読みになり

해석　반드시 설명서를 읽으시고, 내용을 잘 이해하신 후에 사용해 주십시오.

해설　기본적으로 상황에 맞추어 상대방을 높여주는 경우에는 존경표현을 사용한다. 따라서 자신을 낮추는 겸양표현인 1, 2번은 답이 될 수 없다. 존경어 기본 공식 お + 동사 ます형 + になる를 정확히 알고 있다면 바로 골라낼 수 있다. 3번은 に가 빠져 있으므로 답이 아니다. N2 문법인 ~た上で(~하고 나서)와 존경어의 의뢰표현인 お + 동사 ます형 + ください 형태도 함께 챙겨두자!　　**정답** 4

次の文の　★　に入る最もよいものを、1・2・3・4から一つ選びなさい。

すみませんが、＿＿＿＿＿　★　＿＿＿＿＿　でしょうか。

1 この本を　　　2 よろしい　　　3 ても　　　4 拝借し

해석　죄송하지만, 이 책 빌려도 되겠습니까?

해설　拝借する는 借りる의 특수 겸양어이다. 선택지를 보면 자연스럽게 '책을 빌리다'를 생각해낼 수 있고, ~てもよろしいでしょうか(~해도 되겠습니까?)를 뒤에 연결하여 문장을 만들면 된다.　　**정답** 4

존경어와 겸양어

臨時(りんじ) 임시
駐車場(ちゅうしゃじょう)
　주차장
開封後(かいふうご)
개봉 후
早(はや)めに 일찌감치

お車でお越しになる方は臨時駐車場に駐車をお願いします。

차로 오시는 분은 임시주차장에 주차를 부탁드립니다.

開封後は早めに召し上がってください。　　개봉 후에는 빨리 드십시오.

みなさんにお目にかけたいものがあります。　여러분께 보여드리고 싶은 것이 있습니다.

강의실 생중계!

몇 가지의 동사는 특별한 존경과 겸양의 표현을 가지고 있고, 이들 표현은 시험에 자주 출제되고 있으므로 따로 꼭 외워두세요!

특별한 형태를 갖는 특수 존경어와 특수 겸양어

기본형	특수 존경어	특수 겸양어
行く	いらっしゃる おいでになる	参(まい)る あがる
来る	いらっしゃる おいでになる お越(こ)しになる お見(み)えになる	参(まい)る
いる	いらっしゃる おいでになる	おる
言う	おっしゃる	申(もう)す 申(もう)し上(あ)げる
する	なさる	致(いた)す
くれる	くださる	×
もらう	×	いただく 頂戴(ちょうだい)する
食べる・飲む	召(め)し上(あ)がる	いただく 頂戴(ちょうだい)する
見る	ご覧(らん)になる	拝見(はいけん)する
見せる	×	ご覧(らん)に入(い)れる お目(め)に掛(か)ける
会う	×	お目(め)に掛(か)かる
知る	ご存(ぞん)じだ	存(ぞん)じる 存(ぞん)じ上(あ)げる
思う	×	存(ぞん)じる 存(ぞん)じ上(あ)げる
借りる	×	拝借(はいしゃく)する
聞く 訪ねる 訪問する	×	うかがう

존경어 공식

<table>
<tr><td>251</td><td>お + 동사 ます형 + になる
ご + 한자어 + になる</td><td>~하시다</td></tr>
</table>

戻(もど)る (되)돌아오다
ただいま 지금, 현재
都合(つごう) 사정, 형편
頻度(ひんど) 빈도
運賃(うんちん) 운임
乗車(じょうしゃ) 승차
区間(くかん) 구간
距離(きょり) 거리
応(おう)じる 따르다
定(さだ)める 정하다

社長は何時頃お戻りになりますか。
사장님은 몇 시쯤 돌아오십니까?

ただいまおかけになった電話番号はお客様のご都合によりおつなぎできません。
지금 거신 전화번호는 고객 사정으로 연결할 수 없습니다.

インターネットは、どのくらいの頻度でご利用になりますか。
인터넷은 어느 정도의 빈도로 이용하십니까?

モノレールの運賃は、お客様がご乗車になる区間の距離に応じて定めています。
모노레일 운임은 손님이 승차하시는 구간의 거리에 따라 정해져 있습니다.

> **강의실 생중계!**
>
> 대부분의 동사는 이 공식을 적용하여 존경표현을 만들 수 있으나 見る와 같이 ます형이 한 음절인 경우에는 적용할 수 없으므로 주의하세요.

<table>
<tr><td>252</td><td>~(ら)れる 용법</td><td>~하시다</td></tr>
</table>

> 동사 ない형 + (ら)れる형은 '수동, 가능, 자발' 이외에도 '존경의 용법'으로도 사용된다.

会議(かいぎ) 회의
出席(しゅっせき) 출석
泊(とま)る 묵다
少子化(しょうしか)
저출산화

今日の会議には社長も出席されます。
오늘 회의에는 사장님도 출석하십니다.

日本ではどのホテルに泊られますか。
일본에서는 어느 호텔에 묵으십니까?

少子化について皆さんはどう思われますか。
저출산에 대해 여러분은 어떻게 생각하십니까?

> **강의실 생중계!**
>
> · お + 동사 ます형 + になる보다는 정도가 약간 낮은 경어라고 할 수 있습니다.
> · わかる나 できる, 가능동사 등은 이 형태로 바꿀 수 없습니다.

253	お + 동사 ます형 + くださる ご + 한자어 + くださる	~해 주시다
	お + 동사 ます형 + ください ご + 한자어 + ください	~해 주십시오

お越(こ)し 오심

協力(きょうりょく) 협력

丁寧(ていねい)だ
정중하다. 친절하다

必(かなら)ず 반드시

お近くにお越しの際は是非お立ち寄りください。

근처에 오실 때는 꼭 들러 주십시오.

アンケートにご協力くださった皆さんありがとうございました。

앙케트에 협력해 주신 여러분 감사드립니다.

木村さん、いつも丁寧にお教えくださって感謝しております。

기무라 씨, 항상 친절하게 가르쳐 주셔서 감사드립니다.

電話番号も必ずご記入ください。 전화번호도 반드시 기입해 주십시오.

🎤 강의실 생중계!

· ~てくれる(~해 주다), ~てください(~해 주세요)의 경어 표현입니다.
· 존경어의 의뢰 표현은 お(ご)~ください 외에도 특수 존경어나 お + 동사 ます형 + になる에 て
  ください를 붙입니다.

✓ 시나공 확인 문제

次の文の(　　　)に入れるのに最もよいものを、1・2・3・4から一つ選びなさい。

小学生未満のお子様のご入場は(　　　)。

1 ご用意ください 　　　　2 ご覧ください 　　　　3 お越しください 　　　　4 ご遠慮ください

해석 초등학생 미만인 어린이의 입장은 삼가해 주십시오.

해설 우선 존경어의 의뢰 표현인 お + 동사 ます형 + ください / ご + 한자어 + ください(~해 주십시오)를 확인한 후 각 선택지의 의
미를 확인해 보아야 한다. 1번 ご用意ください는 '준비해 주십시오', 2번 ご覧ください는 '봐 주십시오', 3번 お越しください는
'와 주십시오', 4번 ご遠慮ください는 '삼가해 주십시오'라는 의미가 된다. 경어 표현을 숙지하고 의미만 확인할 수 있으면 4번이 정
답임을 쉽게 알 수 있다. **정답** 4

254	お + 동사 ます형 + だ ご + 한자어 + だ	~하시다, ~이시다

何枚(なんまい) 몇 장
過(す)ごす 보내다, 지내다
忘年会(ぼうねんかい)
망년회

あなたはポイントカードを何枚お持ちですか。

당신은 포인트카드를 몇 장 갖고 계십니까?

皆さんは週末、家でお過ごしですか、お出かけですか。

여러분은 주말을 집에서 보내십니까, 외출하십니까?

今年の忘年会には山田先生もご出席です。

올해 망년회에는 야마다 선생님도 출석하십니다.

🎙 강의실 생중계!

뒤에 명사가 올 때는 お/ご + の + 명사의 형태로 쓰입니다.
예 **ご乗車の方** 승차하실 분　　　　　　　　**お持ちの方** 갖고 계신 분

255	な형용사 어간 / 명사 + でいらっしゃる	~이시다
	동사 て형 + ていらっしゃる	~하고 계시다

教授(きょうじゅ) 교수
退職後(たいしょくご)
퇴직 후
ボランティア 자원봉사

山本先生は東京大学の教授でいらっしゃいます。

야마모토 선생님은 도쿄대학의 교수이십니다.

どの季節がお好きでいらっしゃいますか。　　　　어느 계절을 좋아하십니까?

鈴木さんは退職後、ボランティアをしながら楽しく過ごしていらっしゃいます。　　　　스즈키 씨는 퇴직 후 자원봉사를 하면서 즐겁게 지내고 계십니다.

みんなおいしそうに召し上がっていらっしゃいます。

모두 맛있게 드시고 계십니다.

🎙 강의실 생중계!

'~하고 계시다'라는 표현은 ~ていらっしゃる뿐만 아니라 ~ておいでになる의 형태도 있으므로
기억해 두세요.
예 **家族の皆様が心から喜んでおいでになります。** 가족 모두가 진심으로 기뻐하고 계십니다.

256 お(ご)＋な형용사 어간 / 명사＋なさる ~하시다

製品(せいひん) 제품
下記(かき) 아래 적힌
フォーム 양식
記入(きにゅう) 기입
送信(そうしん) 송신
ボタンを押(お)す
버튼을 누르다

その点はご心配なさらなくても大丈夫です。　그 점은 걱정하지 않아도 괜찮습니다.

これは多くのお客さまがご利用なさっている製品です。

이것은 많은 손님들이 이용하고 계시는 제품입니다.

下記フォームにご記入なさって、送信ボタンを押して下さい。

아래 양식에 기입하시고 송신 버튼을 눌러 주세요.

강의실 생중계!

なさる(하시다)가 원래 する의 특별한 형태의 존경 동사임을 알면 어렵지 않게 기억할 수 있습니다.

겸양어 공식

257 お＋동사 ます형＋する(致す) / ご＋한자어＋する(致す) ~하다, ~해 드리다

変更(へんこう) 변경
手続(てつづ)き 수속, 절차
応募(おうぼ) 응모
奥様(おくさま) 부인

ご住所やお電話番号等の変更手続きは、お早めにお願いいたします。

주소나 전화번호 등의 변경 수속은 빨리 부탁드립니다.

たくさんの方のご応募、お待ちしております。

많은 분의 응모를 기다리고 있겠습니다.

ご紹介します。こちらは高橋先生の奥様でいらっしゃいます。

소개해 드리겠습니다. 이쪽은 다카하시 선생님의 부인이십니다.

またこちらからお電話致します。　　　　다시 제가 전화 드리겠습니다.

강의실 생중계!

お(ご)＋동사 ます형 / 한자어＋申し上げる의 형태로 쓰이는 경우도 있습니다. 의미는 같지만 정중의 정도에 약간의 차이가 있습니다.
예 ご来店のお客様にお知らせ申し上げます。 내점하신 손님 여러분께 알려드립니다.

258	~ていただく	~해 받다, (~가) ~해 주다
	お + 동사 ます형 + いただく ご + 한자어 + いただく	~해 주시다

活動(かつどう) 활동

初心者(しょしんしゃ)
초보자

恐縮(きょうしゅく)
죄송(황송)하게 여김

講演(こうえん) 강연

招(まね)く 초대하다

光栄(こうえい) 영광

興味(きょうみ) 흥미, 관심

参加(さんか) 참가

当院は、ボランティアの方々にさまざまな活動をしていただいています。

저희 병원은 자원봉사 분들이 다양한 활동을 해주시고 있습니다.

初心者の私に分かりやすく丁寧にお教えいただいて本当に恐縮です。

초보자인 저에게 알기 쉽게 친절히 가르쳐주셔서 정말로 감사합니다.

先生の講演にお招きいただいて光栄です。　선생님의 강연에 초대해주셔서 영광입니다.

興味をお持ちの方はご参加いただきたいと思います。

관심을 갖고 계신 분은 참가해주셨으면 합니다.

> **강의실 생중계!**
>
> 이 표현은 직역하면 자신이 상대로부터 '~해 받다'이지만, '상대가 자신에게 ~해 주(시)다'로 해석하는
> 편이 자연스러운 경우가 많으므로 문맥에 따라 적절히 의역하는 것이 좋습니다.

259	~(さ)せていただく	~하다

投票(とうひょう) 투표
結果(けっか) 결과
先(さき) 먼저

お時間があれば、また遊びに行かせていただきたいです。

시간이 있으면 또 놀러가고 싶습니다.

投票結果を発表させていただきます。　투표 결과를 발표하겠습니다.

それではお先に失礼させていただきます。　그럼 먼저 실례하겠습니다.

> **강의실 생중계!**
>
> • 자신이 하려는 행위를 매우 정중하게 나타내는 표현입니다. 직역을 하면 '~시켜 받다'라는 어색한
>   문장이 되기 때문에 그냥 '~하다' 정도로 의역하는 것을 기준으로 삼고 문맥과 상황에 따라 적절히
>   의역하는 센스를 발휘하는 것이 좋습니다.
> • 뭔가를 부탁하는 경우에는 ~(さ)せていただけますか, ~(さ)せていただけませんか, ~(さ)せ
>   ていただけませんでしょうか와 같은 형태를 사용하고, 해석은 직역인 '~하게 해 받을 수 있습니
>   까?'가 아닌 '~해도 되겠습니까?, ~해 주시겠습니까?'와 같이 의역하는 것이 자연스럽습니다.
> 예 すみません、明日の授業、休ませていただけませんか。
>   죄송합니다. 내일 수업 쉬어도 되겠습니까?

261 ~(さ)せてくださる・~(さ)せてください ~하게 해 주세요

접속 동사 ない형 + ~(さ)せてください
의미 자신의 행위에 대해서 허가를 청할 때 사용하는 존경표현이다.

間違(まちが)える 잘못하
다, 틀리다

注文(ちゅうもん)する
주문하다

決(き)める 정하다

考(かんが)える 생각하다

困(こま)る 곤란하다

相談(そうだん)する
상의하다

間違えて注文したのでキャンセルさせてください。

잘못 주문했기 때문에 취소하게 해 주세요.

今すぐ決めることは難しいので、少し考えさせてください。

지금 바로 정하는 것은 어렵기 때문에, 조금 생각하게 해 주세요.

ちょっと困ったことがあるので、相談させてください。

좀 곤란한 일이 있어서, 상담하게 해 주세요.

> 🔖 강의실 생중계!
>
> ~させてくれる(~하게 해 주다)의 존경표현으로 する는 させてください, 来る는 来させてくだ
> さい가 됩니다.

261 お + 동사 ます형 + 願う / ご + 한자어 + 願う ~을 부탁드리다

間違(まちが)い 착오, 실수

念(ねん)のため
만약을 위해

調(しら)べる 조사하다

水道(すいどう) 수도

工事(こうじ) 공사

断水(だんすい) 단수

注意(ちゅうい) 주의

異常(いじょう) 이상

直(ただ)ちに 즉시, 당장

間違いはないと思いますが、念のためお調べ願います。

착오는 없다고 생각합니다만, 만약을 위해 조사를 부탁드립니다.

明日の午前10時まで水道工事のため断水になりますから、ご注意願います。

내일 오전 10시까지 수도 공사로 인해 단수가 되므로 주의를 부탁드립니다.

異常を発見された方は、直ちにお知らせ願います。

이상을 발견하신 분은 즉시 알려주시기 바랍니다.

> 🔖 강의실 생중계!
>
> 손윗사람에게 부탁할 때 쓰는 약간 딱딱한 표현입니다.

お・ご+〜申し上げる 　〜해 드리다, 〜하다

접속 동사ます형, 명사＋お・ご＋〜申し上げる
의미 자신의 행위에 대해서 정중하게 말하는 겸양표현이다.

結婚(けっこん) 결혼
心(こころ) 마음
お祝(いわ) 축하
結果(けっか) 결과
皆様(みなさま) 여러분
報告(ほうこく) 보고
お詫(わ)び 사죄

ご結婚おめでとうございます。心よりお祝い申し上げます。

결혼 축하드립니다. 진심으로 축하드립니다.

今回の結果について、皆様にご報告申し上げます。

이번 결과에 대해서, 여러분에게 보고 드리겠습니다.

お詫び申し上げます。 　　　　　　　　　　　　　　사죄드리겠습니다.

강의실 생중계!

お・ご+〜する・いたす(〜하다, 해 드리다)보다 더 정중한 표현으로, 주로 의뢰・전달・축하・사죄 등을 나타내는 말에 접속되어, 상대에게 그 뜻을 전하는 표현입니다.

☑ 시나공 확인 문제

次の文の(　　　)に入れるのに最もよいものを、1・2・3・4から一つ選びなさい。

以上の説明で、大体の事情は(　　　)のではないかと思います。

1 お分かり願った　　2 分からせていただいた　　3 お分かりいただけた　　4 お分かり致した

해석 이상의 설명으로, 대강의 사정은 이해해 주신 것은 아닌가 하고 생각합니다.

해설 겸양어 공식을 떠올리면서 선택지의 의미를 확인해 보면 1번은 お＋동사 ます형＋願う / ご＋한자어＋願う(〜을 부탁드리다)의 형태로 お分かり願った(이해를 부탁드렸다)라는 의미가 되며, 2번은 〜(さ)せていただく(〜하다)의 형태로, 分からせていただいた(이해했다)라는 의미가 된다. 그리고 3번은 お＋동사 ます형＋いただく / ご＋한자어＋いただく(〜해 주시다)의 형태로 お分かりいただけた(이해해 주셨다)라는 의미가 된다. 4번은 お＋동사 ます형＋する(致す) / ご＋한자어＋する(致す)(〜하다, 〜해 드리다)의 형태로 お分かり致した(이해했다)라는 의미가 된다. 따라서 정답은 3번이 될 수밖에 없다. 　　**정답** 3

적중 예상 문제

▶ 정답과 해설 165쪽

問題　次の文の（　　　　）に入れるのに最もよいものを、1・2・3・4から一つ選びなさい。

01 まもなく電車が（　　　　）。危ないですから、黄色い線の内側にお下がりください。

　　1 おります　　　　　　　　　　　　2 おいでになります
　　3 あがります　　　　　　　　　　　4 まいります

02 お客さんが（　　　　）ましたら、会議室にご案内ください。

　　1 うかがい　　　　2 お目にかかり　　　3 お見えになり　　　4 お見になり

03 皆さんはキャラという言葉を（　　　　）。元来はキャラクターの略語ですが、最近の若い人たちは個人の性格や個性を表すときにもこの言葉を使います。

　　1 ご存じですか　　　　　　　　　　2 ご覧になりますか
　　3 拝見しますか　　　　　　　　　　4 うかがいますか

04 この山のすばらしい景色を写真にとって皆さんに（　　　　）ものです。

　　1 お目にかかりたい　　　　　　　　2 お目にかけたい
　　3 致したい　　　　　　　　　　　　4 拝借したい

05 先生の作品を（　　　　）、大変感動しました。

　　1 おいでになり　　　2 拝借し　　　　　3 まいり　　　　　4 拝見し

06 無償修理の際は、製品保証書が必要になりますので、（　　　　）。

　　1 ご用意ください　　2 ご覧ください　　　3 お越しください　　4 ご遠慮ください

07 お昼ご飯は何に（　　　　）ましたか。

　　1 いたし　　　　2 おり　　　　　3 なさい　　　　4 いただき

08 この前はお心のこもった手作りのお菓子をお送り（　　　　）、大変ありがとうございました。

　　1 さしあげ　　　2 くださり　　　　3 願い　　　　4 申し上げ

09 入場券を（　　　）の方、いらっしゃいますか。

1 お持ち　　　　　2 持ちにいたし　　3 お持ちし　　　　4 お持ちになり

10 田中さん夫婦は二人とも高校の先生（　　　）。

1 と申し上げます　　　　　　　2 と存じます

3 でいらっしゃいます　　　　　4 ておいでになります

11 品質に厳しい日本向けの輸出は何年の経験もありますから、品質の面では
ご心配（　　　）でください。

1 いたさない　　　2 なさらない　　　3 くださらない　　4 いらっしゃらない

12 ご利用のお客様には、大変ご迷惑をおかけしましたこと、心よりお詫び（　　　）。

1 申し上げます　　2 いただきます　　3 なさいます　　　4 ください

13 すみませんが、ここに（　　　）か。

1 座らされません　　　　　　　2 座られません

3 座らせていただけません　　　4 座っていただきます

14 ちょっとお待ち（　　　）、すぐお直し致します。

1 いたせば　　　　　　　　　　2 させていただければ

3 願えば　　　　　　　　　　　4 いただければ

15 壊れやすいので、取り扱いには十分ご注意のうえ（　　　）。

1 お使い願います　　　　　　　2 使わせていただきます

3 お使いになります　　　　　　4 お使いなさいます

16 いつ（　　　）のですか。

1 お出発になる　　2 ご出発になる　　3 お出発する　　　4 ご出発する

問題　次の文の　＿＿★＿＿　に入る最もよいものを、1・2・3・4から一つ選びなさい。

01 ＿＿＿＿ ＿＿＿＿ ＿＿★＿＿ ＿＿＿＿ が、どうぞ召し上がってください。

　　 1 かどうか　　　　 2 お口に　　　　 3 合います　　　　 4 わかりません

02 ＿＿＿＿ ＿＿★＿＿ ＿＿＿＿ ＿＿＿＿。

　　 1 いつから　　　　 2 勉強は　　　　 3 日本語の　　　　 4 始められましたか

03 お名前は存じておりますが、＿＿＿＿ ＿＿＿＿ ＿＿★＿＿ ＿＿＿＿。

　　 1 一度も　　　　 2 ことはありません 3 まだ　　　　 4 お目にかかった

04 部長、さっき ＿＿＿＿ ＿＿＿＿ ＿＿★＿＿ ＿＿＿＿。

　　 1 お見えに　　　　 2 方が　　　　 3 中山という　　　　 4 なりました

05 すみませんが、＿＿＿＿ ＿＿＿＿ ＿＿★＿＿ ＿＿＿＿。

　　 1 いただけますか　 2 熱があるので　　 3 早く　　　　 4 帰らせて

06 その件 ＿＿★＿＿ ＿＿＿＿ ＿＿＿＿ ＿＿＿＿。

　　 1 させていただきます　　　　　　 2 ご説明
　　 3 私が　　　　　　　　　　　　　 4 に関しては

07 その荷物、重そうですね。＿＿＿＿ ＿＿＿＿ ＿＿★＿＿ ＿＿＿＿。

　　 1 よろしかったら　 2 しましょうか　 3 私が　　　　 4 お持ち

08 ＿＿＿＿ ＿＿＿＿ ＿＿★＿＿ ＿＿＿＿ ので、ご都合のよい日時をお知らせください。

　　 1 こちら　　　　 2 よろしければ　 3 伺います　　　　 4 から

255

問題　次の文の(　　　)に入れるのに最もよいものを、1・2・3・4から一つ選びなさい。

01 日本語を専攻している私(　　　)、日本という国はまことに親しみのある、どうしても一回行って住んでみたいところだ。

　　1 にかぎらず　　　2 のもとで　　　　3 を中心に　　　　4 にとって

02 子供を持つ親(　　　)子供の幸せを祈る思いはいつの時代も変わりないと思います。

　　1 どおり　　　　　2 のもとで　　　　3 として　　　　　4 からといって

03 すみません。このコピー機、(　　　)か。

　　1 使わせていただけません　　　　　2 お使い致します
　　3 使っていただきます　　　　　　　4 お使い申し上げます

04 皆様の個人情報は、当社の個人情報保護方針(　　　)保護されます。

　　1 を問わず　　　　2 にしたら　　　　3 にあたって　　　4 のもとで

05 携帯電話の音楽ダウンロードサービスは若者(　　　)利用が増えている。

　　1 に沿って　　　　2 に基づいて　　　3 を中心に　　　　4 にとって

06 先生(　　　)、こんな大騒ぎになるとは思っていなかったんだろう。

　　1 にしても　　　　2 に対して　　　　3 かわりに　　　　4 というより

07 石田先生はきれいな(　　　)、教え方も上手なんです。

　　1 ばかりか　　　　2 かけの　　　　　3 だけに　　　　　4 こそ

08 特に予定のない午後は本屋に行く(　　　)。

　　1 一方だ　　　　　2 どころではない　　3 ようがない　　4 に限る

問題　次の文の ＿＿＿★＿＿＿ に入る最もよいものを、1・2・3・4から一つ選びなさい。

01 最近 ＿＿＿＿ ＿★＿ ＿＿＿＿ ＿＿＿＿ 悩む人が増えています。

　　1 抜け毛で　　　　2 に限らず　　　　3 男性　　　　　　4 女性でも

02 輸出が減少する ＿＿＿＿ ＿★＿ ＿＿＿＿ ＿＿＿＿。

　　1 増加し　　　　　2 輸入は　　　　　3 一方で　　　　　4 つつある

03 皆様に快適にご利用いただくために、ご利用の後は ＿＿＿＿ ＿＿＿＿ ＿★＿
　　＿＿＿＿。

　　1 ご協力を　　　　2 ないように　　　3 ゴミの放置など　4 お願いいたします

04 最初は友達ができるかとても不安でしたが、＿＿＿＿ ＿＿＿＿ ＿★＿ ＿＿＿＿、
　　すぐに友達ができました。

　　1 積極的に　　　　2 みんなが　　　　3 くれて　　　　　4 話しかけて

05 ＿＿＿＿ ＿＿＿＿ ＿＿＿＿ ＿★＿ 猛烈な寒波が日本列島を覆っている。

　　1 気象庁の　　　　2 連日　　　　　　3 に反して　　　　4 予測

06 料理の本に ＿＿＿＿ ＿＿＿＿ ＿＿＿＿ ＿★＿ 全然おいしくできない。

　　1 のに　　　　　　2 とおりに　　　　3 書いてある　　　4 作った

07 その子の話す中国語は外国人の ＿★＿ ＿＿＿＿ ＿＿＿＿ ＿＿＿＿ ので、きっと中
　　国人だと思ったのですが、韓国人でした。

　　1 からすると　　　2 完璧に　　　　　3 私　　　　　　　4 感じた

08 今なら ＿＿＿＿ ＿★＿ ＿＿＿＿ ＿＿＿＿。

　　1 になれます　　　2 安い　　　　　　3 お値段で　　　　4 お買い

257

問題　次の文の（　　　）に入れるのに最もよいものを、1・2・3・4から一つ選びなさい。

01　お忙しい（　　　）手伝っていただき、本当にありがとうございます。

　　　1 上で　　　　　　2 末に　　　　　　3 度に　　　　　　4 中を

02　彼の年齢（　　　）、結婚して子供がいてもおかしくない。

　　　1 から言うと　　　2 からといって　　3 からには　　　4 からこそ

03　全世界で感染症COIVD-19で亡くなった人の数が、今日（　　　）200万人を超えた。

　　　1 勢いで　　　　　2 上で　　　　　　3 現在で　　　　　4 限りでは

04　仕事の関係（　　　）、月末は非常に忙しくて休めません。

　　　1 上　　　　　　　2 際　　　　　　　3 中　　　　　　　4 末

05　漢字は書くのが難しい（　　　）、読むのも難しいです。

　　　1 あまりに　　　　2 だけでなく　　　3 おかげで　　　4 ついでに

06　ご結婚おめでとうございます。心より（　　　）。

　　　1 お願い申し上げます　　　　　　　2 お祝い申し上げます
　　　3 お詫び申し上げます　　　　　　　4 お祈り申し上げます

07　すぐに取りに来ますから、ここに少し荷物を（　　　）。

　　　1 お置きになってください　　　　　2 お置きにしてください
　　　3 置かせてください　　　　　　　　4 置かれてください

08　A「これを10個、注文します。」
　　　B「ありがとうございます。たしかに（　　　）。」

　　　1 拝借しました　　2 まいりました　　3 致しました　　　4 うけたまわりました

問題　次の文の　＿＿★＿＿　に入る最もよいものを、1・2・3・4から一つ選びなさい。

01　人の ＿＿＿＿ ＿＿＿＿ ＿★＿ ＿＿＿＿ 、あの人たちはずいぶん暇そうにみえる。

1 ばかり　　　　　2 なんて　　　　　3 うわさ話　　　　4 している

02　流れ星が ＿＿＿＿ ＿＿＿＿ ＿★＿ ＿＿＿＿ 叶うと言われています。

1 うちに　　　　　2 そのお願いは　　3 お願いをすると　4 見えている

03　今日は彼女の誕生日。 ＿＿＿＿ ＿＿＿＿ ＿★＿ ＿＿＿＿ 困ってしまう。

1 緊急の仕事が　　2 こんな日に　　　3 限って　　　　　4 入って

04　彼のような ＿＿＿＿ ＿＿＿＿ ＿★＿ ＿＿＿＿ だった。

1 最大の幸運　　　2 人生における　　3 すばらしい人に　4 出会えたのは

05　オリンピック選手 ＿＿＿＿ ＿＿＿＿ ＿★＿ ＿＿＿＿ ような結果を残したい。

1 からには　　　　2 恥ずかしくない　3 として　　　　　4 選ばれた

06　彼は知らない人には ＿＿＿＿ ＿＿＿＿ ＿★＿ ＿＿＿＿ ととても優しい。

1 厳しい　　　　　2 親しくなる　　　3 代わりに　　　　4 一度

07　お客様が ＿＿＿＿ ＿＿＿＿ ＿★＿ ＿＿＿＿ です。

1 のは　　　　　　2 なさる　　　　　3 5時ごろの予定　4 ご到着

08　ご自分のシートベルトが ＿＿＿＿ ＿＿＿＿ ＿★＿ ＿＿＿＿ 。

1 正しく　　　　　2 お確かめ　　　　3 願います　　　　4 締まっているか

259

問題　次の文の（　　　）に入れるのに最もよいものを、1・2・3・4から一つ選びなさい。

01　本サイトではニックネームとメールを登録する（　　　）、会員になれます。

　　1 つもりで　　　　　2 かぎりで　　　　　3 ところで　　　　　4 だけで

02　私の誕生日はパスポートの（　　　）12月ですが、実際は1月です。

　　1 中では　　　　　　2 もとでは　　　　　3 途中では　　　　　4 上では

03　さんまやさば（　　　）背中が青い魚は、体にいい脂が多く含まれています。

　　1 とでは　　　　　　2 といった　　　　　3 としても　　　　　4 とかで

04　食べても太らない（　　　）、私からすると夢のような話です。

　　1 おかげで　　　　　2 ことで　　　　　　3 なんて　　　　　　4 ままで

05　検査はしていないが、症状（　　　）、インフルエンザだろうと言われた。

　　1 か何かで　　　　　2 だけあって　　　　3 次第で　　　　　　4 から見て

06　家へ帰る（　　　）、事故に遭ってしまいました。

　　1 途中で　　　　　　2 勢いで　　　　　　3 中で　　　　　　　4 次第で

07　あの時の言葉の本当の意味が、今に（　　　）ようやく分かった。

　　1 つけて　　　　　　2 して　　　　　　　3 よって　　　　　　4 あたって

08　だいたい理解できましたが、念のためもう一度（　　　）。

　　1 説明していただけますか　　　　　　　2 説明させていただけますか
　　3 説明されていただけますか　　　　　　4 説明させられていただけますか

問題　次の文の　__★__　に入る最もよいものを、1・2・3・4から一つ選びなさい。

01　国のためにと _____ _____ __★__ _____。

　　1 政治家　　　　　2 信じられない　　3 言っているけど　　4 なんか

02　田中先生は _____ _____ __★__ _____、情の厚い人としても有名だった。

　　1 として　　　　　2 腕がいい　　　　3 医者　　　　　　　4 だけでなく

03　奨学金は成績 _____ _____ __★__ _____ 選考のポイントになる。

　　1 活動も　　　　　　　　　　　　　2 部活やボランティア
　　3 などの　　　　　　　　　　　　　4 のみならず

04　先月電子レンジを買ったが、_____ _____ __★__ _____。

　　1 うちに　　　　　2 壊れてしまった　　3 使わない　　　　4 いくらも

05　A「夏休みにフィリピンへ英語留学しようと思ってるんだけどどう思う。」
　　B「いいと思うよ。でも、僕の _____ _____ __★__ _____ ほうがいいよ。」

　　1 基本的な文法や単語は　　　　　　　2 復習しておいた
　　3 留学前に　　　　　　　　　　　　　4 経験からすると

06　ストレス解消には、_____ _____ __★__ _____ のも一つの方法だ。

　　1 鳥の鳴き声や風の音　　　　　　　　2 自然の音を
　　3 聴いてみる　　　　　　　　　　　　4 といった

07　お役に立てるかどうか分かりませんが、お困りの _____ _____ __★__

　　_____。

　　1 私が　　　　　　2 いただきます　　3 お手伝いさせて　　4 ようでしたら

08　ご指摘いただいた件ですが、_____ _____ __★__ _____ でしょうか。

　　1 いただいても　　2 よろしい　　　　3 ご説明させて　　　4 その件について

만점을 위한 문장 문법력

시나공 15 문장 문법력 기르기

〈 문제풀이 〉 적중 예상 문제

문장 흐름에 맞는 문법을 찾는 문장 문법력 문제는 독해 문장 속의 공란 다섯 개를 메우는 문제 패턴입니다. 전체 문장의 논리적 흐름을 제대로 파악할 수 있는지를 측정하는 것이 목적으로, 제시된 지문의 내용과 흐름을 파악하여 공란에 들어갈 접속사, 조사, 문법적인 요소, 문장의 흐름에 맞는 문장이나 서술어 문형을 찾는 형태가 되겠습니다. 우선 기본적인 문법 지식을 바탕으로 문장 전체의 흐름을 파악하고 접속사, 조사 등 문법적인 요소와 어휘를 선택할 수 있어야 합니다.

시험에 이렇게 나온다!

次の文章を読んで、 1 から 5 の中に入る最もよいものを、1・2・3・4から一つ選びなさい。

　日本社会の少子化傾向はこれからも進むとみられており、それに伴なう問題は深刻化する 1 。そんな中で、実際に子どもを育てながら仕事をしている方に仕事と子育て 2 どう感じているのか、聞いてみた。

　少子化 2 「マスコミ報道などで子育てが怖くなる情報が話題を呼び、子育ての楽しさが伝わりにくい」と指摘する声が目立った。そこには「女性の社会進出の速度と行政の取り組みがかみ合っていない」、「男性中心の企業と女性の考えのギャップもまだまだ大きい」と感じていることも背景にあるようだ。「出産や子育てを個人の勝手と考え、余計なもの扱いする企業や社会の姿勢が少子化を招いた」という意見もあった。

　その他の視点としては「人生を楽しむ選択肢が増えた」 3 、「子どもを持つことや家族がいることの良さを、上の世代が下に示してこなかった」、「子育てや将来を担う子どもの 4 感覚が疎くなっている」、「地域コミュニケーションの断絶が進んでいる」といった、社会全体に疑問をぶつけるような意見もあった。

　 5 やはり「男性の子どもへの関心の低さ」を指摘する声も多い。「夫が無理解で、夫の両親の考え方も封建的だ」、「人間的に成長し、経済的に自立している女性は増えたが、日常生活で女性に依存している男性は減らない」と厳しい意見もある。

01　1 ものがある　　　2 一方だ　　　3 つつある　　　4 ことだ

02　1 に答えて　　　2 について　　　3 によって　　　4 に伴って

03　1 という意見があるにもかかわらず　　2 という意見があるだけに
　　　3 という意見がある一方　　　　　　　4 という意見があるとともに

04　1 教育やしつけ観はもとより　　　2 教育やしつけ観に加えて
　　　3 教育やしつけ観はともかく　　　4 教育やしつけ観に対して

05　1 しかし　　　2 そして　　　3 ただし　　　4 ところで

해석　일본 사회의 저출산 추세는 앞으로도 계속 이어질 것이라 예상되고 있고, 그로 인한 문제는 심각해져 갈 뿐이다. 그러한 가운데, 실제로 아이를 키우면서 일을 병행하고 있는 분들에게 일과 육아에 대해서 어떻게 느끼고 있는지 물어봤다.

저출산에 대해서 '매스컴의 보도 등에서 육아가 두려워지는 정보가 화제가 되어, 육아의 즐거움이 전해지기 어렵다'라고 지적하는 목소리가 눈에 띄었다. 거기에는 '여성의 사회진출 속도와 행정의 대처가 맞물리지 않다' '남성 중심의 기업과 여성의 생각의 격차도 아직 크다'라고 느끼고 있는 것도 배경에 있는 듯하다. '출산과 육아를 개인 사정이라고 생각하며, 불필요한 것으로 생각하는 기업과 사회의 자세가 저출산을 초래했다'라는 의견도 있었다.

그 외의 관점으로서는 '인생을 즐길 선택지가 늘었다'라는 의견이 있는 한편, '아이를 갖는 것이나 가족이 있어 좋은 점을, 윗세대가 아랫세대에게 보여주지 못했다', '육아와 장래를 책임지는 아이의 교육과 예절관에 대해서 감각이 둔해지고 있다', '지역 커뮤니케이션의 단절이 되고 있다'라고 한, 사회 전체에 의문을 던지는 듯한 의견이 있었다. 그리고 역시 '남성의 아이에 대한 관심이 낮음'을 지적하는 소리도 많다. '남편이 이해를 못하고, 남편의 부모의 사고방식도 봉건적이다', '인간적으로 성장하여, 경제적으로 자립해 있는 여성은 늘었지만, 일상생활에서 여성에게 의존하고 있는 남성은 줄지 않는다'라는 냉엄한 의견도 있다.

해설 01

1 하는 데가 있다　　　2 할 뿐이다　　　3 (지금 마침) ～하고 있다　　　4 해야 한다, 하는 것이다

～一方だ (～할 뿐이다, ～하기만 하다)는 '오로지 ～의 방향으로만 변화가 진행되고 있음'을 나타내는 표현으로, 대부분 부정적인 방향을 나타낸다.　　　　　　　　　　　　　　　　　　　　　　　　　　　　　　　**정답 2**

02

1 에 부응하여　　　2 에 관해서　　　3 에 의해, ～에 따라　　　4 (함)에 따라

～について (～에 관하여, ～에 대하여)는 '다루고 있거나 관계를 갖고 있는 대상'을 지시한다.　　　**정답 2**

03

1 라는 의견이 있음에도 불구하고　　　　　　2 라는 의견이 있는 만큼
3 라는 의견이 있는 한편　　　　　　　　　　4 라는 의견이 있음과 함께

～一方(で)(～하는 한편(으로))는 어떤 사항에 대해 두 가지 면을 대비시켜 나타내는 표현이다.　　　**정답 3**

04

1 교육과 예절관은 물론　　　2 교육과 예절관에 더해　　　3 교육과 예절관은 차치하고　　　4 교육과 예절관에 대해

～に対して (～에 대해서)는 '동작이나 감정이 향해지는 대상과 상대'를 나타낸다.　　　**정답 4**

05

1 그러나　　　2 그리고　　　3 단, 다만　　　4 그런데

정답 2

접속사 정리와 접속사 문제 풀어보기

だから	그러니까, 그래서
それで	그래서
そこで	그래서
そして	그리고
それから	그리고 나서
すると	그랬더니, 그러자
したがって	따라서

祭日(さいじつ)
공휴일, 국경일

傘(かさ) 우산

到着(とうちゃく) 도착

今日は祭日だ。それで、町がにぎわうのだろう。

오늘은 공휴일이다. 그래서 시내가 붐비는 것일 것이다.

午後から雨らしい。だから、傘を持って行った方がいいよ。

오후부터 비가 내릴 것 같다. 그러니까 우산을 갖고 가는 편이 좋겠어.

カーテンを開けた。すると、外は雪が降っていた。

커튼을 열었다. 그러자 밖은 눈이 내리고 있었다.

電車が二時間おくれた。したがって、到着は五時になる。

전철이 두 시간 늦어졌다. 따라서 도착은 5시가 된다.

しかし	그러나
だが	그러나
ところが	그러나, 그렇지만
でも	하지만
けれど(も)	하지만, 그렇지만
それでも	그래도, 하지만
(それ)なのに	그럼에도 불구하고
それにしては	그렇다 하더라도
一方	한편, 다른 한편에서는

駄目(だめ)だ 잘못한다,
엉망이다

彼は勉強ができる。しかし、スポーツは全然駄目だ。

그는 공부를 잘한다. 그러나 운동은 전혀 못한다.

266

製品(せいひん) 제품

和食(わしょく) 일식, 일본 요리

納豆(なっとう) 낫토 (일본 음식명)

この製品は値段が高い。けれども、品質が悪い。

이 제품은 가격이 비싸다. 하지만 품질이 나쁘다.

和食は好きです。でも、納豆はまだ食べられません。

일식은 좋아합니다. 하지만 낫토는 아직 먹지 못합니다.

7時に会う約束をした。だが、彼は来なかった。

7시에 만날 약속을 했다. 그러나 그는 오지 않았다.

五月といえばもう春だが、それにしては寒い。

5월이라고 하면 봄인데, 봄인 것 치고는 춥다.

および	및
ならびに	및, 또 다시
かつ	또한, 게다가
すなわち	즉, 바꿔 말하면

劇場(げきじょう) 극장

飲食(いんしょく) 음식을 먹음

喫煙(きつえん) 흡연

政治(せいじ) 정치

この劇場内では飲食、および喫煙は禁止されている。

이 극장 안에서는 음식을 먹거나 흡연은 금지되어 있다.

ここに住所、氏名、ならびに電話番号を記入してください。

여기에 주소, 이름 및 전화번호를 기입해 주세요.

東京は政治の中心地であり、かつ経済の中心地でもある。

도쿄는 정치의 중심지이고, 게다가 경제의 중심지이기도 하다.

彼はクラスメートだ。すなわち同じクラスの学生だ。

그는 동급생이다. 즉, 같은 반 학생이다.

それとも	그렇지 않으면, 아니면
ないしは	내지는, 혹은
あるいは	혹은
または	또는, 혹은
もしくは	혹은

コーヒーにしますか。それとも、ジュースにしますか。

ㅤ커피로 하겠습니까? 아니면 주스로 하겠습니까?

万年筆(まんねんひつ)
만년필

出張(しゅちょう) 출장

日本語、もしくは英語で書いてください。 일본어 또는 영어로 써주세요.

ボールペンか、または万年筆で記入してください。

ㅤ볼펜이나 혹은 만년필로 기입해주세요.

出張は来週あるいは再来週行く予定です。

ㅤ출장은 다음 주 또는 다다음주에 갈 예정입니다.

05	전환 접속사

さて	그건 그렇고, 한편 (화제 전환)
ところで	그런데 (화제 전환)
それはさておき	그건 그렇다 치고 (전혀 다른 화제로 바꿈)

正月(しょうがつ)
정월, 설날

田舎(いなか) 고향, 시골

もうすぐ今年も終わるね。ところで、正月は田舎へ帰るの？

ㅤ이제 곧 올해도 끝나네. 그런데 설날에는 고향에 가니?

これで今日のニュースは終わります。さて、明日の天気ですが……。

ㅤ이것으로 오늘 뉴스는 끝입니다. 한편, 내일 날씨입니다만…….

いろいろ話したいこともあるが、それはさておき、本題に入ろう。

ㅤ여러 가지 하고 싶은 이야기도 있지만, 그건 그렇다 치고 본론으로 들어가자.

06	첨가 접속사

しかも	게다가
そのうえ	게다가
それに	게다가, 더욱이
さらに	게다가
なお	덧붙여 말하면, 또한

万能(ばんのう)だ
만능이다

靴(くつ) 구두

丈夫(じょうぶ)だ
튼튼하다

彼は成績もいい。そのうえ、スポーツも万能だ。

ㅤ그는 성적도 좋다. 게다가 스포츠도 만능이다.

この店の料理は安いし、それに、とてもおいしい。

ㅤ이 가게의 요리는 싸고, 게다가 매우 맛있다.

この靴は軽くて、しかも、丈夫だ。 이 구두는 가볍고, 게다가 튼튼하다.

風が吹く、さらに雨も降る。 바람이 분다. 게다가 비도 온다.

07 등위 접속사

つまり	즉, 다시 말하면
要するに	요컨대, 결국

経済(けいざい) 경제
得(とく) 이득
損(そん) 손해

経済というのはゼロサム(プラスマイナスゼロ)です。つまり一方が得をすれば他方が損をするのです。
경제라는 것은 플러스마이너스 제로입니다. 즉, 한 쪽이 이득을 보면 다른 한 쪽이 손해를 보는 것입니다.

君はなんだかんだ言っているが、要するに仕事をしたくないだけなんだろう?
너는 이러쿵저러쿵 말하고 있지만, 결국 일하기 싫을 뿐이잖아?

08 설명 접속사

ただし	단, 다만
なぜなら	왜냐하면
もっとも	그렇다고는 해도, 단

公表(こうひょう) 공표
検討中(けんとうちゅう)
검토 중
全員(ぜんいん) 전원
参加(さんか)する
참가하다

今は公表できない。なぜなら、まだ検討中だからだ。
지금은 공표할 수 없다. 왜냐하면, 아직 검토 중이기 때문이다.

いくら食べても無料です。ただし、制限時間は1時間です。
마음껏 먹어도 무료입니다. 단, 제한시간은 1시간입니다.

明日の見学には全員参加してください。もっとも病気などの場合は別ですが。
내일 견학에는 전원 참가해 주세요. 단, 아픈 경우 등은 별개입니다만.

次の文章を読んで（　　　）の中に入る最もよいものを、1・2・3・4から一つ選びなさい。

01
　　パソコンや携帯電話が普及し、家に居ながらにして欲しい情報が得られるという時代です。
　　私たちの暮らしの中で、情報を集めたり、調べものをしたりするとき、インターネットなどのITは大変役に立っています。（　　　）、「知識がないと無理」と思っている人や、「家にパソコンがない」、「機械は得意ではないから使えない、あるいは使わない」という人もいるでしょう。

1 しかし　　　　2 だから　　　　3 しかも　　　　4 それとも

02
　　学歴で人を判断してはいけないという人がよくいますが、人間は誰でもその人の出身大学などを聞いて相手を尊敬したり、また、少し下に見たりすることはあるのではないでしょうか。
　　私はそれが悪いことだとは思いません。（　　　）、外見や家柄などはその人が生れ持ったものですが、学歴はそうではないからです。もちろん、その人が生れ持った頭脳も関係がありますが、それ以上にその人が努力して手にいれたものだからです。その努力は認められなければならないと思います。

1 ないしは　　　2 だから　　　　3 なぜなら　　　4 ただし

03
　　面接の合否は、あなたが会場に入ってから着席するまでに決まると言われています。それは面接官があなたを見た瞬間にいだく印象、（　　　）第一印象は2〜7秒で決まり、この間にあなたの本質を見抜かれてしまうからです。ということは、あなたはまずこのわずかな間に、自分を最大限にアピールしなければならないのです。

1 または　　　　2 とはいえ　　　3 ところが　　　4 つまり

04

幸・不幸というものは結構、相対的なものだ。大抵の人は周りと比較して自分の「幸福度」を計る。（　　　）、意識するしないに関わらず、自分より不幸な人がいれば喜ぶし、自分より幸福そうな人がいればねたむ。どれだけ幸福に恵まれた人でも、周りの人と比べなければ幸せを感じられないのなら、不幸だ。

1 しかし　　　　**2** だから　　　　**3** しかも　　　　**4** それとも

다음 문장을 읽고 ( ) 안에 들어갈 가장 알맞은 것을 1 · 2 · 3 · 4에서 하나 고르세요.

01　컴퓨터와 휴대 전화가 보급되고, 집에서도 얻고 싶은 정보를 얻을 수 있는 시대입니다.
우리들의 생활 속에서 정보를 모으거나 조사하거나 할 때, 인터넷 등의 IT는 상당히 도움이 되고 있습니다. (그러나), '지식이 없으면 무리'라고 생각하고 있는 사람과 '집에 컴퓨터가 없다', '기계는 자신 없으니까 사용할 수 없다. 또는 사용하지 않는다'라는 사람도 있을 것입니다.
1 그러나　　　　2 그러니까, 그래서　　　3 게다가　　　　4 그렇지 않으면, 아니면

　　　정답 1

02　학력으로 사람을 판단해서는 안 된다고 하는 사람들이 종종 있습니다만, 인간은 누구라도 그 사람의 출신대학 등을 듣고 상대를 존경하거나, 또 조금 아래로 보거나 하는 일은 있지 않을까요? 저는 그것이 나쁜 일이라고는 생각하지 않습니다. (왜냐하면), 외견이나 집안 등은 그 사람이 갖고 태어나는 것이지만, 학력이라는 것은 그렇지 않기 때문입니다. 물론 그 사람의 타고난 두뇌도 관계가 있지만, 그 이상으로 그 사람이 노력해서 손에 넣은 것이기 때문입니다. 그 노력은 인정받지 않으면 안 된다고 생각합니다.
1 내지는, 혹은　　　　2 그러니까, 그래서　　　3 왜냐하면　　　　4 단, 다만

　　　정답 3

03　면접의 합격 · 불합격은, 당신이 면접 장소에 들어가서 착석할 때까지 (동안)에 결정된다고 합니다. 그것은 면접관이 당신을 본 순간에 품게 되는 인상, (즉) 첫인상은 2~7초로 결정되고, 그 사이에 당신의 본질을 파악 당해버리기 때문입니다. 결국 당신은 우선 이 짧은 동안에 자신을 최대한으로 어필하지 않으면 안 되는 것입니다.
1 혹은　　　　2 그렇다고는 하나　　　3 그런데　　　　4 즉

　　　정답 4

04　행복 · 불행이라는 것은 상당히 상대적인 것이다. 대부분의 사람들은 주위와 비교해서 자신의 '행복도'를 잰다. (그래서), 의식하거나 의식하지 않는 것과는 관계없이, 자신보다 불행한 사람이 있으면 즐거워하고, 자신보다 행복해 보이는 사람이 있으면 질투한다. 아무리 행복에 둘러싸인 사람이라도 주위 사람들과 비교하지 않으면 행복을 못 느낀다면 불행하다.
1 그러나　　　　2 그래서, 그러니까　　　3 게다가　　　　4 그렇지 않으면, 아니면

　　　정답 2

부사 정리와 부사 문제 풀어보기

| 01 | あと | 앞으로, 아직 |

卒業まであと3日! 残りわずかな学校生活を思いっきり楽しもう。

졸업까지 앞으로 3일! 얼마 안 남은 학교생활 실컷 즐기자.

| 02 | いずれにしても | 어차피, 어쨌든, 결국 |

晴れでも雨でも、いずれにしても明日は外出の予定です。

날씨가 좋든 비가 오든, 어차피 내일은 외출할 예정입니다.

| 03 | 今(いま)にも | 당장에라도, 이내, 곧, 금방 |

彼は今にも人を殺してしまいそうな顔をしている。

그는 당장에라도 사람을 죽여 버릴 것 같은 얼굴을 하고 있다.

| 04 | かえって | 오히려, 도리어, 반대로 |

もうけようとしてかえって損をした。　　　돈을 벌려다가 오히려 손해를 보았다.

| 05 | かりに | 가령, 만일, 만약 |

仮に太陽が西から昇ったとしても、私の決心は変わらない。

가령 태양이 서쪽에서 뜬다고 해도, 내 결심은 변하지 않는다.

| 06 | 次第(しだい)に | 서서히, 차츰, 점점 |

未来のことを気にせず、今に集中していくと、次第に不安が消えていくそうです。

미래를 걱정하지 말고, 지금에 집중해가면, 점점 불안이 사라져갈 것입니다.

| 07 | 実(じつ)は | 실은, 사실은 |

自分に自信がない人は、実は完璧主義であることが多いのです。

자기 자신에게 자신이 없는 사람은, 사실은 완벽주의일 경우가 많습니다.

| 08 | そのうち | 가까운 시일 안에, 조만간 |

あの二人はそのうち結婚すると思う。 　　　　저 두 사람은 조만간 결혼할 것이라 생각한다.

| 09 | それなりに | 그런대로, 그 나름 |

嫌なこともあるけど、それなりに楽しいと思える社会が一番だと思います。 싫은 부분도 있지만, 그런대로 즐겁다고 생각되는 회사가 제일이라고 생각합니다.

| 10 | 確(たし)かに | 확실히, 분명히 |

メールを確かに受け取りました。ありがとうございます。
メ일을 틀림없이 받았습니다. 감사합니다.

| 11 | たとえ | 비록, 가령, 설령 |

たとえお金がなくても、幸せに暮らせる方法はあるはずだ。
비록 돈이 없어도, 행복하게 지낼 수 있는 방법은 있을 것이다.

| 12 | 例(たと)えば | 예를 들면, 예컨대 |

日本には美しい都市が多い。例えば京都、奈良だ。
일본에는 아름다운 도시가 많다. 예를 들면 교토, 나라다.

| 13 | どうか | 아무쪼록, 부디, 제발 |

今年もどうかよろしくお願いします。 　　　　올해도 아무쪼록 잘 부탁드립니다.

| 14 | どうにか | 겨우, 그런대로, 그럭저럭, 어떻게든 |

おかげさまで、どうにか暮らしています。 　　　　덕택에, 그런대로 지내고 있습니다.

15	どうでも	어떻게 해서든지, 아무렇게든, 아무래도

「人生どうでもいい」と感じるのは、心が疲れている証です。

「인생 아무래도 좋다」고 느끼는 것은 마음이 지쳐있다는 증거입니다.

16	どうも	아무래도, 어쩐지

どうも計算が間違っているようだ。

아무래도 계산이 틀린 것 같다.

17	とても	도저히, 아무래도

少し気分転換に行ってこいと言われたが、とてもそんな気分ではない。

좀 기분 전환하러 갔다 오라고 말을 들었지만, 도저히 그런 기분이 아니다.

18	どれだけ	어느 정도, 얼마만큼, 얼마나

これがただの悪い夢であったら、どれだけよかっただろうか。

이것이 그저 나쁜 꿈이었다면, 얼마나 좋았을까.

19	なかなか	상당히, 꽤, 매우, 좀처럼

薬を飲んで、たくさん寝ているんですが、なかなか熱が下がりません。

약을 먹고, 많이 잤는데도, 좀처럼 열이 내려가지 않습니다.

仕事が忙しくて、旅行に行くのはなかなか難しいです。

일이 바빠서, 여행 가는 것은 상당히 어렵습니다.

20	何(なに)も	조금도, 아무것도, 특별히, 유달리, 뭐

一回失敗したくらいで、なにもそこまで悪く言わなくてもいいだろう。

한번 실수한 정도로, 뭐 그렇게까지 나쁘게 말하지 않아도 되잖아.

21	果(は)たして	과연, 정말로, 역시

機械には特に悪いところがないと、果たして何が故障の原因だったの
だろうか。

기계에는 특별히 문제가 없다면, 과연 뭐가 고장의 원인이었을까.

22	**まさか**	설마

まさか、今日のテストでこの問題が出るとは考えていなかった。

설마 오늘 시험에서 이 문제가 나오리라고는 생각 못했다.

23	**まず**	우선, 먼저, 아마도, 거의

彼の成功の見込みはまずない。

그가 성공할 가능성은 거의 없다.

24	**むしろ**	오히려, 차라리

この商品は女性をターゲットに作られたが、実際はむしろ男性に人気があるようだ。

이 상품은 여성을 타겟으로 만들어졌지만, 실제로는 오히려 남성에게 인기가 있는 것 같다.

25	**もちろん**	물론

イベントのある日はもちろん、ない日も営業しております。

이벤트가 있는 날은 물론, 없는 날도 영업하고 있습니다.

26	**もっとも**	그렇다고는 하지만, 하기는, 다만

検査の前夜から飲食禁止です。もっとも水は飲んでも構いません。

검사 전날 밤부터 음식금지입니다. 다만 물은 마셔도 상관없습니다.

27	**やはり**	역시

今日の天気は天気予報で言ってたとおり、やはり雨でした。

오늘 날씨는 일기예보에서 말한 대로, 역시 비가 내렸다.

28	**ようやく**	겨우, 가까스로, 간신히, 차츰, 점차로

ずっと分からなかった問題の答えが、先生の説明でようやくわかりました。

줄곧 몰랐던 문제의 답을 선생님의 설명으로 겨우 알게 되었다.

次の文の（　　　）に入れるのに最もよいものを、1・2・3・4から一つ選びなさい。

01 このまま続けるかどうか、（　　　）今日中に決めなければならない。

　　1 一段と　　　　　2 いずれにしても　3 じっと　　　　4 ますます

02 台風で壊れた看板が（　　　）落ちてしまいそうだ。

　　1 今にも　　　　　2 さらに　　　　　3 もっとも　　　　4 めったに

03 （　　　）私を悲しませないためのうそだとしたって、私は絶対許せない。

　　1 次第に　　　　　2 さすが　　　　　3 かりに　　　　　4 実に

04 写真の女性と彼女は（　　　）よく似ている。

　　1 あと　　　　　　2 確かに　　　　　3 さっそく　　　　4 少しも

05 （　　　）冗談であったとしても、相手の傷つくことを言ってはいけない。

　　1 かえって　　　　2 必ずしも　　　　3 どうも　　　　　4 たとえ

06 あの山の美しさは（　　　）言葉では表現できない。

　　1 つい　　　　　　2 じっと　　　　　3 たまに　　　　　4 とても

07 一日に（　　　）野菜を食べているかによって、寿命が変わるそうだ。

　　1 どれだけ　　　　2 何とも　　　　　3 ほぼ　　　　　　4 どうでも

08 私があの店にいるとき、彼らがそこにやってきたのは（　　　）偶然だろうか？

　　1 どうか　　　　　2 改めて　　　　　3 果たして　　　　4 直ちに

09 観光客向けの商品より、（　　　）地元の人がよく買う物の方がお土産にはお勧めです。

　　1 むしろ　　　　　2 もちろん　　　　3 つまり　　　　　4 しかし

10 5時間にわたる激しい議論の末、（　　　）意見がまとまった。

　　1 どうせ　　　　　**2** ようやく　　　　　**3** たまたま　　　　　**4** 少しも

다음 문장의 (　　)에 들어갈 알맞은 것을 1·2·3·4에서 하나 고르세요.

01 이대로 계속할지 어떨지, **(어쨌든)** 오늘 중으로 정하지 않으면 안 된다.
　　1 한층, 더욱　　　　　2 어쨌든, 결국　　　　　3 가만히　　　　　4 점점 더
　　　　　　　　　　　　　　　　　　　　　　　　　　　　　　　　　정답 2

02 태풍으로 부서진 간판이 **(당장에라도)** 떨어져버릴 것 같다.
　　1 당장에라도, 이내, 곧　　2 더욱더　　　　　3 가장　　　　　4 좀처럼
　　　　　　　　　　　　　　　　　　　　　　　　　　　　　　　　　정답 1

03 **(가령)** 나를 슬프게 하지 않기 위한 거짓말이라고 해도, 나는 절대로 용서할 수 없다.
　　1 서서히, 차츰, 점점　　2 과연, 역시　　3 가령, 만일, 만약　　4 실로, 참으로, 매우
　　　　　　　　　　　　　　　　　　　　　　　　　　　　　　　　　정답 3

04 사진의 여성과 그녀는 **(확실히)** 많이 닮았다.
　　1 앞으로, 아직　　　　2 확실히, 분명히　　3 즉시　　　　4 조금도
　　　　　　　　　　　　　　　　　　　　　　　　　　　　　　　　　정답 2

05 **(설령)** 농담이었다고 해도, 상대가 상처받는 말을 해서는 안 된다.
　　1 오히려　　　　2 반드시　　　3 아무래도, 어쩐지　　4 비록, 가령, 설령
　　　　　　　　　　　　　　　　　　　　　　　　　　　　　　　　　정답 4

06 그 산의 아름다움은 **(도저히)** 말로는 표현할 수 없다.
　　1 조금, 그만　　　　2 가만히　　　3 간혹, 이따금　　4 도저히, 아무래도
　　　　　　　　　　　　　　　　　　　　　　　　　　　　　　　　　정답 4

07 하루에 **(얼마나)** 채소를 먹고 있는가에 따라서, 수명이 바뀐다고 한다.
　　1 어느 정도, 얼마나　　2 아무렇지도, 뭐라고도　　3 거의, 대강　　4 어떻든, 아무렇든
　　　　　　　　　　　　　　　　　　　　　　　　　　　　　　　　　정답 1

08 내가 그 가게에 있을 때, 그들이 그곳에 찾아온 것은 **(과연)** 우연일까?
　　1 아무쪼록, 부디　　2 다시, 새삼스럽게　　3 과연, 정말로　　4 곧, 즉시, 바로
　　　　　　　　　　　　　　　　　　　　　　　　　　　　　　　　　정답 3

09 관광객용 상품보다, **(오히려)** 그 지방 사람들이 자주 사는 물건 쪽을 선물로 추천합니다.
　　1 오히려, 차라리　　2 물론　　　3 결국, 즉　　　4 그러나
　　　　　　　　　　　　　　　　　　　　　　　　　　　　　　　　　정답 1

10 5시간에 걸친 격한 논의 끝에, **(겨우)** 의견이 정리되었다.
　　1 어차피　　　　2 겨우, 간신히　　3 우연히, 마침　　4 조금도
　　　　　　　　　　　　　　　　　　　　　　　　　　　　　　　　　정답 2

조사 정리와 조사 문제 풀어보기

01 〜には 〜하려면, 〜하기 위해서는

Tip 조사와 관련된 문제는 문장의 흐름만 이해한다면 어렵지 않게 정답을 찾을 수 있을 것입니다. 기본적인 조사는 생략하고 문장 문법력 공략을 위한 N2 수준의 조사를 정리해 봅니다.

自分の目標とする大学に合格するにはすごく努力が必要です。

자신이 목표로 하는 대학에 합격하려면 굉장히 노력이 필요합니다.

🖉 강의실 생중계!

비슷한 표현으로 〜ためには(〜하기 위해서는)가 있다. 그리고 명사 + 〜には(〜에는, 〜로는)는 평가의 기준을 나타내는 의미가 됩니다.

02 〜ては · 〜ていては 〜해서는, 〜하고 있어서는

合格(ごうかく) 합격

そんなに毎日遊んでばかりいては合格は絶対無理です。

그렇게 매일 놀고만 있어서는 합격은 절대 무리입니다.

彼女はいつもなんだかんだ理由を言っては、会社を休む。

그녀는 항상 이러쿵저러쿵 이유를 말하고서는 회사를 쉰다.

03 〜ても 〜해도

あの曲はいつ聞いてもいい曲ですね。 그 곡은 언제 들어도 좋은 곡이네요.

この映画は何度見てもおもしろい。 이 영화는 몇 번을 봐도 재미있다.

04 〜とも 〜하더라도

放棄(ほうき)する
포기하다

一度やると決めたことはどんなに辛くとも絶対に放棄しないつもりです。

한 번 하겠다고 정한 것은 아무리 힘들어도 절대로 포기하지 않을 생각입니다.

🖉 강의실 생중계!

〜ても의 문어체이고, 少なくとも(적어도), 多くとも(많아도) 등과 같이 부사적으로 쓰이는 경우도 있습니다.

05 ~てでも ~해서라도

捨(す)てる 버리다

やはり結婚する相手は、全てを捨ててでもこの人と一緒になりたいっ
て思える人としたいです。

역시 결혼할 상대는, 모든 것을 버려서라도 이 사람과 함께 있고 싶다고 생각할 수 있는 사람과 하고 싶습니다.

> 🎧 강의실 생중계!
>
> ~て가 생략된 ~でも(で)(~라도)도 함께 챙겨두세요!
> 📝 これは子供でも知っていますよ。 이건 애들도 알고 있어요.

06 ~というのは・~とは ~라는 것은, ~란

優(まさ)る 뛰어나다
競走(きょうそう)する
경쟁하다
力不足(ちからぶそく)
역부족

プロというのは、生活のすべてをかけて仕事をする人間のことだ。

프로라는 것은, 생활의 전부를 걸고 일을 하는 인간을 말한다.

アイデアとは、自分よりも力の優る相手と競争した時、その力不足を
埋めてくれる武器だ。

아이디어란, 자신보다도 힘이 뛰어난 상대와 경쟁했을 때, 그 역부족을 채워 주는 무기이다.

07 ~も ~도, ~씩(이나)

不景気(ふけいき) 불경기
減(へ)らす 줄이다
使用料(しようりょう)
사용료

不景気で大手企業も新入社員の数を減らすという。

불경기라서 대기업도 신입사원 수를 줄인다고 한다.

電気の使用料が30%も上がった。 전기 사용료가 30%나 올랐다.

08 ~こそ~が ~는 ~지만

礼儀(れいぎ) 예의

実は、わたしは口こそ悪いが、礼儀に関しては非常にうるさい。

사실 나는 입은 거칠지만, 예의에 관해서는 상당히 까다롭다.

09 **〜へと** 〜(으)로

あの俳優は活動を世界へと広げている。 그 배우는 활동을 세계로 넓히고 있다.

🖊 강의실 생중계!

동작·작용이 향해지는 방향, 상대, 귀착점을 나타내는 조사로, 특히 동작이 끝날 때까지의 과정임을
강조한다.

10 **〜ほど** 〜정도, 〜쯤, 〜만큼

会社まではバスで25分から30分ほどかかります。

회사까지는 버스로 25분에서 30분정도 걸립니다.

11 **〜すら** 〜조차, 〜마저, 〜까지

喉が痛くて、水すら飲めない。 목이 아파서, 물조차 마실 수 없다.

12 **〜にでも** 〜에라도

来週にでもランチに行こうか。 다음 주에라도 점심 먹으러 갈까?

13 **〜てからに** 〜하고 나서로

安全上、必ずコンセントを抜いてからにしてください。

안전상, 반드시 콘센트를 빼고 나서로 해주세요.

14 　～のに　　　～하는 데에

消しゴムは字を消すのに使います。　　　지우개는 글자를 지우는 데에 사용합니다.

강의실 생중계!

～のに는 '～하는 데에'라는 용도의 용법 외에도, 일반적인 예상과는 반대 되는 사항이 일어남을 나타
내는 '～하는데도'의 의미와, 종조사로 사용되어 불만·원망·비난 등의 심정을 나타내는 '～인데, ～련
만, ～텐데'의 의미도 있다.

15 　～もの　　　～(이)나 되는

何人もの人が今僕を疑っているだろう。

몇 명이나 되는 사람이 지금 나를 의심하고 있는 걸까.

次の文の（　　　）に入れるのに最もよいものを、1・2・3・4から一つ選びなさい。

01 大人（　　　）自分の気持ちだけではなく、まわりの人々の気持ちも考える人のことです。

    1 からには   2 というのは   3 では   4 ようには

02 うそをついて（　　　）相手に好かれたいというのは、結局、人に認めてもらいたいという欲求の表れではないでしょうか。

    1 でも   2 にも   3 から   4 ては

03 文章をわかりやすくする（　　　）、文章を短くすることが大切です。

    1 だけでは   2 ようには   3 からには   4 ためには

04 体に良いといわれるものでも、そればかり偏って食べてい（　　　）、いけません。

    1 ても   2 ながら   3 ては   4 とも

05 論理的に考えることができ（　　　）、それをうまく表現できなければ意味がない。

    1 ては   2 たり   3 てから   4 ても

06 どんなに難しい本でも何度（　　　）繰り返して読めば、意味が自然に明らかとなる。

    1 に   2 でも   3 も   4 にも

07 癌の手術をした木村さんは回復に時間（　　　）かかったが、退院することになった。

    1 こそ   2 さえ   3 ほど   4 しか

08 一度決定した勝敗は、いかなる理由があろう（　　　）覆りません。

    1 にも   2 とも   3 も   4 でも

09 大学教授になる（　　　）、特に専門的な知識及び研究実績が必要です。

　　1 とは　　　　　　　2 から　　　　　　　3 ので　　　　　　4 には

10 趣味（　　　）仕事以外で損得勘定なく、純粋に楽しめるもののことだ。

　　1 とは　　　　　　　2 には　　　　　　　3 では　　　　　　4 とも

다음 문장의 (　　)에 들어갈 알맞은 것을 1·2·3·4에서 하나 고르세요.

01 어른(이라는 것은) 자신의 마음만이 아니라, 주위 사람들의 마음도 생각하는 사람입니다.
　　1 하는 이상은　　　　2 라는 것은　　　　　3 로는, 에서는　　　4 하도록은
　　명사＋〜というのは는 정의나 명제를 나타낼 때 쓰는 표현이다.　　　　　　　　　　**정답** 2

02 거짓말을 해서(라도) 상대에게 호감을 사고 싶다는 것은, 결국 사람에게 인정받고 싶다는 욕구의 표현이 아닐까요?
　　1 라도　　　　　　　2 하려면　　　　　　3 부터　　　　　　4 해서는
　　〜てでも(〜해서라도)는 '어떤 수단을 사용해서라도 〜하겠다'라는 의지나 희망을 나타내는 표현이다.　　**정답** 1

03 문장을 알기 쉽게 하기(위해서는), 문장을 짧게 만드는 것이 중요합니다.
　　1 만으로는　　　　　2 〜하도록은　　　　3 〜하는 이상은　　4 〜위해서는
　　〜ためには(〜하기 위해서는)는 〜には와 함께 '그렇게 하기 위해서는 〜하다'라는 목적의 의미를 나타낸다.　　**정답** 4

04 몸에 좋은 것이라도, 그것만 너무 많이 먹(어서는) 안 됩니다.
　　1 해도　　　　　　　2 하면서　　　　　　3 해서는　　　　　4 하더라도
　　〜ていては(〜하고 있어서는)는 순접의 가정조건을 말한다.　　　　　　　　　　　**정답** 3

05 논리적으로 생각할 수 있다(해도), 그것을 잘 표현할 수 없다면 의미가 없다.
　　1 해서는　　　　　　2 하거나　　　　　　3 하고 나서　　　　4 해도
　　〜ても(〜해도)는 역접조건을 나타내며, 조금 딱딱한 표현으로는 〜とも가 있다.　　　　**정답** 4

06 아무리 어려운 책이라도 몇 번(이나) 반복해서 읽으면, 의미가 자연히 명백해진다.
　　1 에　　　　　　　　2 라도　　　　　　　3 나　　　　　　　4 에도
　　〜も(〜도, 〜나)는 추가나 강조의 의미 외에도 의문사와 같이 쓸 경우는 수량이 많음을 나타낸다.　　**정답** 3

07 암 수술을 한 기무라 씨는 회복에 시간(은) 걸렸지만 퇴원하게 되었다.
　　1 만은　　　　　　　2 조차　　　　　　　3 정도, 만큼　　　　4 밖에
　　〜こそ〜が(〜는 〜지만)는 '〜는 일단 인정하고 뒤에 그것과 대립'하는 표현이 온다.　　　**정답** 1

08 한번 결정된 승패는 어떤 이유가 있(더라도) 번복되지 않습니다.
　　1 하려면　　　　　　2 하더라도　　　　　3 도, 〜나　　　　4 라도
　　〜とも(〜하더라도)는 '〜을' 조건으로 나타내고, 뒤의 내용이 그것에 영향을 받지 않음을 나타낸다.　　**정답** 2

09 대학교수가 되(려면) 특별히 전문적인 지식 및 연구 실적이 필요합니다.
　　1 이란　　　　　　　2 니까, 〜때문에　　3 니까, 〜때문에　　4 하려면
　　〜には(〜하려면)는 〜ためには(〜하기 위해서는)와 함께 '그렇게 하기 위해서는 〜하다'라는 목적의 의미를 나타낸다.　　**정답** 4

10 취미(란) 일 외에 손익계산 없이 순수하게 즐길 수 있는 것을 말한다.
　　1 이란　　　　　　　2 하려면　　　　　　3 로는　　　　　　4 하더라도
　　〜とは(〜이란)는 정의나 명제를 나타내는 표현이다.　　　　　　　　　　　　　　**정답** 1

問題　次の文章を読んで、文章全体の趣旨を踏まえて　1　から　5　の中に入る最
　　　もよいものを、1・2・3・4から一つ選びなさい。

　「あなたは将来何になりたいですか」とか「あなたは将来どんな仕事をしたいで
すか」とか聞かれたことはありませんか。もちろん私も何度も聞かれたことが
あります。普通どう答えればよいのでしょうか。大学の面接とかで聞かれたら
普通は「弁護士になることを目指して勉学に励みたいです」とか「医者になりた
いです」とか言えば格好いいし、面接官にもアピールできますよね。　1-a　留
学生の場合、「日本で学んだことを生かして日本と母国のかけはしになる仕事
をしたいです」　1-b　「わが国と日本との友好関係に役に立つ仕事をしたいで
す」とか言ってしまえば普通の日本人の方々は「おお、すばらしいですね。がん
ばってください」と言ってくれるでしょう。

　では、私の将来の夢はなんでしょう。至って簡単です。それは良い父親にな
ることです。私は子供が大好きです。良い父親になって早く明るい自分の家庭
をもちたいと思っています。もちろん良い父親になる前に良い夫にならなけれ
ばいけませんが、それはもちろん　2　。私の夢はおかしいでしょうか。

　確かに、医者や弁護士になるには並大抵では済まない努力が必要ですし、な
れれば地位的な面　3　人から尊敬されることは間違いないでしょう。経済
的にも安定しているし、人助けもできる職業です。しかし、私は医者でも弁護
士でもない自分の父親を　4　。

　　5　、私の父は決して完璧な人間ではありません。私が父を尊敬する
のは彼がどんなに辛い時でも希望を持って前へ進める力強い人間だからです。広
い心で自分のことより家族のことを、子供たちである私たちのことを精一杯見
てくれるからです。いつか私も心から愛せる妻を持ちたい。そして、その妻と
一緒に自分達だけの小さな家族を作りたいです。父のような親にいつか必ず
……。

01

1 a いかにも / b だから   2 a もしかしたら / b それに
3 a ましてや / b または   4 a ひたすら / b すなわち

02

1 望まないです   2 望むところです
3 望むべきです   4 望むわけではないです

03

1 にしても   2 につけても
3 にあたって   4 においても

04

1 尊敬してやみません   2 尊敬しないわけにはいかないです
3 尊敬しかねません   4 尊敬するしかないです

05

1 さて   2 なぜなら
3 それでも   4 だからと言って

問題　次の文章を読んで、文章全体の趣旨を踏まえて ⌷1⌷ から ⌷5⌷ の中に入る最
　　　もよいものを、1・2・3・4から一つ選びなさい。

　　英語ができない人が海外旅行・出張となると、添乗員同行のパックツアーで
ない ⌷1⌷ 、どうしてもコミュニケーションの問題はついてまわります。た
とえば成田から出発する場合でも、乗る飛行機会社によっては、日本語の通じ
る乗務員がいない、ということもあるでしょう。そうなると、現地に ⌷2⌷ 、
飛行機に乗った瞬間からコミュニケーションの問題が……。仕事の関係で知り
合ったある人は、「乗務員に、何を飲むか何を食べるか、聞かれると困るので、
食事の時間はいつも寝たふりをしてるんです。」と、まじめな顔で言っていました。
　　この人はかなり極端なケースだと思いますが、やはり言葉が通じないことの
不安は ⌷3⌷ 。私自身、数年前に初めてフランスに行ったときには、付け焼
き刃でしたが、かなり真剣にフランス語の基本的な会話を勉強しました。英語
ならどうにか、とは ⌷4⌷ 、フランス人はフランス語しか話さない、という
思いこみがあったので、余計にビビッてフランス語の教科書など買い込んだの
でした。結局そのときは、挨拶とコーヒーの注文ができるくらいにしかなりま
せんでしたが……。
　　英語だけが大切なのでは決してありませんが、共通語としての英語はたしか
に今現在において優勢であることは間違いがありません。 ⌷5⌷ 、主要国の
大都市であれば、英語だけでも過ごすことができるようになってきていると思
います。

① 01

1 ことには

2 ように

3 かぎり

4 からには

② 02

1 着くからといって

2 着くまでもなく

3 着くことなく

4 着くかと思うと

③ 03

1 大きいものがあります

2 大きいわけがないです

3 大きいというものではありません

4 大きい恐れがあります

④ 04

1 思っていたところ

2 思っていたあげく

3 思っていたくせに

4 思っていたものの

⑤ 05

1 今にも

2 少なくとも

3 とっくに

4 大いに

問題　次の文章を読んで、文章全体の趣旨を踏まえて [1] から [5] の中に入る最もよいものを、1・2・3・4から一つ選びなさい。

　　就職活動を実際 [1] 、学生達がいまひとつよく分かっていないのが、活動に臨むための服装ではないだろうか。だから活動開始時に、マニュアルそのままになってしまったり、不確かな噂を鵜呑みにしてしまう学生が多く見かけられる。

　　しかし、自分にあった無理のないスタイルを持たなければならない。あまりに「服装や身だしなみでマイナスポイントを作らないように」意識しすぎて着たら、企業の人事担当者 [2] 、みんな同じに見えてしまう。服装で無理に目立とうとすることは良い結果を生まないと考えたほうがいいだろうから、無難な選択になるのは仕方ないだろうが、自分なりに選んでもらいたい。

　　実際、面接担当者が、君たちの服装を細かくチェックしているかというとそんなことはほとんどないと思っても大丈夫。 [3] 、ごく普通のスーツを着ていれば、何もほかに気にする必要はない。自分が普通と思える範囲であれば問題はない。

　　最も気を配らないといけないのは、「清潔さ」である。アイロンがかかっているシャツを着ているか、しわのないスーツを着ているか、ネクタイはきちんと結べているかには [4] 。

　　いくら服装にお金をかけても、「不潔」は絶対にバツ。だから、さすがにシャツを1枚だけで就職活動を乗り切るのはシンドイだろう。せめて2、3枚は用意すること。スーツは春、夏で2着用意する人 [5] いれば、1着で活動する人 [5] いる。財布と相談して決めればいいだろう。

　　また、業界の特徴によって、服装も変えようと書いてある本がある。業界によって、堅め、軟らかめや、保守的、個性的と言われるが、こちらがそれに合わせて服装を変える必要はあまりない。どんな業界でも共通に好感が持たれるのは清潔感だ。

01

1 始めるにしたがって   2 始めるにあたって
3 始めるからには   4 始めるといっても

02

1 だけあって   2 として
3 からすれば   4 にとって

03

1 あえて   2 ようやく
3 ろくに   4 要するに

04

1 注意を払うべきだ   2 注意を払うということだ
3 注意を払うことはない   4 注意を払うわけにはいかない

05

1 さえ   2 も
3 が   4 は

問題　次の文章を読んで、文章全体の趣旨を踏まえて　1　から　5　の中に入る最もよいものを、１・２・３・４から一つ選びなさい。

　　　私は、小学校の時に好きだった人が忘れられません。彼は5年生の終わりに転校してしまって、私の初恋も終わってしまいました。ちゃんと気持ちを伝えておけばよかったと幼いながら、後悔しました。

　　あれから十数年、当時の友達と音信不通だった私は、最近ある事がきっかけで同級生のひとり(A君)とメール交換することになったんです。　1　、初恋の彼と今でも連絡を取っていることを知り、ドキドキしながら、彼の近況を聞くと、大学生の頃に、難しい病気にかかって後遺症が残り、今も少し不自由な生活をしているということでした。ショックでした。A君も当時、一報を受けた際ショックで涙が止まらなかったそうです。スポーツ万能だった彼は、今でもスポーツを続け元気に頑張っているということだったので、私もメル友として応援したいなと思い、A君　2　連絡を取ってもらったんです。でも断られてしまいました。

　　今の彼にしてみれば、これから先をただ前向きに頑張って　3　のですよね。懐かしい昔の思い出に浸っている場合ではない。まして、病気する前の楽しい思い出は、消し去りたいというのが正直なところなのかもしれませんよね。

　　私　4　大事な思い出も、彼　4　は消し去りたい思い出なのだと思うと　5　が、彼には本当に頑張って、幸せになってもらいたいです。陰ながら応援していきたいと思います。

(01)

1 話をしているうちに　　　　2 話をしているたびに
3 話をしているにもかかわらず　4 話をしているように

(02)

1 をはじめ　　　　2 をきっかけに
3 をめぐって　　　4 を通じて

(03)

1 生きていくにきまっている　2 生きていくまい
3 生きていくしかない　　　　4 生きていくものだ

(04)

1 について　　　2 にとって
3 として　　　　4 に対して

(05)

1 悲しくてたまりません　　　　2 悲しいものか
3 悲しかったに違いありません　4 悲しいにきまっています

問題　次の文章を読んで、文章全体の趣旨を踏まえて　1　から　5　の中に入る最もよいものを、1・2・3・4から一つ選びなさい。

　　私たちの体の動きと心の動きは、密接に関係している。例えば、私たちは悲しいときに泣く、楽しいときに笑うというように、心の動きが体の動きに表れる。しかし、それと同時に、体を動かすことで、心を動かすこともできるのだ。泣くと悲しくなったり、笑うと楽しくなったりする　1　。

　　私たちの脳は、体の動きを読み取って、それに合わせた心の動きを呼び起こす。ある実験で、参加者に口を横に開いて、歯が　2　。このとき顔の動きは、笑っているときの表情と、とてもよく似ている。実験の参加者は、自分たちが笑顔になっていることに気づいていなかったが、自然とゆかいな気持になっていた。このとき、脳は表情から「今、自分は笑っている」と判断し、笑っているときの心の動き、　3　楽しい気持ちを引き起こしていたのだ。

　　表情によって呼吸が変化し、脳内の血液温度が変わることも、私たちの心の動きを決める大切な要素の一つである。人は、脳を流れる血液の温度が低ければ、ここちよく感じることが分かっている。笑ったときの表情は、笑っていないとき　4　、鼻の入り口が広くなるので、多くの空気を取り込むことができる。笑顔になって、たくさんの空気を吸い込むと、脳を流れる血液が冷やされて、楽しい気持ちが生じるのだ。

　　私たちの体と心は、それぞれ別々のものではなく、深く関わり合っている。楽しいという心の動きが、笑顔という体の動きに表れるのと同様に、体の動きも心の動きに働きかけるのだ。

　　何かいやなことがあったときは、このことを思い出して、鏡の前でにっこり笑顔を作ってみるのも　5　。

01

1 くらいだ　　　　　　　　2 ということだ
3 にあたる　　　　　　　　4 とみえる

02

1 見えるようにしてもらった　　2 見えるようにしてくれた
3 見せるようにしてもらった　　4 見せるようにしてくれた

03

1 つまり　　　　　　　　　2 あるいは
3 それに　　　　　　　　　4 すると

04

1 によって　　　　　　　　2 とともに
3 にかぎって　　　　　　　4 に比べて

05

1 よいことになっている　　　2 よいことにしている
3 よいかもしれない　　　　　4 よいからである

問題　次の文章を読んで、文章全体の趣旨を踏まえて　1　から　5　の中に入る最もよいものを、1・2・3・4から一つ選びなさい。

　　「この内容を人に伝える表現にしてください。」と言われたら、どう変えますか。難しいと感じませんか。どのような方法で、どういう場面で、だれに伝えるのかという条件を示されないと、　1　。私たちは、言葉を伝える方法や、言葉を使う相手や場面　2　、表現を変えているのです。

　　言葉で伝える方法には、音声と文字の二つがあります。この違い　2　、表現は変わります。音声で表す言葉を話し言葉といいます。話し言葉では、声の大きさや上げ下げ、間の取り方などで、自分の気持ちを表すことができます。また、その場に相手がいることが多いので、言い間違いをすぐに直せますし、実物を示し　3　「これが〜」とこそあど言葉で表すこともできます。相手によっては、方言を使った表現もできるでしょう。内容を考え　3　話すことが多いため、言葉がはさまれたり、語順が整わなかったりするのも話し言葉の特徴です。

　　　4　、文字で表す言葉を書き言葉といいます。すぐに消えてしまう音声と違い、文字は残ります。日記や手紙などを除くと、だれがいつ読むのかが分からない場合がよくあります。そのため、だれが読んでも分かるように、共通語で書き、語順や構成を整えることが普通です。たいていは書き直せないので、誤解を与えないよう、主語を明らかにしたり、誤字がないようにしたりするなどの注意が必要です。内容を整理して書き、見直しをしてから人に　5　。

1 考えようがありません　　　　2 考えかねません
3 考えることはありません　　　4 考えそうもありません

1 において　　　　　　　　　　2 によって
3 についで　　　　　　　　　　4 にして

1 あまりに　　　　　　　　　　2 うえで
3 たびに　　　　　　　　　　　4 ながら

1 かりに　　　　　　　　　　　2 ただし
3 一方　　　　　　　　　　　　4 例えば

1 伝えるためにしましょう　　　2 伝えるようにしましょう
3 伝えるわけになるでしょう　　4 伝えるまでのことでしょう

問題　次の文章を読んで、文章全体の趣旨を踏まえて　1　から　5　の中に入る最もよいものを、１・２・３・４から一つ選びなさい。

　　歴史上多くの人々が食用に動物を殺さないことを望んできた。肉を摂取しない習慣を菜食主義と言う。宗教的な理由から菜食主義者になる人　1　いれば、健康上の問題や、さらに単に肉の味が好きではないという人　1　いる。最近では、動物に同情するますます多くの人が菜食主義へと　2　。

　　菜食主義にはさまざまなタイプがある。例えば、乳製品、卵、魚を食べ続け、単に赤肉だけを排除する菜食主義者　1　いれば、一方でビーガンのように食事から全ての動物性由来製品を避ける人　1　いる。彼らは豆類からタンパク質をとる。ほかの多くの人にとって、果物と野菜だけを食べ、肉や魚を食べることを減らすという考えは、ほとんど不可能に　3　。　4　、菜食主義用の料理に関する市場は成長している。

　　今日では、ますます多くの菜食主義レストランが開店している。多くの若者は単にそれがどんな感じかを知るために、短期間だけ菜食主義者になっている。彼らの多くは、自分が食べるものにより注意を払い、そのことで気分がよくなると言う。レストランへ行き、おいしい菜食主義料理を楽しむ　5　、食事を改善することができるのだ。

01

1 が   2 は

3 も   4 を

02

1 変わり一方だ   2 変わり得ない

3 変わり勢いだ   4 変わりつつある

03

1 思える   2 思えない

3 思う   4 思わない

04

1 いずれにしても   2 それにもかかわらず

3 それなりに   4 その上

05

1 次第   2 途中で

3 ことで   4 そうで

問題　次の文章を読んで、文章全体の趣旨を踏まえて　1　から　5　の中に入る最もよいものを、1・2・3・4から一つ選びなさい。

　　毎日私たちは、食物を買ったり、家のために使ったりなど、ほとんど全てのことに対してお金を使う。私たちはいつもお金を所持し、お金を受け取ることが嬉しい。お金は非常に重要な要因なので、どの国々が世界を支配するかを決定する。　1　、お金なしで世の中が回ることは難しいだろう。

　　社会にお金という概念が存在する以前の非常に古い文化では、人々は自分たちが生産したり育てたりした物を市場に持っていき、それらをほかの人の品物と交換していた。そういった時代ははるか昔である。

　　収入　2　、社会が特定の技術に対して定める価値の象徴とみなすことができる。社会への貢献がより大きいと認知されればされる　3　、社会はこれらの技術の代価としてより多くのお金を喜んで与える。例えば、医者の医療技術は家の塗装技術よりも、より希少で重要だとみなされるため、医者はより高い収入を得る。しかしながら、町に1人しか塗装職人がおらず、塗るべき家がたくさん　4　、収入は変わるだろう。塗装職人の技術は大いに必要となり、塗装職人はより高い料金を請求できるだろう。物々交換する　5　、私たちは時間と技術をお金と交換する。そのお金は、必要な物や欲しい物を買う力をわれわれに与えるのである。

01

1 要するに　　　　　　　　2 かえって
3 このように　　　　　　　4 もっとも

02

1 とかで　　　　　　　　　2 とは
3 としたら　　　　　　　　4 とはいえ

03

1 はず　　　　　　　　　　2 だけ
3 さえ　　　　　　　　　　4 ほど

04

1 あるかと思ったら　　　　2 あるといっても
3 あるとしたら　　　　　　4 あるとしても

05

1 あまりに　　　　　　　　2 代わりに
3 うちに　　　　　　　　　4 最中に

실전 모의고사

問題7　次の文の（　　　）に入れるのに最もよいものを、1・2・3・4から一つ選びなさい。

01　一般に目上の人（　　　）「お疲れさま」を用い、「ご苦労さま」を使ってはいけない
　　とされています。

　　1 に対しては　　　　2 については　　　　3 に関しては　　　　4 に伴っては

02　ふと私の人生には何か欠けている（　　　）ような気がしました。

　　1 ことになっている　2 かねる　　　　　3 ものがある　　　　4 おそれがある

03　若い（　　　）苦労してないと、人の苦労が見えない人間になってしまいます。

　　1 おきに　　　　　　2 だけに　　　　　3 うちに　　　　　　4 ように

04　あなたは誰かと会話している（　　　）携帯電話に出ますか。

　　1 からこそ　　　　　2 ばかりか　　　　3 のみならず　　　　4 最中に

05　年末年始は忘年会（　　　）、新年会（　　　）、本当に忙しいです。

　　1 やら　　　　　　　2 どころか　　　　3 かわりに　　　　　4 反面

06　ずっと我慢してきたが、この状態だと歯医者さんに（　　　）。

　　1 行くどころではない　　　　　　　　2 行かないことはない
　　3 行かざるをえない　　　　　　　　　4 行くわけがない

07　このままでは個人情報が漏洩し（　　　）ので、速やかに対応をお願い致します。

　　1 かねる　　　　　　2 っこない　　　　3 がたい　　　　　　4 かねない

08 何かを買う前に本当に必要かどうかをよく考える（　　　）。

　1 ということだ　　　2 ほかない　　　　　3 べきだ　　　　　　　4 ことになっている

09 体によくないと（　　　）、最近は全然運動してない。

　1 思いつつ　　　　　2 思ったとたんに　　3 思って以来　　　　4 思うたびに

10 母親である（　　　）、子供を育てる義務がある。

　1 からといって　　　2 以上は　　　　　　3 あまり　　　　　　4 上で

11 この場ではちょっと決め（　　　）ので、また別途会議を設けましょう。

　1 てならない　　　　2 かねる　　　　　　3 つつある　　　　　4 かける

12 明日は定休日につき、（　　　）。

　1 休ませていただきます　　　　　　　　2 休まれます
　3 休んでいただきます　　　　　　　　　4 休んでいらっしゃいます

問題8　次の文の___★___に入る最もよいものを、1・2・3・4から一つ選びなさい。

(問題例)

あそこで_____　_____　★　_____は木村さんです。

1 ご飯　　　　　　　2 人　　　　　　　3 を　　　　　　　4 食べている

(解答の仕方)

01 正しい文はこうです。

あそこで_____　_____　★　_____は木村さんです。
1 ご飯　　　　3 を　　　　4 食べている　　　　2 人

02 ___★___ に入る番号を解答用紙にマークします。

解答用紙　例　① 　② 　③ 　●

---

13 _____　_____　★　_____ 司に説得されて結局やめないことになった。

1 と言った　　　　　2 ものの　　　　　　3 仕事を　　　　　　4 辞める

14 長い間ペットを飼っていると、_____　★　_____　_____。

1 ように　　　　　　2 思える　　　　　　3 ものだ　　　　　　4 家族の

15 これはこの分野一流の科学者たちが、長年苦心の_____　★　_____　_____ 製品です。

1 重ねた　　　　　　2 完成した　　　　　3 末に　　　　　　　4 研究を

16 私は_____　_____　★　_____ ありません。

1 どころか　　　　　2 飛行機に乗ったこと　3 海外に行く　　　　4 すら

17 今の日本では、終身雇用や_____　_____　_____　★　。

1 雇用慣行が　　　　2 崩れつつある　　　　3 年功序列　　　　　4 という

問題9　次の文章を読んで、文章全体の趣旨を踏まえて　18　から　22　の中に入る最もよいものを、1・2・3・4から一つ選びなさい。

　　ニューヨーク大学の恋愛メカニズムを研究しているチームによれば、恋愛にも　18　。いわゆる世間でいう付き合い始めのラブラブな恋愛感情はあえてずっと続かない　19　、人間のメカニズムの中で　20　徐々にほとぼりが冷める　19　調節してくれるそうです。

　　その研究チームによれば恋愛の賞味期限は12〜18ヶ月という結論でした。「たったそれだけの期間なの？」なんて驚く人もいると思いますが、それが恋愛の現実だったりします。恋愛の初期段階の勢いだけで結婚して、いざ生活が始まってから相手との不一致に気付いて早々に離婚してしまうカップルもたくさんいるのもうなずけます。

　　この1年半の期間　21　毎日一緒にいる夫婦や同棲状態の二人なので、単なる週一回程度のデートだけで付き合っているカップルであれば、もっと時間的には持続していく人もたくさんいると思います。その後、仲良く付き合って気持ちが安定した「ラブラブな恋愛」状態を続けていくと、次は「愛情」や「愛着」という、もう1つ先のステージへと二人の心情が変化していくそうです。　22　二人の信頼関係がより強固になってくるということでしょう。これは今までにも長く一人の人と付き合った経験がある人や、すでに安定した結婚生活を送っている人は理解できる感情だと思います。

18

1 賞味期限があるおそれがあります   **2** 賞味期限があるべきです

3 賞味期限があるということです   **4** 賞味期限があるわけにはいかないです

19

1 ばかりに   **2** ように

3 だけに   **4** うえに

20

1 一定の時間からして   **2** 一定の時間に限って

3 一定の時間に基づいて   **4** 一定の時間とともに

21

1 とは   **2** につけ

3 にかけては   **4** には

22

1 さて   **2** とはいえ

3 一方   **4** つまり

問題7 次の文の（　　　　）に入れるのに最もよいものを、1・2・3・4から一つ選びなさい。

01 何でも目標を設定すればよい（　　　　）。高すぎる目標設定はむしろ悪影響を及ぼすこ
　　ともある。

　　1 というものではない　　　　　　　　2 ほかしかたがない

　　3 に相違ない　　　　　　　　　　　　4 ことはない

02 小さな違反をしただけなのに、警察に呼ばれた（　　　　）、罰金まで払わされた。

　　1 くせに　　　　　2 うえで　　　　　3 うえに　　　　　4 わりには

03 これはよくよく話し合った上の決定だから、簡単に（　　　　）。

　　1 変えないわけにはいかない　　　　　2 変えるしかない

　　3 変えるわけにはいかない　　　　　　4 変えることだ

04 外国語の勉強は子供の（　　　　）はじめたほうがいいという考えで英語を教える幼稚
　　園が増えているそうだ。

　　1 にしては　　　　2 次第　　　　　3 うえに　　　　　4 うちに

05 観測気温（　　　　）、そんなに暑くはないはずだが、湿度が高いのでとても暑く感じ
　　られる。

　　1 はもちろん　　　2 からすれば　　　3 をきっかけに　　　4 からして

06 ダイエットのため、エレベーターに乗る（　　　　）階段を上ることにした。

　　1 かわりに　　　　2 にかかわらず　　　3 ことから　　　　4 ものなら

07 春になってシーズンが終わったスキー場はなんとなくさびし（　　　　）だった。

　　1 がち　　　　　　2 ほど　　　　　　3 げ　　　　　　　4 だけ

08 失敗したことをくよくよする（　　　）よ。失敗があってはじめて成功もあるんだから。

　1 わけではない　　　2 まい　　　　　　3 というものだ　　　4 ことはない

09 今後の人材募集に関しましては、決まり（　　　）、ホームページにご案内させていただきます。

　1 次第　　　　　　　2 ながら　　　　　3 ぬきで　　　　　4 あげく

10 あんな広い会場で自分の声が届くわけがないとわかっているけど、（　　　）。

　1 叫ばないことはなかった　　　　　　2 叫ぶどころではなかった
　3 叫ばずにはいられなかった　　　　　4 叫ぶわけにはいかなかった

11 彼は現役ビジネスマン（　　　）、実務的なノウハウが豊富でした。

　1 ことだから　　　2 からいって　　　3 次第で　　　　　4 だけあって

12 お母さんは家事を全て（　　　）外出できない性分だ。

　1 やったかと思うと　　　　　　2 やることなく
　3 やってからでないと　　　　　4 やったところ

問題8　次の文の　＿★＿　に入る最もよいものを、1・2・3・4から一つ選びなさい。

(問題例)

あそこで ＿＿＿＿ ＿＿＿＿ ＿★＿ ＿＿＿＿ は木村さんです。

1 ご飯　　　　　　2 人　　　　　　3 を　　　　　　4 食べている

(解答の仕方)

01 正しい文はこうです。

| あそこで ＿＿＿ ＿＿＿ ＿★＿ ＿＿＿ は木村さんです。 |
| 1 ご飯　　　3 を　　　4 食べている　　　2 人 |

02 ＿★＿ に入る番号を解答用紙にマークします。

解答用紙　例　① ② ③ ●

13 自宅で ＿＿＿ ＿★＿ ＿＿＿ ＿＿＿ ので、慌てて外に飛び出した。

1 地震が　　　　2 ところに　　　3 寝ていた　　　4 起こった

14 田中さんは会社の ＿＿＿ ＿★＿ ＿＿＿ ＿＿＿ 有名だ。

1 経営者である　　2 としても　　　3 ゴルファー　　4 と同時に

15 ＿＿＿ ＿＿＿ ＿★＿ ＿＿＿ 購入しました。

1 にあたって　　2 スーツを　　　3 始める　　　4 就職活動を

16 定時で帰ろうと ＿＿＿ ＿＿＿ ＿＿＿ ＿★＿ 言いつけられる。

1 時　　　　　　2 終わらした　　3 に限って　　　4 仕事を

17 子供が ＿＿＿ ＿＿＿ ＿＿＿ ＿★＿ 一方なのに、収入はあがる気配がない。

1 増える　　　　2 にしたがって　3 大きくなる　　4 出費は

問題9　次の文章を読んで、文章全体の趣旨を踏まえて ⎡ 18 ⎤ から ⎡ 22 ⎤ の中に入る最もよいものを、1・2・3・4から一つ選びなさい。

　　　今やコンピューターはどこにでもあり、ほとんどの人が日常生活にコンピューターがない暮らしを想像できないだろう。⎡ 18 ⎤ 、コンピューターが可能にした一番重要なものの１つはインターネットだろう。

　　　インターネットでは様々なことができる。人々はインターネットで勉強したり、買い物をしたり、物を売ったり、ゲームをしたり、友だちをつくったり、投資をしたり、仕事を見つけたり、予約をしたり、調査をしたりすることができる。事実、インターネットを使ってできないものを考えることは難しい。私たちは想像も ⎡ 19 ⎤ 量の情報を指先に持っているのだ。

　　　このすばらしい現代的な道具 ⎡ 20 ⎤ 否定的な面はいくつかある。一つは効果的に検索する方法を学ぶことの難しさである。検索して何千ものサイトを目前にし、そのほとんどが探していたものとはほとんど、あるいは全く関係がないと、非常にストレスがたまることがある。もう一つは、不必要な広告である。多くの人々が画面上点滅している多くの広告バナーにいらいらさせられた経験が ⎡ 21 ⎤ 。⎡ 22 ⎤ 、それらは、その利点を考えたときには小さな問題である。私たちの興味がどのようなものであろうと、自宅でくつろぎながら私たちを喜ばせてくれるものを見つけることができるのである。

18

1 おそらく　　　　　　　　　2 しかも

3 ようやく　　　　　　　　　4 果たして

19

1 できないそうに　　　　　　2 できないそうな

3 できないように　　　　　　4 できないような

20

1 にたとえる　　　　　　　　2 に代わる

3 に関する　　　　　　　　　4 に次ぐ

21

1 あることだ　　　　　　　　2 あるはずだ

3 あるだけだ　　　　　　　　4 あるくらいだ

22

1 なぜなら　　　　　　　　　2 すなわち

3 確かに　　　　　　　　　　4 しかしながら

問題7　次の文の（　　　　）に入れるのに最もよいものを、1・2・3・4から一つ選びなさい。

01　息子は本当に幼稚園を楽しんでいて、大雪が降っても1日も（　　　）通っています。

　　　1 言わずに　　　　　2 関わらずに　　　　3 欠かさずに　　　　4 せずに

02　時計というものは（　　　　）まず正確でなければだめだ。

　　　1 何でも　　　　　　2 何よりも　　　　　3 何では　　　　　　4 何となく

03　いくら調べてもわからないので、先生に（　　　　）。

　　　1 聞くことにします　　　　　　　　2 聞くことにしています

　　　3 聞くことになります　　　　　　　4 聞くことになっています

04　この商品は（　　　　）が、品質は保証できない。

　　　1 安いはずだった　　　　　　　　　2 安いかもしれない

　　　3 安いことにはならない　　　　　　4 安いべきだった

05　彼はついに試験に合格して、とても（　　　　）。

　　　1 楽しがっている　　2 楽しい　　　　　3 嬉しがっている　　4 嬉しい

06　A「準備、大変そうね。誰かに手伝ってもらったら？」

　　　B「頼める（　　　）頼みたいけど、みんな忙しいから、無理なじゃないかなぁ」

　　　1 わけなら　　　　　2 ことには　　　　　3 ものなら　　　　　4 だけには

07　天気予報では雨が降ると言っていたが、この様子だと全く（　　　　）。

　　　1 降るそうにない　　　　　　　　　2 降るそうではない

　　　3 降りそうではない　　　　　　　　4 降りそうにない

08 運動は大切だが、無理にやりすぎ（　　　）怪我をするだけだ。

1 ては　　　　　　　2 ても　　　　　　　3 では　　　　　　　4 でも

09 もし言いたいことがあれば（　　　）、はっきり言えよ。

1 恥ずかしくなくて　　　　　　　　2 恥ずかしくなって
3 恥ずかしがらずに　　　　　　　　4 恥ずかしくなるのに

10 私の部屋は本で埋まっているが、全部を読んだ（　　　）ではなく、開いたことさえ
ないものも多い。

1 まま　　　　　　　2 わけ　　　　　　　3 はず　　　　　　　4 だけ

11 この本を田中さんに（　　　）んですけど、あなたにお願いしてもいいですか？

1 渡してほしい　　　　　　　　　　2 渡すところだった
3 渡すことになっている　　　　　　4 渡すおそれがある

12 （　　　）1時間待ってまだ何の連絡もないとすると、途中で事故にでもあったのか
もしれない。

1 まさか　　　　　　　2 かえって　　　　　　3 ようやく　　　　　　4 かりに

問題8　次の文の　__★__　に入る最もよいものを、1・2・3・4から一つ選びなさい。

(問題例)

あそこで _____ _____ __★__ _____ は木村さんです。

1 ご飯　　　　　　　2 人　　　　　　　3 を　　　　　　　4 食べている

(解答の仕方)

01　正しい文はこうです。

> あそこで _____ _____ __★__ _____ は木村さんです。
>
> 1 ご飯　　　3 を　　　4 食べている　　　2 人

02　__★__ に入る番号を解答用紙にマークします。

解答用紙　例　①　②　③　●

13 _____ _____ __★__ _____ 、難しくてよく分からなかったです。

　　1 読むには　　　　2 お勧めして　　　3 読んだけど　　　4 くれた本を

14 近い将来テクノロジーの発展により、_____ _____ __★__ _____ かもしれない。

　　1 人に代わって　　2 時代が来る　　　3 かもしれない　　4 ロボットが仕事をする

15 彼が会社から _____ _____ __★__ _____ 必要な人物であることがわかった。

　　1 会社　　　　　　2 いなくなって　　3 にとって　　　　4 はじめて

16 青木さん、_____ _____ __★__ _____ 、英語がうまいね。

　　1 留学していた　　2 だけの　　　　　3 カナダに　　　　4 ことはあって

17 A 女性が一人で旅行するのは危ないって言われたの？

　　B そう。親の言う _____ _____ __★__ _____ 、ちょっと心配しすぎかなって思う。

　　1 けど　　　　　　2 わからない　　　3 ことも　　　　　4 こともない

問題9　次の文章を読んで、文章全体の趣旨を踏まえて　18　から　22　の中に入る最もよいも
のを、１・２・３・４から一つ選びなさい。

　　私たちは毎日、当たり前のように時間と付き合いながら生活しています。皆さんも、
全く時計を　18　過ごす日はないでしょう。そんな身近な存在である「時間」ですが、
実は、「時計の時間」と「心の時間」という、性質の違う二つの時間があり、私たちはそれ
らと共に生きているのです。
　　19　、私は「心の時間」に目を向けることが、時間と付き合っていく　20　、と
ても重要であると考えています。
　　皆さんが「時間」と聞いて思い浮かべるのは、きっと時計が表す時間のことでしょう。
私はこれを「時計の時間」と呼んでいます。「時計の時間」はもともとは、地球の動き
　21　定められたもので、いつ、どこで、だれが計っても同じように進みます。しか
し、「心の時間」は違います。「心の時間」とは、私たちが体感している時間のことです。
皆さんは、あっというまに時間が過ぎるように感じたり、なかなか時間がたたないと思っ
たりしたことはありませんか。私たちが感じている時間はいつでも、どこでも、だれ
にとっても、　22　。「心の時間」には、様々な事柄の影響を受けて進み方が変わった
り、人によって感覚が違ったりする特性があるのです。

18

1 見ずに   2 見すぎて   3 見なくて   4 見ていては

19

1 そのうえ   2 そして   3 そのうち   4 それが

20

1 うえで   2 ことで   3 うえに   4 ことに

21

1 をめぐって   2 を通して   3 をもとに   4 をかねて

22

1 同じものかもしれません   2 同じものに違いありません

3 同じものとはいえません   4 同じものにすぎません

N2 문법 일람표

- 이 책에 실린 N2 문법 전체 항목을 오십음도 순으로 정리했습니다. 색인이나 총정리용으로 활용하세요.

あ행

□ ～あげく(に)	～한 끝에	▶ 152쪽
□ ～勢いで/～勢いだ	～기세로 / ～기세다	▶ 144쪽
□ ～あまり(に)	너무 ～한 나머지	▶ 28쪽
□ ～以上(は)	～한 이상(은), ～인 이상(은)	▶ 24쪽
□ ～以来	～한 이래, ～한 후	▶ 116쪽
□ ～一方だ	오로지 ～할 뿐이다, ～하기만 하다	▶ 190쪽
□ ～一方(で)	～하는 한편(으로)	▶ 233쪽
□ ～上・～の上で(は)	～상・～상으로는	▶ 226쪽
□ ～上で	～하고 나서, ～한 후에	▶ 113쪽
□ ～うえ(に)	～한데다가, ～인데다가	▶ 71쪽
□ ～上は	～한 이상은	▶ 25쪽
□ ～うちに/～ないうちに	～하는 동안에 / ～하기 전에	▶ 203쪽
□ ～(よ)うではないか	(함께) ～하자, ～해야 하지 않겠는가	▶ 186쪽
□ ～得る/～得ない	～할 수 있다 / ～할 수 없다	▶ 182쪽
□ ～おかげで	～덕택에, ～덕분에	▶ 21쪽
□ ～おきに・～ごとに	～걸러, ～간격으로	▶ 66쪽
□ ～おそれがある	～할 우려가 있다	▶ 91쪽
□ ～思い・～思いだ・～思いをした・ ～思いがした	～마음・심정・느낌・～한 마음・심정이다・ ～한 경험을 했다・～한 마음・느낌이 들었다	▶ 81쪽

か행

□ ～かいがあって/～かいがある	～한 보람・가치가 있게 / ～한 보람・가치가 있다	▶ 22쪽
□ ～欠かさず・～欠かさない・～欠かせない	～빠뜨리지 않고・～빠뜨릴 수 없다	▶ 52쪽
□ ～かぎり/～ないかぎり	～한 / ～하지 않는 한	▶ 108쪽
□ ～かける・～かけだ・～かけの	～하다말다, ～하다만	▶ 204쪽
□ ～かたい	～하기 어렵다	▶ 181쪽
□ ～かちの/～がちだ	자주 ～하는, ～하기 쉬운 / 자주 ～하다	▶ 147쪽
□ ～かというと・～かといえば	～하는가 하면	▶ 136쪽
□ ～(か)と思うと・～(か)と思ったら	～나 싶더니 곧, ～하자 곧	▶ 115쪽

さ행

완벽
해설

혼자서도
찰떡같이
이해한다

시험에 잘 나오는 N2 핵심
문법만 모아, 현장 강의를
그대로 옮긴 듯 꼼꼼한
해설로 풀어냈다!

신선화 지음

정답
&
해설

시험에 나오는 것만 공부한다!

시나공

일본어능력시험

JLPT

N2

문법

길벗
이지:톡

시험에 나오는 것만 공부한다!

시나공

일 본 어 능 력 시 험

JLPT

N2

문법

정답&해설

신선화 지음

길벗
이지:톡

적중 예상 문제
정답과 해설

시 나 공 문 법

첫째마당 │ 시험에 꼭 나오는 최우선순위 문법

시나공 01 이유를 나타내는 문법 적중 예상 문제

문제	01 2	02 4	03 3	04 3	05 1	06 4	07 2	08 1
	09 4	10 1	11 4	12 3	13 3	14 2	15 4	16 3
문제	01 3	02 1	03 2	04 1	05 3	06 1	07 2	08 3

시나공 02 가정조건·평가의 시점을 나타내는 문법 적중 예상 문제

문제	01 2	02 1	03 3	04 4	05 3	06 4	07 3	08 4
	09 3	10 3	11 2	12 3	13 4	14 1	15 3	16 2
문제	01 4	02 2	03 1	04 1	05 1	06 2	07 4	08 3

시나공 03 부정의 형태를 취하는 문법 적중 예상 문제

문제	01 4	02 2	03 1	04 4	05 2	06 4	07 2	08 3
	09 1	10 3	11 4	12 3	13 2	14 3	15 1	16 3
문제	01 2	02 4	03 3	04 4	05 4	06 1	07 3	08 4

시나공 04 관계를 나타내는 문법(1) 적중 예상 문제

문제	01 2	02 1	03 3	04 1	05 1	06 1	07 4	08 1
	09 3	10 2	11 1	12 1	13 4	14 3	15 1	16 2
문제	01 2	02 2	03 2	04 2	05 4	06 4	07 1	08 1

시나공 05 문장 끝에 쓰이는 문법(1) 적중 예상 문제

문제	01 3	02 2	03 1	04 3	05 1	06 1	07 4	08 1
	09 2	10 1	11 4	12 3	13 4	14 2	15 1	16 2
문제	01 3	02 3	03 3	04 2	05 1	06 4	07 3	08 4

첫째마당 총정리 적중 예상 문제 ①

문제	01 4	02 1	03 2	04 3	05 3	06 3	07 2	08 4
문제	01 2	02 2	03 1	04 3	05 2	06 1	07 3	08 1

첫째마당 총정리 적중 예상 문제 ②

문제	01 2	02 1	03 2	04 4	05 2	06 1	07 1	08 4
문제	01 3	02 1	03 4	04 2	05 4	06 1	07 3	08 2

첫째마당 총정리 적중 예상 문제 ③

문제	01 3	02 2	03 2	04 1	05 1	06 4	07 3	08 2
문제	01 3	02 2	03 2	04 3	05 1	06 4	07 1	08 3

시나공 06 때를 나타내는 문법 적중 예상 문제

문제	01 4	02 4	03 1	04 2	05 4	06 1	07 3	08 2
	09 1	10 1	11 3	12 2	13 4	14 3	15 1	16 4

문제	01 1	02 2	03 4	04 2	05 3	06 1	07 2	08 2

시나공 07 역접·양보·화제를 나타내는 문법 적중 예상 문제

문제	01 1	02 4	03 2	04 3	05 3	06 4	07 1	08 2
	09 2	10 3	11 4	12 2	13 1	14 3	15 1	16 1

문제	01 4	02 3	03 4	04 2	05 3	06 2	07 2	08 2

시나공 08 상황과 모습을 나타내는 문법 적중 예상 문제

문제	01 1	02 1	03 2	04 4	05 3	06 4	07 4	08 1
	09 3	10 4	11 1	12 3	13 2	14 3	15 2	16 1

문제	01 4	02 4	03 3	04 2	05 3	06 1	07 3	08 2

시나공 09 관계를 나타내는 문법(2) 적중 예상 문제

문제	01 1	02 2	03 3	04 2	05 4	06 4	07 1	08 2
	09 3	10 2	11 1	12 3	13 4	14 4	15 3	16 1

문제	01 4	02 4	03 2	04 2	05 1	06 3	07 1	08 2

시나공 10 문장 끝에 쓰이는 문법(2) 적중 예상 문제

문제	01 4	02 1	03 2	04 3	05 2	06 3	07 4	08 3
	09 2	10 3	11 1	12 4	13 3	14 1	15 2	16 3

문제	01 4	02 2	03 3	04 2	05 1	06 4	07 2	08 1

둘째마당 총정리 적중 예상 문제 ①

문제	01 2	02 3	03 1	04 3	05 3	06 1	07 2	08 4

문제	01 4	02 3	03 3	04 1	05 3	06 3	07 3	08 3

둘째마당 총정리 적중 예상 문제 ②

문제	01 4	02 2	03 3	04 1	05 2	06 4	07 3	08 3

문제	01 2	02 4	03 1	04 2	05 1	06 4	07 1	08 2

둘째마당 총정리 적중 예상 문제 ③

문제	01 1	02 2	03 3	04 4	05 2	06 1	07 3	08 2

문제	01 1	02 3	03 1	04 2	05 3	06 2	07 1	08 4

셋째마당 │ 고득점을 위한 심화 문법

시나공 11 시점·한정·강조를 나타내는 문법 적중 예상 문제

문제	01 1	02 1	03 4	04 2	05 2	06 3	07 3	08 4
	09 3	10 2	11 4	12 2	13 3	14 3	15 3	16 1
문제	01 2	02 3	03 3	04 4	05 1	06 3	07 3	08 2

시나공 12 판단의 입장, 기준을 나타내는 문법 적중 예상 문제

문제	01 1	02 2	03 3	04 2	05 3	06 2	07 4	08 2
	09 1	10 2	11 3	12 1	13 2	14 1	15 4	16 2
문제	01 3	02 1	03 4	04 4	05 4	06 4	07 4	08 1

시나공 13 대비, 예시, 비교를 나타내는 문법 적중 예상 문제

문제	01 2	02 4	03 1	04 3	05 2	06 3	07 4	08 2
	09 1	10 3	11 2	12 4	13 1	14 1	15 3	16 4
문제	01 1	02 3	03 1	04 4	05 1	06 4	07 4	08 3

시나공 14 경어 표현 적중 예상 문제

문제	01 4	02 3	03 1	04 2	05 4	06 1	07 3	08 2
	09 1	10 3	11 2	12 1	13 3	14 1	15 1	16 2
문제	01 1	02 2	03 4	04 1	05 4	06 4	07 4	08 4

셋째마당 총정리 적중 예상 문제 ①

문제	01 4	02 3	03 1	04 4	05 3	06 1	07 1	08 4
문제	01 2	02 2	03 1	04 4	05 3	06 4	07 2	08 3

셋째마당 총정리 적중 예상 문제 ②

문제	01 4	02 1	03 3	04 1	05 2	06 2	07 3	08 4
문제	01 4	02 3	03 1	04 2	05 1	06 4	07 1	08 2

셋째마당 총정리 적중 예상 문제 ③

문제	01 4	02 4	03 2	04 3	05 4	06 1	07 2	08 1
문제	01 4	02 2	03 3	04 1	05 2	06 2	07 3	08 1

넷째마당 | 만점을 위한 문장 문법력

첫째마당 | 시험에 꼭 나오는 최우선순위 문법

시나공 01 이유를 나타내는 문법 | 적중 예상 문제

문제 다음 문장의 ( )에 들어갈 가장 알맞은 말을 1·2·3·4 중에서 하나를 고르세요.

---

01 給料がこんなに安い（　　）、この会社に
入りたがる人はいないと思う。

1 によって 　　　　　 2 以上
3 おかげで 　　　　　 4 せいか

문법적 호응관계 파악하기 ★

해석 월급이 이렇게 낮은 (**이상**), 이 회사에 들어오고 싶어 하는 사람은 없을 것이라 생각한다.

정답 찾기 뒷 문장에 자신의 생각을 밝히고 있으므로 정답은 이유를 들어 의지나 판단, 생각, 희망 등을 나타내는 2번 ～以上(～하는 이상)이다.

오답 분석 1번 ～によって(～에 의해서, ～에 따라)는 접속 형태부터 틀리며, 뒤에 좋은 결과가 오는 3번 ～おかげで(덕분에)와 반대로 좋지 않은 결과가 오는 4번 ～せいか(～탓인지)는 문장 전후 내용상 의미적으로 정답이 될 수 없다.

복습 꼭! ～によって(～에 의해서, ～에 따라)

어휘 給料(きゅうりょう) 월급 | 安(やす)い 싸다 | ～たがる ～하고 싶어 하다

정답 2

---

02 このドラマは内容の展開が遅すぎる（　　）、
面白くなくなって視聴率が下ってしまった。

1 反面 　　　　　 2 ところをみると
3 からには 　　　　　 4 あまり

의미적 호응관계 파악하기 ★★

해석 이 드라마는 내용 전개가 너무 느린 (**나머지**), 재미가 없어져서 시청률이 떨어지고 말았다.

정답 찾기 공란 앞을 살펴보면 부정적 뉘앙스를 나타내는 遅すぎる(지나치게 느리다)가 왔으므로 의미상 '너무 ～한 나머지 그 결과 좋지 않은 결과가 되었음'을 나타내는 4번 ～あまり가 정답이 된다.

오답 분석 어떤 사항에 대해 두 가지의 반대되는 경향이나 성격을 말하는 표현인 1번 ～反面(～인 반면), 모습이나 상황을 보고 판단하거나 추측된다는 의미인 2번 ～ところをみると(～것을 보면), 이유를 들어 의지나 판단, 희망들을 나타내는 표현인 3번 ～からには(～한 이상은)는 문장의 전후 내용상 의미적으로 맞지 않는다.

복습 꼭! 동사 ます형·형용사의 어간+すぎる(너무 ～하다, 지나치게 ～하다)

어휘 内容(ないよう) 내용 | 展開(てんかい) 전개 | 視聴率(しちょうりつ) 시청률 | 下(さ)がる 내려가다

정답 4

---

03 自分が引き受けた仕事は完璧に済ませる田
中さんの（　　）、今回のプロジェクトも
うまく成功させると思う。

1 ばかりに 　　　　　 2 おかげで
3 ことだから 　　　　　 4 ものだから

의미적 호응관계 파악하기 ★★★

해석 자신이 맡은 일은 완벽하게 해내는 다나카 씨(**이니까**), 이번 프로젝트도 잘 성공시킬 것이라 생각한다.

정답 찾기 공란 앞이 '사람+の' 형태이므로 잘 알고 있는 사람의 성격이나 모습을 근거로 해서 생각해 보면 '～이니까～ 할 것이다'라는 의미인 3번 ～ことだから가 떠올라야 한다.

오답 분석 〜ことだから와 많이 혼동하는 4번 〜ものだから(〜기 때문에)는 이유나 개인적인 변명을 할 때 사용하는 표현이므로 구별하여 암기해두어야 한다. 1번 〜ばかりに(〜탓, 〜 때문에)는 나쁜 결과가 되어버려 후회나 안타까운 마음을 나타내는 표현, 2번 〜おかげで(〜덕분에)는 뒤의 좋은 결과가 앞의 내용 덕분임을 나타내는 표현으로 문맥상 정답이 아니다.

> **복습 꼭!** 명사+の+ことだから(〜이니까)

어휘 引(ひ)き受(う)ける 맡다 | 完璧(かんぺき)に 완벽하게 | 今回(こんかい) 이번 | 成功(せいこう) 성공

정답 3

---

04 豊島先生が一生懸命に教えてくださった（　　　）、すごくいい点数で合格できました。

1 上は　　　　　　2 ことだから
3 おかげで　　　　4 せいで

의미적 호응관계 파악하기 ★★★

해석 토요시마 선생님께서 열심히 가르쳐주셨던 **(덕분에)** 굉장히 좋은 점수로 합격할 수 있었습니다.

정답 찾기 정답인 3번 〜おかげで는 뒤에 주로 좋은 결과가 따라오며 그것이 '바로 〜덕택, 〜덕분'임을 나타내는 감사의 뉘앙스를 담고 있는 문법이다.

오답 분석 1번 〜上は는 〜以上は, 〜からには와 함께 '〜하는 이상은'이란 의미로 묶어서 기억해두는 것이 좋다. 2번 〜ことだから는 '사람+の'에 접속되며, 4번 〜せいで(〜탓으로)는 뒤에 좋지 않은 결과가 온다는 것을 기억하자.

> **복습 꼭!** 〜上は, 〜以上は, 〜からには(〜한 이상은)

어휘 一生懸命(いっしょうけんめい)に 열심히 | 教(おし)える 가르치다 | すごく 대단히, 무척 | 点数(てんすう) 점수 | 合格(ごうかく) 합격

정답 3

---

05 年末の忘年会の約束が多くて毎日お酒を飲んだ（　　　）、少し太り気味だ。

1 せいか　　　　　2 おかげで
3 からして　　　　4 ところをみると

의미적 호응관계 파악하기 ★★

해석 연말 망년회 약속이 많아서 매일 술을 마신 **(탓인지)** 조금 살찐 것 같다.

정답 찾기 각 기능어의 의미만 정확히 안다면 어렵지 않게 고를 수 있는 문제이다. 뒤에 '조금 살찐 느낌'이란 좋지 않은 결과가 왔으므로, 정답은 그 결과의 원인을 나타내는 1번 〜せいか(〜탓인지)이다. 〜せいか는 뒤의 결과가 앞의 내용이라고 단정할 수는 없지만 아마 그것 때문일 것이라 말하는 표현이다.

오답 분석 3번 〜からして(〜부터가)는 명사에 접속하는 표현이므로 접속 형태상 정답에서 제외한다. 뒤의 좋은 결과가 앞의 내용 덕분임을 나타내는 2번 〜おかげで(〜덕분에)와 앞의 장면이나 상황을 보고 판단하거나 추측하는 표현인 4번 〜ところをみると(〜것을 보면)는 문맥상 정답이 아니다.

> **복습 꼭!** 〜せいで(〜탓으로) / 〜せいか (〜탓인지)

어휘 年末(ねんまつ) 연말 | 忘年会(ぼうねんかい) 망년회 | 約束(やくそく) 약속 | 太(ふと)る 살찌다 | 〜気味(ぎみ)だ 약간 〜한 느낌

정답 1

06 日本は金融機関への公的資金の投入が遅れた（　　　）、不良債権問題を深刻化させ、デフレ不況まで招いた。

1 だけあって　　　　2 からには
3 ことだから　　　　4 ばかりに

의미적 호응관계 파악하기 ★★

해석 일본은 금융기관에의 공석자금 투입이 늦었던 (**탓에**), 불량채권문제를 악화시켜 디플레이션 불황까지 초래했다.

정답 찾기 앞 내용이 원인이 되어 뒤의 좋지 않은 결과가 생겼음을 말하는 문장이므로, 나쁜 결과가 발생된 것에 대한 말하는 사람의 후회나 안타까운 마음을 나타내는 4번 ~ばかりに(~탓, ~때문)가 정답이다.

오답 분석 3번 ~ことだから(~이니까)는 접속 형태부터 잘못 되었으므로 정답에서 우선 제외시켜야하고, 1번 ~だけあって(~만큼, ~답게), 2번 ~からには(~하는 이상은)는 문장 전후 의미상 정답이 될 수 없다.

> 복습 꼭! ~ばかりに ~탓에, ~바람에

어휘 金融機関(きんゆうきかん) 금융기관 | 公的(こうてき) 공적 | 資金(しきん) 자금 | 投入(とうにゅう) 투입 | 遅(おく)れる 늦다 | 不良(ふりょう) 불량 | 債権(さいけん) 채권 | 問題(もんだい) 문제 | 深刻化(しんこくか) 심각화 | デフレ 디플레이션 | 不況(ふきょう) 불황 | 招(まね)く 부르다, 초래하다

정답 4

07 明洞は日本人の観光客が多い（　　　）、たいていの商人が日本語が話せる。

1 おかげで　　　　2 ことから
3 あまり　　　　　4 からには

적절한 기능어 찾기 ★★

해석 명동은 일본인 관광객이 많기 (**때문에**), 대부분의 상인이 일본어를 할 줄 안다.

정답 찾기 앞의 내용이 이유나 계기가 되어 뒤의 내용이라는 결과, 변화됨을 나타내는 표현 ~ことから(~때문에, ~데에서)가 정답이다.

오답 분석 1번 ~おかげで(~덕분에)는 감사의 이유, 2번 ~あまり (너무 ~한 나머지)는 좋지 않은 결과에 대한 강조, 4번 ~からには(~하는 이상은)는 의지 · 판단 · 희망 등의 이유를 나타내는 의미이다.

> 복습 꼭! ~ことから(~ 때문에, ~데에서)

어휘 観光客(かんこうきゃく) 관광객 | 大抵(たいてい) 대개, 대부분 | 商人(しょうにん) 상인

정답 2

08 ロンドンは「霧の都市」というニックネーム（　　　）、晴れ上がった空がなかなか見られなかった。

1 だけあって　　　　2 あまり
3 せいで　　　　　　4 ことだから

적절한 기능어 찾기 ★★

해석 런던은 '안개 도시'라는 별명(**답게**), 맑게 갠 하늘을 좀처럼 볼 수가 없었다.

정답 찾기 접속 형태만 봐도 명사에 직접 접속되는 1번 ~だけあって(~답게, ~인 만큼)가 정답임을 알 수 있는 문제이다.

오답 분석 2번 ~あまり(너무 ~한 나머지), 3번 ~せいで(~탓에), 4번 ~ことだから(~이니까)는 명사에 접속할 때 の와 함께 접속해야 하기 때문에 정답이 될 수 없다.

> 복습 꼭! ~だけあって(~한 만큼, ~인 만큼, ~답게)

어휘 霧(きり) 안개 | 都市(とし) 도시 | ニックネーム 닉네임, 별명 | 晴(は)れ上(あ)がる 맑게 개다 | 空(そら) 하늘 | なかなか 상당히, 꽤, 좀처럼, 도무지

정답 1

09 新入社員の皆さん、入社した（　　　）頑張る、頑張る（　　　）一番になるといった気概を持って仕事に臨んでください。

1 ことだから　　　　2 ばかりに
3 からこそ　　　　　4 からには

적절한 기능어 찾기 ★★★

해석 신입사원 여러분, 입사한 **(이상은)** 열심히 한다, 열심히 하는 **(이상은)** 최고가 되겠다는 기개를 갖고 업무에 임해주세요.

정답 찾기 접속 형태의 의미상 이유를 들어 의지나 판단, 희망 등을 나타내는 4번 ～からには(～한 ～이상은)'이 정답이다.

오답분석 1번 ～ことだから(～이니까)는 동사에는 접속하지 않는 문법이고, 2번 ～ばかりに(～탓에)는 동사와 접속할 경우 주로 た형에 접속하므로 제외시켜야 한다. 3번 ～からこそ(～기 때문에, ～가 이유로)는 이유를 강조하는 표현으로 의미상 정답이 될 수 없다.

> **복습 꼭!** ～からには(～한 이상은, ～인 이상은)

어휘 新入社員(しんにゅうしゃいん) 신입사원 | 入社(にゅうしゃ) 입사 | 頑張(がんば)る 노력하다 | 気概(きがい) 기개 | 臨(のぞ)む 임하다, 면하다

정답 4

---

10 テニス試合は参加者が少なくて中止になってしまいました。けっこう張りきって準備した（　　　）かなりがっかりしましたね。

1 だけに　　　　　2 上は
3 からには　　　　4 あまり

의미적 호응관계 파악하기 ★★

해석 테니스 시합은 참가자가 적어서 중지되어버렸습니다. 상당히 의욕적으로 준비한 **(만큼)** 너무 실망했습니다.

정답 찾기 접속 형태만으로는 답을 고를 수 없는 문제이다! 1번 ～だけに(～인 만큼, ～답게)는 앞 문장이 '～기 때문에 당연히, 역시'라는 이유가 되고, 뒷 문장이 '그에 걸맞게 당연히 평가·판단·생각되어짐'을 강조하여 나타내는 표현이므로 정답이 된다.

오답 분석 2, 3번 ～上は, ～からには(～하는 이상은)는 이유를 들어 의지나 판단, 희망을 나타내는 표현, 4번 ～あまり(너무 ～한 나머지)는 뒤에 좋지 않은 결과가 되었음을 강조하는 표현으로 의미상 어울리지 않는다.

> **복습 꼭!** ～だけに(～한 만큼, ～인 만큼)

어휘 試合(しあい) 시합 | 参加者(さんかしゃ) 참가자 | 少(すく)ない 적다 | 中止(ちゅうし) 중지 | けっこう 꽤, 제법, 상당히 | 張(は)りきる 힘이 넘치다, 의욕이 충만되다, 팽팽하다 | 準備(じゅんび) 준비 | かなり 꽤, 제법, 상당히 | がっかりする 실망하다

정답 1

---

11 事態がこうなった（　　　）、私が全ての責任を取って退きます。

1 せいで　　　　　2 おかげで
3 ことだから　　　4 上は

의미적 호응관계 파악하기 ★★★

해석 사태가 이렇게 된 **(이상은)**, 제가 모든 책임을 지고 물러나겠습니다.

정답 찾기 정답은 문장 전후 의미상 4번 ～上は(～한 이상은)가 된다. 같은 의미인 ～以上は, ～からには와 함께 기억해두는 것이 좋다.

오답 분석 3번 ～ことだから는 명사와 접속하므로 정답이 될 수 없으며, 1번 ～せいで는 좋지 않은 결과의 원인인 '～탓, ～때문임', 2번 ～おかげで(～덕분에)는 뒤의 좋은 결과가 앞의 내용 덕택, 덕분임을 나타낼 때 사용하는 표현이기 때문에 문맥상 정답이 될 수 없다.

> **복습 꼭!** ～上は/ ～以上は/ ～からには(～한 이상은, ～인 이상은)

어휘 事態(じたい) 사태 | 全(すべ)て 전부, 모두 | 責任(せきにん)を取(と)る 책임을 지다 | 退(しりぞ)く 물러나다

정답 4

---

12 体力回復のために肉ばかり食べてた（　　　）、体重が3キロも増えちゃった。

1 以上は
2 だけあって
3 せいで
4 ところをみると

의미적 호응관계 파악하기 ★★

해석 체력 회복을 위해 고기만 먹었던 **(탓에)**, 체중이 3킬로나 늘어나버렸다.

정답 찾기 접속 형태로는 정답을 골라내기 어렵기 때문에 의미로 답을 찾아야 한다. 앞에는 원인·이유가 되는 내용이 있고 뒤에는 좋지 않은 결과가 나오기 때문에 '~ 탓에'라는 의미인 3번 せいで가 정답이다.

오답 분석 1번 ~以上は(~하는 이상은)는 의지나 판단, 희망의 이유, 2번 ~だけあって(~인 만큼, ~답게)는 평가나 판단, 생각의 이유, 4번 ~ところをみると(~것을 보면)는 모습이나 상황을 통한 판단이나 추측을 나타낸다.

> **복습 꼭! ~せいで(~탓으로)**

어휘 体力(たいりょく) 체력 | 回復(かいふく) 회복 | 肉(にく) 고기 | ~ばかり ~만, ~뿐, ~정도, ~가량 | 体重(たいじゅう) 체중 | 増(ふ)える 늘다 | ~ちゃった ~해 버렸다

정답 3

---

13 兄弟だ（　　　）思い切りけんかできるし、仲直りも早いと考え、親は入らず見守っています。

1 だけに
2 ことだから
3 からこそ
4 ことから

적절한 기능어 찾기 ★★

해석 형제 **(이기 때문에)** 실컷 싸울 수도 있고, 화해도 빠르다고 생각해서 부모는 간섭하지 않고 지켜보고 있습니다.

정답 찾기 접속 형태상 공란 앞에 있는 '명사+だ'와 연결 가능한 문법은 3번 ~からこそ(~기 때문에) 밖에 없다.

오답 분석 1번 ~だけに(~인 만큼, ~답게)는 명사에 바로 접속, 2번 ~ことだから(~이니까)는 명사+の의 형태로, 4번 ~ことから(~기 때문에, ~데에서)는 명사+~である의 형태로 접속된다.

> **복습 꼭! ~からこそ(~이기 때문에, ~이기에)**

어휘 兄弟(きょうだい) 형제 | 思(おも)い切(き)り 마음껏, 실컷 | 喧嘩(けんか) 싸움 | 仲直(なかなお)り 화해 | 早(はや)い 빠르다 | 親(おや) 부모 | ~ず ~하지 않고 | 見守(みまも)る 지켜보다

정답 3

---

14 今朝はこの冬一番の冷え込みなのでしょう。水溜まりの所々に氷が張っている（　　　）明け方は氷点下まで下がったのでしょう。

1 あまり
2 ところをみると
3 ものだから
4 せいで

의미적 호응관계 파악하기 ★★★

해석 오늘 아침은 올 겨울 가장 추운 날이 될 것입니다. 물구덩이 곳곳이 얼어 있는 **(것을 보면)** 새벽에는 영하까지 내려갈 것으로 보입니다.

정답 찾기 정답은 문장 전후 의미상 '~의 모습이나 상황을 보면, ~라고 판단 또는 추측되어 진다'는 표현인 2번 ~ところをみると(~것을 보면)가 된다.

오답 분석 1번 ~あまり(너무 ~한 나머지), 3번 ~ものだから(~하기 때문에), 4번 ~せいで(~ 탓에)는 문장 전후 의미상 정답이 될 수 없다.

복습 꼭! ～ところをみると(～것을 보면)

어휘 今朝(けさ) 오늘 아침 ｜ 冬(ふゆ) 겨울 ｜ 冷(ひ)え込(こ)み 몹시 추워짐 ｜ 水溜(みずた)まり 물구덩이, 웅덩이 ｜ 氷(こおり)が張(は)る 얼음이 얼다 ｜ 明(あ)け方(がた) 새벽녘 ｜ 氷点下(ひょうてんか) 영하 ｜ 下(さ)がる 내려가다

정답 2

---

15 今朝朝寝坊した（　　　）、朝ごはんを食べず出勤したのでお腹がすいてたまらない。

1 おかげで　　　　2 からには
3 あまり　　　　　4 ものだから

의미적 호응관계 파악하기 ★★

해석 오늘 아침 늦잠을 잤기 **(때문에)**, 아침밥을 먹지 않고 출근해서 배가 너무 고프다.

정답 찾기 선택지 4개가 모두 ～た형과 접속할 수 있기 때문에 의미로 답을 찾아내야 한다. 문맥 흐름상 개인적인 이유나 변명을 할 때 사용하는 표현인 4번 ～ものだから(～기 때문에)가 정답이 된다.

오답 분석 1번 ～おかげで(～덕분에)는 뒤에 좋은 결과가 오는 표현이므로 정답이 아니며, 2번 ～からには(～하는 이상은)과 3번 ～あまり(너무 ～한 나머지)도 의미상 어울리지 않는다.

복습 꼭! ～ものだから(～하기 때문에, ～하므로)

어휘 朝寝坊(あさねぼう)する 늦잠을 자다 ｜ 出勤(しゅっきん) 출근 ｜ お腹(なか)が空(す)く 배가 고프다 ｜ ～てたまらない 너무 ～하다

정답 4

---

16 彼は緊張の（　　　）スピーチコンテストで一言も言えなかった。

1 上は　　　　　　2 からこそ
3 あまり　　　　　4 からには

적절한 기능어 찾기 ★★

해석 그는 너무 긴장한 **(나머지)** 말하기 경연대회에서 한마디도 하지 못했다.

정답 찾기 접속 형태만으로도 정답을 골라낼 수 있는 문제이다. 문맥상으로나 접속 형태로나 3번 ～あまり(너무 ～한 나머지)가 정답이다.

오답 분석 1번 ～上は(～한 이상은)는 명사에 접속하지 않고, 4번 ～からには(～하는 이상은)는 명사＋～である의 형태로, 2번 ～からこそ(～때문에)는 명사＋～だ의 형태로 접속하므로 정답이 될 수 없다.

복습 꼭! ～あまり(に)(너무 ～한 나머지)

어휘 緊張(きんちょう) 긴장 ｜ 一言(ひとこと) 일언, 한마디 말

정답 3

문제 다음 문장의 ___★___에 들어갈 가장 알맞은 말을 1·2·3·4 중에서 하나를 고르세요.

---

01 鈴木さんは ___ _★_ ___ ___ らしい。

1 不倫を疑われてしまった

2 奥さんに

3 会食したばかりに

4 取引先の女性と

단어 바르게 배열하기 ★★

문장 배열 鈴木さんは 取引先の女性と 会食したばかりに
　　　　　　　　　　　　 4　　　　　　 3
奥さんに 不倫を疑われてしまった らしい。
　2　　　　　　 1

해석 스즈키 씨는 거래처 여성과 회식을 한 탓에 아내에게 불륜을 의심받았던 것 같다.

정답 찾기 우선 N2 문법인 ～ばかりに(～탓에)가 들어간 3번 会食したばかりに(회식을 한 탓에) 뒤에는 좋지 않은 결과가 와야 하므로 1번 不倫を疑われてしまった(불륜을 의심받아버렸다)와 연결한다. 그리고 그 사이에 의심을 하는 주체인 2번 奥さんに(아내에게)가 와야 하며 회식을 한 대상인 4번 取引先の女性と(거래처 여성과)는 가장 앞에 배열하여 전체적으로 나열하면 4-3-2-1이 되므로 정답은 3번이 된다.

> **복습 꼭!** ～ばかりに ～탓에, ～바람에 | ～てしまう ～해 버리다

어휘 取引先(とりひきさき) 거래처 | 会食(かいしょく) 회식 | 奥(おく)さん 아내, 부인 | 不倫(ふりん) 불륜 | 疑(うたが)われる 의심받다

정답 3

---

02 彼は「これまでの ___ ___ ___ _★_ と
思います」と語った。

1 今がある　　　　　2 苦労が

3 からこそ　　　　　4 あった

단어 바르게 배열하기 ★★

문장 배열 彼は「これまでの 苦労が あった からこそ
　　　　　　　　　　　　 2　　　 4　　　 3
今がある と思います」と語った。
　1

해석 그는 "이제까지의 고생이 있었기 때문에 지금이 있다고 생각한다"고 말했다.

정답 찾기 문맥 배열 문제는 우선적으로 선택지만으로 문장을 완성해보는 것이 좋다. 우선 2번 苦労が(고생이) 뒤에는 4번 あった(있었다) 밖에 올 수 없으므로 두 개를 묶고, 3번 ～からこそ(～기 때문에)로 이유가 되는 문장을 만든 후에 1번 今がある(지금이 있다)를 수식하게 만들어, 전체적으로 나열하면 2-4-3-1이 되므로 정답은 1번이 된다.

> **복습 꼭!** ～からこそ(～하기 때문에, ～이기 때문에)

어휘 苦労(くろう) 고생 | 語(かた)る 말하다

정답 1

---

03 ___ ___ _★_ ___、彼はまた遅刻した
ようだ。

1 いる　　　　　　　2 ところを

3 みると　　　　　　4 走って

단어 바르게 배열하기 ★★

문장 배열 走って いる ところを みると、彼はまた遅刻し
　　　　　　 4　　 1　　 2　　　 3
たようだ。

해석 뛰어가고 있는 것을 보면, 그는 또 지각한 것 같다.

정답 찾기 N2 문법인 ～ところをみると(～것을 보면)를 기억한다면 2번 ところを(～것을)와 3번 みると(보면)를 쉽게 묶을 수 있다. 그리고 1번 いる(있다)와 4번 走って(달려서)의 선택지를 조합하면 자연스럽게 走っている라는 문장을 만들어, 전체적으로 나열하면 4-1-2-3이 되므로 정답은 2번이 된다.

복습 꼭! 〜ところをみると(〜것을 보면) / 〜ようだ(〜것 같다)

어휘 走(はし)る 뛰다, 달리나 | 遅刻(ちこく) 지각

정답 2

---

04 この間 ★ ＿＿＿ ＿＿＿ ＿＿＿ すぐ壊れて しまった。

1 買った　　　　　　2 安い
3 だけあって　　　　4 ノートブックは

단어 바르게 배열하기 ★★

문장 배열 この間 買った ノートブックは 安い だけあって
（1　4　2　3）
すぐ壊れてしまった。

해석 지난번에 샀던 노트북은 싼 만큼 바로 고장나버렸다.

정답 찾기 내용상 자연스럽게 4번 ノートブックは(노트북은)와 2번 安い(싸다)를 연결한다. 남은 선택지 중 N2 문법인 3번 〜だけあって(〜인 만큼, 〜답게)는 2번과 연결되어 安いだけあって(싼 만큼)라는 표현이 되고, 마지막으로 1번 買った(샀다)는 문맥상 가장 앞에 배치하여 전체적으로 나열하면 1-4-2-3이 되어 정답은 1번이 된다.

복습 꼭! 〜だけあって(〜한 만큼, 〜인 만큼 〜답게) / 〜てしまう(〜해 버리다)

어휘 この間(あいだ) 지난번, 요전 | 買(か)う 사다 | 安(やす)い 싸다 | すぐ 곧, 바로 | 壊(こわ)れる 고장나다

정답 1

---

05 ＿＿＿★＿＿＿ ＿＿＿ ＿＿＿ しなければいけないと思いました。

1 生まれてきたからには
2 いい生き方を
3 人として
4 人としての

단어 바르게 배열하기 ★★★

문장 배열 人として 生まれてきたからには 人としての
（3　1　4）
いい生き方を しなければいけないと思いました。
（2）

해석 인간으로서 태어난 이상은 인간으로서의 올바른 삶을 살지 않으면 안 된다고 생각했습니다.

정답 찾기 〜として(〜로서)가 있는 3번 人として(인간으로서)와 4번 人としての(인간으로서의)를 보면, 4번 人としての는 뒤에 명사가 와서 수식하게 되므로 2번 いい生き方を(올바른 삶을)와 연결된다. 그리고 나서 문장 첫머리에 쓰이는 것을 골라야 하므로 1번 生れてきたからには(태어난 이상은) 앞에 3번 人として(인간으로서)를 배치하고 전체적으로 나열하면 3-1-4-2가 되어 정답은 3번이 된다.

복습 꼭! 〜からには(〜한 이상은) / 〜として(〜로서) / 〜なければいけない(〜하지 않으면 안 된다)

어휘 生(う)まれる 태어나다 | 生(い)き方(かた) 생활 방식, 삶의 태도

정답 3

---

06 この辺は ＿＿＿ ★ ＿＿＿ ＿＿＿ のレストランが多い。

1 多い　　　　　　　2 外国人向け
3 外国人が　　　　　4 だけに

단어 바르게 배열하기 ★★

문장 배열 この辺は 外国人が 多い だけに 外国人向け
（3　1　4　2）
のレストランが多い。

해석 이 주변은 외국인이 많은 만큼 외국인 대상의 레스토랑이 많다.

정답 찾기 우선 선택지 3번 外国人が(외국인이)와 1번 多い(많다)를 조합하여 앞에 배열한다. 그리고 마지막 공란 뒤에 のレストラン이 있으므로 그 앞에는 명사형이 와야 한다. 따라서 각각 2번 外国人向け(외국인 대상)를 마지막 공란에, 4번 〜だけに(〜인만큼)는 外国人が多い뒤에 배치한 후 전체적으로 나열하면 3-1-4-2가 되므로 정답은 1번이 된다.

> 복습 꼭! 〜だけに(〜한 만큼, 〜인 만큼) / 〜向(む)け(〜용, 〜대상)

어휘 この辺(へん) 이 근처 | 外国人(がいこくじん) 외국인 | 多(おお)い 많다

정답 1

---

07 ダイエットを ＿＿＿ ＿＿＿ ★ ＿＿＿ があってもぜったい食べまい。

1 以上　　　　　　2 いくら
3 決心した　　　　4 おいしそうなケーキ

단어 바르게 배열하기 ★★

문장 배열 ダイエットを 決心した 以上 いくら
　　　　　　　　　　　　3　　　1

おいしそうなケーキ があってもぜったい食べまい。
　　　4

해석 다이어트를 결심한 이상, 아무리 맛있어 보이는 케이크가 있어도 절대 먹지 않을 것이다.

정답 찾기 마지막 공란 뒤에 〜があっても가 있고 선택지에 いくら가 있으므로 いくら〜ても(아무리〜해도)의 문형을 만든다. 그러면 자연스럽게 2번 いくら(아무리)와 4번 おいしそうなケーキ(맛있어 보이는 케이크)를 연결할 수 있다. 그리고 1번 〜以上(〜한 이상)와 호응하는 3번 決心した(결심했다)를 찾아 앞쪽에 배열하여 전체적으로 나열하면 3-1-2-4가 되어 정답은 2번이 된다.

> 복습 꼭! 〜以上(いじょう)는(〜한 이상은, 〜인 이상은) / いくら〜ても(아무리 〜해도)

어휘 決心(けっしん) 결심 | 絶対(ぜったい) 절대로 | 〜まい 〜하지 않을 것이다. 〜하지 않을 작정이다

정답 2

---

08 料理がうまい女性と ＿＿＿ ＿＿＿ ＿＿＿ ★ 。

1 おかげで　　　　2 食事の時間が
3 楽しくなった　　4 結婚した

단어 바르게 배열하기 ★

문장 배열 料理がうまい女性と 結婚した おかげで
　　　　　　　　　　　　　　　4　　　1

食事の時間が 楽しくなった。
　　2　　　　　3

해석 요리를 잘하는 여성과 결혼한 덕분에 식사 시간이 즐거워졌다.

정답 찾기 선택지를 보면 3번 楽しくなった(즐거워졌다)와 4번 結婚した(결혼 했다)라는 술어 사이에 무언가 필요하다는 것을 느낄 것이다. 의미상 楽しくなった 앞에는 2번 食事の時間が(식사 시간이), 結婚した 뒤에는 1번 〜おかげで(〜덕분에)가 와야 한다. 그리고 이 둘을 문맥상 '〜한 덕분에 〜하다' 형태로 만들어 전체적으로 나열하면 4-1-2-3이 되어 정답은 3번이 된다.

> 복습 꼭! 〜おかげで(〜덕택에, 〜덕분에)

어휘 料理(りょうり) 요리 | うまい 맛있다. 솜씨가 좋다 | 女性(じょせい) 여성 | 結婚(けっこん) 결혼 | 食事(しょくじ) 식사 | 時間(じかん) 시간 | 楽(たの)しい 즐겁다

정답 3

시나공 02 가정조건, 평가의 시점을 나타내는 문법 | **적 중** 예상 문제

문제 ┃ 다음 문장의 (　　　)에 들어갈 가장 알맞은 말을 1・2・3・4 중에서 하나를 고르세요.

---

01 息子は時間(　　　)あれば、ゲームばかり
していてとても困っている。

1 だけ　　　　　　　　2 さえ
3 のみ　　　　　　　　4 ばかり

문법적 호응관계 파악하기 ★★

해석 아들은 시간(**만**) 있으면 게임만 하고 있어서 상당히 곤란하다.

정답 찾기 ～さえ～ば는 어떤 상황의 성립에 있어 ～만～하면 된다는 가장 필요한 조건을 가정하는 표현으로, 공란 뒤에 あれば(있으면)가 있으므로 바로 2번 さえ를 정답으로 고를 수 있어야 한다.

오답 분석 선택지에 나와 있는 조사들이 전부 '～만, ～뿐'이라는 의미이기 때문에 헷갈릴 수 있지만 사용되는 형태를 기억하고 있으면 간단하다. 때문에 의미가 같더라도 ～だけ나 ～ばかり 등과 바꾸어 쓸 수 없다.

> **복습 꼭!** ～さえ～ば(～만～하면, ～만～이면)

어휘 息子(むすこ) 아들 | 時間(じかん) 시간 | ～ばかりしている ～만 하고 있다 | 困(こま)る 곤란하다

정답 2

---

02 もしも、芸能人と付き合える(　　　)、誰
と付き合いたいですか。

1 としたら　　　　　　2 としても
3 からには　　　　　　4 にしろ

의미적 호응관계 파악하기 ★★

해석 만약 예능인과 사귈 수 (**있다면**), 누구와 사귀고 싶습니까?

정답 찾기 문장 전후 내용상 정답은 가정조건의 표현인 1번 ～としたら(～라고 하면)이다. 앞에 もしも(만약)가 정답을 찾는 힌트이며 ～としたら는～とすると・・～としたら 형태로도 사용할 수 있다.

오답 분석 만약 ～라고 가정을 하더라도 라는 의미인 2번 ～としても, 이유를 들어 의지나 판단 등을 나타내는 3번 ～からには(～하는 이상은), 가정・역접・양보의 표현인 4번 ～にしろ(～라고 해도)는 문장 전후 내용상 정답이 될 수 없다.

> **복습 꼭!** ～としたら・～とすれば・～とすると(～라고 하면)

어휘 もしも 만약, 만일 | 芸能人(げいのうじん) 예능인 | 付(つ)き合(あ)う 사귀다 | 誰(だれ) 누구

정답 1

---

03 どんないい商品でも宣伝しない(　　　)利
用者は増えません。

1 ものなら　　　　　　2 たところで
3 ことには　　　　　　4 ものだから

문법적 호응관계 파악하기 ★★

해석 아무리 좋은 상품이라도 선전을 하지 (**않고서는**) 이용자는 늘지 않습니다.

정답 찾기 공란 앞이 ない형으로 제시되어 있으므로 동사 ない형에 접속하는 3번 ～ことには(～하지 않고서는)가 정답이다. ～ないことには는 '～하지 않으면, ～하지 않는다'는 가정의 의미로 ～なければ(～하지 않으면)와 같은 의미이다.

오답 분석 2번 ～たところで(～해 봤자)는 동사 た형과 접속하며, 1번 ～ものなら(～하다면) 역시 주로 동사 가능형이나 기본형과 접속하기 때문에 정답이 될 수 없다. 그리고 4번 ～ものだから(～기 때문에)는 이유나 개인적인 변명을 할 때 사용하는 표현이므로 의미상 정답이 아니다.

> **복습 꼭!** ～ないことには(～하지 않고서는)

어휘 商品(しょうひん) 상품 | 宣伝(せんでん) 선전 | 利用者(り
ようしゃ) 이용자 | 増(ふ)える 늘다

정답 3

---

04 医学の発展にしたがって（　　　）癌にかか
っても、早期発見さえすればほとんど治る
ことができます。

1 あまり　　　　　　2 あえて
3 たとえば　　　　　4 たとえ

적절한 기능어 찾기 ★★

해석 의학 발전에 따라서 **(가령)** 암에 걸리더라도, 조기발견만 하면
거의 나을 수 있습니다.

정답 찾기 공란 뒤에 ても가 있으므로 당연히 앞에 4번 たとえ(가
령, 설령)를 골라야 한다. たとえ~ても는 '비록(가령, 설령) ~하더
라도'라는 의미로, 뒤의 결과가 '~와는 관계없음'을 나타내는 역접
가정조건이다.

오답 분석 1번 ~あまり(~하는 나머지, ~한 나머지), 2번 あえて
(굳이), 3번 たとえば(예를 들면)는 문장 호응 관계상 정답이 될 수
없다.

복습 꼭! たとえ~ても(설령 ~하더라도)

어휘 医学(いがく) 의학 | 発展(はってん) 발전 | ~にしたがって
~에 따라서 | 癌(がん) 암 | かかる 걸리다 | 早期(そうき) 조기 | 発
見(はっけん) 발견 | ~さえ~ば ~만~하면 | ほとんど 대부분. 거
의 | 治(なお)る 낫다

정답 4

---

05 今住んでいるアパートは駅から近い（　　　）
家賃も高くなくて大満足です。

1 だけに　　　　　　2 あまり
3 わりに　　　　　　4 ものなら

의미적 호응관계 파악하기 ★★

해석 지금 살고 있는 아파트는 역에서 가까운 **(것에 비해)** 집세도
비싸지 않아 대만족이다.

정답 찾기 문장 전후 내용상 정답은 '~로 보아 ~할 것이라고 생각
되나 그것과는 달리, 의외로'라는 의미인 3번 ~わりには(~에 비
해서는)이다.

오답 분석 형용사에 접속하지 않는 2번 ~あまり(~한 나머지)와
4번 ~ものなら(~하다면)는 접속 형태상 정답에서 제외한다. 1번
~だけに(~인 만큼, ~답게)는 앞 문장에서 이유를, 뒷 문장에서는
그 이유에 걸맞게 평가・판단・생각되어짐을 나타내는 강조의 표현
이므로 내용상 적절하지 않다.

복습 꼭! ~わりに(は)(~에 비해서(는))

어휘 住(す)む 살다 | 駅(えき) 역 | 近(ちか)い 가깝다 | 家賃(や
ちん) 집세 | 大満足(だいまんぞく) 대만족

정답 3

---

06 いくら完璧そうな人（　　　）短所とかコン
プレックスはあるばずだ。

1 をぬきにしては　　2 だから
3 だけあって　　　　4 にしろ

의미적 호응관계 파악하기 ★★

해석 아무리 완벽해 보이는 사람 **(이라고 해도)** 단점이나 콤플렉스
는 분명 있을 것이다.

정답 찾기 공란 앞에 いくら(아무리)가 왔을 때는 뒤에 ~ても・
~でも(~해도・, ~라도)나 ~にしろ(~라고 해도), ~としても
(~라고 해도) 등을 바로 떠올릴 수 있어야 하다. 따라서 정답은 '지
금은 ~가 아니나, 만일 ~라 해도, ~라 가정하더라도'라는 의미인
4번 ~にしろ(~라고 해도)이다.

오답 분석 1번 ~をぬきにしては(~을 빼고서는), 2번 ~だから
(~기 때문에), 3번 ~だけあって(~인 만큼, ~답게)는 문장 전후
의미상 정답이 될 수 없다.

> 복습 꾁! ~にしろ・~にせよ(~라고 해도)

어휘 完璧(かんぺき) 완벽 | ~そうな ~것 같다, ~같아 보이다 |
短所(たんしょ) 단점 | ~とか ~라든가 | コンプレックス 콤플렉
스 | ~はずだ ~할 것이다, ~일 것이다

정답 4

---

07 日本を語る場合、日中関係（　　　）何も語
れないと言われるほど、日本は中国と古来
密接な関係を持って来た。

1 を通して　　　　　　2 をきっかけに
3 をぬきにしては　　　4 をめぐって

의미적 호응관계 파악하기 ★★

해석 일본을 이야기 할 경우, 일중관계(를 빼고서는) 아무것도 이야
기 할 수 없다고 할 정도로 일본은 중국과 예로부터 밀접한 관계를
가져왔다.

정답 찾기 정답은 뒤에 '~할 수 없다, ~하기 어렵다'라는 의미의 문
장을 취하는 3번 ~をぬきにしては(~을 빼고서는)이다. 何も語れ
ない(아무 것도 이야기 할 수 없다)가 정답을 찾는 힌트가 된다.

오답 분석 1번 ~を通じて(~을 통해서)는 ~을 매개·수단·경유
해서, 2번 ~をきっかけに(~을 계기로)는 구체적인 어떤 사항을
기회·계기로 해서 변화나 발전함, 4번 ~をめぐって(~을 둘러싸
고)는 ~을 둘러싸고 어떤 논의나 의견, 문제 등의 대립관계가 있음
을 나타내는 표현이므로 의미상 정답이 될 수 없다.

> 복습 꾁! ~をぬきにして(は)(~를 빼고서(는))

어휘 語(かた)る 말하다, 이야기하다 | 場合(ばあい) 경우 | 日中(に
っちゅう) 일중 | 関係(かんけい) 관계 | ~ほど ~정도, ~만큼 |
古来(こらい) 예로부터 | 密接(みっせつ)だ 밀접하다

정답 3

---

08 恋人のためのケーキ作り！初挑戦（　　　）
うまくできたと思う。

1 にしろ　　　　　　　2 ばかりに
3 からこそ　　　　　　4 にしては

적절한 기능어 찾기 ★★

해석 애인을 위한 케이크 만들기! 첫 도전(치고는) 잘 만들었다고
생각한다.

정답 찾기 문장 전후 내용상 정답은 주로 비판하거나 평가할 때 자
주 쓰는 표현인 4번 ~にしては(~치고는)이다. ~わりには(~에
비해서(는))와 함께 묶어 기억해두는 것이 좋다.

오답 분석 2번 ~ばかりに(~탓에)와 3번 ~からこそ(~기 때문
에)는 명사와 접속할 경우 각각 である형과 보통형을 취하기 때문
에 정답이 될 수 없다. 1번 ~にしろ(~라고 해도) 역시 '지금은 ~
가 아니나, 만일 그렇게 되더라도 관계없다'고 말할 때 사용하는 표
현이므로 정답이 될 수 없다.

> 복습 꾁! ~にしては(~치고는) / ~わりに(は)(~에 비해서
> (는))

어휘 恋人(こいびと) 연인, 애인 | 初挑戦(はつちょうせん) 첫 도전

정답 4

19

09 今になって謝った（　　　）彼女は許してく
れないだろう。

1 以上　　　　　　　2 ものだから
3 ところで　　　　　4 とすれば

의미적 호응관계 파악하기 ★★

해석 이제 와서 사과(**해 봤자**) 그녀는 용서해 주지 않을 것이다.

정답 찾기 접속 형태로는 정답을 골라내기 어려우므로 의미상 연결이 자연스러운 선택지를 골라야 하는데, 문장 전후 내용상 '~해 봤자, 결과는 예상이나 기대에 반하는 쓸데없는 결과 또는 도움이 되지 않는 결과'일 것이라는 의미인 3번 ~たところで(~해 봤자)가 정답이다.

오답 분석 이유를 나타내는 1번 ~以上(~하는 이상, ~한 이상), 2번 ~ものだから(~기 때문에)와 가정조건을 나타내는 4번 ~とすれば(~라고 한다면)는 문장 전후 문맥상 정답이 될 수 없다.

> **복습 꼭!** ~たところで(~해 봤자)

어휘 謝(あやま)る 사과하다 | 許(ゆる)す 허가하다, 허락하다, 용서하다

정답 3

---

10 このプロジェクトが失敗しよう（　　　）、
私はこの会社にいられなくなるだろう。

1 にしても　　　　　2 上は
3 ものなら　　　　　4 と思う

문법적 호응관계 파악하기 ★★

해석 이 프로젝트가 실패한(**다면**), 나는 이 회사에 있을 수 없게 될 것이다.

정답 찾기 공란 앞에 있는 의지형 行こう만으로도 3번 ~ものなら(~고 한다면)과 4번 ~と思う(~고 생각하다)를 골라낼 수 있다. 이 둘 중 문법상·의미상 적절한 것은 3번 ~ものなら이다. ~(よ)うものならは 만일 그렇게 된다면 심각한 사태가 됨을 나타내고, 가능형과 접속하면 '~할 수 있다면'이라는 의미로 사용된다.

오답 분석 1번 ~にしても(~라고 해도), 2번 ~上は(~하는 이상은, ~한 이상은)는 의미상 부적절하고, ~(よ)うと思う(~하려고 생각하다)가 뒷문장과 연결되려면 조건·가정형의 형태가 되어야 한다.

> **복습 꼭!** ~ものなら(~하다면)

어휘 プロジェクト 프로젝트 | 失敗(しっぱい) 실패

정답 3

---

11 最近は世間に疲れている人の心を温めてくれ
る大人（　　　）の絵本が人気があるそうだ。

1 向く　　　　　　　2 向き
3 向ける　　　　　　4 向け

접속 형태 파악하기 ★★

해석 요즘은 세상에 지쳐있는 사람의 마음을 따뜻하게 해 주는 성인(**용**) 그림책이 인기가 있다고 한다.

정답 찾기 2번 ~向き(~용)과 4번 ~向け(~용)는 둘 다 우리말에서는 '~용'으로 해석되지만 ~向きは '~에게 맞고 적합함', ~向け는 '~을 대상으로 함'을 뜻한다. 때문에 의미상 2번이 정답이 된다.

오답 분석 1번 向く(향하다, 적합하다)와 3번 向ける(향하다)는 동사로 大人(어른) 뒤에 바로 연결할 수 없으므로 정답이 될 수 없다.

> **복습 꼭!** ~向(む)き(~에게 적합한, ~용)

어휘 最近(さいきん) 최근, 요즘 | 世間(せけん) 세간, 세상 | 疲(つか)れる 지치다 | 心(こころ) 마음 | 温(あたた)める 따뜻하게 하다, 데우다 | 大人(おとな) 어른, 성인 | 絵本(えほん) 그림책 | 人気(にんき) 인기

정답 2

12 もし転職する（　　　）、やはり条件の一番 目は給与ですね。

1 以上は
2 たところで
3 とすれば
4 ものなら

적절한 기능어 찾기 ★★

해석 만약 전직을 한다**(고 한다면)**, 역시 첫 번째 조건은 급여네요.

정답 찾기 문장 앞에 가정 조건인 もし(만약)가 있기 때문에 가정의 의미를 가진 3번 〜とすれば(〜라고 히면)를 찾아낼 수 있어야 한다.

오답 분석 2번 〜たところで(〜해 봤자)는 동사의 〜た형에 접속 하며 4번 〜ものなら(〜하다면)는 주로 동사의 가능형, 의지형과 접속하므로 접속 형태상 정답에서 제외한다. 또한 이유를 들어 의지 나 판단 등을 나타내는 1번 〜以上は(〜하는 이상은, 〜한 이상은) 도 문맥상 정답이 아니다.

> **복습 꼭!** 〜とすれば・〜としたら・〜とすると(〜라고 하면)

어휘 転職(てんしょく) 전직, 이직 | やはり 역시 | 条件(じょうけ ん) 조건 | 一番目(いちばんめ) 첫 번째 | 給与(きゅうよ) 급여

정답 3

---

13 この携帯電話は値段の（　　　）機能があまり ついていない。

1 向きに
2 ところをみると
3 向けに
4 わりには

문법적 호응관계 파악하기 ★★

해석 이 휴대 전화는 가격에**(비해서는)** 기능이 별로 없다.

정답 찾기 공란 앞이 명사+の의 형태로 제시 되어 있는데 선택지 가운데 명사의 명사 수식형에 접속하는 것은 4번 〜わりには(〜에 비해서는)이다. 〜わりには는 '〜로 보아 〜할 것이라고 생각되나 그것과는 달리, 의외로'라는 의미이다.

오답 분석 1번 〜向きに(〜에게 적합하게)와 3번 〜に向けに(〜 을 대상으로)는 명사와 연결할 때 の를 수반하지 않으며, 2번 〜と ころをみると(〜것을 보면)는 애초에 명사와 연결할 수 없으므로 정답이 될 수 없다.

> **복습 꼭!** 〜わりには(〜에 비해서는)

어휘 携帯電話(けいたいでんわ) 휴대 전화 | 値段(ねだん) 값, 가 격 | 機能(きのう) 기능 | つく 붙다

정답 4

---

14 健康的なダイエットではなく、やせれる （　　　）オススメできないダイエット方法 も多いです。

1 としても
2 にしては
3 あまり
4 からこそ

의미적 호응관계 파악하기 ★★

해석 건강한 다이어트가 아닌, 살이 빠질 수 있**(다고 해도)** 추천할 수 없는 다이어트 방법도 많습니다.

정답 찾기 공란 전후 내용을 보았을 때 '설령 살이 빠질 수 있다고 해도 추천할 수 없다'는 의미이므로 정답은 '만약 〜라고 가정을 하 더라도', '〜입장, 자격 등으로서도'라는 표현인 1번 〜としても(〜 라고 해도)가 된다.

오답 분석 일반적으로 예상되어지는 것과는 다르게, 〜치고는 이라 는 의미인 2번 〜にしては(〜치고는)와 너무 〜한 나머지 좋지 않 은 결과가 되었음을 강조하는 3번 〜あまり(〜한 나머지), 이유를 강조하는 표현인 4번 〜からこそ(〜기 때문에)는 문장 전후 의미상 정답이 될 수 없다.

> **복습 꼭!** 〜として(も)(〜라고 해(도), 〜로서(도))

어휘 健康的(けんこうてき)だ 건강하다 | ダイエット 다이어트 | やせれる 살이 빠질 수 있다 | お勧(すす)め 권유, 추천 | 方法(ほう ほう) 방법

정답 1

15 好き（　　　）嫌い（　　　）、いったん約束
したからにはしなければならない。

　1 にして　　　　　　　2 とか
　3 にせよ　　　　　　　4 やら

적절한 기능어 찾기 ★★

해석 좋(든) 싫(든) 일단 약속한 이상은 하지 않으면 안 된다.

정답 찾기 정답인 3번 ～にせよ(～라고 해도)는 ～にせよ～にせよと같이 병렬로는 '(어떠한 경우) ～든 ～든, (어느 쪽) ～도 ～도'라는 의미가 되며, 이것은 ～にしろ～にしろ도 마찬가지이다.

오답 분석 1번 ～にして(～로 해서), 2번 ～とか(～라는가, ～든지), 4번 ～やら(～와)는 문맥상 정답이 될 수 없다.

> **복습 꼭!** ～にせよ～にせよ・～にしろ～にしろ(～든～든, ～도～도)

어휘 好(す)き 좋아함 | 嫌(きら)い 싫어함 | いったん 일단 | 約束(やくそく) 약속 | ～からには ～한 이상은, ～인 이상은 | ～なければならない ～하지 않으면 안 된다

정답 3

---

16 たとえ（　　　）彼女がはじめて作ってくれ
た料理だから食べないわけにはいかない。

　1 まずいし　　　　　　2 まずくても
　3 まずくなければ　　　4 まずいから

문법적 호응관계 파악하기 ★

해석 설령 (맛없다고 해도) 그녀가 처음 만들어 준 요리기 때문에 먹지 않을 수 없다.

정답 찾기 공란 앞의 たとえ(가령, 설령) 뒤에는 자연히 ～ても(～해도)가 오는 것을 알고 있으면 된다. 따라서 정답은 2번 まずくても이다.

오답 분석 1번 ～し(～하고), 3번 ～なければ(～지 않으면), 4번 ～から(～기 때문에)는 たとえ와 호응하지 않으므로 정답이 아니다.

> **복습 꼭!** たとえ～ても(설령 ～라고 해도)

어휘 たとえ 비록, 가령, 설령 | まずい 맛없다 | はじめて 처음으로 | 料理(りょうり) 요리 | ～ないわけにはいかない ～하지 않을 수가 없다

정답 2

문제 다음 문장의 ＿＿★＿＿에 들어갈 가장 알맞은 말을 1·2·3·4 중에서 하나를 고르세요.

01 いくら ＿＿＿＿ ＿＿＿＿ ★ ＿＿＿＿ 何でも買っ
てあげられる。

　1 ためなら　　　　　　2 高い
　3 にせよ　　　　　　　4 あなたの

단어 바르게 배열하기 ★

문장 배열 いくら 高い にせよ あなたの ためなら 何でも
　　　　　　　　　 2　 3　　 4　　　 1
買ってあげられる。

해석 아무리 비싸더라도 당신을 위해서라면 뭐든지 사 줄 수 있다.

정답 찾기 먼저 3번 ～にせよ(～라 해도) 앞에 의미상 가장 어울리는 2번 高い(비싸다)를 연결하고, 1번 ためなら(～위해서라면) 앞에 4번 あなたの(당신을)를 연결하여 전체적으로 나열하면 2-3-4-1이 되므로 정답은 4번이다.

> **복습 꼭!** ～にせよ(～라고 해도)

어휘 いくら～ても 아무리 ～해도 | ～ためなら ～위해서라면 | 何(なん)でも 무엇이든지 | ～てあげる ～해 주다

정답 4

02 妻に ____ ★ ____ ____ と言われてしか
たなくやめることにした。

1 離婚する 2 やめない
3 タバコを 4 ことには

단어 바르게 배열하기 ★

문장배열 妻に タバコを やめない ことには 離婚すると
<u>3</u> <u>2</u> <u>4</u> <u>1</u>
言われてしかたなくやめることにした。

해석 아내에게 담배를 끊지 않으면 이혼하겠다는 말을 들어서 어쩔
수 없이 끊기로 했다.

정답 찾기 3번 タバコを(담배를)는 자연스럽게 2번 やめない(끊
지 않다)와 연결된다. 여기에 ~ないことには(~하지 않으면)를 や
めない 뒤에 연결하고, 나머지 술어인 1번 離婚する(이혼하다)를
마지막에 두어 전체적으로 나열하면 3-2-4-1이 되므로 정답은 2번
이다.

> **복습 꼭!** ~ないことには(~하지 않고서는)

어휘 妻(つま) 아내ㅣたばこをやめる 담배를 끊다ㅣ離婚(りこん)
する 이혼하다ㅣしかたない 달리 방법이 없다ㅣやめる 그만두다.
끊다ㅣ~ことにする ~하기로 하다

정답 2

---

03 誕生 ____ ____ ____ ★ はならないと
思って買ってきました。

1 ぬきにして 2 パーティーに
3 誕生 4 ケーキを

단어 바르게 배열하기 ★

문장 배열 誕生 パーティーに 誕生 ケーキを ぬきにして
<u>2</u> <u>3</u> <u>4</u> <u>1</u>
はならないと思って買ってきました。

해석 생일 파티에 생일 케이크를 빼서는 안 된다고 생각해서 사왔
습니다.

정답 찾기 3번 誕生(생일)과 연결할 수 있는 것은 보통 2번 パーティー
に(파티에)나 4번 ケーキを(케이크를)인데, 1번 ~ぬきにして
(~빼고서는)는 앞에 조사 を를 취하는 표현이다. 그렇다면 誕生 ケー
キを를 만들고 그 뒤에 ~ぬきにして를 연결하는 것이 적절하
며 나머지 2번 パーティーに(파티에)는 문맥상 가장 앞쪽에 배열
하여 전체적으로 나열하면 2-3-4-1이 되므로 정답은 1번이다.

> **복습 꼭!** ~をぬきにしては(~를 빼고서(는))

어휘 誕生(たんじょう) 탄생, 출생ㅣ思(おも)う 생각하다ㅣ買(か)
ってくる 사 오다

정답 1

---

04 ____ ★ ____ ____ のは私も分かって
います。

1 後悔し 2 もう遅い
3 たところで 4 いまさら

단어 바르게 배열하기 ★

문장 배열 いまさら 後悔し たところで もう遅い のは私
<u>4</u> <u>1</u> <u>3</u> <u>2</u>
も分かっています。

해석 이제 와서 후회해 봤자 이미 늦은 것은 저도 알고 있습니다.

정답 찾기 1번 後悔し는 이미 과거형의 활용 형태로 바뀌어 있기
때문에 자연스럽게 3번 ~たところで(~해 봤자)와 연결된다. 그리
고 의미상 적절하게 2번 もう遅い(이미 늦다)를 뒤에, いまさら(이
제 와서)를 앞에 두어 전체적으로 나열하면 4-1-3-2가 되므로 정답
은 1번이다.

> **복습 꼭!** ~たところで(~해 봤자)

23

어휘 いまさら 새삼스럽게, 이제 와서 | 後悔(こうかい)する 후회하다 | もう 이미, 이제, 더 | 遅(おそ)い 늦다 | 分(わ)かる 알다

정답 1

---

05 私の娘は ___ ★ ___ ___ ___ モデルに なって大活躍しています。

　1 女性にしては　　　2 それを生かして
　3 背が高くて　　　　4 心配だったが

단어 바르게 배열하기 ★★

문장 배열 私の娘は 女性にしては 背が高くて 心配だったが、
　　　　　　　　　　 1　　　　 3　　　 4
それを生かして モデルになって大活躍しています。
　　 2

해석 제 딸은 여성치고는 키가 커서 걱정했는데, 그것을 살려 모델이 되어 대활약하고 있습니다.

정답 찾기 먼저 의미상 '~치고는 ~해서 ~하다'라는 문장을 구성해야 하는데 그러기 위해서는 1번 女性にしては(여성치고는) 뒤에 3번 背が高くて(키가 커서), 그 뒤에 心配だった(걱정이었다)를 두면 된다. 나머지 2번 それを生かして(그것을 살려서)는 의미상 마지막에 두어 전체적으로 나열하면 1-3-4-2가 되므로 정답은 1번이다.

> **복습 꼭!** ~にしては(~치고는)

어휘 娘(むすめ) 딸 | 女性(じょせい) 여성 | 背(せ)が高(たか)い 키가 크다 | 心配(しんぱい) 근심, 걱정 | 生(い)かす 살리다 | 大活躍(だいかつやく)する 대활약하다

정답 1

---

06 このレストランは ___ ___ ★ ___ です。

　1 味もいいし　　　　2 デート向きだ
　3 という評判　　　　4 雰囲気もいいので

단어 바르게 배열하기 ★★

문장 배열 このレストランは 味もいいし 雰囲気もいいので
　　　　　　　　　　　　 1　　　　 4
デート向きだ という評判 です。
　 2　　　　 3

해석 이 레스토랑은 맛도 좋고 분위기도 좋기 때문에 데이트하기에 적합하다는 평판이다.

정답 찾기 선택지 1번 味もいいし(맛도 좋고)와 4번 雰囲気もいいので(분위기도 좋기 때문에)가 2번 デート向きだ(데이트에 적합하다)의 이유가 되기 때문에 1-4-2로 연결하여 배열한다. 그리고 내용상 나머지 3번 ~という評判(~라는 평판)을 뒤에 두어 전체적으로 나열하면 1-4-2-3이 되므로 정답은 2번이다.

> **복습 꼭!** ~向(む)き(~에게 적합한, ~용)

어휘 味(あじ) 맛 | 雰囲気(ふんいき) 분위기 | 評判(ひょうばん) 평판

정답 2

---

07 私が ___ ★ ___ ___ すぐにでも行きます。

　1 ものなら　　　　　2 できる
　3 行って　　　　　　4 解決

단어 바르게 배열하기 ★

문장 배열 私が 行って 解決 できる ものなら すぐにでも
　　　　　　　 3　　 4　　 2　　 1
行きます。

해석 제가 가서 해결할 수 있다면 당장에라도 가겠습니다.

정답 찾기 선택지를 보면 우선 4번의 解決(해결)과 2번 できる(할 수 있다)가 결합할 수 있는 것을 알 수 있다. 1번 ~ものなら(~하다면)는 주로 앞에 동사 가능형이 오기 때문에 解決できるものなら

(해결 할 수 있다면)라는 문장을 만들 수 있으며 마지막으로 3번 行って(가서)를 의미상 앞에 두어 전체적으로 나열하면 3-4-2-1이 되므로 정답은 4번이다.

> **복습 꼭!** 〜ものなら(〜히다면)

어휘 解決(かいけつ) 해결 | できる 할 수 있다, 생기다, 다 되다 | すぐにでも 당장에라도

정답 4

---

08 ____ **★** ____ ____ お客さんだから敬語を使わなければならない。

1 子供　　　　　2 小さな
3 たとえ　　　　4 でも

단어 바르게 배열하기 ★★

문장 배열 たとえ 小さな 子供 でも お客さんだから敬語
　　　　　　　3　　2　　1　4
を使わなければならない。

해석 설령 어린아이라도 손님이기 때문에 경어를 사용하지 않으면 안 된다.

정답 찾기 우선 2번 小さな(작은, 어린)는 1번 子供(아이)를 수식함을 알 수 있다. 그리고 3번 たとえ(가령, 설령)과 4번 〜ても, 〜でも(〜해도, 〜라도) 역시 서로 연결되는 것을 알 수 있는데 문맥상 〜でも(〜라도) 앞에 들어가야 할 말이 필요하다. 바로 그 자리에 앞에서 만든 小さな子供(어린 아이)를 두어 전체적으로 나열하면 3-2-1-4가 되므로 정답은 3번이다.

> **복습 꼭!** たとえ〜ても(설령 〜라고 해도)

어휘 子供(こども) 자식, 아이 | お客(きゃく)さん 손님 | 敬語(けいご) 경어 | 使(つか)う 쓰다, 사용하다 | 〜なければならない 〜하지 않으면 안 된다

정답 3

시나공 03 부정의 형태를 취하는 문법 | 적중 예상 문제

문제 다음 문장의 (　　　)에 들어갈 가장 알맞은 말을 1·2·3·4 중에서 하나를 고르세요.

01 最近の若者は「自分の力ではどうせやってもでき（　　　）」と自分の限界を決めてすぐあきらめてしまう人が多いようです。

1 わけがない
2 ざるをえない
3 ないわけにはいかない
4 っこない

문법적 호응관계 파악하기 ★★

해석 요즘 젊은이들은 '자신의 능력으로는 어차피 해도 가능(할 리가 없어)'라고 자신의 한계를 정하고 바로 포기해버리는 사람이 많은 것 같다.

정답 찾기 공란 앞에 동사 ます형으로 제시되어 있으므로, 정답은 4번 동사 ます형 + 〜っこない(〜할 리가 없다)이다. 같은 의미인 1번 〜わけがない(〜할 리가 없다)와 혼동할 수 있지만 〜わけがない는 명사 수식형에 접속하므로 정답에서 제외된다.

오답 분석 1번 〜わけがない(〜할 리가 없다)는 접속 형태상 정답이 될 수 없고, 2번 〜ざるをえない(〜하지 않을 수 없다)와 3번 〜ないわけにはいかない(〜하지 않을 수 없다)는 문장 전후 내용상 의미적으로 맞지 않는다.

> **복습 꼭!** 동사 ます형+〜っこない(〜할 리가 없다)

어휘 最近(さいきん) 최근, 요즈음 | 若者(わかもの) 젊은이 | 自分(じぶん) 자기 자신 | 力(ちから) 힘 | どうせ 어차피, 결국 | 限界(げんかい) 한계 | 決(き)める 정하다 | すぐ 곧, 금방 | あきらめる 단념하다, 체념하다 | ～てしまう ～해 버리다 | ～ようだ ～것 같다

정답 4

---

02 わたしは仕事でしばしば海外に行くので、あちこち旅行できてうらやましいとみんなに言われるが、いつも忙しくて見物する（　　）。

1 というものではない　2 どころではない
3 ないではいられない　4 わけがない

의미적 호응관계 파악하기 ★★

해석 나는 업무상 자주 해외에 가기 때문에, 여기저기 여행할 수 있어 부럽다고 모두에게 말을 듣지만 항상 바빠서 구경**(할 상황이 아니다)**.

정답 찾기 문장 전후 내용상 정답은 '～할 여유가 없다, ～할 상황·형편이 아니다'라는 강한 부정의 표현인 2번 ～どころではない이다.

오답 분석 3번 ～ないではいられない(～하지 않고서는 있을 수 없다)는 부정형과 접속하여야 하므로 정답에서 제외시킨다. 그리고 1번 ～というものではない(～라는 것은 아니다)와 4번 ～わけがない(～할 리가 없다)는 문장 전후 내용상 의미적으로 맞지 않는다.

> **복습 꼭!** ～どころではない(～할 상황·형편이 아니다)

어휘 仕事(しごと) 일, 직업, 업무 | しばしば 자주 | 海外(かいがい) 해외 | あちこち 여기저기 | 旅行(りょこう) 여행 | 羨(うらや)ましい 부럽다 | 忙(いそが)しい 바쁘다 | 見物(けんぶつ) 구경

정답 2

---

03 全ての人が若い頃の夢を実現できる（　　）。

1 わけではない　　　　2 はずがない
3 どころではない　　　4 ずにはいられない

의미적 호응관계 파악하기 ★★

해석 모든 사람이 젊은 시절의 꿈을 실현할 수 있**(는 것은 아니다)**.

정답 찾기 문장 전후 내용상 정답은 '(반드시, 전부가) ～것은 아니다'라는 부분 부정의 표현인 1번 ～わけではない(～것은 아니다)이다.

오답 분석 4번 ～ずにはいられない(～하지 않고서는 있을 수 없다)는 부정형에 접속해야 하므로 정답에서 제외시킨다. 절대로 ～하지 않다, ～의 가능성이 전혀 없다는 의미의 강한 부정을 나타내는 2번 ～はずがない(～할 리가 없다)와 모습이나 상황을 보고 ～라고 판단하고 추측한다는 의미인 3번 ～どころではない(～할 상황이 아니다)는 문맥상 정답이 아니다.

> **복습 꼭!** ～わけではない(반드시 ～것은 아니다)

어휘 全(すべ)て 전부, 모든 것 | 若(わか)い 젊다 | 頃(ころ) 때, 시절 | 夢(ゆめ) 꿈 | 実現(じつげん) 실현

정답 1

---

04 金額が大きくて私には支払えないので、親に援助を頼ま（　　）。

1 ないことはない
2 ないではいられない
3 ずにはいられない
4 ざるをえない

의미적 호응관계 파악하기 ★★

해석 금액이 커서 나는 지불할 수 없기 때문에, 부모님에게 원조를 부탁**(하지 않을 수 없다)**.

정답 찾기 선택지 모두가 부정형에 연결되는 표현들이기 때문에 의미상으로 구별해야 한다. 정답은 의미상 본인의 의사가 아닌 피할 수 없는 사정·상황에 의해 '～하지 않을 수가 없음'을 나타내는 표현인 4번 ～ざるをえない이다.

오답 분석 1번 ～ないことはない(～하지 않는 것은 아니다)는 가능성을, 2, 3번 ～ないではいられない, ～ずにはいられない(～

하지 않고서는 있을 수 없다)는 말하는 사람의 기분을 표현한 것이므로 문장 전후 내용상 의미적으로 정답이 될 수 없다.

복습 꼭! ~ざるをえない(~하지 않을 수 없다)

어휘 金額(きんがく) 금액 | 支払(しはら)う 지불하다, 지급하다 | 親(おや) 어버이, 부모 | 援助(えんじょ) 원조 | 頼(たの)む 부탁하다

정답 4

---

05 けちな田中さんも初デートのときはおごら（　　　）だろう。

1 ないことはない　　2 ないわけにはいかない
3 ないではいられない　4 っこない

의미적 호응관계 파악하기 ★★

해석 구두쇠인 다나카 씨도 첫 데이트 때는 돈을 내(**지 않을 수 없**)겠지.

정답 찾기 문맥상 정답은 '(사회적, 심리적 등의 사정·이유로) ~할 수 밖에 없다'는 의미인 2번 ~ないわけにはいかない(~하지 않을 수 없다)이다.

오답 분석 우선 4번 ~っこない(~할 리가 없다)는 동사 ます형에 접속하므로 접속 형태상 정답에서 제외시킨다. 그리고 1번 ~ないことはない(~하지 않는 것은 아니다)는 가능성을, 3번 ~ないではいられない(~하지 않고서는 있을 수 없다)는 주로 말하는 사람의 기분을 나타내는 표현으로 문맥상 정답이 아니다.

복습 꼭! ~ないわけにはいかない(~하지 않을 수가 없다)

어휘 けち 인색함, 구두쇠 | 初(はつ)デート 첫 데이트 | おごる 한턱내다, 돈을 내다

정답 2

---

06 僕は生の魚を食べ（　　　）んですが、あまり好きじゃないんです。

1 っこない
2 ざるをえない
3 ないわけにはいかない
4 ないことはない

적절한 기능어 찾기 ★★

해석 나는 날 생선을 먹(**지 않는 것은 아니지만**), 별로 좋아하지 않습니다.

정답 찾기 문장 전후 내용상 정답은 '혹시 ~할지도 모른다, ~하긴 하다'는 의미를 이중부정 형태로 표현한 4번 ~ないことはない(~하지 않는 것은 아니다)이다.

오답 분석 주관적인 강한 부정을 나타내는 1번 ~っこない(~할 리가 없다)와 본인의 의사가 아닌 피할 수 없는 사정·상황에 의해 ~할 수 밖에 없음을 나타내는 2번 ~ざるをえない(~하지 않을 수 없다), 사회적·심리적 등의 이유로 ~할 수 밖에 없음을 나타내는 3번 ~ないわけにはいかない(~하지 않을 수 없다)는 문맥상 정답이 될 수 없다.

복습 꼭! ~ないことはない(~하지 않는 것은 아니다)

어휘 生(なま) 날 것 | 魚(さかな) 생선

정답 4

---

07 彼女に断られる確率100％に近いとわかっていながらも、告白し（　　　）。

1 ずにはいられなかった
2 ないではいられなかった

적절한 기능어 찾기 ★★

해석 그녀에게 거절당할 확률이 100%에 가깝다고 알고 있으면서도 고백(**하지 않고서는 있을 수가 없었다**).

정답 찾기 문맥상 정답은 '(아무래도) ~하지 않을 수가 없다, ~하지 않고서는 참을 수가 없어 ~하게 되어버리고 만다'는 말하는 사람의 기분·마음을 표현하는 2번 ~ないではいられない(~하지 않고서는 있을 수 없다)이다.

3 ざるをえなかった

4 ないわけにはいかなかった

오답 분석 의미상으로는 1번 〜ずにはいられない(〜하지 않고서는 있을 수 없다)도 정답이 될 수 있지만 する는 せずに로 활용하여 접속되기 때문에 정답이 될 수 없는데 이것은 3번 〜ざるをえない(〜하지 않을 수 없다)도 마찬가지이다. 마지막 4번 〜ないわけにはいかない는 사회적·심리적 등의 이유로 '〜하지 않을 수 없다'라는 의미이므로 정답이 아니다.

> **복습 꼭!** 〜ないではいられない・〜ずにはいられない (〜하지 않고서는 있을 수 없다)

어휘 断(ことわ)られる 거절당하다 | 確率(かくりつ) 확률 | 近(ちか)い 가깝다 | 〜ながらも 〜하면서도, 〜이면서도 | 告白(こくはく)する 고백하다

정답 2

---

08 水泳を学んだ（　　）学んだが、なかなか泳げない。

1 ところは　　　　2 わけは

3 ことは　　　　　4 ものは

적절한 기능어 찾기 ★

해석 수영을 배우(기는) 배웠(지만), 좀처럼 헤엄칠 수가 없다.

정답 찾기 이 문제는 N2 문법인 〜ことは〜が(〜기는, 〜지만 그러나)라는 문형을 숙지하고 있으면 쉽게 정답을 골라낼 수 있다.

오답 분석 형식명사로서 ところ는 '상황', わけ는 '의미, 이유', こと와 もの는 '것'이라는 의미이다.

> **복습 꼭!** 〜ことは〜が、〜ない(〜기는 〜지만, 〜지 않다)

어휘 水泳(すいえい) 수영 | 学(まな)ぶ 배우다 | なかなか 상당히, 꽤, 좀처럼, 도무지 | 泳(およ)ぐ 헤엄치다

정답 3

---

09 運転がうまい人は必ずしも事故を起こさないという（　　）。

1 わけではない　　2 どころではない

3 ざるをえない　　4 ことはない

적절한 기능어 찾기 ★★

해석 운전을 잘하는 사람은 반드시 사고를 일으키지 않는(다는 것은 아니다).

정답 찾기 선택지에 있는 문법 중에 〜という(〜라는)와 연결될 수 있는 것은 1번 〜わけではない(반드시 〜라는 것은 아니다, 전부가 〜라는 것은 아니다)밖에 없기 때문에 문형만으로도 정답은 쉽게 찾을 수 있다.

오답 분석 2번 〜どころではない(〜할 상황이 아니다), 3번 〜ざるをえない(〜하지 않을 수 없다), 4번 〜ことはない(〜할 필요는 없다)는 문장 전후 내용상 의미적으로 정답이 아니다.

> **복습 꼭!** 〜というわけではない(〜라는 것은 아니다)

어휘 運転(うんてん) 운전 | うまい 맛있다, 솜씨가 좋다 | 必(かなら)ずしも 반드시, 꼭 | 事故(じこ) 사고 | 起(お)こす 일으키다

정답 1

---

10 日本でまともな研究ができない人が、アメリカの大学院で成功する（　　）じゃないですか。

1 ものか　　　　　2 わけではない

3 わけがない　　　4 どころではない

의미적 호응관계 파악하기 ★★

해석 일본에서 착실하게 연구를 못했던 사람이, 미국 대학원에서 성공(할 리가 없지) 않습니까?

정답 찾기 문장 전후 내용상 정답은 어떤 사실을 근거로 하여 '그러한 일은 당연히 없다'는 주관적인 강한 부정을 나타내는 3번 〜わけがない(〜할 리가 없다)이다.

오답 분석 1번 ~ものか(~할 까 보냐)는 문말 표현으로 じゃない
ですか와 연결될 수 없기 때문에 정답이 될 수 없다. 그리고 부분부
정을 나타내는 2번 ~わけではない(반드시 ~인 것은 아니다)와 4
번 ~どころではない(~할 상황이 아니다)는 문장 전후 내용상 의
미적으로 정답이 될 수 없다.

> **복습 꼭!** ~わけがない・~はずがない(~할 리가 없다, ~
> 일 리가 없다)

어휘 まともだ 착실하다, 성실하다 | 研究(けんきゅう) 연구 | 大
学院(だいがくいん) 대학원 | 成功(せいこう) 성공

정답 3

---

11 先輩や同僚を招待するにあたり、上司を招
待し（　　　）ですよね。

1 ざるをえない　　　　2 っこない

3 ずにはいられない　　4 ないわけにはいかない

적절한 기능어 찾기 ★★

해석 선배와 동료를 초대할 때, 상사를 초대(하지 않을 수가 없겠)지요.

정답 찾기 정답은 '(사회적, 심리적 등의 사정·이유로) ~할 수 밖
에 없다'는 의미인 4번 ~ないわけにはいかない(~하지 않을 수가
없다)이다.

오답 분석 1번 ~ざるをえない(~하지 않을 수 없다)와 3번 ~ず
にはいられない(~하지 않고서는 있을 수 없다)는 각각 せざるを
와 せずに로 접속하므로 접속 형태만으로도 먼저 정답에서 제외시
킬 수 있다. 그리고 2번 ~っこない(~할 리가 없다)는 문장 전후
내용상 의미적으로 정답이 아니다.

> **복습 꼭!** ~ないわけにはいかない(~하지 않을 수가 없다)

어휘 先輩(せんぱい) 선배 | 同僚(どうりょう) 동료 | 招待(しょ
うたい) 초대 | ~にあたり ~할 때에, ~을 맞이하여 | 上司(じょう
し) 상사

정답 4

---

12 私がIT業界で一番いいと思うところは、IT
自体がすごい勢いで発展しつづけており、
「いつも新しい」ので、つねに勉強せ（　　　）
ことだ。

1 ないではいられない

2 どころではない

3 ざるをえない

4 わけがない

접속 형태 파악하기 ★

해석 내가 IT 업계에서 가장 좋다고 생각하는 점은 IT 자체가 광장한
기세로 계속 발전하고 있어 항상 새롭기 때문에 늘 공부하(지 않을
수 없는) 점이다.

정답 찾기 공란 앞에 제시된 勉強せ가 힌트가 된다. する가 せ로
활용되어 있으므로 이 형태와 연결될 수 있는 표현은 3번 ~ざるを
えない(~하지 않을 수 없다)밖에 없기 때문에 정답은 3번이다.

오답 분석 1번 ~ないではいられない(~하지 않고서는 있을 수
없다), 2번 ~どころではない(~할 상황이 아니다), 4번 ~わけが
ない(~할 리가 없다)는 문법적으로나 문장 전후 내용상 의미적으로
도 정답이 될 수 없다.

> **복습 꼭!** ~ざるをえない(~하지 않을 수 없다)

어휘 業界(ぎょうかい) 업계 | 自体(じたい) 자체 | すごい 광장
하다, 심하다 | 勢(いきお)い 기세, 기운, 여세 | 発展(はってん) 발전
| 동사 ます형+~続(つづ)ける 계속해서 ~하다 | ~ておる ~하고
있다(~ている의 겸양표현) | 新(あたら)しい 새롭다 | 常(つね)に
항상, 늘

정답 3

13 彼女は最近子供が生まれたばかりなので、映画（　　　）らしい。

1 しかない　　　　　　2 どころではない

3 ものか　　　　　　　4 というものではない

문법적 호응관계 파악하기 ★

해석 그녀는 최근에 아이가 태어난 지 얼미 안 되어서, 영하 볼 **(상황이 아닌)** 것 같다.

정답 찾기 문맥상 정답은 '~할 여유가 없다, ~할 상황·형편이 아니다'라는 의미의 2번 ~どころではない(~할 상황이 아니다)이다.

오답 분석 우선 3번 ~ものか(~할 까보냐)는 명사에 접속할 경우 な를 수반하여야 하므로 접속 형태상 정답에서 제외시킨다. 1번 ~しかない(~할 수 밖에 없다)와 4번 ~というものではない(~라는 것은 아니다)는 문장 전후 내용상 의미적으로 정답이 될 수 없다.

복습 꼭! ~どころではない(~할 상황이 아니다)

어휘 最近(さいきん) 최근, 요즈음 | 生(う)まれる 태어나다 | ~たばかり ~한 지 얼마 안 됨 | 映画(えいが) 영화 | ~らしい ~것 같다. ~답다

정답 2

14 私の十八番は「愛さ（　　　）」という歌です。

1 ざるをえない

2 ないわけにはいかない

3 ずにはいられない

4 ないものではない

의미적 호응관계 파악하기 ★★

해석 저의 십팔번은 '사랑하**(지 않고서는 있을 수 없다)**'라는 노래이다.

정답 찾기 정답은 3번 ~ずにはいられない(~하지 않고서는 있을 수 없다)이다. 愛さずにはいられない는 일본의 유명한 노래 제목이다.

오답 분석 1, 2번 ~ざるをえない, ~ないわけにはいかない(~하지 않을 수 없다)는 본인의 의사가 아닌 피할 수 없는 사정·상황 등의 이유, 4번 ~ないものではない(~하지 않는 것은 아니다)는 개인의 의견보다는 도덕적·사회적 상식에 대해 말할 때 사용하는 표현으로 문장 전후 내용상 의미적으로 정답이 아니다.

복습 꼭! ~ずにはいられない・~ないではいられない (~하지 않고서는 있을 수 없다)

어휘 十八番(じゅうはちばん) 십팔번, 장기 | 愛(あい)す 사랑하다 (愛(あい)する의 문어) | 歌(うた) 노래

정답 3

15 話は理解されることが本質であり、自分の意見をただ言いさえすればいい（　　　）。理解されないのは自分の説明が悪いからである。

1 というものではない　　2 わけがない

3 ものか　　　　　　　　4 どころではない

의미적 호응관계 파악하기 ★★★

해석 이야기는 이해되어야 하는 것이 본질로, 자신의 의견을 단지 말한다고 되**(는 것은 아니다)**. 이해받지 못하는 것은 자신의 설명이 나쁘기 때문이다.

정답 찾기 우선 공란 앞의 ~さえ ~ば(~만 ~하면) 문형은 숙지해두는 것이 좋으며, 각 선택지의 의미를 살펴보면 '(항상, 반드시) ~라고는 말할 수 없다'는 의미의 1번 ~というものではない(~라는 것은 아니다)가 정답이 된다.

오답 분석 어떤 사실을 근거로 하여 그러한 일은 당연히 없다는 주관적인 강한 부정을 나타내는 2번 ~わけがない(~할 리가 없다)와, 반어법으로 감정을 표현하는 3번 ~ものか(~할까보냐), ~할 상황이나 형편이 아니라는 강한 부정을 나타내는 4번 ~どころではない(~할 상황이 아니다)는 문맥상 정답이 아니다.

복습 꼭! ~というものではない(~라는 것은 아니다)

어휘 話(はなし) 이야기 | 理解(りかい) 이해 | 本質(ほんしつ) 본질 | 〜である 〜하다. 〜이다. | 自分(じぶん) 자기 자신 | 意見(いけん) 의견 | ただ 오직, 그저, 겨우, 단지 | 説明(せつめい) 설명 | 悪(わる)い 나쁘다

정답 1

---

16 一度失敗したくらいであきらめる（　　　）。また挑戦するぞ。

1 ことか 　　　　　2 どころではない

3 ものか 　　　　　4 というものではない

의미적 호응관계 파악하기 ★★

해석 한 번 실패했다는 정도로 포기(**할까 보냐**). 다시 도전하겠어.

정답 찾기 문법의 의미로 정답을 골라내야 하는 문제이다. 내용상 정답은 '절대로, 결코 〜하지 않을 것이다'라는 의미를 반어를 사용하여 '〜할까 보냐, 〜하나 봐라'라고 감정적으로 표현하는 3번 〜ものか(〜할까 보냐)이다.

오답 분석 1번 〜ことか는 '(얼마나) 〜하던지, 〜했던지'라는 의미의 정도를 강조하는 표현이다. 2번 〜どころではない(〜할 상황이 아니다)와 4번 〜というものではない(〜라는 것은 아니다)도 문장 전후 내용상 의미적으로 정답이 아니다.

복습 꼭! 〜ものか(〜할까 보냐)

어휘 一度(いちど) 한 번 | 失敗(しっぱい) 실패 | 〜くらいで 〜정도로 | あきらめる 단념하다, 체념하다 | また 또, 다시 | 挑戦(ちょうせん)する 도전하다

정답 3

문제 다음 문장의 ＿＿ ★ 에 들어갈 가장 알맞은 말을 1·2·3·4 중에서 하나를 고르세요.

01 将来何が ＿＿ ＿＿ ＿＿ ★ わよ。

1 誰にも 　　　　　2 わかりっこない

3 なんて 　　　　　4 起こるか

단어 바르게 배열하기 ★★

문장 배열 将来何が 起こるか なんて 誰にも
　　　　　　　　　4　　　3　　1
わかりっこない わよ。
　　2

해석 장래에 무슨 일이 일어날지 같은 것 누구라도 알 리가 없어.

정답 찾기 선택지를 보고 4번 起こるか(일어날지)가 2번 わかりっこない(알 리가 없다)의 앞 쪽에 위치해야 한다는 것을 알 수 있어야 한다. 1번 誰にも(누구라도)는 의미상 わかりっこない 앞에만 위치할 수 있고 〜なんて(〜같은 것)는 起こるか의 뒤에만 위치할 수 있다. 이 순서에 맞게 전체적으로 나열하면 4-3-1-2가 되므로 정답은 2번이다. 〜っこない(〜할 리가 없다)는 '결코, 절대로 〜할 리가 없다'는 주관적인 강한 부정 표현으로 〜わけがない, 〜はずがない와 같은 의미이다.

복습 꼭! 동사 ます형 + 〜っこない(〜할 리가 없다)

어휘 将来(しょうらい) 장래 | 起(お)こる 일어나다 | 〜なんて 〜라니, 〜같은 것

정답 2

02 国が関与を ＿＿＿ ＿＿＿ ★ ＿＿＿。

1 教育が 2 強めれば
3 というものではない 4 よくなる

단어 바르게 배열하기 ★★

문장 배열 国が関与を 強めれば 教育が よくなる という
　　　　　　　　　　　　　2　　　　1　　　4　　　3
ものではない。

해석 국가가 관여를 강하게 하면 교육이 좋아지는 것은 아니다.

정답 찾기 먼저 ～というものではない(～것은 아니다)를 기준으로 선택지 중에서 그 앞에 위치할 수 있는 것은 4번 よくなる(좋아지다)밖에 없다. 그리고 그 앞에 좋아지는 대상인 1번 教育が(교육이)를 배열하고, 마지막으로 2번 強めれば(강하게 하면)는 문말 표현이 아니므로 가장 앞에 배치하여 전체적으로 나열하면 2-1-4-3이 되어 정답은 4번이다.

> **복습 꼭!** ～というものではない(～라는 것은 아니다)

어휘 国(くに) 나라, 국가 | 関与(かんよ) 관여 | 強(つよ)める 강화하다, 세게 하다 | 教育(きょういく) 교육

정답 4

---

03 日本では月にうさぎがいると ＿＿＿ ＿＿＿
★ ＿＿＿。

1 されているが
2 わけがない
3 うさぎがいる
4 月に

단어 바르게 배열하기 ★

문장 배열 日本では月にうさぎがいると されているが
　　　　　　　　　　　　　　　　　　　　　1
月に うさぎがいる わけがない。
4　　　3　　　　　2

해석 일본에서는 달에 토끼가 있다고 하는데, 달에 토끼가 있을 리가 없다.

정답 찾기 먼저 2번 ～わけがない(～할 리가 없다)를 기준으로, 선택지 가운데 그 앞에 올 수 있는 것은 3번 うさぎがいる(토끼가 있다)뿐이다. 그 다음 토끼가 있는 장소인 4번 月に(달에)를 앞에 두고, 나머지 1번 されているが(되어 지는데)는 문말 표현이 아니므로 당연히 가장 앞에 배치하여 전체적으로 나열하면 1-4-3-2가 되어 정답은 3번이다.

> **복습 꼭!** ～わけがない(～할 리가 없다, ～일 리가 없다)

어휘 月(つき) 달, 월 | うさぎ 토끼

정답 3

---

04 お酒が好きじゃないのに、＿＿＿
＿＿＿ ★ 会社員が少なくないらしい。

1 仕事上で
2 お酒を飲まざるをえない
3 接待や飲み会など
4 という

단어 바르게 배열하기 ★★

문장 배열 お酒が好きじゃないのに、接待や飲み会など
　　　　　　　　　　　　　　　　　3
仕事上で お酒を飲まざるを得ない という 会社員が少な
1　　　　　2　　　　　　　　　　　4
くないらしい。

해석 술을 좋아하지 않지만, 접대와 회식 등 업무상으로 술을 마시지 않을 수 없다고 하는 회사원이 적지 않은 것 같다.

정답 찾기 선택지 가운데 먼저 내용상 1번 仕事上で(업무상으로)와 2번 お酒を飲まざるを得ない(술을 마시지 않을 수 없다)를 연결한다. 그리고 그 예가 되는 3번 接待や飲み会など(접대와 회식 등)를 앞에 두고 4번 ～という(～라는)는 이 문장에서는 가장 뒤에 두어 전체적으로 나열하면 3-1-2-4가 되므로 정답은 4번이다.

복습 꼭! ～ざるを得ない (～하지 않을 수 없다)

어휘 お酒(さけ) 술 | 好(す)き 좋아함 | 接待(せったい) 접대 | 飲(の)み会(かい) 술자리 | ・など ～따위, ～등, ～같은 것 | 仕事上(しごとじょう) 업무상, 직업상 | 飲(の)む 마시다 | 会社員(かいしゃいん) 회사원 | 少(すく)ない 적다

정답 4

---

05 自分の夢を追って努力している人もいるはずですし、＿＿★＿＿＿＿＿＿はずです。

1 どころではない　　2 夢
3 という人もいる　　4 仕事に追われて

단어 바르게 배열하기 ★★

문장 배열 自分の夢を追って努力している人もいるはずですし 仕事に追われて 夢 どころではない という人もいる
　　　　　　　4　　　　　2　　1　　　　　　3
はずです。

해석 자신의 꿈을 쫓아 노력하고 있는 사람도 있을 것이고, 일에 쫓겨서 꿈을 쫓을 상황이 아니라는 사람도 있을 것입니다.

정답 찾기 N2 문법인 1번 ～どころではない(～할 상황이 아니다)를 기준으로, 그 앞에 올 수 있는 표현은 夢(꿈)밖에 없다. 그리고 의미상 4번 仕事に追われて(일에 쫓겨서)가 그 앞에 들어가게 된다. 마지막으로 3번 ～という人もいる(～라는 사람도 있다)는 문장 전체의 내용상 가장 뒤에 배치하여 전체적으로 나열하면 4-2-1-3이 되므로 정답은 4번이다.

복습 꼭! ～どころではない (～할 상황이 아니다)

어휘 自分(じぶん) 자기 자신 | 夢(ゆめ) 꿈 | 追(お)う 따르다, 추구하다 | 努力(どりょく) 노력 | ～はずだ ～할 것이다. ～일 것이다

정답 4

---

06 山頂から眺める景色のすばらしさとは。自然が＿＿＿★＿＿＿＿＿。

1 世界に
2 感動
3 せずにはいられなかった
4 作り出す

단어 바르게 배열하기 ★

문장 배열 山頂から眺める景色のすばらしさとは。自然が
　　　　　　　　　　　　　　　　　　　　　　　4
作り出す 世界に 感動 せずにはいられなかった。
　4　　1　　2　　3

해석 산 정상에서 바라보는 경치의 굉장함이란……. 자연이 만들어 내는 세계에 감동하지 않고서는 있을 수 없었다.

정답 찾기 3번 ～せずにはいられなかった(～하지 않고서는 있을 수 없었다)를 기준으로 나머지 선택지들의 의미를 보면, 행동의 주체인 2번 感動(감동)가 앞에 들어가게 되고 그 감동의 대상인 1번 世界に(세계에는) 2번 感動(감동) 앞에 위치해야 한다. 그리고 마지막 4번 作り出す(만들어 내다)는 문장 전체 내용상 가장 앞에 두고 전체적으로 나열하면 4-1-2-3이 되므로 정답은 1번이다.

복습 꼭! ～ずにはいられない (～하지 않고서는 있을 수 없다)

어휘 山頂(さんちょう) 산꼭대기, 정상 | 眺(なが)める 바라보다 | 景色(けしき) 경치, 풍경 | 素晴(すば)らしさ 훌륭함, 굉장함 | 自然(しぜん) 자연 | 作(つく)り出(だ)す 만들어 내다 | 世界(せかい) 세계 | 感動(かんどう) 감동

정답 1

07 妹の宝物の ＿＿ ★ ＿＿ ＿＿。

1 CDプレーヤーを
2 あやまらない
3 壊してしまったから
4 わけにはいかない

단어 바르게 배열하기 ★★

문장배열 <u>妹の宝物の</u> CDプレーヤーを 壊してしまった
                1   3
から あやまらない わけにはいかない。
     4

해석 여동생의 보물인 CD플레이어를 고장내버렸기 때문에 사과하지 않을 수 없다.

정답 찾기 선택지를 두개씩 묶어보면 1번 CDプレーヤーを(CD플레이어를)는 3번 壊してしまったから(고장내버렸기 때문에)와 묶을 수 있고 2번 あやまらない(사과하지 않다)는 4번 わけにはいかない(~할 수는 없다)와 묶을 수 있다. 그 후에 문장 전체 흐름에 맞게 나열하면 1-3-2-4가 되므로 정답은 3번이다.

복습 꾁! ～わけにはいかない(~할 수는 없다) / ～ないわけにはいかない(~하지 않을 수 없다)

어휘 妹(いもうと) 여동생 | 宝物(たからもの) 보물 | 壊(こわ)す 부수다, 고장내다 | 謝(あやま)る 사과하다

정답 3

08 ただ単に成功すればいいわけじゃない。
＿＿ ＿＿ ★ ＿＿。

1 成功のために
2 というわけではない
3 何でも
4 すればいい

단어 바르게 배열하기 ★★

문장 배열 ただ単に成功すればいいわけじゃない。成功の
ために 何でも すればいい というわけではない。
    1   3   4   2

해석 그저 단순히 성공하면 좋은 것은 아니다. 성공하기 위해서 뭐든지 하면 된다는 것은 아니다.

정답 찾기 우선 3번 何でも(뭐든지)와 4번 すればいい(하면 된다)를 연결할 수 있다. 2번 ～というわけではない(~라는 것은 아니다)의 앞에 올 수 있는 것은 4번 すればいい밖에 없기 때문에 3-4-2번의 순으로 문장이 배열되고, 전체 내용상 1번 成功のために(성공을 위해서)는 가장 앞에 나열하면 1-3-4-2가 되므로 정답은 4번이다.

복습 꾁! ～わけではない(반드시 ~것은 아니다) / ～というわけではない(~라는 것은 아니다)

어휘 ただ 오직, 그저, 겨우, 단지 | 単(たん)に 단순히, 단지, 그저 | 成功(せいこう) 성공 | 何(なん)でも 무엇이든지

정답 4

시나공 04 관계를 나타내는 문법 (1) │ 적 중 예상 문제

문제 │ 다음 문장의 (   )에 들어갈 가장 알맞은 말을 1·2·3·4 중에서 하나를 고르세요.

---

01 国（   ）、入国時にパスポートの残存有効
期間が６ヶ月以上ないと入国させてくれない
ところもありますから注意してください。

1 たびに　　　　　　　2 によって
3 をきっかけに　　　　4 に応じて

적절한 기능어 찾기 ★★

해석 나라(**에 따라서**), 입국 시 여권의 남은 유효 기간이 6개월 안되
면 입국시켜주지 않는 곳도 있으니까 주의하세요.

정답 찾기 정답은 '~에 따라서 뒤의 사항이 달라짐'을 나타내는 2
번 ~によって(~에 따라)이다. ~によって는 관련·대응의 의미
외에도 원인·이유, 동작의 주체, 수단·방법 등의 여러 의미가 있으
므로 주의를 기울여 기억해두어야 한다.

오답 분석 1번 ~たびに(~때마다)는 명사와 접속될 때 の를 수반
하므로 접속 형태상 정답에서 제외시킨다. 3번 ~をきっかけに(~
을 계기로)는 '구체적인 어떤 사항을 기회·계기로 해서 변화나 발전
함', 4번 ~に応じて(~에 맞게)는 '앞 사항이 변하면 그에 따라
뒤의 사항도 변함'을 나타내므로 문장 전후 내용상 의미적으로 정답
이 될 수 없다.

> **복습 꼭!** ~によって(~에 따라)

어휘 国(くに) 나라. 국가 │ 入国(にゅうこく) 입국 │ パスポート
패스포트, 여권 │ 残存(ざんそん) 잔존 │ 有効(ゆうこう) 유효 │ 期
間(きかん) 기간 │ 以上(いじょう) 이상 │ 注意(ちゅうい) 주의

정답 2

---

02 会う（   ）成長している人と出会うと、
すごいと思うし、素敵だなって感じるよね。

1 たびに　　　　　　　2 によって
3 をきっかけに　　　　4 に応じて

적절한 기능어 찾기 ★★

해석 만날(**때 마다**) 성장하고 있는 사람과 만나면 대단하다고 생각
하고, 멋지다고 느끼네요.

정답 찾기 문장의 전후 내용상 정답은 '~할 때마다 항상 같은 결과
가 됨'을 나타내는 1번 ~たびに(~때마다)이다.

오답 분석 2번 ~によって(~에 따라서), 3번 ~をきっかけに
(~을 계기로), 4번 ~に応じて(~에 맞게)는 명사와 접속하는 표현
이므로 접속 형태상 정답이 될 수 없다.

> **복습 꼭!** ~たびに(~때마다)

어휘 会(あ)う 만나다 │ 成長(せいちょう) 성장 │ 出会(であ)う 우
연히 만나다, 마주치다 │ すごい 무섭다, 굉장하다, 대단하다, 심하다 │
素敵(すてき)だ 아주 멋지다, 근사하다 │ 感(かん)じる 느끼다

정답 1

---

03 私は10年以上タバコを吸っていましたが、
妻の妊娠（   ）禁煙を決意しました。

1 たびに　　　　　　　2 によって
3 をきっかけに　　　　4 に応じて

의미적 호응관계 파악하기 ★★

해석 저는 10년 이상 담배를 피우고 있습니다만, 아내의 임신(**을 계
기로**) 금연하기로 했습니다.

정답 찾기 문장의 내용상 금연을 결의한 계기를 나타내는 표현이 와
야 하므로, '구체적인 어떤 사항을 기회·계기로 해서 변화나 발전함'
을 나타내는 표현인 3번 ~をきっかけに(~을 계기로)가 정답이다.

오답 분석 1번 ~たびに(~때마다)는 ~할 때마다 항상 같은 결과
가 됨을 나타내는 표현, 2번 ~によって(~에 따라서)와 4번 ~に
応じて(~에 맞게)는 앞의 내용에 따라서 뒤의 사항이 달라짐을 나
타내는 표현으로 문장 전후 내용상 의미적으로 정답이 아니다.

복습 꼭! ~をきっかけに(~을 계기로)

어휘 以上(いじょう) 이상 | タバコを吸(す)う 담배를 피우다 | 妻(つま) 아내 | 妊娠(にんしん) 임신 | 禁煙(きんえん) 금연 | 決意(けつい)する 결의하다

정답 3

---

04 彼は何か（　　　　）自分の母親を引き合いに出して私と比較する。

1 につけて　　　　　　2 はもちろん
3 もかまわず　　　　　4 を問わず

의미적 호응관계 파악하기 ★★

해석 그는 무슨 일(이 있을 때마다) 자신의 엄마를 예로 내세우며 나와 비교한다.

정답 찾기 각 문법의 의미로 정답을 찾아야 하는 문제이다. 이 문장은 '무슨 일이 있을 때마다 항상'이라는 의미를 만들어야 하므로 '같은 상황에 놓이면 언제나 그렇게 한다'고 말하는 표현인 1번 ～につけて(~때마다, ~과 관련하여 항상)가 정답이다.

오답 분석 2번 ～はもちろん(~는 물론), 3번은 ～もかまわず(~도 신경 쓰지 않고), 4번 ～を問わず(~을 불문하고)는 문장 전후 내용상 의미적으로 정답이 아니다.

복습 꼭! ～につけて(~때마다, ~와 관련하여 항상)

어휘 自分(じぶん) 자기 자신 | 母親(ははおや) 모친, 어머니 | 引(ひ)き合(あ)いに出(だ)す 예로 내세우다 | 比較(ひかく)する 비교하다

정답 1

---

05 この塾では子供の希望や状況（　　　　）、クラスの人数は変わります。

1 に応じて　　　　　　2 はもちろん
3 をきっかけに　　　　4 にかかわらず

의미적 호응관계 파악하기 ★★

해석 이 학원에서는 아이들의 희망과 상황(에 따라서), 반 인원수는 바뀝니다.

정답 찾기 의미상으로 정답을 찾아야 하는 문제이다. 정답은 '앞 사항이 변하면 그에 따라 뒤의 사항도 변함'을 나타내는 1번 ～に応じて(~에 따라서, ~에 맞게)이다.

오답 분석 2번 ～はもちろん(~는 물론), 3번 ～をきっかけに(~을 계기로), 4번 ～にかかわらず(~에 관계없이)는 문장의 전후 내용상 의미적으로 호응하지 않는다.

복습 꼭! ～に応じて(~에 따라서, ~에 맞게)

어휘 塾(じゅく) 학원 | 希望(きぼう) 희망 | 状況(じょうきょう) 상황 | 人数(にんずう) 인원수 | 変(か)わる 변하다, 바뀌다

정답 1

---

06 彼女は活発でサバサバした性格で、男性（　　　　）女性からも人気がある。

1 はもとより　　　　　2 によって
3 もかまわず　　　　　4 うえに

적절한 기능어 찾기 ★★

해석 그녀는 활발하고 시원시원한 성격으로, 남성(은 물론) 여성에게도 인기가 있다.

정답 찾기 정답은 '~는 말할 필요가 없을 정도로 당연하고, 그 밖에도'라는 표현인 1번 ～はもとより(~는 물론)이다. ～はもちろん과 같은 의미이다.

오답 분석 4번 ～うえに(~한데다가, ~인데다가)는 명사 수식형과 접속하므로 접속 형태상 정답에서 제외시킨다. 2번 ～によって(~에 따라서), 3번 ～もかまわず(~도 신경 쓰지 않고) 역시 문장 전후 내용상 의미적으로 정답이 될 수 없다.

복습 꼭! ～はもとより(～는 물론이고)

어휘 活発(かっぱつ) 활발 | サバサバ (성격・거동 등이) 시원시원, 서글서글한 보양 | 性格(せいかく) 성격 | 男性(だんせい) 남성 | 女性(じょせい) 여성 | 人気(にんき) 인기
정답 1

07 スクーターは買い物に便利な（　　　）、簡単操作で動くし、比較的初心者に向いているマシンです。

1 たびに 　　　　　2 を問わず
3 はともかく 　　　4 うえに

문법적 호응관계 파악하기 ★★

해석 스쿠터는 쇼핑에 편리(한데다가), 간단한 조작으로 움직이고, 비교적 초심자에게 적합한 기계입니다.

정답 찾기 공란 앞이 な형용사의 명사 수식형으로 제시되어 있으므로 정답은 4번 ～うえに(～한데다가)이며 ～うえには 앞의 내용에 '게다가'라는 느낌으로 덧붙일 때 사용하는 표현이다.

오답 분석 1번 ～たびに(～때마다)는 な형용사와 접속하지 않고, 2번 ～を問わず(～을 불문하고)와 3번 ～はともかく(～는 차치하고)는 명사에 접속하는 표현이므로 정답이 될 수 없다.

복습 꼭! ～うえに(～한데다가, ～인데다가)

어휘 スクーター 스쿠터 | 買(か)い物(もの) 쇼핑, 장보기 | 便利(べんり) 편리 | 簡単(かんたん) 간단 | 操作(そうさ) 조작 | 動(うご)く 움직이다 | 比較的(ひかくてき) 비교적 | 初心者(しょしんしゃ) 초심자 | 向(む)く 향하다, 적합하다, 맞다 | マシン 머신, 기계
정답 4

08 このノートブックは値段も手頃（　　　）性能もいい。

1 ならば 　　　　　2 なれば
3 なるなら 　　　　4 なったら

적절한 기능어 찾기 ★

해석 이 노트북은 가격도 적당(하고) 성능도 좋다.

정답 찾기 N2 문법인 ～も～な～も(～도 ～하고 ～도)를 알면 바로 정답을 찾을 수 있는 문제이다. ～も～な～も는 앞 내용에다가 뒤의 내용을 더하는 표현이며, 공란 앞에 제시어가 な형용사이므로 정답은 1번 ～ならば가 된다. 명사나 な형용사는 ～ば와 연결될 때 ～ならば의 형태가 된다.

오답 분석 ～と・～ば・～なら・たら는 모두 '～하면,～이면'이라는 의미의 조건과 가정을 나타내지만, 이 문장에서는 조건・가정이 아닌 부가의 의미의 문형으로 사용되었다. 1번 ならば는 명사・형용사에 ～ば가 접속된 것이고, 2번 ～なれば는 동사 なる에 ～ば가 접속된 것이므로 구별할 수 있어야 한다.

복습 꼭! ～も～ば、～も(～도 ～하고, ～도)

어휘 ノートブック 노트북 | 値段(ねだん) 가격 | 手頃(てごろ)だ 적합하다, 걸맞다, 어울리다 | 性能(せいのう) 성능
정답 1

09 インラインスケートは世代性別（　　　）気軽に楽しめる健康的なスポーツです。

1 はもとより 　　　2 に加えて
3 を問わず 　　　　4 はともかく

의미적 호응관계 파악하기 ★★

해석 인라인 스케이트는 세대성별(을 불문하고) 가볍게 즐길 수 있는 건강한 스포츠입니다.

정답 찾기 문법의 의미를 확인해보면 정답은 3번 ～を問わず(～을 불문하고, ～에 관계없이)임을 알 수 있다. ～を問わず 앞에는 주로 국적・연령・성별 등의 단어가 오는 경우가 많다는 것도 중요한 힌트이다.

오답 분석 1번 ～はもとより(～는 물론), 2번 ～に加えて(～에 더하여, ～에다)는 '기존의 것에 유사한 다른 어떤 것이 더해짐'을 나타내는 표현이고, 4번 ～はともかく(～은 차치하고)는 '～은 우선 생각하지 말고, 뒷 문장의 내용을 먼저 생각해야 한다'는 표현으로 문장 전후 내용상 의미적으로 정답이 아니다.

> 복습 꼭! ～を問わず(～을 불문하고, ～에 관계없이)

어휘 インラインスケート 인라인 스케이트 | 世代(せだい) 세대 | 性別(せいべつ) 성별 | 気軽(きがる)に 가볍게 | 楽(たの)しめる 즐길 수 있다 | 健康的(けんこうてき)だ 건강하다 | スポーツ 스포츠

정답 3

---

10 この大会を通じて試合の勝敗(　　　)、頑張ったという経験が人生の支えになれると思います。

1 によって 　　　2 にかかわらず
3 に応じて 　　　4 もかまわず

의미적 호응관계 파악하기 ★★

해석 이 대회를 통해서 시합의 승패(에 관계없이) 노력했다는 경험이 인생의 버팀목이 될 것이라고 생각합니다.

정답 찾기 문장의 전후 내용을 보면, '앞의 내용과 관계없이, 앞의 내용을 염두에 두지 않고 ～한다'는 의미인 2번 ～にかかわらず(～에 관계없이)가 정답임을 알 수 있다. ～にかかわらず는 ～にもかかわらず(～인데도 불구하고)와는 구분해서 외워두어야 한다.

오답 분석 1번 ～によって(～에 따라서), 3번 ～に応じて(～에 맞게, ～에 따라서), 4번 ～もかまわず(～도 신경 쓰지 않고)는 문맥상 호응하지 않는다.

> 복습 꼭! ～にかかわらず(～에 관계없이, ～에 상관없이)

어휘 大会(たいかい) 대회 | ～を通(つう)じて ～을 통해서 | 試合(しあい) 시합 | 勝敗(しょうはい) 승패 | 頑張(がんば)る 노력하다 | 経験(けいけん) 경험 | 人生(じんせい) 인생 | 支(ささ)え 받침, 버팀, 지주

정답 2

---

11 実際に実行できるかどうか(　　　)、チャレンジ精神は大事だと思う。

1 はともかく 　　　2 によって
3 を契機に 　　　4 に加えて

의미적 호응관계 파악하기 ★★

해석 실제로 실행할 수 있을지 어떤지(는 어찌됐든), 도전 정신은 중요하다고 생각한다.

정답 찾기 문장 전후 내용상 정답은 '～은 우선 생각하지 말고, 뒷 문장의 내용을 먼저 생각해야 한다'는 의미인 1번 ～はともかく(～는 차치하고, ～는 어찌됐든)이다.

오답 분석 2번 ～によって(～에 따라서), 3번 ～を契機に(～을 계기로), 4번 ～に加えて(～에 더하여, ～에다)는 문장 전후 내용상 맞지 않는다.

> 복습 꼭! ～はともかく(～는 차치하고, ～는 어찌됐든)

어휘 実際(じっさい)に 실제로 | 実行(じっこう) 실행 | ～かどうか ～지 어떤지 | チャレンジ 챌린지, 도전 | 精神(せいしん) 정신 | 大事(だいじ)だ 중요하다, 소중하다

정답 1

12 彼は、私の作った料理がおいしい（　　　）、まずい（　　　）おいしそうに食べてくれる。

1 につけ　　　　　　2 たびに
3 し　　　　　　　　4 さえ

적절한 기능어 찾기 ★★

해석 그는 내가 만든 요리는 맛있(튼), 맛없(튼) 맛있게 먹어 준다.

정답 찾기 문장 전후 내용상 제시되어 있는 두 개의 공란에 공통적으로 들어갈 수 있는 것은 1번 〜につけ(〜와 관련하여, 〜때마다)이다. 1번 〜につけ는 앞에 대립되는 단어를 나열하여 〜につけ〜につけ의 형태가 되면 '〜하든 〜하든 언제나'라는 의미가 된다.

오답 분석 우선 2번 〜たびに(〜때마다)와 4번 〜さえ(〜조차)는 형용사에 연결되지 않으므로 정답에서 제외시킨다. 3번 〜し〜し(〜고, 〜고)는 앞 사항이 뒷 사항과 병렬·대비적인 관계임을 나타내는데 뒷 문장 おいしそうに食べてくれる(맛있게 먹어 준다)와는 의미상 어울리지 않기 때문에 정답이 아니다.

> **복습 꼭!** 〜につけ(〜때마다, 〜와 관련하여 항상) / 〜につけ〜につけ(〜하든 〜하든 언제나)

어휘 作(つく)る 만들다 | 料理(りょうり) 요리 | まずい 맛없다, 서투르다 | 〜そうに 〜것 같이, 〜것처럼 | 〜てくれる (나에게) 〜해 주다

정답 1

---

13 最近は新聞や携帯代（　　　）、電気料金、ガス料金等の公共料金もクレジットカードで支払うことができ、ポイントを貯めることができる。

1 を問わず　　　　　2 にかかわらず
3 はともかく　　　　4 はもちろん

의미적 호응관계 파악하기 ★★

해석 요즘은 신문과 휴대 전화 요금(은 물론), 전기 요금, 가스 요금 등의 공공요금도 신용카드로 지불할 수 있고, 포인트를 모을 수가 있다.

정답 찾기 제시된 문장이 〜や(〜와)를 사용하여 예를 나열하고 있으므로 정답은 첨가의 뜻을 나타내는 4번 〜はもちろん(〜는 물론)이 된다.

오답 분석 1번 〜を問わず(〜을 불문하고), 2번 〜にかかわらず(〜에 관계없이), 3번 〜はともかく(〜는 차치하고)는 문맥상 정답이 될 수 없다.

> **복습 꼭!** 〜はもちろん(〜는 물론, 〜는 물론이고)

어휘 最近(さいきん) 최근, 요즈음 | 新聞(しんぶん) 신문 | 携帯(けいたい) 휴대 (전화) | 〜代(だい) 〜의 대금 | 電気(でんき) 전기 | 料金(りょうきん) 요금 | ガス 가스 | 等(など) 등, 따위 | 公共(こうきょう) 공공 | クレジットカード 신용카드 | 支払(しはら)う 지급하다, 지불하다 | ポイント 포인트 | 貯(た)める 모으다

정답 4

---

14 何ごと（　　　）、「初めて」というのは特別です。

1 によって　　　　　2 に応じて
3 につけても　　　　4 をきっかけに

적절한 기능어 찾기 ★★

해석 무슨 일(이튼), '처음'이라는 것은 특별하다.

정답 찾기 공란 앞에 제시된 何ごと(무슨 일)를 3번 〜につけても(〜때마다, 〜와 관련하여 항상)와 결합하여 何ごとにつけても(무슨 일이든) 라는 관용 표현을 떠올릴 수 있어야 한다. 따라서 정답은 3번이다.

오답 분석 1번 〜によって(〜에 따라서), 2번 〜に応じて(〜에 따라서, 〜에 맞게), 4번 〜をきっかけに(〜을 계기로)는 문맥상 호응하지 않는다.

> **복습 꼭!** 〜につけても(〜때마다, 〜와 관련하여 항상)

어휘 何(なに)ごと 무슨 일 | 初(はじ)めて 최초로, 처음으로 | 特別(とくべつ) 특별

정답 3

---

15 退職するの（　　　）、自分のこれまでの経験が生かせるボランティア活動に参加したいと思っています。

1 を契機に　　　　　2 もかまわず
3 を問わず　　　　　4 はもとより

의미적 호응관계 파악하기 ★★

해석 퇴직하는 것(을 계기로), 자신의 이제까지의 경험을 살릴 수 있는 자원봉사 활동에 참가하고 싶다고 생각한다.

정답 찾기 공란 앞에 제시되어 있는 退職するの(퇴직하는 것) 뒤에 그로 인한 자신의 생각이 나오므로, 내용상 정답은 1번 ～を契機(けいき)に(～을 계기로)가 된다. ～を契機には ～をきっかけに와 같은 의미만 주로 문장체에 쓰인다.

오답 분석 2번 ～もかまわず(～도 신경 쓰지 않고), 3번 ～を問わず(～을 불문하고), 4번 ～はもとより(～는 물론)는 문장 전후 내용상 의미적으로 정답이 될 수 없다.

복습 꼭! ～を契機に・～をきっかけに(～을 계기로)

어휘 退職(たいしょく)する 퇴직하다 | 自分(じぶん) 자기 자신 | 経験(けいけん) 경험 | 生(い)かせる 살릴 수 있다 | ボランティア 볼런티어, 자원봉사 | 活動(かつどう) 활동 | 参加(さんか)する 참가하다

정답 1

---

16 同じ人でもヘアスタイル（　　　）、印象が大きく変わります。

1 もかまわず　　　　　2 によって
3 たびに　　　　　　　4 はもとより

의미적 호응관계 파악하기 ★★

해석 같은 사람이라도 헤어스타일(에 따라서), 인상이 크게 변한다.

정답 찾기 문장 전후 내용상 앞의 내용에 따라서 뒤의 사항이 달라짐을 나타내는 표현인 2번 ～によって(～에 따라서)가 정답이다.

오답 분석 3번 ～たびに(～때마다)는 명사에 접속할 때 の를 수반하므로 우선 정답에서 제외시킨다. 그리고 1번 ～もかまわず(～도 신경 쓰지 않고, ～도 아랑곳하지 않고), 4번 ～はもとより(～은 물론이고)는 문맥상 적절하지 않다.

정답 꼭! ～によって ～에 따라서

어휘 同(おな)じ 같음, 동일함 | ヘアスタイル 헤어스타일 | 印象(いんしょう) 인상 | 大(おお)きく 크게 | 変(か)わる 변하다, 바뀌다

정답 2

문제 다음 문장의 ＿＿★＿＿ 에 들어갈 가장 알맞은 말을 1・2・3・4 중에서 하나를 고르세요.

01 この大学は＿＿＿＿★＿＿＿＿＿＿そうです。

1 成績　　　　　　　　2 によっては
3 3年で　　　　　　　4 卒業することができる

단어 바르게 배열하기 ★★

문장 배열 この大学は 成績 によっては 3年で 卒業することができる そうです。
　　　　　　　　　1　　　2　　　　3　　　4

해석 이 대학은 성적에 따라서는 3년 만에 졸업할 수 있다고 한다.

정답 찾기 제시되어 있는 선택지를 두 개씩 조합해보면 2번 ～によっては(～에 따라서는)는 명사에 접속되므로 1번 成績(성적)와 연결하고, 내용상 3번 3年で(3년 만에)와 4번 卒業することがで

きる(졸업할 수 있다)를 연결하여 전체적으로 나열하면 1-2-3-4가 되므로 정답은 2번이다.

복습 꼭! ~によっては(~에 따라서는, 어떤 ~의 경우에는)

어휘 大学(だいがく) 대학 | 成績(せいせき) 성적 | 卒業(そつぎょう)する 졸업하다

정답 2

---

02 このクレジットカードは ＿＿ ＿＿ ★ ＿＿ ＿＿ ので大変お得です。

1 たびに　　　　　2 買い物の
3 たまる　　　　　4 ポイントが

단어 바르게 배열하기 ★★

문장 배열 このクレジットカードは 買い物の たびに ポイントが たまる ので大変お得です。
　　　　　　　　　　　　　　　2　　1　　4　　3

해석 이 신용카드는 쇼핑할 때마다 포인트가 쌓이기 때문에 상당히 이득이다.

정답 찾기 먼저 제시되어 있는 선택지 가운데 4번 ポイントが(포인트가)와 3번 たまる(쌓이다)를 연결한다. 1번 ~たびに(~때마다)는 명사와 접속할 때 の를 수반하므로 2번 買い物の(쇼핑)와 연결하여 전체적으로 나열하면 2-1-4-3이 되므로 정답은 2번이 된다.

복습 꼭! ~たびに(~때마다)

어휘 クレジットカード 신용카드 | 買(か)い物(もの) 장보기, 쇼핑 | ポイント 포인트 | たまる 쌓이다, 모이다 | 大変(たいへん) 대단함, 굉장함, 엄청남 | お得(とく) 이익, 이득

정답 2

---

03 子供が ＿＿ ＿＿ ＿＿ ★ 子供部屋を作ってあげました。

1 になる　　　　　2 きっかけに
3 小学生　　　　　4 のを

단어 바르게 배열하기 ★★

문장 배열 子供が 小学生 になる のを きっかけに 子供部屋を作ってあげました。
　　　　　　　　3　　1　　4　　2

해석 아이가 초등학생이 되는 것을 계기로 아이 방을 만들어 주었습니다.

정답 찾기 먼저 명사+になる(~가 되다)를 떠올려 3번 小学生(초등학생)와 1번 ~になる(~가 되다)를 연결한다. 2번 ~きっかけに(~계기로)는 조사 ~を를 수반하므로 4번 のを(것 을)와 연결한다. ~をきっかけに는 명사와 접속되는데, 동사와 접속할 때는 형식명사 の를 수반하므로 이에 맞게 전체적으로 나열하면 3-1-4-2가 되어 정답은 2번이다.

복습 꼭! ~をきっかけに(~을 계기로)

어휘 子供(こども) 자식, 아이, 어린이 | 小学生(しょうがくせい) 초등학생 | 部屋(へや) 방 | 作(つく)る 만들다

정답 2

---

04 北海道では ＿＿ ＿＿ ★ ＿＿ 。

1 もちろん　　　　2 温泉も
3 スキーは　　　　4 楽しめる

단어 바르게 배열하기 ★

문장 배열 北海道では スキーは もちろん 温泉も 楽しめる。
　　　　　　　　　3　　1　　2　　4

41

해석 홋카이도에서는 스키는 물론 온천도 즐길 수 있다.

정답 찾기 제시되어 있는 선택지를 보고 ~はもちろん~も(~는 물론 ~도)의 문형을 떠올릴 수 있어야 한다. 그러면 자연스럽게 3번 スキーは(스키는)와 1번 もちろん(물론)과 2번 温泉も(온천도)를 연결할 수 있고 4번 楽しめる(즐길 수 있다)를 내용상 맨 뒤에 두어 전체적으로 나열하면 3-1-2-4가 되므로 정답은 2번이다.

> **복습 꼭!** ~はもちろん(~는 물론(이고))

어휘 北海道(ほっかいどう) 홋카이도 | スキー 스키 | 温泉(おんせん) 온천 | 楽(たの)しめる 즐길 수 있다

정답 2

---

05 今はどんな野菜でも ＿＿＿ ★ ＿＿＿ ＿＿＿ ようになりました。

1 季節を   2 できる
3 生産   4 問わず

단어 바르게 배열하기 ★★

문장 배열 今はどんな野菜でも 季節を 問わず 生産 できる
　　　　　　　　　　　　　1　　4　　3　　2
ようになりました。

해석 지금은 어떤 채소라도 계절을 불문하고 생산할 수 있게 되었습니다.

정답 찾기 4번 問(と)わず(불문하고)는 앞에 조사 を를 수반하고, 명사와 접속하는 표현이므로, 1번 季節を(계절을)와 연결한다. 그리고 내용상 그 뒤에 3번 生産(생산)과 2번 できる(할 수 있다)를 연결하여 전체적으로 나열하면 1-4-3-2가 되므로 정답은 4번이다.

> **복습 꼭!** ~を問わず(~을 불문하고, ~에 관계없이)

어휘 どんな 어떤 | 野菜(やさい) 채소 | 季節(きせつ) 계절 | 生産(せいさん) 생산 | ~ようになる ~하게 되다

정답 4

---

06 バーゲンセールの時は、＿＿＿ ＿＿＿ ★ ＿＿＿。

1 定休日   2 営業いたします
3 にかかわらず   4 休まず

단어 바르게 배열하기 ★★

문장 배열 バーゲンセールの時は、定休日 にかかわらず
　　　　　　　　　　　　　　　　1　　3
休まず 営業いたします。
　4　　2

해석 바겐세일 때에는, 정기휴일과 관계없이 쉬지 않고 영업합니다.

정답 찾기 3번 ~にかかわらず(~에 관계없이)는 명사와 접속하므로 1번 定休日(정기휴일)와 연결한다. 그리고 내용상 4번 休まず(쉬지 않고)와 2번 営業いたします(영업합니다)를 연결한 후 내용에 맞게 전체적으로 나열하면 1-3-4-2가 되므로 정답은 4번이다.

> **복습 꼭!** ~にかかわらず(~에 관계없이, ~에 상관없이)

어휘 バーゲンセール 바겐세일 | 定休日(ていきゅうび) 정기휴일 | 休(やす)む 쉬다 | ~ず ~지 않고 | 営業(えいぎょう)する 영업하다

정답 4

---

07 皆さん、＿＿＿ ★ ＿＿＿ ＿＿＿、日本人にはなじみの深い食べ物です。

단어 바르게 배열하기 ★★

문장 배열 皆さん、納豆 といえば 好き嫌い はともかく、
　　　　　　4　　1　　　　3　　　2
日本人にはなじみの深い食べ物です。

1 といえば	2 はともかく
3 好き嫌い	4 納豆

해석 여러분, 낫토라고 한다면 좋아하고 싫어하는 것은 어찌됐든, 일본인에게는 아주 친숙한 음식입니다.

정답 찾기 선택지 가운데 1번 ～といえば(～라고 한다면)와 2번 ～はともかく(～는 차치하고 ～는 어찌됐든)를 사용하여 문장을 만들면 된다. 의미상 4번 納豆(낫토)는 1번 ～といえば와 연결하고 3번 好き嫌い(좋아하고 싫어함)는 2번 ～はともかく와 연결하여 전체적으로 나열하면 4-1-3-2가 되므로 정답은 1번이다.

> **복습 꼭!** ～はともかく(～는 차치하고, ～는 어찌됐든)

어휘 皆(みな)さん 여러분 | 納豆(なっとう) 낫토 | ～といえば ～라고 한다면 | 好(す)き嫌(きら)い 좋아하고 싫어함 | なじみ 친숙함 | 深(ふか)い 깊다 | 食(た)べ物(もの) 음식

정답 1

---

08 人前で泣いたことのない人が、___ ★ ___
___ ___ いてびっくりした。

1 人目も	2 流しつづけて
3 涙を	4 かまわず

단어 바르게 배열하기 ★★

문장 배열 人前で泣いたことのない人が、<u>人目も</u> <u>かまわず</u>
₁ ₄

<u>涙を</u> <u>流しつづけて</u> いてびっくりした。
₃ ₂

해석 남의 앞에서 운 적이 없는 사람이, 남의 눈도 신경 쓰지 않고 눈물을 계속 흘리고 있어 놀랐다.

정답 찾기 4번 かまわず(신경 쓰지 않고)는 앞에 조사 も가 와야 하므로 1번 人目も(남의 눈도)와 연결한다. 그리고 의미상 3번 涙を(눈물을)와 2번 流しつづけて(계속 흘리고)를 연결하여 전체적으로 나열하면 1-4-3-2가 되므로 정답은 1번이다.

> **복습 꼭!** ～もかまわず(～도 신경 쓰지 않고, ～도 아랑곳하지 않고)

어휘 人前(ひとまえ) 남의 앞 | 泣(な)く 울다 | 人目(ひとめ) 남의 눈 | 涙(なみだ) 눈물 | 流(なが)し続(つづ)ける 계속 흘리다 | びっくりする 깜짝 놀라다

정답 1

시나공 05 문장 끝에 쓰이는 문법 (1) | 적중 예상 문제

문제 다음 문장의 (   )에 들어갈 가장 알맞은 말을 1·2·3·4 중에서 하나를 고르세요.

01 一緒に住んでいた友達が帰国してしまって
寂しく(   )。

1 というものだ	2 ということだ
3 てたまらない	4 ざるをえない

접속 형태 파악하기 ★

해석 함께 살고 있었던 친구가 귀국해 버려서 **(너무 외로워 견딜 수 없다)**.

정답 찾기 접속 형태만으로도 공란 앞 寂しく 뒤에 올 수 있는 표현은 감정이나 감각, 욕구 등 심정을 강조하는 표현인 3번 ～てたまらない(～해서 참을 수 없다)가 정답임을 알 수 있다.

오답 분석 형용사에 접속할 때 1번 ～というものだ(～인 것이다), 2번 ～ということだ(～라고 한다)는 보통형과 접속하고 4번 ～ざるをえない(～하지 않을 수 없다)는 부정형과 접속한다.

복습 꾁! ~てたまらない(~해서 견딜 수 없다, 너무 ~하다)

어휘 一緒(いっしょ)に 같이, 함께 | 住(す)む 살다 | 友達(ともだち) 친구 | 帰国(きこく) 귀국 | 寂(さび)しい 외롭다, 쓸쓸하다, 허전하다

정답 3

---

02 どうも彼がうそをついているように思われて(　　　)。

1 わけがない　　　　2 ならない

3 ほかない　　　　　4 っこない

문법적 호응관계 파악하기 ★★

해석 아무래도 그가 거짓말을 하고 있는 것처럼 생각(**되어 참을 수가 없다**).

정답 찾기 접속 형태만으로도 정답을 찾을 수 있다. 공란 앞 思われての ~て형과 연결되는 것은 감정이나 감각, 욕구 등 심정을 강조하는 표현인 2번 ~てならない(~해서 참을 수 없다)밖에 없기 때문에 정답은 2번이다.

오답 분석 1번 ~わけがない(~할 리가 없다), 3번 ~ほかない(~할 수 밖에 없다)는 동사 기본형에, 4번 ~っこない(~할 리가 없다)는 동사 ます형에 접속하므로 접속 형태상 정답이 아니다.

복습 꾁! ~てならない(~해서 참을 수 없다, 너무 ~하다)

어휘 どうも 아무래도, 어쩐지 | 嘘(うそ)をつく 거짓말하다 | ~ように ~같이, ~처럼 | 思(おも)われる 생각되다

정답 2

---

03 あのかばんは高級ブランドのものだから高い(　　　)。

1 にきまっている　　2 てしかたがない

3 おそれがある　　　4 よりない

적절한 기능어 찾기 ★★

해석 저 가방은 고급 브랜드 품이기 때문에 비쌀 (**것이 뻔하다**).

정답 찾기 접속 형태상으로나 의미상으로나 정답은 '반드시 ~다, ~할 게 뻔하다, 당연하다'는 필연·당연의 표현인 1번 ~にきまっている(당연히 ~이다, ~가 당연하다)이다.

오답 분석 2번 ~てしかたがない(~해서 어쩔 수 없다)는 て형과 연결되므로 정답에서 제외되고, 3번 ~おそれがある(~할 우려가 있다), 4번 ~よりない(~할 수 밖에 없다)는 형용사와 접속하지 않으므로 정답이 아니다.

복습 꾁! ~に決(き)まっている(당연히 ~이다, ~가 당연하다)

어휘 高級(こうきゅう) 고급 | ブランド 브랜드, 상표 | 高(たか)い 높다, 비싸다

정답 1

---

04 わたしにできるだけのことは全部やった。あとは結果を待つ(　　　)だろう。

1 にきまっている　　2 ということだ

3 よりほかない　　　4 というものだ

의미적 호응관계 파악하기 ★★

해석 내가 할 수 있는 만큼의 것은 전부 했다. 나머지는 결과를 기다(**릴 수 밖에 없겠지**).

정답 찾기 문장 전후 내용상 정답은 3번 ~よりほかない(~할 수 밖에 없다)이다. ~よりほかない는 '~외에 다른 방법은 없다'는 뜻으로, 가능한 방법이나 수단이 '~밖에 없다'고 한정하는 표현이다. ~しかない・~ほかない・~よりない・~よりほかない・~ほかしかたがない는 모두 같은 의미로 묶어서 기억하자.

오답 분석 1번 ~にきまっている(당연히 ~이다, ~가 당연하다)는 필연, 당연을 나타내고, 2번 ~ということだ(~라고 한다)는 전

문을, 4번 ～というものだ(～라는 것이다)는 단정, 강조의 표현이 므로 문맥상 정답이 아니다.

> 복습 꼭! ～よりほかない(～할 수밖에 없다)

어휘 できる 생기다, 할 수 있다, 완성되다 | ～だけの ～만큼의 | 全部(ぜんぶ) 전부 | やる 하다, 주다 | あと 뒤, 나중, 다음, 나머지 | 結果(けっか) 결과 | 待(ま)つ 기다리다

정답 3

---

05 彼に成功をもたらしたものは、日々の努力
（　　　　）。

1 にほかならない　　　2 にすぎない
3 かねない　　　　　　4 おそれがある

의미적 호응관계 파악하기 ★★

해석 그에게 성공을 가져온 것은 (바로) 매일 매일의 노력(이다).

정답 찾기 문장의 내용상 정답은 '바로 그것이다, 그 이외 어떤 것 도 아니다'라고 강조·단정하는 표현인 1번 ～にほかならない(바로 ～이다)이다.

오답 분석 우선 동사 ます형에 접속하는 3번 ～かねない(～할지 도 모른다)와, 명사+の 형태로 접속하는 4번 ～おそれがある(～할 우려가 있다)는 정답에서 제외시킨다. 2번 ～にすぎない(～에 불과 하다)는 '단지 ～정도이다, 그 이상은 아니다'라는 의미로, 정도의 낮 음을 강조하는 표현이므로 정답이 아니다.

> 복습 꼭! ～にほかならない(바로 ～이다, ～임에 틀림없다)

어휘 成功(せいこう) 성공 | もたらす 가져오다, 초래하다, 야기하다 | 日々(ひび) 하루하루, 나날, 매일 | 努力(どりょく) 노력

정답 1

---

06 大手筋の商社の社員といっても僕はまだ一
介の会社員（　　　　）。

1 にすぎない　　　　　2 にきまっている
3 にほかならない　　　4 に違いない

의미적 호응관계 파악하기 ★★

해석 대규모 상사의 사원이라고 해도 나는 일개 회사원(에 불과하다).

정답 찾기 제시된 문장 안에 있는 ～といっても(～라고 해도), 마 だ(아직)와 호응할 수 있는 것은 1번 ～にすぎない(～에 불과하다) 이다. 이것은 '단지 ～정도이다, 그 이상은 아니다'라는 정도의 낮음 을 강조하는 표현으로, ただ(단지), まだ(아직), ほんの(그저) 등과 같은 말 앞에 오는 경우가 많다.

오답 분석 2번 ～にきまっている(분명히 ～하다, 분명 ～이다)는 필 연·당연을, 3번 ～にほかならない(바로 ～이다)는 단정의 강조 를, 4번 ～に違(ちが)いない(～임에 틀림없다)는 강한 확신을 나타 내는 표현으로 문장 전후 내용상 의미적으로 정답이 아니다.

> 복습 꼭! ～にすぎない(～에 불과하다, ～에 지나지 않다)

어휘 大手筋(おおてすじ) 큰 규모의 회사 | 商社(しょうしゃ) 상 사 | 社員(しゃいん) 사원 | 一介(いっかい) 일개, 한낱

정답 1

---

07 明日何が起こるかわからない。それが人生
（　　　　）。

1 にきまっています　　2 かねないです。
3 ということです　　　4 というものです

적절한 기능어 찾기 ★★

해석 내일 무슨 일이 일어날지 모른다. 그게 인생(이라는 것입니다).

정답 찾기 문장 전후 내용상 '(정말, 진심으로) ～라고 생각한다'는 의미로, 화자의 주장이나 감상을 단정적으로 말하거나 강조하는 표 현인 4번 ～というものだ(～라는 것이다)가 정답이다.

오답 분석 2번 ~かねない(~할지도 모른다)는 동사 ます형에 접속하는 표현이므로 정답에서 제외한다. 1번 ~にきまっている(분명 ~하다, 분명 ~이다)는 필연·당연의 표현, 3번 ~ということだ(~라고 한다)는 전문의 의미이기 때문에 정답이 될 수 없다.

복습 꼭! ~というものだ(~라는 것이다)

어휘 明日(あした) 내일 | 起(お)こる 일어나다 | 人生(じんせい) 인생

정답 4

---

08 前に本で読んだのだが、固いコンクリートの上でばかり遊ぶのは、子供たちの足によくない（　　）。

1 ということだ　　　2 にほかならない
3 にすぎない　　　　4 おそれがある

의미적 호응관계 파악하기 ★★

해석 전에 책에서 읽었는데, 딱딱한 콘크리트 위에서만 노는 것은 아이들의 다리에 좋지 않(다고 한다).

정답 찾기 문장 앞부분에 前に本で読んだ(전에 책에서 읽었다)라는 근거가 있으므로, 뒤에는 전문의 용법이 나와야 한다. 따라서 정답은 들은 것을 그대로 인용하여 전할 때 사용하는 표현인 1번 ~ということだ(~라고 한다)이다.

오답 분석 강조하여 단정하는 2번 ~にほかならない(바로 ~이다), 정도의 낮음을 강조하는 3번 ~にすぎない(~에 불과하다), 좋지 않은 일이 일어날 위험성을 걱정하는 4번 ~おそれがある(~할 우려가 있다)는 문장 전후 내용상 의미적으로 정답이 아니다.

복습 꼭! ~ということだ(~라고 한다)

어휘 前(まえ)に 앞에, 전에, 먼저, 앞서 | 固(かた)い 단단하다, 굳다, 딱딱하다 | コンクリート 콘크리트 | ~ばかり ~만, ~뿐, ~가량, ~쯤 | 遊(あそ)ぶ 놀다 | 足(あし) 다리

정답 1

---

09 野生動物は自然のままにしておく方がよい。外国から新しい病気を持ち込む（　　）し、逃げ出したり、捨てられた場合に、在来の動物を滅ぼすなど生態系への悪影響を及ぼす（　　）。

1 かねない　　　　2 おそれがある
3 どころではない　4 わけがない

적절한 기능어 찾기 ★★★

해석 야생 동물은 자연 그대로 두는 편이 좋다. 외국에서 새로운 병을 갖고 들어올 (우려가 있고), 도망치거나 버려진 경우엔 기존 동물을 멸망시키는 등 생태계에 악영향을 끼칠(우려가 있다).

정답 찾기 두 개의 공란에 공통적으로 들어갈 표현을 찾아야 하는데, 문장 전후 내용상 정답은 '~등의 좋지 않은 일이 일어날 위험성이 있어 걱정이다'라는 의미인 2번 ~おそれがある(~할 우려가 있다)이다.

오답 분석 1번 ~かねない(~할지도 모른다)는 동사 ます형과 접속하기 때문에 정답에서 제외시킨다. 그리고 3번 ~どころではない(~할 상황이 아니다)와 4번 ~わけがない(~할 리가 없다)는 의미상 정답이 될 수 없다.

복습 꼭! ~おそれがある(~할 우려가 있다)

어휘 野生(やせい) 야생 | 動物(どうぶつ) 동물 | 自然(しぜん) 자연 | ~まま ~대로 | 外国(がいこく) 외국 | 新(あたら)しい 새롭다, 새것이다 | 病気(びょうき) 병 | 持(も)ち込(こ)む 갖고 들어오다 | 逃(に)げ出(だ)す 도망치다 | 捨(す)てられる 버려지다 | 場合(ばあい) 경우 | 在来(ざいらい) 재래, 기존 | 滅(ほろ)ぼす 멸망시키다, 망치다 | 生態系(せいたいけい) 생태계 | 悪影響(あくえいきょう) 악영향 | 及(およ)ぼす 미치게 하다, 끼치다

정답 2

10 鈴木さんは先月生れたばかりの初孫がかわ
いく（　　　）らしい。

1 てしかたがない　　2 にきまっている
3 よりほかない　　　4 ということだ

문법적 호응관계 파악하기 ★★

해석 스즈키 씨는 지난달 막 태어난 첫 손자가 (너무 귀여워 어쩔
수 없는) 것 같다.

정답 찾기 접속 형태를 살펴보면 공란 앞에 있는 かわいく 뒤에
올 수 있는 것은 심정을 강조하는 표현인 1번 ～てしかたがない
(～해서 어쩔 도리가 없다)뿐이다.

오답 분석 2번 ～にきまっている(～가 당연하다), 3번 ～よりほ
かない(～할 수밖에 없다), 4번 ～ということだ(～라고 한다)는
모두 형용사와 접속하지 않는다.

복습 꼭! ～てしかたがない(～해서 어쩔 도리가 없다. 너무
～하다)

어휘 先月(せんげつ) 지난달 | 生(う)まれる 태어나다 | ～たばか
り ～한 지 얼마 안 되는 | 初孫(はつまご) 첫 손자 | 可愛(かわい)
い 귀엽다 | ～らしい ～것 같다. ～답다

정답 1

11 食糧問題や環境問題は、近い将来私たちの
生活に影響をおよぼし（　　　）。

1 おそれがある　　2 まい
3 ざるをえない　　4 かねない

문법적 호응관계 파악하기 ★★

해석 식량 문제와 환경 문제는, 가까운 장래 우리들 생활에 영향을
끼칠 (지도 모른다).

정답 찾기 공란 앞이 동사 ます형으로 활용되어 있으므로 ます형
에 접속할 수 있는 표현을 찾아야 한다. 선택지 가운데 ます형에 접
속하는 것은 좋지 않은 가능성이 있어 걱정이라는 의미인 4번 ～か
ねない(～할지도 모른다)뿐이므로 정답은 4번이다.

오답 분석 위험성을 걱정하는 1번 ～おそれがある(～할 우려가 있
다)는 명사 수식형에, 부정의 의지, 추측을 나타내는 2번 ～まい(～하
지 않을 것이다)는 기본형에, 피할 수 없는 사정, 상황을 나타내는 3번
～ざるをえない(～하지 않을 수 없다)는 부정형에 접속한다.

복습 꼭! ～かねない(～할지도 모른다)

어휘 食糧(しょくりょう) 식량 | 問題(もんだい) 문제 | 環境(か
んきょう) 환경 | 近(ちか)い 가깝다 | 将来(しょうらい) 장래 | 生
活(せいかつ) 생활 | 影響(えいきょう) 영향 | 及(およ)ぼす 미치
게 하다. 끼치다

정답 4

12 昨夜、突然北斗七星が消えてしまったのだ
が、何か不吉なことが起こるのではある
（　　　）。

1 ことか　　　　　2 ものか
3 まいか　　　　　4 とか

적절한 기능어 찾기 ★★

해석 어젯밤, 갑자기 북두칠성이 사라져버렸는데, 뭔가 불길한 일이
일어나 (는 것은 아닐까?)

정답 찾기 3번 ～まいか는 주로 ～ではあるまいか(～하는 것이
아닐까?)의 형태로 사용되는 완곡한 추측의 의미로, 공란 앞에 있는
～ではある 뒤에 연결되는 표현을 찾아야 하는 것만으로도 먼저
정답으로 골라낼 수 있다.

오답 분석 1번 ～ことか(얼마나 ～한지)는 감탄이나 탄식을 나타내
는 표현, 2번 ～ものか(～할까 보냐)는 ～하지 않을 것이라는 반어
의 표현, 4번 ～とか(～라고 한다)는 전문의 표현으로, 문장 전후 내
용상 의미적으로 정답이 될 수 없다.

복습 꼭! ～まいか ～하지 않을까?

어휘 昨夜(さくや) 어젯밤 | 突然(とつぜん) 돌연, 갑자기 | 北斗七星(ほくとしちせい) 북두칠성 | 消(き)える 사라지다, 지워지다 | 不吉(ふきつ)だ 불길하다 | 起(お)こる 일어나다

정답 3

---

13 最近倒産する会社が増え、失業者も大幅に
増加する（　　　）。

1 しかない　　　　　2 どころではない
3 かねない　　　　　4 おそれがある

의미적 호응관계 파악하기 ★★

해석 최근 도산하는 회사가 늘어, 실업자도 대폭으로 증가(할 우려가 있다).

정답 찾기 문장 전후 내용상 정답은 '~등의 좋지 않은 일이 일어날 위험성이 있어 걱정이다'라는 의미인 4번 おそれがある(~할 우려가 있다)이다.

오답 분석 3번 ~かねない(~할지도 모른다)는 동사 ます형에 접속하므로 접속 형태상 정답에서 제외시킨다. 1번 ~しかない(~할 수 밖에 없다)는 가능한 방법이나 수단이 '~밖에 없다'고 한정하는 표현이고, 2번 ~どころではない는 '~할 상황이 아니다'라는 표현으로 의미적으로 정답이 아니다.

복습 꼭! ~おそれがある(~할 우려가 있다)

어휘 最近(さいきん) 최근, 요즈음 | 倒産(とうさん) 도산 | 増(ふ)える 늘다, 증가하다 | 失業者(しつぎょうしゃ) 실업자 | 大幅(おおはば)に 대폭으로 | 増加(ぞうか)する 증가하다

정답 4

---

14 前の駅で事故があった（　　　）で、電車が
止まってしまった。

1 まい　　　　　2 とか
3 まいか　　　　4 ところ

적절한 기능어 찾기 ★★

해석 전 역에서 사고가 있었(다던가로), 전철이 멈춰 버렸다.

정답 찾기 정답은 2번 ~とか(~라던가, ~라고 한다)로, ~とか는 전문의 의미인 ~そうだ, ~ということだ와 비슷하지만, 불확실한 느낌이 들거나 확실히 말하는 것을 피하고 싶을 때 사용하는 간접적인 정보를 나타낸다.

오답 분석 1번 ~まい(~하지 않을 것이다)와 3번 ~まいか(~하지 않을까)는 동사 과거형과 접속하지 않으므로 정답에서 제외시킨다. 4번 ~たところで(~해 봤자)는 문장 전후 내용상 의미적으로 정답이 아니다.

복습 꼭! ~とかで(~라든가로, ~인가로)

어휘 前(まえ) 앞, 전 | 駅(えき) 역 | 事故(じこ) 사고 | 電車(でんしゃ) 전철 | 止(と)まる 서다, 멈추다

정답 2

---

15 「今日こそは過食をする（　　　）、しない
ようにしよう」と思いながら毎日過食をし
ています。

1 まい　　　　　2 しかない
3 ものか　　　　4 どころではない

의미적 호응관계 파악하기 ★★

해석 '오늘이야말로 과식을 (하지 않겠다), 하지 않도록 하자'라고 생각하면서 매일 과식을 하고 있습니다.

정답 찾기 문장 전후 내용상 부정의 의지와 부정의 추측 표현인 1번 ~まい(~하지 않을 것이다)가 정답이다.

오답 분석 2번 ~しかない(~할 수 밖에 없다)는 가능한 방법이나 수단이 ~밖에 없음을 한정하는 표현, 3번 ~ものか(~할까 보냐)는 결코 ~하지 않을 것이라는 의미의 반어표현, 4번 ~どころではない(~할 상황이 아니다)는 ~할 상황, 형편이 아니라는 강한 부정표현으로 의미적으로 정답이 아니다.

48

복습 꼭! ~まい(~하지 않을 것이다, ~하지 않겠다)

어휘 ~こそ ~야말로 | 過食(かしょく) 과식 | ~ないようにする ~하지 않도록 하다 | 思(おも)う 생각하다 | ~ながら ~하면서, ~이면서 | 毎日(まいにち) 매일

정답 1

---

16 父親としては娘の結婚は嬉しい（　　　）が、反面、寂しくもあるだろう。

1 にすぎない　　　　2 に違いない
3 てたまらない　　　4 ということだ

의미적 호응관계 파악하기 ★★

해석 아버지로서는 딸의 결혼은 분명 기쁠 것**(임에 틀림없지만)** 반면, 허전하기도 할 것이다.

정답 찾기 문장 내용상 정답은 사실이라고 단정할 수는 없지만, 말하는 사람이 그것을 사실이라고 강하게 확신하고 있을 때 사용하는 표현인 2번 ~に違(ちが)いない(~임에 틀림없다)가 정답이다.

오답 분석 3번 ~てたまらない(~해서 참을 수 없다)는 て형과 연결되어야 하므로 접속 형태상 정답에서 우선 제외한다. 정도의 낮음을 강조하는 1번 ~にすぎない(~에 불과하다)와 전문의 의미를 나타내는 4번 ~ということだ(~라고 한다)는 문장 전후 내용상 정답이 아니다.

복습 꼭! ~に違いない(~임에 틀림없다)

어휘 父親(ちちおや) 아버지 | ~としては ~로서는 | 娘(むすめ) 딸 | 結婚(けっこん) 결혼 | 嬉(うれ)しい 기쁘다 | 反面(はんめん) 반면 | 寂(さび)しい 쓸쓸하다, 외롭다, 허전하다

정답 2

문제 다음 문장의 ___★___에 들어갈 가장 알맞은 말을 1·2·3·4 중에서 하나를 고르세요.

01 初対面の人に ___ ___ ★ ___ 。

1 敬語を使わない　　2 というものだ
3 失礼　　　　　　　4 のは

단어 바르게 배열하기 ★★

문장 배열 初対面の人に 敬語を使わない のは 失礼
　　　　　　　　　　　　　1　　　　　4　　3
というものだ。
　2

해석 첫 대면인 사람에게 경어를 사용하지 않는 것은 실례인 것이다.

정답 찾기 2번 ~というものだ(~인 것이다)의 앞에는 결과의 원인이 나오고, 주로 ~のは~というものだ 형태로 사용된다. 내용상 3번 失礼의 원인이 1번 敬語を使わない인 것이 되므로 이를 전체적으로 나열하면 1-4-3-2가 되어 정답은 3번이다.

복습 꼭! ~というものだ(~라는 것이다)

어휘 初対面(しょたいめん) 첫 대면 | 敬語(けいご) 경어 | 使(つか)う 쓰다, 사용하다 | 失礼(しつれい) 실례

정답 3

---

02 風邪を早く治す方法ってありますか。___
___ ★ ___ ___ んです。

단어 바르게 배열하기 ★★

문장 배열 風邪を早く治す方法ってありますか。鼻水も
　　　　　　　　　　　　　　　　　　　　　　　4
ひどいし のどが痛くて しょうがない んです。
　3　　　　　2　　　　　　1

1 しょうがない 2 のどが痛くて

3 ひどいし 4 鼻水も

해석 감기가 빨리 낫는 방법이라는 게 있습니까? 콧물도 심하고 목이 너무 아픕니다.

정답 찾기 1번 しょうがない(어쩔 수 없다)는 앞에 て형을 취하므로 2번 のどが痛くて와 연결한다. 그리고 4번 鼻水も와 3번 ひどいし를 연결하여 '~도 ~하고, ~도 ~하다'라는 문형을 만들어 전체적으로 나열하면 4-3-2-1이 되고, 따라서 정답은 3번이 된다.

> **복습 꼭!** ～てしょうがない・～てしかたがない (～해서 어쩔 도리가 없다, 너무 ～하다)

어휘 風邪(かぜ) 감기 | 早(はや)く 빨리 | 治(なお)す (병을) 고치다, 치료하다 | 方法(ほうほう) 방법 | ～って ~라는 것. ~란, ~라니, ~라고 | 鼻水(はなみず) 콧물 | ひどい 심하다 | 喉(のど) 목 | 痛(いた)い 아프다

정답 3

---

03 母はいつも「___ _★_ ___ ___」と言っている。

1 大きくなった 2 にすぎない

3 男というのは 4 子供

단어 바르게 배열하기 ★

문장 배열 母はいつも「男というのは 大きくなった 子供 にすぎない」と言っている。
（3   1   4   2）

해석 엄마는 항상 '남자라는 것은 크게 된 아이에 불과하다'고 말하고 있다.

정답 찾기 2번 ～にすぎない(～에 불과하다) 앞에 올 수 있는 단어는 선택지 중 4번 子供(아이)밖에 없다. 그리고 3번 男というのは는 화제를 나타내므로 가장 앞에 배치하여 '～라는 것은 ～에 불과하다'라는 문장을 만들어 전체적으로 나열하면 3-1-4-2가 되므로 정답은 3번이다.

> **복습 꼭!** ～にすぎない (～에 불과하다, ～에 지나지 않다)

어휘 男(おとこ) 남자 | ～というのは ～라는 것은. ~은 | 子供(こども) 자식, 아이, 어린이

정답 3

---

04 ワールドカップでの優勝は、___ _★_
___ ___。

1 にほかならない 2 努力の

3 選手たちの 4 結果

단어 바르게 배열하기 ★★

문장 배열 ワールドカップでの優勝は、選手たちの 努力の 結果 にほかならない。
（3   2   4   1）

해석 월드컵에서의 우승은 바로 선수들의 노력의 결과인 것이다.

정답 찾기 선택지에 나와 있는 단어들의 의미만 알면 쉽게 배열할 수 있는 문제이다. 명사와 명사는 の로 연결되므로 제시되어 있는 선택지의 명사들을 의미상 3번 選手たちの와 2번 努力の와 4번 結果의 순서로 배열한다. 그리고 그 뒤에 '바로 그것이다. 그 이외 어떤 것도 아니다'라고 강조·단정하는 표현인 ～にほかならない(바로 ～이다)를 배열하여 전체적으로 나열하면 3-2-4-1이 되므로 정답은 2번이다.

> **복습 꼭!** ～にほかならない (바로 ～이다, ～임에 틀림없다)

어휘 ワールドカップ 월드컵 | 優勝(ゆうしょう) 우승 | 選手(せんしゅ)たち 선수들 | 努力(どりょく) 노력 | 結果(けっか) 결과

정답 2

05 石油の値段が ＿＿＿ ＿＿＿ ＿＿＿ ＿★＿ 。

1 にきまっている　　　2 物価も
3 上がれば　　　　　　4 上がる

문장 배열 石油の値段が 上がれば 物価も 上がる
　　　　　　　　　　 ③ 　　 ② 　　④
にきまっている。
①

해석 석유 가격이 오르면 당연히 물가가 오를 게 뻔하다.

정답 찾기 선택지 가운데 1번 ～にきまっている(분명 ～이다, 반드시 ～이다)의 앞에 올 수 있는 것은 4번 上がる(오르다)밖에 없다. 그 다음 '～하면 ～도～할 게 뻔하다'라는 문장을 구성하여 전체적으로 나열하면 3-2-4-1이 되므로 정답은 1번이다.

> **복습 꼭!** ～に決(き)まっている(당연히 ～이다, ～할 게 뻔하다, ～할 게 분명하다)

어휘 石油(せきゆ) 석유 | 値段(ねだん) 가격 | 上(あ)がる 오르다 | 物価(ぶっか) 물가

정답 1

---

06 好きな人ができたが、＿＿＿ ＿＿＿ ＿★＿
＿＿＿ 。

1 人だから　　　　　2 ほかない
3 結婚している　　　4 あきらめる

문장 배열 好きな人ができたが 結婚している 人だから
　　　　　　　　　　　　　　 ③ 　　 ①
あきらめる ほかない だろう。
④ 　　　②

해석 좋아하는 사람이 생겼는데 결혼한 사람이어서 포기할 수밖에 없겠지.

정답 찾기 2번 ～ほかない(～할 수 밖에 없다)는 동사 기본형에 접속하는데 내용상 3번 結婚している(결혼했다) 보다는 4번 あきらめる(포기하다)와 연결하는 것이 적절하다. 그리고 3번 結婚している(결혼하다)가 1번 人だから(사람이어서)를 수식하게 만들어 전체적으로 나열하면 3-1-4-2가 되므로 정답은 4번이다.

> **복습 꼭!** ～ほかない・～しかない・～よりほかない・～ほかしかたがない(～할 수밖에 없다)

어휘 好(す)きだ 좋아하다 | できる 생기다, 할 수 있다, 완성되다 | 結婚(けっこん) 결혼 | 諦(あきら)める 단념하다, 체념하다

정답 4

---

07 私が支持してた候補が選挙で落選してしまった ＿★＿ ＿＿＿ ＿＿＿ ＿＿＿ 。

1 残念で　　　　　2 本当に
3 ので　　　　　　4 ならない

문장 배열 私が支持してた候補が選挙で落選してしまった
ので 本当に 残念で ならない。
③ 　② 　　① 　④

해석 내가 지지했던 후보가 선거에서 낙선해 버렸기 때문에 정말 너무 아쉽다.

정답 찾기 4번 ならない는 ～て형과 접속하므로 자연스럽게 1번 残念で와 연결하여 残念でならない(너무 아쉽다)라는 표현을 만든다. 그리고 공란 앞의 내용은 뒷 내용의 원인이 되므로 3번 ～ので(～ 때문에)는 가장 앞에 두고, 2번 本当に(정말로)가 1번 残念で를 수식하게 하여 전체적으로 나열하면 3-2-1-4가 되므로 정답은 3번이다.

> **복습 꼭!** ～でならない(～해서 참을 수 없다, 너무 ～하다)

어휘 支持(しじ) 지지 | 候補(こうほ) 후보 | 選挙(せんきょ) 선거 | 落選(らくせん) 낙선 | 本当(ほんとう)に 정말로, 굉장히 | 残念(ざんねん) 유감스러움, 아쉬움

정답 3

---

08 時間に厳しい田中さんのことだから、＿＿＿

＿＿＿ ★ ＿＿＿ ＿＿＿。

1 時間　　　　　　2 に違いない

3 来る　　　　　　4 どおりに

단어 바르게 배열하기 ★★

문장 배열 時間に厳しい田中さんのことだから、時間
　　　　　　　　　　　　　　　　　　　　　　　　1
どおりに 来る に違いない。
　4　　　3　　2

해석 시간에 엄격한 다나카 씨이기 때문에 시간대로 올 것임에 틀림없다.

정답 찾기 명사 + どおり(~대로)를 떠올려 먼저 1번 時間(시간)과 4번 どおり(~대로)를 연결한다. 그리고 2번 ~に違いない(~임에 틀림없다) 앞에 3번 동사 来る(오다)를 배열하여 내용에 맞게 전체적으로 나열하면 1-4-3-2가 되므로 정답은 4번이 된다.

복습 꼭! ~に違(ちが)いない・~に相違(そうい)ない(~임에 틀림없다)

어휘 時間(じかん) 시간 | 厳(きび)しい 엄하다 | ~ことだから ~이니까 | ~どおり ~대로

정답 4

첫째마당 | 총정리 적 중 예상 문제 ①

문제 다음 문장의 ( )에 들어갈 가장 알맞은 말을 1·2·3·4 중에서 하나를 고르세요.

01 今度の試合で勝つためには一生懸命練習する（　　　）。

1 にすぎない

2 にほかならない

3 どころではない

4 ほかない

의미적 호응관계 파악하기 ★★

해석 이번 시합에서 이기기 위해서는 열심히 연습(할 수밖에 없다).

정답 찾기 문장 내용상 이기기 위한 수단이나 방법을 나타내야 하므로 정답은 가능한 방법이나 수단을 한정하여 나타내는 4번 ~ほかない(~할 수밖에 없다)가 된다.

오답 분석 1번 ~にすぎない(~에 불과하다)는 정도의 낮음을 강조하는 표현, 2번 ~にほかならない(바로 ~이다)는 강조하여 단정하는 표현, 3번 ~どころではない(~할 상황이 아니다)는 상황, 형편에 대한 부정을 나타내는 표현으로 모두 의미적으로 정답이 아니다.

복습 꼭! ~しかない・~ほかない・~よりほかない・~ほかしかたがない(~할 수밖에 없다)

어휘 今度(こんど) 이번, 금번 | 試合(しあい) 시합 | 勝(か)つ 이기다 | ~ためには ~위해서는 | 一生懸命(いっしょうけんめい) 열심히 | 練習(れんしゅう)する 연습하다

정답 4

02 1回だけ会って人を判断してはいけない。
せめて3回は会ってみない（　　　）どんな
人かわからないと思う。

1 ことには　　　　　2 わりには
3 ことなく　　　　　4 ものなら

문법적 호응관계 파악하기 ★★

해석 한 번 만나고 사람을 판단해서는 안 된다. 최소한 세 번은 만나
보지 **(않고서는)** 어떤 사람인지 모를 것이라고 생각한다.

정답 찾기 공란 앞이 ～ない이므로 ～ない형을 취하는 표현을 찾
으면 바로 1번을 고를 수 있다. 1번 ～ないことには(～하지 않고서
는)는 가정의 의미로, 뒤에 항상 부정형을 취한다.

오답 분석 2번 ～わりには(～에 비해서는)는 명사 수식형에, 3번
～ことなく(～하지 않고)는 동사 기본형에, 4번 ～ものなら(～하
다면)는 동사 가능형에 접속하고, 모두 문장 전후 내용상 의미적으로
도 정답이 아니다.

> **복습 꼭!** ～ないことには(～하지 않고서는, ～하지 않으면)

어휘 ～回(かい) ～회 | ～번 | ～だけ ～만, ～뿐, ～만큼 | 判断(は
んだん)する 판단하다 | ～てはいけない ～해서는 안 된다 | せめ
て 최소한 | どんな 어떤

정답 1

03 テレビで凶悪な犯罪のニュースを見る
（　　　）、自宅周辺でも起こらないか、心
配になります。

1 によって　　　　　2 たびに
3 うえに　　　　　　4 のもかまわず

적절한 기능어 찾기 ★★

해석 텔레비전에서 흉악한 범죄 뉴스를 볼 **(때마다)**, 집 부근에서도
일어나지 않을까 걱정됩니다.

정답 찾기 문장의 전후 내용상 정답은 '～할 때마다 항상 같은 결과
가 됨'을 나타내는 표현인 2번 ～たびに(～ 때마다)이다. ～たびに
는 동사 기본형과 명사+の의 형태로 접속한다.

오답 분석 1번 ～によって(～에 따라서)는 명사에 접속하고, 4번
～のもかまわず(～것도 신경 쓰지 않고)는 명사 또는 동사 기본형
+の 형태로 접속하므로 접속 형태상 정답에서 제외시킨다. 3번
～うえに(～하는데다가)는 앞 내용에 내용을 덧붙이는 부가의 표현
으로 의미상 정답이 아니다.

> **복습 꼭!** ～たび, ～たびに(～ 때마다)

어휘 凶悪(きょうあく)だ 흉악하다 | 犯罪(はんざい) 범죄 | 自宅
(じたく) 자택 | 周辺(しゅうへん) 주변 | 起(お)こる 일어나다 | 心
配(しんぱい) 걱정

정답 2

04 私が求める結婚相手は、条件（　　　）よけ
ればいいというものではなく、フィーリン
グや価値観が合って、一緒にいて楽しいと
思える人です。

1 だけ　　　　　　　2 ばかり
3 さえ　　　　　　　4 とか

문법적 호응관계 파악하기 ★★

해석 제가 찾는 결혼상대는 조건**(만)** 좋으면 되는 것이 아니라 느낌
과 가치관이 맞고, 함께 있어 즐겁다고 생각할 수 있는 사람이다.

정답 찾기 공란 뒤의 よければ(좋으면)를 보고 바로 어떤 상황이
성립하는 데에 가장 필요한 조건을 가정하는 표현인 ～さえ、～ば
(～만 ～하면)를 떠올릴 수 있어야 한다. 따라서 정답은 3번이다.

오답 분석 ～さえ는 '～조차'라는 의미의 조사이지만 '～さえ、～
ば'의 문형으로 사용되면 '～만 ～하면'이라는 의미가 되고, 이때 '～
만'이라는 의미로 1번 ～だけ(～만, ～뿐, ～만큼)와 2번 ～ばかり
(～만, ～뿐, ～가량, ～쯤) 등과는 바꾸어 쓸 수 없으므로 주의해야
한다. 4번 ～とか(～라고 한다, ～라든가)는 전문의 의미로 내용상
정답이 아니다.

> **복습 꼭!** ～さえ、～ば(～만 ～하면)

53

어휘 求(もと)める 구하다, 찾다, 바라다 | 結婚(けっこん) 결혼 | 相手(あいて) 상대 | 条件(じょうけん) 조건 | ～というものではない ～라는 것은 아니다 | フィーリング 필링, 느낌 | 価値観(かちかん) 가치관 | 合(あ)う 맞다, 어울리다 | 一緒(いっしょ)に 같이, 함께 | 楽(たの)しい 즐겁다 | 思(おも)える 생각되다, 느껴지다

정답 3

---

05 清潔な彼はせめて一日2回は部屋を掃除せ（　　　）らしい。

1 ないことはない　　　2 ざるをえない
3 ずにはいられない　　4 ないではいられない

문법적 호응관계 파악하기 ★★

해석 청결한 그는 최소한 하루에 두 번은 방을 청소하지 않(고서는 있을 수 없는 것 같다).

정답 찾기 공란 앞에 있는 掃除せ 뒤에 연결 될 수 있는 것은 2번 ～ざるをえない(～하지 않을 수 없다)와 3번 ～ずにはいられない(～하지 않고서는 있을 수 없다)인데, 이 중 문장의 전후 내용상 어떠한 상황 등으로 '～하려는 마음이 생김'을 나타내는 표현인 3번 ～ずにはいられない(～하지 않고서는 있을 수 없다)가 정답이 된다.

오답 분석 4번 ～ないではいられない(～하지 않고서는 있을 수 없다)도 같은 의미이지만 접속 형태상 정답이 될 수 없고, 1번 ～ないことはない(～지 않는 것은 아니다)는 문장 전후 내용상 의미적으로 정답이 아니다.

복습 꼭! ～ずにはいられない(～하지 않고서는 있을 수 없다)

어휘 清潔(せいけつ)だ 청결하다 | せめて 최소한, 적어도 | 一日(いちにち) 하루 | 部屋(へや) 방 | 掃除(そうじ) 청소 | ～らしい ～것 같다, ～답다

정답 3

---

06 車なしで生活でき（　　　）が、ないとかなり不便なので車を運転しています。

1 ないわけにはいかない
2 ざるをえない
3 ないことはない
4 ないではいられない

의미적 호응관계 파악하기 ★★

해석 차 없이 생활 할 (수 없는 것 아니)지만, 없으면 상당히 불편하기 때문에 차를 운전하고 있습니다.

정답 찾기 문장 전후 내용상 정답은 '～라는 가능성이 없다고는 말할 수 없다'는 의미인 3번 ～ないことはない(～하지 않는 것은 아니다)이다.

오답 분석 1번과 2번 ～ないわけにはいかない, ～ざるをえない(～하지 않을 수 없다)는 둘 다 본인의 의사가 아닌 사회적, 심리적 상황이나 사정에 의해 '～할 수 밖에 없다'는 의미이고, 4번 ～ないではいられない(～하지 않고서는 있을 수 없다)는 어떠한 상황으로 인해 '～하려는 마음이 생김'을 나타내는 표현으로 모두 내용상 의미적으로 정답이 아니다.

복습 꼭! ～ないことはない(～하지 않는 것은 아니다)

어휘 車(くるま) 차 | なし 없음 | 生活(せいかつ) 생활 | かなり 꽤, 상당히 | 不便(ふべん)だ 불편하다 | 運転(うんてん)する 운전하다

정답 3

07 お風呂や洗面所の掃除は面倒な（　　　）、水に濡れたりするのでなかなか気が乗らないものです。

1 によって　　　　　2 うえに
3 たびに　　　　　　4 につけても

접속 형태 파악하기 ★★

해석 욕실과 화장실 청소는 귀찮（은데다가）, 물에 젖거나 해서 좀처럼 할 마음이 안 생긴다.

정답 찾기 공란 앞의 面倒な(귀찮은)와 같이 な형용사 사이 명사 수식형에 접속할 수 있는 표현은 2번 ～うえに(～하는데다가)밖에 없다. ～うえに는 앞 내용에 '게다가'라는 느낌으로 덧붙일 때 사용하는 표현이다.

오답 분석 1번 ～によって(～에 따라서)는 명사에, 3번 ～たびに(～ 때마다)는 동사 기본형과 명사＋の의 형태로, 4번 ～につけても(～ 때마다)는 명사와 동사·い형용사의 기본형에 접속하므로 모두 접속 형태상 정답이 아니다.

> **복습 꼭!** ～うえに(～한데다가, ～인데다가)

어휘 お風呂(ふろ) 욕실, 목욕 | 洗面所(せんめんじょ) 화장실 | 掃除(そうじ) 청소 | 面倒(めんどう)だ 번거롭다, 귀찮다 | 水(みず) 물 | 濡(ぬ)れる 젖다 | なかなか 꽤, 상당히, 좀처럼, 도무지 | 気(き)が乗(の)らない 할 마음이 안 생기다 | ～ものだ ～것이다, ～법이다

정답 2

---

08 僕は最近ストレスがたまり、病気を誘発し（　　　）状態だ。

1 まい　　　　　　　2 どころではない
3 ほかしかたがない　4 かねない

적절한 기능어 찾기 ★★

해석 나는 요즘 스트레스가 쌓여서 병을 유발할（지도 모르는） 상태다.

정답 찾기 공란 앞에 있는 誘発し가 する의 ます형이므로, 동사의 ます형과 접속되는 표현을 찾으면 1번 ～まい(～하지 않을 것이다)와 4번 ～かねない(～할지도 모른다)밖에 없다. 하지만 1번 ～まい는 주어의 부정의 추측이나 부정의 의지를 나타내는 표현이고 4번 ～かねない는 좋지 못한 결과를 초래할 가능성이 있어 걱정이라는 의미로 내용상 4번이 정답이 된다.

오답 분석 2번 ～どころではない(～할 상황이 아니다)와 3번 ～ほかしかたがない(～할 수밖에는 없다, ～외에 방법이 없다)는 문장 전후 내용상 의미적으로 정답이 아니다.

> **복습 꼭!** ～かねない(～할지도 모른다)

어휘 僕(ぼく) 나 | 最近(さいきん) 최근, 요즘 | ストレス 스트레스 | たまる 괴다, 모이다, 늘다, 쌓이다 | 病気(びょうき) 병 | 誘発(ゆうはつ)する 유발하다 | 状態(じょうたい) 상태

정답 4

[문제] 다음 문장의 ＿★＿ 에 들어갈 가장 알맞은 말을 1·2·3·4 중에서 하나를 고르세요.

01 今回の ＿＿＿ ＿＿＿ ＿＿＿ ＿★＿ また挑戦するつもりだ。

1 としても　　　　2 あきらめず
3 失敗する　　　　4 試験に

단어 바르게 배열하기 ★★

문장 배열 今回の 試験に 失敗する としても あきらめず
　　　　　　　　　　4　　　3　　　1　　　　2
また挑戦するつもりだ。

해석 이번 시험에 실패한다고 해도 포기하지 않고 다시 도전할 생각이다.

정답 찾기 1번 ～としても(～라고 해도)는 동사 보통형과 접속하기 때문에 3번 失敗する(실패하다)와 연결한다. 그리고 문장 맨 앞의

今回の(이번)의 뒤에는 명사가 오므로 4번 試験に(시험에)를 가장 앞에 두고, 2번 あきらめず(포기하지 않고)는 내용상 가장 뒤에 누어 전체적으로 나열하면 4-3-1-2가 되므로 정답은 2번이다.

복습 꼭! ～としても(～라고 해도, ～로서도)

어휘 今回(こんかい) 이번, 금번 | 試験(しけん) 시험 | 失敗(しっぱい)する 실패하다 | 諦(あきら)める 단념하다, 체념하다 | また 또, 다시 | 挑戦(ちょうせん)する 도전하다 | ～つもりだ ～할 생각이다

정답 2

---

02 底抜けに明るい両親に ＿＿＿ ＿＿＿ ＿＿＿
　　 ★ のが大好きだ。

1 ギャグを言って　　　2 人を笑わせる
3 育てられた　　　　　4 せいか

단어 바르게 배열하기 ★★

문장 배열 底抜けに明るい両親に 育てられた せいか
　　　　　　　　　　　　　　　　　　3　　　　4
ギャグを言って 人を笑わせる のが大好きだ。
　　1　　　　　　2

해석 한없이 밝은 성격의 부모님 밑에서 자란 탓인지, 개그를 하여 사람을 웃기는 것이 너무 좋다.

정답 찾기 선택지의 내용을 두 개씩 조합해보면 먼저 1번 ギャグを言って(개그를 해서)와 2번 人を笑わせる(사람을 웃기다), 3번 育てられた(자랐다)와 4번 ～せいか(～ 탓인지)를 연결할 수 있다. 문장의 내용상 '～의 탓인지, ～하다' 형태가 되어야 하므로 조합한 두 문장을 그 의미에 맞게 전체적으로 나열하면 3-4-1-2가 되므로 정답은 2번이다.

복습 꼭! ～せいか(～ 탓인지)

어휘 底抜(そこぬ)けに明(あか)るい 한없이 밝음 | 両親(りょうしん) 부모 | 育(そだ)てられる 자라다 | ギャグを言(い)う 개그를 하다 | 笑(わら)わせる 웃게 하다 | 大好(だいす)き 아주 좋아함

정답 2

---

03 この店は ＿＿＿ ＿＿＿ ★ ＿＿＿ すごくおいしいですよ。

1 だけあって　　　　　2 専門店
3 パスタが　　　　　　4 イタリア料理

단어 바르게 배열하기 ★★

문장 배열 この店は イタリア料理 専門店 だけあって
　　　　　　　　　　　4　　　　2　　　1
パスタが すごくおいしいですよ。
　3

해석 이 가게는 이탈리아 요리 전문점인 만큼 파스타가 굉장히 맛있어요.

정답 찾기 먼저 4번 イタリア料理(이탈리아 요리)와 2번 専門店(전문점)을 연결한다. 그리고 마지막 공란 뒤에 すごく가 있으므로 그 앞에 올 수 있는 것은 3번 パスタが(파스타가)가 되고, 1번 ～だけあって(～인 만큼)를 사이에 넣어 전체적으로 나열하면 4-2-1-3이 되므로 정답은 1번이다.

복습 꼭! ～だけあって・～だけに(～한 만큼, ～인 만큼, ～답게)

어휘 店(みせ) 가게 | イタリア 이탈리아 | 料理(りょうり) 요리 | 専門店(せんもんてん) 전문점 | パスタ 파스타 | すごく 굉장히, 대단히

정답 1

04 人間は ____ ★ ____ ____ 。

1 わけではない   2 働く
3 ために   4 生れてきた

단어 바르게 배열하기 ★★

문장 배열 人間は 働く ために 生れてきた わけではない。
　　　　　　　　　2　　3　　　4　　　　　1

해석 인간은 일하기 위해서 태어난 것은 아니다.

정답 찾기 먼저 1번 〜わけではない(〜것은 아니다)는 문말 표현이므로 가장 뒤에 배치한다. 그리고 목적을 나타내는 3번 〜ために(〜하기 위해서) 앞에는 2번 働く(일하다)를, 4번 生れてきた(태어났다)는 뒤에 배열하고 전체적으로 나열하면 2-3-4-1이 되므로 정답은 3번이다.

복습 꾁! 〜わけではない (〜것은 아니다)

어휘 人間(にんげん) 인간 | 働(はたら)く 일하다 | 〜ために 〜위해서 | 生(う)まれる 태어나다

정답 3

05 あなたが ★ ____ ____ ____ 、何が一番したいですか。

1 100億円の   2 もし
3 としたら   4 宝くじに当たる

단어 바르게 배열하기 ★★

문장 배열 あなたが もし 100億円の 宝くじに当たる
　　　　　　　　　　2　　1　　　　4

としたら、何が一番したいですか。
3

해석 당신이 만약 100억 엔의 복권에 당첨된다고 한다면 무엇이 가장 하고 싶습니까?

정답 찾기 3번 〜としたら(〜라고 한다면)는 조건과 가정의 의미를 나타내는 표현이므로 3번 〜としたら 앞에 2번 もし(만약)를 위치시켜야 한다. 그리고 1번 100億円の(100억 엔의)의 뒤에는 명사가 와야 하므로 4번 宝くじに当たる(복권에 당첨된다)와 연결하여, '만약 〜라고 한다면'이라는 문장으로 완성하여 전체적으로 나열하면 2-1-4-3이 되므로 정답은 2번이다.

복습 꾁! 〜としたら (〜라고 한다면)

어휘 もし 만약 | 億(おく) 억 | 宝(たから)くじに当(あ)たる 복권에 당첨되다 | 一番(いちばん) 가장, 제일

정답 2

06 このかばんは高い ____ ★ ____ ____ たまらない。

1 ことは   2 どうしても
3 高いが   4 買いたくて

단어 바르게 배열하기 ★★

문장 배열 このかばんは高い ことは 高いが どうしても
　　　　　　　　　　　　　1　　3　　　2

買いたくて たまらない。
4

해석 이 가방은 비싸긴 비싸지만, 아무래도 너무 사고 싶다.

정답 찾기 첫 번째 공란 앞에 있는 高い(비싸다)와 제시되어 있는 선택지들을 보고 N2 문법인 〜ことは〜が(〜기는 〜지만)의 표현을 떠올린다면 쉽게 문장을 완성할 수 있다. 그리고 마지막 공란 뒤에 たまらない(참을 수 없다)가 있으므로 마지막 공란에는 4번 買いたくて를 두고, 2번 どうしても(아무래도)는 동사를 수식하므로 4번 앞에 두어 전체적으로 나열하면 1-3-2-4가 되어 정답은 1번이다.

복습 꾁! 〜ことは〜が (〜기는 〜지만)

어휘 高(たか)い 높다, 비싸다 | どうしても 아무리 해도 | 買(か)う 사다 | 〜てたまらない 〜해서 참을 수 없다, 너무 〜하다

정답 1

57

07 彼女の肥満の原因は ＿＿ ★ ＿＿
＿＿。

1 にほかならない　　2 暴食
3 による　　4 ストレス

단어 바르게 배열하기 ★★

문장 배열　彼女の肥満の原因は ストレス による 暴食
　　　　　　　　　　　　　　　 4　　 3　　 2
にほかならない。
1
해석　그녀의 비만의 원인은 바로 스트레스에 의한 폭식이다.

정답 찾기　N2 문법인 1번 〜にほかならない(바로 〜이다)와 3번 〜による(〜에 의한, 〜에 따른)에 나머지 단어를 조합하면 된다. 내용상 4번 ストレス(스트레스)와 〜によるを, 2번 暴食(폭식)과 〜にほかならない를 연결하여 전체적으로 나열하면 4-3-2-1이 되므로 정답은 3번이다.

복습 꼭!　〜にほかならない(바로 〜이다, 〜임에 틀림없다) / 〜による(〜에 의한, 〜에 따른)

어휘　肥満(ひまん) 비만 | 原因(げんいん) 원인 | ストレス 스트레스 | 暴食(ぼうしょく) 폭식
정답　3

08 このレストランではお客様の ＿＿ ★
＿＿ ＿＿、料理方法を注文することができる。

1 に応じて　　2 好み
3 選んで　　4 欲しい食材を

단어 바르게 배열하기 ★★

문장배열　このレストランではお客様の 好み に応じて
　　　　　　　　　　　　　　　　　　 2　　 1
欲しい食材を 選んで、料理方法を注文することができる。
　 4　　　　 3
해석　이 레스토랑에서는 손님의 취향에 맞게 원하는 요리 재료를 선택하고, 요리 방법을 주문할 수 있다.

정답 찾기　1번 〜に応(おう)じて(〜에 따라서, 〜에 맞게)는 명사에 접속하므로 2번 好み(취향, 기호)와 연결되고, 4번 欲しい食材を와 3번 選んで(선택하고) 역시 서로 연결된다. 첫 공란 お客様の(손님의)는 뒤에 명사를 취하므로 2번을 가장 앞에 두고 전체적으로 나열하면 2-1-4-3이 되어 정답은 1번이다.

복습 꼭!　〜に応じて(〜에 따라서, 〜에 맞게)

어휘　お客様(きゃくさま) 손님 | 好(この)み 좋아함, 기호, 취향 | 欲(ほ)しい 갖고 싶다, 필요하다 | 食材(しょくざい) 요리 재료, 식품 재료 | 選(えら)ぶ 고르다, 선택하다 | 料理(りょうり) 요리 | 方法(ほうほう) 방법 | 注文(ちゅうもん)する 주문하다
정답　1

첫째마당 | 총정리 적 중 예상 문제 ②

문제 다음 문장의 ( )에 들어갈 가장 알맞은 말을 1·2·3·4 중에서 하나를 고르세요.

---

01 彼はいつも私が作った料理をおいしいと言ってくれるので、料理の( )。

1 してばかりいます
2 しがいがあります
3 しすぎます
4 しがっています

의미적 호응관계 파악하기 ★★

해석 그는 항상 내가 만든 요리를 맛있다고 해주기 때문에, 요리**(하는 보람이 있습니다)**.

정답 찾기 문장 전후 내용상 정답은 4번 しがいがあります(하는 보람이 있습니다)이다. ～がいがある는 자신의 행위에 대한 가치를 나타낸다.

오답 분석 1번 ～てばかりいる(～만 하고 있다)는 같은 행위를 여러 번 반복하거나 언제나 같은 상태에 있음을 비판적으로 말할 때 사용하는 표현, 3번 ～すぎる(너무 ～하다)는 어떤 동작이나 상태의 정도가 수준을 넘는 것을 나타내는 표현, 4번 ～がっている(～워하고 있다)는 제3자의 감정·희망 등을 나타내는 표현으로 문맥상 정답이 아니다.

복습 꼭! 동사 ます형+～がいがある(～하는 가치가 있다, ～하는 보람이 있다)

어휘 作(つく)る 만들다 | 料理(りょうり) 요리 | ～てくれる (나에게) ～해주다

정답 2

---

02 まさか彼女がそんなことを言ったとは( )。

1 思えない
2 思えさせられない
3 思えさせない
4 思えられる

의미적 호응관계 파악하기 ★★

해석 설마 그녀가 그런 말을 했다고는 **(생각되지 않는다)**.

정답 찾기 선택지는 모두 思(おも)える의 활용 형태로, 내용상 정답은 1번 思えない(생각되지 않는다)이다. 思えない는 주로 ～とは思えない(～라고는 생각되지 않는다), ～とも思えない(～라고도 생각되지 않는다)와 같은 형태로 사용된다.

오답 분석 선택지는 모두 思える의 활용 형태인데 2번 思えさせられない는 思える의 사역수동형으로, 3번 思えさせない는 사역형으로, 4번 思えられる는 가능형으로 활용시킨 형태로 문법적으로도 의미적으로도 정답이 될 수 없다.

복습 꼭! 思えない(생각되지 않는다, 여겨지지 않는다, 느껴지지 않는다)

어휘 まさか 설마, 아무리 그렇더라도 | 言(い)う 말하다 | 思(おも)える 생각되다, 여겨지다, 느껴지다

정답 1

---

03 明日も熱が下がらないよう( )、病院に行こうと思う。

1 でいても　　　　2 であれば
3 でなくでも　　　4 でなければ

문법적 호응관계 파악하기 ★★

해석 내일도 열이 내려가지 않(**으면**), 병원에 가려고 생각한다.

정답 찾기 공란 앞의 양태 표현 ～ないようだ(～하지 않을 것 같다)의 활용형과 호응하는 표현을 찾는 문제로, 정답은 가정·조건 표현인 2번 ～であれば(～하면, ～이면)이다.

오답 분석 1번 ～でいても(～고 있어도), 3번 ～でなくても(～가 아니어도), 4번 ～でなければ(～가 아니면)는 ～ないようだ와 의미적으로도 문법적으로도 조합이 적절하지 않다.

복습 꼭! ~ようであれば・~ようなら(ば)・~ようだったら(~할 것 같으면, ~할 경우에는)

어휘 明日(あした) 내일 | 熱(ねつ) 열 | 下(さ)がる 내리다, 내려가다 | 病院(びょういん) 병원 | ~(よ)うと思(おも)う ~(하)려고 생각하다

정답 2

---

04 日常生活における決済手段は、支払い金額に（　　　）現金の利用は減少傾向にある。

1 のみならず　　　　　2 とって
3 反して　　　　　　　4 よらず

적절한 기능어 찾기 ★★

해석 일상생활에서의 경제수단은 지불 금액과 **(관계없이)** 현금 이용은 감소 경향에 있다.

정답 찾기 문맥상 정답은 ~によらず(~에 관계없이)이다. ~によらず는 동사 因(よ)る(의하다, 의거하다, 따르다)를 부정형으로 활용하여 문법화 한 것으로, ~によって(~에 의해서, ~에 따라), ~による(~에 의한) 등과 함께 기억해 둔다.

오답 분석 1번 のみならず(~뿐만 아니라)는 공란 앞에 있는 ~に와 접속하지 않으므로 우선 정답에서 제외시킨다. 2번 ~にとって(~에게 있어서)는 판단하거나 평가하는 입장·시점을 나타내는 표현, 3번 ~に反(はん)して(~와 달리)는 대비의 의미를 나타내는 표현으로 문장 정후 내용상 의미적으로 정답이 아니다.

복습 꼭! ~によらず(~에 관계없이)

어휘 日常生活(にちじょうせいかつ) 일상생활 | ~における ~에서, ~에서의 | 経済(けいざい) 경제 | 手段(しゅだん) 수단 | 支払(しはら)い 지불, 지급 | 金額(きんがく) 금액 | 現金(げんきん) 현금 | 利用(りよう) 이용 | 減少(げんしょう) 감소 | 傾向(けいこう) 경향

정답 4

---

05 このように物価が上昇し（　　　）いては、私たちの生活はますます厳しくなるでしょう。

1 続いて　　　　　　　2 続けて
3 続かないで　　　　　4 続けないで

접속 형태 파악하기 ★

해석 이렇게 물가가 **(계속해서)** 상승**(하고 있으면)**, 우리들의 생활은 점점 힘들어질 것이다.

정답 찾기 続(つづ)ける(계속하다)가 공란 앞에 있는 동사와 연결되어 접미어로서 사용될 때는 동사 ます형에 접속하여 '계속해서 ~하다'라는 의미를 갖는다. 따라서 정답은 2번이다.

오답 분석 続(つづ)く(이어지다, 계속되다)는 자동사, 続(つづ)ける(계속하다)는 타동사로 각각 의미 구별을 할 수 있어야 하고, 続く는 접미어로서 사용되지 않는다.

복습 꼭! ~ていては(~하고 있어서는)

어휘 物価(ぶっか) 물가 | 上昇(じょうしょう)する 상승하다 | 生活(せいかつ) 생활 | ますます 더욱더 점점 더 | 厳(きび)しい 엄하다, 험하다, 심하다, 힘겹다

정답 2

---

06 彼は慣れない異国の生活で寂しい（　　　）がした。

적절한 어휘 찾기 ★

해석 그는 익숙하지 않는 이국 생활로 외로운 **(마음)**이 들었다.

정답 찾기 문장 전후 내용상 1번 ~思いがした(~한 마음·느낌이 들었다)가 정답이다. ~思いがした・~思いをした 형태로 쓰여

1 思い	2 見込み
3 気味	4 見掛け

감정을 나타낸다. 嬉しい(기쁘다), 寂しい(쓸쓸하다), 悲しい(슬프다), 苦しい(괴롭다), 懐かしい(그립다), うらやましい(부럽다) 등과 같은 감정을 나타내는 형용사와 접속하는 경우가 많다.

오답 분석 3번 ～気味(ぎみ)는 접미어로 명사 또는 동사 ます형에 접속하여 어떤 상태나 경향이 있음을 나타내므로 접속 형태상 우선 정답에서 제외한다. 그리고 2번과 4번은 문장 전후 내용상 의미적으로 정답이 아니다.

> **복습 꼭!** ～思いがした (～한 마음·느낌이 들었다)

어휘 慣(な)れる 익숙해지다, 길들다 │ 異国(いこく) 이국 │ 生活(せいかつ) 생활 │ 寂(さび)しい 쓸쓸하다, 외롭다, 서운하다 │ 見込(みこ)み 전망, 예정, 예상 │ ～気味(ぎみ) ～기운, ～기색, ～경향 │ 見掛(みか)け 겉보기, 외관

정답 1

---

07 小説は（　　　　）が、読んでいるとすぐに眠くなってしまう。

1 読まないものでもない
2 読まなければならない
3 読まないではいられない
4 読まないわけがない

의미적 호응관계 파악하기 ★★

해석 소설은 (**읽지 않는 것도 아니**)지만, 읽고 있으면 바로 졸려진다.

정답 찾기 문장 전후 내용상 정답은 1번 ～ないものでもない(～하지 않는 것도 아니다)이다. ～ないものでもない・～ないでもない・～なくもない・～なくはない는 '경우에 따라서는 ～하다, 조금은 ～할 수 있다, 조금은 ～라고 느끼다'는 의미로, 일부를 긍정 또는 부정하는 표현이다.

오답 분석 2번 ～なければならない(～하지 않으면 안 된다), ～ないではいられない(～하지 않고서는 있을 수 없다), 4번 ～ないわけがない(～하지 않을 리가 없다)는 의미적으로 정답이 아니다.

> **복습 꼭!** ～ないものでもない (～하지 않는 것도 아니다)

어휘 小説(しょうせつ) 소설 │ 読(よ)む 읽다 │ すぐに 바로, 곧, 금방, 즉시 │ 眠(ねむ)い 졸리다

정답 1

---

08 いい大学を卒業したからといって、いい会社に（　　　　）。

1 入れないものでもない
2 入れるのももっともだ
3 入れなくてはいけない
4 入れるとは限らない

의미적 호응관계 파악하기 ★★

해석 좋은 대학을 졸업했다고 해서, 좋은 회사에 (**들어갈 수 있다고는 할 수 없다**).

정답 찾기 문장 앞부분에 있는 ～からといって(～라고 해서)와 의미적으로 호응할 수 있는 문말표현을 찾는 문제로 정답은 4번 ～とは限(かぎ)らない(～라고는 할 수 없다)이다. ～とは限らない는 '대부분은 ～라고 할 수 있지만, 예외도 있다'는 의미의 부분부정 표현이다.

오답 분석 1번 ～ないものでもない(～하지 않는 것도 아니다), 2번 ～のももっともだ(～하는 것도 당연하다), 3번 ～なくてはいけない(～하지 않으면 안 된다)는 문장 전후 내용상 의미적으로 호응할 수 없다.

> **복습 꼭!** ～とは限らない (～라고는 할 수 없다)

어휘 大学(だいがく) 대학 │ 卒業(そつぎょう) 졸업 │ ～からといって ～라고 해서 │ 会社(かいしゃ) 회사 │ 入(はい)れる 들어갈 수 있다, 들어올 수 있다

정답 4

61

문제 다음 문장의 ____ ★ 에 들어갈 가장 알맞은 말을 1·2·3·4 중에서 하나를 고르세요.

---

01 お酒を購入するには、____ ____ ★
____ 必要です。

1 ことを   2 ものが
3 証明できる   4 20歳以上である

단어 바르게 배열하기 ★★

문장 배열 お酒を購入するには 20歳以上である ことを
                                  4   1
証明できる ものが 必要です。
  3   2

해석 술을 구입하기 위해서는 20세 이상이라는 것을 증명할 수 있는 것이 필요합니다.

정답 찾기 공란의 전후 내용상 공란 안에는 술을 구입하기 위해서 필요한 것을 만들어야 한다. 상황이나 사건을 나타내는 4번 20歳以上である(20세 이상이다)와 1번 こと(~것)를 연결하고, 물건을 나타내는 2번 ものが(~것이)와 3번 証明できる(증명할 수 있다)를 연결하여 전체적으로 나열하면 4-1-3-2가 되므로 정답은 3번이다.

> **복습 꼭!** ~である(~이다, ~하다)

어휘 お酒(さけ) 술 | 購入(こうにゅう)する 구입하다 | ~には ~하려면 | ~歳(さい) ~세 | 以上(いじょう) 이상 | 必要(ひつよう) 필요

정답 3

---

02 たんぱく質は筋肉を ____ ____ ★
____ 。

1 欠かせない   2 ものだ
3 作る   4 のに

단어 바르게 배열하기 ★★

문장 배열 たんぱく質は筋肉を 作る のに 欠かせない
                                3   4   1
ものだ。
 2

해석 단백질은 근육을 만드는 데에 빠뜨릴 수 없는 것이다.

정답 찾기 공란 앞에 있는 목적어에 알맞은 술어인 3번 作る(만들다)를 제일 앞에 두고, 목적·수단의 의미를 갖는 4번 ~のに(~을 하는 데)를 그 뒤에 둔다. 그리고 1번 欠(か)かせない(빠뜨릴 수 없다)와 2번 ものだ(~것이다)를 연결하여 문말표현으로 만들어 전체적으로 나열하면 3-4-1-2가 되므로 정답은 1번이다. ~欠かせない는 '절대적으로 필요한, 필요불가결한'이라는 의미로 ~なくてはならない(~없으면 안 된다)로 바꾸어 말할 수 있다.

> **복습 꼭!** ~欠かせない(~빠뜨릴 수 없다)

어휘 たんぱく質(しつ) 단백질 | 筋肉(きんにく) 근육 | 作(つく)る 만들다 | ~のに ~을 하기 위해, ~을 하는 데 | 欠(か)かす 빠뜨리다, 빼다

정답 1

---

03 絶対に合格すると思っていたのに、____
____ ★ ____ 話です。

1 不合格だったの   2 もっともな
3 だから   4 彼が落ち込むのも

단어 바르게 배열하기 ★★

문장 배열 絶対に合格すると思っていたのに、不合格だっ
                                               1
たの だから 彼が落ち込むのも もっともな 話です。
     3   4   2

해석 꼭 합격할 것이라고 생각하고 있었는데, 불합격이었기 때문에 그가 침울해 하는 것도 당연한 이야기입니다.

정답 찾기 ~のももっともだ(~하는 것도 당연하다)를 떠올려 4번 彼が落ち込むのも(그가 침울해 하는 것도)와 2번 もっともな

(당연한)를 연결하고, 그 이유가 되는 1번 不合格だったの(불합격이었던 것)와 3번 だから(~기 때문에)를 그 앞에 두어 전체적으로 나열하면 1-3-4-2가 되므로 정답은 4번이다.

> **복습 꼭!** 〜のも当然(とうぜん)だ・〜のももっともだ(〜하는 것도 당연하다)

어휘 絶対(ぜったい)に 절대로, 꼭, 무슨 일이 있어도 | 合格(ごうかく)する 합격하다 | 〜のに 〜하는데도, 〜인데 | 不合格(ふごうかく) 불합격 | 落(お)ち込(こ)む 빠지다, 침울해지다

정답 4

---

04 時間がなくてできないと ＿＿＿ ＿＿＿ ★ ＿＿＿。本当はやりたくないのだろう。

1 しかない　　　　　2 口実で
3 言っているが　　　4 そんなのは

단어 바르게 배열하기 ★★

문장 배열 時間がなくてできないと 言っているが そんなのは 口実で しかない。本当はやりたくないのだろう。
(3 4 2 1)

해석 시간이 없어서 못한다고 말하고 있지만 그런 것은 핑계에 불과하다. 사실은 하고 싶지 않은 것이겠지.

정답 찾기 공란 앞에 있는 〜と는 3번 言っているが(말하고 있지만)와 연결하여 〜と言う(〜라고 하다)의 형태를 만든다. 그리고 2번 口実で(핑계로)와 1번 しかない를 연결하여 〜でしかない(〜에 불과하다)의 문형을 만들어 뒤에 배치한 후, 전제적으로 나열하면 3-4-2-1이 되므로 정답은 2번이다. 〜でしかない는 〜に過(す)ぎない(〜에 불과하다)와 비슷한 표현이다.

> **복습 꼭!** 〜でしかない (〜에 불과하다, 〜일 뿐이다)

어휘 時間(じかん) 시간 | 口実(こうじつ) 구실, 핑계 | 本当(ほんとう)は 사실은 | やる 하다, 주다

정답 2

---

05 うちの犬は ＿＿＿ ＿＿＿ ★ ＿＿＿、私がボールを持つと、しっぽを振って待っている。

1 遊ぶのが　　　　　2 とみえて
3 ボールで　　　　　4 好きだ

단어 바르게 배열하기 ★★

문장 배열 うちの犬は ボールで 遊ぶのが 好きだ とみえて、私がボールを持つと、しっぽを振って待っている。
(3 1 4 2)

해석 우리 개는 공으로 노는 것을 좋아하는 듯 내가 공을 들면 꼬리를 흔들며 기다리고 있다.

정답 찾기 1번 遊ぶのが(노는 것을)의 수단이 되는 3번 ボールで(공으로)를 1번 앞에 두고 연결, 4번 好きだ(좋아하다)는 조사 〜が를 취하므로 1번과 연결, 〜とみえて(〜인 듯이)는 각 품사의 보통형에 접속하므로 4번 뒤에 연결하여 전제적으로 나열하면 3-1-4-2가 되므로 정답은 4번이다. 〜とみえて는 〜ようで와 같은 의미로 추량할 때에 사용하는 표현이다.

> **복습 꼭!** 〜とみえて (〜인 듯이)

어휘 犬(いぬ) 개 | ボール 공 | 遊(あそ)ぶ 놀다 | 好(す)きだ 좋아하다 | 持(も)つ 들다, 갖다 | しっぽ 꼬리 | 振(ふ)る 흔들다 | 待(ま)つ 기다리다

정답 4

06 今日中に ＿＿＿ ＿＿＿ ★ ＿＿＿ 、明日でもいいですよ。

1 よう   2 レポートを
3 なら   4 書き上げられない

단어 바르게 배열하기 ★★

문장 배열 今日中に レポートを 書き上げられない よう
なら、明日でもいいですよ。

해석 오늘 중으로 리포트를 다 못 쓸 것 같으면, 내일도 괜찮아요.

정답 찾기 먼저 1번과 3번을 연결하여 가정조건 표현인 ～ようなら(～할 것 같으면)를 만든다. 그리고 목적어와 술어인 2번 레포트를(리포트를)와 3번 書き上げられない(다 쓸 수 없다)를 연결하여 그 앞에 두어 전체적으로 나열하면 2-4-1-3이 되므로 정답은 1번이다.

> 복습 꼭! ～ようなら(ば)・～ようであれば・～ようだったら(～할 것 같으면, ～할 경우에는)

어휘 今日中(きょうじゅう) 오늘 중 | レポート 리포트 | 書(か)き上(あ)げる 다 쓰다 | 明日(あした) 내일

정답 1

---

07 A「＿＿＿ ＿＿＿ ★ ＿＿＿地味な服だね。」
B「今日はアルバイトの面接に行くんだって。」

1 ずいぶん   2 いつも派手な
3 今日は   4 森さんにしては

단어 바르게 배열하기 ★★

문장 배열 いつも派手な 森さんにしては 今日は ずいぶん
地味な服だね。

해석 A: 항상 화려한 모리씨 치고는 오늘은 아주 수수한 옷이네.
B: 오늘은 아르바이트 면접 간대.

정답 찾기 문장의 내용상 공란의 내용과 공란 뒤의 내용이 3번 今日は(오늘은)를 기준으로 대비된다. 2번 いつも派手な(언제나 화려한)와 4번의 ～にしては(～치고는)를 3번 今日は 앞에 두고 1번 ずいぶん(아주, 몹시)는 공란 뒤의 地味な(수수한)를 수식하게 뒤에 두어 전체적으로 나열하면 2-4-3-1이 되므로 정답은 3번이다.

> 복습 꼭! ～にしては (～치고는)

어휘 派手(はで) 화려함 | ずいぶん 몹시, 아주, 대단히 | 地味(じみ) 수수함, 검소함 | 服(ふく) 옷 | 今日(きょう) 오늘 | アルバイト 아르바이트 | 面接(めんせつ) 면접 | ～だって ～(이)래, ～는대

정답 3

---

08 人身事故が ＿＿＿ ＿＿＿ ★ ＿＿＿います。

1 とかで   2 今
3 あった   4 電車が止まって

단어 바르게 배열하기 ★★

문장 배열 人身事故が あった とかで 今 電車が止まって
います。

해석 인신사고가 있었던 것인가로 지금 전철이 멈춰 있습니다.

정답 찾기 문장 내용상 공란 제일 앞에는 3번 あった(있었다)가 와야 한다. 1번 ～とかで(～인가로)는 외부로부터의 정보를 전하는 전문의 표현으로, 이 문장에서는 뒤의 결과의 원인이 앞의 내용임을 전하는 의미로 사용 된다. 이를 토대로 내용상 전체적으로 나열하면 3-1-2-4가 되고 정답은 2번이다.

> 복습 꼭! ～とかで (～라고 하던데, ～라고 하면서, ～인가로)

어휘 人身(じんしん) 인신, 사람의 몸 | 事故(じこ) 사고 | 電車(で
んしゃ) 전철 | 止(と)まる 서다, 멈추다

정답 2

첫째마당 | 총정리 적 중 예상 문제 ③

문제 다음 문장의 (　　　)에 들어갈 가장 알맞은 말을 1·2·3·4 중에서 하나를 고르세요.

01 お酒は (　　　)が、特別な時だけ飲むこと
にしている。

1 飲むことはない

2 飲むよりほかない

3 飲まないでもない

4 飲まないに相違ない

의미적 호응관계 파악하기 ★★

해석 술은 **(마시지 않는 것은 아니)**지만, 특별한 때만 마시기로 하
고 있다.

정답 찾기 문장 내용상 뒷 문장에 있는 ～だけ(～만, 뿐)와 의미적
으로 호응하는 표현은 3번 ～ないでもない(～하지 않는 것도 아니
다)이다. ～ないでもない는 일부를 긍정 또는 부정하는 표현으로
'경우에 따라서는 ～하다, 조금은 ～할 수 있다'는 가능성이 있음을
나타낸다.

오답 분석 충고·조언의 표현인 1번 ～ことはない(～할 필요는 없
다), 가능한 수단·방법에 대한 한정의 표현인 2번 ～よりほかな
い(～할 수 밖에 없다), 강한 확신의 표현인 4번 ～に相違(そうい)
ない(～임에 틀림없다)는 내용상 의미적으로 정답이 아니다.

복습 꼭! ～ないでもない(～하지 않는 것도 아니다)

어휘 特別(とくべつ)だ 특별하다 | ～だけ ～만, ～뿐, ～만큼 | ～
ことにしている ～하기로 하고 있다

정답 3

02 この写真から、犯人はこの男であることは
明白なものと (　　　)。

1 思う　　　　　　　　2 思われる

3 思わせる　　　　　　4 思わせられる

의미적 호응관계 파악하기 ★★

해석 이 사진으로 범인은 이 남자라는 것은 명백하다고 **(생각된다)**.

정답 찾기 思(おも)う(생각하다)의 여러 가지 활용 형태를 선택지
에 제시하여 문장 내용상 가장 적절한 것을 찾는 문제이다. 앞 문장
의 이유·근거로 뒷 문장의 결과가 나온다는 의미로, 정답은 자발의
표현인 2번 思われる(생각되다)이다.

오답 분석 1번 思う(생각하다), 사역형인 3번 思わせる(생각하게
하다), 사역수동형인 4번 思わせられる((어쩔 수 없이) 생각하다)는
문장 전후 내용상 의미적으로도 문법적으로도 부자연스럽다.

복습 꼭! 동사 + ～(ら)れる(수동·가능·존경·자발의 의미)

어휘 写真(しゃしん) 사진 | 犯人(はんにん) 범인 | 明白(めいは
く)な 명백한 | 思(おも)う 생각하다

정답 2

03 彼はそのことを知らなかったと言っている
けど、（　　　　）と思う。

1 知っていないはずがない

2 知らないはずがない

3 知ったはずがない

4 知りたくないはずがない

의미적 호응관계 파악하기 ★★

해석 그는 그것을 몰랐다고 하지만, 몰랐(**을 리가 없다**)고 생각한다.

정답 찾기 앞 문장의 내용과의 호응관계를 봤을 때 정답은 2번 知ら
ないはずがない(몰랐을 리가 없다)가 된다. 〜ないはずがな
い는 이중 부정의 형태가 되기 때문에 〜はずだ(〜할(일) 것이다)와
같은 의미가 된다.

오답 분석 知る(알다)는 순간동사이기 때문에, 긍정형 知っている
(알고 있다)는 되지만 부정형인 경우에는 知っていない가 아닌 知ら
ない(모른다)를 써야 한다. 따라서 1번은 정답에서 제외한다. 3번
知ったはずがない(알았을 리가 없다)와 4번 知りたくないはず
がない(알고 싶지 않을 리가 없다)는 문장 전후 내용상 의미적으로
정답이 아니다.

복습 꼭! 〜はずがない(〜할 리가 없다, 〜일 리가 없다)

어휘 知(し)る 알다 | 〜けど 〜지만

정답 2

04 このレストランは料理もおいしいし、雰囲
気もいい。高い（　　　　）のことはある。

1 だけ　　　　　　2 ばかり

3 さえ　　　　　　4 はず

문법적 호응관계 파악하기 ★★

해석 이 레스토랑은 요리도 맛있고, 분위기도 좋다. 비(**쌀 만하다**).

정답 찾기 공란 뒤에 〜のことはある가 있으므로, 정도의 의미인
1번 〜だけ(〜만큼)와 접속하여 어떤 상태에 상응한다는 의미의 문
형을 만들어야 한다.

오답 분석 2번 〜ばかり(〜가량, 정도, 쯤, 〜만, 뿐), 3번 〜さえ
(〜조차), 4번 〜はず(〜할(일) 것)는 공란 뒤의 〜のことはある와
호응하지 않으므로 정답이 아니다.

복습 꼭! 〜だけのことはある(〜만큼의 가치가 있다, 〜할
만하다, 〜답다)

어휘 料理(りょうり) 요리 | 〜し 〜하고, 〜이고 | 雰囲気(ふんい
き) 분위기 | 高(たか)い 높다. 비싸다

정답 1

05 このシステムは一年（　　　　）更新される。

1 ごとに　　　　　2 までに

3 うちに　　　　　4 ことに

적절한 기능어 찾기 ★★

해석 이 시스템은 1년(**마다**) 갱신된다.

정답 찾기 문장의 내용상 갱신되는 주기를 나타내는 표현을 찾아야
하므로 정답은 시간·거리를 나타내는 명사에 접속하여 간격·주기
등을 나타내는 1번 〜ごとに(〜걸러, 〜마다)가 된다.

오답 분석 3번 〜うちに(〜하는 동안에)는 명사에 접속할 때 の를
수반하므로 정답에서 제외시킨다. 기한을 나타내는 2번 〜までに
(〜까지는)와 느낀 것을 강조하는 표현인 4번 〜ことに(〜하게도)
는 문장의 내용상 의미적으로 정답이 아니다.

복습 꼭! 〜ごとに(〜마다, 〜간격으로)

어휘 システム 시스템 | 一年(いちねん) 일년 | 更新(こうしん)す
る 갱신하다

정답 1

vÐ

06 成功するかどうか（　　　）、挑戦してみる
ことで学べることもある。

1 にかけては 　　　　　2 はもとより
3 にあたって 　　　　　4 は別にして

문법적 호응관계 파악하기 ★★

해석 성공할지 어떨지(**는 차치하고**), 도전해 보는 것으로 배우는 것도 있다.

정답 찾기 정답은 4번 ~は別(べつ)にして(~는 치지하고)이나. ~は別にして는 기본적으로 명사에 주로 접속하는 표현이지만, 동사나 형용사에 접속할 때는 ~かどうか와 함께 사용되는 경우가 많다.

오답 분석 1번 ~にかけては(~에 있어서는)와 2번 ~はもとより(~은 물론이고)는 명사에만 접속, 3번 ~にあたって(~할 때에)는 동사 기본형과 명사에 접속하는 표현이므로 접속 형태상 정답이 될 수 없다.

> **복습 꼭!** ~は別にして(~는 차치하고, ~는 어찌됐든)

어휘 成功(せいこう) 성공 | ~かどうか ~(인)지 어떤지 | 挑戦(ちょうせん)する 도전하다 | ~てみる ~해 보다 | 学(まな)べる 배울 수 있다

정답 4

---

07 高齢者の安否確認を（　　　）弁当宅配サービスが人気だ。

1 こめて 　　　　　2 めぐって
3 かねた 　　　　　4 通して

문법적 호응관계 파악하기 ★★

해석 고령자의 안부 확인(**을 겸한**) 도시락 배달 서비스가 인기다.

정답 찾기 공란 뒤가 명사의 형태이므로 명사를 수식하는 형태로 활용된 3번 ~を兼(か)ねた(~을 겸한)가 문법적으로도, 그리고 문장 전후 내용상 의미적으로 정답으로 가장 적절하다.

오답 분석 1번 ~を込(こ)めて(~을 담아), 2번 ~を巡(めぐ)って(~을 둘러싸고), 4번 ~を通(とお)して(~을 통해서)는 문법적으로도 의미적으로도 정답이 될 수 없다.

> **복습 꼭!** ~を兼ねた(~을 겸한)

어휘 高齢者(こうれいしゃ) 고령자 | 安否(あんぴ) 안부 | 確認(かくにん) 확인 | 弁当(べんとう) 도시락 | 宅配(たくはい) 택배 | サービス 서비스 | 人気(にんき) 인기

정답 3

---

08 このプロジェクトは山本さんをリーダーと（　　　）10名のメンバーで取り組んでいます。

1 したら 　　　　　2 した
3 しない 　　　　　4 しても

문법적 호응관계 파악하기 ★★

해석 이 프로젝트는 야마모토 씨를 리더(**로 한**) 10명의 멤버가 몰두하고 있다.

정답 찾기 문맥상 정답은 '~을 목적·중심·역할·대상 등으로 하여 뒤의 행동을 하다'는 표현인 2번 した가 된다.

오답 분석 1번 したら(하면), 3번 しない(하지 않다), 4번 しても(해도)는 문장 전후 내용상 의미적으로 부적절하다.

> **복습 꼭!** ~を~とした(~을 ~로 한)

어휘 プロジェクト 프로젝트 | リーダー 리더 | メンバー 멤버 | 取(と)り組(く)む 맞붙다. 열심히 일에 몰두하다

정답 2

문제 다음 문장이 ___ ★ ___ 에 들어갈 가장 알맞은 말을 1·2·3·4 중에서 하나를 고르세요.

---

01 ___ ___ ★ ___ 聞いてください。

1 ことが　　　　　　2 わからない
3 あれば　　　　　　4 遠慮せずに

단어 바르게 배열하기 ★★

문장 배열 わからない ことが あれば 遠慮せずに
　　　　　　　　　 2 　 1 　 　 3

聞いてください。
　4

해석 모르는 것이 있으면 부담 없이 물어보세요.

정답 찾기 ～ずには ～ないで와 같은 의미로 하는 것에 접속될 때에는 しずに가 아닌 せずに로 활용된다는 것에 주의해야 한다. 문장의 내용상 조건과 가정의 의미인 ～ば를 중간에 두고 공란 뒤의 내용과 연결하여 '～하면 ～해 주세요'라는 문장을 만든다. 내용상 2번 わからない(모른다)와 1번 ことが(것이)를 연결하여 3번 あれば(있으면) 앞에 두고, 4번 遠慮せずに(사양 말고)를 문장 끝에 두어 전체적으로 나열하면 2-1-3-4가 되므로 정답은 3번이다.

복습 꼭! ～ずに (～하지 않고)

어휘 分(わ)からない 모른다 | 遠慮(えんりょ) 조심함, 삼감, 사양함 | 聞(き)く 듣다, 묻다

정답 3

---

02 このサイトのパスワードは ___ ___
___ ★ ___ 。

1 8～16字の　　　　2 で
3 なければなりません　4 長さ

단어 바르게 배열하기 ★★

문장 배열 このサイトのパスワードは 8～16字の 長さ で
　　　　　　　　　　　　　　　　 1 　　 4 　 2

なければなりません。
　　3

해석 이 사이트의 패스워드는 8~16자의 길이가 아니면 안 됩니다.

정답 찾기 1번 8～16字の(8~16자의)의 뒤에는 명사가 오므로 4번 長さ(길이)와 연결하고, 3번 なければなりません(～하지 않으면 안 됩니다)이 명사와 접속 할 때에는 ～で(は)ない의 형태가 되는 것을 염두하여 전체적으로 나열하면 1-4-2-3이 되어 정답은 2번이 된다.

복습 꼭! ～なければならない(～하지 않으면 안 된다)

어휘 サイト 사이트 | パスワード 패스워드 | 字(じ) 글자, 문자 | 長(なが)さ 길이

정답 2

---

03 ___ ___ ★ ___ 、その駅はほとん
ど人がいない。

1 普通なら　　　　　2 に当たる
3 時間だが　　　　　4 午後のラッシュ時

단어 바르게 배열하기 ★★

문장 배열 普通なら 午後のラッシュ時 に当たる 時間だが、
　　　　　 1 　　　 4 　　　　 2 　　　 3

その駅はほとんど人がいない。

해석 평소라면 오후의 러시아워에 해당하는 시간이지만, 그 역은 거의 사람이 없다.

정답 찾기 2번 ～に当(あ)たる(～에 해당하다)는 명사에 접속하는데, 내용상 4번 午後のラッシュ時(오후의 러시아워)와 연결하고, 3번 時間だが(시간이지만)는 ～に当(あ)たる의 뒤에 둔다. 그리고 상황을 가정하는 1번 普通なら(평소라면)를 가장 앞에 배열하여 전체적으로 나열하면 1-4-2-3이 되므로 정답은 2번이다.

복습 꼭! ～に当たる(～에 해당하다)

어휘 **普通(ふつう)** 보통, 평소 | **~なら** ~이면 | **午後(ごご)** 오후 | **ラッシュ時(じ)** 러시아워 | **時間(じかん)** 시간 | **駅(えき)** 역 | **ほとんど** 거의, 대부분

정답 2

---

04 日本語が話せる ____ ____ ★ ____ 。

1 日本語が 2 とは限らない
3 教えられる 4 からといって

단어 바르게 배열하기 ★★

문장 배열 日本語が話せる <u>からといって</u> <u>日本語が</u>
　　　　　　　　　　　　　４　　　　　１
<u>教えられる</u> <u>とは限らない</u>。
　　３　　　　２

해석 일본어를 할 수 있다고 해서 일본어를 가르칠 수 있다고는 할 수 없다.

정답 찾기 제시된 선택지에서 '~からといって、~とは限(かぎ)らない(~라고 해서, ~라고는 할 수 없다)는 문형을 만들어야 한다. 따라서 4번 からといって를 가장 앞에 배열하고, 부분부정의 내용이 되는 1번 日本語が(일본어를)와 3번 教えられる(가르칠 수 있다)를 연결하여 2번 ~とは限らない(~라고는 할 수 없다)의 앞에 두어 전체적으로 나열하면 4-1-3-2가 되므로 정답은 3번이다.

> **복습 꼭!** ~とは限らない(~라고는 할 수 없다)

어휘 **日本語(にほんご)** 일본어 | **話(はな)せる** 말할 수 있다 | **~からといって** ~라고 해서 | **教(おし)えられる** 가르칠 수 있다

정답 3

---

05 今日中には答えが ____ ____ ★ ____ 。

1 会議を続けても 2 出そうにないので
3 これ以上 4 しかたがない

단어 바르게 배열하기 ★★

문장 배열 今日中には答えが <u>出そうにないので</u> <u>これ以上</u>
　　　　　　　　　　　　　　２　　　　　　３
<u>会議を続けても</u> <u>しかたがない</u>。
　　１　　　　　４

해석 오늘 중에는 답이 나올 것 같지 않으므로 이 이상 회의를 계속해도 소용없다.

정답 찾기 공란 앞의 내용 뒤에는 의미상 2번 出そうにないので (나올 것 같지 않으므로)가 와야 하므로 2번을 제일 앞에 둔다. 그리고 1번 会議を続けても(회의를 계속해도)와 4번 しかたがない (어쩔 수 없다)를 연결하여 ~てもしかたがない(~해도 소용없다)의 문형을 완성하고, 이를 전체적으로 나열하면 2-3-1-4가 되므로 정답은 1번이다.

> **복습 꼭!** ~てもしかたがない・~てもしょうがない(~해도 어쩔 수 없다, ~해도 소용없다)

어휘 **今日中(きょうじゅう)** 오늘 중 | **答(こた)え** 대답, 해답 | **出(で)る** 나가다, 나오다 | **~そうにない** ~것 같지 않다 | **以上(いじょう)** 이상 | **会議(かいぎ)** 회의 | **続(つづ)ける** 계속하다

정답 1

---

06 大事な書類を ____ ____ ★ ____ 。

1 上司に 2 なくしたんだから
3 のも当然だ 4 叱られる

단어 바르게 배열하기 ★★

문장 배열 大事な書類を <u>なくしたんだから</u> <u>上司に</u> <u>叱られる</u>
　　　　　　　　　　２　　　　　　１　　４
<u>のも当然だ</u>。
　３

해석 중요한 서류를 분실했기 때문에 상사에게 혼나는 것도 당연하다.

정답 찾기 4번 叱られる(혼나다) 앞에는 그 행위의 상대인 1번 上司에(상사에게)를 연결하고, 그 앞에는 이유가 되는 2번 なくしたのだから(분실했기 때문에)를 배열한다. 그리고 문말표현인 3번 〜のも当然だ(것도 당연하다)를 가장 뒤에 두고, 전체적으로 나열하면 2-1-4-3이 되므로 정답은 4번이다.

> 복습 꼭! 〜のも当然(とうぜん)だ・〜のももっともだ(〜하는 것도 당연하다)

어휘 大事(だいじ)だ 중요하다 | 書類(しょるい) 서류 | 無(な)くす 잃다, 분실하다 | 上司(じょうし) 상사 | 叱(しか)られる 혼나다

정답 4

---

07 ＿＿＿ ＿＿＿ ★ ＿＿＿ 手に入れることはできない。

1 求めようと　　　　2 しなければ
3 自らが　　　　　　4 何事に関わらず

단어 바르게 배열하기 ★★

문장 배열 何事に関わらず 自らが 求めようと しなければ
　　　　　　　4　　　　3　　 1　　　 2
手に入れることはできない。

해석 무슨 일이든지 스스로가 구하려고 하지 않으면 손에 넣을 수 없다.

정답 찾기 1번 求めようと(구하려고)와 2번 しなければ(하지 않으면)를 연결하여 〜(よ)うとする(〜하려고 하다)의 문형을 만들고, 그 앞에는 행위의 주체인 3번 自らが(스스로가)를 배열한다. 마지막으로 4번 何事に関(かか)わらず(무슨 일이든지)를 문맥상 가장 앞에 두어 전체적으로 나열하면 4-3-1-2가 되므로 정답은 1번이다.

> 복습 꼭! 〜に関わらず(〜에 관계없이, 〜에 상관없이)

어휘 何事(なにごと) 무슨 일 | 自(みずか)ら 자기 자신, 스스로 | 求(もと)める 구하다, 찾다, 바라다 | 〜(よ)うとする 〜(하)려고 하다 | 手(て)に入(い)れる 손에 넣다

정답 1

---

08 彼女は真面目だし、予習や復習を ＿＿＿
＿＿＿ ★ ＿＿＿。

1 教えがいがある　　2 きちんと
3 から　　　　　　　4 してくる

단어 바르게 배열하기 ★★

문장 배열 彼女は真面目だし、予習や復習を きちんと
　　　　　　　　　　　　　　　　　　　　　2
してくる から 教えがいがある。
　4　　　3　　 1

해석 그녀는 성실하고, 예습과 복습을 제대로 해 오기 때문에 가르치는 보람이 있다.

정답 찾기 문말 표현인 1번 教えがいがある(가르치는 보람이 있다)를 가장 뒤에 배열하고, 그 앞에는 그 이유가 되는 내용을 만들어 문장을 완성하면 된다. 2번 きちんと(제대로)는 부사이므로 동사인 4번 してくる(해 오다)를 수식하게 하여 공란 앞에 있는 내용과 연결시키고, 그 뒤에 이유를 나타내는 접속조사 3번 〜から(〜기 때문에)를 두어 전체적으로 나열하면 2-4-3-1이 되므로 정답은 3번이다.

> 복습 꼭! 동사 ます형+ 〜がいがある(〜하는 가치가 있다, 〜하는 보람이 있다)

어휘 真面目(まじめ)だ 진지하다, 성실하다 | 予習(よしゅう) 예습 | 復習(ふくしゅう) 복습 | きちんと 깔끔히, 규칙적인, 정확히, 딱 | 教(おし)える 가르치다

정답 3

둘째마당 | 합격을 위한 필수 문법

시나공 06 때를 나타내는 문법 | 적중 예상 문제

문제 다음 문장의 ( )에 들어갈 가장 알맞은 말을 1·2·3·4 중에서 하나를 고르세요.

---

01 彼はビタミン剤（　　　）健康にいいものな
ら何でもほしがる。

1 にかけて　　　　　2 を通じて
3 にわたる　　　　　4 をはじめ

의미적 호응관계 파악하기 ★★

해석 그는 비타민제(**를 비롯하여**) 건강에 좋은 것이라면 뭐든지 갖고 싶어 한다.

정답 찾기 문장 속에서 힌트를 찾아보면, 공란 전에 ビタミン剤(비타민제) 공란 뒤에 何でも(뭐든지)가 보일 것이다. 따라서 공란의 내용은 '비타민제를 포함한 그 외의 뭐든지'라는 내용이 되어야 하므로 4번 ～をはじめ(을 비롯하여)가 정답이 된다. ～をはじめ는 '～를 하나의 대표적인 예로 하여 같은 그룹의 다른 것들도 모두'라는 표현이다.

오답 분석 시간적·공간적 범위를 나타내는 1번 ～にかけて(～에 걸쳐서)와 수단·매개·경유와 범위의 의미를 나타내는 2번 ～を通じて(～을 통해서), 그리고 범위 전체에 미치는 것을 나타내는 3번 ～にわたる(～에 걸친)는 문장의 전후 내용상 의미적으로 정답이 아니다.

복습 꼭! ～をはじめ(～을 비롯하여)

어휘 ビタミン剤(ざい) 비타민제 | 健康(けんこう) 건강 | 何(なん)でも 뭐든지 | 欲(ほ)しがる 갖고 싶어 하다

정답 4

---

02 今月だけの売り上げを見たら赤字だと思う
かもしれないが、一年（　　　）精算してみ
ればそうでもない。

1 だけ　　　　　　2 からして
3 にかけて　　　　4 を通して

적절한 기능어 찾기 ★★

해석 이번 달만의 매상을 보면 적자라고 생각할 지도 모르겠지만, 일 년 (**전체를 걸쳐서**) 정산해보면 그렇지도 않다.

정답 찾기 문장의 내용상 '일 년 전체에 걸쳐 정산 해보면'이라는 의미로 공란을 완성해야 하는데, 3번 ～にかけて(～에 걸쳐서)와 4번 ～を通して(～을 통해서, ～에 걸쳐서)가 둘 다 '～에 걸쳐서'라는 의미이기 때문에 혼동할 수 있다. 하지만 이 문장에서는 1년이라는 기간 전체에 걸쳐서라는 의미가 되어야 하므로, 장소나 기간이 범위 전체에 미치는 것을 나타내는 4번 ～を通して(～에 걸쳐서)가 정답이다.

오답 분석 문맥상 한정·한도·정도를 나타내는 1번 ～だけ(～만, ～만큼)와 '～부터 해서 다른 것들도 전부'라는 의미의 2번 ～からして(～부터가)는 우선 정답에서 제외시킨다. 3번 ～にかけて는 ～から～にかけて의 형태로 시간적, 공간적으로 명확하지 않은 범위를 대략적으로 나타내어 '그 시간이나 장소의 사이에'라는 의미를 나타내는 표현이다.

복습 꼭! ～を通(つう)じて・～を通(とお)して(～을 통해서, ～에 걸쳐서)

어휘 今月(こんげつ) 이번 달 | ～だけ ～만, ～뿐, ～만큼 | 売(う)り上(あ)げ 매상, 매출 | 赤字(あかじ) 적자 | ～かもしれない ～할지도 모른다, ～일지도 모른다 | 一年(いちねん) 일 년 | 精算(せいさん)する 정산하다 | ～てみる ～해 보다

정답 4

71

03 この小説は題名（　　　）面白そうだ。

1 からして　　　　　　2 だけ

3 にわたって　　　　　4 がぎり

의미적 호응관계 파악하기 ★★

해석 이 소설은 제목(**부터가**) 재미있을 것 같다.

정답 찾기 문장의 전후 내용상 정답은 '~을 시작으로 해서 다른 것도 물론'이라는 의미의 1번 ~からして(~부터가)이다.

오답 분석 4번 ~かぎり(~하는 한)는 명사에 바로 접속되지 않으므로 접속 형태상 우선 정답에서 제외시킨다. 정도나 한도를 나타내는 표현인 2번 ~だけ(~만, ~만큼, ~껏)와, '~의 범위 전체에 걸침'을 나타내는 3번 ~にわたって(~에 걸쳐서)는 둘 다 공란 전후의 題名(제목)와 面白そうだ(재미있을 것 같다) 사이에 들어갈 표현으로는 의미상 적절하지 않다.

> **복습 꼭!** ~からして(~부터가)

어휘 小説(しょうせつ) 소설 | 題名(だいめい) 제목, 타이틀 | 面白(おもしろ)い 재미있다 | ~そうだ ~것 같다, ~라고 한다

정답 1

04 韓国は戦争後50年に（　　　）高速成長して先進国の入り口に達することができた。

1 だけに　　　　　　　2 わたって

3 通して　　　　　　　4 かけて

적절한 기능어 찾기 ★★

해석 한국은 전쟁 후 50년(**에 걸쳐서**) 고속 성장하여 선진국의 반열에 오를 수 있게 되었다.

정답 찾기 2번 ~にわたって(~에 걸쳐서)와 4번 ~にかけて(~에 걸쳐서)는 항상 혼동하기 쉬운데 ~にかけて는 미치는 범위의 시작과 끝을 나타내지만 ~にわたって는 그 범위 전체에 걸침을 나타내는 표현이다. 이 문제는 '50년 전체에 걸쳐서'라는 전개가 되어야 하므로 2번이 정답이 된다.

오답 분석 1번 ~だけに(~인 만큼)와 3번 ~通して(~을 통해서)는 앞에 조사 ~に를 취하지 않으므로 정답에서 제외시킨다. 4번 ~にかけて(~에 걸쳐서)는 시간적, 공간적으로 명확하지 않은 범위를 대략적으로 나타내어 '그 시간이나 장소의 사이에'라는 의미를 나타내는 표현이다.

> **복습 꼭!** ~にわたって (~에 걸쳐서)

어휘 韓国(かんこく) 한국 | 戦争後(せんそうご) 전쟁 후 | 高速(こうそく) 고속 | 成長(せいちょう) 성장 | 先進国(せんしんこく) 선진국 | 入(い)り口(ぐち) 입구, 어귀, 문턱 | 達(たっ)する 이르다, 다다르다, 도달하다 | ~ようになる ~하게 되다

정답 2

05 当ホテルのチェックインはお部屋が準備でき（　　　）可能となっております。

1 つつ　　　　　　　　2 て以来

3 たとたんに　　　　　4 次第

문법적 호응관계 파악하기 ★★

해석 당 호텔의 체크인은 객실이 준비되(**는 대로**) 가능합니다.

정답 찾기 공란 앞이 동사 ます형이므로 동사 ます형에 접속하는 표현을 찾으면 1번 ~つつ(~하면서)와 4번 ~次第(しだい)(~하면 바로, ~하는 대로)가 있는데, 문맥상 '방이 준비 되는대로'라는 내용이 되어야 하므로 정답은 4번이다. ~次第는 명사에 연결되어 '~나름, ~에 따라'라는 의미로도 사용된다는 것을 기억해 두도록 한다.

오답 분석 2번 ~て以来(~한 이래)는 동사의 ~て형에, 3번 ~たとたんに(~하자마자, ~한 순간에)는 동사의 ~た형에 접속하므로 접속 형태상 우선 정답에서 제외한다. 그리고 동시동작의 의미와 역접의 의미를 갖는 1번 ~つつ(~하면서)는 문장 전후 내용상 의미적으로 정답이 아니다.

복습 꼭! 동사 ます형 + 〜次第(〜하면 바로, 〜하는 대로)

어휘 当(とう)〜 당〜, 거기에 직접 해당되는 일 또는 사람 | 部屋(へや) 방 | 準備(じゅんび) 준비 | 出来(でき)る 할 수 있다, 생기다, 다 되다 | 可能(かのう) 가능

정답 4

---

06 インタネットでの個人間取引はリスクが高いということを理解した（　　　）、慎重に行動することが必要です。

1 上で　　　　　　　2 からして
3 かと思うと　　　　4 次第

문법적 호응관계 파악하기 ★★

해석 인터넷으로의 개인 간 거래는 위험이 크다는 것을 이해(**하고 나서**) 신중하게 행동하는 것이 필요합니다.

정답 찾기 공란 앞의 동사 た형과 접속할 수 있는 표현은 1번 〜上で(うえ)で(〜하고 나서, 〜한 후에)와, 3번 〜かと思うと(〜하자 곧, 〜나 싶더니)인데, 1번 〜上では 〜을 한 후, 그것을 조건·기반으로 한 시간적 전후관계를 나타내고, 3번 〜かと思うと는 앞일이 일어난 직후에 뒷일이 일어남을 나타낸다. 이 문장은 '이해한 후, 행동하다'라는 논리가 되어야 하므로 1번이 정답이 된다.

오답 분석 명사에 접속되는 2번 〜からして(〜부터가)와 동사 ます형에 접속하는 4번 〜次第(〜하는 대로, 〜하면 바로)는 접속 형태상 정답에서 제외시킨다.

복습 꼭! 〜上で(〜하고 나서, 〜한 후에)

어휘 個人間(こじんかん) 개인 간 | 取引(とりひき) 거래 | リスク 리스크, 위험 | 高(たか)い 높다, 크다, 비싸다 | 理解(りかい)する 이해하다 | 慎重(しんちょう)に 신중하게 | 行動(こうどう)する 행동하다 | 必要(ひつよう) 필요

정답 1

---

07 店に入った（　　　）、いいにおいがして急にお腹が空いてきた。

1 ついでに　　　　　2 上で
3 とたん　　　　　　4 だけの

의미적 호응관계 파악하기 ★★

해석 가게에 들어(**가자마자**), 좋은 냄새가 나서 갑자기 배가 고파졌다.

정답 찾기 문맥상 '가게에 들어가자마자 좋은 냄새가 났다'라는 내용이 되어야 가장 자연스럽다. 따라서 동사 た형에 접속하여 앞일이 끝남과 거의 동시에 뒷일이 발생함을 나타내는 3번 〜とたん(〜하자마자)가 정답이 된다.

오답 분석 1번 〜ついでに(〜하는 김에)와 2번 〜上で(〜하고 나서, 〜한 후에), 4번 〜だけの(〜껏, 〜만큼)는 문장 전후 내용상 의미적으로 적절치 않다.

복습 꼭! 〜たとたん(に)(〜하자마자, 〜한 순간에)

어휘 店(みせ) 가게 | 入(はい)る 들어가(오)다 | 匂(にお)いがする 냄새가 나다 | 急(きゅう)に 갑자기 | お腹(なか)が空(す)く 배가 고프다

정답 3

---

08 彼は人の意見を聞い（　　　）決断できない、人にすぐ頼ってしまう人である。

1 たとたんに　　　　2 てからでないと
3 つつ　　　　　　　4 て以来

의미적 호응관계 파악하기 ★★

해석 그는 다른 사람의 의견을 듣(**고 나서가 아니면**) 결단을 내리지 못하는, 다른 사람에게 바로 의지해버리는 사람이다.

정답 찾기 문맥상 '다른 사람의 의견을 듣지 않으면 결정을 못 내린다'는 내용이 되어야 하므로 '(미리) 〜를 해야지만 〜할 수 있다'는 의미인 2번 〜てからでないと가 정답이 된다.

오답 분석 동사 ます형에 접속하는 3번 ~つつ(~하면서)는 정답에서 제외시킨다. 1번 ~たとたんに(~하자마자)와 4번 ~て以来(~한 이래, ~한 후)는 문장 전후 내용상 정답이 될 수 없다.

복습 꼭! ~てからでないと(~하고 나서가 아니면)

어휘 意見(いけん) 의견 | 決断(けつだん) 결단 | すぐ 곧, 바로 | 頼(たよ)る 의지하다, 믿다 | ~てしまう ~해 버리다

정답 2

---

09 友達が韓国のソウルに住んでいて、春休みに韓国旅行する（　　　）会いに行こうと思っています。

1 ついでに　　　　2 ことなく
3 かと思うと　　　4 ぬきで

적절한 기능어 찾기 ★★

해석 친구가 한국의 서울에 살고 있어서, 봄방학에 한국여행을 (하는 김에) 만나러 가려고 생각하고 있습니다.

정답 찾기 '한국여행 하는 김에 친구를 만나러 가다'라는 내용이 되어야 하므로 정답은 1번 ~ついでに(~하는 김에)가 된다. ~ついでに는 '~를 하는 기회를 이용해 마침 다른 일도 함께 한다'고 말하는 표현이다.

오답 분석 동사 た형에 접속하는 3번 ~かと思うと(~하자 곧, ~나 싶더니 곧)와 명사에 접속하는 4번 ~ぬきで(~없이)는 접속 형태상 정답에서 제외한다. 2번 ~ことなく(~하지 않고, ~하는 일 없이)는 문장의 전후 내용상 의미적으로 정답이 아니다.

복습 꼭! ~ついでに(~하는 김에)

어휘 友達(ともだち) 친구 | 住(す)む 살다 | 春休(はるやす)み 봄방학 | 旅行(りょこう)する 여행하다 | 会(あ)いに行(い)く 만나러 가다 | ~(よ)うと思(おも)う ~하려고 생각하다

정답 1

---

10 主人は「すぐ起きるよ」と言い（　　　）、なかなか起きようとしない。

1 つつ　　　　　　2 ついでに
3 次第　　　　　　4 とたんに

의미적 호응관계 파악하기 ★★

해석 남편은 "바로 일어날게"라고 말(하면서), 좀처럼 일어나려고 하지 않는다.

정답 찾기 공란 앞의 동사 ます형에 접속하는 표현인 1번 ~つつ(~하면서)와 3번 ~次第(~하는 대로) 중에 정답이 있는데 문장 내용상 공란 뒤의 내용과 자연스럽게 호응하려면 '~하면서도, ~지 않는다'가 되어야 하므로 정답은 1번 ~つつ가 된다. ~つつ(も)는 '두 가지 일을 동시에 행하는 것'을 나타내는 동시동작의 의미와 '앞 문장의 상태나 모습에 모순되는 일이 뒷 문장에 일어남'을 나타내는 역접의 의미를 가지고 있다.

오답 분석 2번 ~ついでに(~하는 김에)는 동사 기본형과 동사 た형에, 4번 ~とたんに(~하자마자)는 동사 た형에 접속하므로 접속 형태상 정답에서 제외한다. 3번 ~次第(~하면 바로, ~하는 대로)는 문장 전후 내용상 의미적으로 호응되지 않는다.

복습 꼭! ~つつ(~하면서)

어휘 主人(しゅじん) 주인, 남편 | 起(お)きる 일어나다 | なかなか 상당히, 꽤, 좀처럼 | ~(よ)うとしない ~하려고 하지 않다

정답 1

11 大好きな映画というのは何度見てもいいも
ので、何度見てもあきる（　　）見るたび
に感動します。

1 かと思ったら　　　　2 上で
3 ことなく　　　　　　4 ついでに

의미적 호응관계 파악하기 ★★

해석 너무 좋아하는 영화라는 것은 몇 번을 봐도 좋기 때문에, 몇 번을 봐도 질리**(지 않고)** 볼 때마다 감동합니다.

정답 찾기 문상의 선후 내용상 '질리지 않고 볼 때마디 감동한디'는 전개가 되어야 자연스럽다. 따라서 정답은 3번 ～ことなく(～하지 않고)가 된다.

오답 분석 1번 ～かと思ったら(～하자 곧, ～나 싶더니)와 2번 ～上で(～하고 나서)는 동사 た형에 접속되므로 접속 형태상 정답에서 제외한다. 4번 ～ついでに(～하는 김에)는 ～를 하는 기회를 이용해 다른 일도 함께 한다는 의미이므로 문맥상 정답이 될 수 없다.

> **복습 꼭!** ～ことなく(～하지 않고, ～하는 일 없이)

어휘 大好(だいす)きだ 아주 좋아하다 | 映画(えいが) 영화 | ～というのは ～는, ～라는 것은 | 何度(なんど) 몇 번 | 飽(あ)きる 실증나다, 질리다 | ～たびに ～때마다 | 感動(かんどう)する 감동하다

정답 3

---

12 最近、朝食は食べないという人が多いよう
ですが、朝食（　　）は太りやすくなる
し、老化を早めると言われます。

1 をこめて　　　　　2 ぬき
3 だけの　　　　　　4 をはじめ

의미적 호응관계 파악하기 ★★

해석 요즘에 아침식사는 먹지 않는다는 사람이 많은 것 같습니다만, 아침식사를 **(거르면)** 살찌기 쉬워지고, 노화를 앞당긴다고 합니다.

정답 찾기 문장의 전후 내용상 '아침식사를 거르면 살찌기 쉽다'라는 전개가 되어야 하므로 정답은 2번 ～ぬき(～빼기, ～거르기)가 된다. ～ぬき(で)는 '～가 없는 상태에서, ～을 생략하고'라는 표현이다.

오답 분석 3번 ～だけの(～껏, ～만큼의)는 명사에 접속되지 않으므로 정답에서 제외한다. 그리고 사람의 정성이나 심정을 담아서라는 의미 1번 ～をこめて(～을 담아서)와 대표적인 것을 예로 들어 그것을 비롯한 그 밖의 모든 것을 말하는 4번 ～をはじめ(～을 비롯하여)는 의미적으로 정답이 될 수 없다.

> **복습 꼭!** ～ぬき(で)(～없이, ～을 생략하고)

어휘 最近(さいきん) 최근, 요즈음 | 朝食(ちょうしょく) 아침식사 | 多(おお)い 많다 | ～ようだ ～것 같다 | 太(ふと)る 살찌다 | 동사 ます형+～やすい ～하기 쉽다 | 老化(ろうか) 노화 | 早(はや)める 앞당기다, 속력을 내다

정답 2

---

13 映画上映（　　）、出演者の舞台挨拶があ
りました。

1 にわたって　　　　2 からして
3 ぬきで　　　　　　4 に先立って

의미적 호응관계 파악하기 ★★

해석 영화 상영**(에 앞서)**, 출연자의 무대인사가 있었습니다.

정답 찾기 문장 전후 내용상 뒷 문장의 내용이 일어나기 전에 앞의 내용이 이루어져야 한다는 의미가 되어야 하므로 정답은 4번 ～に先立(さきだ)って(～에 앞서)가 된다.

오답 분석 범위 전체에 미치는 것을 나타내는 1번 ～にわたって(～에 걸쳐서), ～부터 해서 다른 것들도 전부라는 의미인 2번 ～からして(～부터가), 없는 상태·생략을 나타내는 3번 ～ぬきで(～없이, ～빼고)는 문장의 내용상 의미적으로 호응되지 않는다.

> **복습 꼭!** ～に先立って(～에 앞서, ～하기 전에 그 준비로)

75

어휘 映画(えいが) 영화 | 上映(じょうえい) 상영 | 出演者(しゅつえんしゃ) 출연자 | 舞台(ぶたい) 무대 | 挨拶(あいさつ) 인사

정답 4

---

14 どんな花にどんな花言葉があるのかを知ると、気持ち（　　　）花をプレゼントすることができます。

1 にかけて　　　　　2 をはじめ

3 をこめて　　　　　4 次第

의미적 호응관계 파악하기 ★★

해석 어떤 꽃에 어떤 꽃말이 있는지를 알면, 마음**(을 담아)** 꽃을 선물할 수 있습니다.

정답 찾기 공란 앞에 제시된 気持ち(마음, 기분)와 의미적으로 호응하는 가장 적절한 표현을 찾아보면 정답은 3번 ～をこめて(~을 담아)가 된다. ～をこめて는 주로 마음이나 소원, 기원, 심정 등의 의미를 갖는 명사와 함께 사용한다.

오답 분석 시간적·공간적 범위를 나타내는 1번 ～にかけて(~에 걸쳐서), 대표적인 것을 예로 들어 그 밖의 모든 것을 말하는 표현인 2번 ～をはじめ(~을 비롯하여), 명사에 따라 어떤 사항이 결정됨을 나타내는 4번 ～次第(しだい)(~나름으로, ~에 따라)는 문장의 내용상 의미적으로 호응하지 않는다.

> **복습 꾁!** ～をこめて (~을 담아)

어휘 どんな 어떤 | 花(はな) 꽃 | 花言葉(はなことば) 꽃말 | 知(し)る 알다 | 気持(きも)ち 마음, 기분 | プレゼント 선물

정답 3

---

15 数年前に大きな病気にかかって（　　　）、健康に注意するようになった。

1 以来　　　　　　　2 とたんに

3 からでないと　　　4 ならない

의미적 호응관계 파악하기 ★★

해석 수년 전에 큰 병에 걸**(린 후)**, 건강에 주의하게 되었다.

정답 찾기 문장 내용이 '병에 걸린 후 건강에 주의하게 되다'라는 전개가 되어야 하므로 '어떤 동작을 한 후 계속 ～하다'를 의미하는 1번 ～以来(いらい)(~이래, ~이후)가 정답이다.

오답 분석 동사 た형에 접속하는 2번 ～とたんに(~하자마자)와 문장 끝에 오는 표현인 4번 ～てならない(너무 ～하다)는 정답에서 제외한다. 3번 ～てからでないと(~하고나서가 아니면)는 '(미리) ～를 해야지만 ～할 수 있다'는 의미로, 공란 앞뒤 문장의 내용과 의미적으로 호응하지 않는다.

> **복습 꾁!** ～て以来(~한 이래, ~한 후)

어휘 数年前(すうねんまえ) 수년 전 | 病気(びょうき)にかかる 병에 걸리다 | 健康(けんこう) 건강 | 注意(ちゅうい)する 주의하다 | ～ようになる ~하게 되다

정답 1

---

16 もう出かけた（　　　）、まだ家でぐずぐずしていたのか。急がないと遅れるぞ。

1 上で　　　　　　　2 からして

3 とたんに　　　　　4 かと思ったら

의미적 호응관계 파악하기 ★★

해석 벌써 나갔**(나 싶었더니)** 아직 집에서 꾸물대고 있는 거야? 서두르지 않으면 늦어.

정답 찾기 문장 내용상 '이미 나갔나 했더니, 아직 집에 있다'는 내용이 되어야 하므로 정답은 4번 ～かと思ったら(~나 싶었더니, ~하자 곧)가 된다.

오답 분석 명사에 접속하는 2번 ～からして(~부터가)는 정답에서 제외한다. 1번 ～上で(~하고 나서, ~한 후에), 3번 ～とたんに(~

하자마자, ~한 순간에)는 문장 전후 내용상 의미적으로 정답이 될 수 없다.

> **복습 꼭!** ~かと思うと・~かと思ったら(~나 싶더니, ~하자 곧)

어휘 もう 이미, 벌써, 이제, 곧 | 出(で)かける 나가다 | まだ 아직 | ぐずぐず 꾸물꾸물, 우물쭈물, 투덜투덜 | 急(いそ)ぐ 서두르다 | 遅(おく)れる 늦다

정답 4

문제 다음 문장의 _____ ★ 에 들어갈 가장 알맞은 말을 1·2·3·4 중에서 하나를 고르세요.

---

01 私が _____ ★ _____ _____ 先生に話しました。

1 限りの   2 すべて
3 ことは   4 知っている

단어 바르게 배열하기 ★★

문장 배열 私が 知っている 限りの ことは すべて 先生に 話しました。
               4   1   3   2

해석 내가 알고 있는 한의 것은 모두 선생님에게 이야기했습니다.

정답 찾기 조건, 가정, 범위, 한계의 의미를 나타내는 1번 ~限(か ぎ)り(~한)는 동사 보통형에 접속하므로 1번 앞에 4번 知っている (알고 있다)를, 1번 限りの 뒤에는 명사가 오므로 3번 ことは를 1 번 뒤에 배치한다. 그리고 2번 すべて(모두)는 문장 가장 앞이나 뒤에 두면 되는데 문장 전체의 의미상 뒤에 두어 전체적으로 나열하면 4-1-3-2가 되므로 정답은 1번이다.

> **복습 꼭!** ~かぎり(~한) | ~ないかぎり(~하지 않는 한)

어휘 知(し)る 알다 | すべて 모두

정답 1

---

02 北海道では _____ _____ ★ _____。

1 楽しめる   2 スキーが
3 11月から   4 3月にかけて

단어 바르게 배열하기 ★★

문장 배열 北海道では 11月から 3月にかけて スキーが
                  3   4   2
楽しめる。
1

해석 홋카이도에서는 11월부터 3월에 걸쳐서 스키를 즐길 수 있다.

정답 찾기 우선 선택지를 보고 명사+から+명사+にかけて(~부터 ~에 걸쳐서)의 형태를 만들면 3번 11月から와 4번 3月にかけて 가 연결된다. 그리고 동사 가능형은 앞에 조사 ~が를 취하기 때문에 2번 スキーが와 1번 楽しめる가 이어진다. 그리고 문장 내용상 이것들을 앞뒤로 배열하여 전체적으로 나열하면 3-4-2-1이 되므로 정답은 2번이다.

> **복습 꼭!** ~から~にかけて(~부터 ~에 걸쳐서)

어휘 北海道(ほっかいどう) 홋카이도 | スキー 스키 | 楽(たの)し める 즐길 수 있다

정답 2

03 仕事を ＿＿ ★ ＿＿ ＿＿ が、なかな
か進まない。

1 引き受けた

2 できるだけ

3 早く済ませておきたい

4 からには

단어 바르게 배열하기 ★★

문장 배열 仕事を 引き受けた からには できるだけ
　　　　　　　　　　 1　　　　 4　　　 2
早く済ませておきたい が、なかなか進まない。
　　 3

해석 일을 맡은 이상에는 가능한 한 빨리 끝내놓고 싶은데, 좀처럼
진행되지 않는다.

정답 찾기 공란 앞에 있는 仕事を(일을) 뒤에는 의미상 1번 引き
受けた(맡았다)가 적절하므로 1번을 가장 앞에 둔다. 4번 ~からに
は(~한 이상은)는 이유를 들어 의지나 판단, 희망 등을 나타내는 표
현이므로 ~からには의 앞에는 이유, 뒤에는 그로 인한 의지·판
단·희망 등의 내용이 온다. 따라서 문맥상 1번 引き受けた 뒤에는
4번 ~からには를 그리고 뒤에는 의지의 내용이 되는 2번 できる
だけ(가능한 한)와 3번 早く済ませておきたい(빨리 끝내놓고 싶
다)를 연결하여 전체적으로 나열하면 1-4-2-3이 되므로 정답은 4번
이다.

> 복습 꼭! ~からには(~한 이상은, ~인 이상은) | ~だけ(~
> 껏, ~만큼)

어휘 仕事(しごと) 일, 직업 | 引(ひ)き受(う)ける 맡다 | できる
だけ 최대한, 가능한 한 | 早(はや)く 빨리 | 済(す)ませる 끝내다, 마
치다 | ~ておく ~해놓다, ~해두다 | なかなか 상당히, 꽤, 좀처럼,
도무지 | 進(すす)む 나아가다, 진행되다, 발달하다

정답 4

04 彼は一生を通して ＿＿ ＿＿ ★ ＿＿ 。

1 貧しい人々を　　　 2 援助活動を

3 救うための　　　　 4 した

단어 바르게 배열하기 ★★

문장 배열 彼は 一生を通して 貧しい人々を 救うための
　　　　　　　　　　　　　　 1　　　 3
援助活動を した。
　　 2　　　 4

해석 그는 평생에 걸쳐서 가난한 사람들을 돕기 위한 원조활동을
했다.

정답 찾기 선택지 가운데 した 앞에 목적어로 올 수 있는 것은 의
미상 3번 援助活動を(원조활동을) 밖에 없다. 그리고 그 앞에는 그
대상과 목적을 나타내는 1번 貧しい人々を(가난한 사람들을)와 3
번 救うための(돕기 위한)를 연결하여 전체적으로 나열하면 1-3-
2-4가 되므로 정답은 2번이다.

> 복습 꼭! ~を通(とお)して・~を通(つう)じて(~을 통해
> 서, ~에 걸쳐서)

어휘 一生(いっしょう) 일생, 평생 | 貧(まず)しい 가난하다 | 人々
(ひとびと) 사람들 | 救(すく)う 구하다, 돕다 | ~ための ~위한 |
援助(えんじょ) 원조 | 活動(かつどう) 활동

정답 2

05 ご注文受付後、商品の ＿＿ ＿＿ ＿＿
★ 発送いたします。

1 でき　　　　　 2 次第

3 すぐに　　　　 4 準備が

단어 바르게 배열하기 ★★

문장 배열 ご注文受付後、商品の 準備が でき 次第 すぐに
　　　　　　　　　　　　　　 4　　 1　 2　 3
発送いたします。

해석 주문 접수 후 상품의 준비가 되는 대로 바로 발송하겠습니다.

정답 찾기 첫 번째 공란의 앞에 제시된 단어인 商品の(상품의) 뒤에는 명사가 와야 하므로 4번 準備が(준비가)는 제일 앞에 둔다. 그리고 2번 ～次第(しだい)(～하는 대로)는 동사 ます형에 접속하므로 1번 でき와 연결되어야 한다. 3번 すぐに(바로)는 문장 전체 내용상 가장 뒤에 배열하여 전체적으로 나열하면 4-1-2-3이 되므로 정답은 3번이다.

복습 꼭! 동사 ます형＋～次第(～하면 바로, ～하는 대로)

어휘 注文(ちゅうもん) 주문 | 受付後(うけつけご) 접수 후 | 商品(しょうひん) 상품 | 準備(じゅんび) 준비 | 出来(でき)る 할 수 있다, 생기다, 다 되다 | すぐに 곧, 바로 | 発送(はっそう)する 발송하다 | 致(いた)す 하다(する의 겸양어)

정답 3

---

06 パソコンが ★ ＿＿ ＿＿ ＿＿ 、メモリーも増設してもらった。

1 壊れて　　　　2 もらう
3 ついでに　　　4 修理して

단어 바르게 배열하기 ★★

문장 배열 パソコンが 壊れて 修理して もらう ついでに 、
　　　　　　　　　　1　　　4　　　2　　3
メモリーも増設してもらった。

해석 컴퓨터가 고장 나서 수리하는 김에 용량도 늘렸다.

정답 찾기 2번 もらう(받다)는 대부분 ～てもらう(～해 받다)의 형태로 사용되므로 4번 修理して(수리해)와 연결시킨다. 공란 앞의 내용과 제시된 선택지를 살펴보면 수리를 받은 이유가 1번 壊れて(고장 나서)이므로 1번은 가장 앞에 배열한다. 문장 전체 내용상 '～해 받는 김에 ～도 ～했다'는 내용이 되어야 하므로 3번 ～ついでに(～하는 김에)는 가장 뒤에 배치하여 전체적으로 나열하면 1-4-2-3이 되므로 정답은 1번이다.

복습 꼭! ～ついでに(～하는 김에)

어휘 パソコン 컴퓨터 | 壊(こわ)れる 깨지다, 고장나다 | 修理(しゅうり)する 수리하다 | ～てもらう ～해 받다(다른 사람이 ～해 주다) | メモリー 메모리 | 増設(ぞうせつ)する 증설하다

정답 1

---

07 あの映画を ★ ＿＿ ＿＿ ＿＿ 頭から離れなくなった。

1 主題曲の　　　2 見て
3 メロディーが　4 以来

단어 바르게 배열하기 ★★

문장 배열 あの映画を 見て 以来 主題曲の メロディーが
　　　　　　　　　　2　4　　1　　　3
頭から離れなくなった。

해석 그 영화를 본 후 주제곡 멜로디가 머리에서 떠나지 않게 되었다.

정답 찾기 선택지 가운데 공란 앞의 映画を(영화를) 뒤에는 2번 見て(보고)를 배열하는 것이 의미적으로 가장 적절하다. 4번 ～以来(いらい)는 동사 て형에 접속되어 ～て以来(～한 이래, ～한 후)라는 표현으로 사용되므로 2번 見て와 연결된다. 1번 主題曲の(주제곡의)는 뒤에 명사를 수반하므로 3번 メロディーが(멜로디가)와 연결하여, 전체적으로 나열하면 2-4-1-3이 되므로 정답은 2번이다.

복습 꼭! ～て以来(～한 이래, ～한 후)

어휘 映画(えいが) 영화 | 主題曲(しゅだいきょく) 주제곡 | メロディー 멜로디 | 頭(あたま) 머리 | 離(はな)れる 떨어지다, 떠나다

정답 2

79

08 昨日までとは違って、窓の外は雪が降って
いる。＿＿＿ ★ ＿＿＿ ＿＿＿ 寒さが戻っ
てきた。

1 また　　　　　　2 春が来た

3 やっと　　　　　4 かと思ったら

단어 바르게 배열하기 ★★

문장 배열 昨日までとは違って、窓の外は雪が降っている。
やっと 春が来た かと思ったら また 寒さが戻ってきた。
　　　　　 3　　 2　　　　 4　　　 1

해석 어제까지와는 다르게 창밖은 눈이 내리고 있다. 겨우 봄이 왔
나 싶더니 다시 추위가 돌아왔다.

정답 찾기 4번 ～かと思ったら는 동사 た형에 접속되어 ～たか
と思ったら(～나 싶더니, ～하자 곧)의 형태로 사용하므로 2번 春
が来た(봄이 왔다)와 연결시켜준다. 문맥상 '겨우 봄이 옴'과 '다시
추위가 옴'이라는 전개가 되어야 하기 때문에 1번 また(또, 다시)를
가장 마지막에 3번 やっと(겨우)를 가장 앞에 배열하여 전제적으로
나열하면 3-2-4-1이 되므로 정답은 2번이다.

> 복습 꼭! ～かと思ったら・～かと思うと(～나 싶더니 곧,
> ～하자 곧)

어휘 昨日(きのう) 어제 | 違(ちが)う 다르다, 틀리다 | 窓(まど) 창
문 | 外(そと) 밖 | 雪(ゆき) 눈 | 降(ふ)る 내리다 | やっと 겨우, 간
신히 | 春(はる) 봄 | また 또, 다시 | 寒(さむ)さ 추위 | 戻(もど)る
되돌아가다, 되돌아오다

정답 2

시나공 07 역접, 양보, 화제를 나타내는 문법 | 적 중 예상 문제

문제 다음 문장의 ( )에 들어갈 가장 알맞은 말을 1·2·3·4 중에서 하나를 고르세요.

---

01 私はもう5年も日本に住んでい( )、
まだ日本人の親友は一人もいません。

1 ながら　　　　　2 たとたんに

3 て以来　　　　　4 にもかかわらず

의미적 호응관계 파악하기 ★★

해석 저는 벌써 5년이나 일본에 살고(있지만) 아직 일본인 친구는
한 명도 없습니다.

정답 찾기 문장의 내용이 일본에 살고 있지만, 아직 친구가 없다는
역접의 의미로 전개되고 있으므로 정답은 1번 ～ながら(～지만, ～
면서)이다. ～ながら는 두 가지 일을 동시에 행하는 동사동작의 의
미도 있지만 N2 문법에서는 '앞 문장에서 예상되는 것과 달리 실제
는 이렇다'는 역접의 의미로 기억해두자.

오답 분석 먼저 4번 ～にもかかわらず(～에도 불구하고)는 동사
보통형에 접속하는 표현이므로 접속 형태상 정답에서 제외한다. 앞일
이 끝남과 거의 동시에 뒷일이 생김을 나타내는 2번 ～たとたんに
(～하자마자)와 어떤 동작을 한 후 계속 ～하다는 표현인 3번 ～て以
来(～한 이래)는 문장 전후 내용상 의미적으로 호응하지 않는다.

> 복습 꼭! ～ながら(～지만, ～면서)

어휘 もう 이미, 벌써, 이제, 더 | 住(す)む 살다 | まだ 아직 | 親友
(しんゆう) 친구, 벗

정답 1

---

02 もう早起きが習慣になったのか。日曜日で
ある( )、朝の6時に目が覚めてしま
った。

의미적 호응관계 파악하기 ★★

해석 이미 일찍 일어나는 것이 습관이 된 것인지. 일요일임(에도 불
구하고) 아침 6시에 눈이 떠져버렸다.

---

1 かぎり   2 くせに
3 からといって   4 にもかかわらず

정답 찾기 내용상 일요일은 늦잠을 자도 되는데도 불구하고 일찍 눈이 떠졌다는 의미가 되어야 한다. 따라서 정답은 '～에서 예상되는 것과는 다른 결과가 됨'을 나타내는 4번 ～にもかかわらず(～에도 불구하고)이다.

오답 분석 1번 ～かぎり(～한)는 조건, 가정, 범위, 한계의 의미, 2번 ～くせに(～한 주제에)는 주체에 대한 비난이나 경멸ㆍ반발 등의 기분의 표현, 3번 ～からといって(～라고 해서)는 '～을 근거로 하여 내려진 판단이 언제나 옳다고는 말할 수 없음'을 나타내는 표현으로 문장 전후 내용상 의미적으로 정답이 아니다.

복습 꾁! ～にもかかわらず(～에도 불구하고, ～이지만)

어휘 早起(はやお)き 일찍 일어남 | 習慣(しゅうかん) 습관 | 日曜日(にちようび) 일요일 | ～である ～하다, ～이다 | 朝(あさ) 아침 | 目(め)が覚(さ)める (잠에서) 깨다, 눈을 뜨다 | ～てしまう ～해 버리다

정답 4

---

03 私は、口から先に生まれたような人間で、よく分からない（　　　）、何もかも分かったように言いたくてならない性分だ。

1 からといって   2 くせに
3 ものの   4 がぎり

의미적 호응관계 파악하기 ★★

해석 나는 어지간히 말이 많은 인간으로, 잘 알지도 못하(**는 주제에**) 무엇이든지 아는 것처럼 말하고 싶어 참지 못하는 성미이다.

정답 찾기 문장의 내용상 잘 모르면서도 아는 척을 한다는 의미가 되어야 하므로 정답은 2번 ～くせに(～한 주제에)이다. ～くせに는 주체에 대한 비난이나 경멸ㆍ반발 등의 기분을 담아 말할 때 사용하는 표현이다.

오답 분석 앞의 내용을 근거로 하여 내려진 판단이 언제나 옳다고는 말할 수 없음을 나타내는 1번 ～からといって(～라고 해서)와, 앞의 내용은 일단 인정하고 그것과는 상반되거나 모순되는 일이 뒤에 전개됨을 나타내는 3번 ～ものの(～하지만, 그러나), 조건ㆍ가정ㆍ범위ㆍ한계의 의미를 나타내는 4번 ～かぎり(～한)는 문장 전후 내용상 의미적으로 호응하지 않는다.

복습 꾁! ～くせに(～한(인) 주제에, ～한(인)데도)

어휘 口(くち)から先(さき)に生(う)まれる 말수가 많은 사람을 이르는 말 | ～ような ～같은, ～듯한 | 人間(にんげん) 인간 | 分(わ)かる 알다 | 何(なに)もかも 무엇이든 | ～ように ～같이, ～처럼, ～(하)도록 | ～たい ～하고 싶다 | ～てならない ～해서 참을 수 없다, 너무 ～하다 | 性分(しょうぶん) 성품, 성미

정답 2

---

04 私の顔を見て笑ってくれる赤ちゃんのかわいさ（　　　）、言葉で表わせない。

1 とは   2 ということは
3 といったら   4 にかけては

적절한 기능어 찾기 ★★

해석 나의 얼굴을 보고 웃어주는 아기의 귀여움(**은 정말**) 말로 표현할 수 없다.

정답 찾기 아기의 귀여움은 정말 말로 표현할 수 없다는 감탄의 표현이 와야 한다. 따라서 놀람이나 감탄 등의 감정을 가지고 어떤 사실을 나타내는 표현인 3번 ～といったら(～로 말할 것 같으면, ～는 정말)가 정답이다.

오답 분석 1번 ～とは(～라는 것은)는 의미를 나타내거나 정의를 내릴 때 사용하는 표현, 2번 ～ということは(～란, ～라는 것은)는 본질이나 보편적 성질에 대해 주관적인 감정을 실어 말하는 표현, 4번 ～にかけては(～에 있어서는)는 '～의 소질이나 능력에 있어서 만큼은 자신이 있음'을 나타내는 표현으로 문맥상 정답이 아니다.

복습 꼭! ~といったら (~로 말할 것 같으면, ~는 (정말))

어휘 顔(かお) 얼굴 | 見(み)る 보다 | 笑(わら)う 웃다 | ~てくれる (나에게) ~해 주다 | 赤(あか)ちゃん 아기 | 可愛(かわい)さ 귀여움 | 言葉(ことば) 말 | 表(あらわ)す 나타내다, 표현하다

정답 3

---

05 最近の子どもは体格は大きい（　　　）、体力や運動能力は低下していると言われている。

1 からといって　　　　2 からして
3 ものの　　　　　　　4 というと

의미적 호응관계 파악하기 ★★

해석 요즘 아이들은 체격은 크**(지만)**, 체력과 운동능력은 떨어져 있다고 한다.

정답 찾기 공란 전후 내용상 '체격은 크지만 체력과 운동능력은 떨어지다'라는 전개가 되어야 자연스럽다. 따라서 '~를 일단 인정하고 그것과는 상반·모순된 일이 뒤에 전개됨'을 나타내는 3번 ~ものの(~하지만)가 정답이다.

오답 분석 2번 ~からして(~부터가)는 명사에 접속되는 표현으로 접속 형태상 정답에서 제외한다. 1번 ~からといって(~라고 해서)와 4번 ~というと(~라고 하면)는 문장 전후 내용상 의미적으로 정답이 아니다.

복습 꼭! ~ものの(~하지만)

어휘 最近(さいきん) 최근, 요즘 | 子供(こども) 자식, 아이 | 体格(たいかく) 체격 | 大(おお)きい 크다 | 体力(たいりょく) 체력 | 運動(うんどう) 운동 | 能力(のうりょく) 능력 | 低下(ていか)する 떨어지다

정답 3

---

06 携帯電話に色々な機能がついている（　　　）、実際その機能を全部使用している人は少ない。

1 からこそ　　　　　　2 くせに
3 ながら　　　　　　　4 といっても

의미적 호응관계 파악하기 ★★

해석 휴대 전화에 여러 가지 기능이 달려있**(다고 해도)**, 실제 그 기능을 전부 사용하고 있는 사람은 적다.

정답 찾기 문맥상 '여러 기능이 있지만, 그 기능을 전부 사용하는 사람은 적다'는 역접의 의미로 전개되는 것이 자연스럽다. 따라서 정답은 '~라고 해도, 실제 ~에서 생각되어지는 것과는 다름'을 나타내는 4번 ~といっても(~라고 해도)이다.

오답 분석 3번 ~ながら(~하지만)는 동사 ます형에 접속되므로 접속 형태상 정답에서 제외한다. 이유를 강조하는 1번 ~からこそ(~이기 때문에)와 비난·경멸·반발 등의 기분을 나타내는 2번 ~くせに(~한 주제에)는 문장 전후 내용상 의미적으로 호응하지 않는다.

복습 꼭! ~といっても(~이라고 해도)

어휘 携帯電話(けいたいでんわ) 휴대 전화 | 色々(いろいろ)な 여러 가지 | 機能(きのう) 기능 | つく 붙다, 달리다, 묻다, 나다, 켜지다 | 実際(じっさい) 실제 | 全部(ぜんぶ) 전부 | 使用(しよう)する 사용하다 | 少(すく)ない 적다

정답 4

---

07 食べると太る（　　　）食べないダイエットをしている人が多いようだ。

의미적 호응관계 파악하기 ★★

해석 먹으면 살찐**(다고 해서)** 먹지 않는 다이어트를 하고 있는 사람이 많은 것 같다.

1 からといって	2 からして
3 くせに	4 といっても

정답 찾기 문맥상 공란 전후 내용이 '살찐다고 먹지 않는다'가 되어야 하기 때문에 정답은 1번 ～からといって(～라고 해서)가 된다. ～からといって는 앞의 내용을 근거로 하여 내려진 판단이 언제나 옳다고는 말할 수 없음을 나타낸다.

오답 분석 먼저 2번 ～からして(～부터가)는 명사에 접속되므로 정답에서 제외한다. 3번 ～くせに(～한 주제에)와 4번 ～といっても(～라고 해도)는 문장 전후 내용상 의미적으로 호응하지 않는다.

복습 꼭! ～からといって(～라고 해서)

어휘 太(ふと)る 살찌다 | ダイエット 다이어트 | 多(おお)い 많다

정답 1

---

08 北海道の冬（　　　）真っ先に思い浮かぶのはスキーと雪まつりでしょう。

1 というものは	2 というと
3 にかけては	4 ものの

적절한 기능어 찾기 ★★

해석 홋카이도의 겨울(이라고 하면) 가장 먼저 떠오르는 것은 스키와 눈축제겠지요.

정답 찾기 공란 전후의 내용이 '홋카이도의 겨울의 대표적인 것'을 말하고 있으므로 정답은 2번 ～というと(～라고 하면)가 된다. ～というと는 '～를 화제로 했을 때 바로 연상되는 것'을 나타낸다. 비슷한 표현으로 ～といえば와 ～といったら가 있다.

오답 분석 4번 ～ものの(～하지만, 그러나)는 명사에 접속되지 않기 때문에 우선 정답에서 제외한다. 1번 ～というものは(～라는 것은)는 본질이나 보편적 성질에 대해 주관적인 감정을 실어 말하는 표현, 3번 ～にかけては(～에 있어서는)는 '～의 소질이나 능력에 있어서만큼은 자신이 있음'을 나타내는 표현으로 정답이 아니다.

복습 꼭! ～というと(～라고 하면)

어휘 北海道(ほっかいどう) 홋카이도 | 冬(ふゆ) 겨울 | 真(ま)っ先(さき)に 제일 먼저 | 思(おも)い浮(う)かぶ 생각나다. 떠오르다 | スキー 스키 | 雪祭(ゆきまつ)り 눈축제

정답 2

---

09 数学（　　　）、彼女はクラスでいつも一番だった。

1 といえば	2 にかけては
3 とは	4 にもかかわらず

적절한 기능어 찾기 ★★

해석 수학(에 있어서는) 그녀는 반에서 항상 일등이었다.

정답 찾기 문제의 내용이 '수학에 있어서만큼은 1등임'을 말하고 있기 때문에 정답은 '～의 소질이나 능력에 있어서만큼은 자신이 있음'을 나타내는 2번 ～にかけては(～에 있어서는)가 된다.

오답 분석 1번 ～といえば(～라고 하면)는 대화 중 누군가가 화제로 삼은 것이나 문득 생각난 것을 화제로 삼아 그와 관련된 사항을 이야기할 때 쓰이는 표현, 3번 ～とは(～라는 것은)는 의미를 나타내거나 정의를 내릴 때 사용하는 표현, 4번 ～にもかかわらず(～에도 불구하고)는 '～에서 예상되는 것과는 다른 결과가 됨'을 나타내는 표현으로 정답이 아니다.

복습 꼭! ～にかけては(～에 있어서는, ～에서는)

어휘 数学(すうがく) 수학 | クラス 클래스, 반, 학급 | いつも 언제나, 항상, 평소 | 一番(いちばん) 첫째, 일등, 제일

정답 2

10 尊敬できる友達（　　　）、ある意味でライ
バルだと思います。

1 といっても　　　　　2 からといって
3 とは　　　　　　　　4 からには

의미적 호응관계 파악하기 ★★

해석 존경할 수 있는 친구**(라는 것은)**, 어떤 의미에서 라이벌이라고 생각합니다.

정답 찾기 공란 전후의 내용이 '존경할 수 있는 친구의 의미'이기 때문에, 정답은 '～의 의미를 나타내거나 정의할 때' 사용하는 표현인 3번 ～とは(～라는 것은)이다.

오답 분석 1번 ～といっても(～라고 해도), 2번 ～からといって(～라고 해서), 4번 ～からには(～한(인) 이상은)는 문장 전후 내용상 의미적으로 호응하지 않는다.

복습 꼭! ～とは(～는, ～라는 것은)

어휘 尊敬(そんけい) 존경 | 友達(ともだち) 친구 | ある 어느, 어떤 | 意味(いみ) 의미 | ライバル 라이벌

정답 3

---

11 愛する（　　　）、相手のすべてをあるがま
ま受け入れることです。

1 といっても　　　　　2 だけに
3 上で　　　　　　　　4 ということは

의미적 호응관계 파악하기 ★★

해석 사랑한**(다는 것은)** 상대방의 전부를 있는 그대로 받아들이는 것이다.

정답 찾기 공란 전후 내용이 사랑한다는 것의 본질에 대해 자신의 생각을 이야기하고 있으므로 본질이나 보편적 성질에 대해 주관적인 감정을 실어 말하는 표현인 4번 ～ということは(～라는 것은)가 정답이 된다.

오답 분석 1번 ～といっても(～라고 해도)는 '～라고 해도, 실제는 생각되어지는 것과는 다름'을 나타내는 표현, 2번 ～だけに(～한(인) 만큼)는 앞문장이 이유가 되어 그에 걸맞게 당연히 뒷문장이 된다고 평가·판단되어짐을 나타내는 표현, 3번 ～上(うえ)で(～하고 나서, ～한 후에)는 앞의 내용을 조건·기반으로 한 시간적 전후관계를 나타내는 표현으로 정답이 아니다.

복습 꼭! ～ということは(～라는 것은, ～란)

어휘 愛(あい)する 사랑하다 | 相手(あいて) 상대방 | 全(すべ)て 모두, 전부 | あるがまま 있는 그대로 | 受(う)け入(い)れる 받아들이다

정답 4

---

12 私は楽器コレクターで、ろくろく演奏もでき
ない（　　　）いろんな楽器を持っている。

1 といえば　　　　　　2 くせに
3 というのは　　　　　4 おかげで

의미적 호응관계 파악하기 ★★

해석 나는 악기수집가로 제대로 연주도 못해**(면서)** 여러 가지 악기를 가지고 있다.

정답 찾기 공란 전후 내용상 '연주도 못하면서 여러 악기를 갖고 있다'는 전개가 되어야 자연스러우므로 정답은 2번 ～くせに(～인 주제에, ～인데도)이다.

오답 분석 1번 ～といえば(～라고 하면)와 3번 ～というのは(～라는 것은)는 명사에 접속되므로 접속 형태상 정답에서 우선 제외한다. 4번 ～おかげで(～덕분에)는 뒤의 좋은 결과가 '～덕택, ～덕분'임을 나타내므로 문장 전후 내용상 의미적으로 정답이 될 수 없다.

복습 꼭! ～くせに(～한(인) 주제에, ～한(인)데도)

어휘 楽器(がっき) 악기 | コレクター 컬렉터, 수집가 | ろくろく 충분히, 제대로, 변변히 | 演奏(えんそう) 연주 | いろんな 여러 가지, 갖가지 | 持(も)つ 갖다, 들다

정답 2

---

13 人生（　　　）誰と出会ったか、何と出会ったかで決まるといっても過言ではない。

1 というものは
2 にかけては
3 にしては
4 といっても

의미적 호응관계 파악하기 ★★

해석 인생(이라는 것은) 누구와 만났는가, 무엇과 만났는가로 정해진다고 해도 과언이 아니다.

정답 찾기 공란 전후 내용이 인생이라는 것에 대한 자신의 생각을 말하고 있다. 따라서 본질이나 보편적 성질에 대해 주관적인 감정을 실어 말하는 표현인 1번 ~というものは(~라는 것은)가 정답이 된다. 같은 의미로 ~ということは(~라는 것은)도 함께 익혀두자.

오답 분석 2번 ~にかけては(~에 있어서는), 3번 ~にしては(~치고는), 4번 ~といっても(~라고 해도)는 문장 전후 내용상 의미적으로 호응하지 않는다.

> 복습 꼭! ~というものは(~라는 것은, ~란)

어휘 人生(じんせい) 인생 | 誰(だれ) 누구 | 出会(であ)う 우연히 만나다, 마주치다 | 決(き)まる 정해지다, 결정되다 | 過言(かごん) 과언

정답 1

---

14 日本人の中でも言葉を短くいうこと（　　　）大阪人がだんトツの才能を持っているように見える。

1 にもかかわらず
2 に先立って
3 にかけては
4 にしては

적절한 기능어 찾기 ★★

해석 일본인 중에서도 말을 짧게 하는 것(에 있어서는) 오사카사람이 단연 재능을 갖고 있는 것처럼 보인다.

정답 찾기 '오사카 사람이 재능을 갖고 있다'는 부분을 힌트로, '~의 소질이나 능력에 있어서만큼은 자신이 있음'을 나타내는 3번 ~にかけては(~에 있어서는)가 정답이다.

오답 분석 앞 내용에서 예상되는 것과는 다른 결과가 됨을 나타내는 1번 ~にもかかわらず(~에도 불구하고)와 앞 내용을 하기 전에 그 준비로라는 의미를 나타내는 2번 ~に先立(さきだ)って(~에 앞서), 일반적으로 예상되어지는 것과는 다르게 ~치고는 이라는 의미인 4번 ~にしては는 문장 전후 내용상 의미적으로 호응되지 않는다.

> 복습 꼭! ~にかけては(~에 있어서는, ~에서는)

어휘 言葉(ことば) 말, 언어 | 短(みじか)い 짧다 | 断(だん)トツ 압도적으로 앞서 있음(断然(だんぜん)トップ의 준말) | 才能(さいのう) 재능 | 持(も)つ 갖다, 들다 | 見(み)える 보이다

정답 3

---

15 社長（　　　）、どうしても近づきがたく、口やかましいというイメージがあるかもしれません。

1 というと
2 をはじめ
3 を込めて
4 といっても

적절한 기능어 찾기 ★★

해석 사장(이라고 하면) 아무래도 친해지기 어렵고 잔소리가 심하다는 이미지가 있을지도 모릅니다.

정답 찾기 공란 뒤의 내용이 공란 앞에 있는 사장을 떠올렸을 때 떠오르는 이미지에 대해 이야기하고 있으므로, '~를 화제로 했을 때 바로 연상되는 것'을 나타내는 표현인 1번 ~というと(~라고 하면)가 정답이다.

오답 분석 2번 ~をはじめ(~을 비롯하여)는 대표적인 것을 예로 들어 그것을 비롯한 그 밖의 모든 것을 말하는 표현, 3번 ~を込(こ)めて(~을 담아)는 사람의 정성이나 심정 등을 어떤 것에 담아서

85

서라는 의미. 4번 ~といっても(~라고 해도)는 앞 내용에서 기대되는 것과는 달리 사실은 다름을 나타내는 의미로 정답이 아니다.

> **복습 꾁!** ~というと(~라고 하면)

어휘 社長(しゃちょう) 사장 | どうしても 아무래도 | 近(ちか)づく 가까이 가다, 다가가다 | 동사 ます형＋~がたい ~하기 어렵다, ~하기 힘들다 | 口(くち)やかましい 말이 많아 시끄럽다, 잔소리가 심하다 | イメージ 이미지, 인상 | ~かもしれない ~할(일)지도 모르다

정답 1

---

16 彼は運転免許も持ってない（　　　）車を
ほしがっている。

1 くせに 　　　　　　2 ながら
3 からといって 　　　4 というと

의미적 호응관계 파악하기 ★★

해석 그는 운전면허도 갖고 있지 않**(은 주제에)** 차를 갖고 싶어 하고 있다.

정답 찾기 공란 전후 내용상 '면허가 없는데도 차를 갖고 싶어 하다'는 전개가 되어야 하므로 정답은 1번 ~くせに(~한 주제에, ~인데도)이다.

오답 분석 2번 ~ながら(~하지만)는 동사 ます형에, 4번 ~というと(~라고 하면)는 명사에 접속되기 때문에 접속 형태상 정답에서 제외한다. 3번 ~からといって(~라고 해서)는 '~을 근거로 하여 내려진 판단이 언제나 옳다고는 말할 수 없다'는 의미로 문장 전후 내용상 의미적으로 호응하지 않는다.

> **복습 꾁!** ~くせに(~한(인) 주제에, ~한(인)데도)

어휘 運転免許(うんてんめんきょ) 운전면허 | 持(も)つ 갖다, 들다 | 車(くるま) 차 | 欲(ほ)しがる 갖고 싶어 하다

정답 1

문제 다음 문장의 ★ 에 들어갈 가장 알맞은 말을 1·2·3·4 중에서 하나를 고르세요.

01 あのレストランは味も ＿＿＿ ★ ＿＿＿
＿＿＿、ボリュームもあり、メニューも豊富
です。

1 おいしい 　　　　　2 安いし
3 値段も 　　　　　　4 ながら

단어 바르게 배열하기 ★★

문장 배열 あのレストランは味も おいしい ながら 値段も
　　　　　　　　　　　　　　　1　　 4　　 3
安いし、ボリュームもあり、メニューも豊富です。
　2

해석 그 레스토랑은 맛도 맛있으면서 가격도 싸고 양도 많고 메뉴도 풍부합니다.

정답 찾기 공란 앞에 제시되어 있는 味も(맛도) 뒤에는 의미상 1번 おいしい(맛있다)가 오는 것이 자연스럽다. 그리고 3번 値段(가격) 뒤에는 의미상 2번 安い(싸다)가 오게 된다. ~しは 병렬·열거를 나타내므로, '~도 ~하면서 ~도 ~하고'라는 문장을 만들 수 있다. 따라서 4번 ~ながら(~하면서, ~하지만)를 1번 おいしい 뒤에 연결하여 전체적으로 나열하면 1-4-3-2번가 되므로 정답은 4번이다.

> **복습 꾁!** ~ながら(~하(이)지만, ~하(이)면서)

어휘 味(あじ) 맛 | 値段(ねだん) 가격 | 安(やす)い 싸다 | ボリューム 볼륨, 양 | メニュー 메뉴 | 豊富(ほうふ)だ 풍부하다

정답 4

02 毎日 ＿＿＿ ＿＿＿ ★ ＿＿＿ 、なぜか体重が増えている。

1 にもかかわらず　　2 運動
3 している　　　　　4 スポーツクラブで

단어 바르게 배열하기 ★★
문장 배열 毎日 スポーツクラブで 運動 している
　　　　　　　　　4　　　　　2　　3
にもかかわらず なぜか体重が増えている。
1

해석 매일 스포츠클럽에서 운동하고 있음에도 불구하고, 왜인지 체중이 늘어나 있다.

정답 찾기 2번 運動(운동)는 동작형 명사이므로 3번 している(하고 있다)와 연결한다. 그리고 '언제, 어디에서, 무엇을 하다'는 기본적인 문장구성을 떠올려 배열하면 공란 앞에 언제? 毎日(매일)가 있으므로 그 다음은, 어디에서? 4번 スポーツクラブで(스포츠클럽에서), 무엇을? 2번과 3번을 연결한 運動している(운동하고 있다)의 순이 된다. 남은 1번 〜にもかかわらず(〜에도 불구하고, 〜이지만)는 문맥상 제일 뒤에 배열하여 전체적으로 나열하면 4-2-3-1이 되므로 정답은 3번이다.

> **복습 꼭!** 〜にもかかわらず(〜에도 불구하고, 〜해(이)지만)

어휘 毎日(まいにち) 매일 | スポーツクラブ 스포츠클럽 | 運動(うんどう)する 운동하다 | なぜか 왜 그런지, 어쩐지 | 体重(たいじゅう) 체중 | 増(ふ)える 늘다, 증가하다

정답 3

---

03 友人に結婚式の ＿＿＿ ＿＿＿ ★ ＿＿＿ どうしたらよいかわからない。

1 頼まれて　　　　　2 司会を
3 ものの　　　　　　4 引き受けた

단어 바르게 배열하기 ★★
문장 배열 友人に結婚式の 司会を 頼まれて 引き受けた
　　　　　　　　　　　　2　　　1　　　4
ものの どうしたらよいかわからない。
3

해석 친구에게 결혼식 사회를 부탁받아 맡긴 했지만 어떻게 하면 좋을지 모르겠다.

정답 찾기 공란 앞에 있는 結婚式の(결혼식의) 뒤에는 내용상 바로 뒤에 2번 司会を(사회를)가 와야 하고, 그 다음에는 1번 頼まれて(부탁받아)가 이어지는 것이 자연스럽다. 그리고 '〜해서〜했다'라는 전개가 되어야 하므로 4번 引き受けた(맡다)를 그 뒤에 둔다. 공란 전후의 내용이 앞의 내용과 상반·모순되는 뒷내용이므로 3번 〜ものの(〜하지만, 그러나)는 마지막에 두어 전체적으로 나열하면 2-1-4-3이 되어 정답은 4번이다.

> **복습 꼭!** 〜ものの(〜해(이)지만)

어휘 友人(ゆうじん) 친구 | 結婚式(けっこんしき) 결혼식 | 司会(しかい) 사회 | 頼(たの)まれる 부탁받다 | 引(ひ)き受(う)ける 맡다, 담당하다

정답 4

---

04 彼女は ＿＿＿ ★ ＿＿＿ ＿＿＿ 得意じゃないです。

1 料理は　　　　　　2 といっても
3 専業主婦　　　　　4 あまり

단어 바르게 배열하기 ★★
문장 배열 彼女は 専業主婦 といっても 料理は あまり
　　　　　　　　3　　　　2　　　　1　　4
得意じゃないです。

해석 그녀는 전업주부라고 해도 요리는 별로 잘하지 못합니다.

정답 찾기 공란 뒤에 있는 得意じゃないです(잘하지 못합니다)를 힌트로 세 번째와 네 번째 칸에 배열할 단어를 선택한다. 그러면 자연스럽게 1번 料理は(요리는)와 2번 あまり(별로)를 연결하여 배열

87

할 수 있다. 그리고 '실제는 ~에서 예상되어지는 것과는 다름'을 나타내는 2번 ~といっても(~라고 해도)를 가지고 앞의 두 칸을 채워본다. 그러면 3번 専業主婦(전업주부)와 2번 といっても(~라고 해도)를 연결할 수 있고 이것을 전체적으로 나열하면 3-2-1-4이므로 정답은 2번이다.

> 복습 꼭! ~といっても(~이라고 해도)

어휘 専業主婦(せんぎょうしゅふ) 전업주부 | 料理(りょうり) 요리 | あまり 그다지, 별로 | 得意(とくい)だ 숙달되어 있다, 자신이 있다

정답 2

---

05 親 ★ ＿＿＿ ＿＿＿ 子供のためならば
世界中を敵にまわしてでも戦います。

1 子供が　　　　　2 たとえ
3 というものは　　4 間違っていても

단어 바르게 배열하기 ★★

문장 배열 親 <u>というものは</u> <u>たとえ</u> <u>子供が</u> <u>間違っていても</u>
　　　　　　　　　3　　　　2　　　1　　　4
子供のためならば世界中を敵にまわしてでも戦います。

해석 부모란 설령 아이가 잘못하더라도 아이를 위해서라면 전 세계를 적으로 돌리더라도 싸웁니다.

정답 찾기 선택지를 보고 4번 間違っていても(잘못하더라도) 앞에 그 행동의 주체인 1번 子供が(아이가)를 배열한다. 그리고 たとえ~て(で)も(설령 ~라도)의 표현을 떠올려 2번 たとえ(비록, 설령)를 그 앞에 둔다. 문장 전후 내용이 '부모라는 존재에 대한 본질'을 이야기하고 있으므로 3번 ~というものは(~란, ~라는 것은)는 공란 앞 親(부모) 뒤의 첫 번째 칸에 배열하여 전체적으로 나열하면 3-2-1-4가 되므로 정답은 3번이다.

> 복습 꼭! ~というものは・~ということは(~라는 것은, ~란)

어휘 親(おや) 어버이, 부모 | たとえ 가령, 비록, 설령 | 子供(こども) 자식, 아이 | 間違(まちが)う 틀리다, 잘못되다 | 世界中(せかいじゅう) 전 세계 | 敵(てき) 적 | 回(まわ)す 돌리다 | 戦(たたか)う 싸우다

정답 3

---

06 ＿＿＿ ＿＿＿ ★ 海外旅行保険が代
表的なものですが、入る、入らないは本人
の自由です。

1 加入する　　　　2 といえば
3 保険　　　　　　4 留学生が

단어 바르게 배열하기 ★★

문장 배열 留学生が 加入する 保険 といえば 海外旅行保
　　　　　　　　4　　　1　　　3　　2
険が代表的なものですが、入る、入らないは本人の自由です。

해석 유학생이 가입하는 보험이라고 하면 해외여행보험이 대표적인 것인데 가입하고 가입하지 않는 것은 본인의 자유이다.

정답 찾기 2번 ~といえば(~라고 하면, ~을 화제로 삼으면)는 명사에 접속하므로 앞에 올 수 있는 것은 3번 保険(보험)밖에 없다. 나머지 선택지 중 4번 留学生が(유학생이) 뒤에는 자연스럽게 1번 加入する(가입하다)가 연결된다. 공란 뒤에 海外旅行保険(해외여행보험)가 있으므로 내용상 그 앞에는 保険といえば(보험이라고 하면)가 오는 것이 적절하므로 전체적으로 나열하면 4-1-3-2가 되고 정답은 2번이다.

> 복습 꼭! ~といえば(~라고 하면, ~을 화제로 삼으면)

어휘 留学生(りゅうがくせい) 유학생 | 加入(かにゅう) 가입 | 保険(ほけん) 보험 | 海外(かいがい) 해외 | 旅行(りょこう) 여행 | 代表的(だいひょうてき) 대표적 | 入(はい)る 들어가(오)다 | 本人(ほんにん) 본인 | 自由(じゆう) 자유

정답 2

---

07 日本は ＿＿ ＿＿ ★ ＿＿ レベルとされる。

1 製造技術　　　2 にかけては
3 世界最高　　　4 ロボット

단어 바르게 배열하기 ★★

문장 배열 日本は ロボット 製造技術 にかけては
　　　　　　 　4　　　 1　　　　 2
世界最高 レベルとされる。
 3

해석 일본은 로봇 제조기술에 있어서는 세계 최고 수준이라고 여겨진다.

정답 찾기 의미상 4번 ロボット(로봇)와 1번 製造技術(제조기술)를 연결한다. 공란 뒤에 レベル(레벨)가 있으므로, 그 앞에는 3번 世界最高(세계 최고)가 오는 것이 적절하다. 마지막으로 '~의 소질이나 능력에 있어서만큼은 자신이 있음'을 나타내는 표현인 2번 ~にかけては(~에 있어서는)는 의미상 4-1 뒤에 두어 전체적으로 나열하면 4-1-2-3이 되므로 정답은 2번이다.

복습 꼭! ~にかけては(~에 있어서는, ~에서는)

어휘 ロボット 로봇 | 製造(せいぞう) 제조 | 技術(ぎじゅつ) 기술 | 世界(せかい) 세계 | 最高(さいこう) 최고 | レベル 레벨, 수준

정답 2

---

08 夏休みの ＿＿ ＿＿ ★ ＿＿ でしょう。

1 家族旅行　　　2 やっぱり
3 といえば　　　4 海

단어 바르게 배열하기 ★★

문장 배열 夏休みの 家族旅行 といえば やっぱり 海
　　　　　　　　　　　1　　　 3　　　　 2　　　 4
でしょう。

해석 여름방학의 가족여행이라고 하면 역시 바다겠지요.

정답 찾기 공란 앞의 夏休み 뒤에는 명사가 와야 하는데 의미상 1번 家族旅行(가족여행)가 적절하다. 제시된 선택지 3번 ~といえば(~라고 하면, ~을 화제로 삼으면)를 중심으로 문장을 만들어보면 '~라고 한다면 역시 ~다' 라는 의미의 문장의 형태가 만들어지고, 그에 따라 전체적으로 나열하면 1-3-2-4가 되므로 정답은 2번이다.

복습 꼭! ~といえば(~라고 하면, ~을 화제로 삼으면)

어휘 夏休(なつやす)み 여름방학(휴가) | 家族(かぞく) 가족 | 旅行(りょこう) 여행 | やっぱり 역시 | 海(うみ) 바다

정답 2

시나공 08 상황과 모습을 나타내는 문법 | 적 중 예상 문제

문제 다음 문장의 (   )에 들어갈 가장 알맞은 말을 1·2·3·4 중에서 하나를 고르세요.

---

01 なぜみんな社会人になってから、約束して
いた（   ）ゴルフを始めるのですか。

1 かのように　　　　2 あげく
3 きり　　　　　　　4 末

의미적 호응관계 파악하기 ★★

해석 왜 모두들 사회인이 되고 나서, 약속하고 있었던 (것처럼) 골프를 시작하는 것입니까?

정답 찾기 문장 전후 내용상 '약속한 것 같이 골프를 시작하다'라는 전개가 되어야 하므로, 정답은 무언가에 비유하여 강조하는 표현인 1번 ～かのように(～것 같이)이다.

오답 분석 2번 ～あげく(～한 끝에)와 4번 ～末(すえ)(～한 끝에)는 경과를 나타내는 의미로 비슷하게 사용되므로 함께 기억해두자. 3번 ～きり(～한 채)는 '～을 하고 그 다음에 예상되는 상황이 일어나지 않음'을 나타낸다.

복습 꼭! ～かのように((마치) ～처럼, ～와 같이)

어휘 なぜ 왜, 어째서 | 皆(みんな) 모두, 전부 | 社会人(しゃかいじん) 사회인 | ～てから ～하고 나서 | 約束(やくそく)する 약속하다 | ゴルフ 골프 | 始(はじ)める 시작하다.

정답 1

---

02 子供たちが楽し（   ）に遊んでいる姿
に、昔の子供時代を思い浮かべました。

1 げ　　　　　　　　2 ほど
3 っぽい　　　　　　4 気味

적절한 기능어 찾기 ★★

해석 아이들이 즐거운 (듯)이 놀고 있는 모습에 옛날 어린 시절을 떠올렸습니다.

정답 찾기 형용사 어간에 접속할 수 있는 표현은 1번 ～げ(～한 듯)와 3번 ～っぽい(～한 느낌이 들다, 잘 ～하다)인데, 1번 ～げ는 '보고 그 사람의 마음이 느껴지는 모양'을 나타내고, 3번 ～っぽい는 '성질이나 느낌'을 나타내는 표현이다. 여기서는 '아이들의 모습을 보고 즐거운 듯하다'고 느껴지는 내용을 말하고 있으므로 정답은 1번이다.

오답 분석 공란 앞이 い형용사의 어간의 형태로 제시되어 있기 때문에 동사·형용사의 명사 수식형에 접속하는 2번 ～ほど(～정도)와, 동사 ます형과 명사에 접속하는 4번 ～気味(ぎみ)(약간 ～한 느낌·경향이 있다)는 접속 형태상 정답에서 제외한다.

복습 꼭! ～げ(～한 듯, ～한 듯한 모양)

어휘 楽(たの)しい 즐겁다 | 遊(あそ)ぶ 놀다 | 姿(すがた) 모습, 모양, 상태 | 昔(むかし) 옛날, 예전 | 時代(じだい) 시대, 시절 | 思(おも)い浮(う)かべる 회상하다, 마음속에 그려보다

정답 1

---

03 夜は思考がネガティブになり（   ）なので、
あまり物事を考えないようにしています。

1 げ　　　　　　　　2 がち
3 ほど　　　　　　　4 くらい

문법적 호응관계 파악하기 ★★

해석 밤은 사고가 부정적이 되기(쉽기) 때문에 그다지 세상사를 생각하지 않도록 하고 있습니다.

정답 찾기 공란 앞이 なる의 ます형으로 되어 있는데, 선택지 가운데 동사 ます형에 접속되는 문법은 2번 ～がち(자주 ～하다, ～하기 쉽다)뿐이다. ～がち는 '자연히 ～게 되는 경향·횟수가 잦음'을 나타내는 의미이다.

오답 분석 1번 〜げ(〜한 듯)는 형용사의 어간에 접속하여 '보고 그 사람의 마음이 느껴지는 모양'을 나타내고 3번 〜ほど(〜정도)와 4번 〜くらい(〜정도)는 상태의 정도를 나타낼 때 거의 같은 의미로 사용된다.

복습 꼭! 동사 ます형·명사 + 〜がち(자주 〜하다)

어휘 夜(よる) 밤 | 思考(しこう) 사고 | ネガティブ 네거티브, 소극적, 부정적 | あまり 그다지, 별로, 너무, 지나치게 | 物事(ものごと) 사물, 세상사 | 考(かんが)える 생각하다 | 〜ようにしている 〜하도록 하고 있다

정답 2

---

04 最近、仕事で忙しくて家族とのコミュニケーションが不足（　　　）。

1 ほどだ　　　　　　2 くらいだ
3 きりだ　　　　　　4 気味だ

의미적 호응관계 파악하기 ★★

해석 최근에 일 때문에 바빠서 가족과의 대화가 부족**(한 느낌이다)**.

정답 찾기 문장 내용이 '최근 가족과의 대화가 부족한 느낌'이라는 내용이므로 정답은 4번 〜気味だ(약간 〜한 느낌(경향)이 있다)이다. 〜気味だ는 '정도가 심하지는 않지만 약간 〜한 느낌·경향이 있음'을 나타내는 표현이다.

오답 분석 3번 〜きりだ(〜한 채이다)는 동사 〜た형에 접속되므로 접속 형태상 제외한다. 1번 〜ほどだ(〜정도다)와 2번 〜くらいだ(〜정도다)는 상태의 정도를 나타내는 표현으로 문장 내용상 의미적으로 호응하지 않는다.

복습 꼭! 〜気味(약간 〜한 느낌)

어휘 最近(さいきん) 최근, 요즘 | 仕事(しごと) 일, 직업 | 忙(いそが)しい 바쁘다 | 家族(かぞく) 가족 | コミュニケーション 커뮤니케이션, 대화, 소통 | 不足(ふそく) 부족

정답 4

---

05 20代の男女を対象にダイエットの関心度を聞いてみた（　　　）、関心があると答えた人は男女ともに過半数を超えた。

1 きり　　　　　　　2 かのようだ
3 ところ　　　　　　4 あげく

의미적 호응관계 파악하기 ★★

해석 20대 남녀를 대상으로 다이어트의 관심도를 물어**(봤더니)** 관심이 있다고 대답한 사람은 남녀 모두 과반수를 넘었다.

정답 찾기 문장 전후 내용이 '조사한 결과'에 대한 것이므로 정답은 3번 〜たところ(〜했더니, 〜한 결과)이다.

오답 분석 1번 〜きり(〜하고 그대로 계속, 〜한 채)는 '〜을 하고 그다음에 예상되는 상황이 일어나지 않음'을 나타내는 표현, 2번 〜かのようだ(〜인 것 같다)는 무언가에 비유하여 강조할 때 사용하는 표현, 4번 〜あげく(〜한 끝에)는 '여러 가지로 〜한 끝에 결국은 좋지 않은 결과가 되었음을 나타내는 표현으로 문장 전후 내용상 의미적으로 정답이 아니다.

복습 꼭! 〜たところ(〜했더니, 〜한 결과)

어휘 男女(だんじょ) 남녀 | 対象(たいしょう) 대상 | ダイエット 다이어트 | 関心度(かんしんど) 관심도 | 聞(き)く 듣다, 묻다 | 〜てみる 〜해 보다 | 答(こた)える 대답하다 | 〜ともに 〜함께 모두, 동시에 | 過半数(かはんすう) 과반수 | 超(こ)える 넘다, 초과하다

정답 3

06 成功とは数多くの失敗と自己反省を繰り返
した（　　　）手に入るものだ。

1 ほど　　　　　　　2 きり
3 ところ　　　　　　4 末に

의미적 호응관계 파악하기 ★★

해석 성공이라는 것은 수많은 실패와 자기반성을 되풀이(**한 끝에**) 손에 들어오는 법이다.

정답 찾기 문장 내용이 '성공은 실패 등을 되풀이 한 끝에 손에 들어온다'이므로 정답은 '여러 가지로 ~한 끝에 이렇게 되었다'는 의미인 4번 ～末(すえ)に(~한 끝에)이다.

오답 분석 1번 ～ほど(~정도)는 상태의 정도를 나타내는 표현, 2번 ～きり(~한 채)는 '~을 하고 그다음에 예상되는 상황이 일어나지 않음'을 나타내는 표현, 3번 ～たところ(~했더니)는 '~했더니 ~라는 결과였음'을 나타내는 표현으로 문맥상 정답이 아니다 .

> **복습 꼭!** ～末に(~한 끝에)

어휘 成功(せいこう) 성공 | ～とは ~는, ~라는 것은 | 数多(かずおお)く 수많은 | 失敗(しっぱい) 실패 | 自己(じこ) 자기 | 反省(はんせい) 반성 | 繰(く)り返(かえ)す 되풀이하다, 반복하다 | 手(て)に入(はい)る 손에 들어오다 | ～ものだ ~것이다

정답 4

07 夫婦喧嘩の（　　　）夫が妻を殺したという
恐ろしい事件がありました。

1 ように　　　　　　2 くらいに
3 うえに　　　　　　4 あげくに

의미적 호응관계 파악하기 ★★

해석 부부싸움 (**끝에**) 남편이 아내를 살해했다고 하는 무서운 사건이 있었습니다.

정답 찾기 내용을 살펴보면 공란 앞의 夫婦喧嘩(부부싸움)로 인해 공란 뒤의 결과가 나왔음을 나타내므로 정답은 '~한 끝에 결국 좋지 않은 결과가 되었음'을 나타내는 4번 ～あげくに(~한 끝에)이다.

오답 분석 2번 ～くらいに(~정도로)는 명사에 연결될 때 ～の를 수반하지 않으므로 접속 형태상 정답에서 제외한다. 1번 ～ように(~하도록)는 명사+のように가 되면 '~처럼, ~같이'라는 의미이고, 3번 ～うえに(~한데다가)는 앞내용에 덧붙일 때 사용하는 표현으로 문맥상 정답이 아니다.

> **복습 꼭!** ～あげく(に)(~한 끝에)

어휘 夫婦(ふうふ) 부부 | 喧嘩(けんか) 싸움 | 夫(おっと) 남편 | 妻(つま) 아내 | 殺(ころ)す 살해하다, 죽이다 | 恐(おそ)ろしい 무섭다, 두렵다 | 事件(じけん) 사건

정답 4

08 吉田君がまだ来ていないので、電話してみ
た（　　　）、今日の約束をすっかり忘れ
ていたそうだ。

1 ところ　　　　　　2 末
3 きり　　　　　　　4 あげく

의미적 호응관계 파악하기 ★★

해석 요시다 군이 아직 오고 있지 않아서 전화해(**봤더니**), 오늘의 약속을 완전히 잊고 있었다고 한다.

정답 찾기 문장 전후 내용이 '전화해 본 후의 결과'에 대한 내용이므로, '~한 결과, ~라는 결과였다. ~라는 것을 알았다'는 의미인 1번 ～ところ(~했더니, ~한 결과)가 정답이다.

오답 분석 2번 ～末(すえ)(~한 끝에)와 4번 ～あげく(~한 끝에), 3번 ～きり(~한 채)는 문장 전후 내용상 의미적으로 호응하지 않는다.

> **복습 꼭!** ～たところ(~했더니, ~한 결과)

어휘 まだ 아직 | 電話(でんわ)する 전화하다 | 今日(きょう) 오늘 | 約束(やくそく) 약속 | すっかり 완전히, 매우, 몽땅 | 忘(わす)れる 잊다 | ～そうだ ~라고 한다

정답 1

09 朝から何も食べていない。いや、正確に言
えば、買い置きのオレンジジュースを飲ん
だ（　　）。

1 かのようだ　　　　2 気味だ
3 きりだ　　　　　　4 ほどだ

의미적 호응관계 파악하기 ★★

해석 아침부터 아무것도 먹지 않고 있다. 아니, 정확하게 말하면 사 놓은 오렌지주스를 마신 것**(이 전부이다)**.

정답 찾기 문장의 내용이 '주스를 마신 것을 끝으로 아무것두 먹고 있지 않음'을 말하고 있다. 따라서 정답은 '~을 하고 그다음에 예상 외의 상태가 계속되고 있음'을 나타내는 3번 ~きりだ(~한 채이 다)이다.

오답 분석 1번 ~かのようだ(~인 것 같다)와 4번 ~ほどだ(~정 도다)는 모습을 나타내는 표현, 2번 ~気味(ぎみ)だ(약간 ~한 느 낌·경향이 있다)는 경향이나 상태를 나타내는 표현으로 문맥상 정 답이 아니다.

> **복습 꼭!** ~きりだ(~한 채이다)

어휘 朝(あさ) 아침 | 何(なに)も 아무것도, 조금도 | いや 아니, 아 니오 | 正確(せいかく)に 정확하게 | 言(い)う 말하다 | 買(か)い置 (お)き 사서 둠 | オレンジジュース 오렌지주스

정답 3

---

10 子供たちが手も足も、顔も洋服もいっぱい
泥（　　）になって遊んでいる。

1 がち　　　　　　2 末
3 くらい　　　　　4 だらけ

적절한 기능어 찾기 ★★

해석 아이들이 손도 다리도, 얼굴도 옷도 온통 진흙**(투성이)**가 되어 놀고 있다.

정답 찾기 공란 앞에 있는 泥(진흙)가 힌트가 되어 정답을 찾을 수 있다. 정답은 '~가 많거나, 많이 붙어 있는 모양'을 나타내는 4번 ~ だらけ(~투성이)이다.

오답 분석 2번 ~末(~한 끝에)는 명사에 접속될 때 ~の를 수반하 므로 접속 형태상 정답에서 제외한다. 경향이나 횟수가 잦음을 나타 내는 1번 ~がち(자주 ~하다)와 상태의 정도를 나타내는 3번 ~く らい(~정도)는 문장 전후 내용상 의미적으로 정답이 아니다.

> **복습 꼭!** ~だらけ(~투성이)

어휘 手(て) 손 | 足(あし) 다리, 발 | 顔(かお) 얼굴 | 洋服(ようふ く) 옷, 양복 | いっぱい 가득 | 泥(どろ) 진흙 | 遊(あそ)ぶ 놀다

정답 4

---

11 今年は夏の長雨の影響で紅葉が例年より遅
れ（　　）。

1 気味だ　　　　　　2 かのようだ
3 がちだ　　　　　　4 だらけだ

의미적 호응관계 파악하기 ★★

해석 올해는 여름의 장마 영향으로 단풍이 예년보다 늦는 **(느낌이다)**.

정답 찾기 문맥상 '올해의 단풍이 예년에 비해 늦는 느낌'이라는 내 용이 되어야 하기 때문에, 정답은 '정도가 심해지는 않지만 약간 ~ 한 느낌·경향·기미가 있음'을 나타내는 1번 ~気味(ぎみ)다(약간 ~한 느낌·경향이 있다)이다.

오답 분석 2번 ~かのようだ(~인 것 같다)는 동사 보통형에, 4번 ~だらけ(~투성이)는 명사에 접속되므로 정답에서 제외한다. 3번 ~がちだ(자주 ~하다)는 경향이나 횟수가 잦음을 나타내는 의미로 문장 전후 내용상 의미적으로 호응되지 않는다.

> **복습 꼭!** ~気味だ(약간 ~한 느낌·경향이 있다)

어휘 今年(ことし) 올해, 금년 | 夏(なつ) 여름 | 長雨(ながあめ) 장마 | 影響(えいきょう) 영향 | 紅葉(もみじ) 단풍 | 例年(れいね ん) 예년 | ~より ~보다 | 遅(おく)れる 늦다

정답 1

12 最近忘れ（　　　）ので、予定はすぐにメモ
しておきます。

1 きりだ　　　　　　　　2 ほどだ
3 っぽい　　　　　　　　4 だらけだ

접속 형태 파악하기 ★★

해석 요즘 자주 잊어(**버리기**) 때문에, 예정은 바로 메모해 둡니다.

정답 찾기 공란 앞이 忘れる(잊다)의 ます형으로 제시되어 있는데 선택지 가운데 동사 ます형에 접속되는 것은 '~의 성질이나 느낌, 경향'을 나타내는 3번 ~っぽい(~한 느낌이 들다, 잘(자주)~하다)뿐이다.

오답 분석 1번 ~きりだ(~한 채이다)는 동사의 ~た형에 2번 ~ほどだ(~정도다)는 명사 수식형에, 그리고 4번 ~だらけだ(~투성이다)는 동사에 접속되지 않으므로 접속 형태만으로도 정답이 될 수 없다.

복습 꾁! ~っぽい(~한 느낌이 들다, 잘 ~하다)

어휘 最近(さいきん) 최근, 요즘｜忘(わす)れる 잊다｜予定(よてい) 예정｜すぐに 곧, 바로

정답 3

---

13 寒くなると出不精になって、ウォーキング
も怠け（　　　）になります。

1 きり　　　　　　　　2 がち
3 だらけ　　　　　　　4 あげく

접속 형태 파악하기 ★★

해석 추워지면 외출을 하기 싫어져서 일도 게을러(**지기 쉬워**)집니다.

정답 찾기 접속 형태만으로도 정답을 찾을 수 있는 문제이다. 공란 앞이 怠ける(게으름 피우다)의 ます형인데, 선택지 가운데 동사 ます형에 접속하는 것은 2번 ~がち(자주 ~하다, ~하기 쉽다)밖에 없다.

오답 분석 1번 ~きり(~한 채)와 4번 ~あげく(~한 끝에)는 동사 ~た형에, 3번 ~だらけ(~투성이)는 명사에 접속되는 표현이므로 접속 형태상 정답에서 제외한다.

복습 꾁! ~がちだ(자주 ~하다)

어휘 寒(さむ)い 춥다｜出不精(でぶしょう) 외출을 싫어함｜ウォーキング 워킹, 일｜怠(なま)ける 게으름 피우다

정답 2

---

14 他人と相対して会話している時の自分と普
段の自分はまるで別人である（　　　）。

1 ほどだ　　　　　　　2 がちだ
3 かのようだ　　　　　4 くらいだ

문법적 호응관계 파악하기 ★★

해석 다른 사람과 마주하여 이야기하고 있을 때의 자신과 평소의 자신은 마치 다른 사람(**인 것 같다**).

정답 찾기 공란 앞에 있는 まるで(마치)가 힌트가 되어, 무언가에 비유하여 강조하는 표현인 3번 ~かのようだ(~인 것 같다)가 정답이 된다.

오답 분석 1번 ~ほどだ(~정도다) 4번 ~くらいだ(~정도다)는 상태의 정도를 나타내는 표현으로 거의 비슷하게 사용되기 때문에 둘 중 하나가 정답이 될 수는 없다. 또한 2번 ~がちだ(자주 ~하다)는 동사 ます형에 접속되므로 정답에서 제외한다.

복습 꾁! ~かのようだ(~인 것 같다)

어휘 他人(たにん) 타인, 남｜相対(そうたい)する 마주 보다｜会話(かいわ) 회화｜自分(じぶん) 자기 자신｜普段(ふだん) 일상, 평소｜まるで 마치, 꼭｜別人(べつじん) 딴사람｜~である ~하다, ~이다

정답 3

15 初めてこの料理を食べた時はこの世にこん なおいしい食べ物があったのかと思った （　　）でした。

1 っぽい　　　　　　2 くらい
3 気味　　　　　　　4 がち

접속 형태 파악하기 ★

해석 처음 이 요리를 먹었을 때는 이 세상에 이런 맛있는 음식이 있었던가라고 생각했을 **(정도)**였습니다.

정답 찾기 접속 형태로 간단히 정답을 골라낼 수 있다. 선택지 가운데 공란 앞에 있는 思った(생각했다)와 접속 할 수 있는 것은 상태의 정도를 나타내는 2번 ～くらい(～정도)밖에 없다.

오답 분석 1번 ～っぽい(～한 느낌이 들다, 잘 ～하다), 3번 ～気味(ぎみ)(약간 ～한 느낌·경향이 있다), 4번 ～がち(자주 ～하다)는 모두 동사 ます형에 접속되는 표현이므로 접속 형태만으로도 정답이 될 수 없다.

> **복습 꼭!** ～くらい(～정도)

어휘 初(はじ)めて 처음으로, 최초로｜料理(りょうり) 요리｜世(よ) 세상, 사회｜食(た)べ物(もの) 음식

정답 2

---

16 たとえ死にたい（　　）苦しいとしても、 生きている間に人生を立て直し、幸福をつ かんでほしいのです。

1 ほど　　　　　　　2 っぽい
3 あげく　　　　　　4 きり

접속 형태 파악하기 ★★

해석 설령 죽고 싶을 **(정도로)** 힘들다고 해도 살아있는 동안에 인생을 다시 세우고 행복을 손에 넣기 바랍니다.

정답 찾기 공란 앞이 死にたい(죽고 싶다)이므로 선택지 가운데 희망의 조동사 ～たい에 접속할 수 있는 것은 상태의 정도를 강조하는 1번 ～ほど(～정도)밖에 없다.

오답 분석 2번 ～っぽい(～한 느낌이 들다, 잘 ～하다)는 い형용사의 어간에 접속되고, 3번 ～あげく(～한 끝에)와 4번 ～きり(～한 채)는 동사 た형 또는 명사+の 형태에만 접속되는 표현이므로 정답이 될 수 없다.

> **복습 꼭!** ～ほど(～정도)

어휘 たとえ～ても 가령(설령) ～하더라도｜死(し)ぬ 죽다｜苦(くる)しい 괴롭다, 힘들다｜～としても ～라고 해도｜生(い)きる 살다｜～間(あいだ)に ～동안에, ～사이에｜人生(じんせい) 인생｜立(た)て直(なお)す 다시 (고쳐) 세우다｜幸福(こうふく) 행복｜つかむ 붙잡다, 손에 넣다｜～てほしい ～하길 바라다

정답 1

문제 │ 다음 문장의 ＿＿＿★＿＿ 에 들어갈 가장 알맞은 말을 1·2·3·4 중에서 하나를 고르세요.

01 北海道で過ごした1ヶ月は、＿＿＿ ＿★＿
＿＿＿ ＿＿＿ でした。

1 一生　　　　　　　2 ほど
3 素敵なもの　　　　4 忘れられない

단어 바르게 배열하기 ★★

문장 배열 北海道で過ごした1ヶ月は 一生 忘れられない
 ⎯1⎯　⎯4⎯

ほど 素敵なもの でした。
⎯2⎯　⎯3⎯

해석 홋카이도에서 보낸 한 달은 평생 잊을 수 없을 정도로 멋진 것이었습니다.

정답 찾기 문장 전후 내용상 1번 一生(평생)와 4번 忘れられない(잊을 수 없다)를 연결시키는 것이 자연스럽다. 다음 어떤 상태가 어느 정도인지를 강조하는 2번 ～ほど(정도)를 뒤에 배열하여 '평생 잊을 수 없을 정도로 ～하다'는 문장을 완성한다. 그리고 3번 素敵

なもの(멋진 것)는 문맥상 제일 뒤에 배열하여 전제적으로 나열하면 1-4-2-3이 되므로 정답은 4번이다.

복습 꼭! ~ほど(~정도)

어휘 北海道(ほっかいどう) 홋카이도 | 過(す)ごす 보내다, 지내다 | 一生(いっしょう) 일생, 평생 | 忘(わす)れられる 잊을 수 있다 | 素敵(すてき)だ 멋지다

정답 4

---

02 この機械の使い方は ＿＿ ＿＿ ★ ＿＿ 簡単です。

1 ぐらい　　　2 でも
3 小学生　　　4 できる

단어 바르게 배열하기 ★★

문장 배열 この機械の使い方は 小学生 でも できる ぐらい
　　　　　　　　　　　　　3　　2　　4　　1
簡単です。

해석 이 기계의 사용법은 초등학생이라도 할 수 있을 정도로 간단합니다.

정답 찾기 1번 ~ぐらい(정도)는 ~ほど(정도)와 마찬가지로 상태의 정도를 나타내는 표현이다. 따라서 그 앞에는 '어느 정도인지'를 나타내는 말이 와야 한다. 그러므로 2번 ~でも(~라도) 앞에 명사인 3번 小学生(초등학생)를 연결시키고, 뒤에 4번 できる(할 수 있다)를 배열하면, ぐらい 앞쪽에 올 문장이 완성되고 이것을 전체적으로 나열하면 3-2-4-1이 되므로 정답은 4번이다.

복습 꼭! ~くらい(~정도)

어휘 機械(きかい) 기계 | 使(つか)い方(かた) 사용법 | 小学生(しょうがくせい) 초등학생 | 出来(でき)る 할 수 있다, 생기다, 다 되다 | 簡単(かんたん)だ 간단하다

정답 4

---

03 ＿＿ ＿＿ ★ ＿＿ は無理をしないほうがいいですよ。

1 病気に　　　2 人
3 がちな　　　4 なり

단어 바르게 배열하기 ★★

문장 배열 病気に なり がちな 人 は無理をしないほうが
　　　　　1　　4　　3　　2
いいですよ。

해석 병에 자주 걸리는 사람은 무리하지 않는 편이 좋아요.

정답 찾기 선택지를 보고 먼저 1번 病気に와 4번 なり를 연결시킬 수 있어야 한다. 여기서 4번 なり가 なる의 ます형태를 취하고 있으므로 그 뒤에는 3번 ~がち(자주 ~하다)가 오게 된다. 그런데 3번 ~がちな가 がち의 명사 수식형이므로 뒤에는 2번 人(사람)가 오게 되고, 이것을 전체적으로 나열하면 1-4-3-2가 되므로 정답은 3번이다.

복습 꼭! ~がちだ(자주 ~하다)

어휘 病気(びょうき)になる 병이 들다 | 無理(むり) 무리 | ~ないほうがいい ~하지 않는 편이 좋다

정답 3

---

04 彼女はいつも ＿＿ ＿＿ ★ ＿＿ を着ている。

단어 바르게 배열하기 ★★

문장 배열 彼女はいつも 子供 っぽい デザインの 服 を着
　　　　　　　　　　　4　　1　　　2　　3
ている。

96

1 っぽい   2 デザインの
3 服   4 子供

해석 그녀는 항상 아이 느낌의 디자인 옷을 입고 있다.

정답 찾기 공란 뒤에 ~を着ている(~을 입고 있다)가 있으므로 그 앞은 3번 服(옷)가 와야 한다. 1번 ~っぽい(~한 느낌이 들다, 자주 ~하다)는 동사 ます형이나 명사에 접속하므로 4번 子供(아이)와 연결시키고 2번 デザインの(디자인의) 뒤에는 명사가 오므로 3번과 연결시켜서 전체적으로 나열하면 4-1-2-3이 되어 정답은 2번이다.

> **복습 꼭!** ~っぽい(~한 느낌이 들다, 자주 ~하다)

어휘 子供(こども) 아이, 자식 | デザイン 디자인 | 服(ふく) 옷 | 着(き)る 입다

정답 2

---

05 この頃、テストの ＿＿ ＿＿ ＿＿ ★ 、 どうかしたんですか。

1 ですが   2 下がり
3 気味   4 成績が

단어 바르게 배열하기 ★★

문장 배열 この頃、テストの 成績が 下がり 気味 ですが、
                                  4   2   3   1
どうかしたんですか。

해석 요즘, 시험 성적이 계속 떨어지고 있는데, 어떻게 된 것입니까?

정답 찾기 3번 ~気味(ぎみ)(기미, 경향, 기색, 약간 ~한 느낌)는 동사 ます형이나 명사에 접속한다. 따라서 3번 앞에는 下がり(내려감)가 오는 것이 적절하다. 그리고 공란 앞에 テストの(테스트의)가 있으므로 뒤에는 4번 成績が(성적이)를 연결하여 전체적으로 나열하면 4-2-3-1이 되므로 정답은 3번이다.

> **복습 꼭!** ~気味(약간 ~한 느낌)

어휘 この頃(ごろ) 요즘, 최근 | テスト 테스트, 시험 | 成績(せいせき) 성적 | 継続(けいぞく)する 계속하다 | 下(さ)がる 내리다, 내려가다, 떨어지다

정답 3

---

06 彼は「俺は何も言えない」＿＿ ★ ＿＿
＿＿。

1 言った   2 と
3 黙っている   4 きり

단어 바르게 배열하기 ★★

문장 배열 彼は「俺は何も言えない」と 言った きり
                                      2   1   4
黙っている。
3

해석 그는 "나는 아무 말도 할 수 없어"라고 말한 채 입을 다물고 있다.

정답 찾기 공란 앞에 그가 한 말의 내용이 제시되어 있으므로, '~と言った(~라고 말하다)'라는 2번과 1번을 연결하여 첫 번째와 두 번째 칸에 배열한다. ~きり(~한 채로)는 동사 た형에 접속하므로 1번 言った 뒤에 연결된다. 나머지 3번 黙っている(입을 다물고 있다)는 문장의 내용상 마지막에 배열하여 전체적으로 나열하면 2-1-4-3이 되므로 정답은 1번이다.

> **복습 꼭!** ~きり(~한 채로)

어휘 俺(おれ) 나 | 何(なに)も 무엇도 | 言(い)う 말하다 | 黙(だま)る 입을 다물다, 침묵하다

정답 1

07 お天気がよさそうな ＿＿ ★ ＿＿ ＿＿
＿＿、あいにくの休館日でした。

1 久しぶりに　　　　　2 ところ
3 ので　　　　　　　　4 出かけた

단어 바르게 배열하기 ★★

문장 배열 お天気がよさそうな ので 久しぶりに 出かけた
　　　　　　　　　　　　　　3　　　　1　　　　4
ところ あいにくの休館日でした。
　2

해석 날씨가 좋은 것 같아서 오랜만에 나왔더니, 공교로운 휴관일이
었습니다.

정답 찾기 먼저 N2 문법 ～たところ(～했더니, ～한 결과)를 떠올
려서 4번 出かけた와 2번 ～ところ를 연결한다. 다음으로 공란 앞
의 天気がよさそうな(날씨가 좋은 듯)를 보고 생각해보면, 3번 の
で(～기 때문에, ～니까)는 な형용사·명사와 연결될 때 なので의
형태로 접속되므로 첫 번째 공란에 ので를 넣어서 외출한 이유를
말해주는 것이 자연스럽다. 그리고 문맥상 1번 久しぶりに(오랜만
에)는 4번 앞에 두어 전체적으로 나열하면 3-1-4-2가 되어 정답은
3번이다.

복습 꼭! ～たところ(～했더니, ～한 결과)

어휘 天気(てんき) 날씨 | よさそうだ 좋아 보인다, 좋은 것 같다 |
久(ひさ)しぶりに 오랜만에 | 出(で)かける 나가다, 나서다 | あい
にく 공교로움, 재수 없음 | 休館日(きゅうかんび) 휴관일

정답 3

---

08 ＿＿ ＿＿ ★ ＿＿、過労で倒れてし
まった。

1 毎日　　　　　　　　2 働きすぎた
3 彼は　　　　　　　　4 あげく

단어 바르게 배열하기 ★★

문장 배열 彼は 毎日 働きすぎた あげく 過労で倒れてま
　　　　　　　3　　1　　　2　　　　4
しった。

해석 그는 매일 지나치게 일한 끝에 과로로 쓰러져버렸다.

정답 찾기 우선 주어가 되는 3번 彼は(그는)를 가장 앞에 둔다. 4
번 ～あげく(한 끝에)는 동사 ～た형에 접속하기 때문에 2번 働き
すぎた(지나치게 일했다)와 이어진다. 1번 毎日(매일)는 자연스럽
게 의미상 2번 앞에 오는 것이 자연스럽다. 따라서 '그는 매일 과로
한 끝에 과로로 쓰러지는' 결과가 나오게 전체적으로 나열하면 3-1-
2-4가 되어 정답은 2번이다.

복습 꼭! ～あげく(に)(～한 끝에)

어휘 毎日(まいにち) 매일 | 働(はたら)く 일하다 | ～すぎる 너
무 ～하다, 지나치게 ～하다 | 過労(かろう) 과로 | 倒(たお)れる 쓰
러지다

정답 2

시나공 09 관계를 나타내는 문법(2) | **적 중** 예상 문제

문제 다음 문장의 (   )에 들어갈 가장 알맞은 말을 1·2·3·4 중에서 하나를 고르세요.

---

01 今年のボーナスは営業成績のよかった人
（　　　）だけ支給される。

1 に対して　　　　　　2 について

3 に関して　　　　　　4 にしたがって

적절한 기능어 찾기 ★★

해석 올해 보너스는 영업 성적이 좋았던 사람**(에게)**만 지급된다.

정답 찾기 공란 전후 내용이 보너스가 지급되는 대상을 나타내고 있기 때문에 정답은 동작이나 감정이 직접 향해지는 대상과 상대를 나타내는 1번 ～に対(たい)して(～에게, ～에 대하여)이다.

오답 분석 2번 ～について(～에 대해서)와 3번 ～に関(かん)して(～에 관해서)는 비슷한 의미로 다루거나 관계를 가지고 있는 대상을 지시하는 표현이다. 4번 ～にしたがって(～에 따라)는 한쪽의 동작이나 작용·변화 등이 진행됨에 따라 다른 한쪽의 동작이나 작용·변화도 진행됨을 나타내는 표현으로 문맥상 정답이 아니다.

복습 꾁! ～に対して(～에게, ～에 대해서)

어휘 今年(ことし) 올해, 금년 | ボーナス 보너스 | 営業(えいぎょう) 영업 | 成績(せいせき) 성적 | ～だけ ～만, ～뿐, ～만큼 | 支給(しきゅう)する 지급하다

정답 1

---

02 イランの核開発（　　　）国際的な緊張が高
まっている。

1 を問わず　　　　　　2 をめぐって

3 をきっかけに　　　　4 について

의미적 호응관계 파악하기 ★★

해석 이란의 핵개발**(을 둘러싸고)** 국제적인 긴장이 높아지고 있다.

정답 찾기 문맥상 정답은 '～을 둘러싸고 어떤 논의나 의견, 문제 등의 대립관계가 있음'을 나타내는 2번 ～をめぐって(～을 둘러싸고)이다.

오답 분석 1번 ～を問(と)わず(～을 불문하고)는 관계없다. 염두에 두지 않는다는 표현이고, 3번 ～をきっかけに(～을 계기로)는 구체적인 어떤 사항을 기회·계기로 해서 변화하거나 발전함을 나타내는 표현, 4번 ～について(～에 대해서)는 다루거나 관계를 갖고 있는 대상을 지시하는 표현으로 문장 전후 내용상 정답이 아니다.

복습 꾁! ～をめぐって(～을 둘러싸고)

어휘 イラン 이란 | 核開発(かくかいはつ) 핵개발 | 国際的(こくさいてき) 국제적 | 緊張(きんちょう) 긴장 | 高(たか)まる 높아지다, 고조되다

정답 2

---

03 中田選手は「金メダルは確実だ」という国民
の期待（　　　）金メダルを獲得してくれま
した。

1 に対して　　　　　　2 によって

3 にこたえて　　　　　4 について

의미적 호응관계 파악하기 ★★

해석 나카다 선수는 '금메달은 확실하다'라는 국민의 기대**(에 부응하여)** 금메달을 획득해 주었습니다.

정답 찾기 공란 문장 전후가 '국민의 기대에 부응하여 금메달을 획득했다'는 내용이 되어야 가장 자연스럽다. 따라서 정답은 상대로 부터의 희망·요구 등에 부응함을 나타내는 3번 ～にこたえて(～에 따라, ～에 부응하여)이다. ～にこたえて는 앞에 주로 질문, 기대, 요구, 요망, 요청, 희망 등의 의미를 가진 명사가 오므로 문제에 제시된 国民の期待(국민의 기대)가 힌트가 된다.

오답 분석 1번 〜に対(たい)して(〜에 대하여, 〜에게)는 동작이나 감정이 향해지는 대상을 나타내고 2번 〜によって(〜에 따라)는 무언가에 따라서 뒤의 사항이 달라짐을 나타낸다. 그리고 4번 〜について(〜에 대해서)는 다루거나 관계를 갖고 있는 대상을 지시하므로 정답이 아니다.

> **복습 꾁!** 〜にこたえて(〜에 따라, 〜에 부응하여)

어휘 選手(せんしゅ) 선수 | 金(きん)メダル 금메달 | 確実(かくじつ)だ 확실하다 | 国民(こくみん) 국민 | 期待(きたい) 기대 | 獲得(かくとく)する 획득하다

정답 3

---

04 この雑誌には働く女性(　　　)の仕事、生活、アート、ビューティー関連情報が載せられている。

1 ほど
2 向け
3 に関して
4 にこたえて

적절한 기능어 찾기 ★★

해석 이 잡지에는 일하는 여성을 **(대상으로 한)** 일, 생활, 예술, 뷰티 관련 정보가 실려 있다.

정답 찾기 문장 전후 내용이 이 잡지가 일하는 여성을 대상으로 하는 정보가 실려 있음을 말하고 있다. 따라서 '〜를 대상으로, 〜에게 적합하도록 만들어졌음'을 나타내는 2번 〜向(む)け(〜용, 〜를 대상으로)가 정답이다.

오답 분석 1번 〜ほど(〜할수록, 〜만큼)는 상태의 정도를 강조하는 표현이고 3번 〜に関(かん)して(〜에 관해서)는 다루거나 관계를 갖고 있는 대상을 지시하는 표현, 4번 〜にこたえて(〜에 따라, 〜에 응하여)는 상대로부터의 희망이나 요구 등에 부응함을 나타내는 표현으로 정답이 아니다.

> **복습 꾁!** 〜向け(〜용, 〜를 대상으로)

어휘 雑誌(ざっし) 잡지 | 働(はたら)く 일하다 | 女性(じょせい) 여성 | 仕事(しごと) 일, 직업 | 生活(せいかつ) 생활 | アート 아트, 예술 | ビューティー 뷰티 | 関連(かんれん) 관련 | 情報(じょうほう) 정보 | 載(の)せられる 실리다

정답 2

---

05 私は大学院で日本の近代文学(　　　)勉強しています。

1 によって
2 をめぐって
3 に対して
4 について

적절한 기능어 찾기 ★★

해석 저는 대학원에서 일본 근대문학**(에 대해서)** 공부하고 있습니다.

정답 찾기 문맥상 '일본문학에 대해 공부하고 있다'는 내용이 되어야 한다. 따라서 정답은 다루고 있거나 관계를 갖고 있는 대상을 나타내는 4번 〜について(〜에 대해서)이다. 3번 〜に対(たい)して(〜에 대하여, 〜에게)와 확실히 구별하여 암기하자. 〜について와 〜に関(かん)して는 다루거나 관계를 갖고 있는 대상을 지시하는 반면, 〜に対しては 동작이나 감정이 향해지는 대상을 나타낸다.

오답 분석 1번 〜によって(〜에 따라)는 무언가에 따라서 뒤의 사항이 달라짐을 나타내는 표현, 2번 〜をめぐって(〜을 둘러싸고)는 '〜을 둘러싸고 어떤 논의나 의견, 문제 등의 대립관계가 있음'을 나타내는 표현으로 정답이 아니다.

> **복습 꾁!** 〜について(〜에 관해서, 〜에 대해서)

어휘 大学院(だいがくいん) 대학원 | 近代(きんだい) 근대 | 文学(ぶんがく) 문학

정답 4

06 すみません。この機械の使い方（　　　）お伺いしたいのですが、お時間よろしいでしょうか。

1 にこたえて 　　　　2 をめぐって
3 に対して 　　　　　4 に関して

적절한 기능어 찾기 ★★

해석 실례합니다. 이 기계의 사용법(**에 관해서**) 여쭤보고 싶습니다만 시간 괜찮으십니까?

정답 찾기 문장 전후 내용이 '기계의 사용법에 관해 여쭤보고 싶다'가 되어야 한다. 따라서 정답은 다루고 있거나 관계를 갖고 있는 대상을 지시하는 4번 ～に関(かん)して(～에 관해서)이다. ～について(～에 대해서)와 비슷한 의미로, 동작이나 감정이 향해지는 대상과 상대를 나타내는 3번 ～に対(たい)して(～에게, ～에 대하여)와 구별하여 외워두도록 한다.

오답 분석 1번 ～にこたえて(～에 따라, ～에 응하여)는 상대로부터의 희망, 요구 등에 부응함을 나타내고, 2번 ～をめぐって(～을 둘러싸고)는 '～을 둘러싸고 어떤 논의나 의견, 문제 등의 대립관계가 있음'을 나타내므로 정답이 아니다.

> **복습 꼭!** ～に関して(～에 관해서)

어휘 機械(きかい) 기계 | 使(つか)い方(かた) 사용법 | 伺(うかが)う 묻다, 듣다, 방문하다의 겸어어 | お+동사 ます형+する (제가)～하다, ～해 드리다 | 時間(じかん) 시간 | よろしい 좋다, 괜찮다

정답 4

07 相撲では太っていれば太っている（　　　）有利らしい。

1 ほど 　　　　2 くらい
3 だけ 　　　　4 ばかり

문법적 호응관계 파악하기 ★★

해석 스모에서는 살이 찌면 찔(**수록**) 유리한 것 같다.

정답 찾기 공란 앞에 있는 太っていれば(살이 찌면)를 보고 바로 ～ば～ほど(～하면 ～할수록) 문형이 떠올라야 한다. 따라서 정답은 1번이다. ～ほど는 '～정도, ～만큼'이라는 의미 외에도 '～할(일)수록'이라는 의미도 있다는 것을 기억해야 한다.

오답 분석 2번 ～くらい(～정도)는 상태의 정도를 나타내며 3번 ～だけ(～만, ～만큼)는 한정·한도·정도를 나타낸다. 정도나 범위를 한정하여 나타내는 4번 ～ばかり(～뿐, ～만)는 문법 형태상 정답이 아니다.

> **복습 꼭!** ～ば～ほど(～하면 ～할수록)

어휘 相撲(すもう) 스모 | 太(ふと)る 살찌다 | 有利(ゆうり) 유리 | ～らしい ～것 같다, ～답다

정답 1

08 近年、インターネット利用人口の増加（　　　）、インターネットショッピング市場も急速に成長しています。

1 をめぐって 　　　　2 に伴い
3 に対して 　　　　　4 について

의미적 호응관계 파악하기 ★★

해석 최근, 인터넷 이용인구의 증가(**에 따라**), 인터넷쇼핑시장도 급속하게 성장하고 있습니다.

정답 찾기 문장 전후 내용이 '인터넷 이용 인구가 증가하고 그에 따라 인터넷시장이 성장하고 있다'가 되어야 자연스럽다. 따라서 정답은 한쪽의 동작이나 작용·변화 등이 진행됨에 따라 다른 한쪽의 동작이나 작용·변화도 진행됨을 나타내는 2번 ～に伴(ともな)い(～에 따라)이다. ～に伴って(～에 따라), ～に伴う(～에 따른)와 같은 형태로 사용되는 경우도 있다.

오답 분석 '～을 둘러싸고 어떤 논의나 의견, 문제 등의 대립관계가 있음'을 나타내는 1번 ～をめぐって(～을 둘러싸고), 동작이나 감정이 향해지는 대상과 상대를 나타내는 3번 ～に対して(～에게, ～에 대하여), 다루고 있거나 관계를 갖고 있는 대상을 지시하는 4번 ～について(～에 대해서)는 문맥상 정답이 아니다.

복습 꼭! ~に伴って・~に伴い(~에 따라(서))

어휘 近年(きんねん) 최근의 몇 년 | インターネット 인터넷 | 利用(りよう) 이용 | 人口(じんこう) 인구 | 増加(ぞうか) 증가 | ショッピング 쇼핑 | 市場(しじょう) 시장 | 急速(きゅうそく)に 급속하게 | 成長(せいちょう)する 성장하다

정답 2

---

09 景気回復（　　　）雇用状況は改善し、正社員の採用も増加傾向にある。

1 にかかわらず　　　2 を問わず
3 とともに　　　　　4 はもちろん

의미적 호응관계 파악하기 ★★

해석 경기회복(과 함께) 고용상황은 개선되어 정사원의 채용도 증가하는 추세에 있다.

정답 찾기 공란 전후 제시어로 문장의 내용을 유추해보면 경기회복이 되면서 고용상황이 개선됨을 이야기하고 있다. 따라서 한쪽의 동작이나 작용·변화 등이 진행됨에 따라 다른 한쪽의 동작이나 작용·변화도 진행됨을 나타내는 3번 ~とともに(~와 함께)가 정답이다. 비슷한 의미로 ~に伴(ともな)って(~에 따라서), ~にしたがって(~에 따라), ~につれて(~에 따라)도 함께 기억해두도록 한다.

오답 분석 1번 ~にかかわらず(~에 관계없이)와 2번 ~を問(と)わず(~을 불문하고)는 관계없다, 염두에 두지 않는다고 말하는 표현이고, 4번 ~はもちろん(~는 물론)은 앞내용은 말할 필요가 없이 당연하고 그 밖의 것도 물론 당연하다고 생각할 때 사용하는 표현으로 문장 전후 내용상 의미적으로 정답이 아니다.

복습 꼭! ~とともに(~와 함께)

어휘 景気(けいき) 경기 | 回復(かいふく) 회복 | 雇用(こよう) 고용 | 状況(じょうきょう) 상황 | 改善(かいぜん)する 개선하다 | 正社員(せいしゃいん) 정사원 | 採用(さいよう) 채용 | 増加(ぞうか) 증가 | 傾向(けいこう) 경향

정답 3

---

10 経済成長が進む（　　　）、所得格差が拡大する傾向が見られる。

1 ように　　　　　　2 にしたがい
3 に対して　　　　　4 に答えて

의미적 호응관계 파악하기 ★★

해석 경제성장이 진행됨(에 따라) 소득격차가 확대되는 경향이 보인다.

정답 찾기 공란 전후 내용상 경제성장이 진행됨에 따라 소득격차도 확대된다는 전개가 되어야 하므로 정답은 '한 쪽의 동작이나 작용·변화 등이 진행됨에 따라 다른 한 쪽의 동작이나 작용도 함께 진행됨을 나타내는 2번 ~に従(したが)い(~에 따라)이다. ~にしたがってと 같은 의미이다.

오답 분석 3번 ~に対(たい)して(~에게, ~에 대하여)와 4번 ~に答(こた)えて(~에 따라, ~에 응하여)는 명사에 접속되는 표현이므로 접속 형태상 정답에서 제외한다. 1번 ~ように(~하도록)는 소원이나 바람·목적 등의 의미를 나타내므로 문맥상 정답이 아니다.

복습 꼭! ~に従い・~に従って(~에 따라)

어휘 経済(けいざい) 경제 | 成長(せいちょう) 성장 | 進(すす)む 나아가다, 진행되다, 발달하다 | 所得(しょとく) 소득 | 格差(かくさ) 격차 | 拡大(かくだい)する 확대하다 | 傾向(けいこう) 경향 | 見(み)られる 보여지다

정답 2

11 図書館の中では他の利用者の迷惑にならない（　　　）心がけましょう。

1 ように　　　　　　2 うえに
3 たびに　　　　　　4 ことに

의미적 호응관계 파악하기 ★★

해석 도서관 안에서는 다른 이용자에게 피해가 되지 않(도록) 유의합시다.

정답 찾기 문장 전후 내용이 다른 이용자에게 피해가 되지 않도록 유의하자는 것이므로, 정답은 소원이나 바람·목적 등의 의미를 나타내는 1번 ～ように(～하도록)이다.

오답 분석 3번 ～たびに(～때마다)와 4번 ～ことに(～하게도)는 동사 ない형에 접속되지 않으므로 접속 형태상 정답에서 제외한다. 2번 ～うえに(～데다가)는 앞의 내용에 '게다가'라는 느낌으로 덧붙일 때 사용하는 표현으로 문맥상 정답이 아니다.

> 복습 꼭! ～ように(～하도록)

어휘 図書館(としょかん) 도서관 | 他(ほか) 그 밖, 이외, 다른 | 利用者(りようしゃ) 이용자 | 迷惑(めいわく)になる 폐가 되다 | 心掛(こころが)ける 마음을 쓰다, 유의하다

정답 1

---

12 16世紀に鉛筆が誕生し、それ（　　　）消しゴムも登場しました。

1 について　　　　　2 にかかわらず
3 にともなって　　　4 に対して

의미적 호응관계 파악하기 ★★

해석 16세기에 연필이 탄생하고 그(에 따라서) 지우개도 등장했습니다.

정답 찾기 문장 전후 내용이 '연필이 탄생하고, 그에 따라 지우개도 등장했다'가 되어야 하므로 정답은 한쪽의 동작이나 작용·변화 등이 진행됨에 따라 다른 한쪽의 동작이나 작용·변화도 진행됨을 나타내는 3번 に伴(ともな)って(～에 따라서)이다.

오답 분석 다루고 있거나 관계를 갖고 있는 대상을 지시하는 1번 ～について(～에 대해서)와, 관계없음, 염두에 두지 않음을 나타내는 2번 ～にかかわらず(～에 관계없이), 동작이나 감정이 향해지는 대상과 상대를 나타내는 4번 ～に対(たい)して(～에게, ～에 대하여)는 문맥상 의미적으로 정답이 아니다.

> 복습 꼭! ～に伴って・～に伴い(～에 따라(서))

어휘 世紀(せいき) 세기 | 鉛筆(えんぴつ) 연필 | 誕生(たんじょう) 탄생 | 消(け)しゴム 지우개 | 登場(とうじょう)する 등장하다

정답 3

---

13 経済成長で社会が豊かになる（　　　）、平均寿命が急速に延びた。

1 に答えて　　　　　2 に関して
3 ように　　　　　　4 につれて

적절한 기능어 찾기 ★★

해석 경제성장으로 사회가 풍요로워짐(에 따라) 평균수명이 급속하게 늘었다.

정답 찾기 문장 전후 내용이 사회가 풍요로워짐에 따라 평균수명도 늘었음을 말하고 있으므로 한쪽의 상황이나 정도가 변하면 그것이 이유가 되어 다른 한쪽도 변함을 나타내는 4번 ～につれて(～에 따라)가 정답이다.

오답 분석 1번 ～に答(こた)えて(～에 따라, ～에 응하여)와 2번 ～に関(かん)して(～에 관해서)는 명사에 접속하는 표현이므로 접속 형태상 정답에서 제외한다. 3번 ～ように(～하도록)는 목적의 의미를 나타내므로 문맥상 정답이 아니다.

> 복습 꼭! ～につれて(～에 따라)

어휘 経済(けいざい) 경제 | 成長(せいちょう) 성장 | 社会(しゃかい) 사회 | 豊(ゆた)かになる 풍족해지다, 풍부해지다 | 平均(へい

きん) 생균 | **寿命(じゅみょう)** 수명 | **急速(きゅうそく)に** 급속하게 | **延(の)びる** 연장되다, 길어지다, 늘어나다

정답 4

---

14 最近少子化の原因（　　　）いろいろ語られていますが、本当の原因は何だと思いますか。

1 に伴って   2 に対して
3 につれて   4 について

적절한 기능어 찾기 ★★

해석 최근 저출산의 원인**(에 대해서)** 여러 이야기가 있는데, 진짜 원인은 무엇이라고 생각합니까?

정답 찾기 문장 전후 내용은 저출산의 원인에 대해서 다양한 의견이 있음을 말하고 있다. 따라서 다루고 있거나 관계를 갖고 있는 대상을 지시하는 4번 ～について(～에 대해서)가 정답이다.

오답 분석 1번 ～に伴(ともな)って(～에 따라서)와 3번 ～につれて(～에 따라)는 한쪽이 변하면 그에 따라 다른 한쪽도 변함을 나타내는 표현이고, 2번 ～に対(たい)して(～에게, ～에 대하여)는 동작이나 감정이 향해지는 대상을 나타내므로 정답이 아니다.

> **복습 꼭!** ～について(～에 대해, ～에 관해서)

어휘 **最近(さいきん)** 최근, 요즘 | **少子化(しょうしか)** 저출산 | **原因(げんいん)** 원인 | **色々(いろいろ)** 여러 가지, 갖가지 | **語(かた)る** 말하다, 이야기하다 | **本当(ほんとう)** 사실, 진실, 정말

정답 4

---

15 子供（　　　）設定したパソコンでは、閲覧できるインターネットサイトを制限できる。

1 うえに   2 たびに
3 向けに   4 をきっかけに

적절한 기능어 찾기 ★★

해석 어린이**(용으로)** 설정한 컴퓨터로는 열람할 수 있는 인터넷사이트를 제한할 수 있다.

정답 찾기 공란 전후 내용이 어린이용으로 설정된 컴퓨터에 대해 이야기하고 있으므로 '～를 대상으로, ～에게 적합하도록 만들어졌음'을 나타내는 3번 ～向(む)けに(～용으로, ～대상으로)가 정답이다.

오답 분석 1번 ～うえに(～데다가)와 2번 ～たびに(～때마다)는 명사에 접속할 경우 ～の가 필요하므로 접속 형태상 정답에서 제외한다. 4번 ～をきっかけに(～을 계기로)는 구체적인 어떤 사항을 기회·계기로 해서 변화나 발전함을 나타내는 표현으로 정답이 아니다.

> **복습 꼭!** ～向けに(～용으로, ～대상으로)

어휘 **子供(こども)** 아이, 자식 | **設定(せってい)する** 설정하다 | **パソコン** 컴퓨터 | **閲覧(えつらん)** 열람 | **インターネットサイト** 인터넷사이트 | **制限(せいげん)** 제한

정답 3

---

16 彼女はファンの声援（　　　）、笑顔で手を振ってくれました。

1 にこたえて   2 にともなって
3 とともに   4 むけに

의미적 호응관계 파악하기 ★★

해석 그녀는 팬들의 성원**(에 응하여)**, 웃는 얼굴로 손을 흔들어 주었습니다.

정답 찾기 공란 앞에 제시되어 있는 声援(성원)이 힌트가 되어 상대로부터의 희망·요구 등에 부응함을 나타내는 표현인 1번 ～に答(こた)えて(～에 따라, ～에 응하여)가 정답이 된다.

오답 분석 2번 ～に伴(ともな)って(～에 따라서)와 3번 ～とともに(～와 함께)는 상관관계를 나타내는 표현이고, 4번 ～向(む)けに(～용으로)는 '～에게 적합함'을 나타내는 표현으로 문맥상 정답이 아니다.

복습 꼭! ～にこたえて(～에 따라, ～에 부응하여)

어휘 ファン 팬 | 声援(せいえん) 성원 | 笑顔(えがお) 웃는 얼굴 | 手(て)を振(ふ)る 손을 흔들다

정답 1

문제 다음 문장의 ＿＿＿ ★ 에 들어갈 가장 알맞은 말을 1·2·3·4 중에서 하나를 고르세요.

01 田中先生はいつも私の ＿＿ ★ ＿＿
＿＿ くれる。

1 質問 　　　　2 優しく
3 答えて 　　　4 に対して

단어 바르게 배열하기 ★★

문장 배열 田中先生はいつも私の 質問 に対して 優しく
　　　　　　　　　　　　　　1　　4　　　2

答えて くれる。
3

해석 다나카 선생님은 항상 나의 질문에 대해서 자상하게 대답해준다.

정답 찾기 공란 전후의 제시어를 보고 첫 번째 칸과 마지막 칸에 들어갈 단어를 선택할 수 있다. 私の(나의) 뒤에는 명사가 오므로 1번 質問(질문)밖에 올 수 없고, くれる 앞에는 3번 答えて를 넣어 ～てくれる(해 주다)의 형태를 만든다. 그리고 4번 ～に対(たい)して(～에 대해서)는 명사에 접속하므로 1번 뒤에 배열하고, 2번 優しく(자상하게)는 3번 앞에 두어 3번을 수식하게 하여 전체적으로 배열하면 1-4-2-3이 되므로 정답은 4번이다.

복습 꼭! ～に対して(～에 대해서, ～에게)

어휘 質問(しつもん) 질문 | 優(やさ)しい 아름답다. 다정하다. 상냥하다 | 答(こた)える 대답하다 | ～てくれる (나에게) ～해 주다

정답 4

---

02 子供の ＿＿ ★ ＿＿ ＿＿ 注目を集め
ている。

1 インターネット
2 フィルタリングサービスが
3 をめぐって
4 利用

단어 바르게 배열하기 ★★

문장 배열 子供の インターネット 利用 をめぐって
　　　　　　　　　1　　　　　　4　　3

フィルタリングサービスが 注目を集めている。
2

해석 어린이의 인터넷 이용을 둘러싸고 필터링서비스가 주목을 모으고 있다.

정답 찾기 선택지 가운데 의미상 우선 1번 インターネット(인터넷)와 4번 利用(이용)를 연결시킨다. 공란 앞에 있는 子供の(아이의) 뒤에는 명사가 와야 하므로 그 뒤에 1,4번(인터넷利用)을 배열한다. 3번 ～をめぐって(～을 둘러싸고)는 명사에 접속하므로 1,4번 뒤에 배열하고 문맥상 2번 フィルタリングサービスが(필터링서비스가)를 마지막에 배열하여 전체적으로 나열하면 1-4-3-2가 되므로 정답은 4번이다.

복습 꼭! ～をめぐって(～을 둘러싸고)

어휘 子供(こども) 아이, 자식 | インターネット 인터넷 | 利用(りよう) 이용 | フィルタリングサービス 필터링서비스 | 注目(ちゅうもく) 주목 | 集(あつ)める 모으다. 수집하다

정답 4

03 ____ ____ ★ ____ 、学生会館3階に自
習室を開設することになりました。

1 からの   2 希望
3 にこたえて   4 学生

단어 바르게 배열하기 ★★

문장 배열 <u>学生</u> <u>からの</u> <u>希望</u> <u>にこたえて</u>、学生会館3階に自
4   1   2   3
習室を開設することになりました。

해석 학생들로부터의 희망에 따라 학생회관 3층에 자습실을 개설하
게 되었습니다.

정답 찾기 3번 ~に答(こた)えて(~에 따라, ~에 부응하여)는 앞
에 주로 질문, 기대, 요구, 요망, 요청, 희망 등의 의미를 가진 명사와
접속된다. 따라서 2번 希望(희망)가 3번의 앞에 배열된다. 또한 ~
にこたえて는 상대로부터의 희망·요구 등에 부응함을 나타내므
로, 2~3번 앞에는 희망을 하는 대상인 学生からの(학생들로부터
의)가 배열된다. 이를 전체적으로 나열하면 4-1-2-3이 되고 정답은
2번이다.

> **복습 꼭!** ~にこたえて(~에 따라, ~에 부응하여)

어휘 学生(がくせい) 학생 | ~から ~부터 | 希望(きぼう) 희망 |
会館(かいかん) 회관 | 自習室(じしゅうしつ) 자습실 | 開設(かい
せつ)する 개설하다 | ~ことになる ~하게 되다

정답 2

---

04 ケータイ電話はすでに ____ ____ ★ ____
____ 販売されている。

1 商品化されて   2 ものが
3 向けの   4 お年寄り

단어 바르게 배열하기 ★★

문장 배열 ケータイ電話はすでに <u>お年寄り</u> <u>向けの</u> <u>ものが</u>
4   3   2
<u>商品化されて</u> 販売されている。
1

해석 휴대 전화는 이미 노인 대상의 것이 상품화되어 판매되고 있다.

정답 찾기 문맥상 3번 ~向(む)けの(~용, ~대상의) 앞에 올 수 있
는 단어는 4번 お年寄り(노인)밖에 없고, 또한 ~向けの의 뒤에
올 수 있는 것은 2번 ものが(것이)밖에 없으므로 자연히 4-3-2 순
으로 연결된다. 공란 뒤에 販売されている(판매되어지고 있다)의
앞에는 의미상 1번 商品化されて(상품화되어저)를 배열하여 전체
적으로 나열하면 4-3-2-1이므로 정답은 2번이다.

> **복습 꼭!** ~向けの(~용의, ~대상의, ~에게 적합한)

어휘 ケータイ電話(でんわ) 휴대 전화 | すでに 이미, 벌써 | お年
寄(とし)り 노인 | 商品化(しょうひんか)する 상품화하다 | 販
売(はんばい)する 판매하다

정답 2

---

05 夢は ____ ____ ★ ____ 。その夢に向
かって努力していくことが大事なのです。

1 ほど   2 大きければ
3 大きい   4 いい

단어 바르게 배열하기 ★★

문장 배열 夢は <u>大きければ</u> <u>大きい</u> <u>ほど</u> <u>いい</u>。その夢に
2   3   1   4
向かって努力していくことが大事なのです。

해석 꿈은 크면 클수록 좋다. 그 꿈을 향해 노력해 가는 것이 중요한
것이다.

정답 찾기 선택지 가운데 '앞의 정도가 변하면 뒤의 정도도 그에 따
라서 변함'을 나타내는 '~ば~ほど(~하면 ~할수록)'를 떠올려 2
번 大きければ(크면), 3번 大きい(크다), 1번 ほど(~할수록)를 차
례대로 연결한다. 그리고 4번 いい(좋다)는 문맥상 가장 뒤에 두어
전체적으로 나열하면 2-3-1-4가 되므로 정답은 1번이다.

복습 꼭! ~ば~ほど(~하면 ~할수록)

어휘 夢(ゆめ) 꿈 | 大(おお)きい 크다 | 向(む)かう 향하다 | 努力(どりょく)する 노력하다 | ~ていく ~해 가다 | 大事(だいじ)だ 소중하다, 중요하다

정답 1

06 ＿＿＿＿ ★ ＿＿、人口が増えて町は都会へ変化してゆく。

1 産業の　　　2 とともに
3 発達　　　　4 経済や

단어 바르게 배열하기 ★★

문장 배열 経済や 産業の 発達 とともに 人口が増えて町
　　　　　　 4　　1　　3　　2
は都会へ変化してゆく。

해석 경제와 산업의 발달과 함께 인구가 늘어서 시내는 도시로 변해 간다.

정답 찾기 2번 ~とともに(~와 함께)는 한쪽의 동작이나 작용·변화 등이 진행됨에 따라 다른 한쪽의 동작이나 작용·변화도 진행됨을 나타낸다. 따라서 앞 문장은 뒤의 문장과의 상관관계를 나타내도록 완성되어야 한다. ~や(~와, ~랑)는 사물을 열거하는 의미이므로 4번 経済や(경제와)와 1번 産業の(산업의)가 이어져야 하고 1번 産業の 뒤에는 명사가 와야 하므로 당연히 3번 発達(발달)를 연결시킨다. 마지막으로 앞 문장과 뒷 문장의 상관관계를 나타내는 2번 ~とともに를 배열하여 전체적으로 나열하면 4-1-3-2가 되므로 정답은 3번이다.

복습 꼭! ~とともに(~와 함께)

어휘 経済(けいざい) 경제 | 産業(さんぎょう) 산업 | 発達(はったつ) 발달 | 人口(じんこう) 인구 | 増(ふ)える 늘다, 증가하다 | 町(まち) 시내, 거리 | 都会(とかい) 도시 | 変化(へんか)する 변화하다 | ~てゆく ~해 가다

정답 3

07 パスワードは絶対 ＿＿ ＿＿ ★ ＿＿
管理してください。

1 わからない　　2 他の
3 人に　　　　　4 ように

단어 바르게 배열하기 ★★

문장 배열 パスワードは絶対 他の 人に わからない ように
　　　　　　　　　　　　 2　 3　　1　　　4
管理してください。

해석 패스워드는 절대로 다른 사람이 알 수 없도록 관리해주세요.

정답 찾기 4번 ~ように(~하도록)는 동사 기본형과 ない형에 접속된다. 따라서 1번 わからない(모른다)와 4번을 연결한다. 그리고 2번 他の(다른) 뒤에는 명사가 오게 되므로 3번 人に(사람에게)와 연결시킨다. 이를 전체적으로 나열하면 2-3-1-4가 되므로 정답은 1번이다.

복습 꼭! ~ように(~하도록)

어휘 パスワード 패스워드 | 絶対(ぜったい) 절대로 | 他(ほか) 다른, 그 밖 | 分(わ)からない 모른다 | 管理(かんり)する 관리하다 | ~てください ~해 주세요, ~하세요

정답 1

08 飛行機事故で助かった人は ＿＿＿ ＿＿＿
＿＿★＿ ＿＿＿ そうだ。

1 いない　　　　　　2 一人も

3 残念な　　　　　　4 ことに

문장 배열 飛行機事故で助かった人は 残念な ことに
₃　₄

一人も いない そうだ。
₂　₁

해석 비행기사고로 살아난 사람은 유감스럽게도 한 사람도 없었다고 한다.

정답 찾기 4번 ～ことに(～하게도)는 말하는 사람이 어떤 사실에 대해서 느낀 것을 강조해서 말하는 표현이다. 따라서 기분이나 감정을 나타내는 형용사나 동사에 접속되기 때문에 ～ことに의 앞에는 3번 残念な(유감스러운)가 오게 된다. 문장 마지막에 そうだ가 있으므로 그 앞에는 전하는 내용이 와야 한다. 2번 一人も(한 사람도)와 1번 いない(없다)를 연결하여 그 앞에 배치하여 전체적으로 나열하면 3-4-2-1이 되므로 정답은 2번이다.

> **복습 꼭!** ～ことに(～하게도)

어휘 飛行機(ひこうき) 비행기 | 事故(じこ) 사고 | 助(たす)かる 살아나다, 도움이 되다 | 残念(ざんねん)だ 유감스럽다, 아쉽다

정답 2

시나공 10 문장 끝에 쓰이는 문법(2) | **적 중** 예상 문제

문제 다음 문장의 (　　　)에 들어갈 가장 알맞은 말을 1 · 2 · 3 · 4 중에서 하나를 고르세요.

01 テレビ電話ではメールや電話だけでは伝え
（　　　）気持ちを、離れた場所からでも伝
えることができます。

1 ようがない　　　　　2 がたい

3 ぬく　　　　　　　　4 きれない

해석 화상전화로는 메일과 전화만으로는 (**완전히 전할 수 없는**) 마음을 떨어진 장소에서도 전할 수 있습니다.

정답 찾기 선택지의 모든 문법이 동사 ます형에 접속되는 표현이므로 문장의 의미적 호응관계로 정답을 선택해야 한다. 문장 전후 내용이 '메일이나 전화만으로는 다 전할 수 없는 마음을 화상전화가 전할 수 있다'가 되어야 하므로 정답은 4번 ～きれない(완전히 ～할 수 없다)이다.

오답 분석 1번 ～ようがない(～할 수 없다)는 그렇게 하고는 싶지만 수단이나 방법이 없어서 할 수가 없다는 표현, 2번 ～がたい(～하기 어렵다)는 그 동작을 하거나 그 상태에 있는 것이 어렵고 곤란하다는 표현, 3번 ～ぬく(끝까지 ～하다)는 어려움을 극복하고 마지막까지 하다, 몹시(매우) ～하다, 철저히 ～하다는 표현으로 문맥상 정답이 아니다.

> **복습 꼭!** ～きれない(완전히 ～할 수 없다, 다～할 수 없다)

어휘 テレビ電話(でんわ) 화상전화 | メール 메일 | ～だけでは ～만으로는 | 伝(つた)える 전하다 | 気持(きも)ち 기분, 마음 | 離(はな)れる 떨어지다, 떠나다 | 場所(ばしょ) 장소

정답 4

02 法律では、未成年者に酒やタバコを売って
はいけない（　　　）。

1 ことになっている　　2 わけにはいかない
3 ところだった　　　　4 べきではない

의미적 호응관계 파악하기 ★★

해석 법률에서는, 미성년자에게 술과 감배를 팔면 안 되는 **(것으로 되어 있다)**.

정답 찾기 문장 전후 내용이 '법률로 미성년자의 음주와 흡연이 금지되어 있다'는 것이다. 따라서 정답은 정해진 규칙이나 사회적 관습 등을 객관적으로 이야기하는 표현인 1번 〜ことになっている(〜것으로 되어 있다)이다.

오답 분석 2번 〜わけにはいかない(〜할 수는 없다)는 사회적이나 법률적 등으로 방해 받을 때나 생각대로 일이 처리되지 않을 때 사용하는 표현, 3번 〜ところだった(〜할 뻔했다)는 나쁜 결과가 될 뻔했는데 실제로는 그렇게 되지 않았다는 표현, 4번 〜べきではない(〜해서는 안 된다)는 의무라고 주장하거나 충고하고 싶을 때 사용하는 표현으로 문맥상 정답이 아니다.

> **복습 꼭!** 〜ことになっている(〜하기로 되어 있다)

어휘 法律(ほうりつ) 법률 | 未成年者(みせいねんしゃ) 미성년자 | 酒(さけ) 술 | タバコ 담배 | 売(う)る 팔다 | 〜てはいけない 〜해서는 안 된다

정답 1

03 マラソン大会に参加したが、初マラソンで
42.195キロを走り（　　　）のはどうも無理
だった。

1 次第だ　　　　　　2 ぬく
3 かねる　　　　　　4 つつある

의미적 호응관계 파악하기 ★★

해석 마라톤대회에 참가했는데, 첫 마라톤에서 42,195km를 **(끝까지 달리는)** 것은 아무래도 무리였다.

정답 찾기 문장 전후 내용이 마라톤에서 42.195 킬로를 끝까지 달리는 것을 이야기하고 있으므로 정답은 '어려움을 극복하고 마지막까지 완전히 〜하다'는 의미인 2번 〜ぬく(끝까지 〜하다)이다.

오답 분석 1번 〜次第(しだい)는 동사 ます형에 접속될 경우 '〜하는 대로'라는 의미, 3번 〜かねる(〜하기 어렵다, 〜할 수 없다)는 기분상 〜하기 어렵다 또는 주로 서비스업에서 손님의 요구나 희망에 응할 수 없음을 완곡하게 말하는 표현, 4번 〜つつある는(〜하고 있다)는 어떤 동작이나 작용이 진행과정이 있음을 나타내는 표현으로 문맥상 정답이 아니다.

> **복습 꼭!** 〜ぬく(끝까지 〜하다, 몹시 〜하다)

어휘 マラソン大会(たいかい) 마라톤대회 | 参加(さんか)する 참가하다 | 初(はつ) 첫 | 走(はし)る 달리다. 뛰다 | どうも 아무래도 | 無理(むり) 무리

정답 2

04 夢が叶うか、叶わないかは、自分の努力
（　　　）と思う。

1 きれない　　　　　2 ことだ
3 次第だ　　　　　　4 一方だ

문법적 호응관계 파악하기 ★★

해석 꿈이 이루어질지 이루어지지 않을지는 자신의 노력**(나름이라고)** 생각한다.

정답 찾기 정답은 3번 〜次第(しだい)だ(〜나름이다)이다. 〜次第는 동사의 명사 수식형에 접속되면 '〜인 것이다'는 의미로, 이유나 사정을 설명하여 '그래서 이런 결과가 되었음'을 나타내고, 명사에 접속되면 '〜나름이다. 〜에 달려있다'라는 의미로, '〜에 따라 어떤 사항이 결정된다'고 말하는 의미가 된다.

오답 분석 1번 〜きれない(다 〜할 수 없다), 2번 〜ことだ(〜것이다. 〜해야 한다), 4번 〜一方(いっぽう)だ(〜할 뿐이다. 〜하기만 하다)는 명사에 접속되지 않으므로 접속 형태상 정답이 아니다.

복습 꼭! 명사+〜次第だ 〜나름이다, 〜에 달려있다

어휘 夢(ゆめ) 꿈 | 叶(かな)う 이루어지다. 꼭 맞다 | 〜か〜ない
か 〜지 아닌지 | 自分(じぶん) 자기 자신 | 努力(どりょく) 노력 |
〜と思(おも)う 〜라고 생각하다

정답 3

---

05 担当者が不在で私ではわかり（　　　）ので、
後ほどお電話いたします。

1 べきです　　　　　2 かねます

3 すぎます　　　　　4 一方です

적절한 기능어 찾기 ★★

해석 담당자가 자리에 없어 저로서는 **(알 수 없기)** 때문에 나중에
전화 드리겠습니다.

정답 찾기 정답인 2번 〜かねる(〜하기 어렵다, 〜할 수 없다)는
'기분상 거부감이 있어 〜하기 어렵다'는 의미이지만, 서비스업에서
손님의 요구나 희망에 응할 수 없음을 완곡하게 말할 때에도 자주
사용된다.

오답 분석 1번 〜べきだ(〜해야 한다)와 4번 〜一方(いっぽう)だ
(〜할 뿐이다. 〜하기만 하다)는 동사 기본형에 접속되므로 접속 형
태상 정답에서 제외한다. 3번 〜すぎる(너무 〜하다)는 어떤 동작
이나 상태의 정도가 수준을 넘는 것을 나타내므로 문장 전후 내용상
의미적으로 정답이 아니다.

복습 꼭! 〜かねる(〜하기 어렵다, 〜할 수 없다)

어휘 担当者(たんとうしゃ) 담당자 | 不在(ふざい) 부재 | 分(わ)
かる 알다. 이해하다 | 後(のち)ほど 나중에. 뒤에 | 電話(でんわ) 전
화 | お + 한자어+ いたす (제가) 〜하다, 〜해 드리다

정답 2

---

06 私も金に余裕はないが、親友が困っている
のをただ見ている（　　　）。

1 ことはない　　　　2 どころではない

3 わけにはいかない　4 ようがない

의미적 호응관계 파악하기 ★★

해석 나도 돈에 여유는 없지만, 친구가 곤란해 하고 있는 것을 그저
보고 있을 **(을 수는 없다)**.

정답 찾기 문장 내용이 '친구의 곤란한 상황을 그저 보고 있을 수는
없다'이므로, 사회적 · 법률적 · 도덕적 · 심리적 이유 등으로 그렇게
할 수는 없다는 의미인 3번 〜わけにはいかない(〜할 수는 없다)
가 정답이다.

오답 분석 동사 ます형에 접속되는 4번 〜ようがない(〜할 방법
이 없다. 〜할 수 없다)는 접속 형태상 정답에서 제외한다. 1번 〜こ
とはない(〜할 필요는 없다)는 충고나 조언의 표현, 2번 〜どころ
ではない(〜할 상황이 아니다)는 나쁜 결과가 될 뻔했는데 실제로
는 그렇게 되지 않았다는 표현으로 문맥상 정답이 아니다.

복습 꼭! 〜わけにはいかない(〜할 수는 없다)

어휘 金(かね) 돈 | 余裕(よゆう) 여유 | 親友(しんゆう) 친구 | 困
(こま)る 곤란하다. 난처하다 | ただ 그저. 오직. 겨우. 단지 | 見(み)る
보다

정답 3

---

07 難しかった仕事をやり遂げた喜びはたとえ
（　　　）ほど大きいでしょう。

의미적 호응관계 파악하기 ★★

해석 어려웠던 일을 완수했을 때의 기쁨은 비유**(할 수 없을)** 만큼
크겠지요.

1 わけにはいかない	2 かねない
3 べきではない	4 ようがない

정답 찾기 문장 전후 내용이 '기쁨이 비유할 수 없을 만큼 크다'는 것이므로 정답은 그렇게 하고는 싶지만 ~할 수단이나 방법이 없어서 할 수가 없다고 말하는 표현인 4번 ~ようがない(~할 방법이 없다, ~할 수 없다)이다.

오답 분석 1번 ~わけにはいかない(~할 수는 없다)와 3번 ~べきではない(~해서는 안 된다)는 동사 기본형에 접속되는 표현이므로 접속 형태상 정답이 아니다. 2번 ~かねない(~할지도 모른다) 좋지 않은 가능성이 있어 걱정이라는 의미로 문맥상 정답이 아니다.

> **복습 꾁!** ~ようがない(~할 수가 없다)

어휘 難(むずか)しい 어렵다 | 仕事(しごと) 일, 직업 | やり遂(と)げる 끝까지 해내다, 완수하다 | 喜(よろこ)び 기쁨 | 例(たと)える 예를 들다, 비유하다 | ~ほど ~정도, 만큼 | 大(おお)きい 크다

정답 4

---

08 小林さんの両親、二人ともお医者さんじゃなかった（　　　）。

1 ことか	2 ものだ
3 っけ	4 ことだ

적절한 기능어 찾기 ★★

해석 고바야시 씨의 부모님 두 분 모두 의사선생님 아니었(**던가**)?

정답 찾기 문장 전후 내용이 고바야시 씨의 부모님이 의사라는 사실을 확인하는 내용이므로 정답은 잊었던 일이나 불확실한 일에 대한 사실 확인 또는 혼잣말로 과거를 회상할 때 사용하는 표현인 3번 ~っけ(~던가, ~였지)이다.

오답 분석 1번 ~ことか((얼마나) ~하던가)는 감탄이나 탄식을 강하게 나타내는 표현, 2번 ~ものだ(~하는 법이다)는 도덕적·사회적 상식에 대해 말할 때 사용하는 표현, 4번 ~ことだ(~하는 것이다)는 상대에 대한 충고·권고·요구·주장 등을 나타내는 표현으로 정답이 아니다.

> **복습 꾁!** ~っけ(~던가, ~였지)

어휘 両親(りょうしん) 부모님 | 二人(ふたり) 두 사람 | ~とも 모두, 전부, 함께 | お医者(いしゃ)さん 의사

정답 3

---

09 どんな人だって、失敗することは（　　　　）。

1 ありようがありません
2 あり得ます
3 ありつつあります
4 ありぬきます

의미적 호응관계 파악하기 ★★

해석 어떤 사람이라도 실패(**할 수 있습니다**).

정답 찾기 あり得(え)る(있을 수 있다)와 あり得(え)ない(있을 수 없다)는 하나의 어휘로서 기억해도 좋을 만큼 자주 사용되는 표현이다. 문장의 전후 내용이 '누구나 실패할 수 있다'이므로 정답은 실현 가능성을 나타내는 의미인 2번 あり得ます(있을 수 있습니다)이다.

오답 분석 1번 ~ようがない(~할 방법이 없다)는 ~할 수단이나 방법이 없어서 할 수가 없다는 표현, 3번 ~つつある(~하고 있다)는 어떤 동작이나 작용이 진행과정에 있음을 나타내는 표현, 4번 ~ぬく(끝까지 ~하다)는 어려움을 극복하고 마지막까지 완전히 ~하다는 표현으로 문맥상 정답이 아니다.

> **복습 꾁!** 동사 ます형+得る(~할 수 있다) / 동사 ます형+得ない(~할 수 없다)

어휘 どんな 어떤 | ~だって ~라도, ~이든 | 失敗(しっぱい)する 실패하다

정답 2

10 学歴、職業などの条件で人を判断する（　　　　）。

1 ことはない　　　2 ものがある

3 べきではない　　4 一方だ

의미적 호응관계 파악하기 ★★

해석 학력, 직업 등의 조건으로 사람을 판단(해서는 안 된다).

정답 찾기 문장 전후 내용이 '조건으로 사람을 판단하면 안 된다'는 전개가 되어야 한다. 따라서 정답은 의무라고 주장하거나 충고하고 싶을 때 사용하는 3번 ~べきではない(~해서는 안 된다)이다.

오답 분석 1번 ~ことはない(~할 것은 없다)와 2번 ~ものがある(~하는 데가 있다), 4번 ~一方だ(~할 뿐이다)는 문장 전후 내용상 의미적으로 정답이 아니다.

복습 꼭! ~べきだ ~해야 한다/~べきではない ~하는 것이 아니다, ~하지 않아야 한다

어휘 学歴(がくれき) 학력 | 職業(しょくぎょう) 직업 | ~など ~따위, 등, ~같은 것 | 条件(じょうけん) 조건 | 判断(はんだん)する 판단하다

정답 3

---

11 交差点の信号が壊れてあやうく事故になる（　　　　）。

1 ところだった　　2 ことになっている

3 にちがいない　　4 次第だ

의미적 호응관계 파악하기 ★★

해석 교차로의 신호등이 고장 나서 하마터면 사고가 (날 뻔했다).

정답 찾기 공란 앞의 あやうく(하마터면)를 힌트로, 정답은 1번 ~ところだった((하마터면) ~할 뻔했다)이다. ~ところだった는 '~와 같은 나쁜 결과가 될 뻔했는데, 실제로는 그렇게 되지 않았음'을 말하는 표현이다.

오답 분석 2번 ~ことになっている(~하기로 되어 있다)는 정해진 규칙이나 관습 등을 나타내는 표현, 3번 ~にちがいない(~임에 틀림없다)는 강한 확신의 표현, 4번 ~次第だ(~인 것이다)는 이유나 사정을 설명하고 그래서 이런 결과가 되었음을 나타내는 표현으로 문맥상 정답이 아니다.

복습 꼭! ~ところだった((하마터면) ~할 뻔했다)

어휘 交差点(こうさてん) 교차로 | 信号(しんごう) 신호등 | 壊(こわ)れる 깨지다, 고장나다 | あやうく 하마터면, 아슬아슬하게 | 事故(じこ) 사고

정답 1

---

12 妊産婦の前でタバコを吸う（　　　　）。

1 ものだ　　　　　2 ことになっている

3 ことはない　　　4 ものではない

적절한 기능어 찾기 ★★

해석 임산부 앞에서 담배를 피우(는 것이 아니다).

정답 찾기 이 문제는 상식적으로 '임산부 앞에서는 담배를 피우는 게 아니다'라는 내용이 되어야 한다. 따라서 정답은 도덕적·사회적 상식에 대해 말하는 표현인 4번 ~ものではない(~법이 아니다, ~것이 아니다)이다.

오답 분석 1번 ~ものだ(~하는 법이다), 2번 ~ことになっている(~하기로 되어 있다), 3번 ~ことはない(~할 필요는 없다)는 문맥상 정답이 아니다.

복습 꼭! ~ものではない (~법이 아니다, ~것이 아니다)

어휘 妊産婦(にんさんぷ) 임산부 | 前(まえ) 앞, 전 | タバコを吸(す)う 담배를 피우다

정답 4

13 失敗してもがっかりする（　　　）。失敗が
次の成功のもとになるのである。

1 しかない　　　　　　2 どころではない
3 ことはない　　　　　4 ものがある

의미적 호응관계 파악하기 ★★

해석 실패하더라도 실망(**할 필요는 없다**). 실패가 다음의 성공의 토대가 되는 것이다.

정답 찾기 문맥상 실패는 성공의 투대가 되는 것이니 실패해도 실망할 것 없다는 내용이 되어야 한다. 따라서 정답은 충고·조언의 표현인 3번 ～ことはない(～할 필요는 없다, ～할 것은 없다)이다.

오답 분석 1번 ～しかない(～할 수 밖에 없다)는 가능한 방법이나 수단의 한정, 2번 ～どころではない(～할 상황이 아니다)는 강한 부정의 표현, 4번 ～ものがある(～하는 데가 있다)는 말하는 사람이 느낀 것을 감정을 담아 말할 때 사용하는 표현으로 문장 전후 내용상 의미적으로 정답이 아니다.

복습 꼭! ～ことはない(～할 필요는 없다, ～할 것은 없다)

어휘 失敗(しっぱい) 실패｜がっかりする 실망하다｜次(つぎ) 다음｜成功(せいこう) 성공｜もと 기원, 원인, 근본, 토대, 원료

정답 3

14 携帯電話の普及で公衆電話が減り（　　　）。

1 つつある　　　　　　2 きれない
3 ようがない　　　　　4 得ない

의미적 호응관계 파악하기 ★★

해석 휴대 전화의 보급으로 공중전화가 줄어들(**고 있다**).

정답 찾기 문제의 내용이 휴대 전화의 보급으로 공중전화의 수가 점점 줄어들고 있음을 말하고 있다. 따라서 정답은 어떤 동작이나 작용이 진행과정에 있음을 나타내는 1번 ～つつある(～하고 있다)이다.

오답 분석 2번 ～きれない(전부 ～할 수 없다), 3번 ～ようがない(～할 방법이 없다), 4번 ～得(え)ない(～할 수 없다)는 문장 전후 내용상 의미적으로 정답이 아니다.

복습 꼭! ～つつある ((지금) ～하고 있다)

어휘 携帯電話(けいたいでんわ) 휴대 전화｜普及(ふきゅう) 보급｜公衆電話(こうしゅうでんわ) 공중전화｜減(へ)る 줄다

정답 1

15 嫌な上司がいて、仕事が終わると、酒に付
き合えと言ってくる。行きたくないが、毎
回断る（　　　）ので困っている。

1 しかない　　　　　　2 わけにはいかない
3 ことはない　　　　　4 ことになる

의미적 호응관계 파악하기 ★★

해석 싫은 상사가 있는데, 일이 끝나면, 함께 술 마시자고 청해 온다. 가고 싶지 않지만, 매번 거절(**할 수는 없기**) 때문에 곤란하다.

정답 찾기 문장 전후 내용이 가고 싶지 않은데 매번 거절할 수는 없어 곤란함을 이야기하고 있다. 따라서 정답은 여러 가지 이유 등으로 방해 받을 때나 생각대로 일이 처리되지 않을 때 사용하는 표현인 2번 ～わけにはいかない(～할 수는 없다)가 된다.

오답 분석 1번 ～しかない(～할 수 밖에 없다)와 3번 ～ことはない(～할 것은 없다, ～할 필요는 없다), 4번 ～ことになる(～하게 되다)는 문맥상 정답이 아니다.

복습 꼭! ～わけにはいかない (～할 수는 없다)

어휘 嫌(いや)だ 싫다｜上司(じょうし) 상사｜仕事(しごと) 일, 직업｜終(お)わる 끝나다｜酒(さけ) 술｜付(つ)き合(あ)う 사귀다, (의리나 교제상) 행동을 같이 하다｜毎回(まいかい) 매회｜断(ことわ)る 거절하다, 양해를 구하다｜困(こま)る 곤란하다, 난처하다

정답 2

16 いろいろ悩んだり迷ったりしているよりは、とにかくやってみる（　　　）と思う。

1 まい　　　　　　　2 次第だ
3 ことだ　　　　　　4 一方だ

의미적 호응관계 파악하기 ★★

해석 여러 가지로 고민하거나 망설이거나 하고 있는 것 보다는, 어쨌든 해 보**(는 것이 좋다)**고 생각한다.

정답 찾기 문장 내용이 '어쨌든 해 보는 것이 중요하다'고 조언을 해 주고 있다. 따라서 정답은 상대에 대한 충고·권고·요구·주장 등을 나타내는 3번 ～ことだ(～것이다, ～하는 것이 좋다)이다.

오답 분석 1번 ～まい(～지 않을 것이다)는 부정의 의지와 부정의 추측을 나타내는 표현. 2번 ～次第だ(～인 것이다)는 이유나 사정을 설명하고 그에 따른 결과를 나타내는 표현. 4번 ━一方(いっぽう)だ(～할 뿐이다)는 '오로지 ～의 방향으로만 변화가 진행되고 있음'을 나타내는 표현으로 문맥상 정답이 아니다.

> **복습 꼭!** ～ことだ(～것이다, ～해야 한다, ～하는 것이 좋다)

어휘 色々(いろいろ) 여러 가지 | 悩(なや)む 고민하다 | 迷(まよ)う 길을 잃다, 망설이다 | ～たり～たりする ～하기도 하고 ～하기도 하다 | ～より ～보다 | とにかく 어쨌든, 여하튼 | やってみる 해 보다

정답 3

문제 다음 문장의 ＿＿★＿＿에 들어갈 가장 알맞은 말을 1·2·3·4 중에서 하나를 고르세요.

01 私は優先席だけじゃなくて、どの席に座っていても、お年寄りや妊婦さん、障害者などが＿＿＿ ＿＿＿ ★ と思います。

1 席を　　　　　　　2 ゆずる
3 いたら　　　　　　4 べきだ

단어 바르게 배열하기 ★★

문장 배열 私は優先席だけじゃなくて、どの席に座っていても、お年寄りや妊婦さん、障害者などが いたら 席を ゆずる べきだ と思います。
（3　1　2　4）

해석 저는 우선석뿐 아니라, 어느 자리에 앉아 있더라도 노인과 임산부, 장애인 등이 있다면 자리를 양보해야 한다고 생각합니다.

정답 찾기 4번 ～べきだ(～해야 한다)는 동사 기본형에 접속되므로 2번 ゆずる(양보하다)를 4번 앞에 배열한다. 그리고 그 앞에는 목적어가 와야 하므로 1번 席を(자리를)를 배열한다. 공란 앞의 제시어가 障害者などが(장애인 등이)이므로 자연스럽게 첫 번째 칸에는 3번 いたら(있다면)를 배열하여 전제적으로 나열하면 3-1-2-4가 되므로 정답은 4번이다.

> **복습 꼭!** ～べきだ(～해야 한다, ～하는 편이 좋다, ～하는 것이 당연하다)

어휘 優先席(ゆうせんせき) 우선석 | ～だけじゃない ～만이 아니다, ～뿐이 아니다 | 席(せき) 자리 | 座(すわ)る 앉다 | お年寄(としよ)り 노인 | 妊婦(にんぷ) 임산부 | 障害者(しょうがいしゃ) 장애인 | 譲(ゆず)る 물려주다, 양보하다

정답 4

---

02 勝負はこれから。＿＿＿ ＿＿＿ ★ ＿＿＿。

단어 바르게 배열하기 ★★

문장 배열 勝負はこれから。みんなで 力をあわせて がんばろう じゃないか。
（4　1　2　3）

해석 승부는 이제부터. 다 같이 힘을 모아서 노력하자.

1 力をあわせて	2 がんばろう
3 じゃないか	4 みんなで

정답 찾기 문말 표현인 동사 의지형+〜ようではないか((함께) 〜하자)의 형태를 떠올려 우선 2번 がんばろう(노력하자)와 3번 じゃないか(〜지 않겠는가)를 연결하여 문장 끝에 배열한다. 다음은 4번 みんなで(다 같이)와 1번 力をあわせて(힘을 합쳐)를 연결해 그 앞에 배열하여 전체적으로 나열하면 4-1-2-3이 되므로 정답은 2번이다.

> **복습 꼭!** 〜(よ)うではないか ((함께) 〜하자, 〜해야 하지 않겠는가)

어휘 勝負(しょうぶ) 승부, 승패 | 皆(みんな)で 다 같이 | 力(ちから)を合(あ)わせる 힘을 모으다 | 頑張(がんば)る 노력하다

정답 2

---

03 彼は得がたい人材だ。___ ★ ___

___。

1 会社の将来は	2 若者の
3 彼のような	4 肩にかかっている

단어 바르게 배열하기 ★★

문장 배열 彼は得がたい人材だ。会社の将来は 彼のような
　　　　　　　　　　　　　　　　　　　　1　　　　3
若者の 肩にかかっている。
　2　　　4

해석 그는 얻기 힘든 인재이다. 회사의 장래는 그와 같은 젊은이의 어깨에 달렸다.

정답 찾기 우선 주어가 되는 1번 会社の将来は(회사의 장래는)를 가장 앞에 둔다. 3번 彼のような(그와 같은)의 〜ような 뒤에 명사와 연결되기 때문에 2번 若者の(젊은이의)를 연결시키고, 마지막에 4번 肩にかかっている(어깨에 지어져 있다)를 배열하여 전체적으로 나열하면 1-3-2-4가 되므로 정답은 3번이다.

> **복습 꼭!** 〜がたい(〜하기 어렵다)

어휘 得(え)る 얻다 | 人材(じんざい) 인재 | 将来(しょうらい) 장래 | 〜ような 〜같은, 〜처럼 | 若者(わかもの) 젊은이 | 肩(かた)にかかる (책임, 의무 등이) 어깨에 지워지다, 부담이 되다

정답 3

---

04 電気製品の発展につれて、ハードディスクの ___ ★ ___。

1 容量は	2 大きくなり
3 つつある	4 ますます

단어 바르게 배열하기 ★★

문장 배열 電気製品の発展につれて、ハードディスクの
容量は ますます 大きくなり つつある。
　1　　　4　　　　2　　　　3

해석 전기제품의 발전에 따라서, 하드디스크의 용량은 점점 커지고 있다.

정답 찾기 공란 앞의 ハードディスクの(하드디스크의) 뒤에는 명사가 오므로 첫 번째 공란에는 1번을 배열한다. 그리고 3번 〜つつある(〜하고 있다)는 동사 ます형에 접속하므로 2번 大きくなり(커지고)와 연결한다. 4번 ますます(점점)는 형용사나 동사를 수식해주는 부사이므로 형용사인 2번 앞에 배열하여 전체적으로 나열하면 1-4-2-3이 되어 정답은 2번이다.

> **복습 꼭!** 〜つつある(〜하고 있다)

어휘 電気製品(でんきせいひん) 전기제품 | 発展(はってん) 발전 | 〜につれて 〜에 따라 | ハードディスク 하드디스크 | 容量(ようりょう) 용량 | ますます 더욱더, 점점 더 | 大(おお)きくなる 커지다

정답 2

정답과 해설

05 人は ★ ____ ____ ____ 。

1 困りぬくと　　　2 力が
3 知恵と　　　　　4 わいてくる

단어 바르게 배열하기 ★★

문장 배열　人は 困りぬくと 知恵と 力が わいてくる。
　　　　　　　　　　1　　　3　　2　　4

해석 사람은 몹시 곤란하면 지혜와 힘이 솟아난다.

정답 찾기 3번에 있는 ～と(와)는 대등한 관계에 있는 것을 늘어놓는 표현이므로 3번 知恵と(지혜와) 뒤에는 2번 力が(힘이)가 배열된다. 그러면 자연스럽게 그 뒤에는 4번 わいてくる(솟아나다)가 오게 된다. 문장의 내용상 가장 앞에는 지혜와 힘이 솟아나는 상황이 와야 하므로 1번 困りぬくと(몹시 곤란하면)를 가장 앞에 배열하여 전체적으로 나열하면 1-3-2-4가 되므로 정답은 1번이다.

복습 꾁! 동사 ます형+～ぬく(끝까지 ～하다, 몹시 ～하다)

어휘 困(こま)る 곤란하다, 난처하다 | 知恵(ちえ) 지혜 | 力(ちから)がわく 힘이 솟다

정답 1

06 最近ケータイ電話 ____ ____ ★ ____ 。

1 による　　　　　2 インターネット利用は
3 一方だ　　　　　4 増える

단어 바르게 배열하기 ★★

문장 배열　最近ケータイ電話 による インターネット利用は
　　　　　　　　　　　　　　　1　　　　2
増える 一方だ。
　4　　　3

해석 최근 휴대 전화에 의한 인터넷 이용은 늘어날 뿐이다.

정답 찾기 공란 앞의 제시어가 ケータイ電話(휴대 전화)이다. 1번 ～による(～에 의한, ～에 따른)는 명사에 접속되고, 또한 뒤에 명사를 수반하게 되므로 첫 번째 칸에는 1번 ～による를, 그 뒤에는 2번 インターネット利用は(인터넷 이용은)를 배열한다. 3번 一方(いっぽう)だ(～할 뿐이다)는 동사 기본형에 접속되므로 자연스레 4번 増える(늘다)와 연결되어 전체적으로 나열하면 1-2-4-3이 되므로 정답은 4번이다.

복습 꾁! ～一方だ((오로지) ～할 뿐이다, ～하기만 하다)

어휘 最近(さいきん) 최근, 요즘 | ケータイ電話(でんわ) 휴대 전화 | ～による ～에 의한, ～에 따른 | インターネット 인터넷 | 利用(りよう) 이용 | 増(ふ)える 늘다, 증가하다

정답 4

07 待ちに待った初孫が ____ ____ ★ ____ 。

1 どんなに　　　　2 嬉しかった
3 ことか　　　　　4 生まれたとき

단어 바르게 배열하기 ★★

문장 배열　待ちに待った初孫が 生まれたとき どんなに
　　　　　　　　　　　　　　　　　4　　　　1
嬉しかった ことか。
　2　　　3

해석 기다리고 기다렸던 첫손자가 태어났을 때 얼마나 기뻤던지.

정답 찾기 3번 ～ことか(～인지, ～던가)는 각 품사의 명사 수식형에 접속되는 표현이다. 선택지에서 ～ことか와 접속되는 것은 2번 嬉しかった(기뻤다)밖에 없다. 또한 ～ことか의 앞에는 자주 どんなに, どれほど(얼마나)가 와서 얼마나 그러했는지에 대한 정도를 강조해준다. 그리고 기뻤던 상황을 말해주는 4번 生まれたとき(태어났을 때)는 내용상 가장 앞에 배열하여 전체적으로 나열하면 4-1-2-3이 되므로 정답은 2번이다.

복습 꾁! ～ことか(～인가, ～던다, ～한지)

116

어휘 待(ま)ちに待(ま)った 기다리고 기다리던 | 初孫(はつまご) 첫 손자 | 生(う)まれる 태어나다 | どんなに 얼마나, 아무리 | 嬉(う れ)しい 기쁘다

정답 2

---

08 インドの魅力は一言ではとても語りつくせ ないが、＿＿＿ ＿＿★＿ ＿＿＿。

1 引きつける　　　2 何か
3 ものがある　　　4 人を

단어 바르게 배열하기 ★★

문장 배열 インドの魅力は一言ではとても語りつくせない が、何か 人を 引きつける ものがある。
　　　　　　　2　4　1　　　3

해석 인도의 매력은 한마디로는 도저히 다 말할 수 없지만, 뭔가 사 람의 마음을 끄는 데가 있다.

정답 찾기 말하는 사람이 느낀 것을 감정을 담아 말하는 3번 ～も のがある(～하는 데가 있다)는 각 품사의 명사 수식형에 접속하므 로 1번 引きつける(끌다)가 앞에 배열된다. 그리고 그 앞에는 목적 어가 와야 하므로 4번 人を(사람을)를 배열하고, 2번 何か(뭔가)는 전체 내용상 가장 앞에 배열하여 전체적으로 나열하면 2-4-1-3이 되어 정답은 1번이다.

복습 꼭! ～ものがある(～하는 데가 있다)

어휘 インド 인도 | 魅力(みりょく) 매력 | 一言(ひとこと) 한마디 말 | とても 도저히, 아무래도, 매우, 대단히 | 語(かた)り尽(つ)くす 다 말하다 | 何(なに)か 뭔가, 무엇인지, 어쩐지 | 引(ひ)き付(つ)ける 가까이 끌어당기다, 마음을 끌다

정답 1

둘째마당 │ 총정리 적 중 예상 문제 ①

[문제] 다음 문장의 (　　　)에 들어갈 가장 알맞은 말을 1·2·3·4 중에서 하나를 고르세요.

01 パラパラと音がした(　　　)、いきなり激し く雨が降り始め、慌てて窓を閉めに行った。

1 にわたって　　　2 かと思ったら
3 からして　　　　4 ついでに

의미적 호응관계 파악하기 ★★

해석 후드득후드득 하고 소리가 나(**나 싶더니 곧**) 갑자기 세차게 비 가 내리기 시작해서 서둘러서 창문을 닫으러 갔다.

정답 찾기 문장 전후 내용이 '후드득 소리가 나고 이내 곧 비가 심 하게 내렸다'는 것이므로 앞일이 일어난 직후에 뒷일이 일어남을 나 타내는 2번 ～かと思(おも)ったら(～하자 곧, ～나 싶더니)가 정답 이 된다.

오답 분석 명사에 접속되는 1번 ～にわたって(～에 걸쳐서)와 3번 ～からして(～부터가)는 접속 형태상 정답에서 제외한다. 4번 ～ ついでに(～하는 김에) '～를 하는 기회를 이용해 마침 다른 일도 함께 한다'는 표현으로 문장 전후 내용상 의미적으로 정답이 아니다.

복습 꼭! ～かと思った(～나 싶더니 곧, ～하자 곧)

어휘 パラパラ 후드득후드득 | 音(おと)がする 소리가 나다 | いき なり 갑자기, 느닷없이 | 激(はげ)しい 심하다, 세차다, 과격하다 | 雨 (あめ) 비 | 降(ふ)り始(はじ)める 내리기 시작하다 | 慌(あわ)てる 당황하다, 몹시 서두르다 | 窓(まど) 창문 | 閉(し)める 닫다

정답 2

02　夕べひどい雨（　　　　）、傘もささずに歩い
て帰ったため風邪をひいてしまった。

1からといって　　　　2といっても
3にもかかわらず　　　4ことに

의미적 호응관계 파악하기 ★★

해석 어젯밤 비가 심하게 내리는(**데도**), 우산도 쓰지 않고 걸어 돌아
와서 감기에 걸려버렸다.

정답 찾기 문장 전후 내용이 비가 심하게 내리는데 우산도 쓰지 않
고 걸어서 감기에 걸렸다는 것이므로 문맥상 정답은 '~에서 예상
되는 것과는 다른 결과가 됨'을 나타내는 표현인 3번 ~にもかか
わらず(~인데도 불구하고)이다.

오답 분석 1번 ~からといって(~라고 해서)는 '~을 근거로 하여
내려진 판단이 언제나 옳다고는 말할 수 없음'을 말하는 표현, 2번
~といっても(~라고 해도)는 '~라고 해도, 실제는 ~에서 생각되
어지는 것과는 다름'을 나타내는 표현, 4번 ~ことに(~하게도)는
어떤 사실에 대해서 느낀 것을 강조해서 말하는 표현으로 문맥상 정
답이 아니다.

> **복습 꼭!** ~にもかかわらず(~에도 불구하고)

어휘 夕(ゆう)べ 어젯밤 | 傘(かさ)をさす 우산을 쓰다 | ~ずに ~
하지 않고 | 駅(えき) 역 | 歩(ある)く 걷다 | 帰(かえ)る 돌아가다,
돌아오다 | ~ため ~ 때문에 | 風邪(かぜ)を引(ひ)く 감기에 걸리다
| ~ようだ ~것 같다

정답 3

03　日本の夏の暑さ（　　　）食欲がなくなるほ
どです。

1といったら　　　　2としても
3とは　　　　　　　4というのは

의미적 호응관계 파악하기 ★★

해석 일본 여름의 더위(**는 정말**) 식욕이 없어질 정도이다.

정답 찾기 문장 전후 내용이 일본 여름의 더위가 정말 너무 덥다는
것이므로 정답은 놀람이나 감탄 등의 감정을 가지고 어떤 사실을 나
타내는 표현인 1번 ~といったら(~로 말할 것 같으면, ~은 정말)
이다.

오답 분석 2번 ~としても(~라고 해도, ~로서도)는 가정의 의미
를 나타내거나 입장·자격을 나타내는 표현, 3번 ~とは(~란, ~라
는 것은)와 4번 ~というのは(~란, ~라는 것은)는 의미를 나타내
거나 정의하는 표현으로 문맥상 정답이 아니다.

> **복습 꼭!** ~といったら(~로 말할 것 같으면, ~는 (정말))

어휘 夏(なつ) 여름 | 暑(あつ)さ 더위 | 食欲(しょくよく) 식욕 |
なくなる 없어지다 | ~ほど ~정도, ~만큼

정답 1

04　テレビの早押しクイズでは、出題者が
問題を読み終わったか読み終わらない
（　　　　）、回答者はブザーを押す。

1かぎり　　　　　　2うえで
3かのうちに　　　　4に先立って

의미적 호응관계 파악하기 ★★

해석 텔레비전의 스피드퀴즈에서는 출제자가 문제를 읽(**자마자**) 회
답자는 버저를 누른다.

정답 찾기 공란 앞에 読み終わったか読み終わらない를 보고
선택지 가운데 3번 ~かのうちに를 골라낼 수 있어야 한다. ~か
~ないかのうちに(~하자마자)는 앞일이 일어난 직후 바로 뒷일
이 발생함을 나타내는 표현이다.

오답 분석 2번 ~うえで(~하고 나서)는 동사 ~た형에, 4번 ~に
先立(さきだ)って(~에 앞서)는 명사에 접속되는 표현이므로 접속
형태상 정답에서 제외한다. 4번 ~かぎり(~한)는 조건, 가정, 범위,
한계의 의미를 나타내므로 문맥상 정답으로 부적절하다.

복습 꼭! ～か～ないかのうちに(～하자마자)

어휘 テレビ 텔레비전 | 早押(はやお)しクイズ 스피드퀴즈 | 出題者(しゅつだいしゃ) 출제자 | 問題(もんだい) 문제 | 読(よ)み終(お)わる 다 읽다 | 回答者(かいとうしゃ) 회답자 | ブザー 버저 | 押(お)す 누르다

정답 3

---

05 私は結構飽き（　　　）性格で、なにか一つのことに凝るということができません。

1 だらけ 2 ほど
3 っぽい 4 くらい

적절한 기능어 찾기 ★★

해석 저는 상당히 싫증을 **(잘 느끼는)** 성격으로 뭔가 하나의 일에 몰두할 수 없습니다.

정답 찾기 공란 앞을 보면 飽(あ)きる(싫증나다)가 ます형으로 활용되어 제시되어 있는데 선택지 중 유일하게 동사 ます형에 접속되는 3번 ～っぽい(～한 느낌이 들다, 잘 ～하다)는 '～의 성질이나 느낌'을 나타내는 표현이다. 문장 전후 내용이 싫증을 잘 내는 성격을 이야기하고 있으므로 접속 형태로도 의미상으로도 정답은 3번이다.

오답 분석 1번 ～だらけ(～투성이)는 명사에 접속하고, 2번 ～ほど(～정도, ～만큼)와 4번 ～くらい(～정도)는 동사의 명사 수식형에 접속되기 때문에 정답에서 제외된다.

복습 꼭! ～っぽい(～한 느낌이 들다, 잘 ～하다)

어휘 結構(けっこう) 꽤, 제법, 상당히 | 飽(あ)きる 물리다, 싫증나다, 질리다 | 性格(せいかく) 성격 | 何(なに)か 무엇인가 | 凝(こ)る 엉기다, 얼다, 열중하다, 몰두하다 | できる 할 수 있다, 생기다, 다 되다

정답 3

---

06 不況で会社の倒産やリストラなどによる失業者の数は増える（　　　）。

1 一方だ 2 くらいだ
3 ことだ 4 べきだ

의미적 호응관계 파악하기 ★★

해석 불황으로 회사의 도산과 구조조정 등으로 인한 실업자 수는 늘기만 **(할 뿐이다)**.

정답 찾기 문장의 내용이 불황으로 인해 실업자의 수가 계속 늘어간다는 것이므로 정답은 1번 ～一方(いっぽう)だ(～할 뿐이다)이다. ～一方だ는 오로지 한 방향으로만 변화가 진행되고 있음을 나타내는 표현이다.

오답 분석 2번 ～くらいだ(～정도다)는 상태의 정도를 나타내는 표현, 3번 ～ことだ(～해야 한다, ～하는 것이다)는 상대에 대한 충고 · 권고 · 요구 · 주장 등을 나타내는 표현, 4번 ～べきだ(～해야 한다)는 '～하는 것이 인간으로서 당연한 것'임을 나타내는 표현으로 문맥상 정답이 아니다.

복습 꼭! ～一方だ(～할 뿐이다, ～하기만 하다)

어휘 不況(ふきょう) 불황 | 会社(かいしゃ) 회사 | 倒産(とうさん) 도산 | リストラ 구조조정 | ～など 등, 따위 | ～による ～에 의한, ～에 따른 | 失業者(しつぎょうしゃ) 실업자 | 数(かず) 수 | 増(ふ)える 늘다, 증가하다

정답 1

07 この件（　　　）お問い合せは総務部までお願いします。

1 にしたがって　　　2 に関する
3 をめぐって　　　　4 はもちろん

문법적 호응관계 파악하기 ★★

해석 이 건(에 관한) 문의는 총무부로 부탁드립니다.

정답 찾기 선택지 가운데 공란 뒤에 있는 명사를 수식할 수 있는 표현은 2번 ～に関(かん)する(～에 관한)밖에 없다. ～に関(かん)して(～에 관해서)와 ～に関する(～에 관한)는 다루거나 관계를 갖고 있는 대상을 지시하는 표현으로 ～について(～에 대해, ～에 관해서)와 비슷한 표현이다.

오답 분석 1번 ～にしたがって(～에 따라)는 '한쪽의 동작이나 작용·변화 등이 진행됨에 따라 다른 한쪽의 동작이나 작용·변화도 진행됨'을 나타내는 표현, 3번 ～をめぐって(～을 둘러싸고)는 '～을 둘러싸고 어떤 논의나 의견, 문제 등의 대립관계가 있음'을 나타내는 표현, 4번 ～はもちろん(～는 물론)은 '～는 말할 필요가 없을 정도로 당연하고, 그 밖에도'라고 나타내는 표현으로 정답이 아니다.

복습 꾁! ～に関する(～에 관한)

어휘 件(けん) 건, 사항, 사건 | お問(と)い合(あ)わせ 문의, 조회 | 総務部(そうむぶ) 총무부 | お願(ねが)いする 부탁하다

정답 2

08 もう秋が来ているようだ。夜、窓を開けていればクーラーが必要ない（　　　）。

1 げだ　　　　2 がちだ
3 だらけだ　　4 くらいだ

적절한 기능어 찾기 ★★

해석 벌써 가을이 오고 있는 것 같다. 밤에 창문을 열고 있으면 에어컨이 필요 없을 (정도다).

정답 찾기 문장 내용이 어느 정도로 가을이 온 것 같은 느낌인지를 말하고 있으므로 정답은 상태의 정도를 나타내는 4번 ～くらいだ(～정도다)이다.

오답 분석 1번 ～げ(～한 듯)는 형용사의 어간에, 2번 ～がち(자주 ～하다)는 동사 ます형과 명사에, 그리고 3번 ～だらけ(～투성이)는 명사에 접속되는 표현으로 접속 형태상 정답이 될 수 없다.

복습 꾁! ～くらいだ(～정도다)

어휘 もう 이미, 벌써, 이제, 더 | 秋(あき) 가을 | ～ようだ ～것 같다 | 夜(よる) 밤 | 窓(まど) 창문 | 開(あ)ける 열다 | クーラー 에어컨 | 必要(ひつよう) 필요

정답 4

문제 다음 문장의 ＿＿★＿＿ 에 들어갈 가장 알맞은 말을 1·2·3·4 중에서 하나를 고르세요.

01 ＿＿＿★＿＿＿＿＿、やめれない人はたくさんいます。

1 たばこを　　2 ながら
3 思い　　　　4 やめようと

단어 바르게 배열하기 ★★

문장 배열 たばこを やめようと 思い ながら やめれない
　　　　　　　1　　4　　　3　　2
人はたくさんいます。

해석 담배를 끊으려고 생각하면서 끊지 못하는 사람은 많이 있습니다.

정답 찾기 동사 의지형+～(よ)うと思う(～하려고 생각하다)를 떠올려, 4번 やめようと(끊으려고)와 3번 思う(생각하다)를 연결시키고 그 앞에는 목적어가 되는 1번 たばこを(담배를)를 배열한다. 마지막으로 2번 ～ながら(하면서)는 동사 ます형에 접속되므로 3번 思い 뒤에 두어 전체적으로 나열하면 1-4-3-2가 되어 정답은 4번이다.

복습 꼭! ~ながら(~해(이)지만, ~해(이)면서)

어휘 たばこをやめる 담배를 끊다 | ~(よ)うと思(おも)う ~(하)려고 생각하다
정답 4

---

02 この計画 ___ ★ ___ ___ 。

1 ご意見を   2 あなたの
3 についての   4 お聞かせください

단어 바르게 배열하기 ★★

문장 배열 この計画 についての あなたの ご意見を お聞
　　　　　　　　　　　　 3　　　　 2　　　 1　　　4
かせください。

해석 이 계획에 대해서의 당신의 의견을 들려주십시오.

정답 찾기 공란 앞의 計画(계획) 뒤에 올 수 있는 것은 다루거나 관계를 갖고 있는 대상을 지시하는 3번 ~についての(~에 대해서의)이므로 3번을 첫 번째 공란에 둔다. 2번 あなたの(당신의) 뒤에는 명사가 와야 하므로 1번 ご意見を(의견을)을 연결하고 문말 표현이 되는 4번 お聞かせください(들려주십시오)를 마지막으로 배열하여 전체적으로 나열하면 3-2-1-4가 되므로 정답은 3번이다.

복습 꼭! ~について(~에 대해서, ~에 관해서)

어휘 計画(けいかく) 계획 | 意見(いけん) 의견 | 聞(き)かせる 들려주다 | お+ 동사 ます형+ください ~해 주십시오
정답 3

---

03 日本では6月 ___ ___ ★ ___ です。

1 7月   2 から
3 にかけて   4 雨が多い

단어 바르게 배열하기 ★★

문장 배열 日本では6月 から 7月 にかけて 雨が多い です。
　　　　　　　　　　　 2　 1　　 3　　　 4

해석 일본에서는 6월부터 7월에 걸쳐서 비가 많이 내립니다.

정답 찾기 ~から~にかけて(~부터~에 걸쳐서)만 알면 간단하게 완성되는 문제이다. 공란 앞에 6月이 있으므로 우선 2번 ~から(~부터)를 첫 번째 공란에 두고 그 뒤에 1번 7月와 3번 ~にかけて(~에 걸쳐서)를 연결한다. 그리고 4번 雨が多い(비가 많이 내리다)를 문맥상 가장 마지막에 배열하여 전체적으로 나열하면 2-1-3-4가 되므로 정답은 3번이다.

복습 꼭! ~から~にかけて(~부터 ~에 걸쳐서)

어휘 雨(あめ)が多(おお)い 비가 많이 내리다
정답 3

---

04 3億円の宝くじに当たるなんて、 ★ ___
___ ___ 。

1 まるで   2 みている
3 かのようだ   4 夢を

단어 바르게 배열하기 ★★

문장 배열 3億円の宝くじに当たるなんて、まるで 夢を
　　　　　　　　　　　　　　　　　　　　　　 1　 4
みている かのようだ。

해석 3억 엔 복권에 당첨되다니 마치 꿈을 꾸고 있는 것 같다.

정답 찾기 상황이나 모습을 무언가에 비유하여 강조하는 표현인 まるで~かのようだ(마치 ~인 것 같다)를 토대로 문장을 배열한다. 1번 まるで(마치)를 가장 앞에, 3번 ~かのようだ(인 것 같다)를 가장 뒤에 배열하고 그 사이에 4번과 2번을 연결한 夢をみている(꿈을 꾸고 있다)를 배열하여 전체적으로 나열하면 1-4-2-3이 되므로 정답은 1번이다.

복습 꼭! ~かのようだ(~인 것 같다)

어휘 億(おく) 억 | ~円(えん) ~엔 | 宝(たから)くじに当(あ)たる 복권에 당첨되다 | ~なんて ~라니, ~다니, 따위, ~같은 것 | まるで 마치 | 夢(ゆめ)を見(み)る 꿈을 꾸다

정답 1

---

05 子供が ___ ★ ___ ___ 時間が減っていく。

1 成長する   2 話す
3 にしたがって   4 一緒に

단어 바르게 배열하기 ★★

문장 배열 子供が 成長する にしたがって 一緒に 話す
             1   3   4   2
時間が減っていく。

해석 아이가 성장함에 따라서 함께 이야기할 시간이 줄어 간다.

정답 찾기 3번 ~にしたがって(~에 따라(서), ~와 함께)는 한쪽의 동작이나 작용·변화 등이 진행됨에 따라 다른 한쪽의 동작이나 작용·변화도 진행됨을 나타낸다. 선택지 가운데 ~にしたがって의 앞에 올 수 있는 것은 1번 成長する(성장하다)와 2번 話す(이야기하다)인데, 문맥상 공란 뒤의 時間が(시간이) 앞에 올 수 있는 단어는 2번 話す이므로 1번과 3번을 연결하여 앞에 배열하고 2번은 마지막 공란에 배열한다. 그리고 4번 一緒に(함께)는 2번 앞에 두어 전체적으로 나열하면 1-3-4-2가 되므로 정답은 3번이다.

복습 꼭! ~にしたがって(~에 따라(서), ~와 함께)

어휘 成長(せいちょう)する 성장하다 | 一緒(いっしょ)に 같이, 함께 | 話(はな)す 이야기하다 | 時間(じかん) 시간 | 減(へ)る 줄다 | ~ていく ~해 가다

정답 3

---

06 この本は初心者でも ___ ★ ___
___ のでとてもいいです。

1 詳しく   2 わかる
3 ように   4 解説されている

단어 바르게 배열하기 ★★

문장 배열 この本は初心者でも わかる ように 詳しく
                       2   3   1
解説されている のでとてもいいです。
  4

해석 이 책은 초심자라도 이해할 수 있도록 자세하게 설명되어져 있어서 매우 좋습니다.

정답 찾기 우선 소원이나 바람·목적 등의 의미를 나타내는 3번 ~ように(~하도록) 앞에 넣을 말을 찾아보자. ~ように는 동사 기본형에 접속되므로 2번 わかる(이해하다)와 4번 解説されている(해설되어져 있다)가 후보가 되는데, 공란 앞에 初心者でも(초심자라도)가 있으므로 그 뒤에 わかる가 오고 그 뒤에 ~ように가 배열되는 것이 의미상 자연스럽다. 그리고 1번 詳しく(자세하게)는 4번을 수식하게 배열하여 전체적으로 나열하면 2-3-1-4가 되므로 정답은 3번이다.

복습 꼭! ~ように(~하도록)

어휘 初心者(しょしんしゃ) 초심자 | 分(わ)かる 알다, 이해하다 | 詳(くわ)しい 자세하다, 정통하다 | 解説(かいせつ)する 해설하다

정답 3

07 明日 ____ ★ ____ ____ ので、今晩は
眠れなさそうだ。

1 クラスの代表　　　　2 発表する

3 として　　　　　　　4 ことになっている

단어 바르게 배열하기 ★★

문장 배열 明日 クラスの代表 として 発表する
　　　　　　　　　1　　　　3　　　2

ことになっている ので、今晩は眠れなさそうだ。
　　4

해석 내일 학급 대표로서 발표하기로 되어 있기 때문에 오늘밤은 잠들 수 없을 것 같다.

정답 찾기 4번 ～ことになっている(~하기로 되어 있다)는 동사 기본형에 접속하므로 2번 発表する(발표하다)와 연결한다. 그리고 3번 ～として(~로서)는 명사에 접속하므로 1번 クラスの代表(클래스의 대표)를 3번의 앞에 배열하여 전체적으로 나열하면 1-3-2-4가 되어 정답은 3번이다.

> **복습 꼭!** ～として(~로서) | ～ことになっている(~하기로 되어 있다)

어휘 クラス 클래스, 학급 | 代表(だいひょう) 대표 | 発表(はっぴょう)する 발표하다 | 今晩(こんばん) 오늘밤 | 眠(ねむ)る 자다, 잠들다 | ～なさそうだ ~하지 않을 것 같다

정답 3

08 この店は建物の ____ ★ ____ ____ 。

1 歴史を　　　　　　　2 外観

3 からして　　　　　　4 感じさせます

단어 바르게 배열하기 ★★

문장 배열 この店は建物の 外観 からして 歴史を
　　　　　　　　　　　2　　　3　　　1

感じさせます。
　4

해석 이 가게는 건물의 외견부터가 역사를 느끼게 합니다.

정답 찾기 3번 ～からして(부터가)는 명사에 접속하므로 앞에 올 수 있는 것은 2번 外観(외관)이다. 4번 感じさせます(느끼게 합니다) 앞에는 목적어가 필요하므로 1번 歴史を(역사를)를 그 앞에 배열하여 전체적으로 나열하면 2-3-1-4이 되어 정답은 3번이다.

> **복습 꼭!** ～からして(~부터가)

어휘 店(みせ) 가게 | 建物(たてもの) 건물 | 外観(がいけん) 외견, 겉보기 | 非常(ひじょう)だ 상당하다, 대단하다 | 歴史(れきし) 역사 | 感(かん)じる 느끼다

정답 3

문제 다음 문장의 ( )에 들어갈 가장 알맞은 말을 1·2·3·4 중에서 하나를 고르세요.

---

01 あの店は開店（　　　）、お客さんが絶えません。

1 末に 2 以上

3 度に 4 以来

의미적 호응관계 파악하기 ★★

해석 저 가게는 개점 (**이후**) 손님이 끊이지 않습니다.

정답 찾기 문장 전후 내용이 '개점한 이후 손님이 끊이지 않는다'는 것이므로, 정답은 어떤 동작을 한 후 계속 ~하다는 의미인 4번 ~以来(いらい)(~한 이래, ~한 이후)이다.

오답 분석 1번 末(すえ)に(~한 끝에)와 2번 ~以上(いじょう)(~한 이상), 3번 ~度(たび)に(~때마다)는 문맥상 정답이 아니다.

복습 꾁! ~以来 (~이후, ~이래)

어휘 店(みせ) 가게 | 開店(かいてん) 개점 | お客(きゃく)さん 손님 | 絶(た)える 끊어지다

정답 4

---

02 この都市の人口は大変な（　　　）増えている。

1 最中で 2 勢いで

3 次第で 4 現在で

문법적 호응관계 파악하기 ★★

해석 이 도시의 인구는 대단한 (**기세로**) 늘고 있다.

정답 찾기 선택지 가운데 공란 앞의 大変な(대단한)에 접속할 수 있는 것은 2번 ~勢いで(~기세로)이다. ~勢いで는 각 품사의 명사 수식형에 접속하여 그 상황의 기운, 기세, 분위기를 나타낸다.

오답 분석 1번 最中で는 ~最中(に)(한창 ~하고 있을 때)의 잘못된 표현으로 제시된 선택지는 비문법적이다. ~最中는 명사+の, 동사의 ~ている형에 접속한다. 그리고 3번 次第(しだい)で(~나름으로, ~에 따라서)와 4번 ~現在(げんざい)で(~현재, ~시점으로)는 な형용사에 접속하지 않으므로 접속 형태상 정답에서 제외한다.

복습 꾁! ~勢(いきお)いで(~기세로, ~분위기로)

어휘 都市(とし) 도시 | 人口(じんこう) 인구 | 大変(たいへん)だ 대단하다, 엄청나다, 굉장하다 | 増(ふ)える 늘다

정답 2

---

03 彼は自分のことは何も（　　　）としない。

1 言う 2 言える

3 言おう 4 言わせる

접속 형태 파악하기 ★

해석 그는 자신에 관한 것은 아무것도 말(**하려고 하지 않는다**).

정답 찾기 공란 뒤의 ~としない(~고 하지 않다)를 보면 동사 의지형을 떠올려 '~ようとしない(~하려고 하지 않다)'를 만든다. 따라서 정답은 3번 言おう(말하려고)가 된다.

오답 분석 1번 言う(말하다), 2번 言える(말할 수 있다), 3번 言わせる(말하게 하다)는 접속 형태상 정답이 될 수 없다.

복습 꾁! ~(よ)うとしない(~하려고 하지 않는다)

어휘 自分(じぶん) 자기 자신 | 何(なに)も 아무것도, 조금도 | 言(い)う 말하다

정답 3

04 努力したからといってみんなが成功する
（　　　）、必ずしもそうとはかぎらない。

1 かというと　　　　2 からいうと
3 か何かで　　　　　4 からには

의미적 호응관계 파악하기 ★★

해석 노력했다고 해서 모두가 성공**(하는가 하면)**, 반드시 그렇다고는 할 수 없다.

정답 찾기 공란 앞 문장에 있는 ～からといって(～라고 해서)와 공란 뒤의 必(かなら)ずしも(반드시) ～とはかぎらない(～라고는 할 수 없다)를 힌트로 바로 1번 ～かというと(～하는가 하면)을 정답으로 고를 수 있어야 한다. ～かというと는 사실은 그렇지 않다고 말할 때와 뭔가를 사용할 때 사용되는 표현이다.

오답 분석 2번 ～からいうと(～에서 판단하면, ～로 보면)는 명사에 접속하는 표현으로 접속 형태상 정답에서 제외한다. 3번 ～か何かで(～이나 뭔가에서는) 앞에 접속된 것과 비슷한 것 또는 그 이외의 것을 나타내는 표현, 4번 ～からには(～한 이상은)는 이유를 들어 의지나 판단·희망 등을 나타내는 표현으로 문맥상 정답이 아니다.

복습 꼭! ～かというと (～하는가 하면)

어휘 努力(どりょく)する 노력하다 | ～からといって ～라고 해서 | みんな 모두, 전부 | 成功(せいこう)する 성공하다 | 必(かなら)ずしも 반드시 | ～とはかぎらない ～라고는 할 수 없다

정답 1

---

05 仕事のストレスで体を壊す（　　　）、会社を辞めて転職したほうがいいと思う。

1 ことか　　　　　2 くらいなら
3 せいで　　　　　4 ように

의미적 호응관계 파악하기 ★★

해석 업무 스트레스로 건강을 해칠 **(정도라면)** 회사를 그만두고 전직을 하는 편이 좋다고 생각한다.

정답 찾기 공란 전후 내용상 정답은 상태의 정도를 나타내는 2번 ～くらいなら(～정도라면)이다. ～くらいなら는 뒤에 ～ほうがいい(～하는 편이 좋다), ～ほうがましだ(～하는 편이 더 낫다)가 오는 경우가 많다.

오답 분석 1번 ～ことか(～인가, ～던가, ～한지)는 감탄이나 탄식을 강하게 나타내는 표현, 3번 ～せいで(～탓으로)는 좋지 않은 결과에 대한 이유를 나타내는 표현, 4번 ～ように(～하도록)는 소원이나 바람·목적 등을 나타내는 표현으로 문장 전후 내용상 의미적으로 정답이 아니다.

복습 꼭! ～くらいなら(～할 정도라면)

어휘 仕事(しごと) 일, 직업 | ストレス 스트레스 | 体(からだ)を壊(こわ)す 건강을 해치다, 병들다 | 会社(かいしゃ)を辞(や)める 회사를 그만두다 | 転職(てんしょく)する 전직하다 | ～たほうがいい ～하는 편이 좋다

정답 2

---

06 犯人の一人が（　　　）事件の真相が明らかになった。

1 捕まえたことで　　　2 捕まえたもので
3 捕まったもので　　　4 捕まったことで

문법적 호응관계 파악하기 ★★

해석 범인 중 한 명이 **(붙잡힌 것으로)** 사건의 진상이 밝혀졌다.

정답 찾기 문장 전후 내용상 자동사인 捕(つか)まる(잡히다)와 일·상황·사건·행위 등의 추상적인 것을 나타내는 ～こと(것)를 접속시킨 4번 捕まったことで(붙잡힌 것으로)가 정답이다.

오답 분석 문장 전후 내용상 타동사인 捕まえる(잡다)가 제시되어 있는 1번과 2번은 정답에서 제외한다. 그리고 もの는 물건·사물 등의 물리적인 것을 나타내므로 마찬가지로 정답에서 제외한다.

복습 꼭! ~ことで(~것으로)

어휘 犯人(はんにん) 범인 | 事件(じけん) 사건 | 真相(しんそう) 진상 | 明(あき)らかになる 분명해지다, 명백해지다 | 捕(つか)まえる 잡다, 붙잡다 | 捕(つか)まる 잡히다, 붙잡히다

정답 4

---

07 本日をもちましてサービスを終了させていただく（　　　）。

1 ことしかありません
2 ことにはなりません
3 こととなりました
4 ことがありました

의미적 호응관계 파악하기 ★★

해석 오늘로서 서비스를 종료하**(게 되었습니다)**.

정답 찾기 문장 내용이 오늘부로 서비스가 종료될 예정임을 나타내므로, 풍속·습관·규칙·예정 등을 말할 때 사용하는 표현인 3번 ~こととなりました(~하게 되었습니다)가 정답이다.

오답 분석 1번 ~しかない(~밖에 없다)는 가능한 방법이나 수단을 한정하는 표현, 2번 ~ことにはならない(~것이 되지는 않는다)는 그 정도로는 충분하지 않음을 나타내는 표현, 4번 ~ことがある(~하는 일이 있다)는 부정기적인 행동이나 상황을 나타내는 표현으로 문맥상 정답이 아니다.

복습 꼭! ~こととなる(~하게 되다)

어휘 本日(ほんじつ) 오늘, 금일 | もちまして ~에 의해서, ~부로, ~로서 | サービス 서비스 | 終了(しゅうりょう)する 종료하다 | ~(さ)せていただく (제가) ~하다

정답 3

---

08 どうしても解けない問題を兄に（　　　）、かえって分からなくなった。

1 説明したつもりで
2 説明してでも
3 説明してもらったら
4 説明してほしくて

의미적 호응관계 파악하기 ★★

해석 아무리해도 안 풀리는 문제를 형에게 **(설명 받았더니)** 오히려 더 알 수 없게 되었다.

정답 찾기 문장 전후 내용이 못 푸는 문제를 형이 설명해 줬는데 오히려 더 모르게 되었다는 것이므로 정답은 3번 説明してもらったら(설명 받았더니)이다. 공란 뒤의 かえって(오히려)가 힌트가 되어 의도나 예상과는 반대의 결과가 생길 때 사용하는 표현인 ~たら、かえって(~했더니 오히려)를 떠올려야한다.

오답 분석 1번 ~たつもりで(~했다고 생각하고)는 사실은 다르지만 그렇게 생각하고 무언가를 하는 것을 나타내는 표현, 2번 ~てでも(~해서라도)는 목적을 달성하기 위해서 어떤 수단을 사용해서라도 실현하고 싶은 강한 마음을 나타내는 표현, 4번 ~てほしい(~하길 바란다)는 상대에 대한 바람·희망·요구를 나타내는 표현으로 문맥상 정답이 아니다.

복습 꼭! ~たら、かえって(~했더니 오히려)

어휘 どうしても 아무리해도 | 解(と)ける 풀리다 | 問題(もんだい) 문제 | 兄(あに) 형, 오빠 | 説明(せつめい)する 설명하다 | かえって 오히려, 도리어 | 分(わ)かる 알다, 이해하다

정답 3

문제 다음 문장의 _____ ★ _____ 에 들어갈 가장 알맞은 말을 1·2·3·4 중에서 하나를 고르세요.

---

01 あまりに大きな音だったので、どこかで
_____ ★ _____ _____ でした。

1 くらい 2 あったのか
3 と思った 4 爆発事故でも

단어 바르게 배열하기 ★★

문장 배열 あまりに大きな音だったので、どこかで
爆発事故でも あったのか と思った くらい でした。
　　　　4　　　　2　　　　3　　　1

해석 너무 큰 소리였기 때문에 어딘가에서 폭발사고라도 난건가라고 생각했을 정도였습니다.

정답 찾기 공란 앞에 どこかで(어딘가에서)가 있으므로 뒤에는 발생된 사건이나 행위가 이어지게 된다. 따라서 내용상 4번 爆発事故でも(폭발사고라도)와 2번 あったのか(있었나)를 연결하여 배열한다. 공란 뒤의 でした 앞에 올 수 있는 것은 상태의 정도를 나타내는 1번 くらい(정도)이므로 1번을 마지막 공란에 배열하여 전체적으로 나열하면 4-2-3-1이 되고 정답은 2번이다.

복습 꾁! ~くらい(~정도)

어휘 あまりに 너무, 지나치게 | 大(おお)きな 큰, 커다란 | 音(おと) 소리, 음 | 爆発(ばくはつ) 폭발 | 事故(じこ) 사고

정답 2

---

02 彼は _____ _____ ★ _____ べきだ。

1 責任を持つ 2 とはいえ
3 まだ未成年だ 4 自分の犯した行為に

단어 바르게 배열하기 ★★

문장 배열 彼は まだ未成年だ とはいえ 自分の犯した行為に
　　　　　　3　　　　　　2　　　　　4
責任を持つ べきだ。
　1

해석 그는 아직 미성년이라고는 해도 자신이 저지른 행위에 책임을 져야 한다.

정답 찾기 '~는 사실이지만, 그러나'라는 역접을 나타내는 표현인 2번 ~とはいえ(~라고는 해도)를 기준으로 문장을 만들면 2번 앞에는 3번 まだ未成年だ(아직 미성년이다)를 배열하고 4번 自分の犯した行為に(자신이 저지른 행위에) 뒤에 술어가 되는 1번 責任を持つ을 연결하여 그 뒤에 두어 전체적으로 나열하면 3-2-4-1이 되므로 정답은 4번이다.

복습 꾁! ~とはいえ(~라고는 해도)

어휘 まだ 아직 | 未成年(みせいねん) 미성년 | 自分(じぶん) 자기 자신 | 犯(おか)す (법률, 규칙, 도덕 등을) 어기다, 범하다 | 行為(こうい) 행위 | 責任(せきにん)を持(も)つ 책임을 지다 | ~べきだ ~해야 한다

정답 4

---

03 あのコンビニでは、_____ _____ ★ _____。

1 何でも 2 買うことができる
3 食べ物から服 4 に至るまで

단어 바르게 배열하기 ★★

문장 배열 あのコンビニでは、食べ物から服 に至るまで
　　　　　　　　　　　　3　　　　　4
何でも 買うことができる。
　1　　　　2

해석 저 편의점에서는 음식부터 옷에 이르기까지 무엇이든지 살 수 있다.

정답 찾기 ~から~に至(いた)るまで를 떠올려 3번 食べ物から服(음식부터 옷)과 4번 に至るまで(에 이르기까지)를 연결한다. 1번 何でも(무엇이든지)는 부사이므로 2번 買うことができる(살 수 있다)를 수식하게 하여 전체적으로 나열하면 3-4-1-2이므로 정답은 1번이다.

복습 꼭! ~から~に至るまで (~부터 ~에 이르기까지)

어휘 コンビに 편의점 | 食(た)べ物(もの) 음식 | 服(ふく) 옷 | 何(なん)でも 무엇이든지, 모두 | 買(か)う 사다 | ~ことができる ~할 수 있다

정답 1

---

04 この大学の合格率は40%なので、＿＿＿
　　＿＿＿ ★ ＿＿＿。

1 10人受けたら　　　　2 合格しない
3 4人しか　　　　　　4 わけだ

단어 바르게 배열하기 ★★

문장 배열 この大学の合格率は40%なので、<u>10人受けたら</u> <u>4人しか</u> <u>合格しない</u> <u>わけだ</u>。
　　　　　　　　　　　　　　　3　　　2　　　4　　　1

해석 이 대학의 합격률은 40%이므로 10명이 응시하면 4명밖에 합격하지 못하는 것이다.

정답 찾기 4번 ~わけだ(~인 것이다)는 당연·필연·납득·확인·경위의 설명 등을 나타내는 문말 표현으로 가장 뒤에 배열한다. 3번 4人しか(4명밖에)는 뒤에 부정형을 수반하므로 2번 合格しない(합격 못한다)를 연결하고 가정을 나타내는 1번 10人受けたら(10명 응시하면) 뒤에 가정의 결과인 3-2번을 배열하여 전체적으로 나열하면 1-3-2-4가 되어 정답은 2번이다.

복습 꼭! ~わけだ(~인 것이다, ~인 셈이다, ~것도 당연하다, ~할만하다)

어휘 大学(だいがく) 대학 | 合格率(ごうかくりつ) 합격률 | 受(う)ける 받다, 응하다 | ~しか ~밖에 | 合格(ごうかく)する 합격하다

정답 2

---

05 やったことはありませんが、＿＿＿ ＿＿＿
　　★ ＿＿＿ あります。

1 それなりに　　　　　2 見たことはあります
3 ので　　　　　　　　4 自信は

단어 바르게 배열하기 ★★

문장 배열 やったことはありませんが <u>見たことはあります</u>
　　　　　　　　　　　　　　　　2
<u>ので</u> <u>それなりに</u> <u>自信は</u> あります。
　3　　　1　　　4

정답 찾기 공란 앞의 내용과 대비되며 호응하는 2번 見たことはあります(본 적은 있다)를 가장 앞에 배열하고 공란 뒤의 あります와 호응하는 4번 自信は(자신은)를 가장 뒤에 둔다. 그리고 자신이 있는 이유를 만들어 줄 수 있도록 2번 뒤에 3번 ~ので(~때문에)를 배열하고, 1번 それなりに(그 나름대로)를 그 뒤에 두어 전체적으로 나열하면 2-3-1-4가 되므로 정답은 1번이다.

복습 꼭! ~なりに (~나름대로)

어휘 やる 하다, 주다 | ~たことはあります ~한 적이 있다 | 見(み)る 보다 | 自信(じしん) 자신

정답 1

---

06 館内では ＿＿＿ ＿＿＿ ★ ＿＿＿。皆様の
　　ご理解とご協力をお願いします。

1 を除き　　　　　　　2 となっております
3 喫煙室　　　　　　　4 全面禁煙

단어 바르게 배열하기 ★★

문장 배열 館内では 喫煙室 を除き 全面禁煙 となって
　　　　　　　　　　3　　1　　4　　2
おります。皆様のご理解とご協力をお願いします。

해석 관내에서는 흡연실을 제외하고 전면 금연으로 되어 있습니다. 여러분의 이해와 협력 부탁드립니다.

정답 찾기 문장 내용상 흡연실을 제외하고는 금연이라는 전개가 되어야 하므로 3번 喫煙室(흡연실)와 1번 ～を除(のぞ)き(～을 제외하고), 4번 全面禁煙(전면 금연)을 연결하여 배열한다. 2번 ～となっております(～로 되어 있습니다)는 문말 표현이므로 마지막에 배열하여 전체적으로 나열하면 3-1-4-2가 되므로 정답은 4번이다.

> **복습 꼭!** ～を除き(～을 빼고, ～을 제외하고)

어휘 館内(かんない) 관내 | 喫煙室(きつえんしつ) 흡연실 | 全面(ぜんめん) 전면 | 禁煙(きんえん) 금연 | 皆様(みなさま) 여러분 | 理解(りかい) 이해 | 協力(きょうりょく) 협력 | お願(ねが)いする 부탁하다

정답 4

---

07 インターネットで間違って違う商品を注文してしまったが、＿＿＿ ＿＿＿ ★ ＿＿＿。

1 せずに　　　　　　2 返品できたので
3 済みました　　　　4 お金を無駄に

단어 바르게 배열하기 ★★

문장 배열 インターネットで間違って違う商品を注文してしまったが 返品できたので お金を無駄に せずに 済みました。
　　　　　2　　　　　4　　　　　1　　3

해석 인터넷에서 실수로 다른 상품을 주문해버렸지만 반품할 수 있어서 돈을 낭비하지 않게 되었다.

정답 찾기 お金を無駄にする는 돈을 낭비한다는 의미이다. 따라서 4번 お金を無駄に(돈을 쓸데없이)와 1번 ～せずに(～하지 않고)를 연결한다. 그리고 ～ずに済(す)む(～하지 않고 끝나다)를 떠올려 1번과 3번 済みました(끝났습니다)를 연결한다. 그리고 문맥상 이유가 되는 2번 返品できたので(반품할 수 있어서)를 가장 앞에 배열하여 전체적으로 나열하면 2-4-1-3이 되므로 정답은 1번이다.

> **복습 꼭!** ～ずにすむ・～ないですむ・～なくてすむ(～하지 않고 끝나다, ～하지 않아도 되다)

어휘 インターネット 인터넷 | 間違(まちが)う 틀리다, 잘못되다, 실수하다 | 違(ちが)う 다르다, 틀리다 | 商品(しょうひん) 상품 | 注文(ちゅうもん) 주문 | ～てしまう ～해버리다 | 返品(へんぴん) 반품 | 無駄(むだ) 보람이 없음, 쓸데없음, 헛됨

정답 1

---

08 どれだけ素晴らしい ＿＿＿ ＿＿＿ ★ ＿＿＿。

1 それまでのことだ　　2 反対すれば
3 計画を立てても　　　4 社長が

단어 바르게 배열하기 ★★

문장 배열 どれだけ素晴らしい 計画を立てても 社長が 反対すれば それまでのことだ。
　　　　　　　　　3　　　　　4　　2　　　1

해석 아무리 훌륭한 계획을 세워도 사장이 반대하면 그걸로 그만이다.

정답 찾기 공란 앞에 있는 どれだけ를 보고 どれだけ～ても(아무리 ～해도)의 문형을 만들어 3번 計画を立てても(계획을 세워도)를 가장 앞에 배열한다. 1번 それまでのことだ(그뿐이다)는 문말 표현이므로 가장 뒤에 배열하고 그 앞에 상황을 가정하는 4번 社長が(사장이)와 2번 反対すれば(반대하면)를 연결하여 전체적으로 나열하면 3-4-2-1이 되므로 정답은 2번이다.

> **복습 꼭!** ～ても(～해도) | ～までのことだ・～までだ(～할 뿐이다, ～할 따름이다, ～했을 뿐이다)

129

어휘 どれだけ 어느 정도, 얼마만큼, 얼마나 | 素晴(すば)らしい 훌륭하다, 멋있다, 굉장하다 | 計画(けいかく)を立(た)てる 계획을 세우다 | 社長(しゃちょう) 사장 | 反対(はんたい)する 반대하다

정답 2

둘째마당 | 총정리 적 중 예상 문제 ③

문제 다음 문장의 (　　) 에 들어갈 가장 알맞은 말을 1·2·3·4 중에서 하나를 고르세요.

---

01 大学に入ったら（　　）、レポートに追われて相変わらず忙しいです。

1 入ったで　　　　2 入ったまで
3 入ったのに　　　4 入ったが

문법적 호응관계 파악하기 ★★

해석 대학에 들어가면 **(들어간 대로)** 리포트에 쫓겨서 여전히 바쁩니다.

정답 찾기 공란 앞에 제시되어 있는 ～たら와 호응하는 표현을 찾으면 정답은 1번 入ったで(들어간 대로)이다. ～たら～で는 '～하면 ～하는 대로'라는 의미의 표현이다.

오답 분석 한도·범위 등의 의미를 갖는 2번 ～まで(～까지)와 일반적인 예상과는 반대되는 사항이 일어남을 나타내는 3번 ～のに(～하는데도), 역접관계를 나타내는 4번 ～が(하지만, 그러나)는 문법적 그리고 문맥상 공란 앞에 있는 ～たら와 호응하지 않는다.

복습 꼭! ～たら、～で(～하면 ～하는 대로)

어휘 大学(だいがく) 대학 | 入(はい)る 들어가다, 들어오다 | レポート 리포트 | 追(お)われる 쫓기다, 몰리다 | 相変(あいか)わらず 전과 다름없이, 변함없이, 여전히 | 忙(いそが)しい 바쁘다

정답 1

---

02 東京の路線図は（　　）、電車によく乗り間違えます。

1 複雑だといっても　　2 複雑すぎて
3 複雑ならともかく　　4 複雑みたいに

의미적 호응관계 파악하기 ★★

해석 도쿄의 노선도는 **(너무 복잡해서)** 전철을 자주 잘못 탑니다.

정답 찾기 문장 전후 내용상 노선도가 너무 복잡해서 전철을 잘못 타는 일이 많다는 것이 되므로 정답은 어떤 동작이나 상태의 정도가 수준을 넘는 것을 나타내는 2번 ～すぎる(너무 ～하다)이다.

오답 분석 1번 ～といっても(～라고 해도)는 실제는 앞의 내용에서 생각되어지는 것과는 다름을 나타내는 표현, 3번 ～ならともかく(～라면 모르겠지만)는 앞내용은 허용할 수 있지만 뒷문장의 내용은 받아들일 수 없다는 표현, 4번 ～みたいに(～같이, ～처럼)는 추량·예시·불확실한 단정을 나타내는 표현으로 문맥상 정답이 아니다.

복습 꼭! ～すぎる(너무 ～하다)

어휘 東京(とうきょう) 도쿄 | 路線図(ろせんず) 노선도 | 複雑(ふくざつ) 복잡 | 電車(でんしゃ) 전철 | 乗(の)り間違(まちが)える 잘못 타다

정답 2

03 すぐ答えを教えてはなりません。子供に自分で(　　)ことが重要です。

1 考える　　　　　2 考えられる
3 考えさせる　　　4 考えさせられる

의미적 호응관계 파악하기 ★★

해석 바로 답을 가르쳐주면 안 됩니다. 아이에게 스스로 **(생각하게 하는)** 것이 중요합니다.

정답 찾기 선택지에는 考える(생각하다)의 여러 가지 활용 형태가 있고, 이 중에서 문장 전후 내용상 정답은 사역표현인 3번 考えさせる(생각하게 하다)가 가장 적절하다.

오답 분석 문맥상 기본형인 1번 考える(생각하다)와 가능형인 2번 考えられる(생각할 수 있다), 사역수동형인 考えさせられる((어쩔 수 없이) 생각하다)은 정답이 아니다.

> **복습 꼭!** ～てはならない(～해서는 안 된다)

어휘 すぐ 곧, 바로 | 答(こた)え 대답, 해답 | 教(おし)える 가르치다 | 子供(こども) 자식, 아이 | 自分(じぶん)で 스스로 | 考(かんが)える 생각하다 | 重要(じゅうよう)だ 중요하다

정답 3

04 相手の立場に(　　)で、よく考えてから発言することが重要だ。

1 なるはず　　　2 なったはず
3 なるつもり　　4 なったつもり

의미적 호응관계 파악하기 ★★

해석 상대방의 입장이 **(되었다고 생각하고)** 잘 생각하고 나서 발언하는 것이 중요하다.

정답 찾기 ～つもり는 동사의 기본형에 접속하면 '～할 생각'의 의미로 강한 생각이나 의지 등을 갖고 무언가를 하는 것을 나타내고, 동사의 과거형에 접속하면 '～했다고 생각하고'라는 의미로 사실은 다르지만 그렇게 생각하고 무언가를 하는 것을 나타낸다. 문장 전후 내용이 상대방의 입장이 되었다고 생각해보고 발언하라는 것이므로 정답은 과거형에 접속한 4번 なったつもり(되었다고 생각)가 정답이다.

오답 분석 1번과 2번 선택지에 제시되어 있는 ～はず(～할 것, ～일 것)는 상황이나 상식, 경험, 이유 등으로 추측한 주관적인 판단을 나타내는 표현이고 과거의 계획에 관해서 말할 때는 ～はずだった(～했을 것이다)의 형태가 된다.

> **복습 꼭!** 동사 과거형+～つもりで(～했다고 생각하고)

어휘 相手(あいて) 상대 | 立場(たちば) 입장 | 考(かんが)える 생각하다 | 発言(はつげん)する 발언하다 | 重要(じゅうよう)だ 중요하다

정답 4

05 人生そんなに長くないのだから(　　)。

1 待っているべきではない
2 待ってばかりはいられない
3 待っているわけではない
4 待っていてもかまわない

의미적 호응관계 파악하기 ★★

해석 인생 그렇게 길지 않기 때문에 **(기다리고만 있을 수는 없다)**.

정답 찾기 문장 전후 내용상 장래에 중요한 것이 있기 때문에 '～하고만 있을 수는 없다'는 의미인 2번 待ってばかりはいられない(기다리고만 있을 수는 없다)가 정답이다.

오답 분석 의무라고 주장하거나 충고하고 싶을 때 사용하는 1번 ～べきではない(～하는 것이 아니다)와 부분부정을 나타내는 3번 ～わけではない(반드시 ～것은 아니다), 허가·허용을 나타내는 4번 ～てもかまわない(～해도 상관없다)는 문맥상 정답이 아니다.

> **복습 꼭!** ～てばかりはいられない(～하고만 있을 수는 없다)

어휘 人生(じんせい) 인생 | そんなに 그렇게, ㄱ두록 | 長(なが)い 길다 | 待(ま)つ 기다리다

정답 2

---

06 大好きな歌手のコンサートなので、高い金を（　　　）行きたい。

1 払ってでも　　　　　2 払っていては

3 払ってはじめて　　　4 払って以来

의미적 호응관계 파악하기 ★★

해석 너무 좋아하는 가수의 콘서트이기 때문에 비싼 돈을 (**들여서라도**) 가고 싶다.

정답 찾기 문장 전후 내용상 비싼 돈을 내서라도 가고 싶다는 요지이므로 정답은 목적을 달성하기 위해서 어떤 수단을 사용해서라도 실현하고 싶은 강한 마음을 나타내는 1번 払ってでも(지불해서라도)이다.

오답 분석 동작의 반복이나 순접의 가정조건을 나타내는 2번 ～ていては(～하고 있어서는), 처음 경험해서 알게 된 것, 깨닫게 된 것을 말하는 표현인 3번 ～てはじめて(～하고 나서야 비로소), 어떤 동작을 한 후 계속 ～하다고 말하는 표현인 4번 ～て以来(いらい)(～한 이래, ～한 이후)는 문맥상 정답이 아니다.

복습 꾁! **～てでも(～해서라도)**

어휘 大好(だいす)きだ 아주 좋아하다 | 歌手(かしゅ) 가수 | コンサート 콘서트 | 高(たか)い 비싸다, 높다 | 金(かね) 돈 | 払(はら)う 돈을 치르다, 지불하다

정답 1

---

07 社会人に（　　　）、責任感を持つようになった。

1 なってからでないと　　2 ならなければ

3 なってはじめて　　　　4 ならないことには

의미적 호응관계 파악하기 ★★

해석 사회인이 (**되고 나서야 비로소**) 책임감을 갖게 되었다.

정답 찾기 문장 전후 내용이 사회인이 되고 나서 책임감을 갖게 되었다는 것이므로 정답은 처음 경험해서 알게 된 것, 깨닫게 된 것을 말하는 표현인 3번 なってはじめて(되고 나서야 비로소)이다.

오답 분석 1번 ～てからでないと(～하고 나서가 아니면)는 미리 ～를 해야지만 ～할 수 있다고 말하는 표현, 2번 ～なければ(～하지 않으면)는 의무 · 필요성 · 필연성을 나타내는 표현, 4번 ～ないことには(～하지 않고서는)는 가정의 표현으로 문맥상 정답이 아니다.

복습 꾁! **～てはじめて(～하고 나서야 비로소)**

어휘 社会人(しゃかいじん) 사회인 | 責任感(せきにんかん) 책임감 | 持(も)つ 갖다, 들다 | ～ようになる ～하게 되다

정답 3

---

08 学校ではみんな同じ制服を着るので、服のことで（　　　）。

1 悩まざるをえない

2 悩まずに済む

3 悩まなければよかった

4 悩まないではいられない

의미적 호응관계 파악하기 ★★

해석 학교에서는 모두 같은 교복을 입기 때문에 옷 때문에 (**고민하지 않아도 된다**).

정답 찾기 문장 전후 내용이 교복을 입어서 옷에 관해서는 걱정하지 않는다는 것이므로 정답은 그렇게 하지 않아도 문제를 해결할 수 있는 것을 나타내는 2번 悩まずに済(す)む(고민하지 않아도 된다)이다.

오답 분석 1번 ～ざるをえない(～하지 않을 수 없다)는 본인의 의사가 아닌 피할 수 없는 사정 · 상황에 의해 ～할 수 밖에 없음을 나타내는 표현, 3번 ～なければよかった(～하지 않았더라면 좋았다)

는 과거의 것에 대해 그렇게 했어야 했다고 후회하는 마음을 나타내는 표현, 4번 ~ないではいられない(~하지 않고서는 있을 수 없다)는 어떤 상황으로 인해 ~하려는 마음이 생김을 나타내는 표현으로 문맥상 정답이 아니다.

> **복습 꾁!** ~ずに済む・~ないで済む・~なくて済む(~하지 않고 끝나다, ~하지 않아도 된다)

어휘 学校(がっこう) 학교 | 皆(みんな) 모두 | 同(おな)じ 같음, 동일함 | 制服(せいふく) 제복, 교복, 유니폼 | 着(き)る 입다 | 服(ふく) 옷 | ~ことで ~에 관해서, ~일로 | 悩(なや)む 고민하다, 고생하다, 괴로워하다

정답 2

문제 다음 문장의 ___★___ 에 들어갈 가장 알맞은 말을 1·2·3·4 중에서 하나를 고르세요.

01 その人が _____ ★ _____ わざわざ
非難する必要はないだろう。

1 ならともかく　　2 誰かに
3 迷惑をかけている　　4 そうではないなら

단어 바르게 배열하기 ★★

문장 배열 その人が 誰かに 迷惑をかけている ならともかく
そうではないなら わざわざ非難する必要もないだろう。

해석 그 사람이 누군가에게 피해를 입히고 있다면 모르겠지만 그렇지 않다면 일부러 비난할 필요는 없겠지.

정답 찾기 1번 ~ならともかく(~라면 모르겠지만)는 앞의 내용은 허용할 수 있지만, 뒤의 내용은 받아들일 수 없다는 것을 나타낸다. 선택지 가운데 2번 誰かに(누군가에게) 뒤에 호응되는 것은 3번 迷惑をかけている(피해를 입히다)이므로 3번을 가장 앞에 배열하고 그 뒤에 1번을 배열한다. 그리고 앞 상황과는 다른 상황이 되는 4번 そうではないなら(그렇지 않다면)을 마지막에 배열하여 전체적으로 나열하면 2-3-1-4가 되므로 정답은 1번이다.

> **복습 꾁!** ~ならともかく(~라면 모르겠지만)

어휘 誰(だれ) 누구 | 迷惑(めいわく)をかける 폐를 끼치다 | わざわざ 일부러, 특별히 | 非難(ひなん)する 비난하다 | 必要(ひつよう) 필요

정답 1

---

02 あの選手はとても _____ ★ _____
痛いふりをしているだけだ。

1 相手に　　2 ために
3 反則を与える　　4 痛がっているが

단어 바르게 배열하기 ★★

문장 배열 あの選手はとても 痛がっているが 相手に
反則を与える ために 痛いふりをしているだけだ。

해석 저 선수는 매우 아파하고 있지만 상대에게 반칙을 주기위해서 아픈 척 하고 있는 것 뿐이다.

정답 찾기 선택지 가운데 공란 앞의 とても(매우)와 호응하는 것은 4번 痛がっている(아파하다)이므로 4번을 가장 앞에 배열하고 뒤에는 그 이유가 되는 문장을 만든다. 그러면 내용상 자연스럽게 1번 相手に(상대에게), 3번 反則を与える(반칙을 주다), 2번 ~ために(~위해서) 순으로 연결되므로 이를 전체적으로 나열하면 4-1-3-2가 되어 정답은 3번이다.

복습 꼭! ~がっている (~워 하고 있다)

어휘 選手(せんしゅ) 선수 | 痛(いた)い 아프다 | 相手(あいて) 상대 | 反則(はんそく) 반칙 | 与(あた)える 주다, 끼치다, 가하다 | ~ために ~하기 위해서, ~ 때문에 | ~ふりをする ~하는 척하다 | ~だけだ ~뿐이다

정답 3

---

03 ＿＿＿ ＿＿＿ ★ ＿＿＿ 出かけなさい。

1 から　　　　　　2 マフラーをして
3 といけない　　　 4 風邪を引く

단어 바르게 배열하기 ★★

문장 배열 風邪を引く といけない から マフラーをして
　　　　　　　　 4　　　　 3　　　 1
出かけなさい。
2

해석 감기에 걸리면 안되니까 머플러를 하고 나가세요.

정답 찾기 3번 ~といけない는 좋지 않은 상황이 되지 않도록 ~하다는 의미이다. 따라서 3번 앞에는 좋지 않은 상황인 4번 風邪を引く(감기에 걸리다)를 배열하고 뒤에는 이유를 나타내는 1번 ~から(~ 때문에)를, 그 뒤에는 감기에 걸리는 안좋은 상황이 되지 않도록 하는 행위인 2번 マフラーをして(머플러를 하고)를 배열하여 전체적으로 나열하면 4-3-1-2가 되므로 정답은 1번이다.

복습 꼭! ~といけない (~하면 안 된다)

어휘 風邪(かぜ)を引(ひ)く 감기에 걸리다 | マフラー 머플러, 목도리 | 出(で)かける 나가다, 나서다 | ~なさい ~하세요

정답 1

---

04 一度発した ＿＿＿ ＿＿＿ ★ ＿＿＿ 。

1 ことにはならない　　2 言わなかった
3 謝っても撤回しても　4 言葉は

단어 바르게 배열하기 ★★

문장 배열 一度発した 言葉は 謝っても撤回しても
　　　　　　　　　　 4　　　 3
言わなかった ことにはならない。
　　 2　　　　　　 1

해석 한번 밖으로 나온 말은 사과를 해도 철회를 해도 말하지 않은 것이 되지는 않는다.

정답 찾기 선택지 가운데 공란 앞 発した(밖으로 나온)에 호응하는 것은 4번 言葉は(말은)이다. 따라서 4번을 가장 앞에 두고 문말 표현인 1번 ~ことにはならない(~한 것이 되지는 않는다)는 가장 뒤에 배열한다. 그리고 문맥상 3번 謝っても撤回しても(사과해도 철회해도)와 2번 言わなかった(말하지 않았다)를 연결해서 가운데에 두어 전체적으로 나열하면 4-3-2-1이 되므로 정답은 2번이다.

복습 꼭! ~ことにはならない (~한(인) 것이 되지는 않는다)

어휘 一度(いちど) 한 번, 일 회 | 発(はつ)する 밖으로 나오다, 시작되다, 나오다 | 言葉(ことば) 말 | 謝(あやま)る 용서를 빌다, 사과하다 | 撤回(てっかい)する 철회하다 | 言(い)う 말하다

정답 2

---

05 私が中国を訪れたのは十年ぶりの ＿＿＿
＿＿＿ ★ ＿＿＿ 。

단어 바르게 배열하기 ★★

문장 배열 私が中国を訪れたのは十年ぶりの ことですが
　　　　　　　　　　　　　　　　　　　　　 2
それにしても その変わりぶりに 驚きました。
　 4　　　　　 3　　　　　　　 1

1 驚きました　　　2 ことですが

3 その変わりぶりに　4 それにしても

해석 제가 중국에 방문한 것은 십 년만이지만 그렇다고 하더라도 그 변한 모습에 놀랐습니다.

정답 찾기 선택지 가운데 공란 앞의 十年ぶりに(십 년만) 뒤에 연결되는 것은 2번 ことですが(것입니다만)이므로 2번을 가장 앞에 두고, 그 뒤에 앞뒤 문장을 연결해주는 접속사 4번 それにしても(그렇다 하더라도)를 배열한다. 문말 표현인 1번 驚きました(놀랐습니다)는 가장 뒤에 두고 그 앞에 놀람의 대상이 되는 3번 その変わりぶりに(그 변한 모습에)를 배열하여 전제적으로 나열하면 2-4-3-1이 되므로 정답은 3번이다.

> **복습 꼭!** 명사+ ～ぶり (～만) | 명사, 동사 ます형+ぶり (～모습, 모양, 상태, 품, 방식)

어휘 中国(ちゅうごく) 중국 | 訪(おとず)れる 방문하다, 찾아오다 | それにしても 그건 그렇다 하더라도 | 変(か)わり 변함, 변화, 다름, 이상 | 驚(おどろ)く 놀라다

정답 3

---

06 この靴は ＿＿＿ ＿＿＿ ★ ＿＿＿。

1 新しいままだ　　　2 履いていないので

3 一度も　　　　　　4 買ってから

단어 바르게 배열하기 ★★

문장 배열 この靴は 買ってから 一度も 履いていないので 新しいままだ。
(4) (3) (2)
(1)

해석 이 신발은 사고 나서 한 번도 신지 않았기 때문에 새것 그대로이다.

정답 찾기 선택지 4번에 있는 동작의 전후를 나타내는 ～てから(～하고 나서)를 기준으로 생각하면 사고 나서 신지 않았다는 것이 되므로 4번 買ってから(사고 나서)를 가장 앞에 두고, 그 뒤에 2번 履いていないので(신지 않았기 때문에)를 배열하는데 이때 2번 앞에 부사인 3번 一度も(한 번도)를 두어 履く를 수식해주게 한다. 그리고 문말 표현인 1번 新しいままだ(새 것 그대로다)를 가장 마지막에 두어 전체적으로 나열하면 4-3-2-1이 되므로 정답은 2번이다.

> **복습 꼭!** ～まま(～한 채로, ～대로)

어휘 靴(くつ) 신발, 구두 | 買(か)う 사다 | ～てから ～하고 나서 | 一度(いちど)も 한 번도 | 履(は)く 신다 | 新(あたら)しい 새롭다, 새것이다

정답 2

---

07 ＿＿＿ ＿＿＿ ★ ＿＿＿、私の責任ではありませんよ。

1 やった　　　　　2 言われたから

3 までで　　　　　4 やれと

단어 바르게 배열하기 ★★

문장 배열 やれと 言われたから やった までで、私の責任 ではありませんよ。
(4) (2) (1) (3)

해석 하라고 시켜서 했을 뿐, 제 책임은 아닙니다.

정답 찾기 자신이 한 행동 1번 やった(했다) 앞에 그 이유가 되는 문장을 만들어 배열한다. ～という(～라고 하다)의 문형을 생각해서 4번 やれと(하라고)와 2번 言われたから(말을 들었기 때문에)를 연결하여 1번 앞에 배열한다. 그리고 문맥상 행위의 목적ㆍ의향ㆍ결심 등의 의미를 갖는 3번 ～までで(～했을 뿐으로)를 가장 뒤에 배열하여 전체적으로 나열하면 4-2-1-3이 되므로 정답은 1번이다.

복습 꼭! ~までで(~했을 뿐으로)

어휘 やる 하다, 주다 | 言(い)う 말하다 | 責任(せきにん) 책임

정답 1

08 政府は労働人口の不足を ___ ___ ★
___。

1 外国人労働者を　　2 こととしました

3 改善するために　　4 受け入れる

단어 바르게 배열하기 ★★

문장 배열 政府は労働人口の不足を 改善するために
　　　　　　　　　　　　　　　　　　　3
外国人労働者を 受け入れる こととしました。
　1　　　　　4　　　　　2

해석 정부는 노동인구의 부족을 개선하기 위해서 외국인 노동자를 받아들이기로 했습니다.

정답 찾기 선택지 가운데 의미상 공란 앞의 不足を(부족을) 뒤에 호응하는 것은 3번 改善するために(개선하기 위해서)이므로 3번을 가장 앞에 둔다. 문말 표현인 2번 ~こととする(~하기로 하다)는 가장 뒤에 배열하고, 그 앞에 목적어와 행위를 나타내는 1번 外国人労働者を(외국인 노동자를)와 4번 受け入れる(받아들이다)를 연결한 후 전체적으로 나열하면 3-1-4-2가 되므로 정답은 4번이다.

복습 꼭! ~こととする(~하기로 하다)

어휘 政府(せいふ) 정부 | 労働(ろうどう) 노동 | 人口(じんこう) 인구 | 不足(ふそく) 부족 | 改善(かいぜん)する 개선하다 | ~ために ~하기 위해서, ~때문에 | 外国人(がいこくじん) 외국인 | 労働者(ろうどうしゃ) 노동자 | 受(う)け入(い)れる 받아들이다

정답 4

셋째마당 | 고득점을 위한 핵심 문법

시나공 11 시점, 한정, 강조를 나타내는 문법 | **적 중** 예상 문제

문제 다음 문장의 (　　) 에 들어갈 가장 알맞은 말을 1 · 2 · 3 · 4 중에서 하나를 고르세요.

---

01 冷蔵庫の中にある飲み (　　) 物は全部捨ててください。

1 かけの   2 さえの
3 最中に   4 際

접속 형태 파악하기 ★★

해석 냉장고 안에 있는 마**(시다 만)** 것은 전부 버려주세요.

정답 찾기 공란 앞을 보면 飲む(마시다)의 ます형인 飲み의 형태로 제시되어 있는데 선택지 가운데 동사 ます형과 접속하는 것은 1번 ~かけの(~하다 만)밖에 없다. ~かける는 어떤 동작을 하다만 상태를 나타내고 그 밖에도 어떤 동작이나 작용이 상대에게 영향을 미친다는 의미와 '머지않아 ~할 무렵'이라는 의미로도 사용된다.

오답 분석 2번 ~さえ(~조차)는 명사, 3번 ~最中(さいちゅう)に(한창 ~하고 있을 때)는 동사 현재 진행형, 4번 ~際(さい)(~때)는 동사 기본형과 과거형과 접속하므로 접속 형태상 정답이 될 수 없다.

> **복습 꼭!** 동사 ます형+ ~かける・~かけだ・~かけの (~하다 말다, ~하다 만)

어휘 冷蔵庫(れいぞうこ) 냉장고 | 飲(の)む 마시다 | 全部(ぜんぶ) 전부 | 捨(す)てる 버리다

정답 1

---

02 お忙しい (　　) お手数をおかけし大変恐縮です。

1 ところを   2 うちに
3 に限り   4 において

의미적 호응관계 파악하기 ★★

해석 바쁘신 **(중에)** 폐를 끼쳐 대단히 죄송합니다.

정답 찾기 문장 전후 내용이 바쁜데 폐를 끼쳤다는 것이므로, 정답은 장면 · 시점 · 행위의 단계를 나타내는 표현인 1번 ~ところを(~시점에, ~참에, ~인 중에)이다. お忙しいところを(바쁘신 중에)는 관용 표현으로 외워두는 것이 좋다.

오답 분석 3번 ~に限(かぎ)り(~만은, ~에 한해)와 4번 ~において(~에서)는 명사와 접속하는 표현으로 접속 형태상 정답에서 제외한다. 2번 ~うちに(~하는 동안에)는 '~하는 사이, 또는 ~하기 전에 일이 성립됨'을 나타내는 표현이다.

> **복습 꼭!** ~ところを・~ところに・~ところへ(~시점에, ~참에, ~중에)

어휘 忙(いそが)しい 바쁘다 | 手数(てすう)をかける 폐를 끼치다 | 大変(たいへん) 대단히, 몹시, 매우, 굉장히 | 恐縮(きょうしゅく) 공축, 황송하게 여김

정답 1

---

03 家でゆっくり一杯飲もうかなと思っていた (　　) 、友だちから電話がかかってきた。

1 最中に   2 うちに
3 かけの   4 ところに

접속 형태 파악하기 ★★

해석 집에서 느긋하게 한잔 마실까라고 생각하고 있던 **(참에)** 친구에게서 전화가 걸려왔다.

정답 찾기 접속 방법만으로도 정답을 골라낼 수 있다. 선택지 가운데 공란 앞의 思っていた(생각하고 있었다)에 접속할 수 있는 것은 각 품사의 명사 수식형에 접속하여 장면 · 시점 · 행위의 단계를 나타내는 4번 ~ところに(~시점에, ~참에)이다.

오답 분석 1번 ~最中(さいちゅう)に(한창 ~하고 있을 때)는 동사의 현재 진행형, 2번 ~うちに(~동안에)는 동사의 기본형, 3번 ~かけの(~하다 만)는 동사 ます형에 접속하는 표현으로 접속형태상 정답이 될 수 없다.

복습 꼭! ~ところを・~ところに・~ところへ(~시점에, ~참에, ~중에)

어휘 ゆっくり 천천히, 느긋하게, 충분히 | 一杯(いっぱい) 한잔 | ~かな ~가?, ~까?, ~려나 | 電話(でんわ)がかかってくる 전화가 걸려오다

정답 4

---

04 授業または試験の(　　　)地震が発生した時は、まず身の安全を図って下さい。

1 あげくに　　2 最中に
3 なりの　　4 かけの

의미적 호응관계 파악하기 ★★

해석 수업 또는 시험을 치르고 **(있을 때)** 지진이 발생한 경우에는 우선 몸의 안전을 도모하여 주세요.

정답 찾기 공란 전후 내용이 수업이나 시험이 진행되고 있을 때 지진이 발생한 경우의 주의사항을 이야기하고 있으므로 정답은 어떤 일이 한창 진행되고 있음을 나타내는 2번 最中(さいちゅう)に(한창 ~하고 있을 때)이다.

오답 분석 1번 ~あげくに(~한 끝에)는 여러 가지로 ~한 끝에 결국은 좋지 않은 결과가 되었음을 나타내고, 3번 ~なりの(~나름대로의)는 명사에 접속할 때 の를 수반하지 않고, 4번 ~かけの(~하다 만)는 동사 ます형과 접속하므로 접속 형태상 정답이 될 수 없다.

복습 꼭! ~最中(さいちゅう)に(한창 ~하고 있을 때)

어휘 授業(じゅぎょう) 수업 | または 또는, 혹은 | 試験(しけん) 시험 | 地震(じしん) 지진 | 発生(はっせい)する 발생하다 | まず 우선, 먼저 | 身(み) 몸, 자신 | 安全(あんぜん) 안전 | 図(はか)る 도모하다

정답 2

---

05 日本(　　　)、子供たちがお正月に楽しみにしているものといえば、間違いなくお年玉だろう。

1 にあたって　　2 において
3 に際して　　4 に限って

의미적 호응관계 파악하기 ★★

해석 일본**(에서)** 아이들이 설날에 즐거움으로 삼고 있는 것이라고 하면 틀림없이 세뱃돈일 것이다.

정답 찾기 문장 전후 내용이 일본에서 아이들의 설날의 즐거움이 세뱃돈일 것이라는 것이므로 정답은 어떤 일이 행해지는 장소·때·분야·상황 등을 나타내는 2번 ~において(~에서)이다.

오답 분석 1번 ~にあたって(~할 때에, ~을 맞이하여)는 '~할 때에 미리 하다'는 의미로 뭔가를 해야 하는 특별한 기회와 상황, 3번 ~に際(さい)して(~에 즈음하여)는 동작이나 작용이 행해지는 때·상황을 나타내는 표현이고, 4번 ~に限(かぎ)って(~에 한하여)는 상황이나 조건을 한정하는 표현으로 문맥상 정답이 아니다.

복습 꼭! ~において(~에서)

어휘 お正月(しょうがつ) 정월, 설 | 楽(たの)しみ 낙, 즐거움 | ~といえば ~라고 하면, ~을 화제로 삼으면 | 間違(まちが)いなく 틀림없이 | お年玉(としだま) 세뱃돈, 새해 선물

정답 2

06 非常の（　　　）は、エレベーターは動かな
くなりますので使用しないで下さい。

1 うえに　　　　　　　2 くらい

3 際　　　　　　　　　4 だけに

의미적 호응관계 파악하기 ★★

해석 비상(時)에는, 엘리베이터는 움직이지 않게 되므로 사용하지
말아주세요.

정답 찾기 곤란 전후 내용이 비상시의 주의사항을 이야기하고 있으
므로, 非常の(비상) 뒤에는 '때'를 나타내는 3번 ~際(さい)(~때)가
와야 한다.

오답 분석 2번 ~くらい(~정도)와 4번 ~だけに(~한 만큼)는 명
사와 접속할 때 の를 수반하지 않으므로 접속 형태상 정답에서 제외
한다. 1번 ~うえに(~한데다가, ~인데다가)는 앞 내용에 '게다가'
라는 느낌으로 덧붙일 때 사용하는 표현으로 문맥상 정답이 아니다.

> **복습 꼭!** ~際は(~때는)

어휘 非常(ひじょう) 비상 | エレベーター 엘리베이터 | 動(うご)
く 움직이다 | 使用(しよう)する 사용하다

정답 3

---

07 海外旅行をする（　　　）、今やインターネ
ットでの情報収集は欠かせない。

1 最中に　　　　　　　2 に限り

3 にあたって　　　　　4 からこそ

의미적 호응관계 파악하기 ★★

해석 해외여행을 (할 때), 이제는 인터넷에서의 정보 수집은 뺄 수
없다.

정답 찾기 문장 전후 내용이 해외여행을 할 때 미리 인터넷으로 정
보수집 하는 것을 이야기하고 있으므로, 정답은 뭔가를 해야 하는
특별한 기회와 상황을 나타내는 3번 ~にあたって(~할 때에, ~
을 맞이하여)이다.

오답 분석 1번 ~最中(さいちゅう)に(한창~하고 있을 때)는 동
사에 접속할 때는 현재 진행형에, 2번 ~に限(かぎ)り(~만은, ~에
한하여)는 명사에 접속하는 표현으로 접속 형태상 정답에서 제외한
다. 4번 ~からこそ(~이기 때문에)는 그 이유를 특별히 말하고 싶
을 때 사용하는 표현이므로 문맥상 정답이 될 수 없다.

> **복습 꼭!** ~にあたって(~할 때에, ~을 맞이하여)

어휘 海外旅行(かいがいりょこう) 해외여행 | 今(いま)や 이제는,
바야흐로, 금방에라도 | インターネット 인터넷 | 情報(じょうほう)
정보 | 収集(しゅうしゅう) 수집 | 欠(か)かす 빠뜨리다, 거르다

정답 3

---

08 テストの日など、遅れてはいけない日
（　　　）、バスがものすごく遅れたり、電
車のトラブルがあったりする。

1 さえ　　　　　　　　2 からこそ

3 にあたって　　　　　4 に限って

의미적 호응관계 파악하기 ★★

해석 시험 날 등, 늦어서는 안 되는 날(에 한하여), 버스가 굉장히 늦
거나 전철이 고장 나거나 한다.

정답 찾기 문장 전후 내용이 늦으면 안 되는 날에 꼭 안 좋은 일이
일어나는 것을 이야기하고 있으므로 정답은 특별히 그 경우에만 좋
지 못한 상황이 되어 불만스럽다는 뉘앙스를 나타내는 표현인 4번
~に限(かぎ)って(~에 한하여)이다.

오답 분석 1번 ~さえ(~도, ~조차)는 극단적인 것을 예로 들어 그
외에 다른 것은 물론이라는 의미, 2번 ~からこそ(~이기 때문에, ~
이기에)는 이유를 강조하는 표현, 3번 ~にあたって(~할 때에, ~을
맞이하여)는 '~할 때에 미리 ~하다'는 의미로 무언가를 해야 하는 특
별한 기회와 상황을 나타내는 표현으로 문맥상 호응하지 않는다.

> **복습 꼭!** ~に限って(~에 한하여, ~만 특별히)

어휘 **テスト** 테스트, 시험 | **日(ひ)** 하루, 날, 날짜, 해, 햇볕 | **遅(おく)れる** 늦다 | **～てはいけない** ~해서는 안 된다 | **バス** 버스 | **ものすごく** 굉장히, 매우 | **電車(でんしゃ)** 전철 | **トラブルがある** 트러블이 있다. 문제가 있다

정답 **4**

---

09 ホームステイをしている（　　　）日本の言葉や習慣になじんできた。

1 末に 2 に限り

3 うちに 4 にあたって

접속 형태 파악하기 ★★

해석 홈스테이를 하고 있는 **(동안에)** 일본의 언어와 풍습에 익숙해졌다.

정답 찾기 문장 전후 내용이 홈스테이를 하며 지내고 있는 동안에 일본어와 일본의 풍습에 익숙해졌음을 나타내므로 정답은 '~하는 사이에 일이 성립됨'을 나타내는 표현인 3번 ～うちに(~동안에)이다.

오답 분석 1번 ～末(すえ)に(~한 끝에는 동사의 ～た형 또는 명사+の의 형태로 접속하고 2번 ～に限(かぎ)り(~만은, ~에 한하여)는 명사에 접속, 4번 ～にあたって(~할 때에, ~을 맞이하여)는 동사 기본형 또는 명사에 접속하는 표현으로 모두 접속 형태상 정답이 아니다.

복습 꼭! ～うちに(~하는 동안에, ~하는 사이)

어휘 **ホームステイ** 홈스테이 | **言葉(ことば)** 말, 언어 | **習慣(しゅうかん)** 습관 | **なじむ** 익숙해지다, 친숙해지다, 정들다

정답 **3**

---

10 あの店は雰囲気がいい（　　　）、料理がおいしくて、よく食べに行っています。

1 うちに 2 のみならず

3 だけで 4 最中に

의미적 호응관계 파악하기 ★★

해석 그 가게는 분위기가 좋을 **(뿐만 아니라)** 요리가 맛있어서 자주 먹으러 가고 있습니다.

정답 찾기 문장 전후 내용이 가게는 분위기도 좋고 맛도 좋아 자주 간다는 것이므로 정답은 2번 ～のみならず(~뿐만 아니라)이다. ～のみならず는 '~뿐만 아니라, 그 외에도'라는 의미로 비슷한 표현인 ～だけでなく, ～ばかりでなく, ～に限(かぎ)らず 등도 함께 외워두는 것이 좋다.

오답 분석 4번 ～最中(さいちゅう)に(한창 ~하고 있을 때)는 い형용사와 접속하지 않으므로 접속 형태상 정답에서 제외한다. 1번 ～うちに(~동안에)와 3번 ～だけで(~뿐으로, ~만으로)는 문맥상 호응하지 않는다.

복습 꼭! ～のみならず(~뿐만 아니라)

어휘 **店(みせ)** 가게 | **雰囲気(ふんいき)** 분위기 | **料理(りょうり)** 요리 | **동사 ます형+ ～に行(い)く** ~하러 가다

정답 **2**

---

11 私たちの生活は都会（　　　）、田舎でも携帯電話・テレビ・パソコンなどがなければ不便を感じるようになった。

1 に限って 2 において

3 にあたって 4 に限らず

의미적 호응관계 파악하기 ★★

해석 우리들의 생활은 도시**(뿐만 아니라)** 시골에서도 휴대 전화·텔레비전·컴퓨터 등이 없으면 불편을 느끼게 되었다.

정답 찾기 문장 전후 내용이 도시만이 아니라 시골에서도 휴대 전화 등이 없으면 불편하다는 것이므로 정답은 '～뿐만 아니라 ～도 ～함'이라는 의미인 4번 ～に限(かぎ)らず(~뿐만 아니라)이다. ～限り(~한), ～ない限り(~하지 않는 한), 限りでは(~한에서는),

~に限って(~에 한해) 등 ~限る의 여러 가지 활용 문법 표현도 의미를 구별하면서 함께 기억해두는 것이 좋다.

오답 분석 1번 ~に限って(~에 한해서)는 특별히 그 경우에만 좋지 못한 상황이 되어 불만스럽다는 뉘앙스의 표현, 2번 ~において(~에서)는 어떤 일이 행해지는 장소·때·분야·상황 등을 나타내는 표현, 3번 ~にあたって(~할 때에, ~을 맞이하여)는 무엇인가를 해야 하는 특별한 기회와 상황을 나타내는 표현으로 문맥상 호응하지 않는다.

복습 꼭! ~に限らず(~뿐만 아니라)

어휘 生活(せいかつ) 생활 | 都会(とかい) 도시 | 田舎(いなか) 시골 | 携帯電話(けいたいでんわ) 휴대 전화 | テレビ 텔레비전 | パソコン 컴퓨터 | 不便(ふべん) 불편 | 感(かん)じる 느끼다 | ~ようになる ~하게 되다

정답 4

---

12 両親が一生懸命私の子供たちの面倒を見てくれた（　　　）、会社で働くことができた。

1 うちに　　　　　　　2 からこそ
3 最中に　　　　　　　4 際

적절한 기능어 찾기 ★★

해석 부모님이 열심히 나의 아이들을 돌보아 주었(**기 때문에**) 회사에서 일할 수 있었다.

정답 찾기 문장 전후 내용이 부모님이 아이들을 돌봐주었기 때문에 회사에서 일할 수 있었다는 것이므로 정답은 그 이유를 특별히 말하고 싶을 때 사용하는 표현인 2번 ~からこそ(~기 때문에)이다.

오답 분석 1번 ~うちに(~동안에)와 4번 ~際(さい)(~때)는 동사의 기본형에, 3번 ~最中(さいちゅう)に(한창 ~하고 있을 때)는 동사 현재 진행형과 접속되는 표현으로 접속 형태만으로도 정답이 될 수 없다.

복습 꼭! ~からこそ(~하기 때문에, ~이기 때문에)

어휘 両親(りょうしん) 부모님 | 一生懸命(いっしょうけんめい) 열심히 | 子供(こども)たち 자식들, 아이들 | 面倒(めんどう)を見(み)る 돌봐주다, 보살피다 | 働(はたら)く 일하다 | ~ことができる ~할 수 있다

정답 2

---

13 今度（　　　）ラストチャンスですので、この機会を逃さないように!

1 さえ　　　　　　　　2 すら
3 こそ　　　　　　　　4 ほど

의미적 호응관계 파악하기 ★★

해석 이번(**이야말로**) 마지막 기회이기 때문에 이 기회를 놓치지 않도록!

정답 찾기 공란 전후 내용이 이번이 마지막 기회임을 강조하며 기회를 놓치지 말라고 이야기하고 있으므로 정답은 어떤 사항을 내세워 강조하는 뜻을 나타내는 3번 ~こそ(~야말로)이다.

오답 분석 극단적인 것을 예로 들어 '~외에 다른 것은 물론'이라는 의미 1번 ~さえ(~조차)와 2번 ~すら(~조차)와 사물·동작·상태의 정도를 나타내는 4번 ~ほど(~정도, ~쯤, ~만큼)는 문맥상 호응하지 않는다.

복습 꼭! ~こそ(~야말로)

어휘 今度(こんど) 이번 | ラストチャンス 라스트 찬스, 마지막 기회 | 機会(きかい) 기회 | 逃(のが)す 놓치다 | ~ないように ~하지 않도록

정답 3

14 子育ては楽しいこと（　　　）、思っている
以上にストレスがたまってしまうことがあ
ります。

1 における　　　　　2 さえ
3 ばかりでなく　　　4 こそ

의미적 호응관계 파악하기 ★★

해석 육아는 즐거운 것(**만이 아니라**) 생각하는 것 이상으로 스트레스가 쌓여버리는 경우가 있습니다.

정답 찾기 문장 전후 내용이 육아가 즐거운 것만 있는 것이 아니라 생각 이상으로 스트레스가 쌓인다는 것을 말하고 있으므로 정답은 3번 ~ばかりでなく(~뿐만 아니라)가 된다.

오답 분석 1번 ~における(~에서, ~에서의)는 어떤 일이 행해지는 장소·때·분야 등을 나타내는 표현, 2번 ~さえ(~조차)는 극단적인 것을 예로 들어 '~외에 다른 것은 물론'이라는 것을 나타내는 표현, 4번 ~こそ(~야 말로)는 중요한 것을 다른 것과 구별하여 강조하는 표현으로 의미적으로 호응하지 않는다.

> **복습 꼭!** ~ばかりでなく(~뿐만 아니라)

어휘 子育(こそだ)て 아이를 키우는 일, 육아 | 楽(たの)しい 즐겁다 | 以上(いじょう)に 이상으로 | ストレスがたまる 스트레스가 쌓이다 | ~てしまう ~해버리다

정답 3

---

15 彼に聞かれてはまずい噂をしている
（　　　）突然、彼が現れてギョッとした。

1 のみならず　　　　2 ばかりでなく
3 ところに　　　　　4 からこそ

의미적 호응관계 파악하기 ★★

해석 그가 들어서는 곤란한 이야기를 하고 있는 (**참에**), 갑자기 그가 나타나서 가슴이 철렁했다.

정답 찾기 문장 전후 내용이 그의 좋지 않은 이야기를 하고 있는 상황에 그가 나타났다는 것이므로 정답은 3번 ~ところに(~시점에, ~참에)이다.

오답 분석 1번 ~のみならず(~뿐만 아니라)와 2번 ~ばかりでなく(~뿐만 아니라)는 둘 다 같은 의미로 정답이 될 수 없고, 이유를 강조하는 표현인 4번 ~からこそ(~기 때문에)는 문맥상 호응하지 않는다.

> **복습 꼭!** ~ところに(~시점에, ~참에)

어휘 まずい 맛없다, 서투르다, 난처하다 | 噂(うわさ) (그 자리에 없는 사람에 대하여) 이야기함, 소문 | 突然(とつぜん) 돌연, 갑자기 | 現(あら)れる 나타나다 | ギョッとする 가슴이 섬뜩했다, 깜짝 놀랐다

정답 3

---

16 おもしろい本を読んでいる（　　　）夜が明
けてしまうことがある。

1 うちに　　　　　　2 ばかりか
3 かけの　　　　　　4 にあたって

의미적 호응관계 파악하기 ★★

해석 재미있는 책을 읽고 있는 (**동안에**) 날이 새어버리는 경우가 있다.

정답 찾기 문장 전후 내용이 재미있는 책을 읽다가 밤이 새어버리는 경우가 있음을 말하고 있으므로 정답은 '~하는 사이에 일이 성립됨'을 나타내는 1번 ~うちに(~동안에)가 된다.

오답 분석 어떤 동작을 하다만 상태를 나타내는 3번 ~かけの(~하다 만)는 동사 ます형에, '~할 때에 미리 ~하다'는 의미로 뭔가를 해야 하는 특별한 기회와 상황을 나타내는 4번 ~にあたって(~할 때에, ~을 맞이하여)는 동사 기본형과 명사에 접속하는 표현으로 접속 형태상 정답이 될 수 없다. 2번 ~ばかりか(~뿐만 아니라)는 '~뿐만 아니라' 거기다 정도가 더 심한 어떤 것까지 추가됨을 나타내는 뉘앙스의 표현으로 문맥상 정답이 아니다.

> **복습 꼭!** ~うちに(~하는 동안에)

어휘 面白(おもしろ)い 재미있다 | 夜(よる)が明(あ)ける 날이 밝다, 날이 새다

정답 1

다음 문장의 ___★___ 에 들어갈 가장 알맞은 말을 1·2·3·4 중에서 하나를 고르세요.

---

01. 彼は ___ ___★___ ___ ___ 、性格がよくないので女性から人気がない。

1 ハンサムだ   2 こそ
3 顔   4 が

단어 바르게 배열하기 ★★

문장 배열 彼は 顔 こそ ハンサムだ が 性格がよくないので
                  3   2   1   4
女性から人気がない。

해석 그는 얼굴은 잘생겼지만 성격이 좋지 않기 때문에 여성에게 인기가 없다.

정답 찾기 2번 ～こそは '～야 말로'라는 의미지만 '명사 + こそ + が' 형태가 되면 '～는, ～지만'이라는 의미로 앞 문장의 내용을 일단 인정하고 뒷 문장에 역접의 의미가 오는 표현이 된다. 따라서 3번 顔(얼굴)와 2번 ～こそ를 연결하고, 뒤에 1번 ハンサムだ(잘생기다)와 4번 ～が(～지만)를 연결하여 전체적으로 나열하면 3-2-1-4가 되므로 정답은 2번이다.

복습 꼭! ～こそ(～야말로) | ～こそ～が(～는 ～지만)

어휘 顔(かお) 얼굴 | ハンサムだ 잘생겼다 | 性格(せいかく) 성격 | 女性(じょせい) 여성 | 人気(にんき) 인기

정답 2

---

02. ___ ___ ___★___ ___ 母に見つかってしまい、しかられた。

1 姉の   2 ところを
3 読んでいる   4 日記を

단어 바르게 배열하기 ★★

문장 배열 姉の 日記を 読んでいる ところを 母に見つ
           1   4   3   2
かってしまい、しかられた。

해석 언니의 일기를 읽고 있는 모습을 엄마에게 들켜버려 혼났다.

정답 찾기 1번 姉の(언니의) 뒤에는 명사가 와야 하는데 2번 ～ところを(～시점에, ～참에, ～인 중에)와 4번 日記を(일기를) 중 의미상 4번이 자연스럽다. 그리고 4번 日記を(일기를) 뒤에는 술어가 와야 하므로 자연스럽게 3번 読んでいる(읽고 있다)를 연결한다. 그리고 상황·장면 등을 나타내는 2번 ～ところを(～참에)는 문맥상 가장 마지막에 배열하여 전체적으로 나열하면 1-4-3-2가 되어 정답은 3번이다.

복습 꼭! ～ところを(～시점에, ～참에, ～중에)

어휘 姉(あね) 언니, 누나 | 日記(にっき) 일기 | 見(み)つかる 들키다, 발견되다 | ～てしまう ～해 버리다 | 叱(しか)られる 혼나다, 야단맞다

정답 3

---

03. ___★___ ___ ___ ___ 割合がどんどん増えています。

단어 바르게 배열하기 ★★

문장 배열 現代人の 食事 においては 加工食品の 割合が
             3   1   2   4
どんどん増えています。

143

1 においては   2 食事
3 現代人の   4 加工食品の

해석 현대인의 식사에서는 가공식품의 비율이 계속 늘고 있습니다.

정답 찾기 어떤 일이 행해지는 장소·때·분야·상황 등을 나타내는 1번 ~においては(~에서는)는 명사와 접속하는 표현이므로 2번 食事(식사)와 연결한다. 그리고 3번 現代人の(현대인의)와 4번 加工食品の(가공식품의)를 내용에 맞게 연결하면 되는데 마지막 공란 뒤에 割合(비율)이 있으므로 그 앞에 어울리는 단어인 4번을 두고 3번은 가장 앞에 두어 전체적으로 나열하면 3-2-1-4가 되므로 정답은 3번이다.

> 복습 꼭! ~においては(~에서는)

어휘 現代人(げんだいじん) 현대인 | 食事(しょくじ) 식사 | 加工(かこう) 가공 | 食品(しょくひん) 식품 | 割合(わりあい) 비율 | どんどん 척척, 자꾸자꾸, 계속해서 | 増(ふ)える 늘다

정답 3

---

04 ＿＿＿ ★ ＿＿＿＿＿ 物はパスポートです。

1 海外旅行をする   2 必要となる
3 絶対に   4 際に

단어 바르게 배열하기 ★★

문장 배열 海外旅行をする 際に 絶対に 必要となる 物は
               1   4   3   2
パスポートです。

해석 해외여행을 할 때에 절대로 필요하게 되는 것은 여권입니다.

정답 찾기 선택지 중 1번 海外旅行をする(해외여행을 하다)와 연결할만한 것은 동작이나 작용이 행해지는 때·상황을 나타내는 표현인 4번 ~際(さい)に(~때에)이다. 그럼 자연스럽게 뒤에 2번 必要となる(필요하게 되다)가 연결되고 부사인 3번 絶対に(절대로)는 2번 앞에 배열하여 2번을 수식하게 하여 전체적으로 나열하면 1-4-3-2가 되므로 정답은 4번이다.

> 복습 꼭! ~際に(~때에)

어휘 海外旅行(かいがいりょこう) 해외여행 | 絶対(ぜったい)に 절대로, 꼭 | 必要(ひつよう) 필요 | 物(もの) 물건, 것 | パスポート 패스포트, 여권

정답 4

---

05 ＿＿＿ ★ ＿＿＿＿＿、ものすごく眠い。やることが特にない時に限って、眠くない。

1 いけない   2 ときに
3 限って   4 寝ては

단어 바르게 배열하기 ★★

문장 배열 寝ては いけない ときに 限って ものすごく眠い。
         4   1   2   3
やることが特にない時に限って、眠くない。

해석 자면 안 되는 때에만 꼭 너무 졸리다. 할 일이 딱히 없을 때에는 또 졸리지 않다.

정답 찾기 1번 いけない(안 된다)는 앞에 ては가 연결되어 ~てはいけない(~해서는 안 된다)의 문형을 만들 수 있으므로 4번과 1번을 연결한다. 그리고 3번 限(かぎ)って는 앞에 조사 に가 붙어 ~に限って(~에 한해서)라는 표현이 되므로 2번 ときに 뒤에 3번 限って를 연결하여 전체적으로 나열하면 4-1-2-3이 되어 정답은 1번이다.

> 복습 꼭! ~に限って(~에 한하여, ~만 특별히)

어휘 寝(ね)る 자다 | ~てはいけない ~해서는 안 된다 | ものすごく 굉장히, 대단히 | 眠(ねむ)い 졸리다 | やる 하다, 주다 | 特(とく)に 특별히, 특히

정답 1

06 このデザイナーは独創的なデザインで日本国内 ★ ＿＿＿ ＿＿＿ ＿＿＿ 。

1 高い評価を　　　　　2 得ている
3 のみならず　　　　　4 海外でも

문장 배열 このデザイナーは独創的なデザインで日本国内
のみならず 海外でも 高い評価を 得ている。
　　　　　　3　　　　4　　　　1　　　　2

해석 이 디자이너는 독창적인 디자인으로 일본 국내뿐만 아니라 해외에서도 높은 평가를 얻고 있다.

정답 찾기 공란 앞의 日本国内(일본국내) 뒤에는 의미상 '~뿐만 아니라, 범위는 그 외에도 널리 미침'을 나타내는 표현인 3번 ~の
みならず를 연결하고, 그 뒤에 4번 海外でも(해외에서도)를 배열
하여 '일본 국내뿐 아니라 해외에서도'라는 문장을 만든다. 1번 高い
評価を(높은 평가를) 뒤에는 술어가 와야 하므로 2번 得ている(얻
고 있다)를 연결하여 전체적으로 나열하면 3-4-1-2가 되어 정답은
3번이다.

> **복습 꼭!** ~のみならず(~뿐만 아니라)

어휘 デザイナー 디자이너 | 独創的(どくそうてき)だ 독창적이다
| デザイン 디자인 | 日本国内(にほんこくない) 일본 국내 | 海外
(かいがい) 해외 | 高(たか)い 높다, 비싸다 | 評価(ひょうか) 평가 |
得(え)る 얻다

정답 3

---

07 ＿＿＿ ★ ＿＿＿ ＿＿＿ 優勝できました。

1 あった　　　　　　2 皆様の
3 応援が　　　　　　4 からこそ

문장 배열 皆様の 応援が あった からこそ 優勝できました。
　　　　　　2　　　3　　1　　　4

해석 여러분의 응원이 있었기 때문에 우승할 수 있었습니다.

정답 찾기 2번 皆様の(여러분의) 뒤에는 명사가 와야 하므로 3번
応援が(응원이)를 연결하고, 그 뒤에 자연스럽게 술어인 1번 あっ
た(있었다)를 연결하여 배열한다. 4번 ~からこそ((바로) ~이기 때
문에)는 '~가 단 하나의 이유이며 중요하다'는 것을 강조하는 표현
으로 앞에 이유가 나와야 하므로 가장 뒤에 배열하여 전체적으로 나
열하면 2-3-1-4가 되어 정답은 3번이다.

> **복습 꼭!** ~からこそ(~이기 때문에, ~이기에)

어휘 皆様(みなさま) 여러분 | 応援(おうえん) 응원 | 優勝(ゆうし
ょう) 우승

정답 3

---

08 時間と ＿＿＿ ＿＿＿ ★ ＿＿＿ 日本中を旅
してまわろう。

1 なく　　　　　　　2 ならない
3 うちに　　　　　　4 お金が

문장 배열 時間と お金が なく ならない うちに 日本中を
　　　　　　　4　　1　　2　　　3
旅してまわろう。

해석 시간과 돈이 다 없어지기 전에 일본 전역을 여행하며 돌아다
녀야지.

정답 찾기 공란 앞의 時間と(시간과) 뒤에는 그와 대등한 관계의
것인 4번 お金が(돈이)를 배열한다. 그리고 1번과 2번을 연결하여
없어지다(없어지다)의 부정형인 なくならない를 만든다. 3번 ~
うちに는 '~동안에'라는 의미지만, ない형과 접속하면 ~ないう
ちに(~하기 전에)라는 의미가 되므로 2번 뒤에 배열하여 전체적으
로 나열하면 4-1-2-3으로 정답은 2번이다.

복습 꼭! ～うちに(～하는 동안에) | ～ないうちに(～하기 전에)

어휘 時間(じかん) 시간 | お金(かね) 돈 | なくなる 없어지다, 다 떨어지다 | 日本中(にほんじゅう) 일본 전역 | 旅(たび)する 여행하다 | 旅(たび)してまわる 여행하고 다니다

정답 2

시나공 12 판단의 입장, 기준을 나타내는 문법 | 적 중 예상 문제

문제 다음 문장의 (   )에 들어갈 가장 알맞은 말을 1·2·3·4 중에서 하나를 고르세요.

01 文化の分野のなかで言語は一番変化しにくいため、言語を基準（　　　）民族を考えるのが一般的だといわれています。

1 として　　　　　2 からすると
3 にしたら　　　　4 からいって

의미적 호응관계 파악하기 ★★

해석 문화 분야에서 언어는 가장 변화하기 어렵기 때문에, 언어를 기준(으로서) 민족을 생각하는 것이 일반적이라고 일컬어지고 있습니다.

정답 찾기 문장 전후 내용이 언어를 기준으로서 민족을 생각하는 것이 일반적이라는 것이므로 정답은 1번 ～として(～로서)이다. ～として는 입장·자격·명목·부류를 나타내며 뒤에 접속되는 말에 어떤 의미나 가치를 부여하는 표현이다.

오답 분석 2, 4번 ～からすると와 ～からいって는 '～의 입장에서 보면, ～의 면에서 생각하면, ～로 판단하면'이라는 의미로 어떤 입장에서 사물을 바라보고 판단·평가하는 화자의 시점을 나타내고, 3번 ～にしたら(～로서는)는 주어의 입장이나 기분을 나타내므로 문맥상 호응하지 않는다.

복습 꼭! ～として(～로서)

어휘 文化(ぶんか) 문화 | 分野(ぶんや) 분야 | 言語(げんご) 언어 | 一番(いちばん) 가장, 제일 | 変化(へんか) 변화 | 동사 ます형+～にくい ～하기 어렵다 | ～ため ～ 때문에, ～위해서 | 基準(きじゅん) 기준 | 民族(みんぞく) 민족 | 考(かんが)える 생각하다 | 一般的(いっぱんてき) 일반적

정답 1

02 値段の高いほうが品質・性能が上だとは思うのですが、消費者（　　　）なるべく安いほうが嬉しいです。

1 としても　　　　2 からすると
3 に沿って　　　　4 に基づいて

의미적 호응관계 파악하기 ★★

해석 가격이 비싼 편이 품질·성능이 높다고는 생각하지만 소비자(의 입장에서 보면) 가능한 한 싼 것이 좋습니다.

정답 찾기 문장 전후 내용이 소비자의 입장에서 보면 가능한 한 싼 것이 좋다는 것이므로 정답은 2번 ～からすると(～에서 보면)이다. ～からすると・～からすれば・～からして는 어떤 입장에서 사물을 바라보고 판단·평가하는가 하는 말하는 사람의 시점을 나타낸다.

오답 분석 입장·자격을 나타내는 1번 ～としても(～로서도, ～라고 해도)와 기준이나 상대방의 희망 등에서 벗어나지 않도록 하는 것을 나타내는 3번 ～に沿(そ)って(～에 따라, ～에 맞게), 근거를 나타내는 4번 ～に基(もと)づいて(～에 기초해서)는 앞 문장의 내용과 의미적으로 호응하지 않는다.

복습 꼭! ～からすると(～에서 보면)

어휘 値段(ねだん) 가격 | 高(たか)い 높다, 비싸다 | 品質(ひんしつ) 품질 | 性能(せいのう) 성능 | 上(うえ) 높음, 위 | 消費者(しょうひしゃ) 소비자 | なるべく 가능한 한 | 安(やす)い 싸다 | 嬉(うれ)しい 기쁘다, 고맙다

정답 2

---

03 大好きな女優さんに握手をしてもらい、彼（　　）これまでの人生で最高と言っても過言ではない日だったんだろう。

1 のみならず　　　2 として
3 にすれば　　　　4 のとおりに

의미적 호응관계 파악하기 ★★

해석 너무 좋아하는 여배우에게 악수를 받고 그**(로서는)** 지금까지의 인생 중 최고라고 해도 과언이 아닌 날이었을 것이다.

정답 찾기 문장 전후 내용이 그의 입장으로서는 지금까지의 인생 중 최고의 날이었을 것이므로 정답은 주어의 입장이나 기분을 나타내는 3번 ～にすれば(～로서는)이다.

오답 분석 1번 ～のみならず(～뿐만 아니라)는 '～뿐만 아니라, 그 외에도 범위가 미침'을 나타내고 4번 ～のとおりに(～대로)는 ～와 같은 상태나 방법임을 나타내는 표현으로 문맥상 정답이 아니다. 입장·자격을 나타내는 2번 ～として(～로서)는 ～としては(～로서는)의 형태라면 정답이 될 수 있다.

복습 꼭! ～にすれば(～로서는, ～의 입장에서는, ～의 기분으로는)

어휘 大好(だいす)きだ 너무 좋아하다 | 女優(じょゆう) 여배우 | 握手(あくしゅ) 악수 | 人生(じんせい) 인생 | 最高(さいこう) 최고 | ～といっても ～라고 해고 | 過言(かごん) 과언

정답 3

---

04 国家資格とはその名のとおり、国の法律（　　）定められている資格のことを言う。

1 とともに　　　　2 に基づいて
3 としては　　　　4 からして

의미적 호응관계 파악하기 ★★

해석 국가자격이라는 것은 그 이름대로, 나라의 법률**(에 기초해서)** 정해져 있는 자격을 말한다.

정답 찾기 문장 전후 내용이 국가자격이라는 것은 나라의 법률로 정해져 있는 자격이라는 것이므로 정답은 근거를 나타내는 2번 ～に基(もと)づいて(～에 기초해서,～에 근거해서)가 된다.

오답 분석 1번 ～とともに(～와 함께)는 한쪽의 동작이나 변화 등이 진행됨에 따라 다른 한쪽의 동작이나 변화 등도 진행됨을 나타내고, 3번 ～としては(～로서는)는 입장·자격·명목·부류를 나타내며 4번 ～からして(～에서 보면)는 화자의 시점을 나타내는 표현으로 문맥상 호응하지 않는다.

복습 꼭! ～に基づいて(～에 기초해서, ～을 기본으로 하여, ～에 근거해서)

어휘 国家(こっか) 국가 | 資格(しかく) 자격 | ～とは ～라는 것은 | 名(な) 이름, 명칭, 호칭 | ～とおり ～대로 | 国(くに) 나라 | 法律(ほうりつ) 법률 | 定(さだ)められる 정해지다, 결정되다

정답 2

---

05 この話は実際の事件（　　）いますが、フィクションです。

의미적 호응관계 파악하기 ★★

해석 이 이야기는 실제 사건**(을 토대로 하고)** 있지만, 허구입니다.

147

1 にとって   2 からいえば

3 をもとにして   4 にしたら

정답 찾기 문장 전후 내용이 이야기가 실제 사건을 토대로 하고 있다는 것이므로 정답은 어떤 것이 생겨나는 구체적인 소재를 나타내는 3번 ～をもとにして(～을 토대로 하여)이다.

오답 분석 1번 ～にとって(～에게 있어서), 2번 ～からいえば(～에서 보면), 4번 ～にしたら(～로서는)는 전부 명사와 접속하지만 1, 2, 4번은 의미상 공란 뒤에 있는 いますが(있지만) 앞에 올 수 없다.

> **복습 꼭!** ～をもとにして(～을 소재·기초·힌트·토대로 하여)

어휘 話(はなし) 이야기 | 実際(じっさい) 실제 | 事件(じけん) 사건 | フィクション 픽션, 허구

정답 3

---

06 過去は常に、今（　　　）実際の過去より美しく思える。

1 に基づいて   2 から見れば

3 のとおり   4 を中心に

의미적 호응관계 파악하기 ★★

해석 과거는 항상, 지금**(의 입장에서 보면)** 실제 과거보다 아름답게 생각된다.

정답 찾기 문장 전후 내용이 과거는 항상 지금 생각해보면 실제보다 아름답게 생각된다는 것이므로 정답은 어떤 입장에서 사물을 바라보고 판단·평가하는가 하는 말하는 사람의 시점을 나타내는 2번 ～から見(み)れば(～에서 보면)이다.

오답 분석 1번 ～に基(もと)づいて(～에 기초해서), 3번 ～のとおり(～대로), 4번 ～を中心(ちゅうしん)に(～을 중심으로)는 무언가를 기준으로 하여 동작이 행해진다고 말하는 표현으로 문맥상 호응하지 않는다.

> **복습 꼭!** ～から見れば(～에서 보면)

어휘 過去(かこ) 과거 | 常(つね)に 늘, 항상 | 今(いま) 지금 | 実際(じっさい) 실제 | ～より ～보다 | 美(うつく)しく 아름답게 | 思(おも)える 생각되다, 느껴지다

정답 2

---

07 数日前の天気予報が言った（　　　）、昨日から暖かさがやってきた。

1 からみれば   2 にしたら

3 に沿って   4 とおり

접속 형태 파악하기 ★★

해석 며칠 전 일기예보에서 말한 **(대로)**, 어제부터 따뜻함이 찾아왔다.

정답 찾기 공란 앞의 言った(말했다)에 연결될 수 있는 표현은 4번 ～とおり(～대로) 밖에 없다. ～とおり는 '～와 같은 상태나 방법임'을 나타낸다.

오답 분석 1번 ～からみれば(～에서 보면)과 2번 ～にしたら(～로서는), 3번 ～に沿(そ)って(～에 따라)는 명사와 접속하는 표현으로 접속 형태상 정답이 될 수 없다.

> **복습 꼭!** ～とおり(～대로)

어휘 数日前(すうじつまえ) 며칠 전 | 天気予報(てんきよほう) 일기예보 | 言(い)う 말하다 | 昨日(きのう) 어제 | 暖(あたた)かさ 따뜻함 | やってくる 다가오다, 찾아오다

정답 4

08 この公演は若い女性（　　　）人気を集めている。

1 に基づいて　　　　2 を中心に
3 のもとに　　　　　4 をもとにして

의미적 호응관계 파악하기 ★★

해석 이 공연은 젊은 여성(**을 중심으로**) 인기를 모으고 있다.

정답 찾기 문장 전후 내용이 젊은 여성들 사이에서 인기가 있다는 것이므로, 정답은 중심이 되는 사물이나 사람을 나타내는 2번 ～を中心(ちゅうしん)に(～을 중심으로)이다.

오답 분석 1번 ～に基(もと)づいて(～에 기초해서, ～에 근거해서)는 근거를 나타내는 표현, 3번 ～のもとに(～하에서, 아래에서)는 영향·조건·지배·지도 등의 범위 내에서 어떤 것이 행해지는 것을 나타내고, 4번 ～をもとにして(～을 토대로 하여)는 어떤 것이 생겨나는 구체적인 소재를 나타내므로 문맥상 정답이 될 수 없다.

> **복습 꼭!** ～を中心に(～을 중심으로)

어휘 公演(こうえん) 공연 | 若(わか)い 젊다 | 女性(じょせい) 여성 | 人気(にんき) 인기 | 集(あつ)める 모으다

정답 2

---

09 この製品は手作りだから、ご要望（　　　）制作することも可能です。

1 に沿って　　　　2 を中心に
3 にとって　　　　4 からみて

의미적 호응관계 파악하기 ★★

해석 이 제품은 수제이기 때문에, 요망(**에 따라**) 제작하는 것도 가능합니다.

정답 찾기 문장 전후 내용이 수제이기 때문에 고객이 원하는 대로 맞춰 제작할 수 있다는 것이므로 정답은 1번 ～に沿(そ)って(～에 따라)이다. ～に沿って는 기준이 되는 것, 상대방의 희망 등에서 벗어나지 않도록 하는 것을 나타내는 표현이다.

오답 분석 2번 ～を中心(ちゅうしん)に(～을 중심으로)는 중심이 되는 사물이나 사람을 나타내고, 3번 ～にとって(～에게 있어서)는 판단하거나 평가하는 입장·시점, 4번 ～からみて(～에서 보면)는 화자의 시점을 나타내므로 문맥상 정답이 될 수 없다.

> **복습 꼭!** ～に沿って(～에 따라)

어휘 製品(せいひん) 제품 | 手作(てづく)り 수제, 손수 만듦 | 要望(ようぼう) 요망 | 製作(せいさく)する 제작하다 | 可能(かのう) 가능

정답 1

---

10 核兵器は国益、安全保障という名（　　　）開発されていますが、長期的には経済的利害が絡んでいます。

1 をもとにして　　　　2 のもとに
3 としては　　　　　　4 からすると

의미적 호응관계 파악하기 ★★

해석 핵무기는 국익, 안전보장이라는 명목 (**하에**) 개발되고 있지만, 장기적으로는 경제적 이해가 얽혀져 있습니다.

정답 찾기 名のもとに(명목 하에서)라는 관용 표현을 알면 쉽게 해결되는 문제로 정답은 2번 ～のもとに(～하에서, ～아래에서)이다. ～のもとに는 영향·조건·지배·지도 등의 범위 내에서 어떤 것이 행해지는 것을 나타낸다.

오답 분석 1번 ～をもとにして(～을 토대로 하여)는 어떤 것이 생겨나는 구체적인 소재를 나타내고, 3번 ～としては(～로서는)는 입장·자격 등을 나타내며 4번 ～からすると(～에서 보면)는 판단하거나 평가하는 사람의 시점을 나타내는 표현으로 문맥상 호응하지 않는다.

> **복습 꼭!** ～のもとに(～하에서, ～아래에서)

어휘 核兵器(かくへいき) 핵무기 | 国益(こくえき) 국익 | 安全(あんぜん) 안전 | 保障(ほしょう) 보장 | 名(な) 이름, 명칭, 명목, 명분 | 開発(かいはつ)する 개발하다 | 長期的(ちょうきてき) 장기적 | 経済的(けいざいてき) 경제적 | 利害(りがい) 이해 | 絡(から)む 얽히다, 밀접한 관계를 갖다

정답 2

---

11 すべての子供は、保護者（　　　）温かい愛情に守られながら育てられることが望まれます。

1 に基づいて　　　　2 として
3 のもとで　　　　4 に沿って

의미적 호응관계 파악하기 ★★

해석 모든 아이는 보호자 (**밑에서**) 따뜻한 애정에 보호받으면서 자라는 것이 바람직합니다.

정답 찾기 문장 전후 내용이 아이는 보호자 밑에서 자라야 한다는 것이므로, 정답은 3번 ~のもとで(~하에서, ~아래에서)가 된다. ~のもとに와 ~のもとで은 같은 의미이지만 ~のもとに은 주로 '~의 조건에서,~의 상황에서'라는 의미가 강하고 ~のもとで는 '~의 영향력이 미치는 범위에서'라는 의미가 강하다.

오답 분석 1번 ~に基(もと)づいて(~에 기초하여)는 근거를 나타내고, 2번 ~として(~로서)는 입장·자격 등을 나타내고, 4번 ~に沿(そ)って(~에 따라)는 기준 또는 상대방의 희망 등에서 벗어나지 않도록 하는 것을 나타내는 표현으로 문맥상 호응하지 않는다.

복습 꼭! ~のもとで・~のもとに(~하에서, ~아래에서)

어휘 すべて 전부, 모든 | 保護者(ほごしゃ) 보호자 | 温(あたた)かい 따뜻하다, 다정하다 | 愛情(あいじょう) 애정 | 守(まも)る 지키다, 수호하다, 막다 | ~ながら ~하면서 | 育(そだ)てる 기르다, 키우다, 양육하다 | 望(のぞ)む 바라다, 원하다

정답 3

---

12 道路（　　　）桜の木が植えられており、春は見事な花が咲きます。

1 に沿って　　　　2 をもとにして
3 にしたがって　　4 のもとに

의미적 호응관계 파악하기 ★★

해석 도로(**를 따라**) 벚꽃나무가 심어져 있어 봄에는 아름다운 꽃이 핍니다.

정답 찾기 정답인 1번 ~に沿(そ)って(~에 따라)는 기준이 되는 것, 상대방의 희망 등에서 벗어나지 않도록 하는 것을 의미한다. 따라서 '강이나 도로를 따라' 또는 '희망이나 요망에 따라'와 같은 형태로 자주 쓰인다.

오답 분석 어떤 것이 생겨나는 구체적인 소재를 나타내는 2번 ~をもとにして(~을 토대로 하여)와, 한쪽의 동작이나 작용·변화 등이 진행됨에 따라 다른 한쪽의 동작이나 작용·변화도 함께 진행됨을 나타내는 3번 ~にしたがって(~에 따라), 그리고 ~의 영향·조건·지도 등의 범위 내에서 어떤 것이 행해지는 것을 나타내는 4번 ~のもとに(~하에서, 아래에서)는 문장 전후 내용상 정답이 아니다.

복습 꼭! ~に沿(そ)って (~에 따라)

어휘 道路(どうろ) 도로 | 桜(さくら)の木(き) 벚꽃나무 | 植(う)える 심다 | ~ておる ~ている의 겸양어 | 春(はる) 봄 | 見事(みごと)だ 훌륭하다, 아름답다, 멋지다, 뛰어나다 | 花(はな) 꽃 | 咲(さ)く 꽃피다

정답 1

---

13 天候が心配されましたが、体育大会は予定
（　　　）実施されました。

1 ことから　　　　　2 どおり
3 からみると　　　　4 として

의미적 호응관계 파악하기 ★★

해석 날씨가 걱정되었지만, 체육대회는 예정**(대로)** 실시되었습니다.

정답 찾기 문장 전후 내용이 체육대회가 예정대로 실시되었음을 말하고 있으므로, 공란 앞의 予定(예정) 뒤에 올 표현은 2번 ～どおり(～대로)가 된다. ～どおり는 명사에 접속할 때 명사+どおり 또는 '명사+の+～とおり'의 형태로 사용한다.

오답 분석 1번 ～ことから(～때문에, ～데에서)는 명사에 접속할 때 명사+である+ことから 형태로 접속하므로 접속 형태상 정답에서 제외한다. 3번 ～からみると(～에서 보면)는 판단·평가하는 사람의 시점을 나타내고, 4번 ～として(～로서)는 입장·자격 등을 나타내는 표현으로 의미상 정답이 아니다.

> **복습 꾁!** 명사+ ～どおり(～대로)

어휘 天候(てんこう) 천후, 일기, 날씨 | 心配(しんぱい)する 근심하다, 걱정하다 | 体育(たいいく) 체육 | 大会(たいかい) 대회 | 予定(よてい) 예정 | 実施(じっし)する 실시하다

정답 2

---

14 私自身の経験（　　　）、選択に迷った時は
後悔しないような道を選択することが正解
の場合が多いです。

1 からいえば　　　　2 にあたって
3 に例えると　　　　4 からこそ

의미적 호응관계 파악하기 ★★

해석 내 자신의 경험**(으로 보면)**, 선택에 망설여질 때는 후회하지 않는 길을 선택하는 것이 정답인 경우가 많습니다.

정답 찾기 문장의 전후 내용이 자신의 경험을 근거한 자신의 생각을 말하고 있으므로, 정답은 어떤 입장에서 사물을 바라보고 판단·평가하는가 하는 말하는 사람의 시점을 나타내는 표현인 1번 ～からいえば(～에서 보면)이다.

오답 분석 1번 ～にあたって(～할 때에)는 ～할 때에 미리 뭔가를 하는 기회나 상황을 나타내는 표현, 3번 ～に例(たと)えると(～에 비유하면)는 비유하여 말할 때 사용하는 표현, 4번 ～からこそ(～이기 때문에, ～이기에)는 이유를 강조하는 표현으로 문맥상 호응하지 않는다.

> **복습 꾁!** ～からいえば(～에서 보면)

어휘 私自身(わたしじしん) 나 자신 | 経験(けいけん) 경험 | 選択(せんたく) 선택 | 迷(まよ)う 길을 잃다, 헤매다, 망설이다 | 後悔(こうかい) 후회 | 道(みち) 길 | 正解(せいかい) 정답 | 場合(ばあい) 경우 | 多(おお)い 많다

정답 1

---

15 子供（　　　）楽しく身体を動かして遊ぶこ
とはとても大切です。

1 ことだから　　　　2 からには
3 において　　　　　4 にとって

의미적 호응관계 파악하기 ★★

해석 아이**(에게 있어서)**, 즐겁게 신체를 움직이며 노는 것은 매우 중요합니다.

정답 찾기 문장 전후 내용이 아이에게 있어서는 신체를 움직이며 노는 것이 중요하다는 것이므로, 정답은 판단하거나 평가하는 입장·시점을 나타내는 표현인 4번 ～にとって(～에 있어서)가 된다.

오답 분석 1번 ～ことだから(～이니까)는 주로 사람을 나타내는 명사에 접속하며 명사에 접속할 때는 명사の의 형태로 접속하고, 이유를 들어 의지나 판단, 희망 등을 나타내는 2번 ～からには(～한 이상은, ～인 이상은)는 명사である의 형태로 접속하므로 정답에서 제외한다. 3번 ～において(～에서)는 어떤 일이 행해지는 장소·때·상황 등을 나타내는 표현으로 문맥상 정답이 아니다.

복습 꼭! ~にとって(~에게 있어서)

어휘 楽(たの)しく 즐겁게 | 身体(しんたい) 신체 | 動(うご)かす 움직이다 | 遊(あそ)ぶ 놀다 | 大切(たいせつ)だ 중요하다, 소중하다
정답 4

16 たとえそれが真実だ（　　　）、私は信じたくないです。いや、信じられません。

1 にしたら　　　　　2 としても
3 からみて　　　　　4 とおり

문법적 호응관계 파악하기 ★★

해석 설령 그것이 진실이**(라고 해도)** 나는 믿고 싶지 않습니다. 아니, 믿을 수 없습니다.

정답 찾기 공란 앞에 있는 たとえ(설령)가 힌트가 된다. たとえ는 어떤 조건을 가정하고 그 조건 아래에서도 결과가 변하지 않음을 나타내는 부사로 뒤에 ~とも・~ても(~해도)의 형태를 취한다. 따라서 정답은 2번 ~としても(~라고 해도)이다.

오답 분석 1번 ~にしたら(~로서는)와 3번 ~からみて(~에서 보면)는 명사, 4번 ~とおり(~대로)는 동사, 명사와 접속하는 표현이므로 접속 형태상 정답이 될 수 없다.

복습 꼭! ~としても(~라고 해도, ~라고 가정해도)

어휘 たとえ 비록, 가령, 설령 | 真実(しんじつ) 진실 | 信(しん)じる 믿다
정답 2

문제 다음 문장의 ＿＿ ★ ＿＿ 에 들어갈 가장 알맞은 말을 1·2·3·4 중에서 하나를 고르세요.

01 ＿＿＿ ＿＿＿ ★ ＿＿＿ は、運動不足、ストレスなどがあります。

1 抜毛の原因　　　　2 こと
3 考えられる　　　　4 として

단어 바르게 배열하기 ★★

문장 배열 抜毛の原因 として 考えられる こと は、運動
　　　　　1　　　4　　　　3　　　2
不足、ストレスなどがあります。

해석 탈모의 원인으로서 생각할 수 있는 것은 운동부족, 스트레스 등이 있습니다.

정답 찾기 4번 ~として(~로서) 앞에는 명사가 와야 하므로 1번 抜毛の原因(탈모의 원인)과 2번 ~こと(것)이 후보가 되는데, 3번에 考えられる(생각할 수 있다)가 있으므로 1-4-3으로 연결하여 '탈모의 원인으로서 생각할 수 있는 것'이라는 문장을 만든다. 그리고 2번 こと(것)는 가장 마지막에 배열하여 전체적으로 나열하면 1-4-3-2가 되므로 정답은 3번이다.

복습 꼭! ~として(~로서)

어휘 抜毛(ぬけげ) 탈모 | 原因(げんいん) 원인 | 考(かんが)える 생각하다 | 運動不足(うんどうぶそく) 운동 부족 | ストレス 스트레스
정답 3

---

02 ＿＿＿ ★ ＿＿＿ ＿＿＿ 何か、働くとはどういうことか、最近よく考えさせられる。

단어 바르게 배열하기 ★★

문장 배열 人間 にとって 仕事 とは 何か、働くとはどうい
　　　　　4　　　1　　　3　　　2
うことか、最近よく考えさせられる。

1 にとって　　　　　 2 とは
3 仕事　　　　　　　 4 人間

해석 인간에게 있어서 직업이라는 것은 무엇인가, 일한다는 것은 어떠한 것인가, 요즘 자주 생각하게 된다.

정답 찾기 판단하거나 평가하는 입장·시점을 나타내는 1번 ~에 とって(~에게 있어서, ~의 입장에서 보면)는 명사와 접속하므로 선택지 가운데 3번 仕事(직업)와 4번 人間(인간) 중에 선택해야 하는데 나머지 선택지에 2번 ~とは(~이란, ~이라는 것은)가 있으므로 내용상 1번 にとって 앞에는 4번 人間(인간)을, 2번 とは의 앞에는 仕事(직업)를 배열하여 전체적으로 나열하면 4-1-3-2가 되어 정답은 1번이다.

> **복습 꼭!** ~にとって(~에게 있어서)

어휘 人間(にんげん) 인간 | 仕事(しごと) 일, 직업 | 働(はたら)く 일하다 | 最近(さいきん) 최근, 요즘 | 考(かんが)える 생각하다

정답 1

---

03 都会ではあたり前にやっていることでも、
_____ _____ ★ _____ は多いだろう。

1 こと　　　　　　　 2 田舎の人
3 から見れば　　　　 4 びっくりする

단어 바르게 배열하기 ★★

문장 배열 都会ではあたり前にやっていることでも、田舎の人 から見れば びっくりする こと は多いだろう。
　　　　　　　　　　　　　　　　　　2　　　 3　　　 4　　　 1

해석 도시에서는 당연히 하고 있는 일이 시골 사람의 입장에서 보면 놀랄만한 일은 많을 것이다.

정답 찾기 3번 ~から見(み)れば(~의 입장에서 보면)는 화자의 시점을 나타내므로 3번 앞에는 2번 田舎の人(시골 사람)를 배열한다. 그리고 4번 びっくりする(놀라다)와 1번 こと(것)를 연결하여 그 뒤에 배열한 후 전체적으로 나열하면 2-3-4-1이 되므로 정답은 4번이다.

> **복습 꼭!** ~から見れば(~에서 보면)

어휘 都会(とかい) 도시 | 当(あ)たり前(まえ) 당연함, 보통 | やる 하다, 주다 | 田舎(いなか) 시골 | びっくりする 깜짝 놀라다 | 多(おお)い 많다

정답 4

---

04 _____ ★ _____ _____ 、公正でなければ
ならない。

1 ニュースは　　　　 2 報道し
3 に基づいて　　　　 4 事実

단어 바르게 배열하기 ★★

문장 배열 ニュースは 事実 に基づいて 報道し、公正でなければならない。
　　　　　　　 1　　 4　　 3　　　　 2

해석 뉴스는 사실에 기초해서 보도하고, 공정하지 않으면 안 된다.

정답 찾기 주어가 되는 1번 ニュースは(뉴스는)는 가장 앞에 배열한다. 3번 ~に基(もと)づいて(~에 기초해서)의 앞에는 근거가 되는 명사가 와야 하므로 4번 事実(사실)와 연결할 수 있고, 문맥상 2번 報道し(보도하고)를 가장 뒤에 배열하여 전체적으로 나열하면 1-4-3-2가 되므로 정답은 4번이다.

> **복습 꼭!** ~に基づいて(~에 기초해서, ~을 기본으로 하여)

어휘 ニュース 뉴스 | 事実(じじつ) 사실 | 報道(ほうどう) 보도 | 公正(こうせい) 공정 | ~なければならない ~하지 않으면 안 된다

정답 4

05 子供は＿＿＿＿ ＿＿＿＿ ★ ＿＿＿＿ すくすく成
長しています。

1 愛情の　　　　　　2 元気に
3 両親の　　　　　　4 もとで

문장 배열　子供は 両親の 愛情の もとで 元気に すくすく
　　　　　　　　　 ③　　①　　④　　②
成長しています。

해석　아이는 부모님의 애정 아래에서 건강하게 쑥쑥 성장하고 있습
니다.

정답 찾기　주어가 되는 2번 子供は(아이는)를 가장 앞에 배열한다.
4번 ～もとでと ～のもとで(～하에서, ～아래에서)의 형태로 명
사와 접속하여, 영향·조건·지배·지도 등의 범위 내에서 어떤 것
이 행해지는 것을 나타낸다. 따라서 4번 앞에는 명사가 접속되는데
내용상 3번 両親の(부모님의)와 1번 愛情の(애정의)를 연결하여 배
열하는 것이 자연스럽다. 그리고 2번 元気に(건강하게)가 공란 뒤의
내용을 수식할 수 있게 가장 마지막에 배열하여 전체적으로 나열하
면 3-1-4-2가 되므로 정답은 4번이다.

복습 꼭!　～のもとで · ～のもとに(～하에서, ～아래에서)

어휘　子供(こども) 아이, 자식 ｜ 両親(りょうしん) 부모 ｜ 愛情(あ
いじょう) 애정 ｜ 元気(げんき)に 건강하게, 활발하게 ｜ すくすく
쑥쑥, 무럭무럭 ｜ 成長(せいちょう)する 성장하다

정답　4

06 ＿＿＿＿ ＿＿＿＿ ★ ＿＿＿＿ ＿＿＿＿ しました。

1 ブラジルが　　　　2 優勝
3 評論家たちの　　　4 予想どおり

문장 배열　評論家たちの 予想どおり ブラジルが 優勝
　　　　　　　　　③　　　　④　　　　　①　　　　②
しました。

해석　평론가들의 예상대로 브라질이 우승했습니다.

정답 찾기　3번 評論家たちの(평론가들의) 뒤에는 명사가 오므로
선택지 중에서는 의미상 4번 予想どおり(예상대로)와 연결하는 것
이 적절하다. ～どおり(～대로)는 '～와 같은 상태나 방법임'을 나
타낸다. 그리고 공란 뒤에 しました(했습니다)가 있으므로 마지막
공란에 2번 優勝(우승)를 배열하고 그 앞에 우승의 주체가 되는 1번
ブラジルが(브라질이)를 배열하여 전체적으로 나열하면 3-4-1-2
가 되어 정답은 4번이다.

복습 꼭!　명사+ ～どおり(～대로)

어휘　評論家(ひょうろんか) 평론가 ｜ 予想(よそう) 예상 ｜ ブラジ
ル 브라질 ｜ 優勝(ゆうしょう)する 우승하다

정답　4

07 当サイトのすべての情報は ＿＿＿＿ ＿＿＿＿
＿＿＿＿ ★ 、事実と異なる場合があります。

1 もとにしている　　2 投稿された
3 情報を　　　　　　4 ため

문장 배열　当サイトのすべての情報は 投稿された 情報を
　　　　　　　　　　　　　　　　　　　②　　　③
もとにしている ため、事実と異なる場合があります。
　　　①　　　　　④

해석　당 사이트의 모든 정보는 투고된 정보를 토대로 하고 있기 때
문에 사실과 다른 경우가 있습니다.

정답 찾기　1번 もとにして(토대로 하여)는 ～をもとにして
의 형태로 어떤 것이 생겨나는 구체적인 소재를 나타내므로 3
번 情報を(정보를)와 연결한다. 2번 投稿された(투고되었다)
는 내용상 情報를 수식하므로 3번 앞에 배열하고 4번 ～ため
(～ 때문에)는 앞에이유가 되는 내용이 와야 하므로 가장 뒤에 배
열하여 전체적으로 나열하면 2-3-1-4가 되어 정답은 4번이다.

복습 꾁! ~をもとにして(~을 소재·기초·힌트·토대로 하여)

어휘 当(とう)サイト 닭 사이트 | すべて 모든, 전부 | 情報(じょうほう) 정보 | 投稿(とうこう)する 투고하다 | ~ため ~ 때문에, ~ 위해서 | 事実(じじつ) 사실 | 異(こと)なる 다르다 | 場合(ばあい) 경우

정답 4

08 ____ ____ ★ ____ 、いつも観光客で
あふれている。

1 観光地として　　　2 バリ島は
3 有名で　　　4 古くから

단어 바르게 배열하기 ★★

문장 배열 バリ島は 古くから 観光地として 有名で いつ
　　　　　 2 　　 4 　　　　 1 　　　 3
も観光客であふれている。

해석 발리 섬은 옛날부터 관광지로서 유명하여 항상 관광객들로 넘치고 있다.

정답 찾기 주어가 되는 2번 バリ島は(발리 섬은)를 가장 앞에 배치한다. ~として는 뒤에 접속되는 말에 어떤 의미나 가치를 부여하는 표현이므로 의미상 1번 観光地として(관광지로서) 뒤에는 3번 有名で(유명하여)를 연결하고, 4번 古くから(옛날부터)를 그 앞에 배열하여 기점을 나타낸다. 이를 전체적으로 나열하면 2-4-1-3이 되므로 정답은 1번이다.

복습 꾁! ~として(~로서)

어휘 バリ島(とう) 발리 섬 | 古(ふる)く 옛날, 오랜 옛적 | 観光地(かんこうち) 관광지 | 有名(ゆうめい)だ 유명하다 | いつも 늘, 항상, 평소 | 観光客(かんこうきゃく) 관광객 | あふれる 넘치다

정답 1

시나공 13 대비, 예시, 비교를 나타내는 문법 | 적중 예상 문제

문제 다음 문장의 (　　　)에 들어갈 가장 알맞은 말을 1·2·3·4 중에서 하나를 고르세요.

01 彼女は病気の治療のために財産を使い果たしたが、よくなる(　　　)悪くなるばかりであった。

1 一方で　　　2 どころか
3 反面　　　4 あまりに

의미적 호응관계 파악하기 ★★

해석 그녀는 병의 치료를 위해 재산을 다 써버렸지만 좋아지기(는커녕) 나빠지기만 했다.

정답 찾기 문장 전후 내용이 병이 좋아지지는 않고 나빠지기만 했다는 것이므로 정답은 2번 ~どころか(~은커녕)이다. ~どころか는 앞에 말한 것은 물론 그것보다 더 정도가 심하다고 말하는 때와 실제는 그렇지 않고 정반대라는 것을 강조할 때에 사용하는 표현이다.

오답 분석 1번 ~一方(いっぽう)で(~하는 한편으로)는 어떤 사항에 대해 두 가지 면을 대비시켜 나타내는 표현, 3번 ~反面(はんめん)(반면)는 어떤 사항에 대해 두 가지의 반대되는 경향이나 성격을 말할 때 사용하는 표현, 4번 ~あまりに(너무 ~한 나머지)는 '너무 ~한 나머지 좋지 않은 결과가 되었음'을 강조하는 표현으로, 문맥상 호응하지 않는다.

복습 꼭! ~どころか(~은커녕)

어휘 病気(びょうき) 병 | 治療(ちりょう) 치료 | ~ために ~ 위해서, ~ 때문에 | 財産(ざいさん) 재산 | 使(つか)い果(は)たす 다 써버리다, 탕진하다 | よくなる 좋아지다 | 悪(わる)くなる 나빠지다 | ~ばかり ~만, ~뿐

정답 2

---

02 中山さんに車の運転を教えてもらった（　　　）食事をおごった。

1 一方で　　　　　　2 に反して
3 反面　　　　　　　4 かわりに

의미적 호응관계 파악하기 ★★

해석 나카야마 씨에게 차 운전을 배운 **(대신에)** 식사를 대접했다.

정답 찾기 문장의 내용이 운전을 배운 대가로 식사를 대접했다는 의미이므로 정답은 4번 ~かわりに(~대신에)가 된다. ~かわりに는 '~을 하는 대신에 다른 일을 하다'는 의미와 '~하는 대가로 대신 ~하다'는 두 가지 의미가 있다.

오답 분석 2번 ~に反(はん)して(~과 달리, ~에 반해)는 명사와 접속하므로 접속형태상 정답에서 제외한다. 1번 ~一方(いっぽう)で(~하는 한편으로)는 어떤 사항에 대해 두 가지 면을 대비시켜 나타내는 표현, 3번 ~反面(はんめん)(~인 반면)은 어떤 사항에 대해 두 가지의 반대되는 경향이나 성격을 말할 때 사용하는 표현으로 문맥상 호응하지 않는다.

복습 꼭! ~かわりに(~대신에)

어휘 車(くるま) 차 | 運転(うんてん) 운전 | 教(おし)える 가르치다 | ~てもらう ~해 받다 | 食事(しょくじ) 식사 | おごる 한턱내다

정답 4

---

03 私たちが便利で快適な生活を送る（　　　）、環境はどんどん深刻化しています。

1 一方で　　　　　　2 どころか
3 というより　　　　4 に比べて

의미적 호응관계 파악하기 ★★

해석 우리들이 편리하고 쾌적한 생활을 보내는 **(한편)** 환경은 계속 심각해지고 있습니다.

정답 찾기 문장의 내용이 편리하고 쾌적한 생활을 보내는 것과 지구 환경이 심각해진다는 것으로 앞과 뒤가 서로 대비되는 내용이기 때문에 정답은 어떤 사항에 대해 두 가지 면을 대비시켜 말하는 1번 ~一方(いっぽう)で(~하는 한편으로)가 된다.

오답 분석 4번 ~に比(くら)べて(~에 비해)는 명사와 접속하는 표현으로 접속 형태상 정답에서 제외한다. 2번 ~どころか(~는커녕)는 실제로는 그렇지 않고 정반대라는 것을 강조하는 표현. 3번 ~というより(~라기 보다)는 어떤 사항을 비교하여 평가하는 표현으로 문장 전후 내용상 정답이 아니다.

복습 꼭! ~一方で(~하는 한편으로)

어휘 便利(べんり)だ 편리하다 | 快適(かいてき)だ 쾌적하다 | 生活(せいかつ) 생활 | 送(おく)る 보내다 | 環境(かんきょう) 환경 | どんどん 척척, 술술, 계속해서, 자꾸자꾸 | 深刻化(しんこくか) 심각화

정답 1

04 彼は自分の意志（　　　）契約書に署名させられた。

1 にしても　　　　　2 に比べて
3 に反して　　　　　4 どころか

의미적 호응관계 파악하기 ★★

해석 그는 자신의 의지(**와 달리**) 계약서에 서명했다.

정답 찾기 문장 마지막이 署名させられた(서명했다)라는 사역 수동형으로 되어 있다. 그 말은 곧 自分の意志(자신의 의지)가 아닌 시켜서 했다는 의미이므로 정답은 3번 ～に反(はん)して(～와 달리, ～에 반해)이다. ～に反して는 전에 생각하고 있었던 것 또는 희망・기대・의지 등과 다를 경우, 규칙이나 명령 등에 위반했을 경우 등에 사용하는 표현이다.

오답 분석 역접의 가정조건을 나타내는 1번 ～にしても(～라고 해도)와 둘 이상의 것을 비교하는 표현인 2번 ～に比(くら)べて(～에 비해), 실제로는 정반대라는 의미 4번 ～どころか(～은커녕)는 문맥상 호응하지 않는다.

> **복습 꼭!** ～に反して(～와 달리, ～에 반해)

어휘 自分(じぶん) 자기 자신 | 意志(いし) 의지 | 契約書(けいやくしょ) 계약 | 署名(しょめい)する 서명하다

정답 3

---

05 彼女の見た目は幼さが残っていて、美人（　　　）可愛いという言葉が当てはまる。

1 に反して　　　　　2 というより
3 一方で　　　　　　4 かわりに

적절한 기능어 찾기 ★★

해석 그녀의 겉모습은 앳된 모습이 남아 있어서 미인(**이라기보다**) 귀엽다는 말이 걸맞다.

정답 찾기 문장의 내용이 그녀의 외모는 미인이라기보다는 귀엽다는 것이므로 정답은 어떤 사항에 대해 평가할 때 '～라기 보다 ～라고 하는 편이 적절하다'고 비교하여 말하는 표현인 2번 ～というより(～라기 보다)이다.

오답 분석 3번 ～一方(いっぽう)で(～하는 한편으로)와 4번 ～かわりに(～대신에)는 명사에 접속할 때 '명사+の' 형태로 접속하므로 정답에서 제외한다. 1번 ～に反(はん)して(～과 달리, ～에 반해)는 전에 생각하고 있었던 것 또는 희망이나 기대 등과는 다른 경우나 규칙이나 명령 등에 위반하거나 하는 경우에 사용하므로 정답이 될 수 없다.

> **복습 꼭!** ～というより(～라기 보다)

어휘 見(み)た目(め) 겉보기, 외관 | 幼(おさな)さ 어린 모습 | 残(のこ)る 남다 | 美人(びじん) 미인 | 可愛(かわい)い 귀엽다 | 言葉(ことば) 말, 언어 | 当(あ)てはまる 들어맞다, 적합하다

정답 2

---

06 あなたが行く（　　　）行かない（　　　）、私には関係ない。

1 に反して　　　　　2 かわりに
3 にしても　　　　　4 にしたら

문법적 호응관계 파악하기 ★★

해석 네가 가(**든**) 가지 않(**든**) 나와는 관계없다.

정답 찾기 선택지 가운데 문장 속 공란에 공통적으로 들어갈 수 있는 문법표현은 3번 ～にしても(～하든)밖에 없다. ～にしても은 '～라고 해도'라는 의미로도 사용되지만, ～にしても～にしても와 같이 병렬하여 사용하면 '～도 ～도, ～(하)든 ～(하)든'이라는 의미로 사용되며, ～にしろ～にしろ, ～にせよ～にせよ 역시 같은 의미로 사용한다.

오답 분석 1번 ～に反(はん)して(～과 달리, ～에 반해)과 4번 ～にしたら(～로서는)는 명사에 접속하는 표현으로 접속 형태상 정답에서 제외한다. 2번 ～かわりに(대신에)는 의미상 정답이 아니다.

복습 꾁! ~にしても~にしても(~도 ~도, ~하든 ~하든)

어휘 行(い)く 가다 | 関係(かんけい) 관계
정답 3

---

07 喫煙者のIQは非喫煙者（　　　）低く、たば
この量が増えるほどIQが低くなるというこ
とだ。

1 に基づいて　　　　2 というより
3 かわりに　　　　　4 に比べて

의미적 호응관계 파악하기 ★★

해석 흡연자의 IQ는 비흡연자(에 비해) 낮고 담배의 양이 늘수록 IQ
가 낮아진다고 한다.

정답 찾기 문장의 내용이 흡연자의 IQ가 비흡연자에 비해 낮다는
것이므로 정답은 둘 이상의 것을 나열하여 어떤 점에 대해 비교하는
4번 ~に比(くら)べて(~에 비해)이다.

오답 분석 3번 ~かわりに(대신에)는 명사에 접속할 때 '명사+の'
의 형태로 접속하므로 접속 형태상 정답에서 제외한다. 근거를 나타
내는 1번 ~に基(もと)づいて(~에 기초해서)와, 비교하여 평가하
는 표현인 2번 ~というより(~라기 보다)는 문맥상 호응하지 않
는다.

복습 꾁! ~に比べて(~에 비해)

어휘 喫煙者(きつえんしゃ) 흡연자 | 非(ひ)~ 비~ | 低(ひく)い
낮다 | たばこ 담배 | 量(りょう) 양 | 増(ふ)える 늘다 | ~ほど ~
정도, ~만큼, ~할수록, ~일수록 | ~ということだ ~라고 한다
정답 4

---

08 つらいときは酒を飲む（　　　）。

1 ほどだ　　　　　2 に限る
3 かけだ　　　　　4 ものか

의미적 호응관계 파악하기 ★★

해석 괴로울 때는 술을 마시는 것(이 가장 좋다).

정답 찾기 문장의 내용이 괴로울 때는 술을 마시는 것이 제일이라
는 것이므로 정답은 2번 ~に限(かぎ)る(~이 가장 좋다, ~이 최
고다)가 된다. ~に限(かぎ)る는 화자가 주관적으로 '~가 제일이
다, ~이 가장 좋다'고 느껴 주장하는 표현으로 객관적인 판단을 할
때에는 사용할 수 없고, '~에 한하다'는 한정의 의미로도 사용된다.

오답 분석 3번 ~かけだ(~하다 말다)는 동사 ます형에 접속하는
표현이므로 접속 형태상 정답에서 제외한다. 상태의 정도를 강조하
는 1번 ~ほどだ(~정도다)와 결코 ~하지 않을 것이라는 의미를
반어적으로 사용하는 4번 ~ものか(~할까보냐)는 문맥상 정답이
아니다.

복습 꾁! ~に限る(~이 가장 좋다, ~이 최고다)

어휘 辛(つら)い 괴롭다 | 酒(さけ) 술 | 飲(の)む 마시다
정답 2

---

09 会社（　　　）、学校（　　　）、コンピュー
ターのないところはない。

1 にしても　　　　2 を中心に
3 にとって　　　　4 に反して

문법적 호응관계 파악하기 ★★

해석 회사(든) 학교(든) 컴퓨터가 없는 곳은 없다.

정답 찾기 선택지 가운데 제시되어 있는 두 개의 공란에 공통으로
들어갈 수 있는 표현은 1번 ~にしても(~든)밖에 없다. ~にして
も은 '~라고 해도'라는 의미로도 사용되고, 병렬하여 사용하면 ~
にしろ~にしろ, ~にせよ~にせよ와 함께 '~도 ~도, ~(하)든
~(하)든'이라는 의미로 사용된다.

오답 분석 중심이 되는 사물이나 사람을 나타내는 2번 ~を中心(ちゅうしん)に(~을 중심으로)와, 판단하거나 평가하는 입장이나 시점을 나타내는 3번 ~にとって(~에 있어서), 이전에 생각하고 있던 것이나 기대·희망·예측 등과 다를 때 주로 사용하는 4번 ~に反(はん)して(~과 달리, 에 반해)는 정답이 아니다.

복습 꼭! ~にしても~にしても(~도 ~도, ~하든 ~하든)

어휘 会社(かいしゃ) 회사 | 学校(がっこう) 학교 | コンピューター 컴퓨터 | ところ 장소, 곳

정답 1

---

10 日本の大学の授業料は外国（　　　）高い。

1 に基づいて　　　　2 につれて
3 に比べて　　　　　4 にしても

의미적 호응관계 파악하기 ★★

해석 일본 대학의 수업료는 외국(에 비해) 비싸다.

정답 찾기 문장 내용이 일본 대학의 수업료를 외국의 수업료와 비교하고 있으므로 정답은 둘 이상의 것을 나열하여 어떤 점에 대해 비교하는 3번 ~に比(くら)べて(~에 비해)가 된다.

오답 분석 근거를 나타내는 1번 ~に基(もと)づいて(~에 근거해서)와 한쪽의 상황이나 정도가 변하면 그것이 이유가 되어 다른 한쪽도 변함을 나타내는 2번 ~につれて(~에 따라), 역접가정조건을 나타내는 3번 ~にしても(~라고 해도)는 문장 전후 내용상 정답이 아니다.

복습 꼭! ~に比べて(~에 비해)

어휘 授業料(じゅぎょうりょう) 수업료 | 外国(がいこく) 외국 | 高(たか)い 높다, 비싸다

정답 3

---

11 娘の結婚式。嬉しい（　　　）、悲しい（　　　）複雑な気持ちでした。

1 にしたら　　　　2 やら
3 とおりに　　　　4 かわりに

문법적 호응관계 파악하기 ★★

해석 딸의 결혼식. 기쁘(고) 슬프(고) 복잡한 마음이었습니다.

정답 찾기 선택지 가운데 두개의 공란에 공통으로 들어갈 수 있는 것은 2번 ~やら밖에 없다. ~やら는 '~인지'라는 의미이지만, ~やら~やら(~며~며, 랑~랑)와 같이 병렬·열거하는 뜻을 나타내면 한두 가지의 예를 들어 그 외에도 여러 가지가 있음을 나타낸다.

오답 분석 1번 ~にしたら(~로서는)는 명사에 접속하는 표현이고 3번 ~とおりに(~대로)는 명사, 동사에 접속하는 표현이므로 접속 형태상 정답에서 제외한다. 4번 ~かわりに(~대신에)는 의미상 정답이 아니다.

복습 꼭! ~やら~やら(~나 ~등, ~하며 ~하며, ~랑 ~랑)

어휘 娘(むすめ) 딸 | 結婚式(けっこんしき) 결혼식 | 嬉(うれ)しい 기쁘다 | 悲(かな)しい 슬프다 | 複雑(ふくざつ)だ 복잡하다 | 気持(きも)ち 기분, 감정, 마음, 몸의 상태, 느낌

정답 2

---

12 彼は医者になることを望んだ親の希望（　　　）、映画監督になった。

의미적 호응관계 파악하기 ★★

해석 그는 의사가 되기를 바라는 부모의 희망(과 달리) 영화감독이 되었다.

1 に沿って   2 にしても

3 に比べて   4 に反して

정답 찾기 문장 내용이 부모님의 희망은 의사가 되는 것이었지만 감독이 되었다는 것이므로 정답은 '전에 생각하고 있었면 것이니 희망이나 기대 등과는 다른 경우나, 규칙이나 명령 등에 위반하거나 하는 경우에 사용하는 표현인 4번 ～に反(はん)して(～과 달리, ～에 반해)가 된다.

오답 분석 1번 ～に沿(そ)って(～에 따라)는 기준이 되는 것이나 상대방의 희망 등에서 벗어나지 않도록 하는 것을 나타내는 표현이고, 2번 ～にしても(～라고 해도)는 역접 가정조건의 표현, 3번 ～に比(くら)べて(～에 비해)는 둘 이상의 것을 나열하여 어떤 점에 대해 비교하는 표현으로 문맥상 정답이 아니다.

> **복습 꼭!** ～に反して(～와 달리, ～에 반해)

어휘 医者(いしゃ) 의사 | 望(のぞ)む 바라다, 원하다 | 親(おや) 부모 | 希望(きぼう) 희망 | 映画(えいが) 영화 | 監督(かんとく) 감독

정답 4

---

13 叱る（　　　　）たっぷりとほめてあげれば、子供は母親に優しさやあたたかさを感じます。

1 一方で   2 に比べて

3 に反して   4 どころか

의미적 호응관계 파악하기 ★★

해석 혼내는 **(한편으로)** 충분히 칭찬해주면 아이는 어머니에게 다정함과 따뜻함을 느낍니다.

정답 찾기 문장의 전후 내용이 혼내는 한편으로 칭찬을 많이 해주면 아이가 따뜻함을 느낄 수 있다는 것이므로 정답은 어떤 사항에 대해 두 가지 면을 대비시켜 나타내는 표현인 1번 ～一方(いっぽう)で(～하는 한편으로)이다.

오답 분석 2번 ～に比(くら)べて(～에 비해)와 3번 ～に反(はん)して(～과 달리, ～에 반해)는 명사와 접속하는 표현이므로 접속 형태상 정답에서 제외한다. 4번 ～どころか(～은커녕)는 앞에 내용보다 뒤의 것이 정도가 더 심하다고 말할 때나 실제로는 그렇지 않고 정반대라는 것을 강조하는 표현으로 문맥상 정답이 아니다.

> **복습 꼭!** ～一方で(～하는 한편으로)

어휘 叱(しか)る 꾸짖다, 혼내다 | たっぷり 잔뜩, 충분히, 많이 | ほめる 칭찬하다 | ～てあげる ～해 주다 | 母親(ははおや) 어머니 | 優(やさ)しさ 우아함, 온화함, 부드러움, 다정함, 상냥함 | 温(あたた)かさ 따뜻함, 훈훈함 | 感(かん)じる 느끼다

정답 1

---

14 まことにもうしわけありませんが、私の（　　　　）それをやっていただけませんか。

1 かわりに   2 一方で

3 を中心に   4 反面

의미적 호응관계 파악하기 ★★

해석 정말로 죄송하지만 제 **(대신에)** 그것을 해 주실 수 없겠습니까?

정답 찾기 문장의 내용이 본인 대신 해 달라고 부탁하는 것이므로 정답은 1번 ～かわりに(대신에)이다. ～かわりに는 '～을 하는 대신에 다른 일을 하다'라고 할 때나 '～하는 대가로 대신 ～하다'고 말할 때 사용하는 표현이다.

오답 분석 3번 ～を中心(ちゅうしん)に(～을 중심으로)는 명사와 접속할 때 の를 수반하지 않고, 4번 ～反面(はんめん)(～인 반면)는 명사와 접속할 때 '명사+～である'의 형태가 되므로 접속 형태상 정답에서 제외한다. 2번 ～一方(いっぽう)で(～하는 한편으로)는 어떤 사항에 대해 두 가지 면을 대비시키는 표현이므로 문맥상 정답이 아니다.

복습 꼭! ~かわりに (~대신에)

어휘 誠(まこと)に 참으로, 정말로, 매우 | やる 하다, 주다 | ~ていただけませんか ~해 주실 수 있겠습니까?

정답 1

---

15 インターネットは便利な（　　　）、さまざまな問題を引き起こしています。

　1 どころか　　　　　2 に比べて
　3 反面　　　　　　　4 にしても

의미적 호응관계 파악하기 ★★

해석 인터넷은 편리한 **(반면)**, 여러 가지 문제를 일으키고 있습니다.

정답 찾기 문장의 전후 내용이 인터넷이 편리한 면도 있지만 다른 면에서 보면 여러 가지 문제를 일으키기도 한다는 것이므로 정답은 어떤 사항에 대해 두 가지의 반대되는 경향이나 성격을 말하는 3번 ~反面(はんめん)(~인 반면)이 된다.

오답 분석 2번 ~に比(くら)べて(~에 비해)는 명사에 접속하는 표현이고 4번 ~にしても(~라고 해도)는 な형용사 어간과 접속하는 표현으로 접속 형태상 정답에서 제외한다. 1번 ~どころか(~은커녕)는 앞에 말한 것은 물론 그것보다 더 정도가 심하다고 말하는 때와, 실제는 그렇지 않고 정반대라는 것을 강조하는 표현으로 의미상 정답이 될 수 없다.

복습 꼭! ~反面(~인 반면)

어휘 インターネット 인터넷 | 便利(べんり)だ 편리하다 | 様々(さまざま)な 여러 가지 | 問題(もんだい) 문제 | 引(ひ)き起(お)こす 일으키다

정답 3

---

16 今まで本屋で自己啓発書を数十冊と買って読んだが、成功（　　　）毎日の生活すら変化しない。

　1 反面　　　　　　　2 としても
　3 というより　　　　4 どころか

의미적 호응관계 파악하기 ★★

해석 지금까지 서점에서 자기 계발서를 수십 권 사서 읽었지만 성공**(은커녕)** 매일의 생활조차 변화하지 않는다.

정답 찾기 문장 전후 내용이 여러 권의 자기 계발서를 읽었지만 성공하기는커녕 아무 변화가 없다는 것을 말하고 있으므로 정답은 4번 ~どころか(~은커녕)가 된다.

오답 분석 1번 ~反面(はんめん)(~인 반면)는 명사와 접속할 때 '명사+である'의 형태로 접속하므로 접속 형태상 정답에서 제외한다. 2번 ~としても(~라고 해도)와 3번 ~というより(~라기보다)는 문맥상 호응하지 않는다.

복습 꼭! ~どころか(~은커녕)

어휘 今(いま)まで 지금까지 | 本屋(ほんや) 서점 | 自己啓発書(じこけいはつしょ) 자기 계발서 | 数十冊(すうじゅうさつ) 수십 권 | 買(か)う 사다 | 読(よ)む 읽다 | 成功(せいこう) 성공 | 毎日(まいにち) 매일 | 生活(せいかつ) 생활 | ~すら ~조차, ~마저 | 変化(へんか)する 변화하다

정답 4

문제 다음 문장의 ___★___ 에 들어갈 가장 알맞은 말을 1·2·3·4 중에서 하나를 고르세요.

---

01 彼女は ___ ___ ___★___、さびしが
りやな部分も持っている。

1 反面 　　　　　2 明るくて
3 前向きな 　　　4 性格である

단어 바르게 배열하기 ★★

문장 배열　彼女は 明るくて 前向きな 性格である 反面、
　　　　　　　　　2　　　3　　　4　　　1
さびしがりやな部分も持っている。

해석　그녀는 밝고 긍정적인 성격인 반면, 남보다 외로워하는 면도
있다.

정답 찾기　4번 性格である(성격이다)의 앞에는 어떠한 성격인지를
나타내는 표현이 와야 하므로 2번 明るくて(밝고)와 3번 前向きな
(긍정적인)를 연결하여 4번 앞에 배열한다. 공란 뒤의 문장은 앞에
서 만든 밝고 긍정적인 성격과 대비되는 내용이므로 1번 ~反面(はん
めん)(~인 반면, 다른 면에서 보면)을 가장 뒤에 배열하여 전체적으
로 나열하면 2-3-4-1이 되므로 정답은 1번이다.

복습 꼭!　~反面(~인 반면)

어휘　明(あか)るい 밝다 ｜ 前向(まえむ)きだ 긍정적이다, 적극적이
다 ｜ 性格(せいかく) 성격 ｜ 寂(さび)しがりやだ 남보다 유난히 쓸
쓸해 하거나 외로워하다 ｜ 部分(ぶぶん) 부분 ｜ 持(も)つ 갖다, 들다

정답　1

---

02 いい天気なので、___ ___ ___★___ ___
ことにした。

1 かわりに 　　　2 帰る
3 歩いて 　　　　4 ジムに行く

단어 바르게 배열하기 ★★

문장 배열　いい天気なので ジムに行く かわりに 歩いて
　　　　　　　　　　　　　4　　　　1　　　3
帰る ことにした。
2

해석　좋은 날씨기 때문에, 체육관에 가는 대신에 걸어서 돌아가기로
했다.

정답 찾기　1번 ~かわりに(~대신에)를 중심으로 나머지 선택지를
살펴보면 바로 '무엇 대신에 무엇을 할지'를 알 수 있다. 그 중 3번
歩いて(걸어서)는 의미상 2번 帰る(돌아가다)와 연결하고, 공란 앞
에 제시된 문장이 いい天気なので(좋은 날씨기 때문에)이므로 '체
육관에 가는 대신 걸어서 돌아가기로 했다'는 내용으로 전체적으로
나열하면 4-1-3-2가 되어 정답은 3번이다.

복습 꼭!　~かわりに(~대신에)

어휘　天気(てんき) 날씨 ｜ ジム 짐, 체육관 ｜ 行(い)く 가다 ｜ 歩(あ
る)く 걷다 ｜ 帰(かえ)る 돌아가(오)다 ｜ ~ことにする ~하기로 하다

정답　3

---

03 朝ごはんを食べない ___ ___ ___★___
___、健康のために朝食の大切さがあらた
めて見直されているのも事実だ。

1 多い 　　　　　2 一方で
3 人が 　　　　　4 非常に

단어 바르게 배열하기 ★★

문장 배열　朝ごはんを食べない 人が 非常に 多い 一方で、
　　　　　　　　　　　　　　　3　　4　　1　　2
健康のために朝食の大切さがあらためて見直されている
のも事実だ。

해석　아침밥을 먹지 않는 사람이 매우 많은 한편으로 건강을 위해
아침 식사의 중요함이 다시 재조명 받고 있는 것도 사실이다.

정답 찾기　주어가 되는 3번 人が(사람이)를 가장 앞에 배열하고, 4번
非常に(매우)는 부사로서 1번 多い(많다)를 수식하게 되므로 3-4-1의
순으로 배열한다. 2번 ~一方で(いっぽう)で(~하는 한편으로)는 가장
뒤에 배열하여 공란 뒤의 문장과 대비시켜 주는 형태를 만들어서 전체
적으로 나열하면 3-4-1-2가 되므로 정답은 1번이다.

복습 꼭! ～一方で(～하는 한편으로)

어휘 朝(あさ)ごはん 아침밥 | 食(た)べる 먹다 | 非常(ひじょう)に 몹시, 매우, 대단히 | 多(おお)い 많다 | 健康(けんこう) 건강 | ～ために ～위해서, ～ 때문에 | 朝食(ちょうしょく) 조식, 아침 식사 | 大切(たいせつ)さ 중요함, 소중함 | 改(あらた)めて 다시, 새삼스럽게 | 見直(みなお)す 다시보다, 재인식하다 | 事実(じじつ) 사실

정답 1

---

04 私にとって旅行は ＿＿ ★ ＿＿ ＿＿ である。

1 人生の　　　　2 趣味
3 一部　　　　　4 というより

단어 바르게 배열하기 ★★

문장 배열 私にとって旅行は 趣味 というより 人生の
　　　　　　　　　　　　　2　　4　　　2
一部 である。
3

해석 나에게 있어서 여행은 취미라기보다 인생의 일부이다.

정답 찾기 먼저 1번 人生の(인생의) 뒤에는 명사가 연결되는데 의미상 3번 一部(일부)를 연결하는 것이 적절하다. 4번 ～というより(～라기 보다)는 어떤 사항에 대해 평가할 때, '～라기 보다 ～라고 하는 편이 적절하다'고 비교하여 말하는 표현이므로 2번 趣味(취미)를 ～というより 앞에 배열하여 '취미라기보다 인생의 일부'라는 문장을 만들어서 전체적으로 나열하면 2-4-1-3이 되고 따라서 정답은 4번이다.

복습 꼭! ～というより(～라기 보다)

어휘 ～にとって ～에게 있어서 | 旅行(りょこう) 여행 | 趣味(しゅみ) 취미 | 人生(じんせい) 인생 | 一部(いちぶ) 일부

정답 4

---

05 ＿＿★＿＿ ＿＿ ＿＿ だ。

1 たとえ　　　　2 不愉快
3 にしても　　　4 冗談

단어 바르게 배열하기 ★★

문장 배열 たとえ 冗談 にしても 不愉快 だ。
　　　　　　1　　4　　3　　　2

해석 설령 농담이라고 해도 불쾌하다.

정답 찾기 1번 たとえ(설령) 뒤에는 ～ても(～라도, ～해도)나 ～にしても(～라고 해도)가 온다는 것을 기억해야 한다. ～にしても의 앞에 명사는 바로 연결되지만 な형용사는 어간과 접속하므로 3번 앞에는 4번 冗談(농담)을 배열하고 의미상 자연스럽게 2번 不愉快だ(불쾌하다)를 가장 뒤에 배열하여 전체적으로 나열하면 1-4-3-2가 되므로 정답은 1번이다.

복습 꼭! ～にしても(～라고 해도)

어휘 たとえ 설령, 가령, 비록 | 冗談(じょうだん) 농담 | 不愉快(ふゆかい)だ 불쾌하다

정답 1

---

06 ＿＿ ＿＿ ★ ＿＿ でしょうね。

1 公務員は　　　　2 労働条件がいい
3 一般の会社員　　4 に比べて

단어 바르게 배열하기 ★★

문장 배열 公務員は 一般の会社員 に比べて
　　　　　　　1　　　　3　　　　4
労働条件がいい でしょうね。
　　2

해석 공무원은 일반 회사원에 비해 노동 조건이 좋겠지요.

정답 찾기 4번 ～に比(くら)べて(～에 비해)는 둘 이상의 것을 나열하여 어떤 점에 대해 비교하는 표현이다. 따라서 ～に比べて를 중심으로 비교되는 대상을 배열하여 '～는 ～에 비해 ～하다'는 문장을 만든다. 1번 公務員は(공무원은)는 주어이므로 가장 앞에 두고 公務員과의 비교 대상은 3번 一般の会社員(일반 회사원)이기 때문에 1-4-3번을 차례대로 배열하고 가장 뒤에 2번 労働条件がいい(노동조건이 좋다)를 두어 전체적으로 나열하면 1-3-4-2가 되므로 정답은 4번이다.

> 복습 꼭! ～に比べて(～에 비해)

어휘 公務員(こうむいん) 공무원 | 一般(いっぱん) 일반 | 会社員(かいしゃいん) 회사원 | 労働(ろうどう) 노동 | 条件(じょうけん) 조건

정답 4

---

07 やっぱり ＿＿＿ ＿＿＿ ★ ＿＿＿ 。

1 に限る   2 分からない
3 ことは   4 聞く

단어 바르게 배열하기 ★★

문장 배열 やっぱり 分からない ことは 聞く に限る。
                  2   3   4 1

해석 역시 모르는 것은 묻는 것이 가장 좋다.

정답 찾기 1번 ～に限(かぎ)る(～가 가장 좋다)는 화자가 주관적으로 '～가 제일이다, ～가 가장 좋다'고 느껴 주장하는 표현이므로 '～는 ～것이 가장 좋다'는 문장을 만들면 되는데, 3번 ことは(것은)의 앞에는 의미상 4번 聞く(묻다) 보다는 2번 わからない(모른다)가 적절하므로 3번의 앞에는 2번을, 1번 앞에는 4번을 배열하여 전체적으로 나열하면 2-3-4-1이 되고 정답은 4번이다.

> 복습 꼭! ～に限る(～이 가장 좋다, ～이 최고다)

어휘 やっぱり 역시 | 分(わ)からない 모르다 | 聞(き)く 듣다, 묻다

정답 4

---

08 平日は仕事で忙しいし、★ ＿＿＿ ＿＿＿
＿＿＿ です。

1 掃除やら   2 忙しい
3 休日も   4 洗濯やら

단어 바르게 배열하기 ★★

문장 배열 平日は仕事で忙しいし 休日も 掃除やら
                           3   1
洗濯やら 忙しい です。
  4   2

해석 평일은 일로 바쁘고 휴일도 청소며 빨래며 바쁩니다.

정답 찾기 공란 앞의 내용이 '평일은 일로 바쁘고'이고 선택지의 내용상 뒷 문장은 '휴일도 바쁘다'는 내용으로 전개 될 것이기 때문에 3번 休日も(휴일도)를 가장 앞에 배열하고 의미상 '～며 ～며 등으로 바쁘다'라는 문장이 되도록 2번 忙しい(바쁘다)를 가장 뒤에 배열한다. ～やら～やら(～며 ～며)는 한두 가지를 예를 들고 그 외에도 여러 가지가 있음을 나타내는 표현이므로 그 사이에 1번 掃除やら(청소며)와 4번 洗濯やら(빨래며)를 배열하면 되는데 1번과 4번은 어느 쪽이 앞뒤로 배열되어도 관계없으므로 3번과 2번 사이에 자유롭게 배열하여 전체적으로 나열하면 3-1-4-2 또는 3-4-1-2가 되므로 정답은 3번이다.

> 복습 꼭! ～やら～やら(～나 ～등, ～며 ～며, ～랑 ～랑)

어휘 平日(へいじつ) 평일 | 仕事(しごと) 일, 직업 | 忙(いそが)しい 바쁘다 | 休日(きゅうじつ) 휴일 | 掃除(そうじ) 청소 | 洗濯(せんたく) 세탁, 빨래

정답 3

시나공 14 경어 표현 | 적 중 예상 문제

문제 다음 문장의 ( )에 들어갈 가장 알맞은 말을 1·2·3·4 중에서 하나를 고르세요.

---

01 まもなく電車が ( ) 。危ないですか
ら、黄色い線の内側にお下がりください。

1 おります   2 おいでになります

3 あがります   4 まいります

의미적 호응관계 파악하기 ★★

해석 곧 전철이 **(옵니다)**. 위험하니까 노란선 안쪽으로 물러서 주십시오.

정답 찾기 특별한 형태를 갖는 존경어와 겸양어의 의미를 외워두면 어렵지 않게 풀 수 있는 문제이다. 문장 내용이 손님들에게 곧 전철이 오니까 노란선 안으로 물러나달라는 것이므로 정답은 来る(오다)의 겸양어인 4번 まいります(옵니다)가 된다. 전철을 높여주는 의미가 되는 2번 おいでになります(오십니다)를 선택하는 실수를 하면 안 된다.

오답 분석 1번 おりる는 いる(있다)의 겸양어, 2번 おいでになる는 行く(가다)·来る(오다)·いる(있다)의 존경어, 3번 あがる는 行く(가다)의 겸양어이므로 정답이 아니다.

복습 꼭! 参(まい)る(오다) [行く・来る의 특수 겸양어]

어휘 まもなく 머지않아, 곧 | 電車(でんしゃ) 전철 | 危(あぶ)ない 위험하다 | 黄色(きいろ)い 노랗다 | 線(せん) 선 | 内側(うちがわ) 안쪽, 내측 | 下(さ)がる 내리다, 내려가다 | お+ます형+ください ~해 주십시오

정답 4

---

02 お客さんが ( ) ましたら、会議室にご
案内ください。

1 うかがい   2 お目にかかり

3 お見えになり   4 お見になり

의미적 호응관계 파악하기 ★★

해석 손님이 **(오시)**면 회의실로 안내해 주십시오.

정답 찾기 공란 앞에 お客さん(손님)이므로 뒤의 동사는 손님을 높여주는 존경어를 사용하여야 하므로 정답은 3번 お見えになり(오시다)이다. お見えになる는 来る(오다)의 특수 존경어이다.

오답 분석 존경어를 만드는 공식 'お+동사 ます형+~になる'는 ます형이 한음절인 동사는 이 형태로 바꿀 수 없기 때문에 4번 お見になり는 문법적으로 틀리므로 정답에서 제외한다. 1번 うかがう는 聞く(묻다, 듣다)·訪ねる(방문하다)·訪問する(방문하다)의 겸양어, 2번 お目にかかる는 会う(만나다)의 겸양어이므로 정답이 아니다.

복습 꼭! お見(み)えになる(오시다) [来る의 특수 존경어]

어휘 お客(きゃく)さん 손님 | 会議室(かいぎしつ) 회의실 | 案内(あんない) 안내 | ご+한자어+ください ~해 주십시오

정답 3

---

03 皆さんはキャラという言葉を ( ) 。キ
ャラクターの略語で、最近の若い人たちは
個人の性格や個性を表すときにこの言葉を
使います。

1 ご存じですか   2 ご覧になりますか

3 拝見しますか   4 うかがいますか

의미적 호응관계 파악하기 ★★

해석 여러분은 캬라라는 말을 **(알고 계십니까)**? 캐릭터의 약어로 요즘 젊은이들은 개인의 성격과 개성을 나타낼 때에 이 말을 사용합니다.

정답 찾기 문장 시작이 皆さん(여러분)을 대상으로 하고 있기 때문에 상대방을 높여주는 존경어를 사용해야 하는데 선택지 가운데 존경어는 1번과 2번이다. 1번 ご存じですか(아시다)는 知る의 존경어, 2번 ご覧になる(보시다)는 見る의 존경어인데 공란 앞에 있는 말이 言葉を(말을)이므로 의미상 1번이 정답으로 적절하다.

오답 분석 3번 拝見する는 見る(보다)의 특수 겸양어, 4번 うかがう는 聞く(묻다, 듣다)・訪ねる(방문하다)・訪問する(방문하다)의 겸양어이므로 의미상 정답이 될 수 없다.

복습 꼭! ご存(ぞん)じだ(아시다) [知る의 특수 존경어]

어휘 皆(みな)さん 여러분 | ～という ～라고 하는 | 言葉(ことば) 말, 언어 | 元来(がんらい) 원래 | キャラクター 캐릭터 | 略語(りゃくご) 약어, 준말 | 最近(さいきん) 최근, 요즘 | 若(わか)い人(ひと)たち 젊은이들 | 個人(こじん) 개인 | 性格(せいかく) 성격 | 個性(こせい) 개성 | 表(あらわ)す 나타내다 | 使(つか)う 사용하다

정답 1

---

04 この山のすばらしい景色を写真にとって皆さんに（　　　）です。

1 お目にかかりたい　　2 お目にかけたい
3 致したい　　　　　　4 拝借したい

의미적 호응관계 파악하기 ★★

해석 이 산의 멋진 경치를 사진으로 찍어서 여러분에게 (**보여드리고 싶습**)니다.

정답 찾기 문장 내용이 사진을 찍어 여러분에게 보여드리고 싶다는 것이 되어야 하므로 정답은 2번 お目にかけたい(보여드리고 싶다)가 된다. 1번 お目にかかる(만나 뵙다)는 会う(만나다)의 겸양어, 2번 お目にかける(보여드리다)는 見せる(보여주다)의 겸양어로, 이 둘은 선택지에 함께 출제되는 경우가 많으므로 의미를 정확히 구별하여 외워두어야 한다.

오답 분석 3번 致(いた)す(하다)는 する의 겸양어, 4번 拝借(はいしゃく)する는 借りる(빌리다)의 겸양어로 의미상 정답이 아니다.

복습 꼭! お目(め)にかける(보여드리다) [見せる의 겸양어]

어휘 山(やま) 산 | 素晴(すば)らしい 매우 훌륭하다, 기막히게 좋다 | 景色(けしき) 경치 | 写真(しゃしん) 사진 | 撮(と)る 찍다 | 皆(みな)さん 여러분

정답 2

---

05 先生の作品を（　　　）、大変感動しました。

1 おいでになり　　2 拝借し
3 まいり　　　　　4 拝見し

의미적 호응관계 파악하기 ★★

해석 선생님의 작품을 (**보고**), 굉장히 감동했습니다.

정답 찾기 문장의 내용이 선생님의 작품에 본인이 감동했다는 의미이므로 자신을 낮추어 말하는 겸양표현이 정답이 되는데, 선택지에 제시되어 있는 겸양어 중 정답은 의미상 見る(보다)의 겸양어인 4번 拝見する(보다)이다.

오답 분석 1번 おいでになる(오시다, 가시다, 계시다)는 行く(가다)・来る(오다)・いる(있다)의 존경어이고, 2번 拝借する(빌리다)는 借りる(빌리다)의 겸양어, 3번 まいる(가다, 오다)는 行く(가다)・来る(오다)의 겸양어로 의미상 정답이 아니다.

복습 꼭! 拝見(はいけん)する(보다) [見る의 겸양어]

어휘 作品(さくひん) 작품 | すごく 굉장히, 무척, 대단히 | 感動(かんどう)する 감동하다

정답 4

06 無償修理の際は、製品保証書が必要になりますので、（　　　）。

1 ご用意ください　　2 ご覧ください

3 お越しください　　4 ご遠慮ください

의미적 호응관계 파악하기 ★★

해석 무상 수리 시는 제품 보증서가 필요하기 때문에 **(준비해주십시오)**.

정답 찾기 존경어의 의뢰 표현은 お(ご) + 동사 ます형(한자어) + ください(~해 주십시오)의 형태로 만들면 되는데 문장 내용이 무상 수리 때는 보증서가 필요하니까 준비해달라는 것이 되므로 정답은 1번 ご用意ください(준비해주십시오)이다.

오답 분석 2번 ご覧ください(봐주십시오)는 見(み)る의 높임말, 3번 お越しください(와주십시오)는 行(い)く・来(く)る의 높임말을 의뢰표현으로 만든 것이고, 4번 ご遠慮ください(삼가주십시오)는 한자어인 遠慮(えんりょ)의 의뢰표현으로 문맥상 호응하지 않는다.

복습 꼭! お(ご) + 동사 ます형(한자어) + ください(~해 주십시오)

어휘 無償(むしょう) 무상 | 修理(しゅうり) 수리 | ~際(さい)は ~때는 | 製品(せいひん) 제품 | 保証書(ほしょうしょ) 보증서 | 必要(ひつよう) 필요 | 用意(ようい) 준비 | ご覧(らん) 보심 | お越(こ)し 오심, 가심 | 遠慮(えんりょ) 조심함, 삼감, 사양함

정답 1

07 お昼ご飯は何に（　　　）ましたか。

1 いたし　　2 おり

3 なさい　　4 いただき

문법적 호응관계 파악하기 ★★

해석 점심 식사는 무엇으로 **(하셨)**습니까?

정답 찾기 문장의 내용이 상대방에게 질문을 하고 있는 것이므로 존경표현을 써야 한다. 선택지 가운데 존경어는 する의 특수 존경어인 3번 なさる(하시다)밖에 없다.

오답 분석 1번 いたす(하다)는 する의 겸양어, 2번 おる(있다)는 いる의 겸양어, 4번 いただく(받다, 먹다)는 もらう, 食べる, 飲む의 겸양어이기 때문에 문맥상 정답이 될 수 없다.

복습 꼭! なさる(하시다) [する의 특수 존경어]

어휘 お昼(ひる)ご飯(はん) 점심 식사

정답 3

08 この前はお心のこもった手作りのお菓子をお送り（　　　）、大変ありがとうございました。

1 さしあげ　　2 くださり

3 願い　　4 申し上げ

문법적 호응관계 파악하기 ★★

해석 일전에는 마음이 담긴 손수 만든 과자를 보내**(주셔서)** 정말로 감사했습니다.

정답 찾기 문장 내용이 손수 만든 과자를 보내주셔서 감사하다는 것이다. 상대방이 나에게 무엇을 해주시다고 할 때는 お(ご) + 동사 ます형(한자어) + くださる(해주시다) 형태를 사용하면 되는데 선택지 가운데 공란 앞의 お送り 뒤에 연결될 수 있는 것은 2번 くださり(주셔서)밖에 없다.

오답 분석 1번 さしあげる(드리다)는 ます형에 연결되지 않고, 3번 願い(부탁드리다)와 4번 申し上げる(해 드리다)는 둘 다 자신을 낮추는 겸양표현이므로 정답이 될 수 없다.

복습 꼭! お(ご) + 동사 ます형(한자어) + くださる((나에게) ~해 주시다)

167

어휘 この前(まえ) 전번, 일전, 요전, 이전, 지난번 | 心(こころ) 마음, 정성 | こもる 담기다, 어리다, 깃들이다 | 手作(てづく)り 수제, 손수 만듦 | お菓子(かし) 과자 | 送(おく)る 보내다 | 大変(たいへん) 매우, 몹시, 무척, 대단히, 굉장히

정답 2

---

09 入場券を(　　　)の方いらっしゃいますか。

　1 お持ち　　　　　　2 持ちにいたし

　3 お持ちし　　　　　4 お持ちになり

문법적 호응관계 파악하기 ★★

해석 입장권을 (가지신) 분 계십니까?

정답 찾기 상대방에게 질문하는 문장이기 때문에 존경표현을 써야하는데, 상대방이 '하시다, 이시다'는 의미는 기본적으로 'お(ご) + 동사 ます형(한자어) + だ'의 형태를 사용하고 뒤에 명사와 연결될 때에는 'お(ご) + 동사 ます형(한자어)+の+명사'의 형태로 사용한다. 공란 뒤에 の方(분)가 있으므로 정답은 1번 お持ち(가지신)이 된다.

오답 분석 2번은 비문법적이므로 정답에서 우선 제외한다. 3번 お持ちし((제가) 갖고)는 겸양 표현이므로 정답이 아니고, 4번 お持ちになり(가지시다)는 존경표현은 맞지만 공란 뒤의 の方(분)과 연결할 수 없으므로 정답이 될 수 없다.

복습 꼭! お(ご) + 동사 ます형(한자어)+だ(~하시다, ~이시다) / お(ご) + 동사 ます형(한자어)+の+명사(~하신, ~이신)

어휘 入場券(にゅうじょうけん) 입장권 | 持(も)つ 갖다, 들다 | ~方(かた) ~분 | いらっしゃる 가시다, 오시다, 계시다

정답 1

---

10 田中さん夫婦は二人とも高校の先生
　　(　　　)。

　1 と申し上げます　　　2 と存じます

　3 でいらっしゃいます　4 ておいでになります

의미적 호응관계 파악하기 ★★

해석 다나카 씨 부부는 두 분 모두 고등학교 선생님 (이십니다).

정답 찾기 다나카 씨 부부에 관한 이야기를 하고 있으므로 존경표현을 사용하여야 하고, 내용상 공란의 내용은 '~이시다'라는 의미가 되는 것이 적절하다. な형용사와 명사는 な형용사의 어간, 명사+でいらっしゃる의 형태로 '~이시다'는 의미가 되므로 정답은 3번 でいらっしゃいます(이십니다)이다.

오답 분석 1번 と申し上げます(라고 말씀 드립니다)와 2번 と存じます(라고 생각합니다)는 자신을 낮추어 이야기하는 겸양표현이므로 정답이 될 수 없다. 申し上げる는 言う(말하다), 存じる는 知る(알다)・思う(생각하다)의 특수 겸양어이다. 4번 ておいでになります(하고 계십니다)는 동사て형+ていらっしゃる(~하고 계시다)와 같은 의미로 사용되는 표현인데 이것은 동사의 ~て형과 접속되므로 정답이 될 수 없다.

복습 꼭! な형용사의 어간/명사 + でいらっしゃる(~이시다)

어휘 夫婦(ふうふ) 부부 | ~とも 모두, 전부, 함께 | 高校(こうこう) 고등학교 | 先生(せんせい) 선생님

정답 3

---

11 品質に厳しい日本向けの輸出は何年の経
　　験もありますから、品質の面ではご心配
　　(　　　)でください。

의미적 호응관계 파악하기 ★★

해석 품질에 엄격한 일본 상대의 수출은 몇 년의 경험이 있기 때문에 품질 면에서는 걱정(하시지 말아) 주십시오.

1 いたさない　　　　2 なさらない 3 くださらない　　　4 いらっしゃらない	**정답 찾기** 공란 앞에 있는 心配(걱정) 뒤에는 의미상 する(하다)가 연결된다. 문장의 내용이 상대방에게 걱정하시지 마시라는 것이므로 정답은 する의 존경표현인 2번 なさる(하시다)가 된다. **오답 분석** 1번 いたす((제가) 하다, 해드리다)는 자신을 낮추는 겸양표현이므로 정답이 될 수 없고 3번 くださる(주시다)와 4번 いらっしゃる(가시다, 오시다, 계시다)는 문장 전후 내용과 의미상 호응하지 않는다. **복습 꼭!** お(ご)+ 동사 ます형(한자어)+ください(~해 주십시오) **어휘** 品質(ひんしつ) 품질 ┃ 厳(きび)しい 엄하다, 험하다, 심하다 ┃ ~向(む)け ~용, ~대상 ┃ 輸出(ゆしゅつ) 수출 ┃ 経験(けいけん) 경험 ┃ 品質(ひんしつ) 품질 ┃ ~面(めん) ~면 ┃ 心配(しんぱい)する 걱정하다, 근심하다 **정답 2**

---

12 ご利用のお客様には、大変ご迷惑をおかけ しましたこと、心よりお詫び（　　　）。 1 申し上げます　　　2 いただきます 3 なさいます　　　　4 ください	**문법적 호응관계 파악하기 ★★** **해석** 이용하시는 손님께는 대단히 폐를 끼친 점, 마음으로 사죄 **(말씀 드립니다).** **정답 찾기** 손님 여러분께 사죄말씀 드린다는 내용이므로 정답은 1번 申し上げる(하다, 해드리다)이다. お(ご) + 동사 ます형(한자어) + 申(もう)し上げる(~하다, ~해 드리다)는 お(ご) + 동사 ます형(한자어)+する(致す)(~하다, ~해드리다)의 형태보다 더 정중한 겸양표현이다. **오답 분석** 손님에게 자신을 낮추어 이야기하여야 하므로 する의 특수 존경어인 3번 なさいます(하십니다)와 존경어의 의뢰 표현인 4번 ください(주십시오)는 정답이 될 수 없다. 食べる・飲む・もらう의 겸양어인 2번 いただく(먹다, 마시다, 받다)도 의미상 정답이 아니다. **복습 꼭!** お(ご) + 동사 ます형(한자어) + 申し上げる(~하다, ~해드리다) **어휘** 利用(りよう) 이용 ┃ お客様(きゃくさま) 손님 ┃ 大変(たいへん) 매우, 몹시, 무척, 대단히, 굉장히 ┃ 迷惑(めいわく)をかける 폐를 끼치다 ┃ 心(こころ) 마음, 정성, 진심 ┃ 詫(わ)びる 사과하다, 사죄하다 **정답 1**

---

13 すみませんが、ここに（　　　）か。 1 座らされません 2 座られません 3 座らせていただけません 4 座っていただきます	**의미적 호응관계 파악하기 ★★** **해석** 실례지만, 여기에 **(앉아도 되겠니)까?** **정답 찾기** 여기에 앉아도 되냐고 허락을 받는 문장으로 정답은 3번 座らせていただけませんか(앉아도 되겠습니까)이다. 상대에게 뭔가를 부탁하는 경우에는 ～(さ)せていただけますか・～(さ)せていただけませんか・～(さ)せていただけませんでしょうか와 같은 형태로 사용하고, '～하게 해 받을 수 있습니까' 보다는 '～해도 되겠습니까, ~하게 해 주시겠습니까'로 해석한다. **오답 분석** 1번 座らされる는 座(すわ)る(앉다)의 사역수동표현이고, 2번 座られません은 존경・수동・가능・자발의 표현, 그리고 4번 座っていただきます의 ～ていただく는 '～해 받다, (~가) ~해 주다'의 의미이므로 문맥상 호응하지 않는다. **복습 꼭!** ～(さ)せていただけませんか(~해도 되겠습니까)

어휘 座(すわ)る 앉다

정답 3

---

14 ちょっとお待ち（　　）、すぐお直し致します。

1 いたせば　　　　2 させていただければ
3 願えば　　　　　4 いただければ

문법적 호응관계 파악하기 ★★

해석 잠시 기다려(**주시면**) 바로 고쳐 드리겠습니다.

정답 찾기 상대방에게 잠시 기다려주시면 바로 고쳐 드리겠다는 내용이므로, お(ご)+동사 ます형(한자어)+いただく(해 주시다)의 형태를 사용하여 문장을 완성한다. 따라서 정답은 4번 いただければ(주시면)가 된다.

오답 분석 1번 いたす(하다, 해드리다)와, 3번 願う(부탁하다)는 자신을 낮추는 겸양표현으로 정답이 아니다. 그리고 2번 させていただく는 공란 앞의 お待ち와 접속할 수 없다.

복습 꼭! お(ご)+동사 ます형(한자어)+いただく(～해 주시다)

어휘 ちょっと 잠시, 조금 | 待(ま)つ 기다리다 | すぐ 곧, 바로, 금방 | 直(なお)す 고치다 | お(ご)+ 동사 ます형(한자어)+する(致す) (～하다, ～해 드리다)

정답 4

---

15 壊れやすいので、取り扱いには十分ご注意のうえ（　　）。

1 お使い願います　　2 使わせていただきます
3 お使いになります　4 お使いなさいます

의미적 호응관계 파악하기 ★★

해석 고장나기 쉽기 때문에, 취급에는 충분히 주의하셔서 (**사용 부탁드립니다**).

정답 찾기 취급에 주의하여 사용해달라고 부탁하는 것이므로 정답은 1번 お使(つか)い願(ねが)います(사용을 부탁드립니다)가 된다.

오답 분석 자신이 하려는 행위를 매우 정중하게 나타내는 표현인 2번 使わせていただきます(사용합니다), 상대방의 행위를 높여주는 존경표현인 3번 お使いになります(사용하십니다)와 4번 お使いなさいます(사용하십니다)는 의미상 정답이 될 수 없다.

복습 꼭! お(ご)+동사 ます형(한자어)+願(ねが)う(～을 부탁드리다)

어휘 壊(こわ)れる 깨지다, 고장 나다, 부서지다 | 取(と)り扱(あつか)い 취급 | 十分(じゅうぶん) 충분히 | 注意(ちゅうい) 주의

정답 1

---

16 いつ（　　）のですか。

1 お出発になる　　2 ご出発になる
3 お出発する　　　4 ご出発する

문법적 호응관계 파악하기 ★★

해석 언제 (**출발 하십**)니까?

정답 찾기 상대에게 질문을 하고 있기 때문에 존경표현인 2번 ご出発になる(출발하시다)가 정답이다.

오답 분석 한자어인 出発(출발) 앞에는 お가 아닌 ご가 오기 때문에 1번과 3번은 문법적으로 틀려 정답이 될 수 없다. 4번 ご出発する(출발하다)는 자신의 행위를 낮추어 말하는 겸양표현이므로 정답이 아니다.

복습 꼭! お(ご)+ 동사 ます형(한자어)+ ～になる(～하시다)

어휘 いつ 언제 | 出発(しゅっぱつ) 출발

정답 2

문제 다음 문장의 ___ ★ ___에 들어갈 가장 알맞은 말을 1 · 2 · 3 · 4 중에서 하나를 고르세요.

---

01 ___ ___ ★ ___ が、どうぞ召し上がってください。

1 かどうか 　　　　2 お口に
3 合います 　　　　4 わかりません

단어 바르게 배열하기 ★★

문장 배열 お口に 合います かどうか わかりませんが、
　　　　　 2　　 3　　　　 1　　　　 4
どうぞ召し上がってください。

해석 입에 맞으실지 어떨지 모르겠습니다만, 어서 드세요.

정답 찾기 먼저 2번 お口に(입에)와 3번 合います(맞습니다)를 연결하여 관용구인 口に合う(입맛에 맞다)를 만든다. 그리고 뒤에 판단이 잘 되지 않을 때 사용하는 문법표현인 1번 かどうか(~지 어떨지)와 4번 わかりません(모릅니다)를 연결하여 전체적으로 나열하면 2–3–1–4가 되므로 정답은 1번이다.

> 복습 꾁! 召し上がる(드시다) [食べる·飲む의 특수 존경어]

어휘 口(くち)に合(あ)う 입맛에 맞다 ｜ ~かどうか ~지 어떨지(아닐지) ｜ 召(め)し上(あ)がる 드시다

정답 1

---

02 ___ ★ ___ ___ 。

1 いつから 　　　　2 勉強は
3 日本語の 　　　　4 始められましたか

단어 바르게 배열하기 ★★

문장 배열 日本語の 勉強は いつから 始められましたか。
　　　　　 3　　　 2　　 1　　　 4

해석 일본어 공부는 언제부터 시작하셨습니까?

정답 찾기 3번 日本語の(일본어) 뒤에는 명사가 와야 되므로 2번 勉強(공부)와 연결한다. 4번 始められましたか(시작하셨습니까)는 가장 뒤에 배열하고 4번 앞에는 시기를 나타내는 1번 いつから(언제부터)를 배열하여 전체적으로 나열하면 3–2–1–4가 되므로 정답은 2번이다.

> 복습 꾁! 동사 ない형+ ~(ら)れる(수동·가능·존경·자발)

어휘 日本語(にほんご) 일본어 ｜ 勉強(べんきょう) 공부 ｜ いつ 언제 ｜ 始(はじ)める 시작하다

정답 2

---

03 お名前は存じておりますが、___ ___ ★ ___ 。

1 一度も 　　　　2 ことはありません
3 まだ 　　　　　4 お目にかかった

단어 바르게 배열하기 ★★

문장 배열 お名前は存じておりますが、まだ 一度も
　　　　　　　　　　　　　　　　 3　 1
お目にかかった ことはありません。
　 4　　　　　　 2

해석 성함은 알고 있지만 아직 한 번도 만나 뵌 적은 없습니다.

정답 찾기 선택지를 보고 경험의 유무를 나타내는 ~たことはありません(~한 적은 없습니다) 형태를 떠올려 4번 お目(め)にかかった(만나 뵈었다)와 2번 ことはありません(적은 없습니다)을 연결하여 문말 표현으로 배열한다. 의미상 3번 まだ(아직)를 1번 一度も(한번도) 앞에 배열하여 전체적으로 나열하면 3–1–4–2가 되므로 정답은 4번이다.

> 복습 꾁! お目にかかる(만나 뵙다) [会う의 특수 겸양어]

어휘 名前(なまえ) 이름 | 存(ぞん)じる 알고 있다 | ~ておる ~
ている의 겸양표현 | まだ 아직 | 一度(いちど)も 한번도 | お目
(め)にかかる 만나 뵙다 | ~たことはない ~한 적은 없다

정답 4

---

04 部長、さっき ＿＿＿ ＿＿＿ ★ ＿＿＿ 。

1 お見えに　　　　　2 方が

3 中山という　　　　4 なりました

단어 바르게 배열하기 ★★

문장 배열 部長、さっき 中山という 方が お見えに なり
　　　　　　　　　　　　3　　　　2　　　1　　　4
ました。

해석 부장님, 아까 나카야마라는 분이 오셨습니다.

정답 찾기 1번 お見えに와 4번 なりました를 연결하여 来る의
특수 존경어인 お見(み)えになる(오시다)를 만든다. 그리고 그 앞
에는 3번 中山という(나카야마라는)와 2번 方が(분이)를 연결하여
나카야마라는 분이 오시다라는 내용을 만들어 전체적으로 나열하면
3-2-1-4가 되므로 정답은 1번이다.

> 복습 꼭! お見えになる(오시다) [来る의 특수 존경어]

어휘 部長(ぶちょう) 부장님 | 先(さっき) 아까, 조금 전 | ~とい
う ~라고 하는 | 方(かた) 분 | お見(み)えになる 오시다

정답 1

---

05 すみませんが、＿＿＿ ＿＿＿ ★ ＿＿＿ 。

1 いただけますか　　2 熱があるので

3 早く　　　　　　　4 帰らせて

단어 바르게 배열하기 ★★

문장 배열 すみませんが 熱があるので 早く 帰らせて
　　　　　　　　　　　　　2　　　　3　　　4
いただけますか。
　1

해석 죄송하지만 열이 있어서 일찍 돌아가도 될까요?

정답 찾기 선택지를 보고 자신을 낮추어 상대에게 부탁을 하는 표
현인 ~(さ)せていただけますか(하게 해 받을 수 있겠습니까)라
는 표현을 떠올려 우선 4번 帰らせて와 1번 いただけますか를
연결하여 '돌아가도 되겠습니까'라는 문장을 만든다. 그리고 그 앞에
부탁을 하는 이유가 되는 2번 熱があるので(열이 있어서)를 배열
하고, 3번 早く(일찍)는 문맥상 4번 앞에 배열하여 전체적으로 나열
하면 2-3-4-1이 되므로 정답은 4번이다.

> 복습 꼭! ~(さ)せていただけますか(~해도 되겠습니까?
> ~하게 해 주시겠습니까?)

어휘 熱(ねつ) 열 | 帰(かえ)る 돌아가(오)다

정답 4

---

06 その件 ★ ＿＿＿ ＿＿＿ ＿＿＿ 。

1 させていただきます　2 ご説明

3 私が　　　　　　　　4 に関しては

단어 바르게 배열하기 ★★

문장 배열 その件 に関しては 私が ご説明 させていただ
　　　　　　　　　4　　　3　　　2　　　1
きます。

해석 그 건에 관해서는 제가 설명 드리겠습니다.

정답 찾기 선택지 중에 공란 앞에 있는 その件(그 건) 뒤에 연결할
수 있는 것은 4번 ~に関(かん)しては(~에 관해서는)이므로 4번
을 가장 앞에 배열한다. 자신의 행위를 매우 정중하게 나타내는 표
현인 1번 (さ)せていただきます(하겠습니다)의 앞에는 내용상 2번
ご説明(설명)를 배열하고, 그 앞에 행위의 주체인 3번 私が(제가)를
배열하여 전체적으로 나열하면 4-3-2-1이 되므로 정답은 4번이다.

복습 꾁! ~(さ)せていただく ~하다

어휘 件(けん) 건, 사항, 사건 | 説明(せつめい) 설명

정답 4

---

07 その荷物、重そうですね。＿＿＿ ＿＿＿
＿＿＿ ＿＿＿。

1 よろしかったら　　　2 しましょうか
3 私が　　　　　　　　4 お持ち

단어 바르게 배열하기 ★★

문장 배열 その荷物、重そうですね。よろしかったら 私が
　　　　　　　　　　　　　　　　　　1　　　3
お持ち しましょうか。
　4　　　2

해석 그 짐, 무거워 보이네요. 괜찮으시면 제가 들어 드릴까요?

정답 찾기 자신의 행위를 낮추어 말하는 겸양어의 기본 공식 お
(ご) + 동사 ます형(한자어)+する(~하다)를 떠올려 4번 お持ち와
2번 しましょうか를 연결한다. 그 앞에는 행위의 주체가 되는 3번
私が(제가)를 배열하고, 나머지 1번 よろしかったら(괜찮으시면)
는 내용상 가장 앞에 배열하여 전체적으로 나열하면 1-3-4-2가 되
므로 정답은 4번이다.

복습 꾁! お(ご)+ 동사 ます형(한자어)+する(致す)(~하다,
~해 드리다)

어휘 荷物(にもつ) 짐 | 重(おも)い 무겁다 | ~そうだ ~것 같다,
~해 보인다 | よろしい 좋다, 괜찮다 | 持(も)つ 갖다, 들다

정답 4

---

08 ＿＿＿ ＿＿＿ ★ ＿＿＿ ので、ご都合のよい
日時をお知らせください。

1 こちら　　　　　　　2 よろしければ
3 伺います　　　　　　4 から

단어 바르게 배열하기 ★★

문장 배열 よろしければ こちら から 伺います ので、
　　　　　　　2　　　1　　4　　3
ご都合のよい日時をお知らせください。

해석 괜찮으시면 저희쪽에서 찾아뵙겠으니 괜찮으신 날짜와 시각을
알려주십시오.

정답 찾기 선택지에 제시되어 있는 단어의 의미만 알면 간단히 배
열할 수 있는 문제이다. 동작을 나타내는 3번 伺(うかが)います(찾
아뵙다)의 앞에는 동작의 기점이 오게 되므로 1번 こちら(이쪽)와 4
번 から(~부터, ~에서)를 연결하여 배열하고, 의미상 2번 よろし
ければ(괜찮으시면)를 가장 앞에 두어 전체적으로 나열하면 2-1-
4-3이 되므로 정답은 4번이다.

복습 꾁! 伺う(여쭙다, 듣다, 찾아뵙다) [聞く・訪ねる・訪
問するの 특수 겸양어]

어휘 よろしい 좋다, 괜찮다 | 伺(うかが)う 찾아뵙다 | 都合(つご
う) 형편, 사정 | 日時(にちじ) 일시, 날짜와 시각 | 知(し)らせる 알
리다

정답 4

문제 다음 문장의 ( )에 들어갈 가장 알맞은 말을 1·2·3·4 중에서 하나를 고르세요.

---

01 日本語を専攻している私（　　　）、日本と
いう国は親しみのある、どうしても一回行
って住んでみたいところだ。

1 にかぎらず　　　　2 のもとで

3 を中心に　　　　　4 にとって

의미적 호응관계 파악하기 ★★

해석 일본어를 전공하고 있는 나**(에게 있어서)** 일본이라는 나라는 친밀감 있는, 반드시 한번 가서 살아 보고 싶은 곳이다.

정답 찾기 일본어 전공자인 나에게 있어서 일본은 가서 살아보고 싶은 나라라는 내용이므로 정답은 판단하거나 평가하는 입장·시점을 나타내는 표현인 4번 ～にとって(～에게 있어서)이다.

오답 분석 1번 ～にかぎらず(～뿐만 아니라)는 비한정의 의미, 2번 ～のもとで(～하에서, 아래에서)는 영향·조건·지배·지도 등의 범위 내에서 어떤 것이 행해지는 것을 나타내고, 3번 ～を中心(ちゅうしん)に(～을 중심으로)는 중심이 되는 사물이나 사람을 나타내는 표현으로 문맥상 정답이 아니다.

> **복습 꾁!** ～にとって(～에게 있어서)

어휘 専攻(せんこう)する 전공하다 | 国(くに) 나라, 국가 | 親(した)しみ 친밀감, 친근감 | どうしても 어떤 일이 있어도, 반드시, 꼭 | 一回(いっかい) 한 번 | 住(す)む 살다

정답 4

---

02 子供を持つ親（　　　）子供の幸せを祈る思
いはいつの時代も変わりないと思います。

1 どおり　　　　　　2 のもとで

3 として　　　　　　4 からといって

의미적 호응관계 파악하기 ★★

해석 아이를 가진 부모**(로서)** 아이의 행복을 비는 마음은 어느 시대나 차이가 없다고 생각합니다.

정답 찾기 아이를 가진 부모의 입장에서 이야기하는 것이므로 정답은 입장·자격·명목·부류를 나타내는 3번 ～として(～로서)이다.

오답 분석 4번 ～からといって(～라고 해서)는 각 품사의 보통형에 접속하므로 접속형태상 정답에서 제외한다. 1번 ～どおり(～대로)는 명사와 같은 상태나 방법임을 나타내고, 2번 ～のもとで(～하에서, ～아래서)는 영향·조건·지배·지도 등의 범위 내에서 어떤 것이 행해지는 것을 나타내는 표현으로 의미적으로 호응하지 않는다.

> **복습 꾁!** ～として(～로서)

어휘 子供(こども) 아이, 자식 | 持(も)つ 갖다, 들다 | 親(おや) 부모 | 幸(しあわ)せ 행복 | 祈(いの)る 빌다, 기도하다 | 思(おも)い 생각, 느낌, 마음 | 時代(じだい) 시대 | 変(か)わり 다름, 변함, 변화, 차이

정답 3

---

03 すみません。このコピー機、（　　　）か。

1 使わせていただけません

2 お使い致します

3 使っていただきます

4 お使い申し上げます

문법적 호응관계 파악하기 ★★

해석 실례합니다. 이 복사기 **(사용해도 되겠니)**까?

정답 찾기 복사기를 사용해도 되냐고 허락 받고 있는 것이기 때문에 정답은 1번 使わせていただけませんか(사용해도 되겠습니까)이다.

오답 분석 2번 お使い致します(사용합니다)와 4번 お使い申し上げます(사용합니다)는 자신의 행위를 낮추어 이야기하는 겸양표현이므로 문맥상 적절하지 못하고, 3번 使っていただきます(사용

174

해주십니다)도 상대방이 ~해 주시는 것으로 의미상 정답이 될 수 없다.

오답 분석 2번 お使い致します(사용합니다)와 4번 お使い申し上げます(사용합니다)는 자신의 행위를 낮추어 이야기하는 겸양표현이므로 문맥상 적절하지 못하고, 3번 使っていただきます(사용해 주십니다)도 상대방이 ~해 주시는 것으로 의미상 정답이 될 수 없다.

> **복습 꼭!** ~(さ)せていただけませんか(~해도 되겠습니까? ~하게 해 주시겠습니까?)

어휘 コピー機(き) 복사기 | 使(つか)う 쓰다, 사용하다

정답 1

---

04 皆様の個人情報は、当社の個人情報保護方針(   )保護されます。

1 を問わず   2 にしたら
3 にあたって   4 のもとで

의미적 호응관계 파악하기 ★★

해석 여러분의 개인정보는 당사의 개인정보 보호 방침 **(하에서)** 보호됩니다.

정답 찾기 개인정보가 개인정보 보호방침 하에 보호된다는 내용이므로 정답은 영향·조건·지배·지도 등의 범위 내에서 어떤 것이 행해지는 것을 나타내는 4번 ~のもとで(~하에서, ~아래에서)이다.

오답 분석 1번 ~を問(と)わず(~을 중심으로)는 관계없다. 염두에 두지 않는다고 말하는 표현이고, 2번 ~にしたら(~로서는)는 '~의 입장, 기분으로'이라는 의미이다. 3번 ~にあたって(~할 때에, 을 맞이하여)는 뭔가를 해야 하는 특별한 기회와 상황을 나타낸다.

> **복습 꼭!** ~のもとで(~하에서, ~아래에서)

어휘 皆様(みなさま) 여러분 | 個人(こじん) 개인 | 情報(じょうほう) 정보 | 当社(とうしゃ) 당사 | 保護(ほご) 보호 | 方針(ほうしん) 방침

정답 4

---

05 携帯電話の音楽ダウンロードサービスは若者(   )利用が増えている。

1 に沿って   2 に基づいて
3 を中心に   4 にとって

의미적 호응관계 파악하기 ★★

해석 휴대 전화의 음악 다운로드 서비스는 젊은이**(를 중심으로)** 이용이 늘고 있다.

정답 찾기 젊은이를 중심으로 이용자가 늘고 있다는 것이므로 정답은 중심이 되는 사물이나 사람을 나타내는 3번 ~を中心(ちゅうしん)に(~을 중심으로)이다.

오답 분석 1번 ~に沿(そ)って~(에 따라)는 기준이 되는 것, 상대방의 희망 등에서 벗어나지 않도록 하는 것을 나타내고 2번 ~に基(もと)づいて(~에 기초해서)는 '~을 기본으로 하여 ~을 하다'라는 의미, 4번 ~にとって(~에게 있어서)는 판단하거나 평가하는 입장·시점을 나타내므로 의미상 정답이 될 수 없다.

> **복습 꼭!** ~を中心に(~을 중심으로)

어휘 携帯電話(けいたいでんわ) 휴대 전화 | 音楽(おんがく) 음악 | ダウンロードサービス 다운로드 서비스 | 若者(わかもの) 젊은이 | 利用(りよう) 이용 | 増(ふ)える 늘다, 증가하다

정답 3

06 先生（　　　）、こんな大騒ぎになるとは
思っていなかったんだろう。

1 にしても   2 に対して
3 かわりに   4 というより

의미적 호응관계 파악하기 ★★

해석 선생님(이라 해도) 이런 큰 소동이 될 줄은 생각하지 못했을 것이다.

정답 찾기 문장의 내용이 선생님도 이런 소동이 될 줄은 몰랐을 것이라는 것이므로 정답은 1번 ~にしても(~라고 해도)이다. ~にしても는 '~라고 해도, ~인줄은 알지만 그러나'라는 역접・양보의 의미와 '~라고 해도, ~라고 가정해도'라는 역접 가정조건의 의미로도 사용되고, ~にしても~にしても(~도~도, ~(하)든~(하)든)와 같이 병렬하면 '어떤 경우라도, 어느 쪽이라도'라는 표현이 된다.

오답 분석 2번 ~に対して(~에 대해서)는 동작이나 감정이 향해지는 대상과 상대를 나타내는 표현, 3번 ~かわりに(~대신에)는 ~대신에 다른 일을 하거나 ~하는 대가로 대신 ~하다는 의미, 4번 ~というより(~라기 보다는)는 어떤 사항에 대해 비교하여 평가하는 표현으로 정답이 아니다.

복습 꼭! ~にしても(~라고 해도, ~라고 가정해도)

어휘 先生(せんせい) 선생 | 大騒(おおさわ)ぎ 대소동, 큰 소동

정답 1

07 石田先生はきれいな（　　　）、教え方も上
手なんです。

1 ばかりか   2 かけの
3 だけに   4 こそ

의미적 호응관계 파악하기 ★★

해석 이시다 선생님은 예쁠 (뿐만 아니라) 가르치는 방식도 뛰어납니다.

정답 찾기 선생님이 예쁜데다가 교수법도 뛰어나다는 것이 되므로 정답은 '~뿐만 아니라, 거기다 정도가 더 심한 어떤 것까지 추가됨'을 나타내는 표현인 1번 ~ばかりか(~뿐만 아니라)이다.

오답 분석 2번 ~かけの(~하다 만는 동사 ます형에, 4번 ~こそ(~야 말로)는 명사, 동사 て형과 접속하므로 접속 형태상 정답이 될 수 없으며, 3번 ~だけに(~인 만큼)는 앞 문장에서 이유를, 뒷 문장에서는 그 이유에 걸맞게 평가・판단・생각되어짐을 나타내는 강조의 표현으로 의미적으로 호응하지 않는다.

복습 꼭! ~ばかりか(~뿐만 아니라)

어휘 きれいだ 예쁘다, 깨끗하다 | 教(おし)え方(かた) 가르치는 방법, 교수법 | 上手(じょうず)だ 잘하다, 솜씨가 훌륭하다

정답 1

08 特に予定のない午後は本屋に行く（　　　）。

1 一方だ   2 どころではない
3 ようがない   4 に限る

의미적 호응관계 파악하기 ★★

해석 특별히 예정이 없는 오후에는 서점에 가는 것이 (제일이다)

정답 찾기 딱히 할 일 없는 오후에는 서점에 가는 게 제일 좋다는 화자의 주관적인 주장을 이야기하고 있으므로 정답은 4번 ~に限(かぎ)る(~가 제일이다, ~가 가장 좋다)이다.

오답 분석 3번 ~ようがない(~할 수가 없다)는 동사 ます형에 접속하는 표현으로 접속 형태상 정답에서 제외한다. 1번 ~一方(いっぽう)だ는 '오로지 ~의 방향으로만 변화가 진행되고 있음'을 나타내는 표현, 2번 ~どころではない는 '~할 여유가 없다, ~할 상황, 형편이 아니다'라는 강한 부정의 표현으로 정답이 아니다.

복습 꼭! ~に限る(~이 가장 좋다, ~이 최고다)

어휘 特(とく)に 특히, 특별히 | 予定(よてい) 예정 | 午後(ごご) 오후 | 本屋(ほんや) 서점 | 行(い)く 가다

정답 4

문제 다음 문장의 _____★_____ 에 들어갈 가장 알맞은 말을 1·2·3·4 중에서 하나를 고르세요.

01 最近 _____ ★ _____ _____ 悩む人が増えています。

1 抜け毛で　　　　2 に限らず
3 男性　　　　　　4 女性でも

단어 바르게 배열하기 ★★

문장 배열 最近 男性 に限らず 女性でも 抜け毛で 悩む人
　　　　　　 3 　　2 　　　 4 　　　 1
が増えています。

해석 최근 남성뿐만 아니라 여성도 탈모로 고민하는 사람이 늘고 있습니다.

정답 찾기 2번 ~に限(かぎ)らず(~만이 아니라, ~뿐만 아니라)는 명사와 접속하는 표현이므로 3번 男性(남성)과 연결한다. 공란 뒤에 悩む(고민하다)가 있으므로 그 앞에는 고민하는 원인인 1번 抜け毛で(탈모로)를 배열하고 나머지 4번 女性でも(여성이라도)는 의미상 그 앞에 배열하여 전체적으로 나열하면 3-2-4-1이 되므로 정답은 2번이다.

복습 꾁 ~に限らず(~뿐만 아니라)

어휘 最近(さいきん) 최근, 요즘 | 男性(だんせい) 남성 | 女性(じょせい) 여성 | 抜(ぬ)け毛(げ) 탈모 | 悩(なや)む 고민하다, 괴로워하다 | 増(ふ)える 늘다, 증가하다

정답 2

---

02 輸出が減少する _____ ★ _____ _____ 。

1 増加し　　　　　2 輸入は
3 一方で　　　　　4 つつある

단어 바르게 배열하기 ★★

문장 배열 輸出が減少する 一方で 輸入は 増加し つつある。
　　　　　　　　　　　　 3 　　 2 　　 1 　　 4

해석 수출이 감소하는 한편 수입은 증가하고 있다.

정답 찾기 3번 ~一方(いっぽう)で(~하는 한편으로)는 어떤 사항에 대해 두 가지 면을 대비시켜 나타내는 표현이다. 따라서 서로 대비하는 내용이 ~一方で 앞뒤에 위치해야 하는데, 공란 앞에 輸出が減少する(수출이 감소하다)가 있으므로 제일 앞 공란에 3번을 배열하고 뒤에는 앞의 내용과 대비되는 2번 輸入は(수입은)를 배열한다. 4번 ~つつある(~하고 있다)는 동사 ます형에 접속하므로 1번과 연결하여 2번 뒤에 배열하여 전체적으로 나열하면 3-2-1-4가 되어 정답은 2번이다.

복습 꾁 ~一方で(~하는 한편으로) | 동사 ます형+つつある ((지금) ~하고 있다)

어휘 輸出(ゆしゅつ) 수출 | 減少(げんしょう)する 감소하다 | 輸入(ゆにゅう) 수입 | 増加(ぞうか)する 증가하다

정답 2

---

03 皆様に快適にご利用いただくために、ご利用の後は _____ _____ ★ _____ 。

단어 바르게 배열하기 ★★

문장 배열 皆様に快適にご利用いただくために、ご利用の後は ゴミの放置など ないように ご協力を お願いいた
　　　　　　　　　　　　　　　　　　　　　　　　　　 3 　　　　 2 　　 1
します。

177

1 ご協力を　　　　　　2 ないように
3 ゴミの放置など　　　4 お願いいたします

해석 여러분들이 쾌적하게 이용하기 위해서 이용 후에는 쓰레기 방치 등이 없도록 협력 부탁드립니다.

정답 찾기 1번 ご協力を(협력을) 뒤에 올 수 있는 것은 4번 お願い致します(부탁드립니다)밖에 없으므로 이 둘을 연결하여 뒤에 배열한다. 내용상 1-4번 앞에는 협력을 부탁하는 내용이 와야 하므로 3번 ゴミの放置など(쓰레기 방치 등)과 2번 ～ないように(～없도록)를 연결하여 앞에 배열한 후 전체적으로 나열하면 3-2-1-4가 되어 정답은 1번이다.

> **복습 꼭!** お(ご)+ 동사 ます형(한자어)+ 願(ねが)う(～을 부탁드리다)

어휘 皆様(みなさま) 여러분 | 快適(かいてき)に 쾌적하게 | 利用(りよう) 이용 | ご+한자어+いただく ～해 주시다 | ～ために ～위해서 | ゴミ 쓰레기 | 放置(ほうち) 방치 | ～など ～등, ～따위 | ～ないように ～하지 않도록 | 協力(きょうりょく) 협력 | お願(ねが)いする 부탁하다

정답 1

---

04 最初は友達ができるかとても不安でしたが、_____ _____ ★ _____、すぐに友達ができました。

1 積極的に　　　　　2 みんなが
3 くれて　　　　　　4 話しかけて

단어 바르게 배열하기 ★★

문장 배열 最初は友達ができるかとても不安でしたが みんなが 積極的に 話しかけて くれて すぐに友達ができ
　　　　　2　　1　　　4　　　3
ました。

해석 처음에는 친구가 생길까 매우 불안했지만 모두가 적극적으로 말을 걸어주어서 금방 친구가 생겼습니다.

정답 찾기 4번 話しかけて(말을 걸어)와 3번 くれて(주어서)를 연결하여 누군가가 나에게 ～해 주다는 문장을 만든다. 그리고 그 앞에 말을 걸어주는 주체인 2번 みんなが(모두가)를 배열하는데, 1번 積極的に(적극적으로)는 의미상 2번과 4번 사이에 배열하여 4번을 수식하게 하고 전체적으로 나열하면 2-1-4-3이 되므로 정답은 4번이다.

> **복습 꼭!** ～てくれる((나에게) ～해 주다)

어휘 最初(さいしょ) 최초, 처음 | 友達(ともだち) 친구 | 出来(でき)る 생기다, 할 수 있다, 다 되다 | とても 매우, 대단히 | 不安(ふあん)だ 불안하다 | 積極的(せっきょくてき)に 적극적으로 | 話(はな)しかける 말을 걸다 | ～てくれる (나에게) ～해 주다 | すぐに 곧, 금방

정답 4

---

05 _____ _____ ★ _____ 猛烈な寒波が日本列島を覆っている。

1 気象庁の　　　　　2 連日
3 に反して　　　　　4 予測

단어 바르게 배열하기 ★★

문장 배열 気象庁の 予測 に反して 連日 猛烈な寒波が日
　　　　　1　　4　　3　　2
本列島を覆っている。

해석 기상청의 예측과 달리 연일 맹렬한 한파가 일본 열도를 뒤덮고 있다.

정답 찾기 3번 ～に反(はん)して(～과 달리, ～에 반해, ～와는 반대로)는 명사에 접속하여 전에 생각하고 있었던 것 또는 희망이나 기대 등과는 다른 경우나, 규칙이나 명령 등에 위반거나 하는 경우에 사용한다. 따라서 ～に反して를 기준으로 대비되는 내용이

와야 하는데 ～に反して 앞에는 주로 희망·예측·기대 등의 단어와 연결되므로 4번 予測(예측)와 연결한다. 4-1 앞에는 날씨를 예측하는 기관인 気象庁(기상청)를 배열하고 2번 連日(연일)은 내용상 마지막에 배열하여 전체적으로 나열하면 1-4-3-2가 되므로 정답은 3번이다.

> **복습 꼭!** ～に反して(～와 달리, ～에 반해, ～와는 반대로)

어휘 気象庁(きしょうちょう) 기상청 | 予測(よそく) 예측 | 連日(れんじつ) 연일, 매일 | 猛烈(もうれつ)だ 맹렬하다 | 寒波(かんぱ) 한파 | 列島(れっとう) 열도 | 覆(おお)う 덮다, 뒤덮다

정답 3

---

06 料理の本に ＿＿＿ ＿＿＿ ★ ＿＿＿ 全然おいしくできない。

1 のに　　　　2 とおりに
3 書いてある　4 作った

단어 바르게 배열하기 ★★

문장 배열 料理の本に 書いてある とおりに 作った のに 全然おいしくできない。
（3　2　4　1）

해석 요리책에 쓰여 있는 대로 만들었는데 전혀 맛있게 되지 않는다.

정답 찾기 공란 앞의 料理の本に(요리책에) 뒤에는 의미상 3번 書いてある(쓰여 있다)를 연결하여 배열하는 것이 자연스럽다. 2번 ～とおりに(～대로)는 '～와 같은 상태나 방법임'을 나타내는 표현이므로 3번 뒤에 연결하고, 그 뒤에 4번 作った(만들었다)를 배열한다. 1번 ～のに(～하는데도)는 일반적인 예상과는 반대되는 사항이 일어남을 나타내는 접속조사이므로 가장 마지막에 배열하여 공란 뒤의 내용과 대비되도록 문장을 완성하여 전체적으로 나열하면 3-2-4-1이 되어 정답은 4번이다.

> **복습 꼭!** ～とおりに(～대로)

어휘 料理(りょうり) 요리 | 本(ほん) 책 | 書(か)く 쓰다 | ～てある ～해(져) 있다 | 作(つく)る 만들다 | ～のに ～하는데도, ～인데 | 全然(ぜんぜん) 전혀 | おいしい 맛있다

정답 4

---

07 その子の話す中国語は外国人の ＿＿＿ ＿＿＿ ★ ＿＿＿ ので、きっと中国人だと思ったのですが、韓国人でした。

1 からすると　2 完璧に
3 私　　　　　4 感じた

단어 바르게 배열하기 ★★

문장 배열 その子の話す中国語は外国人の 私 からすると 完璧に 感じた ので、きっと中国人だと思ったのですが、韓国人でした。
（3　1　2　4）

해석 그 아이가 이야기하는 중국어는 외국인인 내 입장에서 보면 완벽하게 느꼈기 때문에 틀림없이 중국인이라고 생각했는데, 한국인이었습니다.

정답 찾기 1번 ～からすると는 '～의 입장에서 보면, ～의 면에서 생각하면, ～로 판단하면'이라는 의미로 어떤 입장에서 사물을 바라보고 판단·평가하는가 하는 화자의 시점을 나타낸다. 따라서 ～からすると 앞에는 말하는 사람의 시점인 3번 私(나)를 배열한다. 그리고 2번 完璧に(완벽히)는 부사이므로 4번 感じた(느꼈다)를 수식하게 연결하여 전체적으로 나열하면 3-1-2-4가 되고 정답은 2번이다.

> **복습 꼭!** ～からすると(～에서 보면, ～에서 판단하면)

어휘 話(はな)す 말하다, 이야기하다 | 中国語(ちゅうごくご) 중국어 | 外国人(がいこくじん) 외국인 | 完璧(かんぺき)に 완벽하게 | 感(かん)じる 느끼다 | ～ので ～으로, ～때문에 | きっと 꼭, 틀림없이, 반드시 | 中国人(ちゅうごくじん) 중국인 | 思(おも)う 생각하다 | 韓国人(かんこくじん) 한국인

정답 **2**

---

08 今なら ____ ★ ____ ____。

1 になれます   2 安い
3 お値段で   4 お買い

단어 바르게 배열하기 ★★

문장 배열 今なら 安い お値段で お買い になれます。
　　　　　　　2　　3　　　4　　　1

해석 지금이라면 싼 가격에 사실 수 있습니다.

정답 찾기 2번 安い(싸다)는 의미상 3번 お値段で(가격으로)와 연결한다. 그리고 お(ご)+동사 ます형(한자어)+になる(하시다)의 존경어 공식을 사용해서 4번 お買いに와 1번 なれる를 연결하여 사실 수 있다는 문장으로 완성하여 전체적으로 나열하면 2-3-4-1이 되고 정답은 3번이다.

> 복습 꼭! お(ご)+동사 ます형(한자어)+～になる(～하시다)

어휘 今(いま) 지금 | ～なら ～이면, ～하면 | 安(やす)い 싸다 | 値段(ねだん) 가격 | 買(か)う 사다

정답 **3**

셋째마당 │ 총정리 적 중 예상 문제 ②

문제 다음 문장의 (　　)에 들어갈 가장 알맞은 말을 1・2・3・4 중에서 하나를 고르세요.

---

01 お忙しい(　　)手伝っていただき、本当にありがとうございます。

1 上で   2 末に
3 度に   4 中を

의미적 호응관계 파악하기 ★★

해석 바쁘신 **(중에)** 도와주셔서 정말 감사드립니다.

정답 찾기 바쁜 중에서도 도와주셔서 상대방에게 감사를 드리는 내용이므로 정답은 어떤 상태나 현상이 진행되는 가운데라는 의미를 나타내는 4번 ～中(なか)을(～속을, ～중에)이다.

오답 분석 1번 上(うえ)で(～하고 나서, ～한 후에)와 2번 末(すえ)に(～한 끝에)는 동사의 ～た형과 명사+の의 형태에 접속하고, 3번 ～度(たび)に(～때마다)는 동사의 기본형과 명사+の의 형태에 접속하는 표현이므로 접속 형태상으로도 의미적으로도 정답이 아니다.

> 복습 꼭! ～中を(～속을, ～중에)

어휘 忙(いそが)しい 바쁘다 | 手伝(てつだ)う 도와주다 | ～ていただく ～해 주시다 | 本当(ほんとう)に 정말로

정답 **4**

---

02 彼の年齢(　　)、結婚して子供がいてもおかしくない。

문법적 호응관계 파악하기 ★★

해석 그의 연령(**으로 보면**) 결혼해서 아이가 있다고 해도 이상하지 않다.

1 から言うと	2 からといって
3 からには	4 からこそ

정답 찾기 공란 앞의 年齢(연령)에 접속할 수 있는 것은 1번 ~から言うと(~로 보면) 밖에 없다. ~から言うと는 말하는 사람의 시점에서 판단하여 어떠한지를 말할 때 사용하는 표현이다.

오답 분석 2번 ~からといって(~라고 해서)와 4번 ~からこそ(~이기 때문에, ~이기에)는 명사에 접속할 때 보통형에 접속하고, 3번 ~からには(~한 이상은)는 명사에 접속할 때 명사+である의 형태로 접속하므로 접속 형태상 정답이 될 수 없다.

복습 꼭! ~から言うと・~から言えば・~から言って
(~로 보면, ~에서 판단하면)

어휘 年齢(ねんれい) 연령 | 結婚(けっこん)する 결혼하다 | 子供(こども) 아이, 자식 | おかしい 우습다, 이상하다
정답 1

---

03 全世界で感染症COVID-19で亡くなった人の
数が、今日（　　　　）200万人を超えた。

1 勢いで	2 上で
3 現在で	4 限りでは

문법적 호응관계 파악하기 ★★

해석 전세계에서 감염병 COVID-19로 죽은 사람의 수가 오늘 **(현재)** 200만 명을 넘었다.

정답 찾기 선택지 가운데 공란 앞의 今日(오늘)에 접속할 수 있는 것은 3번 ~現在(げんざい)で(~현재, ~시점으로)밖에 없다. ~現在で는 어떤 상황이나 상태를 어떤 시점으로 구분하여 나타낼 때 사용하는 표현이다.

오답 분석 1번 勢(いきお)いで(~기세로)와 2번 上(うえ)で(~하고 나서, ~한 후에), 4번 ~限(かぎ)りでは(~한 바로는)는 명사에 접속할 때 명사+の의 형태로 접속하는 표현이므로 접속 형태상 정답이 아니다.

복습 꼭! ~現在で(~현재, ~시점으로)

어휘 全世界(ぜんせかい) 전세계 | 感染症(かんせんしょう) 감염증, 감염병 | 亡(な)くなる 죽다, 돌아가시다 | 数(かず) 수 | 今日(きょう) 오늘 | 超(こ)える 넘다, 초과하다, 초월하다
정답 3

---

04 仕事の関係（　　　　）、月末は非常に忙しく
て休めません。

1 上	2 際
3 中	4 末

의미적 호응관계 파악하기 ★★

해석 직업 관계**(상)** 월말은 몹시 바빠서 쉴 수 없습니다.

정답 찾기 내용상 정답은 1번 上(じょう)(~상)이다. 명사+上는 추상명사에 접속하여 '~의 방면에서, ~의 관점에서 보면'이라는 의미로 무언가를 판단할 때 사용한다.

오답 분석 2번 ~際(さい)(~때)와 4번 ~末(すえ)(~한 끝에)는 명사에 접속할 때 명사+の의 형태로 접속하므로 접속 형태상 정답에서 제외한다. 3번 ~中(なか)(~중)는 시간적이나 공간적으로 그 범위 안에 있음, 지금 그 상태에 있음, 진행 중임을 나타내므로 의미상 호응하지 않는다.

복습 꼭! ~上(~상)

어휘 仕事(しごと) 일, 직업 | 関係(かんけい) 관계 | 月末(げつまつ) 월말 | 非常(ひじょう)に 몹시, 대단히, 매우 | 忙(いそが)しい 바쁘다 | 休(やす)む 쉬다
정답 1

05 漢字は書くのが難しい（　　　）、読むのも
難しいです。

1 あまりに　　　　　　　2 だけでなく
3 おかげで　　　　　　　4 ついでに

의미적 호응관계 파악하기 ★★

해석 한자는 쓰는 것이 어려울 **(뿐만 아니라)** 읽는 것도 어렵습니다.

정답 찾기 문맥상 공란 앞에 있는 難しい(어렵다) 뒤에 연결되는 것은 첨가의 표현인 2번 〜だけでなく(〜뿐만 아니라)이다.

오답 분석 1번 あまりに(너무 〜한 나머지)와 4번 ついでに(〜하는 김에)는 명사+の와 동사 기본형과 〜た형에 접속하는 표현으로 접속 형태상 정답에서 제외한다. 3번 おかげで(〜덕택에, 〜덕분에)는 뒤의 좋은 결과가 바로 앞의 내용 덕분임을 나타내는 표현으로 의미상 정답이 아니다.

> **복습 꾁!** 〜だけで(は)なく(〜뿐(만)이 아니라)

어휘 漢字(かんじ) 한자 | 書(か)く 쓰다 | 難(むずか)しい 어렵다 | 読(よ)む 읽다

정답 2

---

06 ご結婚おめでとうございます。心より
（　　　）。

1 お願い申し上げます
2 お祝い申し上げます
3 お詫び申し上げます
4 お祈り申し上げます

의미적 호응관계 파악하기 ★★

해석 결혼 축하드립니다. 진심으로 **(축하드립니다).**

정답 찾기 결혼을 축하하는 것이므로 정답은 2번 お祝い申し上げます(축하드립니다)이다. 자신의 행위에 대해 정중하게 말하는 겸양표현인 お(ご)+ 동사 ます형(명사)+ 申(もう)し上(あ)げる(〜해 드리다, 〜하다)는 お(ご)+동사 ます형(한자어)+する(いた)す(〜하다, 〜해드리다)보다 더 정중한 표현으로, 주로 의뢰·전달·축하·사죄 등을 나타내는 말에 접속되어 상대에게 그 뜻을 전하는 표현이다.

오답 분석 1번 お願い申し上げます(부탁드립니다), 3번 お詫び申し上げます(사과드립니다), 4번 お祈り申し上げます(기도드립니다)는 의미상 호응하지 않는다.

> **복습 꾁!** お(ご)+ 동사 ます형(명사)+ 申(もう)し上(あ)げる
> (〜해 드리다, 〜하다)

어휘 結婚(けっこん) 결혼 | 心(こころ) 마음 | 願(ねが)い 바람, 소망 | 祝(いわ)い 축하 | 詫(わ)び 사과, 사죄 | 祈(いの)り 기원, 기도 | 申(もう)し上(あ)げる 말씀드리다 (言う의 겸양어)

정답 2

---

07 すぐに取りに来ますから、ここに少し荷物
を（　　　）。

1 お置きになってください
2 お置きにしてください
3 置かせてください
4 置かれてください

의미적 호응관계 파악하기 ★★

해석 금방 가지러 올 테니까, 여기에 좀 짐을 **(두게 해주세요).**

정답 찾기 짐을 두게 해달라고 부탁하는 것이므로 정답은 자신의 행위에 대해서 허가를 청할 때 사용하는 표현인 3번 置かせてください(두게 해주세요)이다.

오답 분석 1번 お置きになってください(두어 주십시오)와 4번 置かれてください(두어 주십시오)는 상대를 높이는 존경어의 의뢰표현이므로 정답이 아니고 2번은 비문법적이다.

> **복습 꾁!** 〜(さ)せてください(〜하게 해 주세요)

어휘 すぐに 곧, 즉시, 금방 | 取(と)りに来(く)る 가지러 오다 | 少(すこ)し 조금, 좀, 약간 | 荷物(にもつ) 짐 | 置(お)く 놓다, 두다

정답 3

08 A「これを10個、注文します。」
 B「ありがとうございます。たしかに（　　　）。」

　1 拝借しました　　　　2 まいりました
　3 致しました　　　　　4 うけたまわりました

의미적 호응관계 파악하기 ★★

해석 A: 이것을 10개 주문합니다.
　　　B: 감사합니다. 확실히 주문 **(받았습니다)**.

정답 찾기 손님에게 주문을 잘 받았다고 확인해주는 것이므로 정답은 4번 うけたまわりました(받았습니다)이다.

오답 분석 1번 拝借しました (빌렸습니다), 2번 まいりました (왔습니다, 갔습니다), 3번 致しました(했습니다)는 의미상 호응하지 않는다.

> **복습 꾁!** うけたまわる(삼가 받다) [受ける・聞く・伝え聞く・引き受ける・承諾する의 특수 겸양어]

어휘 ～個(こ) ～개 ｜ 注文(ちゅうもん) 주문 ｜ たしかに 분명히, 확실히, 틀림없이, 아마 ｜ 拝借(はいしゃく)する 삼가 빌려 씀 [借りる의 특수 겸양어] ｜ 参(まい)る 가다. 오다 [行く・来る의 특수 겸양어] ｜ 致(いた)す 하다 [する의 특수 겸양어]

정답 4

문제 다음 문장의 ＿＿ ★ 에 들어갈 가장 알맞은 말을 1·2·3·4 중에서 하나를 고르세요.

01 人の ＿＿＿ ＿＿＿ ★ ＿＿＿ 、あの人たちはずいぶん暇そうにみえる。

　1 ばかり　　　　　　2 なんて
　3 うわさ話　　　　　4 している

단어 바르게 배열하기 ★★

문장 배열 人の うわさ話 ばかり している なんて あの人
　　　　　　　　　 3　　　 1　 4　　　　 2
たちはずいぶん暇そうにみえる。

해석 다른 사람의 이야기만 하고 있다니, 저 사람들은 너무 한가한 듯하다.

정답 찾기 선택지를 보고 3번 うわさ話(남의 이야기), 1번 ばかり (～만, ～뿐), 4번 している(하고 있다)를 연결하여 명사+ばかりしている(～만 하고 있다)의 형태를 만든다. 2번 ～なんて(～다니)는 앞의 내용을 받아 의외·놀람·비판의 뜻을 나타내는 표현으로 문맥상 가장 뒤에 배열하여 전체적으로 나열하면 3-1-4-2가 되므로 정답은 4번이다.

> **복습 꾁!** ～ばかりしている ～만 하고 있다 ｜ ～なんて(～등, ～따위, ～같은 것, ～라는, ～다니)

어휘 うわさ話(ばなし) 남의 이야기 ｜ ずいぶん 매우 심함, 너무함 ｜ 暇(ひま) 한가함

정답 4

---

02 流れ星が ＿＿＿ ＿＿＿ ★ ＿＿＿ 叶うと言われています。

　1 うちに　　　　　　2 そのお願いは
　3 お願いをすると　　4 見えている

단어 바르게 배열하기 ★★

문장 배열 流れ星が 見えている うちに お願いをすると
　　　　　　　　　　　　 4　　　 1　　　 3
そのお願いは 叶うと言われています。
　　 2

해석 별똥별이 보이는 동안에 소원을 빌면 그 소원은 이루어진다고 합니다.

정답 찾기 선택지 가운데 공란 앞의 流れ星が(별똥별이) 뒤에는 4번 見えている(보이다)가 연결되는 것이 적절하다. 그리고 공란 뒤에 叶う(이루어지다)가 있으므로 의미상 그 앞에는 2번 そのお願

いは(그 소원은)를 배열한다. 그리고 문맥상 4번 뒤에 1번 ～うちに(～하는 동안에)를 그 뒤에 3번 お願いすると(소원을 빌면)을 배열하여 전체적으로 나열하면 4-1-3-2가 되고 정답은 3번이다.

> **복습 꼭!** ～うちに(～하는 동안에)

어휘 流(なが)れ星(ぼし) 별똥별 | 見(み)える 보이다 | お願(ねが)い 바람, 소망, 소원 | 叶(かな)う 이루어지다 | 言(い)う 말하다

정답 3

---

03 今日は彼女の誕生日。＿＿＿ ＿＿＿ ★
＿＿＿ 困ってしまう。

1 緊急の仕事が   2 こんな日に
3 限って   4 入って

단어 바르게 배열하기 ★★

문장 배열 今日は彼女の誕生日。こんな日に 限って
　　　　　　　　　　　　　　　　　2

緊急の仕事が 入って 困ってしまう。
　3　　　　　　1　　　4

해석 오늘은 그녀의 생일. 꼭 이런 날에만 긴급한 일이 생겨서 난처해진다.

정답 찾기 2번 こんな日に(이런 날에)와 3번 限って(한해서)를 연결하여 ～に限って(～만은, ～에 한하여)의 문형을 만든다. ～に限っては 특별히 그 경우에만 좋지 못한 상황이 되어 불만스럽다는 뉘앙스의 표현이다. 그리고 내용상 그 뒤에 1번 緊急の仕事が(긴급한 일이)와 4번 入って(들어와서)를 연결하여 전체적으로 나열하면 2-3-1-4가 되므로 정답은 1번이다.

> **복습 꼭!** ～に限って(～만은, ～에 한하여)

어휘 誕生日(たんじょうび) 생일 | 緊急(きんきゅう) 긴급 | 仕事(しごと) 일, 직업 | 入(はい)る 들어가(오)다 | 困(こま)る 곤란하다, 난처해지다

정답 1

---

04 彼のような＿＿＿ ＿＿＿ ★ ＿＿＿ だった。

1 最大の幸運   2 人生における
3 すばらしい人に   4 出会えたのは

단어 바르게 배열하기 ★★

문장 배열 彼のような すばらしい人に 出会えたのは
　　　　　　　　　　　　3　　　　　　4

人生における 最大の幸運 だった。
　　2　　　　　1

해석 그와 같은 멋진 사람을 만날 수 있었던 것은 인생에서 가장 큰 행운이었다.

정답 찾기 4번 出会えたのは(만날 수 있었던 것은)는 앞에 조사 ～に를 취하므로 3번 すばらしい人に(멋진 사람을)를 연결한다. 2번 人生における(인생에서)는 뒤에 명사와 연결되어 수식하므로 1번 最大の幸運(최대의 행운)과 연결하여 전체적으로 나열하면 3-4-2-1이 되고 정답은 2번이다.

> **복습 꼭!** ～において・～における(～에서, ～에서의)

어휘 素晴(すば)らしい 매우 훌륭하다, 멋있다 | 出会(であ)う 만나다, 마주치다 | 人生(じんせい) 인생 | 最大(さいだい) 최대 | 幸運(こううん) 행운

정답 2

05 オリンピック選手 ＿＿ ＿＿ ★ ＿＿
ような結果を残したい。

1 からには
2 恥ずかしくない
3 として
4 選ばれた

단어 바르게 배열하기 ★★

문장 배열 オリンピック選手 として 選ばれた からには

恥ずかしくない ような結果を残したい。

해석 올림픽 선수로 뽑힌 이상은 부끄럽지 않은 결과를 남기고 싶다.

정답 찾기 공란 앞의 選手(선수) 뒤에는 3번 〜として(〜로서)와 4번 選ばれた(뽑혔다)를 연결하여 선수로서 뽑혔다는 문장을 완성한다. 〜としては 명사에 접속하여 입장·자격·명목·부류를 나타내며 뒤에 접속되는 말에 어떤 의미나 가치를 부여하는 표현이다. 1번 〜からには(〜한 이상은)는 이유를 들어 의지나 판단·희망 등을 나타내는 표현이므로 3-4번 뒤에 배열하고 2번 恥ずかしくない(부끄럽지 않다)를 그 뒤에 배열하여 앞의 내용을 이유로 뒤의 희망을 나타내는 문장으로 완성하여 전체적으로 나열하면 3-4-1-2가 되므로 정답은 1번이다.

복습 꼭! 〜として(〜로서)

어휘 オリンピック 올림픽 | 選手(せんしゅ) 선수 | 選(えら)ぶ 고르다, 뽑다 | 〜からには 〜한 이상은 | 恥(は)ずかしい 부끄럽다, 창피하다 | 結果(けっか) 결과 | 残(のこ)す 남기다

정답 1

---

06 彼は知らない人には ＿＿ ＿＿ ★
＿＿ ととても優しい。

1 厳しい
2 親しくなる
3 代わりに
4 一度

단어 바르게 배열하기 ★★

문장 배열 彼は知らない人には 厳しい 代わりに 一度

親しくなる ととても優しい。

해석 그는 모르는 사람에게는 엄한 반면 한번 친해지면 매우 다정하다.

정답 찾기 3번 代(か)わりに(〜대신에)는 '〜인 반면'이라는 대비의 의미로 사용되는 경우도 있다. 따라서 〜代わりに를 기준으로 공란 전후에 있는 내용과 선택지를 살펴보면 모르는 사람에게는 엄한 반면 친한 사람에게는 다정하다는 문장을 만들 수 있다. 따라서 1번 厳しい(엄하다)와 3번을 연결하고 뒤에 대비가 되는 4번 一度(한번)과 2번 親しくなる(친해지다)를 연결하여 전체적으로 나열하면 1-3-4-2가 되고 정답은 4번이다.

복습 꼭! 〜代わりに(〜대신에)

어휘 知(し)らない 모르다 | 厳(きび)しい 엄하다, 심하다, 혹독하다 | 一度(いちど) 한 번 | 親(した)しくなる 친해지다 | とても 매우 | 優(やさ)しい 상냥하다, 다정하다

정답 4

---

07 お客様が ＿＿ ＿＿ ★ ＿＿ です。

1 のは
2 なさる
3 5時ごろの予定
4 ご到着

단어 바르게 배열하기 ★★

문장 배열 お客様が ご到着 なさる のは 5時ごろの予定
です。

해석 손님이 도착하시는 것은 5시경의 예정입니다.

정답 찾기 제시된 선택지를 보고 존경어 공식인 お(ご)+ な형용사 어간/명사 + なさる(〜하시다)를 활용하여 4번 ご到着(도착)와 2번

なさる(하시다)를 연결한다. 그리고 뒤에 1번 のは(것은)와 3번 5時 ごろの予定(5시경의 예정)을 연결하여 손님이 도착하시는 시간을 나타내고 이를 전체적으로 나열하면 4-2-1-3이 되므로 정답은 1번 이다.

> 복습 꽉! お(ご)+ な형용사 어간/명사 + なさる(〜하시다)

어휘 お客様(きゃくさま) 손님 | 到着(とうちゃく) 도착 | 予定 (よてい) 예정

정답 1

---

08 ご自分のシートベルトが ＿＿＿ ＿＿＿ ★
＿＿＿ 。

1 正しく　　　　　　**2** お確かめ

3 願います　　　　　　**4** 締まっているか

단어 바르게 배열하기 ★★

문장 배열 ご自分のシートベルトが <u>正しく</u> <u>締っているか</u>
　　　　　　　　　　　　　　　　1　　　　4
<u>お確かめ</u> <u>願います</u>。
　2　　　3

해석 자신의 안전벨트가 바르게 채워져 있는지 확인을 부탁드립니다.

정답 찾기 윗사람에게 부탁을 할 때 사용하는 표현인 お(ご)+ 동사 ます형(한자어)+ 願(ねが)う(〜을 부탁드리다)를 활용하여 2번 お 確かめ(확인)와 3번 願います(부탁드립니다)를 연결하여 문말에 배열한다. 1번 正しく(바르게)는 동사를 수식하게 되므로 4번 締っ ているか(죄어 있는지)와 연결하여 전체적으로 나열하면 1-4-2-3 이 되고 정답은 2번이다.

> 복습 꽉! お(ご)+ 동사 ます형(한자어)+ 願(ねが)う(〜을 부 탁드리다)

어휘 自分(じぶん) 자기 자신 | シートベルト 안전벨트 | 正(ただ) しく 바르게 | 締(しま)る 단단하게 죄이다 | 確(たし)かめる 확인하다

정답 2

셋째마당 │ 총정리 적중 예상 문제 ③

> 문제 다음 문장의 (　　)에 들어갈 가장 알맞은 말을 1·2·3·4 중에서 하나를 고르세요.

01 本サイトではニックネームとメールを登録 する(　　)、会員になれます。

1 つもりで　　　　　　**2** かぎりで

3 ところで　　　　　　**4** だけで

의미적 호응관계 파악하기 ★★

해석 본 사이트에서는 닉네임과 메일을 등록하는 것(만으로) 회원 이 될 수 있습니다.

정답 찾기 닉네임과 메일만 등록하면 회원이 될 수 있다는 것이므 로 정답은 4번 だけで(〜만으로)이다. 〜だけでは '〜가 있으면 충 분하고 그 이외의 것은 필요 없다'는 한정의 표현이다.

오답 분석 시간이나 기한을 한정하는 표현인 2번 〜かぎりで(〜 까지로)는 명사에. 3번 〜ところで(〜해 보았자, 〜한다 해도)는 동 사의 〜た형에 접속하는 표현이므로 접속 형태상 정답에서 제외한 다. 1번 〜つもりで(생각으로)는 강한 생각이나 의지·결의 등을 갖고 무언가를 하는 것을 나타내므로 의미상 호응하지 않는다.

> 복습 꽉! 〜だけで(〜만으로, 〜뿐으로)

어휘 本(ほん)サイト 본 사이트 | ニックネーム 닉네임, 별명 | メール 메일 | 登録(とうろく)する 등록하다 | 会員(かいいん) 회원
정답 4

---

02 私の誕生日はパスポートの(　　　)12月ですが、実際は1月です。

1 中では　　　　　　2 もとでは

3 途中では　　　　　4 上では

의미적 호응관계 파악하기 ★★

해석 제 생일은 여권(**상으로는**) 12월이지만, 실제는 1월입니다.

정답 찾기 여권상의 생일과 실제의 생일이 다르다는 것이므로 정답은 4번 ～上では(～상으로는)이다. 명사에 접속할 때는 上(じょう)로 읽고, 명사+の의 형태로 접속할 때는 上(うえ)では로 읽는 것에 주의한다.

오답 분석 1번 ～中(なか)では(～중에서는)와 2번 ～もとでは(～소재로는)와 3번 ～途中(とちゅう)では(～도중에서는)는 문맥상 의미적으로 호응하지 않는다.

복습 꼭! 명사+上(～상) / 명사+の上で(は)(～상으로(는))

어휘 誕生日(たんじょうび) 생일 | パスポート 패스포트, 여권 | 実際(じっさい) 실제
정답 4

---

03 さんまやさば(　　　)背中が青い魚は、体にいい脂が多く含まれています。

1 とでは　　　　　　2 といった

3 としても　　　　　4 とかで

의미적 호응관계 파악하기 ★★

해석 꽁치나 고등어 (**같은**) 등 푸른 생선은 몸에 좋은 지방이 많이 포함되어 있습니다.

정답 찾기 등 푸른 생선의 예를 공란 앞에 들어 이야기하고 있으므로 정답은 2번 ～といった(～와 같은)이다. ～といった는 예를 들 때 사용하는 표현으로 주로 '명사+～や(とか)+명사+といった+명사'의 형태로 사용하는 경우가 많다.

오답 분석 3번 ～としても(～라고 해도, ～로서도)는 명사에 접속할 때 명사+である의 형태로 4번 ～とかで(～인가로)는 명사에 접속할 때 보통형에 접속하므로 접속 형태상 정답에서 제외한다. 1번 ～とでは(～와는)는 두 개의 대상을 비교하는 표현으로 의미상 정답이 아니다.

복습 꼭! ～といった(～와 같은, ～라는)

어휘 さんま 꽁치 | さば 고등어 | 背中(せなか) 등 | 青(あお)い 푸르다 | 魚(さかな) 생선 | 体(からだ) 몸 | 脂(あぶら) (동물의) 지방, 기름기 | 多(おお)く 많이 | 含(ふく)まれる 포함되다
정답 2

---

04 食べても太らない(　　　)、私からすると夢のような話です。

1 おかげで　　　　　2 ことで

3 なんて　　　　　　4 ままで

의미적 호응관계 파악하기 ★★

해석 먹어도 살찌지 않는(**다니**), 제 입장에서 보면 꿈같은 이야기입니다.

정답 찾기 공란 앞의 내용이 꿈같은 이야기라는 것이므로, 놀람·화남·슬픔·경멸·의외 등의 감정을 나타내는 표현인 3번 ～なんて(～라니)가 정답이다.

오답 분석 2번 ～ことで(～에 관해서, ～일로)는 명사+の의 형태로 명사에 접속하는 표현이므로 정답에서 제외한다. 1번 ～おかげで(～덕분에)는 뒤의 좋은 결과가 앞의 내용 덕분임을 나타내는 표현, 4번 ～ままで(～대로)는 같은 상태가 변하지 않고 계속되는 것을 나타내는 표현으로 문맥상 호응하지 않는다.

복습 꾁| ~なんて(~능, 따위, ~같은 것, ~라는, ~라니, ~다니)

어휘 食(た)べる 먹다 | 太(ふと)る 살찌다 | ~からすると ~에서 보면, ~에서 판단하면 | 夢(ゆめ) 꿈 | ~ような ~같은 | 話(はなし) 이야기

정답 3

---

05 検査はしていないが、症状（　　　）、イン
フルエンザだろうと言われた。

1 か何かで　　　　　　2 だけあって
3 次第で　　　　　　　4 から見て

의미적 호응관계 파악하기 ★★

해석 검사는 하지 않았지만 증상(으로 보면) 독감일 것이라고 했다.

정답 찾기 증상으로 보면 독감일 것이라는 것이므로 정답은 4번 ~から見(み)て(~에서 보면)이다. ~から見て는 그 입장이나 관점에서 또는 그것에 주목해서 생각하면 어떤지를 말하는 표현이다.

오답 분석 1번 ~か何(なに)かで(~이나 뭔가)는 '~또는~'라는 의미로 앞에 접속된 것과 비슷한 것을 나타내고, 2번 ~だけあって(~인 만큼, ~답게)는 그 신분이나 능력에 걸맞게 라는 의미, 3번 ~次第(しだい)で(~나름으로)는 ~에 따라 어떤 사항이 결정된다고 말할 때 사용하는 표현으로 문맥상 호응하지 않는다.

복습 꾁| ~から見ると・~から見れば・~から見て(~에서 보면)

어휘 検査(けんさ) 검사 | 症状(しょうじょう) 증상 | インフルエンザ 독감

정답 4

---

06 家へ帰る（　　　）、事故に遭ってしまいま
した。

1 途中で　　　　　　　2 勢いで
3 中で　　　　　　　　4 次第で

의미적 호응관계 파악하기 ★★

해석 집에 돌아오는 (도중에) 사고를 당해버렸습니다.

정답 찾기 집에 돌아오는 길에 사고를 당했다는 것이므로 정답은 동작이나 사건이 시작되고 나서 끝날 때까지의 사이를 나타내는 1번 ~途中(とちゅう)で(~도중에)이다.

오답 분석 4번 ~次第(しだい)で(~하는 대로, ~하면 바로)는 문장 중간에 쓰이면 동사 ます형에 접속하는 표현이므로 접속 형태상 정답에서 제외한다. 2번 ~勢いで(~기세로)는 그 상황의 ~한 기운・기세・분위기를 나타내는 표현, 3번 ~中(なか)で(~속에서, ~중에서)는 범위를 나타내는 표현으로 문맥상 정답이 아니다.

복습 꾁| ~途中に・~途中で(~도중에)

어휘 帰(かえ)る 돌아가(오)다 | 事故(じこ)に遭(あ)う 사고를 당하다 | ~てしまう ~해 버리다

정답 1

---

07 あの時の言葉の本当の意味が、今に（　　　）
ようやく分かった。

1 つけて　　　　　　　2 して
3 よって　　　　　　　4 あたって

의미적 호응관계 파악하기 ★★

해석 그때의 말의 진짜 의미를 이제 (와서) 겨우 알게 되었다.

정답 찾기 그때 들었던 말의 진짜 의미를 지금이 되어서야 겨우 알게 되었다는 것이므로 정답은 2번 ~にして(~가 되어서)이다. ~にして는 시간・연령・횟수 등을 나타내는 명사에 접속하면 어떤 단계에 이른 것을 나타낸다. 뒤에는 어떤 것을 실현・성립・발견・

이해 등을 했다는 내용이 오고 ようやく(겨우, 간신히), やっと(겨우, 간신히) 등과 호응하는 경우가 많다.

오답 분석 1번 ～につけて(～할 때마다)는 동사의 기본형에 접속하는 표현이므로 접속 형태상 정답에서 제외한다. 3번 ～によって(～에 따라)는 앞의 내용에 따라 뒤의 사항이 달라짐을 나타낼 때 사용하는 표현이고 4번 ～にあたって(～할 때에)는 무언가를 해야하는 특별한 기회와 상황을 나타내는 표현으로 의미적으로 호응하지 않는다.

복습 꼭! 명사+ ～にして(～가 되어서, ～면서, ～도)

어휘 言葉(ことば) 말, 언어 | 本当(ほんとう) 사실, 진실, 진짜임 | 意味(いみ) 의미 | 今(いま) 지금 | ようやく 차츰, 차차, 겨우, 가까스로 | 分(わ)かる 알다, 이해하다

정답 2

---

08 だいたい理解できましたが、念のためもう
一度（　　　）。

1 説明していただけますか
2 説明させていただけますか
3 説明されていただけますか
4 説明させられていただけますか

접속 형태 파악하기 ★★

해석 대충 이해했습니다만, 확인을 위해서 다시 한번 **(설명해 주실 수 있겠습니까)**?

정답 찾기 상대에게 한 번 더 설명해 달라고 부탁을 하는 내용이므로 정답은 1번 説明していただけますか(설명해 주실 수 있습니까)이다. ～ていただく는 직역을 하면 자신이 상대로부터 '～해 받다'이지만, 상대가 자신에게 ～해 주(시)다로 해석하는 편이 자연스러운 경우가 많다.

오답 분석 2번 ～させていただけますか(～해도 되겠습니까)는 자신의 행위를 낮추어 상대에게 부탁하는 표현이므로 정답이 아니고 3번 されていただけますか와 4번 させられていただけますか는 비문법적이다.

복습 꼭! ～ていただく(～해 받다, (～가) ～해 주다)

어휘 大体(だいたい) 대개, 대충, 거의 | 理解(りかい) 이해 | 念(ねん)のため 만약을 위해, 확인하기 위하여 | もう一度(いちど) 다시 한번 | 説明(せつめい)する 설명하다

정답 1

문제) 다음 문장의 ＿＿＿ ★ 에 들어갈 가장 알맞은 말을 1·2·3·4 중에서 하나를 고르세요.

---

01 国のためにと ＿＿ ＿＿ ★ ＿＿。

1 政治家 　　　　　2 信じられない
3 言っているけど 　4 なんか

단어 바르게 배열하기 ★★

문장 배열 国のためにと 言っているけど 政治家 なんか
　　　　　　　　　　　　　　3　　　　1　　4
信じられない。
　2

해석 나라를 위해서라고 말하고 있지만 정치가 따위 믿을 수 없다.

정답 찾기 공란 앞의 ～と(～라고) 뒤에는 3번 言っているけど (말하고 있지만)를 연결하여 ～と言う(～라고 말하다)의 문형을 만든다. 4번의 ～なんか(～같은 것)은 명사에 접속하여 타인이나 대상에 대한 비난·경멸·경시 등의 의미를 나타낼 수 있으므로 1번 政治家(정치가)와 연결하고, 술어가 되는 2번 信じられない(믿을 수 없다)를 가장 마지막에 배열하여 전체적으로 나열하면 3-1-4-2 가 되므로 정답은 4번이다.

> **복습 꼭!** ～なんか·～など·～なんて(～등, 따위, ～같은 것, ～라는, ～다니)

어휘 国(くに) 나라, 국가 | ～ために ～위해서, ～때문에 | ～と言 (い)う ～라고 말하다 | ～けど ～지만, ～는데 | 政治家(せいじか) 정치가 | 信(しん)じる 믿다

정답 4

---

02 田中先生は ＿＿ ＿＿ ★ ＿＿、情の 厚い人としても有名だった。

1 として 　　　2 腕がいい
3 医者 　　　　4 だけでなく

단어 바르게 배열하기 ★★

문장 배열 田中先生は 医者 として 腕がいい だけでなく
　　　　　　　　　　　3　　1　　　2　　　　4
情の厚い人としても有名だった。

해석 다나카 선생님은 의사로서 실력이 좋을 뿐만 아니라 정이 많은 사람로도 유명했다.

정답 찾기 1번 ～として(～로서)는 명사에 접속하여 입장·자격·명목·부류 등을 나타내므로 1번 앞에는 3번 医者(의사)를 연결하고 내용상 1번 뒤에 2번 腕がいい(실력이 좋다)를 연결한다. 4번 ～だけでなく(～뿐만 아니라)는 앞의 내용뿐만 아니라 뒤의 내용도 ～하다는 첨가의 표현이므로 공란 제일 마지막에 배열하여 앞 내용에 뒤의 내용을 첨가하는 문장을 만든다. 이를 전체적으로 나열하면 3-1-2-4가 되고 정답은 2번이다.

> **복습 꼭!** ～だけでなく(～뿐만 아니라)

어휘 医者(いしゃ) 의사 | ～として ～로서의 | 腕(うで)がいい 솜씨(실력)이 좋다 | 情(じょう) 정 | 厚(あつ)い 두껍다, 두텁다, 후하다 | ～としても ～로서도 | 有名(ゆうめい) 유명

정답 2

---

03 奨学金は成績 ＿＿ ＿＿ ★ ＿＿選考 のポイントになる。

1 活動も 　　　　　2 部活やボランティア
3 などの 　　　　　4 のみならず

단어 바르게 배열하기 ★★

문장 배열 奨学金は成績 のみならず 部活やボランティア
　　　　　　　　　　　　　　4　　　　　2
などの 活動も 選考のポイントになる。
　3　　1

해석 장학금은 성적뿐만 아니라 클럽활동이나 자원봉사 같은 활동도 전형 포인트가 된다.

정답 찾기 4번 ~のみならず(~뿐만 아니라)는 앞의 내용뿐 아니라 뒤의 내용도 ~하다는 첨가의 표현이므로 공란 앞의 成績(성적) 뒤에 배열하여 뒤의 내용과 연결한다. 1번 活動も(활동도)의 예가 되는 2번 部活やボランティア(클럽활동이나 자원봉사)와 3번 など(등의)를 연결하여 1번 앞에 배열한 후 전체적으로 나열하면 4-2-3-1이 되고 정답은 3번이다.

복습 꼭! ~のみならず(~뿐만 아니라)

어휘 奨学金(しょうがくきん) 장학금 | 成績(せいせき) 성적 | 部活(ぶかつ) 클럽활동 | ボランティア 자원봉사 | ~など ~등, ~따위 | 活動(かつどう) 활동 | 選考(せんこう) 전형 | ポイント 포인트, 득점, 점수

정답 3

---

04 先月電子レンジを買ったが、＿＿＿ ＿＿＿
＿＿＿ ★ ＿＿＿。

1 うちに　　　　　　2 壊れてしまった

3 使わない　　　　　4 いくらも

단어 바르게 배열하기 ★★

문장 배열 先月電子レンジを買ったが いくらも 使わない
　　　　　　　　　　　　　　　　　　4　　　　3
うちに 壊れてしまった。
　1　　　　　2

해석 지난달에 전자레인지를 샀는데 얼마 사용하지 않는 동안에 고장이 나버렸다.

정답 찾기 4번 いくらも(얼마)는 뒤에 ~ない형을 취해 '얼마 ~하지 않다'는 의미가 되므로 4번과 3번 使わない(사용하지 않다)를 연결하고, 내용상 그 뒤에 1번 ~うちに(~하는 동안에)를 배열한다. 2번 壊れてしまった(고장 나버렸다)는 가장 뒤에 배열하여 전체적으로 나열하면 4-3-1-2가 되고 정답은 1번이다.

복습 꼭! ~うちに(~하는 동안에)

어휘 先月(せんげつ) 지난달 | 電子(でんし)レンジ 전자레인지 | 買(か)う 사다 | いくらも ~ない 얼마 ~않다 | 壊(こわ)れる 깨지다, 고장 나다

정답 1

---

05 A「夏休みにフィリピンへ語学留学しようと
思ってるんだけどどう思う。」

B「いいと思うよ。でも、僕の＿＿＿ ＿＿＿
＿＿＿ ★ ＿＿＿ ほうがいいよ。」

1 基本的な文法や単語は

2 復習しておいた

3 留学前に

4 経験からすると

단어 바르게 배열하기 ★★

문장 배열 いいと思うよ。でも、僕の 経験からすると
　　　　　　　　　　　　　　　　　　　　　4
留学前に 基本的な文法や単語は 復習しておいた ほうが
　3　　　　　1　　　　　　　　2
いいよ。

해석 A: 여름 방학에 필리핀으로 어학 공부를 하러 가려고 생각하는데 어떻게 생각해?
B: 좋다고 생각해. 그런데 내 경험으로 보면 유학 전에 기본적인 문법이나 단어는 복습해 두는 게 좋아.

정답 찾기 4번 経験からすると(경험으로 보면)는 말하는 사람의 시점에서 판단하여 어떠한지를 말하는 표현이므로 공란 앞의 僕の(나의) 뒤에 배열한다. 그리고 공란 뒤의 ほうがいい(편이 좋다)는 ~た형에 접속하므로 마지막 공란에는 2번 復習しておいた(복습해 두다)를 배열한다. 2번의 앞에는 복습해 둘 내용인 1번 基本的な文法や単語は(기본적인 문법이나 단어는)를 배열하고, 내용상 그 앞에 3번 留学前に(유학 전에)를 배열하여 전체적으로 나열하면 4-3-1-2가 되므로 정답은 2번이다.

복습 꼭! ~からすると (~에서 보면, ~에서 판단하면)

어휘 夏休(なつやす)み 여름 방학 | フィリピン 필리핀 | 語学(ご
がく) 어학 | 留学(りゅうがく) 유학 | ~(よ)うと思(おも)う ~(하)
려고 생각하다 | 経験(けいけん) 경험 | ~前(まえ)に ~전에 | 基本
的(きほんてき)だ 기본적이다 | 文法(ぶんぽう) 문법 | 単語(たん
ご) 단어 | 復習(ふくしゅう) 복습 | ~ておく ~해 놓다(두다) | ~
たほうがいい ~하는 편이 좋다

정답 2

---

06 ストレス解消には、＿＿ ＿＿ ★ ＿＿
のも一つの方法だ。

1 鳥の鳴き声や風の音　　2 自然の音を
3 聴いてみる　　　　　　4 といった

단어 바르게 배열하기 ★★

문장 배열 ストレス解消には 鳥の鳴き声や風の音
　　　　　　　　　　　　　　　　　　1
といった 自然の音を 聴いてみる のも一つの方法だ。
　4　　　2　　　3

해석 스트레스 해소에는 새 우는 소리나 바람 소리 같은 자연의 소
리를 들어보는 것도 하나의 방법이다.

정답 찾기 4번 ~といった(~와 같은)는 '명사+や(とか)+명사+
といった+명사'의 형태로 자주 사용되므로 자연스럽게 1번 鳥の
鳴き声や風の音(새 우는 소리나 바람 소리)와 4번 ~といった
와 2번 自然の音(자연의 소리)를 연결할 수 있다. 그리고 내용상 3
번 聴いてみる(들어 보다)를 뒤에 배열하여 전체적으로 나열하면
1-4-2-3이 되고 정답은 2번이다.

복습 꼭! ~といった (~와 같은, ~라는)

어휘 ストレス解消(かいしょう) 스트레스 해소 | 鳥(とり) 새 |
鳴(な)き声(ごえ) 울음소리 | 風(かぜ) 바람 | 音(おと) 소리 | 自然
(しぜん) 자연 | 聴(き)く 듣다 | ~てみる ~해 보다 | 方法(ほうほ
う) 방법

정답 2

---

07 お役に立てるかどうか分かりませんが、お
困りの ＿＿ ＿＿ ★ ＿＿。

1 私が　　　　　　　　2 いただきます
3 お手伝いさせて　　　4 ようでしたら

단어 바르게 배열하기 ★★

문장 배열 お役に立てるかどうか分かりませんが、お困り
の ようでしたら 私が お手伝いさせて いただきます。
　　　　4　　　　　1　　　3　　　　　2

해석 도움이 될지 어떨지 모르겠습니다만, 힘드실 것 같으면 제가
도와드리겠습니다.

정답 찾기 ~(さ)せていただく는 자신이 하려는 행위를 매우 정
중하게 나타내는 표현이므로 자연스럽게 1번 私が(제가)와 3번 お
手伝いさせて(돕게 해)와 2번 いただきます(받겠습니다)를 연결
할 수 있다. 4번 ~ようでしたら(~것 같으면)는 문맥상 가장 앞에
배열하여 전체적으로 나열하면 4-1-3-2가 되고 정답은 3번이다.

복습 꼭! ~(さ)せていただく ((제가) ~하다)

어휘 役(やく)に立(た)つ 도움이 되다 | ~かどうか ~지 어떤지 |
分(わ)からない 모르다 | 困(こま)り 곤란함, 난처함 | 手伝(てつだ)
う 도와주다, 거들다

정답 3

08 ご指摘いただいた件ですが、＿＿＿ ＿＿＿
　　 ＿★＿ ＿＿＿ でしょうか。

1 いただいても　　　　2 よろしい
3 ご説明させて　　　　4 その件について

단어 바르게 배열하기 ★★

문장 배열 ご指摘いただいた件ですが、その件について

ご説明させて いただいても よろしい でしょうか。
　　　3　　　　 1　　　　2　　　4

해석 지적해 주신 사항 말인데요, 그 사항에 대해서 설명 드려도 될까요?

정답 찾기 자신이 하려는 행위를 매우 정중하게 나타내는 표현인 ～(さ)せていただく를 떠올려 3번 ご説明させて(설명해)와 1번 いただいても(받아도)를 연결한다. 그리고 그 뒤에는 ～てもいいですか의 정중한 표현인 ～てもよろしいですか를 떠올려 2번 よろしい(좋다)를 연결해 배열한다. 문맥상 4번 その件について(그 사항에 대해서)는 가장 앞에 배열하여 전체적으로 나열하면 4-3-1-2가 되고 정답은 1번이다.

> **복습 꼭!** お(ご)+ 동사 ます형(한자어)+ いただく(～해 주시다) | ～(さ)せていただく((제가) ～하다)

어휘 指摘(してき) 지적 | 件(けん) 건, 사항 | ～について ～에 관해서, ～에 대해서 | 説明(せつめい)する 설명하다 | ～てもよろしいでしょうか ～해도 되겠습니까

정답 1

넷째마당 | 만점을 위한 문장 문법력

시나공 15 문장 문법력 기르기 | 적중 예상 문제 ①

문제 다음 문장을 읽고 문장 전체의 취지에 입각하여 ☐1☐ 에서 ☐5☐ 안에 들어갈 가장 알맞은 것을 1·2·3·4 중에서 하나 고르세요.

「あなたは将来何になりたいですか」とか「あなたは将来どんな仕事をしたいですか」とか聞かれたことはありませんか。もちろん私も何度も聞かれたことがあります。普通どう答えればよいのでしょうか。大学の面接とかで聞かれたら普通は「弁護士になることを目指して勉学に励みたいです」とか「医者になりたいです」とか言えば格好いいし、面接官にもアピールできますよね。

☐1-a☐ 留学生の場合、「日本で学んだことを生かして日本と母国のかけはしになる仕事をしたいです」☐1-b☐「わが国と日本との友好関係に役に立つ仕事をしたいです」とか言ってしまえば普通の日本人の方々は「おお、すばらしいですね。がんばってください」と言ってくれるでしょう。

では、私の将来の夢はなんでしょう。至って簡単です。それは良い父親になることです。良い父親になって早く明るい自分の家庭をもちたいと思っています。もちろん良い父親になる前に良い夫にならなければいけませんが、それはもちろん☐2☐。私の夢はおかしいでしょうか。

確かに、医者や弁護士になるには並大抵では済まない努力が必要ですし、なれれば地位的な面☐3☐人から尊敬されることは間違いないでしょう。経済的にも安定しているし、人助けもできる職業です。しかし、私は医者でも弁護士でもない自分の父親を☐4☐。

☐5☐、私の父は決して完璧な人間ではありません。私が父を尊敬するのは彼がどんなに辛い時でも希望を持って前へ進める力強い人間だからです。広い心で自分のことより家族のことを、子供たちである私たちのことを精一杯見てくれるからです。いつか私も心から愛せる妻を持ちたい。そして、その妻と一緒に自分達だけの小さな家族を作りたい。父のような親にいつか必ず……。

해석 '당신은 장래에 무엇이 되고 싶습니까?'라던가 '당신은 장래에 어떤 일을 하고 싶습니까?' 같은 질문을 받은 적은 없습니까? 물론 저도 몇 번이나 질문 받은 적이 있습니다. 보통 어떻게 대답하면 좋은 것일까요? 대학 면접 같은 곳에서 질문 받는다면 보통은 '변호사가 되는 것을 목표로 학문에 힘쓰고 싶습니다'라던가 '의사가 되고 싶습니다'라던가로 말하면 모양도 좋고, 면접관에게도 어필할 수 있겠죠. 1-a 더구나 유학생의 경우에는 '일본에서 배운 것을 살려서 일본과 모국의 다리가 되는 일을 하고 싶습니다.' 1-b 또는 '우리나라와 일본과의 우호관계에 도움이 되는 일을 하고 싶습니다'와 같이 말하면 보통의 일본인들은 '오, 대단하네요. 열심히 하세요'라고 말해 줄 것입니다.

그럼, 저의 장래의 꿈은 무엇일까요? 지극히 간단합니다. 그것은 좋은 아버지가 되는 것입니다. 좋은 아버지가 되어 빨리 밝은 자신의 가정을 가지고 싶다고 생각하고 있습니다. 물론 좋은 아버지가 되기 전에 좋은 남편이 되지 않으면 안 되겠지만, 그것은 물론 2 바라는 바입니다. 제 꿈이 이상한가요?

분명, 의사나 변호사가 되려면 보통 이상의 노력이 필요하고, 될 수 있으면 지위적인 면 3 에서도 사람들로부터 존경받는 것은 틀림없겠죠. 경제적으로도 안정되어 있고, 남을 도울 수도 있는 직업입니다. 그러나 저는 의사도 변호사도 아닌 저의 아버지를 4 진심으로 존경합니다.

5 그렇다고 해서, 제 아버지는 결코 완벽한 인간은 아닙니다. 제가 아버지를 존경하는 것은 그가 아무리 힘든 때라도 희망을 가지고 앞으로 나아갈 수 있는 강한 인간이기 때문입니다. 넓은 마음으로 자신보다 가족을, 자식인 저희들을 있는 힘껏 돌봐주기 때문입니다. 언젠가 저도 마음으로 사랑할 수 있는 아내를 갖고 싶다. 그리고, 그 아내와 함께 우리들만의 작은 가정을 만들고 싶다. 아버지 같은 부모로 언젠가 반드시…….

어휘 将来(しょうらい) 장래 | 普通(ふつう) 보통 | 面接(めんせつ) 면접 | 弁護士(べんごし) 변호사 | 目指(めざ)す 목표로 하다 | 勉学(べんがく) 학문 | 励(はげ)む 힘쓰다, 노력하다 | 格好(かっこう) 모습, 모양 | アピール 어필 | 学(まな)ぶ 배우다 | 生(い)かす 살리다 | 母国(ぼこく) 모국 | 掛(か)け橋(はし) 가교, 다리를 놓음 | わが国(くに) 우리나라 | 友好関係(ゆうこうかんけい) 우호관계 | 役(やく)に立(た)つ 도움이 되다 | 心優(こころやさ)しい 마음씨 곱다 | 表面的(ひょうめんてき) 표면적 | 素晴(すば)らしい 매우 훌륭하다 | 夢(ゆめ) 꿈 | 至(いた)って 매우, 지극히 | 父親(ちちおや) 아버지 | 明(あか)るい 밝다 | 家庭(かてい) 가정 | 旦那(だんな) 남편 | 望(のぞ)む 바라다, 원하다 | 確(たし)かに 분명히 | 並(なみ) 보통 | 大抵(たいてい) 대부분, 어만저만, 보통 | 以上(いじょう) 이상 | 努力(どりょく) 노력 | 必要(ひつよう) 필요 | 地位的(ちいてき) 지위적 | 尊敬(そんけい) 존경 | 間違(まちが)いない 틀림없다 | 経済的(けいざいてき) 경제적 | 安定(あんてい) 안정 | 人助(ひとだす)け 남을 도움 | 絶好(ぜっこう) 절호 | 職業(しょくぎょう) 직업 | 完璧(かんぺき) 완벽 | 辛(つら)い 괴롭다 | 希望(きぼう) 희망 | 進(すす)める 앞으로 나아가게 하다 | 力強(ちからづよ)い 마음 든든하다, 힘차다 | 精一杯(せいいっぱい) 힘껏 | 愛(あい)する 사랑하다 | 妻(つま) 아내

01

1 a いかにも / b だから
2 a もしかしたら / b それに
3 a ましてや / b または
4 a ひたすら / b すなわち

알맞은 부사·접속사 찾기 ★★

정답 찾기 앞 내용은 일반적으로 면접에서 대답하면 좋은 예를 말하고 그 뒤에 유학생의 경우는 특히 더 이렇게 대답하면 좋을 것이라는 것을 말하고 있으므로 1-a는 ましてや(하물며, 더구나)가 적절하다. 그리고 1-b는 공란 전후에 대답의 두 가지 좋은 예를 들어 말하고 있으므로 または(또는)가 적절하므로 정답은 3번이다.

오답 분석 1번 a いかにも(정말이지, 매우) / b だから(그래서), 2번 a もしかしたら(어쩌면) / b それに(게다가), 4번 a ひたすら(한결같이) / b すなわち(즉, 바꿔 말하면).

정답 3

02

1 望まないです　　　　2 望むところです
3 望むべきです　　　　4 望むわけではないです

알맞은 기능어 찾기 ★★

선택지 해석 1 바라지 않습니다　　2 바라는 바입니다
　　　　　　　3 바래야만 합니다　　4 바라는 것은 아닙니다

정답 찾기 2번 ～ところ(～(바)는 연체 수식형에 이어져 그 말이 나타내는 사항의 내용임을 나타내는 표현이다. 물론, ～ところ는 어떤 동작·변화가 행해지는 장면이나 상황의 의미를 나타내기도 한다.

오답 분석 3번 ～べきだ(～해야만 한다)는 의무라고 주장하거나 충고하고 싶을 때 사용하는 표현이고, 4번 ～わけではない(～인 것은 아니다)는 부분부정을 나타내는 표현이다.

정답 2

03

1 にしても　　　　2 につけても
3 にあたって　　　4 においても

알맞은 기능어 찾기 ★★

정답 찾기 의사나 변호사가 되면 지위적인 면에서 존경받을 수 있다는 내용이므로 정답은 4번 ～においても(～에서도)이다. ～において(～에서는) 어떤 일이 행해지는 때나 장소·때·분야·상황을 나타내고, ～においては(～에서는), ～においても(～에서도)의 형태로도 사용된다.

오답 분석 1번 ～にしても(～라고 해도)는 역접 가정조건의 표현, 2번 ～につけても(～때마다, ～과 관련하여 항상)는 같은 상황에 놓이면 언제나 그렇게 함을 나타내는 표현, 3번 ～にあたって(～할 때에, ～을 맞이하여)는 무언가를 해야 하는 특별한 기회와 상황을 나타내는 표현이다.

정답 4

04

1 尊敬してやみません
2 尊敬しないわけにはいかないです
3 尊敬しかねません
4 尊敬するしかないです

알맞은 기능어 찾기 ★★

선택지 해석 1 진심으로 존경합니다　2 존경하지 않을 수 없습니다
　　　　　　　3 존경할지도 모릅니다　4 존경할 수밖에 없습니다

정답 찾기 정답은 1번 尊敬してやみません(진심으로 존경합니다)이다. ～てやまない(진심으로 ～하다, ～해 마지않다)는 어떠한 감정을 강하게 지니고 있다는 의미의 표현이다.

오답 분석 2번 ～ないわけにはいかない(～하지 않을 수 없다)는 심리적이나 사회적 등의 사정·이유로 ～할 수 밖에 없다는 의미, 3번 ～かねない(～할지도 모른다)는 좋지 않은 가능성이 있어 걱정이라는 의미, 4번 ～しかない(～할 수밖에 없다)는 가능한 방법이나 수단이 ～밖에 없다고 한정하는 표현이다.

정답 1

05

1 さて	2 なぜなら
3 それでも	4 だからと言って

알맞은 접속사 찾기 ★★

정답 찾기 공란 앞 문장은 아버지를 진심으로 존경한다는 내용이고, 뒷 문장은 아버지가 완벽한 인간은 아니라는 내용이므로 앞 뒤 문장의 내용을 가장 자연스럽게 연결해주는 접속사는 4번 だからと言って(그렇다고 해서)이다.

오답 분석 1번 さて(한편, 그건 그렇고), 2번 なぜなら(왜냐하면), 3번 それでも(그래도).

정답 4

시나공 15 문장 문법력 기르기 | 적 중 예상 문제 ②

문제 다음 문장을 읽고 문장 전체의 취지에 입각하여 ___1___ 에서 ___5___ 안에 들어갈 가장 알맞은 것을 1·2·3·4 중에서 하나 고르세요.

英語ができない人が海外旅行・出張となると、添乗員同行のパックツアーでない ___1___ 、どうしてもコミュニケーションの問題はついてまわります。たとえば成田から出発する場合でも、乗る飛行機会社によっては、日本語の通じる乗務員がいない、ということもあるでしょう。そうなると、現地に ___2___ 、飛行機に乗った瞬間からコミュニケーションの問題が……。仕事の関係で知り合ったある人は、「乗務員に、何を飲むか何を食べるか、聞かれると困るので、食事の時間はいつも寝たふりをしてるんです。」と、まじめな顔で言っていました。

この人はかなり極端なケースだと思いますが、やはり言葉が通じないことの不安は ___3___ 。私自身、数年前に初めてフランスに行ったときには、付け焼き刃でしたが、かなり真剣にフランス語の基本的な会話を勉強しました。英語ならどうにか、とは ___4___ 、フランス人はフランス語しか話さない、という思いこみがあったので、余計にビビってフランス語の教科書など買い込んだのでした。結局そのときは、挨拶とコーヒーの注文ができるくらいにしかなりませんでしたが……。

英語だけが大切なのでは決してありませんが、共通語としての英語はたしかに今現在において優勢であることは間違いがありません。 ___5___ 、

해석 영어를 못하는 사람이 해외여행·출장을 가게 되면, 수행안내원 동행 패키지가 아닌 ___1 한___ 아무래도 커뮤니케이션 문제는 따라다닙니다. 예를 들면 나리타에서 출발하는 경우라도 타는 비행기 회사에 따라서는 일본어가 통하는 승무원이 없는 경우도 있겠죠. 그렇게 되면, 현지에 ___2 도착할 것도 없이___, 비행기를 탄 순간부터 커뮤니케이션의 문제가……. 일 관계로 알게 된 어떤 사람은 '승무원이 무엇을 마실지, 무엇을 먹을지 물으면 곤란하기 때문에 식사 시간은 항상 자는 척을 합니다.'라고 진지한 얼굴로 말했습니다.

이 사람은 상당히 극단적인 경우라고 생각하지만, 역시 말이 통하지 않는다는 것에 대한 불안은 ___3 상당히 큽니다___. 저 자신도, 수년 전 처음 프랑스에 갔을 때에는 벼락치기이긴 했지만 상당히 진지하게 프랑스어의 기본적인 회화를 공부했습니다. 영어라면 어떻게든 될 것이라고 ___4 생각하고 있었지만___ 프랑스인은 프랑스어로만 이야기할 것이라고 굳게 믿고 있었기 때문에 더 주눅 들어 프랑스어의 교과서 등을 사들였던 것입니다. 결국 그 때는 인사와 커피주문이 가능한 정도 밖에 되지 않았지만…….

영어만이 중요한 것은 결코 아니지만, 공통어로서의 영어는 분명 현재 우세하다는 것은 틀림없습니다. ___5 적어도___ 주요국의 대도시라면 영어만으로도 지낼 수 있게 되어 있다고 생각합니다.

어휘 海外旅行(かいがいりょこう) 해외여행 | 出張(しゅっちょう) 출장 | 添乗員(てんじょういん) 수행원 | 同行(どうこう) 동행 | パックツアー 패키지여행 | コミュニケーション 커뮤니케이션 | 問題(もんだい) 문제 | 付(つ)いて回(まわ)る 붙어 다니다, 따라다니다 | 例(たと)えば 예를 들면 | 成田(なりた) 나리타 | 出発(しゅっぱつ) 출발 | 場合(ばあい) 경우 | 飛行機(ひこうき) 비행기 | 通(つう)じる 통하다 | 乗務員(じょうむいん) 승무원 | 現地(げんち) 현지 | 着(つ)く 도착하다 | 瞬間(しゅんかん) 순간 | 困(こま)る 곤란하다, 난처하다 | 食事(しょくじ) 식사 | 極端(きょくたん)だ 극단적이다 | 言葉(ことば) 말, 언어 | 不安(ふあん) 불안 | 付(つ)け焼(や)き刃(ば) 벼락치기 | 真剣(しんけん)に 진지하게 | 基本的(きほんてき) 기본적 | 思(おも)い込(こ)み 믿음 | 余計(よけい)に 더욱 | びびる 주눅 들다, 위축되다 | 教科書(きょうかしょ) 교과서 | 買(か)い込(こ)む 물건을 많이 사들이다 | 結局(けっきょく) 결국 | 挨拶(あいさつ) 인사 | 注文(ちゅうもん) 주문 | 大切(たいせつ)だ 중요하다 | 共通語(きょうつうご) 공통어 | 現在(げんざい) 현재 | 優勢(ゆうせい) 우세 | 間違(まちが)い 틀림, 잘못됨 | 主要国

主要国の大都市であれば、英語だけでも過ごすことができるようになってきていると思います。

(しゅようこく) 주요국 | 大都市(だいとし) 대도시 | 過(す)ごす 보내다, 지내다

01

1 ことには　　　　2 ように
3 かぎり　　　　　4 からには

알맞은 기능어 찾기 ★★

정답 찾기 문장 전후 내용이 수행안내원 동행 패키지가 아닌 이상은 커뮤니케이션 문제는 생기게 된다는 것이므로 정답은 3번 〜かぎり(〜한)가 된다. 〜かぎり/〜ないかぎり(〜한/〜하지 않는 한)는 조건·가정·범위·한계의 의미를 나타내는 표현으로, 앞 문장의 내용이 성립되어야 뒷 문장의 내용도 실현될 수 있다고 할 때 사용하고, 〜ないかぎり 뒤에는 주로 부정이나 곤란한 의미를 나타내는 문장이 오는 경우가 많다.

오답 분석 1번 〜ないことには(〜하지 않고서는)는 동사의 ない형에 접속하는 가정표현으로 접속 형태상으로도 정답에서 제외할 수 있다. 2번 〜ないように(〜하지 않도록)는 소원이나 바람·목적 등의 의미를 나타내는 표현, 4번 ないからには(〜하지 않는 이상)는 이유를 들어 의지나 판단·희망 등을 나타내는 표현이다.

정답 3

02

1 着くからといって
2 着くまでもなく
3 着くことなく
4 着くかと思うと

알맞은 기능어 찾기 ★★

정답 찾기 커뮤니케이션 문제가 현지에 도착할 것도 없이 비행기를 탄 순간부터 생긴다는 의미의 문장이 되므로 정답은 2번 〜までもない(〜할 것까지도 없다)가 된다. 〜までもないは 동사의 기본형에 접속하여 너무나 당연해서 그렇게까지 할 필요가 없다는 의미를 나타낸다.

오답 분석 1번 〜からといって(〜라고 해서)는 앞 내용을 근거로 하여 내려진 판단이 언제나 옳다고는 말할 수 없음을 나타내는 표현, 3번 〜ことなく(〜하지 않고)는 문어체 표현으로 평소에는 〜하지만 해당 경우에는 〜하지 않음을 나타내고, 4번 〜かとおもうと(〜하자 곧)는 동사의 〜た형에 접속하여 앞일이 일어난 직후에 뒷일이 일어났음을 나타낸다.

정답 2

03

1 大きいものがあります
2 大きいわけがないです
3 大きいというものではありません
4 大きい恐れがあります

알맞은 기능어 찾기 ★★

선택지 해석 1 상당히 큽니다　　2 클 리가 없습니다
　　　　　　　3 큰 것은 아닙니다　　4 클 우려가 있습니다

정답 찾기 이 사람은 말이 통하지 않는 것에 대한 불안이 상당히 크다고 이야기하고 있으므로 정답은 1번 大きいものがあります(상당히 큽니다)이다. 〜ものがある는 화자가 어떤 사실에서 느낀 것을 감정을 담아 말할 때 사용하는 표현이다. 〜ことがある(〜하는 경우가 있다)와 혼동하지 않도록 한다.

오답 분석 2번 〜わけがない(〜할리가 없다)는 어떤 사실을 근거로 하여 그러한 일은 당연히 없다는 주관적인 강한 부정을 나타내는 표현, 3번 〜というものではない(〜것은 아니다)는 반드시 〜라고는 말할 수 없다는 의미, 4번 〜恐れがある(〜할 우려가 있다)는 좋지 않은 일이 일어날 수 있어서 걱정이라는 의미이다.

정답 1

04

1 思っていたところ

2 思っていたあげく

3 思っていたくせに

4 思っていたものの

정답 찾기 문장의 전후 내용이 영어가 통하는 나라에서는 영어로 어떻게든 될 것이라고 생각하고 있었지만 프랑스인은 프랑스어로만 이야기한다고 믿고 있었다는 것이 되므로 정답은 4번 思っていた ものの(생각하고 있었지만)가 적절하다. ～もののは 앞내용과 상반·모순된 일이 뒤에 전개됨을 나타낸다.

오답 분석 1번 ～たところ(～했더니)는 앞에 동작을 했더니 뒤의 결과가 발생함을 나타내고, 2번 ～たあげく(～한 끝에)는 여러 가지로 ～한 끝에 결국은 좋지 않은 결과가 되었음을 나타내며, 3번 ～くせに(～는데, ～주제에)는 주체에 대한 비난이나 경멸·반발 등의 기분을 나타낼 때 사용하는 표현이다.

정답 4

05

1 今にも	2 少なくとも
3 とっくに	4 大いに

정답 찾기 문장의 앞뒤 내용이 공통어로서 영어는 우세하여 적어도 주요 국가의 대도시에서는 영어만으로도 지낼 수 있다는 것이므로 정답은 2번 少なくとも(적어도)가 적절하다.

오답 분석 1번 今にも(당장이라도), 3번 とっくに(훨씬 전에), 4번 大いに(실컷, 크게, 매우)

정답 2

시나공 15 문장 문법력 기르기 | 적 중 예상 문제 ③

문제 다음 문장을 읽고 문장 전체의 취지에 입각하여 [1] 에서 [5] 안에 들어갈 가장 알맞은 것을 1·2·3·4 중에서 하나 고르세요.

就職活動を実際 [1] 、学生達がいまひとつよくわかってないのが、活動に臨むための服装ではないだろうか。だから活動開始時に、マニュアルそのままになってしまったり、不確かな噂を鵜呑みにしてしまう学生が多く見かけられる。

しかし、自分にあった無理のないスタイルを持たなければならない。あまりに服装や身だしなみでマイナスポイントを作らないように意識し過ぎて着たら、企業の人事担当者 [2] 、みんな同じに見えてしまう。服装で無理に目立とうとすることは良い結果を生まないと考えたほうがいいだろうから、無難な選択になるのは仕方ないだろうが、自分なりに自分に合う服装を選んでもらいたい。

実際、面接担当者が、服装を細かくチェックしているかというとそんなことはほとんどないと

해석 취직활동을 실제 [1 시작할 때에] 학생들이 잘 모르는 것이 취직활동에 임하기 위한 복장이 아닐까. 그래서 활동을 시작할 때에 매뉴얼대로만 해 버리거나, 불확실한 소문 을 그대로 받아들여 버리는 학생을 많이 볼 수 있다.

그러나, 자신에게 맞고 무리가 되지 않는 스타일을 갖고 있어야만 한다. 너무 복장이나 몸가짐으로 마이너스 포인트를 만들지 않도록 지나치게 의식해서 입으면, 기업의 인사담당자 [2 의 입장에서 보면] 모두 똑같이 보여져 버린다. 복장으로 무리하게 눈에 띄려고 하는 것은 좋은 결과를 만들지 않는다고 생각하는 편이 좋을 것이기 때문에 무난한 선택을 하게 되는 것은 어쩔 수 없겠지만 자기 나름대로 자신에게 어울리는 복장을 선택하길 바란다.

실제 면접담당자가 복장을 세세하게 체크하고 있는가 하면 그런 일은 거의 없다고 생각해도 좋다. [3 요컨대] 극히 평범한 슈트를 입고 있다면, 아무것도 그 외에 신경 쓸 필요는 없다, 자신이 평범하다고 생각되는 범위에 있다면 문제는 없다.

가장 주의해야만 하는 것은 '청결함'이다. 다림질이 되어 있는 셔츠를 입고 있는가, 주름이 없는 슈트를 입고 있는가, 넥타이는 제대로 깔끔하게 매어져 있는가는 [4 주의를 기울여야 한다].

아무리 복장에 돈을 들였어도, '불결'은 절대로 안 된다. 그러니까 역시 셔츠 한 장만으로 취직활동을 헤쳐 나가는 것은 힘들 것이다. 최소한 2,3장은 준비할 것. 슈트는 봄, 여름으로 2벌 준비하는 사람 [5 도] 있고, 1벌로 활동하는 사람 [5 도] 있다. 지갑 사정에 따라 정하면 되겠다.

思っても大丈夫。 ［ 3 ］、ごく普通のスーツを着ていれば、何もほかに気にする必要はない。自分が普通と思える範囲であれば問題はない。

最も気を配らないといけないのは、「清潔さ」である。アイロンがかかっているシャツを着ているか、しわのないスーツを着ているか、ネクタイはきちんと結べているかには ［ 4 ］。

いくら服装にお金をかけても、「不潔」は絶対にバツ。だから、さすがにシャツ1枚だけで就職活動を乗り切るのはシンドイだろう。せめて2、3枚は用意すること。スーツは春、夏で2着用意する人 ［ 5 ］ いれば、1着で活動する人 ［ 5 ］ いる。財布と相談して決めればいいだろう。

어휘 就職(しゅうしょく) 취직 | 活動(かつどう) 활동 | 実際(じっさい) 실제 | 臨(のぞ)む 임하다 | 服装(ふくそう) 복장 | 開始(かいし) 개시 | マニュアル 안내서, 매뉴얼 | 不確(ふたし)かな 불확실한 | 噂(うわさ) 소문 | 鵜呑(うの)み 뜻도 모르면서 그대로 받아들임 | 見(み)かける 보다, 눈에 띄다 | 身(み)だしなみ 마음가짐, 몸가짐 | 意識(いしき) 의식 | 企業(きぎょう) 기업 | 人事担当者(じんじたんとうしゃ) 인사담당자 | 目立(めだ)つ 눈에 띄다 | 結果(けっか) 결과 | 生(う)む 낳다 | 無難(ぶなん) 무난 | 選択(せんたく) 선택 | 仕方(しかた)ない 어쩔 수 없다 | 選(えら)ぶ 선택하다 | 面接(めんせつ) 면접 | 細(こま)かい 세세하다, 작다 | ごく 지극히 | 普通(ふつう) 보통, 평범한 | 着(き)る 입다 | 気(き)にする 걱정하다 | 必要(ひつよう) 필요 | 範囲(はんい) 범위 | 最(もっと)も 가장, 제일 | 気(き)を配(くば)る 주의하다 | 清潔(せいけつ)さ 청결함 | しわ 주름 | きちんと 깔끔히, 정확히 | 結(むす)ぶ 묶다, 매다 | 注意(ちゅうい)を払(はら)う 주의를 기울이다 | 不潔(ふけつ) 불결 | 絶対(ぜったい)に 절대로 | 乗(の)り切(き)る 헤쳐 나가다 | しんどい 힘들다, 어렵다 | せめて 최소한 | 用意(ようい) 준비 | 財布(さいふ) 지갑 | 相談(そうだん) 상담 | 決(き)める 결정하다

01

1 始めるにしたがって　2 始めるにあたって
3 始めるからには　　　4 始めるといっても

알맞은 기능어 찾기 ★★

정답 찾기 취직활동을 실제로 시작할 때에 학생들에게 필요한 사항을 말하고 있으므로 정답은 2번 始めるにあたって(시작할 때에)이다. ～にあたって는 '～할 때에 미리 ～하다. 즉 뭔가를 해야 하는 특별한 기회와 상황'을 나타낸다.

오답 분석 1번 ～にしたがって(～에 따라)는 앞뒤 문장의 동작이나 작용·변화 등의 진행을 나타내고, 3번 ～からには(～하는 이상은)는 이유를 들어 의지나 판단 등을 나타내는 표현, 4번 ～といっても(～라고 해도)는 ～라고 해도 실제는 ～에서 생각되어 지는 것과는 다름을 나타낸다.

정답 2

02

1 だけあって　　2 として
3 からすれば　　4 にとって

알맞은 기능어 찾기 ★★

정답 찾기 인사담당자의 입장에서 보면 모두 똑같이 보인다는 의미가 되어야 하기 때문에 3번 ～からすれば(～에서 보면)가 정답이다. ～からすると・～からすれば・～からして(～의 입장에서 보면, ～의 면에서 생각하면, ～로 판단하면)는 '어떤 입장에서 사물을 바라보고 판단·평가 하는가' 하는 말하는 사람의 시점을 나타낸다.

오답 분석 1번 ～だけあって(～인 만큼, ～답게)는 그 신분이나 능력 등에 걸맞게 ～하다는 의미, 2번 ～として(～로서)는 입장이나 자격·명목·부류 등을 나타내고, 4번 ～にとって(～에게 있어서)는 판단하거나 평가하는 입장이나 시점을 나타내는 표현이다.

정답 3

03

1 あえて　　2 ようやく
3 ろくに　　4 要するに

알맞은 부사 찾기 ★★

정답 찾기 면접관이 복장을 세세하게 체크하는 일은 거의 없으므로, 즉 평범한 복장이라면 아무 문제가 없다는 내용이므로 정답은 4번 要(よう)するに(요컨대, 결국, 즉)가 가장 자연스럽다.

오답 분석 1번 あえて(굳이, 감히, 억지로), 2번 ようやく(겨우, 간신히), 3번 ろくに(제대로, 변변히)

정답 4

199

04

1 注意を払うべきだ

2 注意を払うということだ

3 注意を払うことはない

4 注意を払うわけにはいかない

알맞은 기능어 찾기 ★★

선택지 해석 1 주의를 기울여야 한다
2 주의를 기울인다고 한다
3 주의를 기울일 필요는 없다
4 주의를 기울일 수는 없다

정답 찾기 복장의 청결함에 주의를 기울여야 한다는 내용이 되어야 하므로 정답은 1번 注意を払うべきだ(주의를 기울여야 한다)이다. 1번 ～べきだ(～해야 한다, ～하는 것이 좋다)는 '～하는 것이 (인간으로서) 당연한 것이다, ～하는 편이 좋다'는 의미로 의무라고 주장하거나 충고하고 싶을 때 사용하는 표현이다. ～べきではない(～해서는 안 된다)도 함께 기억하자.

오답 분석 2번 ～ということだ(～라고 한다)는 들은 것을 그대로 인용하여 전할 때 사용하는 표현, 3번 ～ことはない(～할 필요는 없다)는 ～할 필요는 없다고 충고나 조언을 하는 표현, 4번 ～わけにはいかない(～할 수는 없다)는 사회적·법률적·도덕적·심리적 이유 등으로 방해 받을 때나 생각대로 일이 처리되지 않을 때 주로 사용하는 표현이다.

정답 1

05

1 さえ   2 も

3 が   4 は

알맞은 조사 찾기 ★★

정답 찾기 첫 번째 5번 공란 뒤에 いれば를 참고하여 두 개의 공란에 공통적으로 들어갈 수 있는 것은 2번 ～も(～도)밖에 없다. ～も～ば～も(～도 ～하고 ～도)는 앞 내용에다가 뒤의 내용을 추가할 때 사용하는 표현이다. 1번 ～さえ～ば (～만 ～하면), ～ば～ほど (～하면 ～할수록)와 혼동하지 말자.

오답 분석 1번 ～さえ(～조차), 3번 ～が(～이,～가), 4번 ～は(～은, ～는).

정답 2

시나공 15 문장 문법력 기르기 | 적 중 예상 문제 ④

문제) 다음 문장을 읽고 문장 전체의 취지에 입각하여 [1]에서 [5] 안에 들어갈 가장 알맞은 것을 1·2·3·4 중에서 하나 고르세요.

私は、小学校の時に好きだった人が忘れられません。彼は5年生の終わりに転校してしまって、私の初恋も終わってしまいました。ちゃんと気持ちを伝えておけばよかったと後悔しました。

あれから十数年、当時の友達と音信不通だった私は、最近ある事がきっかけで同級生のひとり(A君)とメール交換することになったんです。 [1] 、初恋の彼と今でも連絡を取っていることを知り、ドキドキしながら、彼の近況を聞くと大学生の頃に、難しい病気にかかって後遺症が残り、

해석 저는 초등학교 때 좋아했던 사람을 잊을 수 없습니다. 그는 5학년 말에 전학을 가버려서, 제 첫사랑도 끝나버렸습니다. 제대로 마음을 전해 두었더라면 좋았을 것을 하고 후회했습니다.

그로부터 십 수 년, 당시의 친구들과 연락두절이던 저는, 최근 어떤 일이 계기가 되어 동창생 한 명(A군)과 메일 교환을 하게 되었습니다. [1 이야기를 하고 있는 동안에], 첫사랑인 그와 지금까지도 연락을 취하고 있다는 것을 알게 되어, 두근두근하면서 그의 근황을 묻자, 대학생 시절에 회복이 어려운 병에 걸려서 후유증이 남아 지금도 조금 불편한 생활을 하고 있다는 것이었습니다. 충격이었습니다. A군도 당시, 소식을 전해 받았을 때 충격으로 눈물이 멈추지 않았다고 합니다. 만능스포츠맨이었던 그는, 지금도 운동을 계속하며 건강히 열심히 살고 있다고 해서, 저도 메일친구로서 응원하고 싶다고 생각해 A군 [2 을 통해서] 연락을 취해 보았습니다. 하지만 거절당해 버렸습니다.

大学生の頃に、難しい病気にかかって後遺症が残り、今も少し不自由な生活をしているということでした。ショックでした。A君も当時、一報を受けた際ショックで涙が止まらなかったそうです。スポーツ万能だった彼は、今でもスポーツを続け元気に頑張っているということだったので、私もメル友として応援したいなと思い、A君 ☐2☐ 連絡を取ってもらったんです。でも断られてしまいました。

今の彼にしてみれば、これから先をただ前向きに頑張って ☐3☐ のですよね。懐かしい昔の思い出に浸っている場合ではない。まして、病気する前の楽しい思い出は、消し去りたいというのが正直なところなのかもしれませんよね。

私 ☐4☐ 大事な思い出も、彼 ☐4☐ は消し去りたい思い出なのだと思うと ☐5☐ が、彼には本当に頑張って、幸せになってもらいたいです。陰ながら応援していきたいと思います。

지금의 그의 입장에서 보면, 앞으로 앞을 향해 긍정적으로 열심히 ☐3 살아갈 수밖에 없는☐ 것이겠죠. 그리운 옛 추억에 잠겨 있을 상황이 아니다. 더구나, 아프기 전의 즐거운 추억은 지워 없애고 싶다는 것이 정직한 것일지도 모르겠네요.
나 ☐4 에게 있어서☐ 소중한 추억도, 그 ☐4 에게 있어서☐ 는 지워 없애고 싶은 추억이라고 생각하면 ☐5 너무 슬프지☐ 만, 그가 정말로 힘내서 행복해지길 바랍니다. 멀리서나마 응원해 가고 싶습니다.

어휘 転校(てんこう) 전학 | 初恋(はつこい) 첫사랑 | ちゃんと 분명히, 제대로 | 気持(きも)ち 기분, 감정 | 伝(つた)える 전하다 | 後悔(こうかい) 후회 | 十数年(じゅうすうねん) 십 년 | 当時(とうじ) 당시, 그 때 | 音信不通(いんしんふつう) 소식불통 | きっかけ 계기 | 同級生(どうきゅうせい) 동급생, 동창생 | 交換(こうかん) 교환 | 連絡(れんらく) 연락 | 取(と)る 취하다, 잡다 | どきどき 두근두근 | 近況(きんきょう) 근황 | 頃(ころ) 시절, 때 | 病気(びょうき)にかかる 병에 걸리다 | 後遺症(こういしょう) 후유증 | 残(のこ)る 남다 | 不自由(ふじゆう)だ 부자유하다, 불편하다 | 一報(いっぽう) 기별, 알림 | 受(う)ける 받다 | 際(さい) 때, 즈음 | 涙(なみだ) 눈물 | 万能(ばんのう) 만능 | 続(つづ)ける 계속하다 | 頑張(がんば)る 열심히 하다, 끝까지 노력하다 | 応援(おうえん) 응원 | 断(ことわ)る 거절하다 | 前向(まえむ)きに 긍정적으로 | 生(い)きていく 살아가다 | 懐(なつ)かしい 그립다, 그리워하다 | 昔(むかし) 옛날, 예전 | 思(おも)い出(で) 추억 | 浸(ひた)る 잠기다 | 場合(ばあい) 경우 | まして 더구나, 하물며 | 楽(たの)しい 즐겁다 | 消(け)し去(さ)る 지우고 흔적이 남지 않도록 하다 | 正直(しょうじき)だ 정직하다 | 大事(だいじ)だ 소중하다, 중요하다 | 悲(かな)しい 슬프다 | 幸(しあわ)せ 행복 | 陰(かげ) 뒤, 그늘

01

1 話をしているうちに
2 話をしているたびに
3 話をしているにもかかわらず
4 話をしているように

알맞은 기능어 찾기 ★★

정답 찾기 동창생과 이야기를 하면서 뒤의 사실을 알았다는 내용이 되므로 정답은 1번 話をしているうちに(이야기를 하고 있는 동안에)이다. ~うちに(~하는 동안에는 '~하는 동안에 일이 성립됨'을 나타내는 표현이다. ~ないうちに(~하기 전에)도 함께 기억해 두자.

오답 분석 2번 ~たびに(~때마다)는 ~할 때마다 항상 같은 결과가 됨을 나타내고, 3번 ~にもかかわらず(~인데도 불구하고, ~지만)는 ~에서 예상되는 것과는 다른 결과가 됨을 나타내고, 4번 ~ように(~하도록)는 소원이나 바람·목적 등의 의미를 나타낸다.

정답 1

02

1 をはじめ
2 をきっかけに
3 をめぐって
4 を通じて

알맞은 기능어 찾기 ★★

정답 찾기 A군을 통해서 연락을 취했다는 내용이기 때문에 정답은 4번 ~を通じて(~을 통해서)가 된다. ~を通じては '~을 매개·수단·경유해서'라는 의미와, '~에 걸쳐서' 즉, '그 기간 처음부터 끝까지 쭉'이라는 두 가지 의미로 사용된다.

오답 분석 1번 ~をはじめ(~을 비롯하여)는 대표적인 것을 예로 들어 그것을 비롯하여 그 밖의 것 모두를 말하는 표현이고, 2번 ~をきっかけに(~을 계기로)는 구체적인 어떤 사항을 기회나 계기로 해서 변화하거나 발전함을 나타내는 표현이며, 3번 ~をめぐって(~을 둘러싸고)는 ~을 둘러싸고 어떤 논의나 의견·문제 등의 대립관계가 있음을 나타낼 때 사용하는 표현이다.

정답 4

03

1 生きていくにきまっている
2 生きていくまい
3 生きていくしかない
4 生きていくものだ

알맞은 기능어 찾기 ★★

선택지 해석 1 살아갈 게 뻔하다　　　2 살아가지 않을 것이다
　　　　　　3 살아갈 수밖에 없다　　4 살아가는 법이다

정답 찾기 문장의 전후 내용이 과거의 추억에 잠겨 있을 상황이 아니라 앞으로 열심히 살아갈 수밖에 없다는 것이 되므로 정답은 3번 生きていくしかない(살아갈 수밖에 없다)이다. ～しかない(～할 수 밖에 없다)는 가능한 방법이나 수단이 ～밖에 없다고 한정하는 표현이다.

오답 분석 1번 ～にきまっている(～할 게 뻔하다, ～할 게 당연하다)는 필연·당연의 표현, 2번 ～まい(～지 않을 것이다)는 강한 부정의 의지 또는 부정의 추측을 나타내는 표현, 4번 ～ものだ(～하는 법이다)는 개인의 의견보다는 도덕적·사회적 상식에 대해 말할 때 사용하는 표현이다.

정답 3

04

1 について　　　　　2 にとって
3 として　　　　　　4 に対して

알맞은 기능어 찾기 ★★

정답 찾기 내용상 두 개의 공란에 나의 입장과 그의 입장을 말하는 표현을 넣어 문장을 완성하는 것이 적절하므로, 공란에 공통적으로 들어갈 표현은 판단하거나 평가하는 입장과 시점을 나타내는 2번 ～にとって(～에게 있어서, ～의 입장에서 보면)가 가장 적절하다.

오답 분석 1번 ～について(～에 관해서)는 다루거나 관계를 갖고 있는 대상을 지시하는 표현, 3번 ～として(～로서)는 입장·자격·명목·부류 등을 나타내는 표현, 4번 ～に対して(～에 대해, ～에게)는 동작이나 감정이 향해지는 대상과 상대를 나타내는 표현이다.

정답 2

05

1 悲しくてたまりません
2 悲しいものか
3 悲しかったに違いありません
4 悲しいにきまっています

알맞은 기능어 찾기 ★★

선택지 해석 1 너무 슬픕니다　　　　2 슬플까 보냐
　　　　　　3 슬펐음에 틀림없습니다　4 슬플 게 뻔합니다

정답 찾기 너무 슬프다는 자신의 감정을 나타내는 문장이 되어야 하기 때문에 정답은 1번 悲しくてたまりません(너무 슬픕니다)이다. ～てたまらない(감정이나 감각·욕구 등이) ～해서 참을 수 없다)는 '너무 ～하다'라는 심정의 강조표현이다. ～てならない, ～てしかたがない, ～てしょうがない가 거의 비슷한 의미로 사용되므로 함께 외워두자.

오답 분석 2번 ～ものか(～할까 보냐)는 결코 ～하지 않을 것이라는 의미를 반어법으로 사용한 표현, 3번 ～に違いない(～임에 틀림없다)는 말하는 사람이 그것을 사실이라고 강하게 확신하고 있을 때 사용하는 표현, 4번 ～にきまっている(～할 게 뻔하다, ～할 게 당연하다)는 필연·당연을 나타내는 표현이다.

정답 1

시나공 15 문장 문법력 기르기 | 적 중 예상 문제 ⑤

문제 ┃ 다음 문장을 읽고 문장 전체의 취지에 입각하여 [1] 에서 [5] 안에 들어갈 가장 알맞은 것을 1·2·3·4 중에서 하나 고르세요.

私たちの体の動きと心の動きは、密接に関係している。例えば、私たちは悲しいときに泣く、楽しいときに笑うというように、心の動きが体の動きに表れる。しかし、それと同時に、体を動かすことで、心を動かすこともできるのだ。泣くと悲しくなったり、笑うと楽しくなったりする [1] 。

私たちの脳は、体の動きを読み取って、それに合わせた心の動きを呼び起こす。ある実験で、参加者に口を横に開いて、歯が [2] 。このとき顔の動きは、笑っているときの表情と、とてもよく似ている。実験の参加者は、自分たちが笑顔になっていることに気づいていなかったが、自然とゆかいな気持になっていた。このとき、脳は表情から「今、自分は笑っている」と判断し、笑っているときの心の動き、 [3] 楽しい気持ちを引き起こしていたのだ。

表情によって呼吸が変化し、脳内の血液温度が変わることも、私たちの心の動きを決める大切な要素の一つである。人は、脳を流れる血液の温度が低ければ、ここちよく感じることが分かっている。笑ったときの表情は、笑っていないとき [4] 、鼻の入り口が広くなるので、多くの空気を取り込むことができる。笑顔になって、たくさんの空気を吸い込むと、脳を流れる血液が冷やされて、楽しい気持ちが生じるのだ。

私たちの体と心は、それぞれ別々のものではなく、深く関わり合っている。楽しいという心の動きが、笑顔という体の動きに表れるのと同様に、体の動きも心の動きに働きかけるのだ。

何かいやなことがあったときは、このことを思い出して、鏡の前ににっこり笑顔を作ってみるのも [5] 。

해석 우리들의 몸의 움직임과 마음의 움직임은 밀접하게 관계되어 있다. 예를 들면 우리들은 슬플 때 울고 즐거울 때 웃는 것 같이 마음의 움직임이 몸의 움직임으로 나타난다. 그러나 그것과 동시에 몸을 움직이는 것으로 마음을 움직일 수도 있다. 울면 슬퍼지거나 웃으면 즐거워지거나 한다 1 고 한다 .

우리들의 뇌는 몸의 움직임을 이해하고 그것에 맞춘 마음의 움직임을 불러일으킨다. 어떤 실험에서, 참가자에게 입을 옆으로 벌리고 이가 2 보이게 했다 . 이때 얼굴의 움직임은 웃고 있을 때의 표정과 매우 비슷하다. 실험 참가자는 자신들이 웃는 얼굴이 되어 있다는 것을 깨닫지 못했지만, 저절로 유쾌한 기분이 들었다. 이때 뇌는 표정으로부터 '지금, 나는 웃고 있다'고 판단하여 웃고 있을 때의 마음의 움직임, 3 즉 즐거운 기분을 일으키는 것이다.

표정에 따라서 호흡이 변화하고 뇌 속의 혈액 온도가 변하는 것도, 우리들의 마음의 움직임을 정하는 중요한 요소의 하나이다. 사람은 뇌를 흐르는 혈액의 온도가 낮으면 기분 좋게 느낀다는 것을 알고 있다. 웃었을 때의 표정은 웃고 있지 않을 때 4 에 비해서 콧구멍이 넓어지기 때문에 많은 공기를 차지할 수 있다. 웃는 얼굴로 많은 공기를 빨아들이면 뇌를 흐르는 혈액의 온도가 낮아져서 즐거운 마음이 생기는 것이다.

우리들의 몸과 마음은 각각 따로따로가 아니고 깊이 관계되어 있다. 즐겁다는 마음의 움직임이 웃는 얼굴이라는 몸의 움직임으로 나타나는 것과 마찬가지로, 몸의 움직임도 마음의 움직임에 작용하는 것이다.

뭔가 기분 나쁜 일이 있었을 때는 이것을 생각해서 거울 앞에서 방긋 웃는 얼굴을 만들어 보는 것도 5 좋을 지도 모른다 .

어휘 体(からだ) 몸 | 動(うご)き 움직임, 활동 | 心(こころ) 마음 | 密接(みっせつ) 밀접하게 | 関係(かんけい)する 관계하다 | 例(たと)えば 예를 들면 | 悲(かな)しい 슬프다 | 泣(な)く 울다 | 楽(たの)しい 즐겁다 | 笑(わら)う 웃다 | 表(あらわ)れる 나타나다 | しかし 그러나 | 同時(どうじ)に 동시에 | 動(うご)かす 움직이다 | 脳(のう) 뇌, 머리 | 読(よ)み取(と)る 알아차리다. 읽고 내용을 이해하다 | 合(あ)わせる 맞추다, 합치다 | 呼(よ)び起(お)こす 불러일으키다 | 実験(じっけん) 실험 | 参加者(さんかしゃ) 참가자 | 口(くち) 입 | 横(よこ) 옆, 가로 | 開(ひら)く 열리다, 벌리다 | 歯(は) 이 | 見(み)える 보이다 | 見(み)せる 내보이다, 나타내다 | 顔(かお) 얼굴 | 表情(ひょうじょう) 표정 | 似(に)ている 닮다, 비슷하다 | 自分(じぶん) 자기, 자신 | 笑顔(えがお) 웃는 얼굴 | 気(き)づく 깨닫다, 알아차리다 | 自然(しぜん)と 자연히, 저절로 | 愉快(ゆかい)だ 유쾌하다 | 気持(きも)ち 기분, 마음, 몸의 상태 | 判断(はんだん)する 판단하다 | 引(ひ)き起(お)こす 일으키다, 발생시키다 | 呼吸(こきゅう) 호흡 | 変化(へんか)する 변화하다 | 脳内(のうない) 뇌 속 | 血液(けつえき) 혈액 | 温度(おんど) 온도 | 変(か)わる 변하다, 바뀌다 | 決(き)める 정하다 | 大切(たいせつ)だ 중요하다, 소중하다 | 要素(ようそ) 요소 | 流(なが)れる 흐르다, 흘러내리다 | 低(ひく)い 낮다 | ここちよい 기분 좋다, 상쾌하다 | 感(かん)じる 느끼다 | 鼻(はな) 코 | 入(い)り口(ぐち) 입구 | 広(ひろ)い 넓다 | 空気(くうき) 공기 | 取(と)り込(こ)む 혼잡해지다, 걷어 들이다, 차지하다 | 吸(す)い込(こ)む 빨아들이다, 흡입하다 | 冷(ひ)やす 식히다, 차게 하다 | 生(しょう)じる 생겨나다, 나다, 생기다 | それぞれ 저마다, 각각 | 別々(べつべつ) 따로따로, 제각기 | 深(ふか)い 깊다 | 関(かか)わり合(あ)う

관계하다, 연루되다 | 同様(どうよう)に 마찬가지로 | 働(はたら)き かける 작용하다, 손을 쓰다 | いやだ 싫다, 불쾌하다 | 思(おも)い出 (だ)す 생각나다, 생각해내다 | 鏡(かがみ) 거울 | にっこり 생긋, 방 긋 | 作(つく)る 만들다

01

1 くらいだ 2 ということだ
3 にあたる 4 とみえる

알맞은 기능어 찾기 ★★

정답 찾기 몸을 움직이는 것으로 마음을 움직일 수도 있고, 울면 슬 퍼지거나 웃으면 즐거워지거나 한다는 사실을 이야기하는 것이므로 정답은 2번 ～ということだ(～라고 한다)이다. ～ということだ (～라고 한다)는 객관적 정보에 의한 것을 그대로 전할 때 사용하는 표현이다.

오답 분석 1번 ～くらいだ(～정도다)는 상태의 정도를 나타내는 표 현이고, 3번 ～にあたる(～에 들어맞다)는 ～에 해당함을 나타내는 표현, 4번 ～とみえる(～인 듯하다)는 이유나 근거가 있어서 추량 할 때에 사용하는 표현이다.

정답 2

02

1 見えるようにしてもらった
2 見えるようにしてくれた
3 見せるようにしてもらった
4 見せるようにしてくれた

의미적으로 적절한 표현 찾기 ★★

정답 찾기 문장 내용이 참가자에게 입을 벌려 이가 보이도록 하게 했다는 것이 되므로 정답은 1번 見えるようにしてもらった(보이 도록 하게 했다)이다. 見える(보이다)와 見せる(보여주다)의 의미 구별, ～てもらう(～해 받다)와 ～てくれる(～해 주다)의 의미를 구별하여 문맥에 맞게 정답을 찾는다.

오답 분석 ～てもらう는 '다른 사람에게 ～해 받다, 즉 다른 사람 이 ～해 주다'는 의미이고, ～てくれる는 '다른 사람이 나에게 ～해 주다'는 의미이다.

정답 1

03

1 つまり 2 あるいは
3 それに 4 すると

알맞은 접속사 찾기 ★★

정답 찾기 웃고 있을 때의 마음의 움직임이 곧 즐거운 기분을 말하는 것이므로, 정답은 등위 접속사인 1번 つまり(즉, 결국, 요컨대)이다.

오답 분석 2번 あるいは(또는, 혹은), 3번 それに(게다가), 4번 す ると(그러자).

정답 1

04

1 によって 2 とともに
3 にかぎって 4 に比べて

알맞은 기능어 찾기 ★★

정답 찾기 웃었을 때의 표정과 웃고 있지 않을 때를 비교하여 이야 기하고 있으므로 정답은 4번 ～に比(くら)べて(～에 비해)이다. ～ に比べて(～에 비해)는 둘 이상의 것을 나열하여 어떤 점에 대해 비 교하는 표현이다.

오답 분석 1번 ～によって(～에 따라)는 무언가에 따라서 뒤의 사 항이 달라짐을 나타낼 때 사용하는 표현, 2번 ～とともに(～와 함 께)는 한쪽의 동작이나 작용·변화 등이 진행됨에 따라 다른 한 쪽 의 동작이나 작용·변화도 진행됨을 나타내는 표현, 3번 ～にかぎ って(～에 한하여)는 특별히 그 경우에만 좋지 않은 상황이 되어 불 만스럽다는 뉘앙스로 자주 사용되는 표현이다.

정답 4

05

1 よいことになっている

2 よいことにしている

3 よいかもしれない

4 よいからである

알맞은 기능어 찾기 ★★

정답 찾기 문장 전후의 내용이 무엇인가 안 좋은 일이 있을 때 웃는 얼굴을 만들어 보는 것이 좋을 것 같다고 말하는 것이므로 정답은 3번 よいかもしれない(좋을 지도 모른다)가 된다. 〜かもしれない(〜·지도 모른다)는 어떤 일이 이루어질 가능성이 있다고 말하는 사람의 추측을 나타내는 표현이다.

오답 분석 1번 〜ことになっている(〜하기로 되어 있다)는 개인의 의지와는 무관하게 정해진 규칙이나 사회적 관습 등을 객관적으로 이야기할 때 사용하는 표현이고, 2번 〜ことにしている(〜하기로 하고 있다)는 개인적인 습관이나 규칙으로 그렇게 하고 있음을 나타내는 표현, 4번 〜からである(〜기 때문이다)는 이유를 단정적으로 나타내는 표현이다.

정답 3

시나공 15 문장 문법력 기르기 | 적중 예상 문제 ⑥

문제 다음 문장을 읽고 문장 전체의 취지에 입각하여 ☐1☐ 에서 ☐5☐ 안에 들어갈 가장 알맞은 것을 1·2·3·4 중에서 하나 고르세요.

　「この内容を人に伝える表現にしてください。」と言われたら、どう変えますか。難しいと感じませんか。どのような方法で、どういう場面で、だれに伝えるのかという条件を示されないと、　1　。私たちは、言葉を伝える方法や、言葉を使う相手や場面　2　、表現を変えているのです。

　言葉で伝える方法には、音声と文字の二つがあります。この違い　2　、表現は変わります。音声で表す言葉を話し言葉といいます。話し言葉では、声の大きさや上げ下げ、間の取り方などで、自分の気持ちを表すことができます。また、その場に相手がいることが多いので、言い間違いをすぐに直せますし、実物を示し　3　「これが〜」とこそあど言葉で表すこともできます。相手によっては、方言を使った表現もできるでしょう。内容を考え　3　話すことが多いため、言葉がはさまれたり、語順が整わなかったりするのも話し言葉の特徴です。

　　4　、文字で表す言葉を書き言葉といいます。すぐに消えてしまう音声と違い、文字は残ります。日記や手紙などを除くと、だれがいつ読

해석 '이 내용을 다른 사람에게 전달하는 표현으로 바꿔주세요.'라고 요청받으면 어떻게 바꿉니까? 어렵다고 느끼지 않습니까? 어떤 방법으로 어떤 장면에서 누구에게 전하는 것인가와 같은 조건을 제시해주지 않으면 **1 생각할 수 없습니다**. 우리들은 말을 전하는 방법이나 말을 사용하는 상대나 장면 **2 에 따라서** 표현을 바꾸고 있는 것입니다.

　말로 전하는 방법에는 음성과 문자 두 가지가 있습니다. 이 차이 **2 에 따라서** 표현은 바뀝니다. 음성으로 나타내는 말을 음성언어라고 합니다. 음성언어로는 목소리의 크기와 높낮이, 간격을 두는 것 등으로 자신의 마음을 표현할 수 있습니다. 또한 그 곳에 상대가 있는 경우가 많기 때문에 잘못 말한 것을 바로 고칠 수도 있고, 실물을 보이 **3 면서** '이것이〜'라고 이·그·저·어느 같은 지시어로 나타낼 수도 있습니다. 상대에 따라서는 사투리를 쓴 표현도 할 수 있겠죠. 내용을 생각하 **3 면서** 말하는 경우가 많기 때문에, 말이 끊기거나 어순이 제대로 안 맞는 경우가 있는 것도 음성언어의 특징입니다.

　4 한편, 문자로 나타내는 말을 문장언어라고 합니다. 바로 사라져버리는 음성과 달리, 문자는 남습니다. 일기나 편지 등을 제외하면, 누가 언제 읽는 것인지를 모르는 경우가 자주 있습니다. 그래서 누가 읽어도 알 수 있도록 공통어로 쓰고 어순이나 구성을 갖추는 것이 보통입니다. 대부분은 다시 쓸 수 없기 때문에, 오해를 주지 않도록 주어를 분명히 하거나 오자가 없도록 하는 등의 주의가 필요합니다. 내용을 정리해서 쓰고, 재검토하고 나서 다른 사람에게 **5 전하도록 합시다**.

어휘 内容(ないよう) 내용 | 伝(つた)える 전하다 | 表現(ひょうげん)する 표현하다 | 変(か)える 바꾸다 | 難(むずか)しい 어렵다 | 感(かん)じる 느끼다 | 方法(ほうほう) 방법 | 場面(ばめん) 장면 | 条件(じょうけん) 조건 | 示(しめ)す (나타내) 보이다 | 考(かんが)える 생각하다 | 言葉(ことば) 말. 언어 | 使(つか)う 사용하다 | 相手(あいて) 상대 | 音声(おんせい) 음성 | 文字(もじ) 문자 | 違(ちが)い 차이 | 変(か)わる 바뀌다, 변하다 | 表(あらわ)す 나타내다 |

むのかが分からない場合がよくあります。そのため、だれが読んでも分かるように、共通語で書き、語順や構成を整えることが普通です。たいていは書き直せないので、誤解を与えないよう、主語を明らかにしたり、誤字がないようにしたりするなどの注意が必要です。内容を整理して書き、見直しをしてから人に　5　。

話(はな)し言葉(ことば) 음성언어, 구어 | 声(こえ) 소리, 목소리 | 大(おお)きさ 크기 | 上(あ)げ下(さ)げ 올림과 내림 | 間(あいだ) 거리, 간격, 사이 | 取(と)り方(かた) 취하는 방법 | 自分(じぶん) 자기 자신 | 気持(きも)ち 기분, 마음, 몸의 상태 | また 또, 또한 | 場(ば) 곳, 장소 | 多(おお)い 많다 | 言(い)い間違(まちが)い 잘못 말함 | すぐに 곧, 금방, 즉시 | 直(なお)す 고치다 | 実物(じつぶつ) 실물 | 方言(ほうげん) 사투리 | はさむ 끼우다 | 語順(ごじゅん) 어순 | 整(とと)う 정돈되다, 갖추어지다 | 特徴(とくちょう) 특징 | 書(か)き言葉(ことば) 글에서 쓰는 말, 문장언어 | 消(き)える 사라지다 | 違(ちが)う 다르다 | 残(のこ)る 남다 | 日記(にっき) 일기 | 手紙(てがみ) 편지 | 除(のぞ)く 없애다, 제외하다 | 読(よ)む 읽다 | 分(わ)かる 알다 | 場合(ばあい) 경우 | 共通語(きょうつうご) 공통어 | 書(か)く 쓰다 | 構成(こうせい) 구성 | 整(とと)える 정돈하다, 갖추다 | 普通(ふつう) 보통 | たいてい 대부분, 대개 | 書(か)き直(なお)す 다시 쓰다, 고쳐 쓰다 | 誤解(ごかい) 오해 | 与(あた)える 주다 | 主語(しゅご) 주어 | 明(あき)らかに 분명히 | 誤字(ごじ) 오자 | 注意(ちゅうい) 주의 | 必要(ひつよう) 필요 | 整理(せいり)する 정리하다 | 見直(みなお)し 다시 봄, 재검토

01

1 考えようがありません
2 考えかねません
3 考えることはありません
4 考えそうもありません

알맞은 기능어 찾기 ★★

정답 찾기 어떤 방법으로 어떤 장면에서 누구에게 전하는 것인가와 같은 조건을 제시하지 않으면 어떻게 바꾸어야 할지 생각할 수 없다는 것이 되므로 정답은 1번 考えようがありません(생각할 수 없습니다)이다. ～ようがない는 동사 ます형에 접속하여 그렇게 하고 싶지만 수단이나 방법이 없어서 불가능하다는 의미를 나타낸다.

오답 분석 2번 ～かねない(～할지도 모른다)는 좋지 않은 가능성이 있어 걱정이라는 의미, 3번 ～ことはない(～할 필요는 없다)는 불필요 · 전면부정 · 충고 · 조언 등의 표현, 4번 ～そうもない(～것 같지 않다)는 양태 · 추량를 나타내는 ～そうだ의 부정표현이다.

정답 1

02

1 において　　　2 によって
3 についで　　　4 にして

알맞은 기능어 찾기 ★★

정답 찾기 상대나 장면에 따라서, 그리고 음성인지 문자인지에 따라서 표현이 바뀐다는 내용이므로 두 개의 공란에 공통적으로 들어갈 수 있는 것은 2번 ～によって(～에 따라)이다. ～によって는 원인 · 이유, 동작의 주체, 수단 · 방법 등의 의미로 사용된다.

오답 분석 1번 ～において(～에서)는 어떤 일이 행해지는 장소 · 때 · 분야 · 상황 등을 나타내는 표현, 3번 ～についで(～다음으로, ～에 뒤이어서)는 바로 다음에 이어지는 것이나 정도나 지위가 바로 아래에 있는 것을 나타내는 표현, 4번 ～にして(～도, ～면서, ～가 되어서)는 강조의 표현으로 정도에 관해서 놀람이나 굉장하다는 마음을 담고 있다.

정답 2

03

1 あまりに　　　2 うえで
3 たびに　　　　4 ながら

알맞은 기능어 찾기 ★★

정답 찾기 두 개의 3번 공란 앞을 보면 동사가 ます형으로 제시되어 있는데 선택지 가운데 동사 ます형에 접속하는 표현은 4번 ～ながら(～하면서)밖에 없다. ～ながら는 동시동작의 의미와 역접의 의미로 사용된다.

오답 분석 나머지 선택지들은 동사에 접속할 때 1번 ～あまりに(너무 ～한 나머지)는 기본형 또는 ～た형에, 2번 ～うえで(～하고

나서, ~한 후에)는 ~た형에 접속, 3번 ~たびに(~때마다)는 동사 기본형에 접속하므로 접속 형태만으로도 정답에서 제외할 수 있다.

정답 4

04

1 かりに   2 ただし
3 一方   4 例えば

알맞은 부사·접속사 찾기 ★★

정답 찾기 앞 문장에서는 음성언어에 대해서 이야기하고, 뒷 문장에서는 문장언어에 대해 이야기하고 있으므로 두 가지 내용을 대비시키며 자연스럽게 연결할 수 있는 접속사는 3번 一方(いっぽう)(한편)이다.

오답 분석 1번 かりに(가령, 만약), 2번 ただし(단, 다만), 4번 例(たと)えば(예를 들면).

정답 3

05

1 伝えるためにしましょう

2 伝えるようにしましょう

3 伝えるわけになるでしょう

4 伝えるまでのことでしょう

알맞은 기능어 찾기 ★★

선택지 해석 1 전하기 위해서 합시다   2 전하도록 합시다
3 전하는 이유가 되겠지요   4 전할 뿐이겠지요

정답 찾기 대부분은 다시 쓸 수 없기 때문에 내용을 정리해서 쓰고 재검토하고 나서 다른 사람에게 전하라는 내용이 되므로 정답은 2번 伝えるようにしましょう(전하도록 합시다)이다. ~ようにする(~하도록 한다)는 노력이나 의지를 나타내는 표현이다.

오답 분석 1번 ~ためにする(~하기 위해서 하다)는 목적의 의미, 3번 ~わけになる(~하는 이유가 되다)는 까닭·사정·이유 등을 나타내고, 4번 ~までのことだ(~할 따름이다)는 행위의 목적이나 의향을 나타낸다.

정답 2

시나공 15 문장 문법력 기르기 | 적중 예상 문제 ⑦

문제   다음 문장을 읽고 문장 전체의 취지에 입각하여 ☐1☐ 에서 ☐5☐ 안에 들어갈 가장 알맞은 것을 1·2·3·4 중에서 하나 고르세요.

　歴史上多くの人々が食用に動物を殺さないことを望んできた。肉を摂取しない習慣を菜食主義と言う。宗教的な理由から菜食主義者になる人 ☐1☐ いれば、健康上の問題や、さらに単に肉の味が好きではないという人 ☐1☐ いる。最近では、動物に同情するますます多くの人が菜食主義へと ☐2☐ 。

　菜食主義にはさまざまなタイプがある。例えば、乳製品、卵、魚を食べ続け、単に赤肉だけを排除する菜食主義者 ☐1☐ いれば、一方でビーガンのように食事から全ての動物性由来製品を避ける人 ☐1☐ いる。彼らは豆類からタンパク質

해석   역사상 많은 사람들이 식용으로 동물을 죽이지 않는 것을 바래왔다. 고기를 섭취하지 않는 습관을 채식주의라고 한다. 종교적인 이유로 채식주의자가 된 사람 ☐1 도☐ 있고 건강상의 문제나, 게다가 단순히 고기의 맛을 좋아하지 않는다는 사람 ☐1 도☐ 있다. 최근에는 동물에 동정하는 점점 많은 사람들이 채식주의로 ☐2 바뀌고 있다☐ .

　채식주의에는 여러 가지 유형이 있다. 예를 들면, 유제품, 달걀, 생선을 계속해서 먹고 그저 붉은 고기만을 배제하는 채식주의자 ☐1 도☐ 있고, 한편으로 비건처럼 식사부터 모든 동물성 유래 제품을 피하는 사람 ☐1 도☐ 있다. 그들은 콩류로 단백질을 취한다. 다른 대부분의 사람에게 있어서 과일과 채소만 먹고 고기나 생선을 먹는 것을 줄인다는 생각은 거의 불가능하다고 ☐3 여겨진다☐ . ☐4 그럼에도 불구하고☐ , 채식주의용 요리에 관한 시장은 성장하고 있다.

　요즘은 점점 많은 채식주의 레스토랑이 생겨나고 있다. 많은 젊은이들은 단순히 그것이 어떤 느낌인지를 알기 위해서 단기간만 채식주의자가 되고 있다. 그들의 대부분은 자신이 먹는 것에 더욱 주의를 기울이고 그렇게 하는 것으로 기분이 좋아진다고 한다. 레스

をとる。ほかの多くの人にとって、果物と野菜だけを食べ、肉や魚を食べることを減らすという考えは、ほとんど不可能に　3　。　4　、菜食主義用の料理に関する市場は成長している。

　今日では、ますます多くの菜食主義レストランが開店している。多くの若者は単にそれがどんな感じかを知るために、短期間だけ菜食主義者になっている。彼らの多くは、自分が食べるものにより注意を払い、そのことで気分がよくなると言う。レストランへ行き、おいしい菜食主義料理を楽しむ　5　、食事を改善することができるのだ。

意を傾けいでそうしてすることで気分が良くなるという。レストランに行っておいしい菜食主義料理を楽しむ　5　것으로, 식사를 개선할 수 있는 것이다.

어휘 歴史上(れきしじょう) 역사상 | 多(おお)く 많은 | 人々(ひとびと) 사람들 | 食用(しょくよう) 식용 | 動物(どうぶつ) 동물 | 殺(ころ)す 살해하다, 죽이다 | 望(のぞ)む 바라다, 원하다 | 肉(にく) 고기 | 摂取(せっしゅ)する 섭취하다 | 習慣(しゅうかん) 습관 | 菜食(さいしょく) 채식 | 主義(しゅぎ) 주의 | 宗教的(しゅうきょうてき) 종교적 | 理由(りゆう) 이유 | 健康上(けんこうじょう) 건강상 | 問題(もんだい) 문제 | さらに 더욱더, 다시금, 조금도, 도무지 | 単(たん)に 단순히, 그저 | 味(あじ) 맛 | 最近(さいきん) 최근 | 同情(どうじょう)する 동정하다 | 変(か)わる 변하다, 바뀌다 | 様々(さまざま)だ 갖가지이다, 여러 가지이다 | タイプ 타입, 유형 | 例(たと)えば 예를 들면 | 乳製品(にゅうせいひん) 유제품 | 卵(たまご) 달걀 | 魚(さかな) 생선 | 食(た)べ続(つづ)ける 계속 먹다 | 赤肉(あかにく) 붉은 고기 | 排除(はいじょ)する 배제하다 | 一方(いっぽう)で 한편으로 | ビーガン 비건, 동물성 식품을 전혀 먹지 않는 채식주의자 | 食事(しょくじ) 식사 | 全(すべ)て 모두, 전부 | 由来(ゆらい) 유래 | 製品(せいひん) 제품 | 避(さ)ける 피하다 | 豆類(まめるい) 콩류 | たんぱく質(しつ) 단백질 | 取(と)る 취하다 | 他(ほか) 그 밖, 이외 | 果物(くだもの) 과일 | 野菜(やさい) 채소 | 減(へ)らす 줄이다, 덜다 | ほとんど 거의, 대부분 | 不可能(ふかのう) 불가능 | 料理(りょうり) 요리 | ~に関(かん)する ~에 관한 | 市場(しじょう) 시장 | 成長(せいちょう)する 성장하다 | 今日(こんにち) 오늘날, 요즘 | 開店(かいてん)する 개점하다 | 若者(わかもの) 젊은이 | 感(かん)じ 느낌 | 知(し)る 알다 | 短期間(たんきかん) 단기간 | 注意(ちゅうい)を払(はら)う 주의를 기울이다 | 気分(きぶん) 기분, 느낌 | 楽(たの)しむ 즐기다 | 改善(かいぜん)する 개선하다

01

1 が　　　　2 は
3 も　　　　4 を

알맞은 조사 찾기 ★★

정답 찾기 1번 공란에 공통적으로 들어갈 조사는 3번 ~も(~도)이다. ~も~ば、~も(~도 ~하고, ~도)의 문형은 앞 내용에다가 뒤의 내용을 추가할 때 사용하는 표현이다.

오답 분석 1번 ~が(~이, ~가)는 동작이나 작용의 주체나 성질이나 상태의 주체를 나타내는 조사, 2번 ~は(~은, ~는)은 서술의 주제를 나타내는 조사, 4번 ~を(~을, ~를)은 동작이나 작용의 대상을 나타내는 조사이다.

정답 3

02

1 変わり一方だ　　　2 変わり得ない
3 変わり勢いだ　　　4 変わりつつある

알맞은 기능어 찾기 ★★

정답 찾기 점점 많은 사람들이 채식주의로 바뀌고 있다는 내용이므로 정답은 4번 変わりつつある(바뀌고 있다)이다. ~つつある(~하고 있다)는 동사 ます형에 접속하여 어떤 동작이나 작용이 진행 과정에 있음을 나타낸다.

오답 분석 1번 ~一方(いっぽう)だ(~할 뿐이다)는 동사 기본형에 접속하고, 3번 ~勢(いきお)いだ(~기세다)는 동사 명사 수식형에 접속하는 표현으로 접속 방법이 잘못된 오문으로 정답에서 제외한다. 2번 ~得(え)ない(~할 수 없다)는 실현 불가능을 나타내는 표현이다.

정답 4

03

1 思える	2 思えない
3 思う	4 思わない

알맞은 동사 찾기 ★★

정답 찾기 일반적인 사람들에게는 과일과 채소만 먹고, 고기나 생선을 먹는 것을 줄인다는 생각은 거의 불가능하다고 여겨진다는 내용이므로 정답은 1번 思える(여겨지다, 생각되다, 자연히 그렇게 느끼다)이다.

오답 분석 2번 思えない(여겨지지 않는다, 생각되지 않는다), 3번 思う(생각하다), 4번 思わない(생각하지 않는다).

정답 1

04

1 いずれにしても	2 それにもかかわらず
3 それなりに	4 その上

알맞은 접속사 찾기 ★★

정답 찾기 대부분의 사람에게 있어서 과일과 채소만 먹고 고기나 생선을 먹는 것을 줄인다는 생각은 거의 불가능하다고 여겨지지만, 그럼에도 채식주의용 요리에 관한 시장은 성장하고 있다는 내용이므로 앞뒤의 내용을 가장 자연스럽게 연결시켜 줄 접속사는 2번 それにもかかわらず(그럼에도 불구하고)이다.

오답 분석 1번 いずれにしても(어차피, 결국), 3번 それなりに(그 나름대로, 그런대로), 4번 その上(うえ)(게다가, 또한, 더욱)

정답 2

05

1 次第	2 途中で
3 ことで	4 そうで

알맞은 기능어 찾기 ★★

정답 찾기 채식주의 레스토랑에 가서 채식주의 요리를 즐기는 것으로, 식사를 개선할 수 있다는 내용이므로 정답은 3번 ~ことで(~것으로)이다. ~ことでは 동사의 기본형과 과거형에 접속하면 ~가 원인이 되어(~로 인해, ~해서) 어떤 결과가 초래된다는 의미이다.

오답 분석 1번 ~次第(しだい)(~하면 바로, ~하는 대로)는 문장 중간에 사용되면 동사 ます형에 접속하여 '~을 하면 곧바로 ~을 하겠다'는 의미의 표현이다. 2번 ~途中(とちゅう)で(~도중에)는 동작이나 사건이 시작되고 나서 끝날 때까지의 사이를 나타내는 표현, 4번 ~そうで(~라고 하고)는 전문의 용법으로 사용된 것이다.

정답 3

시나공 15 문장 문법력 기르기 | 적중 예상 문제 ⑧

문제 다음 문장을 읽고 문장 전체의 취지에 입각하여 [1]에서 [5] 안에 들어갈 가장 알맞은 것을 1·2·3·4 중에서 하나 고르세요.

　　毎日私たちは、食物を買ったり、家のために使ったりなど、ほとんど全てのことに対してお金を使う。私たちはいつもお金を所持し、お金を受け取ることが嬉しい。お金は非常に重要な要因なので、どの国々が世界を支配するかを決定する。[1]、お金なしで世の中が回ることは難しいだろう。

해석 매일 우리들은 음식을 사거나 집을 위해서 쓰거나 하는 등, 거의 모든 것에 대해 돈을 사용한다. 우리들은 언제나 돈을 소지하고 돈을 받는 것이 기쁘다. 돈은 상당히 중요한 요인이기 때문에 어느 나라들이 세계를 지배하는가를 결정한다. [1 즉], 돈 없이 세상이 돌아가는 것은 어려울 것이다.

　　사회에 돈이라는 개념이 존재하기 이전 상당히 옛날 문화에서는 사람들은 자신들이 생산하거나 기르거나 한 것을 시장에 가지고 가서 그것들을 다른 사람의 물건과 교환했다. 그랬던 시대는 아득히 먼 옛날이다.

社会にお金という概念が存在する以前の非常に古い文化では、人々は自分たちが生産したり育てたりした物を市場に持っていき、それらをほかの人の品物と交換していた。そういった時代ははるか昔である。

収入 [2] 、社会が特定の技術に対して定める価値の象徴とみなすことができる。社会への貢献がより大きいと認知されればされる [3] 、社会はこれらの技術の代価としてより多くのお金を喜んで与える。例えば、医者の医療技術は家の塗装技術よりも、より希少で重要だとみなされるため、医者はより高い収入を得る。しかしながら、町に1人しか塗装職人がおらず、塗るべき家がたくさん [4] 、収入は変わるだろう。塗装職人の技術は大いに必要となり、塗装職人はより高い料金を請求できるだろう。物々交換する [5] 、私たちは時間と技術をお金と交換する。そのお金は、必要な物や欲しい物を買う力をわれわれに与えるのである。

수입 [2 이란] 사회가 특정한 기술에 대해서 정하는 가치의 상징으로 간주할 수 있다. 사회에의 공헌이 보다 크다고 인지되면 [3 될수록], 사회는 이러한 기술의 대가로서 보다 많은 돈을 기꺼이 준다. 예를 들면, 의사의 의료기술은 집을 칠하는 기술보다 더욱 희소하고 중요하다고 간주되기 때문에 의사는 보다 높은 수입을 얻는다. 하지만 마을에 한 사람밖에 도장 기술자가 없고 칠을 해야 하는 집이 많이 [4 있다고 하면] 수입은 바뀔 것이다. 도장 기술자의 기술은 많이 필요해지고, 도장 기술자는 보다 높은 요금을 청구할 수 있을 것이다. 물물 교환하는 [5 대신에], 우리들은 시간과 기술을 돈과 교환한다. 그 돈은 필요한 것이나 갖고 싶은 것을 사는 힘을 우리들에게 주는 것이다.

時代(じだい) 시대 | はるか 아득히 먼 | 昔(むかし) 옛날 | 収入(しゅうにゅう) 수입 | 特定(とくてい) 특정 | 技術(ぎじゅつ) 기술 | 定(さだ)める 정하다 | 価値(かち) 가치 | 象徴(しょうちょう) 상징 | みなす 간주하다, 가정하다 | 貢献(こうけん) 공헌 | 認知(にんち) 인지 | 代価(だいか) 대가 | 喜(よろこ)んで 기쁘게, 기꺼이 | 与(あた)える 주다 | 例(たと)えば 예를 들면 | 医者(いしゃ) 의사 | 医療(いりょう) 의료 | 塗装(とそう) 도장, 칠을 함 | 希少(きしょう) 희소 | 得(え)る 얻다 | しかしながら 그렇지만, 하지만 | 町(まち) 시내, 마을, 거리 | 職人(しょくにん) 장인, 전문가 | 塗(ぬ)る 칠하다 | 変(か)わる 변하다, 바뀌다 | 大(おお)いに 대단히, 매우, 크게, 많이 | 必要(ひつよう) 필요 | 料金(りょうきん) 요금 | 請求(せいきゅう) 청구 | 物々交換(ぶつぶつこうかん) 물물교환 | 時間(じかん) 시간 | 欲(ほ)しい 갖고 싶다 | 力(ちから) 힘 | 我々(われわれ) 우리들

01

1 要するに 2 かえって
3 このように 4 もっとも

알맞은 접속사 찾기 ★★

정답 찾기 돈은 상당히 중요한 요인이고 돈 없이 세상이 돌아가는 것은 어려울 것이라는 내용이므로, 앞문장의 내용을 뒤의 문장에서 말을 바꾸어 표현할 경우에 사용되는 접속사인 1번 要(よう)するに(요컨대, 결국, 즉)이 정답이다.

오답 분석 2번 かえって(오히려), 3번 このように(이렇게), 4번 もっとも(가장, 제일).

정답 1

02

1 とかで 2 とは
3 としたら 4 とはいえ

알맞은 기능어 찾기 ★★

정답 찾기 수입에 대한 정의를 나타내고 있으므로 정답은 2번 〜とは(〜라는 것은)이다. 〜とは는 의미를 나타내거나 정의할 때 사용하는 표현이다.

오답 분석 전문의 표현인 1번 〜とかで(〜인가로)와 가정조건의 표현인 3번 〜としたら(〜라고 하면), 그리고 역접을 나타내는 4번 〜とはいえ(〜라고는 해도)는 각 품사의 보통형에 접속하므로 접속 형태만으로도 정답에서 제외된다.

정답 2

03

1 はず 2 だけ
3 さえ 4 ほど

알맞은 기능어 찾기 ★★

정답 찾기 사회에의 공헌이 크다고 인지되면 인지 될수록 더 많은 돈을 받게 된다는 내용이므로 공란에 들어갈 정답은 4번 〜ほど(〜할수록)이다. 〜ほど는 〜정도, 〜만큼의 의미로, 〜ば〜ほど(〜하

면, ~할수록)의 형태가 되면 '~의 정도가 변하면, ~의 정도도 바뀜'을 나타내는 표현이다.

오답 분석 1번 ~はず(~할 것)는 상황이나 상식 · 경험 · 이유 등으로 추측한 주관적인 판단을 나타내는 표현, 2번 ~だけ(~만, ~뿐)는 한정 · 한도를 나타내는 표현, 3번 ~さえ(~조차)는 ~さえ、~ば(~만, ~하면)의 형태로 사용되면 조건이 충족됨을 나타낸다.

정답 4

04

1 あるかと思ったら　　2 あるといっても
3 あるとしたら　　　　4 あるとしても

알맞은 기능어 찾기 ★★

정답 찾기 마을에 도장 기술자는 한 명밖에 없고, 칠을 해야 하는 수요가 많은 상황이 되면 수입은 바뀔 것이라는 내용이므로 정답은 3번 あるとしたら(있다고 하면)이다. ~としたら(~라고 하면)는 가정조건을 나타낸다.

오답 분석 1번 ~かと思ったら(~하자 곧)은 주로 동사의 た형에 접속하여 앞일이 일어난 직후에 뒷일이 있어났음을 나타내는 표현, 2번 ~といっても(~라고 해도)는 '~라고 해도 실제는 ~에서 생각되어지는 것과는 다름'을 나타내는 표현, 4번 ~としても(~라고 해도)는 가정의 의미로 사용되는 표현이다.

정답 3

05

1 あまりに　　　　2 代わりに
3 うちに　　　　　4 最中に

알맞은 기능어 찾기 ★★

정답 찾기 물물 교환을 하는 대신에, 시간과 기술을 돈과 교환한다는 내용이므로 정답은 2번 ~代(か)わりに(~대신에)이다. ~代わりに는 명사+の/동사 기본형에 접속하면 '~을 하는 대신에 다른 일을 하다'는 의미로 사용되고, 동사 · い형용사 · な형용사의 명사 수식형에 접속하면 '~하는 대가로 대신 ~하다'는 의미로 사용된다.

오답 분석 어떤 일이 한창 진행되고 있음을 나타내는 4번 ~最中(さいちゅう)に(한창 ~하고 있을 때)는 동사의 ている형에 접속하는 표현이므로 접속 형태상 정답에서 제외한다. 1번 あまりに(너무 ~한 나머지)는 '너무 ~한 나머지 좋지 않은 결과가 되었음'을 강조할 때 사용하는 표현, 3번 ~うちに(~하는 동안에)는 '~하는 사이에 일이 성립됨'을 나타내는 표현이다.

정답 2

실전 모의고사
정답과 해설

시나공 문법

정답 한눈에 보기

실전 모의고사 1회

문제 7	01 1	02 3	03 3	04 4	05 1	06 3	07 4	08 3
	09 1	10 2	11 2	12 1				
문제 8	13 1	14 1	15 1	16 2	17 2			
문제 9	18 3	19 2	20 4	21 1	22 4			

실전 모의고사 2회

문제 7	01 1	02 3	03 3	04 4	05 2	06 1	07 3	08 4
	09 1	10 3	11 4	12 3				
문제 8	13 2	14 4	15 1	16 3	17 1			
문제 9	18 1	19 4	20 3	21 2	22 4			

실전 모의고사 3회

문제 7	01 3	02 2	03 1	04 2	05 3	06 3	07 4	08 1
	09 3	10 2	11 1	12 4				
문제 8	13 1	14 2	15 1	16 2	17 4			
문제 9	18 1	19 2	20 1	21 3	22 3			

정답과 해설

▶ 해설을 가리고 다시 한번 풀어보세요.

실전 모의고사 | 1회

문제 7 다음 문장의 ( )에 들어갈 가장 알맞은 말을 1·2·3·4 중에서 하나를 고르세요.

---

01 一般に目上の人（ 　 ）「お疲れさま」を
用い、「ご苦労さま」を使ってはいけない
とされています。

1 に対しては 　　　　2 については
3 に関しては 　　　　4 に伴っては

적절한 기능어 찾기 ★★

해석 일반적으로 윗사람**(에게는)** 'お疲れさま'를 사용하며 'ご苦労
さま'를 사용해서는 안 된다고 합니다.

정답 찾기 윗사람에게 사용해야 하는 인사표현에 대한 이야기이므
로 정답은 동작이나 감정이 향해지는 대상과 상대를 나타내는 1번
に対(たい)しては(~에게는, ~에 대해서는)이다.

오답 분석 2번 ~について와 3번 ~に関(かん)して(~에 관하
여, ~에 대하여)는 다루거나 관계를 갖고 있는 대상을 지시하는 표
현이고, 4번 ~に伴っ(ともな)ては(~에 따라서는)는 한쪽의 동작이
나 작용·변화 등이 진행됨에 따라 다른 한쪽의 동작이나 작용·변
화도 진행됨을 나타낸다.

> **복습 꾁!** ~に対して(は)(~에게(는), ~에 대해서(는))

어휘 一般(いっぱん)に 일반적으로 | 目上(めうえ) 윗사람 | お疲
(つか)れ様(さま) 수고 하셨습니다(일반적으로 상사 또는 동료에게 건
네는 말) | 用(もち)いる 쓰다, 사용하다 | ご苦労様(くろうさま) 수
고하셨습니다(상사가 부하의 수고에 대하여 격려할 때 건네는 말) | 使
(つか)う 쓰다, 사용하다 | ~てはいけない ~하면 안 된다

정답 1

---

02 ふと私の人生には何か欠けている（ 　 ）
ような気がしました。

1 ことになっている 　　2 かねる
3 ものがある 　　　　　4 おそれがある

의미적 호응관계 파악하기 ★★

해석 문득 내 인생에는 뭔가 빠진 **(데가 있는)** 듯한 생각이 들었습
니다.

정답 찾기 자신이 느끼고 있는 것을 이야기하고 있으므로 정답은
'상당히 ~하다, 왠지 ~라고 느끼다'라는 뜻으로, 말하는 사람이 느
낀 것을 감정을 담아 말할 때 사용하는 표현인 3번 ものがある가
된다.

오답 분석 2번 ~かねる(~할 수 없다)는 동사 ます형에 접속되므
로 접속 형태상 정답에서 제외한다. 1번 ~ことになっている(~하
기로 되어 있다)는 개인의 의지와는 무관하게 정해진 규칙이나 사회
적 관습 등을 객관적으로 이야기할 때 사용하는 표현, 4번 ~おそ
れがある(~할 우려가 있다)는 '~등의 좋지 않은 일이 일어날 위험
성이 있어 걱정이다'라는 의미이다.

> **복습 꾁!** ~ものがある(~하는 데가 있다)

어휘 ふと 문득, 우연히, 어쩌다 | 人生(じんせい) 인생 | 欠(か)け
る 빠지다, 부족하다 | 気(き)がする 생각(느낌)이 들다

정답 3

---

03 若い（ 　 ）苦労してないと、人の苦労が
見えない人間になってしまいます。

의미적 호응관계 파악하기 ★★

해석 젊은 **(동안에)** 고생하지 않으면, 남의 고생이 보이지 않는 인
간이 되어버립니다.

1 おきに   2 だけに

3 うちに   4 ように

정답 찾기 젊을 때 고생을 해 봐야 다른 사람의 고생도 알 수 있다는 내용으로 의미상 정답은 3번 〜うちに(〜동안에)이다. 〜うちに는 〜동안에 하지 않으면 유감·곤란하다는 마음이 포함되어 있다.

오답 분석 1번 〜おきに(〜걸러)는 명사에 접속하는 표현이므로 접속 형태상 정답에서 제외한다. 2번 〜だけに(〜인 만큼)는 앞 문장이 이유가 되어 그에 걸맞게 당연히 뒷 문장의 내용이 된다고 평가·판단·생각되어짐을 나타내는 강조의 표현, 4번 〜ように(〜하도록)는 소원이나 바람·목적 등의 의미와 '〜와 같이'라는 무언가를 기준으로 하여 동작이 행해짐을 나타내는 의미, '〜같이'라는 예시의 의미, 〜같은 상황이나 모습 등을 나타내는 의미 등 여러 가지 의미로 사용된다.

> **복습 꾁!** 〜うちに(〜하는 동안에)

어휘 若(わか)い 젊다 | 苦労(くろう) 고생, 수고 | 見(み)える 보이다 | 人間(にんげん) 인간

정답 3

---

04 あなたは誰かと会話している（   ）携帯電話に出ますか?

1 からこそ   2 ばかりか

3 のみならず   4 最中に

적절한 기능어 찾기 ★★

해석 당신은 누군가와 한창 대화**(하고 있을 때)** 휴대 전화를 받습니까?

정답 찾기 공란 앞에 동사 〜ている 형태이므로 정답은 어떤 일이 한창 진행되고 있음을 나타내는 4번 最中(さいちゅう)に(한창 〜하고 있을 때)이다.

오답 분석 1번 〜からこそ((바로) 〜기 때문에)는 '〜가 단 하나의 이유이며 중요하다'는 것을 강조하거나 상식에서 벗어날 수 있지만 그 이유를 특별히 말하고 싶을 때 사용하는 표현이고, 2번 〜ばかりか(〜뿐만 아니라)와 3번 〜のみならず(〜뿐만 아니라)는 비한정의 의미이다.

> **복습 꾁!** 〜最中に(한창 〜하고 있을 때)

어휘 誰(だれ)か 누군가 | 会話(かいわ) 회화, 대화 | 携帯電話(けいたいでんわ) 휴대 전화

정답 4

---

05 年末年始は忘年会（   ）、新年会（   ）、本当に忙しいです。

1 やら   2 どころか

3 かわりに   4 反面

적절한 기능어 찾기 ★★

해석 연말연시는 망년회**(며)** 신년회**(며)** 정말 바쁩니다.

정답 찾기 제시된 선택지 중에 공란에 공통으로 들어갈 수 있는 표현은 1번 〜やら(〜며, 〜등, 〜와)밖에 없다. 〜やら〜やら(〜나 〜등, 〜며 〜며, 〜랑 〜랑)는 우선 한 두 가지의 예를 들고 그 외에도 여러 가지가 있음을 나타낸다.

오답 분석 3번 〜かわりに(대신에)는 명사에 접속할 때 '명사+の'의 형태로 접속하고, 4번 〜反面(はんめん)(〜인 반면)은 명사에 접속할 때 '명사+である'의 형태로 접속하므로 접속 형태상으로도 정답에서 제외할 수 있다. 2번 〜どころか(〜은커녕)는 앞에 말한 것은 물론 그것보다 더 정도가 심하다고 말할 때와 실제는 그렇지 않고 정반대라는 것을 강조할 때에 사용하는 표현이다.

> **복습 꾁!** 〜やら〜やら(〜나 〜등, 〜며 〜며, 〜랑 〜랑)

어휘 **年末年始(ねんまつねんし)** 연말연시 | **忘年会(ぼうねんかい)** 송년회 | **新年会(しんねんかい)** 신년회 | **本当(ほんとう)に** 정말로 | **忙(いそが)しい** 바쁘다

정답 1

---

06 ずっと我慢してきたが、この状態だと歯医者さんに（　　　）。

1 行くどころではない　　2 行かないことはない
3 行かざるをえない　　4 行くわけがない

의미적 호응관계 파악하기 ★★

해석 계속 참았지만 이 상태라면 치과에 **(가지 않을 수 없다)**.

정답 찾기 문장의 내용이 아파서 치과에 갈 수 밖에 없는 상황임을 말하고 있으므로 정답은 본인의 의사가 아닌 피할 수 없는 사정·상황에 의해 '~하지 않을 수가 없음'을 나타내는 3번 ~ざるをえない(어쩔 수 없이 ~할 수 밖에 없다)이다.

오답 분석 1번 ~どころではない(~할 상황이 아니다)는 '~할 여유가 없다, ~할 상황이나 형편이 아니다'라는 강한 부정의 표현, 2번 ~ないことはない(~않는 것은 아니다)는 ~할 가능성이 없다고는 말할 수 없다는 이중부정의 표현, 4번 ~わけがない(~할 리가 없다)는 어떤 사실을 근거로 하여 그러한 일은 당연히 없다는 주관적인 강한 부정을 나타내는 표현이다.

복습 꼭! ~ざるをえない(~하지 않을 수 없다, 어쩔 수 없이 ~할 수 밖에 없다)

어휘 **ずっと** 계속, 줄곧, 훨씬, 아주 | **我慢(がまん)する** 참다, 견디다 | **状態(じょうたい)** 상태 | **歯医者(はいしゃ)さん** 치과(의사) | **行(い)く** 가다

정답 3

---

07 このままでは、個人情報が漏洩し（　　　）ので、速やかに対応をお願い致します。

1 かねる　　　　　2 っこない
3 がたい　　　　　4 かねない

의미적 호응관계 파악하기 ★★

해석 이대로는 개인정보가 누설될**(지도 모르기)** 때문에 신속한 대응을 부탁드립니다.

정답 찾기 개인정보가 누설될 가능성이 있다는 내용이므로, 정답은 좋지 않은 가능성이 있어 걱정이라는 의미인 4번 ~かねない(~할지도 모른다, ~할 수 있다)이다.

오답 분석 1번 ~かねる(~하기 어렵다, ~할 수 없다)는 어떤 동작을 하거나 어떤 상태에 있는 것이 어렵고 곤란하다는 표현, 2번 ~っこない(~할 리가 없다)는 '절대로 ~할 리가 없다'는 주관적인 강한 부정 표현, 3번 ~がたい(~하기 어렵다, ~하기 곤란하다)는 어떤 동작을 하거나 어떤 상태에 있는 것이 어렵고 곤란하다는 표현이다.

복습 꼭! 동사 ます형+かねない(~할지도 모른다)

어휘 **このまま** 이대로 | **個人(こじん)** 개인 | **情報(じょうほう)** 정보 | **漏洩(ろうえい)する** 누설하다 | **速(すみ)やかに** 재빨리, 신속하게 | **対応(たいおう)** 대응 | **お願(ねが)い致(いた)す** 부탁드리다

정답 4

---

08 何かを買う前に本当に必要かどうかをよく考える（　　　）。

1 ということだ　　2 ほかない
3 べきだ　　　　4 ことになっている

의미적 호응관계 파악하기 ★★

해석 뭔가를 사기 전에 정말로 필요한지 어떤지를 잘 생각**(해야 한다)**.

정답 찾기 뭔가를 사기 전에 필요한지를 잘 생각하고 사야 한다는 내용이므로 정답은 말하는 사람이 의무라고 주장하거나 충고하고 싶을 때 사용하는 3번 ~べきだ (~해야 한다, ~하는 편이 좋다)이다.

오답 분석 1번 ~ということだ(~라고 한다)는 들은 것을 그대로 인용하여 전할 때 사용하는 전문 표현, 2번 ~ほかない(~할 수 밖에 없다)는 가능한 방법이나 수단이 '~밖에 없다'고 한정하는 표현, 4번 ~ことになっている(~하게 되어 있다)는 개인의 의지와는 무관하게 정해진 규칙이나 사회적 관습 등을 객관적으로 이야기할 때 사용하는 표현이다.

복습 꼭! ~べきだ(~해야 한다)

어휘 何(なに)か 뭔가 | 買(か)う 사다 | ~前(まえ)に ~하기 전에 | 本当(ほんとう)に 정말로 | 必要(ひつよう) 필요 | ~かどうか ~지 어떤지 | よく 자주, 잘 | 考(かんが)える 생각하다

정답 3

---

09 体によくないと（　　　　）、最近は全然運動してない。

1 思いつつ　　　　　2 思ったとたんに
3 思って以来　　　　4 思うたびに

의미적 호응관계 파악하기 ★★

해석 건강에 좋지 않다고 **(생각하면서)** 요즘은 전혀 운동을 하고 있지 않다.

정답 찾기 생각은 하면서도 운동은 하지 않는다는 내용이므로 정답은 1번 思いつつ(생각하면서)가 된다. ~つつ(~하면서)는 두 가지 일을 동시에 행하는 것을 나타내는 동시 동작의 의미와 앞 문장의 상태나 모습에 모순되는 일이 뒷 문장에 일어남을 나타내는 역접의 의미로 사용 된다.

오답 분석 2번 ~たとたんに(~하자마자)는 앞일이 끝남과 거의 동시에 뒷일이 발생함을 나타내고, 3번 ~て以来(いらい)(~한 이래)는 어떤 동작을 한 후 계속 ~하다는 의미이며, 4번 ~たびに(때마다)는 '~할 때마다 항상 같은 결과가 됨'을 나타낸다.

복습 꼭! 동사 ます형 + ~つつ(~하면서)

어휘 体(からだ) 몸 | 思(おも)う 생각하다 | 最近(さいきん) 최근, 요즘 | 全然(ぜんぜん) 전혀 | 運動(うんどう) 운동

정답 1

---

10 母親である（　　　　）、子供を育てる義務がある。

1 からといって　　　2 以上は
3 あまり　　　　　　4 上で

적절한 기능어 찾기 ★★

해석 어머니인 **(이상)** 아이를 양육할 의무가 있다.

정답 찾기 공란 앞의 명사+~である의 형태에 접속할 수 있는 표현은 2번 ~以上(いじょう)は(~인 이상은)밖에 없다. ~以上は는 '~하(이)니까, 그러한 이상 당연히 ~해야 한다, ~해야지, ~하고 싶다, ~해 주세요' 등의 의미로, 이유를 들고 뒷 문장에 말하는 사람의 의무, 의지, 희망, 의뢰, 명령, 단정, 추량, 추천, 금지 등의 표현을 나타낼 때 사용하는 표현이다.

오답 분석 1번 ~からといって(~라고 해서)는 명사에 접속할 때 보통형에 접속하고, 3번 ~あまり(너무 ~한 나머지)와 4번 ~上(うえ)で(~하고 나서)는 명사에 접속할 때 '명사+の'의 형태로 접속하므로, 접속 형태만으로도 1, 3, 4번은 정답이 될 수 없다.

복습 꼭! ~以上(は)(~인 이상은, ~한 이상은)

어휘 母親(ははおや) 어머니 | 子供(こども) 아이, 자식 | 育(そだ)てる 기르다, 키우다 | 義務(ぎむ) 의무

정답 2

11 この場ではちょっと決め（　　　）ので、ま
た別途会議を設けましょう。

1 てならない　　　　2 かねる
3 つつある　　　　　4 かける

의미적 호응관계 파악하기 ★★

해석 이 자리에서는 좀 결정하기 **(어려우)**므로 다시 별도의 회의를
마련합시다.

정답 찾기 이 자리에서는 결정하기가 어렵다는 내용이므로, 정답은
2번 ～かねる(～하기 어렵다, ～할 수 없다)이다. ～かねる는 상황
이나 입장 상 ～할 수 없다는 의미로 사용된다.

오답 분석 1번 ～てならない는 '(감정이나 감각·욕구 등이) 너무
～하다, ～해서 참을 수 없다'는 심정의 강조 표현, 3번 ～つつある
(～하고 있다)는 어떤 동작이나 작용이 진행 과정에 있음을 나타내
는 표현, 4번 ～かける(～하다말다)는 어떤 동작을 하다만 상태를
나타내므로 정답이 될 수 없다.

> **복습 꼭!** 동사 ます형+かねる(～하기 어렵다, ～할 수 없다)

어휘 場(ば) 곳, 장소, 자리, 분위기, 상황 | ちょっと 잠깐, 잠시, 조금
| 決(き)める 정하다, 결정하다 | また 또한, 다시 | 別途(べっと) 별
도 | 会議(かいぎ) 회의 | 設(もう)ける 마련하다, 준비하다

정답 2

12 明日は定休日につき、（　　　）。

1 休ませていただきます
2 休まれます
3 休んでいただきます
4 休んでいらっしゃいます

의미적 호응관계 파악하기 ★★

해석 내일은 정기휴일이기 때문에 **(쉽니다)**.

정답 찾기 먼저 공란 앞의 ～につき는 '～로 인해, ～때문에'라는
원인·이유의 의미로 사용되고 있다는 것을 알아야 한다. 손님에게
내일이 정기휴일임을 말하는 내용이므로 말하는 사람은 자신을 낮
추는 겸양 표현을 사용해야 한다. 따라서 정답은 1번 休ませていた
だきます(쉽니다)이 된다. ～させていただく(～하다)는 자신이
하려고 하는 행위를 매우 공손하게 나타내는 표현이다.

오답 분석 2번은 ～(ら)れる(～하시다)와, 4번 ～ていらっしゃる
(～하고 계시다)는 존경의 의미이고 3번 ～ていただく(～해 주다)는
상대가 자신에게 ～해 주시다는 의미이므로 정답이 될 수 없다.

> **복습 꼭!** ～(さ)せていただく((제가) ～하다)

어휘 明日(あした) 내일 | 定休日(ていきゅうび) 정기휴일 | 休
(やす)む 쉬다

정답 1

문제 8 다음 문장의 ＿＿★＿＿ 에 들어갈 가장 알맞은 말을 1·2·3·4 중에서 하나를 고르세요.

13 ＿＿＿＿ ＿＿＿＿ ＿★＿ ＿＿＿＿ 上司に説得されて
結局やめないことになった。

1 と言った　　　　2 ものの
3 仕事を　　　　　4 辞める

단어 바르게 배열하기 ★★

문장 배열 仕事を 辞める と言った ものの 上司に説得さ
　　　　　3　　4　　1　　2
れて結局やめないことになった。

해석 일을 그만두겠다고 말했지만 상사에게 설득 당해 결국 그만두
지 않게 되었다.

정답 찾기 먼저 3번 仕事を(일을) 뒤에 술어인 4번 辞める(그만두
다)를 연결한다. 그리고 1번 ～と言った(～라고 말했다)를 연결하
면 仕事を辞めると言った(일을 그만둔다고 말했다)라는 문장이
만들어지고 뒷 문장의 내용은 '일을 그만둔다고 말한 것'과 상반되는
것이므로 상반·모순되는 앞 뒤 문장을 연결해주는 2번 ～ものの

(〜지만)를 마지막에 배열하여 전체적으로 나열하면 3-4-1-2가 되어 정답은 1번이다.

정답 찾기 먼저 3번 仕事를(일을) 뒤에 술어인 4번 辞める(그만두다)를 연결한다. 그리고 1번 〜と言った(〜라고 말했다)를 연결하면 仕事を辞めると言った(일을 그만둔다고 말했다)라는 문장이 만들어지고 뒷 문장의 내용은 '일을 그만둔다고 말한 것'과 상반되는 것이므로 상반·모순되는 앞 뒤 문장을 연결해주는 2번 〜ものの(〜지만)를 마지막에 배열하여 전체적으로 나열하면 3-4-1-2가 되어 정답은 1번이다.

> **복습 꾁!** 〜ものの(〜지만)

어휘 仕事(しごと) 일. 직업 | 辞(や)める 그만두다 | 上司(じょうし) 상사 | 説得(せっとく)する 설득하다 | 結局(けっきょく) 결국 | 〜ことになる 〜하게 되다

정답 1

---

14 長い間ペットを飼っていると、＿＿ ★
＿＿ ＿＿。

| 1 ように | 2 思える |
| 3 ものだ | 4 家族の |

단어 바르게 배열하기 ★★

문장 배열 長い間ペットを飼っていると、家族の ように
⁴   ¹
思える ものだ。
²   ³

해석 오랜 동안 반려동물을 키우면 가족처럼 여겨지는 법이다.

정답 찾기 1번 〜ように 앞에 명사가 오면 명사+のように 형태가 되어 '〜처럼, 〜같이'라는 예시의 의미가 되므로 4번 家族(가족)과 1번을 연결한 후 '가족처럼 여겨지다'라는 의미가 되도록 2번 思える를 연결한다. 마지막 공란에는 사회적 상식에 대해 말할 때 사용하는 표현인 3번 〜ものだ(〜하는 법이다, 〜것이다)를 배열하면 4-1-2-3이 되어 정답은 1번이다.

> **복습 꾁!** 〜ものだ(〜하는 법이다, 〜하는 것이다)

어휘 ペット 반려동물 | 飼(か)う 기르다. 키우다

정답 1

---

15 これはこの分野一流の科学者たちが長年苦心の ＿＿ ★ ＿＿ ＿＿ 製品です。

| 1 重ねた | 2 完成した |
| 3 末に | 4 研究を |

단어 바르게 배열하기 ★★

문장 배열 これはこの分野一流の科学者たちが
長年苦心の 研究を 重ねた 末に 完成した 製品です。
⁴   ¹   ³   ²

해석 이것은 이 분야의 일류 과학자들에 의해서, 오랜 세월 고심의 연구를 거듭한 끝에 완성된 제품입니다.

정답 찾기 3번 〜末(すえ)に(〜한 끝에)는 '여러 가지로 〜한 끝에 이렇게 되었다'는 표현이므로 3번을 기준으로 문맥상 3번 앞에는 4번 研究を(연구를)와 1번 重ねた(거듭했다)를 연결하여 배열하고, 3번의 뒤에는 2번 完成した(완성했다)를 배열하여 전체적으로 나열하면 4-1-3-2가 되어 정답은 1번이다.

> **복습 꾁!** 〜末に(〜한 끝에)

어휘 分野(ぶんや) 분야 | 一流(いちりゅう) 일류 | 科学者(かがくしゃ) 과학자 | 〜によって 〜에 의해서, 〜에 따라서 | 長年(なが

ねん) 오랜 세월 | 苦心(くしん) 고심, 애를 씀 | 研究(けんきゅう) 연구 | 重(かさ)ねる 겹치다, 거듭하다, 되풀이하다 | 完成(かんせい)する 완성하다 | 製品(せいひん) 제품

정답 1

---

16 私は ＿＿＿ ＿＿＿ ★ ＿＿＿ ありません。

1 どころか　　　　　2 飛行機に乗ったこと
3 海外に行く　　　　4 すら

단어 바르게 배열하기 ★★

문장 배열 私は 海外に行く どころか 飛行機に乗ったこと
　　　　　　　　　　 3 　　　 1 　　　　　 2
すら ありません。
4
해석 저는 해외에 가기는커녕 비행기를 탄 적조차 없습니다.
정답 찾기 1번 ~どころか(~은커녕)는 앞에 말한 것은 물론 그것보다 더 정도가 심하다고 말하는 표현이므로 내용상 1번 앞에 3번 海外に行く(해외에 가다)를 배열하고, 1번 뒤에는 2번 飛行機に乗ったこと(비행기를 탄 적)를 배열한다. 4번 ~すら(~조차)는 문맥상 가장 뒤에 배열하여 전체적으로 나열하면 3-1-2-4가 되어 정답은 2번이다.

복습 꼭! ~どころか(~은커녕)

어휘 海外(かいがい) 해외 | 飛行機(ひこうき) 비행기 | 乗(の)る 타다 | ~すら ~조차, 마저, 까지

정답 2

---

17 今の日本では、終身雇用や ＿＿＿ ＿＿＿ ＿＿＿ ★ 。

1 雇用慣行が　　　　2 崩れつつある
3 年功序列　　　　　4 という

단어 바르게 배열하기 ★★

문장 배열 今の日本では、終身雇用や 年功序列 という
　　　　　　　　　　　　　　　　　 3 　　　 4
雇用慣行が 崩れつつある。
　 1 　　　　 2
해석 요즘 일본에서는 종신고용과 연공서열이라는 고용관행이 무너지고 있다.
정답 찾기 공란 앞의 終身雇用や(종신고용과)와 함께 고용관행의 예가 되는 3번 年功序列(연공서열)를 가장 앞에 배열한다. 그리고 그 뒤에 4번 ~という(~라고 하는), 1번 雇用慣行が(고용관행이)를 배열하여 '~와 ~같은 고용관행'을 완성하고, 마지막에 술어가 되는 2번 崩れつつある(무너지고 있다)를 배열하여 전체적으로 나열하면 3-4-1-2가 되므로 정답은 2번이다. ~つつある(~하고 있다)는 어떤 동작이나 작용이 진행과정에 있음을 나타낸다.

복습 꼭! 동사 ます형+つつある((지금) ~하고 있다)

어휘 終身(しゅうしん) 종신, 평생 | 雇用(こよう) 고용 | 年功(ねんこう) 연공 | 序列(じょれつ) 서열, 차례, 순서 | 慣行(かんこう) 관행 | 崩(くず)れる 붕괴하다, 무너지다

정답 2

다음 문장을 읽고 문장 전체의 취지에 입각하여 `18`에서 `22`안에 들어갈 가장 알맞은 것을 1·2·3·4 중에서 하나 고르세요.

ニューヨーク大学の恋愛メカニズムを研究しているチームによれば、恋愛にも `18` 。いわゆる世間でいう付き合い始めのラブラブな恋愛感情はあえてずっと続かない `19` 、人間のメカニズムの中で `20` 徐々にほとぼりが冷める `19` 調節してくれるそうです。

その研究チームによれば恋愛の賞味期限は12～18ヶ月という結論でした。「たったそれだけの期間なの?!」なんて驚く人もいると思いますが、それが恋愛の現実だったりします。恋愛の初期段階の勢いだけで結婚して、いざ生活が始まってから相手との不一致に気付いて早々に離婚してしまうカップルもたくさんいるのもうなずけます。

この1年半の期間 `21` 毎日一緒にいる夫婦や同棲状態の二人なので、単なる週一回程度のデートだけで付き合っているカップルであれば、もっと時間的には持続していく人もたくさんいると思います。その後、仲良く付き合って気持ちが安定した「ラブラブな恋愛」状態を続けていくと、次は「愛情」や「愛着」という、もう1つ先のステージへと二人の心情が変化していくそうです。

`22` 二人の信頼関係がより強固になってくるということでしょう。これは今までにも長く一人の人と付き合った経験がある人や、すでに安定した結婚生活を送っている人は理解できる感情だと思います。

해석 뉴욕 대학의 연애 메커니즘을 연구하고 있는 팀에 의하면, 연애에도 `18` 유효기한이 있다고 합니다. 흔히 세상에서 말하는 교제 초의 너무 사랑하는 연애 감정은 무리하게 계속 지속되지 `19` 않도록, 인간의 메커니즘 속에서 `20` 일정한 시간과 함께 서서히 열정이 식어 `19` 가도록 조절해 준다고 합니다.

그 연구팀에 의하면 연애의 유효기한은 12~18개월이라는 결론이었습니다. '겨우 그 정도 기간이야?'라며 놀라는 사람도 있을 것이라 생각합니다만, 그것이 연애의 현실이기도 합니다. 연애 초기 단계의 기세만으로 결혼한 후, 막상 생활이 시작되고 나서 상대방과의 부조화를 깨달아 바로 이혼하게 되고 마는 커플도 많이 있다는 것도 납득이 갑니다.

이 1년 반의 기간 `21` 이라는 것은 매일 함께 있는 부부나 동거 상태의 둘을 말하기 때문에, 단순히 주 1회 정도 데이트하며 사귀고 있는 커플이라면, 좀 더 시간적으로는 오래 가는 사람도 많이 있다고 생각합니다. 그렇게 시간이 지나 잘 교제하고 마음이 안정된 '너무 사랑하는 연애' 상태를 이어 가면 다음은 '애정'이나 '애착'이라는, 하나 더 발전된 단계로 두 사람의 심정이 변해간다고 합니다.

`22` 즉 두 명의 신뢰 관계가 보다 견고해지는 것이지요. 이것은 지금까지 오랫동안 한 사람과 교제한 경험이 있는 사람이나, 벌써 안정된 결혼 생활을 보내고 있는 사람은 이해할 수 있는 감정이라고 생각합니다.

어휘 恋愛(れんあい) 연애 | メカニズム 메커니즘 | 研究(けんきゅう) 연구 | 賞味期限(しょうみきげん) 유통기한 | いわゆる 소위, 이른바 | 世間(せけん) 세상 | 付(つ)き合(あ)い 교제 | 感情(かんじょう) 감정 | あえて 굳이 | ずっと 쭉, 훨씬 | 人間(にんげん) 인간 | 一定(いってい) 일정 | 徐々(じょじょ)に 서서히 | ほとぼり 잔열, 열기 | 冷(さ)める 식다 | 調節(ちょうせつ) 조절 | 結論(けつろん) 결론 | たった 단지, 겨우 | 期間(きかん) 기간 | 驚(おどろ)く 놀라다 | 現実(げんじつ) 현실 | 初期(しょき) 초기 | 段階(だんかい) 단계 | 勢(いきお)い 기세 | 結婚(けっこん) 결혼 | いざ 막상 | 相手(あいて) 상대방 | 不一致(ふいっち) 불일치 | 気付(きづ)く 깨닫다 | 早々(はやばや) 일찍, 빨리 | 離婚(りこん) 이혼 | うなずく 수긍하다 | 一緒(いっしょ)に 함께 | 夫婦(ふうふ) 부부 | 同棲(どうせい) 동거 | 状態(じょうたい) 상태 | 単(たん)なる 단순한 | 程度(ていど) 정도 | 持続(じぞく) 지속 | 仲良(なかよ)く 사이좋게 | 安定(あんてい) 안정 | 愛情(あいじょう) 애정 | 愛着(あいちゃく) 애착 | 心情(しんじょう) 심정 | 変化(へんか) 변화 | 信頼関係(しんらいかんけい) 신뢰관계 | 強固(きょうこ) 강고, 견고 | 経験(けいけん) 경험 | すでに 이미 | 理解(りかい) 이해

18

1 賞味期限があるおそれがあります

2 賞味期限があるべきです

3 賞味期限があるということです

4 賞味期限があるわけにはいかないです

알맞은 기능어 찾기 ★★

선택지 해석 1 유효기간이 있을 우려가 있습니다
2 유효기간이 있어야 합니다
3 유효기간이 있다고 합니다
4 유효기간이 있을 수는 없습니다

정답 찾기 공란 앞의 ～によれば(～에 의하면)가 힌트가 된다. 문장의 내용이 연애 메커니즘에 대한 연구 결과를 이야기하는 것이므로 정답은 3번 賞味期限があるということです(유효기간이 있다고 합니다)이다. ～ということだ(～라고 한다)는 들은 것을 그대로 인용하여 전할 때 사용하는 전문의 표현이다.

오답 분석 1번 ~おそれがある(~할 우려가 있다)는 '~등의 좋지 않은 일이 일어날 위험성이 있어 걱정이다'라는 의미, 2번 ~べきだ(~해야 한다)는 '~하는 것이 인간으로서 당연한 것이다, ~하는 편이 좋다'는 표현이다. 4번 ~わけにはいかない(~할 수는 없다)는 사회적·법률적·도덕적·심리적 이유 등으로 방해 받을 때나 생각대로 일이 처리되지 않을 때에 사용한다.

정답 3

19

1 ばかりに   2 ように
3 だけに   4 うえに

알맞은 기능어 찾기 ★★

정답 찾기 두 개의 공란이 각각 '지속되지 않도록, 식어가도록'이라는 문장이 되어야 하기 때문에 공통적으로 들어갈 수 있는 정답은 소원이나 바람·목적 등의 의미를 나타내는 2번 ~ように(~하도록)이다. ~ように는 이 외에도 '~와 같이'라는 무언가를 기준으로 하여 동작이 행해짐을 나타내는 표현, '~같이'라는 예시, 같은 상황이나 모습 등을 나타내는 의미 등 여러 가지 의미로 사용된다.

오답 분석 1번 ~ばかりに(~ 탓, ~ 때문)는 예상외의 나쁜 결과가 되어 버렸음을 나타내는 의미, 3번 ~だけに(~기 때문에 당연히, ~기 때문에 역시)는 앞 문장에서 이유를, 뒷 문장에서는 그 이유에 걸맞게 평가·판단·생각되어짐을 나타내는 강조의 표현, 4번 ~うえに(~한(인)데다가)라는 의미로 앞의 내용에 '게다가'라는 느낌으로 덧붙일 때 사용하는 표현이다.

정답 2

20

1 一定の時間からして
2 一定の時間に限って
3 一定の時間に基づいて
4 一定の時間とともに

알맞은 기능어 찾기 ★★

선택지해석 1 일정한 시간부터가   2 일정한 시간에 한해서
             3 일정한 시간에 기초해서   4 일정한 시간과 함께

정답 찾기 문장의 내용이 일정시간이 지남에 따라 변한다는 것이 되기 때문에 정답은 4번 ~とともに(~와 함께)가 된다. ~とともに는 한쪽의 동작이나 작용·변화 등이 진행됨에 따라 다른 한쪽의 동작이나 작용·변화도 진행됨을 나타낸다.

오답 분석 1번 ~からして(~부터가)는 '~을 시작으로 해서 다른 것도 물론'이라는 표현이고, 2번 ~に限(かぎ)って(~만은, ~에 한하여)는 특별히 그 경우에만 좋지 않은 상황이 되어 불만스럽다는 뉘앙스의 표현, 3번 ~に基(もと)づいて(~에 기초해서)는 '~을 근거로 하여 ~하다'는 표현이다.

정답 4

21

1 とは   2 につけ
3 にかけては   4 には

알맞은 기능어 찾기 ★★

정답 찾기 연애의 유효기간이 1년 반이라는 기간이라는 것에 대한 의미를 말하고 있기 때문에 정답은 의미를 나타내거나 정의할 때 사용하는 표현인 1번 ~とは(~은, ~라는 것은)가 된다.

오답 분석 2번 ~につけ(~과 관련하여 항상, ~때마다)는 같은 상황에 놓이면 언제나 그렇게 한다고 말하는 표현, 3번 ~にかけては(~의 면에서는, ~에 있어서는)는 '~의 소질이나 능력에 있어서만큼은 자신이 있음'을 나타내는 표현이고, 4번 ~には(~에는, ~로는)는 조사이다.

정답 1

22

1 さて　　　　　　　2 とはいえ
3 一方　　　　　　　4 つまり

알맞은 접속사 찾기 ★★

정답 찾기 공란 앞의 내용이 연애의 감정 이후에 애정이나 애착의 관계로 발전된다는 것이고, 공란 뒤의 문장이 두 명의 신뢰 관계가 보다 견고해지는 것이므로 앞문장과 뒷문장의 내용을 자연스럽게 연결해주는 접속사는 화제의 마무리, 결론을 나타내는 4번 つまり (즉, 요컨대, 결국)가 가장 적절하다.

오답 분석 1번 さて(그런데, 그건 그렇고), 2번 とはいえ(그렇다 하더라도, 그렇지만), 3번 一方(한편)

정답 4

실전 모의고사 | **2회**

문제 7　다음 문장의 (　　　)에 들어갈 가장 알맞은 말을 1·2·3·4 중에서 하나를 고르세요.

01　何でも目標を設定すればよい（　　　）。高すぎる目標設定はむしろ悪影響を及ぼすこともある。

1 というものではない　　2 ほかしかたがない
3 に相違ない　　　　　　4 ことはない

의미적 호응관계 파악하기 ★★

해석 뭐든지 목표를 설정하면 좋(은 것은 아니다). 너무 높은 목표 설정은 오히려 악영향을 끼치는 경우도 있다.

정답 찾기 공란 전후 문장의 내용이 뭐든지 목표를 설정하면 좋은 것은 아니라는 것이므로 정답은 '(항상, 반드시) ~라고는 말할 수 없다'는 의미인 1번 ~というものではない(~라는 것은 아니다)이다.

오답 분석 2번 ~ほかしかたがない(~할 수 밖에 없다)와 4번 ~ことはない(~할 필요는 없다)는 형용사에 접속되지 않으므로 접속 형태상 정답에서 제외된다. 3번 ~に相違(そうい)ない(~임에 틀림없다)는 ~に違(ちが)いない와 함께 사실이라고 단정할 수는 없지만 말하는 사람이 그것을 사실이라고 강하게 확신하고 있을 때 사용하는 표현이므로 의미상 정답이 될 수 없다.

복습 꼭! ~というものではない(~인 것은 아니다)

어휘 何(なん)でも 무엇이든지 | 目標(もくひょう) 목표 | 設定(せってい) 설정 | ~すぎる 너무(지나치게) ~하다 | むしろ 오히려, 차라리 | 悪影響(あくえいきょう) 악영향 | 及(およ)ぼす 미치게 하다, 끼치다

정답 1

02　小さな違反をしただけなのに、警察に呼ばれた（　　　）、罰金まで払わされた。

1 くせに　　　　　　　2 うえで
3 うえに　　　　　　　4 わりには

의미적 호응관계 파악하기 ★★

해석 작은 위반을 했을 뿐인데 경찰에게 불려진(데다가) 벌금까지 물었다.

정답 찾기 공란 전후 내용이 경찰에게 불려진데다 벌금까지 물었다는 부가의 의미가 되어야 자연스러우므로 정답은 3번 ~うえに(~한데다가)가 된다. ~うえに는 앞의 내용에 '게다가'라는 느낌으로 덧붙일 때 사용하는 표현이다.

오답 분석 1번 ~くせに(~인 주제에, ~인데도)는 주제에 대한 비난이나 경멸·반발 등의 기분을 나타낼 때 사용하는 표현, 2번 ~うえで(~하고 나서)는 ~을 한 후 그것을 조건·기반으로 한 시간적

전후 관계를 나타낸다. 4번 ~わりには(~에 비해서는)는 '~로 보아 ~할 것이라고 생각되나 그것과는 달리, 의외로'라는 의미이다.

복습 꼭! ~うえに(~한데다가, ~인데다가)

어휘 違反(いはん) 위반 | 警察(けいさつ) 경찰 | 呼(よ)ぶ 부르다 | 罰金(ばっきん) 벌금 | 払(はら)う 돈을 치르다, 지불하다

정답 3

---

03 これはよくよく話し合った上の決定だから、
簡単に（　　　）。

1 変えないわけにはいかない
2 変えるしかない
3 変えるわけにはいかない
4 変えることだ

의미적 호응관계 파악하기 ★★

해석 이것은 충분히 의논한 후에 내린 결정이기 때문에 간단히 **(바꿀 수는 없다)**.

정답 찾기 앞 문장이 충분히 의논한 후 내린 결정이기 때문에 뒤의 문장은 간단히 바꿀 수 없다는 것이 되어야 하므로 정답은 3번 ~わけにはいかない(~할 수는 없다)가 된다. ~わけにはいかない는 사회적·법률적·도덕적·심리적 이유 등으로 방해 받을 때나 생각대로 일이 처리되지 않을 때에 사용하는 표현이다.

오답 분석 1번 ~ないわけにはいかない(~하지 않을 수 없다)는 사회적·심리적 등의 사정이나 이유 등으로 ~할 수 밖에 없음을 나타내는 표현, 2번 ~しかない(~할 수 밖에 없다)는 가능한 방법이나 수단이 ~밖에 없다고 한정하는 표현이고, 4번 ~ことだ(~것이다, ~해야 한다)는 상대에 대한 충고·권고·요구·주장 등을 나타낸다.

복습 꼭! ~わけにはいかない(~할 수는 없다)

어휘 よくよく 매우, 무척, 충분히, 자세히 | 話(はな)し合(あ)う 서로 이야기를 나누다, 서로 의논하다 | ~上(うえ) ~한 후 | 決定(けってい) 결정 | 簡単(かんたん)に 간단히 | 変(か)える 바꾸다

정답 3

---

04 外国語の勉強は子供の（　　　）はじめたほうがいい、という考えで英語を教える幼稚園が増えているそうだ。

1 にしては　　　　　2 次第
3 うえに　　　　　　4 うちに

적절한 기능어 찾기 ★★

해석 외국어 공부는 어린 **(동안에)** 시작하는 편이 좋다는 생각으로 영어를 가르치는 유치원이 늘고 있다고 한다.

정답 찾기 외국어 공부는 어릴 때 시작하는 편이 좋다는 생각을 말하고 있으므로 정답은 4번 ~うちに(~하는 동안에)이다. ~うちに는 지금의 상태가 유지되는 동안에 무언가 동작을 할 때 사용한다.

오답 분석 1번 ~にしては(~치고는)와 2번 ~次第(しだい)(~나름이다)는 '명사+の' 형태가 아닌 명사에 바로 접속하므로 접속 형태상 정답에서 제외한다. 3번 ~うえに(~한데다가, ~인데다가)는 부가의 의미이므로 정답이 될 수 없다.

복습 꼭! ~うちに(~하는 동안에, ~사이에)

어휘 外国語(がいこくご) 외국어 | 勉強(べんきょう) 공부 | 始(はじ)める 시작하다 | ~たほうがいい ~하는 편이 좋다 | 考(かんが)え 생각 | 英語(えいご) 영어 | 教(おし)える 가르치다 | 幼稚園(ようちえん) 유치원 | 増(ふ)える 늘다, 증가하다 | ~そうだ ~라고 한다(전문)

정답 4

05 観測気温（　　）、そんなに暑くはないは
ずだが、湿度が高いのでとても暑く感じら
れる。

1 はもちろん　　　　　2 からすれば
3 をきっかけに　　　　4 からして

의미적 호응관계 파악하기 ★★

해석 관측기온(**으로 보면**) 그렇게 더울리가 없는데 습도가 높아서
매우 덥게 느껴진다.

정답 찾기 관측기온으로 보면 덥지 않을 것이라는 문장이기 때문에
정답은 2번 〜からすれば(〜로 보면)이 된다. 〜からすれば는 어
떤 입장에서 사물을 바라보고 판단·평가하는가 하는 말하는 사람
의 시점을 나타낸다.

오답 분석 1번 〜はもちろん(〜는 물론)는 '〜는 말할 필요가 없을
정도로 당연하고, 그 밖에도 물론 당연하다'고 생각할 때 사용하는
표현이고, 3번 〜をきっかけに(〜을 계기로)는 구체적인 어떤 사항
을 기회·계기로 해서 변화하거나 발전함을 나타낼 때 사용하는 표
현, 4번 〜からして(〜부터가)는 '〜을 시작으로 해서 다른 것도 물
론'이라는 의미의 표현이다.

복습 꾁 **〜からすれば**(〜의 입장에서 보면, 〜의 면에서 생
각하면, 〜로 판단하면)

어휘 観測(かんそく) 관측 ┃ 気温(きおん) 기온 ┃ 暑(あつ)い 덥다
┃ 〜ばずだ 〜할(일) 것이다 ┃ 湿度(しつど) 습도 ┃ 高(たか)い 높다,
비싸다 ┃ 感(かん)じられる 느껴지다

정답 2

06 ダイエットのため、エレベーターに乗る
（　　　）階段を上ることにした。

1 かわりに　　　　　2 にかかわらず
3 ことから　　　　　4 ものなら

의미적 호응관계 파악하기 ★★

해석 다이어트를 위해 엘리베이터를 타는 (**대신에**) 계단을 오르기
로 했다.

정답 찾기 다이어트를 위해 엘리베이터를 타지 않고 계단을 오르기
로 했다는 것이므로 정답은 1번 〜かわりに(〜대신에)가 된다. 〜
かわりに는 '〜을 하는 대신에 다른 일을 하다'는 의미와 '〜하는
대가로 대신 〜하다'는 두 가지 의미로 사용한다.

오답 분석 2번 〜にかかわらず는 명사에 접속되는 표현이므로
정답이 될 수 없다. 3번 〜ことから(〜때문에, 〜데에서)는 무언가
원인이나 계기가 되어 판단하거나 이름 붙여지거나 변화됨을 나타
낼 때 사용하는 표현, 4번 〜ものなら(〜하다면)는 '만약 〜하다면'
이라는 의미로 주로 실현이 어렵거나 가능성이 적은 것을 희망하거
나 명령할 때 사용한다.

복습 꾁 **〜かわりに**(〜대신에)

어휘 ダイエット 다이어트 ┃ エレベーター 엘리베이터 ┃ 乗(の)る
타다 ┃ 階段(かいだん) 계단 ┃ 上(のぼ)る 오르다, 올라가다

정답 1

07 春になってシーズンが終わったスキー場は
なんとなくさびし（　　　）だ。

1 がち　　　　　　　2 ほど
3 げ　　　　　　　　4 だけ

적절한 기능어 찾기 ★★

해석 봄이 되어 시즌이 끝난 스키장은 어쩐지 쓸쓸한 (**듯**)하다.

정답 찾기 괄호 앞 문장인 さびし는 い형용사 さびしい의 어간
형태인데, 선택지 가운데 い형용사 어간에 접속될 수 있는 것은 3번
〜げ(〜한 듯) 밖에 없다. 〜げ는 보고 그 사람의 마음이 느껴지는
모양을 나타낼 때 사용한다.

오답 분석 1번 〜がち(자주 〜하다)는 자연히 〜하게 되는 경향이
나 횟수가 잦음을 나타내는 표현, 2번 〜ほど(〜정도)는 상태의 정

도를 강조하는 표현, 3번 〜だけ(〜만, 〜뿐, 〜만큼)는 한정・한도・정도 등을 나타내는 표현이다.

> **복습 꾁!** 〜げ(〜한 듯, 〜한 듯한 모양)

어휘 春(はる) 봄 | シーズン 시즌 | 終(お)わる 끝나다 | スキー場(じょう) 스키장 | なんとなく 어쩐지, 어딘지 모르게, 왠지 | 寂(さび)しい 쓸쓸하다, 외롭다

정답 3

---

08 失敗したことをくよくよする（　　　）よ。
失敗があってはじめて成功もあるんだから。

1 わけではない　　　　2 まい
3 というものだ　　　　4 ことはない

의미적 호응관계 파악하기 ★★

해석 실패한 것을 끙끙대며 고민할 것 **(없다)**. 실패가 있고 나서야 비로소 성공도 있으니까.

정답 찾기 실패했다고 해서 끙끙대지 말라는 내용이므로 정답은 충고・조언의 표현인 4번 〜ことはない(〜할 것은 없다, 〜할 필요는 없다)가 된다.

오답 분석 1번 〜わけではない((반드시, 전부가) 〜것은 아니다)는 부분부정의 표현, 2번 〜まい(〜하지 않을 것이다)는 본인의 부정의 의지・부정의 추측의 표현, 3번 〜というものだ(〜라는 것이다)는 말하는 사람의 주장이나 감상을 단정적으로 말하거나 강조하는 표현이다.

> **복습 꾁!** 〜ことはない(〜할 것은 없다, 〜할 필요는 없다)

어휘 失敗(しっぱい)する 실패하다 | くよくよ 사소한 일을 한없이 걱정하여 고민하는 모양, 끙끙 | 〜てはじめて 〜하고 나서야 비로소 | 成功(せいこう) 성공

정답 4

---

09 今後の人材募集に関しましては、決まり
（　　　）、ホームページにご案内させていただきます。

1 次第　　　　　　　2 ながら
3 ぬきで　　　　　　4 あげく

적절한 기능어 찾기 ★★

해석 앞으로의 인재모집에 관해서는 정해지는 **(대로)** 홈페이지에 안내하겠습니다.

정답 찾기 인재모집에 관해서 정해지는 대로 안내하겠다는 것이므로 정답은 1번 〜次第(しだい)(〜하는 대로)가 된다. 동사 ます형+〜次第는 '〜하는 대로, 〜하면 바로'라는 의미이지만, 명사 + 〜次第だ(〜나름이다, 〜에 달려있다), 동사의 명사 수식형+〜次第だ(〜인 것이다)라는 표현도 있으므로 구별할 수 있어야 한다.

오답 분석 3번 〜ぬきで(〜없이, 〜빼고)는 명사에 접속하는 표현이고, 4번 〜あげく(〜한 끝에)는 명사와 동사 과거형에 접속되는 표현으로 접속 형태상 정답에서 제외한다. 2번 〜ながら(〜하면서)는 '〜에서 예상되는 것과 달리 실제는 이렇다'는 역접의 의미와 동시동작의 의미를 갖는다.

> **복습 꾁!** 〜次第(〜하는 대로, 〜하면 바로)

어휘 今後(こんご) 앞으로, 이후 | 人材(じんざい) 인재 | 募集(ぼしゅう) 모집 | 〜に関(かん)しまして 〜에 관해서 | 決(き)まる 정해지다, 결정되다 | ホームページ 홈페이지 | 案内(あんない) 안내 | 〜させていただく 〜하다

정답 1

10 あんな広い会場で自分の声が届くわけがな
いとわかっているけど、（　　　）。

1 叫ばないことはなかった

2 叫ぶどころではなかった

3 叫ばずにはいられなかった

4 叫ぶわけにはいかなかった

의미적 호응관계 파악하기 ★★

해석 그렇게 넓은 회장에서 자신의 목소리가 미칠 리가 없다고 알고 있지만 **(소리치지 않고서는 있을 수 없었다)**.

정답 찾기 자신의 목소리가 미치지 않는다는 것을 알면서도 소리치지 않을 수 없었다는 것이므로 정답은 3번 ~ずにはいられない (~하지 않고서는 있을 수 없다)이다. ~ずにはいられない는 '(아무래도) ~하지 않을 수가 없다. ~하지 않고서는 참을 수가 없어 ~하게 되어버리고 만다'는 의미로 어떠한 상황 등으로 '~하려는 마음이 생김'을 나타내는 표현이다.

오답 분석 1번 ~ないことはない(~하지 않는 것은 아니다)는 '~라는 가능성이 없다고는 말할 수 없다'는 의미로 이중 부정형태로 표현할 때 사용하고, 2번 ~どころではない(~할 상황이 아니다)는 '~할 여유나 상황·형편이 아니다'라는 강한 부정을 나타내는 표현이다. 4번 ~わけにはいかない(~할 수는 없다)는 사회적·법률적·도덕적·심리적 이유 등으로 방해 받을 때나 생각대로 일이 처리되지 않을 때 사용한다.

> **복습 꼭!** ~ずにはいられない(~하지 않고서는 있을 수 없다)

어휘 広(ひろ)い 넓다 | 会場(かいじょう) 회장, 집회 장소 | 自分(じぶん) 자기 자신 | 声(こえ) 목소리 | 届(とど)く 닿다. 미치다, 이르다 | ~わけがない ~할 리가 없다. ~일 리가 없다 | 分(わ)かる 알다 | ~けど ~지만, ~는데 | 叫(さけ)ぶ 외치다, 소리지르다

정답 3

---

11 彼は現役ビジネスマン（　　　）、実務的な
ノウハウが豊富でした。

1 ことだから　　　　2 からいって

3 次第で　　　　　　4 だけあって

의미적 호응관계 파악하기 ★★

해석 그는 현역 비즈니스맨**(답게)** 실무적인 노하우가 풍부했습니다.

정답 찾기 그가 비즈니스맨답게 실무 노하우가 풍부하다는 것이므로 정답은 4번 ~だけあって(~답게, ~한만큼, ~인만큼)가 된다. ~だけあって는 '~이니까 그 신분이나, 능력 등에 걸맞게 ~하다'는 의미로 주로 앞에 さすが(과연)를 수반하는 경우가 많다.

오답 분석 1번 ~ことだから(~기 때문에)는 명사에 접속할 때 '명사+の'의 형태로 접속되므로 정답에서 제외한다. 2번 ~からいって(~의 입장에서 보면, ~의 면에서 생각하면, ~로 판단하면)는 어떤 입장에서 사물을 바라보고 판단·평가하는가 하는 말하는 사람의 시점을 나타내는 표현, 3번 ~次第(しだい)で(~나름으로)는 '~에 따라 어떤 사항이 결정 된다'고 말하고자 할 때 사용한다.

> **복습 꼭!** ~だけあって(~답게, ~한만큼, ~인만큼)

어휘 現役(げんえき) 현역 | ビジネスマン 비즈니스맨 | 実務的(じつむてき)な 실무적인 | ノウハウ 노하우 | 豊富(ほうふ)だ 풍부하다

정답 4

---

12 お母さんは家事を全て（　　　）外出できな
い性分だ。

1 やったかと思うと　　2 やることなく

3 やってからでないと　4 やったところ

의미적 호응관계 파악하기 ★★

해석 엄마는 집안일을 전부 **(하고 나서가 아니면)** 외출할 수 없는 성미이다.

정답 찾기 엄마는 집안일을 다 하고 나서야 외출하는 성미임을 말하고 있으므로 정답은 3번 ~てからでないと(~하고 나서가 아니면)가 된다. ~てからでないと는 '(미리) ~를 해야지만 ~할 수 있다'고 말할 때 사용하는 표현이다.

오답 분석 1번 ~かと思うと(~하자 곧, ~나 싶더니 곧)는 앞일이 일어난 직후에 뒷일이 일어났음을 나타내는 표현, 2번 ~ことなく(~하지 않고)는 '평소에는 ~하지만 이 경우에는 ~하지 않고'라는 뜻으로 일상적인 일에는 쓰지 않는다. 4번 ~たところ(~했더니, ~한 결과)는 어떤 일을 했더니 그 결과가 어떻게 되었는가를 나타내는 표현이다.

복습 꾁! ~てからでないと(~하고 나서가 아니면, ~하지 않고서는)

어휘 家事(かじ) 가사, 집안일 | 全(すべ)て 전부, 모두 | やる 하다, 주다 | 外出(がいしゅつ) 외출 | 性分(しょうぶん) 천성, 타고난 성질, 성품, 성미

정답 3

문제 8 다음 문장의 ＿＿ ★ 에 들어갈 가장 알맞은 말을 1·2·3·4 중에서 하나를 고르세요.

13 自宅で ＿＿ ★ ＿＿ ＿＿ ので、慌てて外に飛び出した。

1 地震が　　　　2 ところに
3 寝ていた　　　4 起こった

단어 바르게 배열하기 ★★

문장 배열 自宅で 寝ていた ところに 地震が 起こった
　　　　　　　　　3　　2　　　1　　4
ので、慌てて外に飛び出した。

해석 집에서 자고 있는 상황에 지진이 일어났기 때문에 당황해서 밖으로 뛰쳐나왔다.

정답 찾기 2번 ~ところに(~하는 시점에, ~참에, ~인 중에)는 장면·시점·행위의 단계를 나타내는 표현이다. 따라서 ~ところに의 앞에는 어떠한 장면이 나와야 하는데 공란 앞의 제시어가 自宅で(자택에서)이므로 자연히 그 뒤에 3번 寝ていた(자고 있었다)와 2번 ところに를 연결하여 배열한다. 1번 地震が(지진이) 뒤에 올 수 있는 술어는 의미상 4번 起こった(일어났다)이므로 전체적으로 나열하면 3-2-1-4가 되어 정답은 2번이다.

복습 꾁! ~ところに(~하는 시점에, ~하는 참에, ~인 중에)

어휘 自宅(じたく) 자택, 자기 집 | 寝(ね)る 자다 | 地震(じしん) 지진 | 起(お)こる 일어나다, 발생하다 | 慌(あわ)てる 허둥대다, 몹시 서두르다 | 外(そと) 밖 | 飛(と)び出(だ)す 뛰어나가(오)다, 뛰쳐나오다

정답 2

---

14 田中さんは会社の ＿＿ ★ ＿＿ ＿＿ 有名だ。

1 経営者である　　2 としても
3 ゴルファー　　　4 と同時に

단어 바르게 배열하기 ★★

문장 배열 田中さんは会社の 経営者である と同時に
　　　　　　　　　　　　　1　　　4
ゴルファー としても 有名だ。
　3　　　2

해석 다나카 씨는 회사의 경영자임과 동시에 골퍼로서도 유명하다.

정답 찾기 공란 앞의 제시어가 会社の(회사의)이므로 의미상 1번 経営者である(경영자이다)가 연결되는 것이 자연스럽다. 입장·자격을 나타내는 2번 ~としても(로서도)의 앞에는 3번 ゴルファー(골퍼)를 배열하여 공란 뒤에 제시되어 있는 有名だ(유명하다)와 연결한다. 그리고 4번 と同時に(임과 동시에)는 1번과 3-2번 사이에 배열하여 앞 내용과 뒷 내용을 연결하게 하여 전체적으로 나열하면 1-4-3-2가 되고 정답은 4번이다.

복습 꼭! ～としても(～로서도)

어휘 会社(かいしゃ) 회사 | 経営者(けいえいしゃ) 경영자 | ～と同時(どうじ)に ～임과 동시에 | ゴルファー 골퍼 | 有名(ゆうめい)だ 유명하다

정답 4

---

15 ＿＿＿ ＿＿＿ ★ ＿＿＿ 購入しました。

1 にあたって   2 スーツを

3 始める   4 就職活動を

단어 바르게 배열하기 ★★

문장 배열 就職活動を 始める にあたって スーツを
              4   3   1   2

購入しました。

해석 취직활동을 시작할 때에 양복을 구입했습니다.

정답 찾기 공란 뒤의 제시어가 購入しました(구입했습니다)이므로 그 앞에는 구입 품목이 되는 2번 スーツを(양복을)를 배열한다. 1번 ～にあたって(～할 때에, ～을 맞이하여)는 '～할 때에 미리 ～하다.' 즉 뭔가를 해야 하는 특별한 기회와 상황을 나타내는 표현이다. 따라서 ～にあたって 앞에는 뭔가를 하는 상황이 와야 하므로 4번 就職活動を(취직활동을)와 3번 始める(시작하다)를 연결하여 그 앞에 배열하여 전체적으로 나열하면 4-3-1-2이고 정답은 1번이다.

복습 꼭! ～にあたって(～할 때에, ～을 맞이하여)

어휘 就職活動(しゅうしょくかつどう) 취직활동 | 始(はじ)める 시작하다 | スーツ 슈트, 양복 | 購入(こうにゅう)する 구입하다

정답 1

---

16 定時で帰ろうと ＿＿＿ ＿＿＿ ★ ＿＿＿ 残業を言いつけられる。

1 時   2 終わらした

3 に限って   4 仕事を

단어 바르게 배열하기 ★★

문장 배열 定時で帰ろうと 仕事を 終わらした 時
                     4   2   1

に限って 残業を言いつけられる。
3

해석 정시에 돌아가려고 일을 끝냈을 때에 하필 잔업을 지시 당한다.

정답 찾기 3번에 있는 ～に限(かぎ)って(～에 한하여)는 '특별히 그 경우에만 좋지 못한 상황이 되어 불만스럽다'는 뉘앙스의 표현이다. 따라서 앞의 경우에만 꼭 뒤에 좋지 않은 상황이 된다는 문장이 만들어져야 하므로, 4번 仕事を(일을)와 2번 終わらした(끝냈다)를 연결하고, 1번 時(때)와 3번 ～に限って(～에 한해서)를 연결하여 뒤에 배열하여 전체적으로 나열하면 4-2-1-3이 되므로 정답은 3번이다.

복습 꼭! ～に限って(～에 한하여, ～만 특별히, ～만은)

어휘 定時(ていじ) 정시, 정각 | 帰(かえ)る 돌아가(오)다 | 仕事(しごと) 일, 직업 | 終(お)わらす 끝내다 | 時(とき) 때 | 残業(ざんぎょう) 잔업 | 言(い)いつける 명령하다, 지시하다, 일러바치다

정답 3

---

17 子供が ＿＿＿ ＿＿＿ ★ ＿＿＿ 一方なのに、収入のあがる気配がない。

단어 바르게 배열하기 ★★

문장 배열 子供が 大きくなる にしたがって 出費は
                       3   2   4

増える 一方なのに、収入のあがる気配がない。
1

1 増える　　　　　2 にしたがって

3 大きくなる　　　4 出費は

해석 아이가 자라면서 지출은 늘기만 하는데 수입은 오를 기미가 없다.

정답 찾기 공란 앞의 제시어가 子供が(아이가)이므로 그 뒤에는 의미상 3번 大きくなる(커지다)를 배열한다. 2번 〜にしたがって (〜에 따라시)는 한 쪽의 동작이나 작용·변화 등이 진행됨에 따라 다른 한 쪽의 동작이나 작용·변화도 진행됨을 나타내므로 3번 뒤에 배열하고, 그 뒤에 4번 出費は(지출은)와 1번 増える(늘다)를 연결하여 배열하여 '아이가 자라면서 지출은 늘다'라는 문장을 완성한다. 이를 전체적으로 나열하면 3-2-4-1이 되고 정답은 1번이다.

복습 꼭! 〜一方(いっぽう)だ((오로지) 〜할 뿐이다, 〜하기만 하다)

어휘 〜に従(したが)って 〜에 따라서 | 出費(しゅっぴ) 출비, 지출 | 増(ふ)える 늘다, 증가하다 | 収入(しゅうにゅう) 수입 | 上(あ)がる 오르다 | 気配(けはい) 기척, 기미, 기운, 김새

정답 1

문제 9 다음 문장을 읽고 문장 전체의 취지에 입각하여 ⃞18⃞ 에서 ⃞22⃞ 안에 들어갈 가장 알맞은 것을 1·2·3·4 중에서 하나 고르세요.

今やコンピューターはどこにでもあり、ほとんどの人が日常生活にコンピューターがない暮らしを想像できないだろう。 ⃞18⃞ 、コンピューターが可能にした一番重要なものの1つはインターネットだろう。

インターネットでは様々なことができる。人々はインターネットで勉強したり、買い物をしたり、物を売ったり、ゲームをしたり、友だちをつくったり、投資をしたり、仕事を見つけたり、予約をしたり、調査をしたりすることができる。事実、インターネットを使ってできないものを考えることは難しい。私たちは想像も ⃞19⃞ 量の情報を指先に持っているのだ。

このすばらしい現代的な道具 ⃞20⃞ 否定的な面はいくつかある。一つは効果的に検索する方法を学ぶことの難しさである。検索して何千ものサイトを目前にし、そのほとんどが探していたものとはほとんど、あるいは全く関係がないと、非常にストレスがたまることがある。もう一つは、不必要な広告である。多くの人々が画面上点滅している多くの広告バナーにいらいらさせられた経験が ⃞21⃞ 。 ⃞22⃞ 、それらは、その利点を考えたときには小さな問題である。私たちの興味がど

해석 이제는 컴퓨터는 어디에나 있고 대부분의 사람이 일상생활에서 컴퓨터 없는 생활을 상상할 수 없을 것이다. ⃞18 아마도⃞ 컴퓨터가 가능하게 한 가장 중요한 것 중 하나는 인터넷일 것이다.

인터넷으로는 여러 가지 것을 할 수 있다. 사람들은 인터넷으로 공부를 하거나, 쇼핑을 하거나, 물건을 팔기도 하고, 게임을 하거나 친구를 만들기도 하고, 투자를 하기도 하고 직업을 찾기도 하고 예약을 하거나 조사를 하기도 할 수 있다. 사실, 인터넷을 사용해서 할 수 없는 것을 생각하는 것은 어렵다. 우리들은 상상도 ⃞19 할 수 없는⃞ 양의 정보를 손끝에 갖고 있는 것이다.

이 훌륭하고 현대적인 도구 ⃞20 에 관한⃞ 부정적인 면은 몇 가지 있다. 하나는 효과적으로 검색하는 방법을 배우는 것의 어려움이다. 검색해서 몇 천 개나 되는 사이트를 눈앞에 두고, 그 대부분이 찾고 있었던 것과는 거의, 또는 전혀 관계가 없으면 상당히 스트레스가 쌓인다. 또 다른 하나는 불필요한 광고이다. 많은 사람들이 화면상 깜박거리고 있는 많은 광고 배너에 짜증났던 경험이 ⃞21 있을 것이다⃞. ⃞22 하지만⃞ 그것들은 그 이점을 생각했을 때에는 작은 문제이다. 우리들의 흥미가 어떤 것이든 간에, 집에서 편히 쉬면서 우리들을 즐겁게 해 줄 것을 찾을 수 있는 것이다.

어휘 今(いま)や 이제는, 바야흐로 | コンピューター 컴퓨터 | ほとんど 거의, 대부분 | 日常(にちじょう) 일상 | 生活(せいかつ) 생활 | 暮(く)らし 생활 | 想像(そうぞう) 상상 | 可能(かのう) 가능 | 一番(いちばん) 가장, 제일 | 重要(じゅうよう)だ 중요하다 | インターネット 인터넷 | 様々(さまざま)だ 갖가지이다, 여러 가지이다 | 人々(ひとびと) 사람들 | 勉強(べんきょう)する 공부하다 | 買(か)い物(もの)をする 물건을 사다, 쇼핑을 하다 | 売(う)る 팔다 | ゲーム 게임 | 作(つく)る 만들다 | 投資(とうし) 투자 | 仕事(しごと) 일, 직업 | 見(み)つける 발견하다, 찾다 | 予約(よやく) 예약 | 調査(ちょうさ) 조사 | 事実(じじつ) 사실 | 考(かんが)える 생각하다 | 難(むずか)しい 어렵다 | 量(りょう) 양 | 情報(じょうほう) 정보 | 指先(ゆびさき)에 손가락 끝 | 持(も)つ 갖다, 들다 | すばらしい 매우 훌륭하다, 굉장하다 | 現代的(げんだいてき)だ 현대적이다 | 道具(どうぐ) 도구 | 否定的(ひていてき) 부정적 | 面(めん) 면 | 効果的(こうかてき) 효과적 | 検索(けんさく)する 검색하다 | 方法(ほ

のようなものであろうと、自宅でくつろぎながら
私たちを喜ばせてくれるものを見つけることがで
きるのである。

うほう) 방법 | 学(まな)ぶ 배우다 | 目前(もくぜん) 목전, 눈앞 | 探(さが)す 찾다 | あるいは 또는, 혹은 | 全(まった)く 전혀 | 関係(かんけい) 관계 | 非常(ひじょう)に 매우, 대단히, 몹시 | ストレスがたまる 스트레스가 쌓이다 | 不必要(ふひつよう)だ 불필요하다 | 広告(こうこく) 광고 | 画面上(がめんじょう) 화면상 | 点滅(てんめつ)する 점멸하다 | バナー 배너 | いらいらする 안절부절 못하다, 짜증이 나다 | 経験(けいけん) 경험 | 利点(りてん) 이점 | 考(かんが)える 생각하다 | 小(ちい)さな 작은 | 問題(もんだい) 문제 | 興味(きょうみ) 흥미 | 自宅(じたく) 자택 | くつろぐ 심신을 편안하게 하다, 느긋한 기분이 되다 | 喜(よろこ)ばせる 기쁘게 하다, 즐겁게 하다

18

1 おそらく　　　　2 しかも
3 ようやく　　　　4 果たして

알맞은 부사 · 접속사 찾기 ★★

정답 찾기 아마도 컴퓨터가 가능하게 한 가장 중요한 것 중 하나는 인터넷일 것이라는 내용이므로 정답은 1번 おそらく(아마, 필시, 어쩌면, 틀림없이)이다. おそらく는 뒤에 추측하는 표현이 온다.

오답 분석 2번 しかも(게다가, 그런데도), 3번 ようやく(차차, 차츰, 겨우, 가까스로), 4번 果(は)たして(역시, 과연).

정답 1

19

1 できないそうに　　2 できないそうな
3 できないように　　4 できないような

알맞은 기능어 찾기 ★★

정답 찾기 공란 뒤에 명사 量(양)이 있으므로 명사 수식형인 2번 또는 4번 가운데 정답이 있는데 문장의 내용이 상상도 할 수 없을 것만큼 많은 양을 나타내므로 정답은 4번 できないような(할 수 없을 것 같은)이다. ～ようだ는 추측 · 불확실한 단정, 비유와 예시 등의 의미를 갖고 있는데, ～ように+동사, ～ような+명사의 형태로 활용하여 사용할 수 있다.

오답 분석 선택지 1, 2번은 전문의 ～そうだ(～라고 한다)의 활용 형태로 1번 뒤에는 동사가, 2번 뒤에는 명사가 연결되며, 문맥상 정답이 아니다.

정답 4

20

1 にたとえる　　　2 に代わる
3 に関する　　　　4 に次ぐ

알맞은 기능어 찾기 ★★

정답 찾기 인터넷에 관한 부정적인 면을 말하고 있으므로 정답은 3번 ～に関(かん)する(～에 관한)이다. ～に関する는 뒤에 명사를 수식하여 다루거나 관계를 갖고 있는 대상을 지시한다.

오답 분석 1번 ～にたとえる(～에 비유할)는 비유하여 말할 때 사용하는 표현, 2번 ～に代(か)わる(～을 대신할)는 다른 것이 그 행위를 맡는 것을 나타내고, 4번 ～に次(つ)ぐ(～에 버금가는)는 바로 다음에 이어지는 것이나 정도나 지위가 바로 아래에 있는 것을 나타낸다.

정답 3

21

1 あることだ　　　2 あるはずだ
3 あるだけだ　　　4 あるくらいだ

알맞은 기능어 찾기 ★★

정답 찾기 문장의 내용이 많은 사람들이 배너 광고에 짜증났던 경험이 있을 것이라는 것이므로 정답은 2번 あるはずだ(있을 것이다)이다. ～はずだ는 상황이나 상식 · 경험 · 이유 등으로 추측한 주관적인 판단을 나타내는 표현이다.

오답 분석 1번 ~ことだ(~것이다, ~해야 한다)는 상대에 대한 충고·권고·요구·주장 등을 나타내는 표현, 3번 ~だけだ(~할 뿐이다)는 한정·한도의 표현, 4번 ~くらいだ(~정도다)는 상태의 정도를 나타내는 표현이다.

정답 2

22

1 なぜなら 　　 2 すなわち
3 確かに 　　 4 しかしながら

알맞은 접속사 찾기 ★★

정답 찾기 광고 배너에 짜증났었던 경험이 있겠지만 그것은 인터넷의 이점을 생각하면 작은 문제라는 내용이므로, 정답은 역접의 접속사인 4번 しかしながら(그렇지만, 하지만, 그러나)이다. 역접의 접속사는 앞문장의 내용에서 예상했던 내용이 뒤의 문장에서는 전혀 다른 내용으로 이어질 경우에 사용한다.

오답 분석 1번 なぜなら(왜냐하면), 2번 すなわち(즉, 바로, 다름 아닌), 3번 確(たし)かに(분명히, 확실히, 틀림없이, 아마).

정답 4

실전 모의고사 | 3회

문제7 　다음 문장의 (　　　)에 들어갈 가장 알맞은 말을 1·2·3·4 중에서 하나를 고르세요.

---

01 息子は本当に幼稚園を楽しんでいて、大雪が降っても1日も(　　　)通っています。

1 言わずに 　　 2 関わらずに
3 欠かさずに 　　 4 せずに

의미적 호응관계 파악하기 ★★

해석 아들은 정말로 유치원을 좋아해서, 폭설이 내려도 하루도 (**빠지지 않고**) 다니고 있습니다.

정답 찾기 문장 내용이 유치원을 좋아해서 하루도 빠짐없이 유치원에 간다는 것이므로 정답은 3번 欠(か)かさずに(빠지지 않고)이다. ~ずに(~하지 않고)는 ~ないで와 같은 의미로 뒤에 다른 동작을 나타내는 동사가 와서 전체적으로 '~하지 않은 상태로 ~하다'라는 문장을 만든다.

오답 분석 1번 言わずに(말하지 않고), 2번 関わらずに(관계되지 않고), 4번 せずに(하지 않고)

> **복습 꽉!** ~ずに(~하지 않고)

어휘 息子(むすこ) 아들 | 幼稚園(ようちえん) 유치원 | 楽(たの)しむ 즐기다, 좋아하다 | 大雪(おおゆき) 대설, 큰 눈 | 降(ふ)る 내리다 | 関(かか)わる 관계되다, 관여하다 | 欠(か)かす 빠뜨리다, 빼다, 거르다 | 通(かよ)う 다니다

정답 3

---

02 時計というものは(　　　)まず正確でなければだめだ。

1 何でも 　　 2 何よりも
3 何では 　　 4 何となく

적절한 부사 찾기 ★★

해석 시계라는 것은 (**무엇보다도**) 우선 정확하지 않으면 안 된다.

정답 찾기 공란 전후 내용이 시계란 무엇보다도 우선 정확해야 한다는 것이므로 공란에 들어갈 가장 적절한 부사는 2번 何(なに)よりも(무엇보다도)이다.

오답 분석 1번 何(なん)でも(뭐든지), 3번 何(なん)では는 비문법적 표현, 4번 何(なん)となく(어쩐지, 왠지)

복습 꾁 ~というものは(~라는 것은, ~란)

어휘 時計(とけい) 시계 │ まず 우선, 먼저, 어쨌든 │ 正確(せいかく) 정확 │ ~なければだめだ ~하지 않으면 안 된다

정답 2

---

03 いくら調べてもわからないので、先生に
（　　　　）。

1 聞くことにします
2 聞くことにしています
3 聞くことになります
4 聞くことになっています

의미적 호응관계 파악하기 ★★

해석 아무리 찾아봐도 모르겠어서 선생님에게 (물어보기로 하겠습니다).

정답 찾기 문장의 내용이 선생님에게 물어보겠다고 결정해서 말하는 것이므로 정답은 1번 聞くことにします(물어보기로 하겠습니다)이다. ~ことにする는 자신의 의지로 결정한 것을 말할 때 사용한다.

오답 분석 2번 ~ことにしている(~하기로 하고 있다)는 과거 어느 시점에 결심을 해서 현재에도 실행하고 있음을 나타내고 3번 ~ことになる(~하게 되다)와 4번 ~ことになっている(~하기로 되어 있다)는 자신의 의지와 관계없이 정해진 풍속·습관·규칙·예정 등을 말할 때 사용된다.

복습 꾁 ~ことにする(~하기로 하다)

어휘 いくら~ても 아무리 ~해도 │ 調(しら)べる 조사하다, 찾다 │ 分(わ)からない 모르다 │ 先生(せんせい) 선생님 │ 聞(き)く 듣다, 묻다

정답 1

---

04 この商品は（　　　　）が、品質は保証できない。

1 安いはずだった
2 安いかもしれない
3 安いことにはならない
4 安いべきだった

적절한 기능어 찾기 ★★

해석 이 상품은 (가격이 쌀지는 모르겠지)만 품질은 보증할 수 없다.

정답 찾기 공란 뒤에 역접의 의미를 나타내는 조사 ~が(~지만)가 있으므로 문장의 내용은 가격이 쌀 수는 있지만 품질이 좋다고는 할 수 없다는 것이 되어야 하고 따라서 정답은 2번 安いかもしれない(쌀지도 모른다)가 된다. ~かもしれない(~지도 모른다)는 화자의 추측을 나타낸다.

오답 분석 1번 ~はずだ(~일 것이다)는 상황이나 상식, 경험, 이유 등으로 추측한 주관적인 판단을 나타내고, 3번 ~ことにはならない(~인 것이 되지는 않는다)는 그 정도로는 충분하지 않음을 나타내고, 4번 ~べきだ(~해야 한다)는 의무라고 주장하거나 충고하고 싶을 때 사용하는 표현이다.

복습 꾁 ~かもしれない(~지도 모른다)

어휘 商品(しょうひん) 상품 │ 安(やす)い 싸다 │ 品質(ひんしつ) 품질 │ 保証(ほしょう) 보증

정답 2

---

05 彼はついに試験に合格して、とても（　　　　）。

적절한 기능어 찾기 ★★

해석 그는 마침내 시험에 합격해서 매우 (기뻐하고 있다).

1 楽しがっている	2 楽しい
3 嬉しがっている	4 嬉しい

정답 찾기 시험에 합격한 제3자인 그의 감정을 이야기하고 있으므로 정답은 3번 嬉しがっている(기뻐하고 있다)이다. ~がっている(~워하고 있다)는 주로 제3자의 감정·신체적 감각·요망·희망을 나타내는 경우에 사용된다.

오답 분석 1, 2번의 楽(たの)しい는 정적이고 계속적인 즐거움을 나타내고, 3, 4번의 嬉(うれ)しい는 감격적이고 일시적인 기쁨을 나타낸다.

> **복습 꼭!** ~がっている(~워하고 있다)

어휘 ついに 마침내, 드디어, 결국 | 試験(しけん) 시험 | 合格(ごうかく)する 합격하다 | 楽(たの)しい 즐겁다, 재미있다 | 嬉(うれ)しい 기쁘다

정답 3

---

06 A「準備、大変そうね。誰かに手伝ってもらったら?」
B「頼める(　　　)頼みたいけど、みんな忙しいから、無理なんじゃないかなぁ」

1 わけなら	2 ことには
3 ものなら	4 だけには

의미적 호응관계 파악하기 ★★

해석 A: 준비, 힘들어 보이네. 누군가한테 도움을 받는 게 어때?
B: 부탁할 수 **(있다면)** 부탁하고 싶지만, 모두 바쁘니까, 무리가 아닐까.

정답 찾기 부탁할 수 있다면 부탁하고 싶다는 것이 되므로 정답은 3번 ~ものなら(~하다면)가 된다. ~ものなら는 동사 가능형에 접속하여 주로 실현이 어렵거나 가능성이 적은 것을 희망하거나 명령할 때 사용한다.

오답 분석 1번 わけなら(의미라면, 이유라면), 2번 ~ことには(~것으로는), 4번 ~だけには(~만으로는, ~만큼은).

> **복습 꼭!** ~ものなら~たい(~할 수 있다면 ~하고 싶다)

어휘 準備(じゅんび) 준비 | 大変(たいへん)だ 힘들다, 고생스럽다 | 手伝(てつだ)う 도와주다, 거들다 | 頼(たの)む 부탁하다, 의뢰하다 | 忙(いそが)しい 바쁘다 | 無理(むり)だ 무리다

정답 3

---

07 天気予報では雨が降ると言っていたが、この様子だと全く(　　　)。

1 降るそうにない	2 降るそうではない
3 降りそうではない	4 降りそうにない

의미적 호응관계 파악하기 ★★

해석 일기예보에서는 비가 내릴 것이라고 했지만, 지금 상황으로는 전혀 **(내릴 것 같지 않다)**.

정답 찾기 화자가 현재의 상태를 보고 판단해서 비가 내릴 것 같지 않다고 추측하여 말하고 있으므로 정답은 4번 降りそうにない(내릴 것 같지 않다)이다. 양태·추량의 ~そうだ는 동사 ます형에 접속하면 눈앞에 있는 상황이나 상태를 보고 곧 일어날 일을 판단해서 '~할 것 같다'고 추측할 때 사용하고, 부정표현은 ~そうに(も)ない의 형태가 된다.

오답 분석 1번과 2번의 동사의 보통형에 접속하는 ~そうだ(~라고 한다)는 다른 정보원으로부터 얻은 사실을 전할 때 사용하는 표현이고, 3번은 비문법적이다.

> **복습 꼭!** ~そうに(も)ない(~것 같지 않다)

어휘 天気予報(てんきよほう) 일기예보 | 雨(あめ) 비 | 降(ふ)る 내리다 | 様子(ようす) 상태, 상황, 모습 | 全(まった)く 전혀

정답 4

08 運動は大切だが、無理にやりすぎ（　　　）怪我をするだけだ。

1 ては　　　　　　2 ても
3 では　　　　　　4 でも

적절한 조사 찾기 ★★

해석 운동은 중요하지만, 무리하게 너무 많이 **(하면)** 다칠 뿐이다.

정답 찾기 공란 앞의 やりすぎる(너무 많이 하다)는 ～て에 접속하고, 문장의 의미적 호응관계상 1번 ～ては(～해서는)로 연결되는 것이 적절하다.

오답 분석 동사의 활용 형태상 ～で가 아닌 ～て로 활용이 되므로 3, 4번은 정답에서 제외되고, 문맥상 ～て 뒤에는 조사 ～も(～도)가 아닌 ～は(～는)가 연결되어야 한다.

복습 꼭! ～ては(～해서는, ～하고는)

어휘 運動(うんどう) 운동 | 大切(たいせつ)だ 중요하다, 소중하다 | 無理(むり)に 무리하게 | やりすぎる 너무 많이 하다 | 怪我(けが)をする 다치다

정답 1

---

09 もし言いたいことがあれば（　　　）、はっきり言えよ。

1 恥ずかしくなくて
2 恥ずかしくなって
3 恥ずかしがらずに
4 恥ずかしくなるのに

적절한 기능어 찾기 ★★

해석 만일 말하고 싶은 게 있으면 **(부끄러워하지 말고)**, 확실히 말해라.

정답 찾기 부끄러워하지 말고 말하라는 것이므로, 정답은 3번 恥ずかしがらずに(부끄러워하지 말고)이다. ～がらずに(～워하지 말고)는 주로 제3자의 감정·신체적 감각·요망·희망을 나타내는 경우에 사용된다.

오답 분석 1번 ～なくて(～하지 않아서)는 앞의 내용이 원인·이유가 되어 뒤의 결과가 초래되는 경우에 사용하고, 2번 ～くなる(～게 되다)는 상태나 성질이 자연스럽게 변화한 것을 나타내고, 4번 ～くなるのに(～게 되는데도)는 일반적인 예상과는 반대되는 사항이 일어남을 나타낸다.

복습 꼭! ～がらずに(～워하지 말고)

어휘 もし 만약, 만일 | 恥(は)ずかしい 부끄럽다, 창피하다 | はっきり 확실히, 분명히

정답 3

---

10 私の部屋は本で埋まっているが、全部を読んだ（　　　）ではなく、開いたことさえないものも多い。

1 まま　　　　　　2 わけ
3 はず　　　　　　4 だけ

의미적 호응관계 파악하기 ★★

해석 내 방은 책으로 가득 차 있지만 전부를 읽은 **(것은)** 아니고 들은 적조차 없는 것도 많다.

정답 찾기 공란 뒤의 내용이 들어본 적조차 없다는 것이므로 앞 문장의 내용은 책이 많이 있지만 전부 읽지는 않았다는 것이 되어야 하고 따라서 정답은 2번 ～わけ가 된다. ～わけではない(～것은 아니다)는 부분부정을 나타내는 표현이다.

오답 분석 1번 ～まま(～한 채로, ～대로)는 같은 상태가 변하지 않고 계속되는 것을 나타내고, 3번 ～はず(～할(일) 것이다)는 상황이나 상식·경험 등으로 추측한 주관적인 판단을 나타내고, 4번 ～だけではなく(～뿐만 아니라)는 첨가의 표현이다.

복습 꼭! ～わけではない(반드시 ～것은 아니다)

어휘 部屋(へや) 방 | 埋(う)まる 파묻히다, 가득 차다 | 全部(ぜんぶ) 전부 | 読(よ)む 읽다 | 聞(き)く 듣다, 묻다 | ~さえ ~조차, ~마저 | 多(おお)い 많다

정답 2

---

11 この本を田中さんに（　　　）んですけど、あなたにお願いしてもいいですか。

1 渡してほしい　　　　2 渡すところだった
3 渡すことになっている4 渡すおそれがある

의미적 호응관계 파악하기 ★★

해석 이 책을 다나카 씨에게 (**건네주었으면 좋겠**)는데 당신에게 부탁해도 될까요?

정답 찾기 책을 다나카 씨에게 건네주도록 상대에게 부탁하는 내용이므로 정답은 1번 渡してほしい(건네주었으면 좋겠다)이다. 〜てほしい(〜해 주었으면 좋겠다)는 상대에 대한 바람·희망·요구를 나타내는 표현이다.

오답 분석 2번 〜ところだ(〜하려는 참이다)는 동작을 하려고 하는 시점·장면·단계를 나타내고, 3번 〜ことになっている(〜하기로 되어 있다)는 자신의 의지와 관계없이 전해진 풍속·습관·규칙·예정 등을 말할 때 사용하는 표현이다. 또한 4번 〜おそれがある(〜할 우려가 있다)는 좋지 않은 일이 일어날 위험성이 있어 걱정이라는 의미이다.

복습 꼭! 〜てほしい(〜해 주었으면 좋겠다, 〜하길 바란다)

어휘 渡(わた)す 건네다, 넘기다 | お願(ねが)いする 부탁하다 | 〜てもいい 〜해도 좋다

정답 1

---

12 （　　　）1時間待ってまだ何の連絡もないとすると、途中で事故にでもあったのかもしれない。

1 まさか　　　　　　2 かえって
3 ようやく　　　　　4 かりに

적절한 부사 찾기 ★★

해석 (**만약**) 1시간을 기다려도 아직 어떤 연락도 없다고 하면 도중에 사고라도 당했던 것일지도 모른다.

정답 찾기 공란 뒤의 내용이 가정조건을 나타내는 〜とすると(〜라고 하면)으로 되어 있으므로 정답은 4번 かりに(만일, 만약)가 적절하다.

오답 분석 1번 まさか(설마), 2번 かえって(오히려, 도리어), 3번 ようやく(차츰, 겨우, 가까스로, 간신히)

복습 꼭! かりに(가령, 만일, 만약)

어휘 待(ま)つ 기다리다 | まだ 아직(도) | 連絡(れんらく) 연락 | 途中(とちゅう)で 도중에(서) | 事故(じこ)に遭(あ)う 사고를 당하다 | 〜かもしれない 〜지도 모른다

정답 4

문제8 다음 문장의 ____ ★ ____ 에 들어갈 가장 알맞은 말을 1·2·3·4 중에서 하나를 고르세요.

---

13 ____ ____ ★ ____ 、難しくてよく分からなかったです。

1 読むには　　　　2 お勧めして
3 読んだけど　　　4 くれた本を

단어 바르게 배열하기 ★★

문장 배열　お勧めして くれた本を 読むには 読んだけど
　　　　　　　　 2　　　 4　　　 1　　　 3
難しくてよく分からなかったです。

해석　권해주신 책을 읽기는 읽었지만 어려워서 잘 이해하지 못했습니다.

정답 찾기　제시되어 있는 선택지를 ～には、～けど(～기는, ～지만)와 ～てくれる(나에게 ～해 주다)의 문형으로 짝을 지어 보면 1번 読むには(읽기는)와 3번 読んだけど(읽었지만)를 연결, 2번 お勧めして(권해)와 4번 くれた本を(주신 책을)를 연결할 수 있다. 이를 문맥상 자연스럽게 전체적으로 나열하면 2-4-1-3이 되고 정답은 1번이다.

> 복습 꼭!　～には、～が/～には、～けど(～하기는, ～지만)

어휘　勧(すす)める 권하다 | 読(よ)む 읽다 | 難(むずか)しい 어렵다

정답 1

---

14 近い将来テクノロジーの発展により、____ ____ ★ ____ 。

1 人に代わって　　　2 時代が来る
3 かもしれない　　　4 ロボットが仕事をする

단어 바르게 배열하기 ★★

문장 배열　近い将来テクノロジーの発展により 人に代わって
　　　　　　　　　　　　　　　　　　　　　　　 1
ロボットが仕事をする 時代が来る かもしれない。
　　　4　　　　　　　 2　　　　 3

해석　가까운 장래에 과학 기술의 발전에 의해, 사람을 대신해서 로봇이 일을 하는 시대가 올지도 모른다.

정답 찾기　～に代(か)わって(～을 대신해서)는 '～가 하지 않고, 다른 것이 그 행위를 맡는 것'을 나타낸다. 따라서 1번 人に代わって(사람을 대신해서)와 4번 ロボットが仕事をする(로봇이 일을 하다)를 연결할 수 있다. 화자의 추측을 나타내는 3번 ～かもしれない(～지도 모른다)는 문말 표현으로 마지막에 배열하고, 문맥상 2번 時代が来る(시대가 오다)는 그 앞에 배열하여 전체적으로 나열하면 1-4-2-3이 되어 정답은 2번이다.

> 복습 꼭!　～に代わって(～을 대신해서)

어휘　近(ちか)い 가깝다 | 将来(しょうらい) 장래, 미래 | テクノロジ 테크놀로지, 과학기술 | 発展(はってん) 발전 | ～により ～에 의해, ～에 따라 | ロボット 로봇 | 仕事(しごと) 일, 직업 | 時代(じだい) 시대

정답 2

---

15 彼が会社から ____ ____ ★ ____ 必要な人物であることがわかった。

1 会社　　　　　　　2 いなくなって
3 にとって　　　　　4 はじめて

단어 바르게 배열하기 ★★

문장 배열　彼が会社から いなくなって はじめて 会社
　　　　　　　　　　　　　　 2　　　　 4　　　 1
にとって 必要な人物であることがわかった。
　 3

해석　그가 회사에서 없게 되고 나서야 비로소, 회사에 있어 필요한 인물이란 것을 알게 되었다.

정답 찾기　제시된 선택지의 내용 가운데 ～てはじめて(～하고 나서야 비로소)와 명사+にとって(～에 있어서)의 두 개의 문형을 활용하여, 2번 いなくなって(없게 되고)와 4번 はじめて(비로소)를 연결

하고, 1번 会社(회사)와 3번 ～にとって(～에 있어서)를 연결하여 문맥에 맞게 전체적으로 나열하면 2-4-1-3이 되고 정답은 1번이다.

> **복습 꾁!** ～てはじめて(～하고 나서야 비로소) | ～にとって(～에게 있어서)

어휘 会社(かいしゃ) 회사 | 必要(ひつよう)な 필요한 | 人物(じんぶつ) 인물

정답 1

---

16 青木さん、＿＿＿ ＿＿＿ ★ ＿＿＿、英語がうまいね。

1 留学していた   2 だけの
3 カナダに   4 ことはあって

단어 바르게 배열하기 ★★

문장 배열 青木さん カナダに 留学していた だけの
                 3   1   2
ことはあって、英語がうまいね。
  4

해석 아오키 씨, 캐나다에서 유학했던 만큼 영어를 잘하네요.

정답 찾기 먼저 의미상 3번 カナダに(캐나다에서)와 1번 留学していた(유학했었다)를 연결한다. 그리고 그 뒤에 2번 だけの(만큼의)와 4번 ことはあって(것이 있어서)를 연결하여 감탄하거나 납득하는 표현인 ～だけのことはある(～에서 기대되는 대로다, ～라는 것에 걸맞다)의 문형을 완성하여 전체적으로 나열하면 3-1-2-4가 되고 정답은 2번이다.

> **복습 꾁!** ～だけのことは(が)ある(～라는 것에 걸맞다, ～만큼의 가치가 있다, ～할 만하다, ～답다)

어휘 カナダ 캐나다 | 留学(りゅうがく)する 유학하다 | 英語(えいご) 영어 | うまい 맛있다, 훌륭하다, 솜씨가 좋다

정답 2

---

17 A「女性が一人で旅行するのは危ないって言われたの？」
B「そう。親の言う ＿＿＿＿＿ ★ ＿＿＿＿＿、ちょっと心配しすぎかなって思う。」

1 けど   2 わからない
3 ことも   4 こともない

단어 바르게 배열하기 ★★

문장 배열 そう。親の言う ことも わからない こともない
                   3   2   4
けど ちょっと心配しすぎかなって思う。
  1

해석 A: 여자 혼자서 여행하는 것은 위험하다고 말을 들었어?
      B: 그래. 부모님께서 말씀하시는 것도 이해 못하는 것은 아니지만, 좀 걱정이 지나친 거 아닌가 하는 생각이 들어.

정답 찾기 공란 앞의 言う(말하다) 뒤에는 3번 ことも(것도)를 연결하는 것이 적절하다. 그리고 2번 わからない(이해하지 못하다)와 4번 こともない(것도 아니다)를 연결하여 ～ないこともない(～하지 않는 것도 아니다)라는 문형을 만들어 배열한다. 마지막으로 접속조사 1번 ～けど(～지만, ～는데)를 제일 뒤에 배열하여 뒤의 문장과 자연스럽게 이어지게 한다. 이를 전체적으로 나열하면 3-2-4-1이 되고 정답은 4번이다.

> **복습 꾁!** ～ないこともない(～지 않는 것도 아니다)

어휘 女性(じょせい) 여성 | 一人(ひとり)で 혼자서 | 旅行(りょこう)する 여행하다 | 危(あぶ)ない 위험하다 | 言(い)う 말하다 | 親(おや) 부모 | 心配(しんぱい) 걱정, 근심

정답 4

문제 9 다음 문장을 읽고 문장 전체의 취지에 입각하여 18 에서 22 안에 들어갈 가장 알맞은 것을 1·2·3·4 중에서 하나 고르세요.

私たちは毎日、当たり前のように時間と付き合いながら生活しています。皆さんも、全く時計を 18 過ごす日はないでしょう。そんな身近な存在である「時間」ですが、実は、「時計の時間」と「心の時間」という、性質の違う二つの時間があり、私たちはそれらと共に生きているのです。

19 、私は「心の時間」に目を向けることが、時間と付き合っていく 20 、とても重要であると考えています。

皆さんが「時間」と聞いて思い浮かべるのは、きっと時計が表す時間のことでしょう。私はこれを「時計の時間」と呼んでいます。「時計の時間」は、もともとは、地球の動き 21 定められたもので、いつ、どこで、だれが計っても同じように進みます。しかし、「心の時間」は違います。「心の時間」とは、私たちが体感している時間のことです。皆さんは、あっというまに時間が過ぎるように感じたり、なかなか時間がたたないと思ったりしたことはありませんか。私たちが感じている時間は、いつでも、どこでも、だれにとっても、 22 。「心の時間」には、様々な事柄の影響を受けて進み方が変わったり、人によって感覚が違ったりする特性があるのです。

해석 우리들은 매일, 당연한 듯이 시간과 함께하며 생활하고 있습니다. 여러분도 전혀 시계를 18 보지 않고 보내는 날은 없을 것입니다. 그런 가까운 존재인 '시간' 말입니다만, 사실은 '시계의 시간'과 '마음의 시간'이라는 성질이 다른 두 개의 시간이 있고, 우리들은 그것들과 함께 살고 있는 것입니다.

19 그리고 저는 '마음의 시간'에 관심을 갖는 것이, 시간과 함께 살아가 20 는 데에 매우 중요하다고 생각하고 있습니다.

여러분이 '시간'이라고 들으면 떠올릴 수 있는 것은, 분명 시계가 나타내는 시간일 것입니다. 저는 이것을 '시계의 시간'이라고 부르고 있습니다. '시계의 시간'은 원래 지구의 움직임 21 을 토대로 정해진 것으로, 언제, 어디에서, 누가 재도 똑같이 시간이 갑니다. 하지만, '마음의 시간'은 다릅니다. '마음의 시간'이란, 우리들이 체감하고 있는 시간을 말합니다. 여러분은, 순식간에 시간이 지난 것처럼 느끼거나, 좀처럼 시간이 지나지 않는다고 느끼거나 한 적이 없습니까? 우리들이 느끼고 있는 시간은 언제나 어디에서나 누구에게 있어서도 22 같은 것이라고는 할 수 없습니다. '마음의 시간'에는, 여러 가지 상황의 영향을 받아서 진행속도가 변하기도 하고, 사람에 따라서 감각이 다르기도 한 특성이 있는 것입니다.

어휘 毎日(まいにち) 매일 | 当(あ)たり前(まえ) 당연함, 마땅함 | 時間(じかん) 시간 | 付(つ)き合(あ)う 사귀다, 교제하다, 같이 하다 | 生活(せいかつ)する 생활하다 | 皆(みな)さん 여러분 | 全(まった)く 전혀, 완전히 | 時計(とけい) 시계 | 見(み)る 보다 | 過(す)ごす 보내다, 지내다 | 日(ひ) 날, 하루, 해, 햇볕 | 身近(みぢか)だ 가깝다 | 存在(そんざい) 존재 | 実(じつ)は 사실은 | 心(こころ) 마음 | 性質(せいしつ) 성질 | 違(ちが)う 다르다, 틀리다 | 共(とも)に 함께, 같이 | 生(い)きる 살다 | 目(め)を向(む)ける 시선을 돌리다, 관심을 갖다 | 重要(じゅうよう) 중요 | 考(かんが)える 생각하다 | 思(おも)い浮(う)かべる 회상하다, 상상하다, 상기하다 | きっと 꼭, 틀림없이 | 表(あらわ)す 나타내다 | 呼(よ)ぶ 부르다 | もともと 원래, 본디 | 地球(ちきゅう) 지구 | 動(うご)き 움직임 | 定(さだ)める 정하다 | 計(はか)る 달다, 재다, 가늠하다, 짐작하다 | 同(おな)じ 같음, 동일함 | 進(すす)む 나아가다, (시계가)빨라지다, 발달하다 | しかし 그러나, 하지만 | 体感(たいかん) 체감 | あっというまに 순식간에, 눈 깜짝할 사이에 | 過(す)ぎる 지나다, 통과하다 | 感(かん)じる 느끼다 | なかなか 상당히, 꽤, 좀처럼, 도무지 | 経(た)つ (시간·세월이) 지나다 | 様々(さまざま)な 여러 가지, 갖가지 | 事柄(ことがら) 사항, 사정 | 影響(えいきょう) 영향 | 受(う)ける 받다 | 変(か)わる 바뀌다, 변하다 | 感覚(かんかく) 감각 | 特性(とくせい) 특성

18

1 見ずに　　2 見すぎて
3 見なくて　　4 見ていては

알맞은 기능어 찾기 ★★

정답 찾기 전혀 시계를 보지 않고 보내는 날은 없을 것이라는 내용이므로 정답은 1번 見ずに(보지 않고)이다. ～ずには ～ないで(～하지 않고)의 딱딱한 표현으로, 부정을 나타낸다.

오답 분석 2번 ～すぎる(너무 ～하다)는 지나침을 표현하고, 3번 ～なくて(～하지 않아서)는 앞의 내용이 원인이나 이유가 되어 뒤의 결과가 초래되는 경우에 쓰인다. 4번 ～ていては(～하고 있어서는)는 순접의 가정조건을 나타낸다.

복습 꼭! ～ずに(～하지 않고)

정답 1

19

1 そのうえ	2 そして
3 そのうち	4 それが

알맞은 부사·접속사 찾기 ★★

정답 찾기 공란 앞의 문장은 '시계의 시간'과 '마음의 시간'이라는 성질이 다른 두 개의 시간이 있다는 내용이고, 뒤의 문장은 '마음의 시간'에 관심을 갖는 것이 매우 중요하다고 생각한다는 내용이므로 정답은 앞의 문장의 내용에 부가적인 설명을 하는 첨가의 접속사 2번 そして(그리고)이다.

오답 분석 1번 そのうえ(게다가, 또한, 더욱), 3번 そのうち(가까운 시일 안에, 멀지 않아), 4번 それが(그것이)

정답 2

20

1 うえで	2 ことで
3 うえに	4 ことに

알맞은 기능어 찾기 ★★

정답 찾기 마음의 시간에 관심을 갖는 것이 시간과 함께 해 가는 데에 매우 중요하다는 내용이므로 정답은 1번 ～うえで(～하는 데 있어서)이다. ～うえで는 동사의 과거형에 접속하면 '～한 후에'라는 의미이지만, 동사의 기본형에 접속하면 '～하는 데 있어서'라는 의미로 사용된다.

오답 분석 2번 ～ことで(～로 인해, ～해서)는 '～가 원인이 되어 ～라는 결과가 된다'는 의미, 3번 ～うえに(～한데다가)는 앞 내용에 덧붙일 때 사용하는 표현, 4번 ～ことに(～하게도)는 말하는 사람이 어떤 사실에 대해 느낀 것을 강조하는 표현이다.

복습 꼭! 동사 과거형+上で(～하고나서, ～한 후에) / 동사 기본형+上で(～하는 데 있어서, ～하는 경우에)

정답 1

21

1 をめぐって	2 を通して
3 をもとに	4 をかねて

알맞은 기능어 찾기 ★★

정답 찾기 시계의 시간은 지구의 움직임을 토대로 정해진 것이라는 내용이므로 정답은 3번 ～をもとに(～을 토대로)이다. ～をもとに는 어떤 것이 생겨나는 구체적인 소재를 나타낸다.

오답 분석 1번 ～をめぐって(～을 둘러싸고)는 '～을 둘러싸고 어떤 논의나 의견·문제 등의 대립관계가 있음'을 나타낼 때 사용하고, 2번 ～を通(とお)して(～을 통해서, ～에 걸쳐서)는 '～을 수단·매개·경유해서'라는 의미와 장소나 기간이 어떤 범위 전체에 미치는 것을 나타내는 의미로 사용된다. 4번 ～をかねて(～을 겸해서)는 본래의 목적과는 별도로 다른 목적도 동시에 존재하고 있는 것을 나타낸다.

복습 꼭! ～をもとに(～을 소재·기초·기준·참고·힌트·토대로 하여)

정답 3

22

1 同じものかもしれません
2 同じものに違いありません
3 同じものとはいえません
4 同じものにすぎません

알맞은 기능어 찾기 ★★

선택지 해석 1 같은 것일지도 모릅니다.
2 같은 것임에 틀림없습니다.
3 같은 것이라고는 할 수 없습니다.
4 같은 것에 불과합니다.

정답 찾기 마음의 시간은 언제, 어디서, 누구에게나 같지는 않다는 내용이므로 정답은 3번 同じものとはいえません(같은 것이라고는 할 수 없습니다)이다. ～とはいえない는 ～とはかぎらない(～라고는 할 수 없다)와 비슷한 표현으로 '대부분은 ～지만 예외도 있다'는 의미의 부분부정 표현이다.

오답 분석 1번 ～かもしれない(～지도 모른다)는 어떤 일이 이루어질 가능성이 있다는 화자의 추측을 나타내고, 2번 ～に違(ちが)いない(～임에 틀림없다)는 사실이라고 단정할 수는 없지만, 말하는 사람이 그것을 사실이라고 강하게 확신하고 있을 때 사용하는 표현이고, 4번 ～にすぎない(～에 불과하다)는 정도의 낮음을 강조하는 표현이다.

복습 꽉 ～とはいえない(～라고는 (말)할 수 없다)

정답 3

JPT 탄탄한 기본기 + JPT 실전 트레이닝
두 마리 토끼를 동시에 잡는다!

시험에 나오는 것만 공부한다!

시나공 JPT 독해

JPT초고수위원회 지음 | 496쪽 | 17,000원
부록: 휴대용 소책자

시험에 나오는 것만 공부한다!

시나공 JPT 청해

JPT초고수위원회 지음 | 484쪽 | 17,000원
부록: 휴대용 소책자, mp3 파일 무료 다운로드

상위 1% JPT 초고수들의 만점 비법을 공개한다!

파트별로 완벽하게 분석하고 비법으로 정리해 초보자도 쉽게 따라 할 수 있는 JPT 기본서!

난이도	첫걸음 | 초 급 중 급 고 급	기간	7주
대상	JPT 수험자, 일본어 중급 학습자	목표	목표 점수까지 한 방에 통과하기

JPT, JLPT, EJU 빈출 순위별로 완벽하게 정리했다!

시나공 일본어 VOCA 15000

최신 개정판

- - - - - - - - -

부록
mp3 파일,
한글 자음순/일본어
히라가나순 인덱스
무료 다운로드

JPT초고수위원회 지음 | 816쪽 | 20,000원

일본어 중고급자의 어휘 정복, 시나공으로 한번에 끝낸다!

시험에 많이 나오는 어휘를 1순위에서 5순위까지 체계적으로 정리했다.
관용어, 속담, 사자성어 등 일본어 중고급 어휘까지 총망라!

| 난이도 | 첫걸음 | 초급 | 중급 | 고급 | | 기간 | 50일 |

난이도 첫걸음 | 초급 | 중급 | 고급

기간 50일

대상 어휘력을 늘리고 싶은 일본어 중고급자,
일본어 시험을 준비하는 중급 수준의 수험자

목표 각종 시험에 나오는 중고급 어휘
마스터하기

JLPT N2 문법을 기본부터 충실하게 다져주는 파트별 기본서

1 | 독학에 최적화된 최강 해설!

강의실 생중계 # 답이 보이는 해설집 # 오답까지 이해 # 답을 찾는 스킬

2 | 기본부터 실전까지 한 권으로 완벽 대비!

최우선순위 문법부터 # 고득점/만점을 위한 문법까지 # 적중예상문제 총 31회
실전 모의고사 3회분

3 | 출제 경향 완벽 분석!

최신 경향 반영 # 문제 유형&기출 문제 분석

 본책 +  정답&해설집

04730

9 791165 216696
ISBN 979-11-6521-669-6

시나공 JLPT N2 문법
Crack the Exam!
JLPT N2 Grammar
값 17,000원